V

43254

NOTICE
DES ÉMAUX
BIJOUX ET OBJETS DIVERS
EXPOSÉS
DANS LES GALERIES
DU MUSÉE DU LOUVRE

PAR

M. DE LABORDE

Membre de l'Institut,
Conservateur des collections du Moyen âge, de la Renaissance
et de la Sculpture moderne.

Ire PARTIE.

HISTOIRE ET DESCRIPTIONS.

Prix : 1 fr. 50 c.

PARIS,
VINCHON, IMPRIMEUR DES MUSÉES IMPÉRIAUX,
RUE J.-J. ROUSSEAU, 8.

1853.

Monsieur le Directeur général,

J'ai l'honneur de vous adresser les épreuves de la Notice des émaux exposés dans les galeries du Louvre.

Pour répondre à l'impulsion que vous donnez à toutes les branches de votre administration, j'ai cru devoir composer cette Notice dans une forme nouvelle. Les objets du moyen âge et de la renaissance sont devenus si familiers à un public nombreux qu'il ne peut plus se contenter d'une nomenclature alphabétique; il en sait plus et il désire en apprendre davantage. J'ai donc adopté un plan qui répond à des exigences de diverses natures. J'ai tracé l'histoire de l'émaillerie depuis ses origines jusqu'à sa complète décadence, et j'ai intercalé dans ce récit les descriptions de tous les objets dont se compose la collection du Louvre, mais de telle manière qu'on pût, quand on a la collection sous les yeux, retrouver chaque numéro avec autant de facilité que dans un catalogue alphabétique; qu'on pût aussi, selon le goût qu'on y apporte, lire rapidement un titre résumé qui désigne sommairement l'objet, donne sa date et ses dimensions, ou bien lire attentivement une minutieuse description qui ne laisse échapper aucune particularité du sujet et de la manière dont il est traité. Cette Notice peut encore servir, suivant les annotations suggérées par l'examen des objets, à retrouver chaque émail à la place qu'il occupe dans l'histoire de l'émaillerie et à se rendre compte de ses mérites relatifs et de sa valeur.

Vous approuverez, j'espère, ce plan, et je vous prie, Monsieur le Directeur, après avoir pris connaissance des épreuves, de m'autoriser à faire faire le tirage de cette Notice.

Agréez, Monsieur le Directeur général, l'assurance de ma haute considération.

Le Conservateur des collections du moyen âge, de la renaissance et de la sculpture moderne,

DE LABORDE.

Approuvé, 15 février 1852:

Le Directeur général des Musées nationaux,

NIEUWERKERKE.

AVANT-PROPOS.

L'antiquité, dont la trace est partout empreinte dans le domaine des arts, qui semble avoir tout tenté et ne nous avoir laissé à inventer que ce qui s'est perdu à travers les âges, l'antiquité a vainement cherché le secret de l'émail fixé sur les métaux; aussi cet art, ou ce procédé chimique appliqué aux arts, a-t-il pour nous tout l'intérêt d'une découverte moderne; il a même tout le prix d'un art national, car Limoges lui a donné son nom, et la France a produit, depuis les châsses du XIIe siècle jusqu'aux portraits de Petitot, les émaux les plus remarquables.

Le Musée du Louvre offre à l'étude la collection la plus complète qui existe des divers genres d'émaux. L'histoire de l'émaillerie y est tout entière.

Bien que cette notice soit plus qu'une nomenclature, on n'y cherchera que la méthode, la clarté et l'exactitude. Cette tâche même, je n'aurais pu l'accomplir sans l'assistance zélée de M. Henri Barbet de Jouy, attaché à mon département, et sans l'aide des ouvrages spéciaux auxquels recourront tous ceux qui demandent des recherches approfondies. A leurs auteurs, je ne saurais mieux marquer ma reconnaissance qu'en citant ces ouvrages.

LISTE

DES OUVRAGES QUI TRAITENT DES ÉMAUX D'UNE MANIÈRE SPÉCIALE ET AUXQUELS ON DOIT RECOURIR.

THEOPHILI diversarum artium schedula, publié, texte et traduction, par M. le comte de l'Escalopier. Paris, 4°, 1843. Il n'est plus permis, aujourd'hui que nous possédons une bonne édition de cet ouvrage, d'écrire sur les arts au moyen âge, sans étudier d'abord le manuel du moine Théophile. Ce n'est pas ici le lieu d'établir la date de ce curieux manuel, de discuter quelques leçons du texte, de critiquer plusieurs passages de la traduction, mais il est toujours temps de se montrer reconnaissant, et je dirai que M. de l'Escalopier a bien mérité des arts et des sciences en publiant, avec ce soin, un ouvrage de cette importance.

BENVENUTO CELLINI. — Trattato sopra l'oreficeria, dans les Opere, édition de Milan, 8°, 1811. Deux chapitres de ce curieux traité peuvent être consultés utilement. Capitolo II. Dell' arte del niellare e del modo di fare il niello. Cap. IV. Dell' arte dell smaltare in oro e in argento e della natura d'alcuni smalti.

P. FERRAUD. — L'art de peindre en émail. Paris, 12°, 1721.

PEIDOT. — Lettre à son fils pour lui servir de guide dans l'art de peindre en émail. Paris, 8°, 1759.

A. DE MONTAMY. — L'art de peindre sur émail. Paris, 12°, 1765.

SAMUEL PEGGE. — Illustration of a gold enamelled ring, supposed to have been the property of Alhstan, bishop of Sherburne, with some account of the state and condition of the Saxon jewelry in the more early ages. Archæologia, mémoires de la Société des Antiquaires de Londres, tome IV, page 47, année 1787. Le Rev. M. Pegge a pris occasion de cette bague, émaillée au IXe siècle, pour faire d'intéressantes recherches sur l'état de l'orfèvrerie chez les Saxons.

MILLIN. — Dictionnaire des Beaux-Arts. Paris, 8º, 1806. Un de ces ouvrages dont on profite et qu'on n'a pas l'habitude de citer.

DUMAS. — Traité de chimie appliquée aux arts. Paris, 8º, 1832-1836.

ALFRED ESSEX. — On enamel painting. Edinburgh, philosophical Magazine. Cahier de juin 1837. M. Alfred Essex est le frère du portraitiste émailleur du même nom, et il a profité de son expérience.

F. KUGLER. — Beschreibung der, in der kœnigl-Kunstkammer zu Berlin, vorhandenen Kunstsammlung, nebst einer monogrammen Tafel. Berlin, 12º, 1838 (Description des objets d'art conservés dans le cabinet de Berlin). La Kunstkammer de Berlin est riche en émaux. L'auteur de l'histoire de la peinture et de tant d'estimables ouvrages sur toutes les branches de l'art ne pouvait en faire la description sans ajouter à son travail des considérations de premier ordre.

ANDRÉ POTTIER. — Monuments français inédits, dessinés par N. X. Willemin, classés et décrits par André Pottier, 2 volumes. Paris, folio, 1839. Tous les travaux du savant bibliothécaire de Rouen sont empreints d'un caractère consciencieux qui leur a acquis une sérieuse autorité. De longues réflexions, des recherches patientes compensent chez M. Pottier les ressources qui lui manquent et qu'offre seule la capitale.

ALEX. DU SOMMERARD. — Les Arts au moyen âge. Paris, 8º, 1838-1846. Cinq volumes de texte et 510 planches distribuées dans cinq volumes in-folio. Cet amateur passionné avait retrouvé, sur la fin de sa vie, toute sa jeunesse pour composer cet ouvrage, qui se ressent un peu de cette fougue qui l'accompagna jusqu'au tombeau, et de la hâte que l'âge lui conseillait dans une si grande entreprise. La mort l'a arrêté avant qu'il eût achevé ses travaux, et il n'a pu s'occuper des émaux qu'accidentellement, mais ses planches sont très utiles.

MAURICE ARDANT. — Notice historique sur les émaux et les émailleurs de Limoges, 1839. Ouvrage remanié en 1842. Le sort des ouvrages d'érudition est d'être dépassés par les travaux successifs qui sont publiés sur la même matière, mais il serait injuste d'oublier ce qu'on doit à ceux qui, les premiers, ont ouvert la voie et y ont porté la lumière. Ce mérite appartient à M. Maurice Ardant, et son ouvrage est encore bon à consulter.

LOUIS DUSSIEUX. — Recherches sur l'histoire de la peinture sur émail dans les temps anciens et modernes, et spécialement en France. Paris, 8°, 1841. Cet ouvrage, que l'Institut de France a couronné, était à sa date plus qu'un excellent résumé, et il formera, dans une édition suivante, la base d'une histoire approfondie de la peinture sur émail.

ADRIEN DE LONGPÉRIER. — Description de quelques monuments émaillés du moyen âge. Cabinet de l'amateur, page 145, année 1842. Travail intéressant, où les règles d'une saine critique sont, pour la première fois, appliquées à la classification des émaux.

TEXIER (l'abbé). — Essai historique et descriptif sur les émailleurs et les argentiers de Limoges. Mémoires de la Société des Antiquaires de l'ouest, année 1842, page 101. Un tirage à part a été fait. Poitiers, 8°, 1843, avec des fac-simile et des planches. M. l'abbé Texier était curé d'Auriat, dans le Limousin, et c'est dans cette province même que devait naître la passion pour les émaux. Elle s'est associée ici à l'érudition pour produire un très bon ouvrage. On doit au même auteur, chargé aujourd'hui de la direction du petit Séminaire du Dorat (Haute-Vienne), le livre suivant : Manuel d'épigraphie suivi du recueil des inscriptions du Limousin. Poitiers, 8°, 1851. Quelques monuments de l'émaillerie limousine ne sont décrits que dans cet ouvrage.

CHARLES ROACH SMITH, Esq. — (A letter adressed by) to John Gage Rokewode, esq., on an ancient enamelled Ouche, in gold. Archæologia, tome XXIX, page 70, avec une copie excellente de ce petit émail byzantin cloisonné, planche X.

S. G. COUNIS. — Quelques souvenirs, suivis d'une dissertation sur l'émail, sur la porcelaine, et d'un petit traité à l'usage du peintre en émail. Florence, 8°, 1842. Les souvenirs prennent trop de place dans cet écrit, mais on trouvera, dans la dissertation sur l'émail appliqué aux portraits, de bons conseils puisés dans une longue pratique.

DIDIER PETIT. — Catalogue de la collection d'objets d'art formée à Lyon par M. Didier Petit. Paris, 8°, 1843. Denon avait déjà donné l'exemple d'un bon livre fait avec une belle collection, M. Didier Petit, qui avait réuni une surprenante collection d'émaux, était plus riche encore en informations précieuses sur les noms et monogrammes des émailleurs, dont il a dressé un très utile tableau.

BRONGNIART. — Traité des arts céramiques ou des poteries considérées dans leur histoire, leur pratique et leur théorie. Paris, 8°, 1844, avec un atlas. L'émail appliqué au métal était peut-être ce que l'illustre chimiste connaissait le moins bien dans tous les arts qui se rattachent à la céramique; cependant cet ouvrage et le suivant fournissent les données les plus sûres.

BRONGNIART et CLOUET. — Annales de chimie.

REVUE INDUSTRIELLE. — Traité pratique sur la préparation et l'emploi des couleurs d'émail, 1844-45.

DIDRON. — Annales archéologiques, Paris, 4°, 1844-1853. Il est impossible de citer tous les articles de ce recueil important qui contiennent des renseignements sur l'émaillerie. Des tables placées à la fin de chaque volume facilitent les recherches.

REVUE ARCHÉOLOGIQUE. — Cette revue, dirigée depuis bientôt dix ans par M. Leleux, doit être également consultée.

ALBERT WAY. — Decorative processes connected with the arts during the middle ages. Enamel. Archæological journal, tome II, année 1846, p. 155. Ce travail, rempli de recherches poursuivies dans les documents originaux, est accompagné d'excellentes gravures. L'auteur a fait preuve, dans une classification nouvelle, d'un esprit judicieux imbu des règles de la saine critique.

LABARTE (Jules). — Description des objets d'art qui composent la collection Debruge-Duménil. Paris, 8°, 1847. Cette description est une véritable histoire des arts au moyen âge et une histoire bien faite. Les émaux y occupent la place importante qui leur appartient. L'ouvrage de M. Labarte est dans toutes les mains; il serait inutile d'en faire l'éloge, il est dans toutes les bouches.

A. W. FRANKS, Esq. — On certain Enamels. Archæological journal, année 1851, n° 29. Ces aperçus sont intéressants, mais ils ne suffiraient pas pour faire apprécier, comme il a droit de l'être, le jeune érudit qui est chargé, sous la direction de M. Hoskins, de former dans le British Museum une collection d'objets du moyen âge.

DIVISIONS.

De l'émail.
Émaux des orfèvres.
Émaux en taille d'épargne.
Émaux cloisonnés.
Émaux de basse taille, dits translucides.
Émaux mixtes.
Émaux des peintres.
Émaux en apprêt ou émaux peints.

DE L'ÉMAIL.

L'émail est un cristal.

Il s'appelle *fondant*, quand il est incolore et sans mélange (1). Ce fondant, on le pile, on le broie, puis on y ajoute, dans une très faible proportion (2), des oxides métalliques réduits eux-mêmes en poudre. et qui sont destinés, dans la fusion produite par le feu, à colorer le fondant, tout en lui laissant sa translucidité. Le blanc seul étant obtenu par un oxide d'étain ôte au fondant sa transparence, et ce même oxide entre dans tous les émaux qui doivent être opaques.

L'émail est donc, avant son application au métal, une poussière cristalline et métallique, qui, délayée dans de l'eau pure, forme une pâte liquide qu'on introduit dans les cloisons creusées et pratiquées dans le métal ou qu'on étend sur le métal avec le pinceau, et, quand on a besoin d'épaisseur, avec la spatule. Elle adhère au métal, et successivement aux diverses couches d'émail, par le seul fait de son humidité. Soumise à la haute température du four, elle fond et fait corps avec le métal et ensuite avec la couche d'émail qui l'a précédée, et qui s'amollit, sans toutefois que cette couche et les couches antérieures entrent en pleine fusion. On comprend ainsi comment l'artiste peut combiner son opération, distribuer ses émaux, et obtenir des effets, ainsi que des épaisseurs, sans mêler, dans le dé-

---

(1) La composition du fondant change dans ses proportions, selon le métal auquel il doit s'appliquer, mais la base reste la même; en voici la preuve :

	Pour l'or :	Pour l'argent :	Pour le cuivre :
Sable siliceux	53	48	52
Oxide de plomb	32	38	35
Alcalis, soude et potasse	13	12	11

Le fondant destiné au fer offre des différences notables : sable siliceux, 48 ; minium, 30 ; borax, 8 ; carbonate de soude, 20.

(2) Le bleu exige seulement un pour cent d'oxide de cobalt, le violet six pour cent de manganèse, le vert un à trois pour cent d'oxide de cuivre, le rouge cinq millièmes, ou un demi pour cent d'or, etc.

sordre le plus confus, les phases successives de son travail. On s'explique aussi comment on peut fondre en même temps les émaux d'une coupe ou d'un plat sur deux plans opposés, à l'extérieur et à l'intérieur. Une ouverture pratiquée dans la porte du four permet de surveiller cette opération de cuisson, et une foule de ressources ingénieuses, enseignées par la pratique, font de la peinture en émail un travail d'inspiration et de goût, où l'adresse de la main, la fécondité d'un esprit inventif, l'instinct du talent et la puissance du génie sont à la fois en jeu pour créer des moyens nouveaux et des effets inattendus.

Toute matière susceptible de supporter, sans brûler, éclater ou fondre, la chaleur nécessaire pour faire entrer l'émail en fusion, peut recevoir cet émail, qui, pour réussir complétement, doit être en rapport de dilatation et de contraction avec cette matière.

Ces rapports, difficiles à trouver, ont été la vraie cause des tâtonnements inhabiles et des expédients très ingénieux qu'on remarque dans la marche de perfectionnement des émaux. Cette difficulté a été pour les anciens un obstacle insurmontable.

On s'est servi à Limoges, sans discontinuer, de cuivre rouge, et les orfèvres de tous les pays ont employé l'or et l'argent. Le cuivre jaune et le bronze, d'un alliage moins pur, offrent des inconvénients. Le fer était considéré comme impropre (1), jusqu'à ce que M. Ebelmen eût entrepris, non pas seulement de vaincre cette difficulté, mais de faire servir le fer à des émaux de dimensions colossales, inconnues des anciens émailleurs. Je parlerai de ce progrès remarquable en son lieu, et je renvoie, pour la partie technique de l'émaillerie, aux ouvrages spéciaux.

L'émail appliqué sur le métal, et les émaux qui, sous le nom de couverte et de vernis, recouvrent la porcelaine, la faïence, les briques, les grès, les schistes, la lave et les vitraux, sont les mêmes quant au rôle qu'ils jouent et au

---

(1) Les Chinois ont appliqué l'émail au fer. Dans l'histoire de la porcelaine, ouvrage publié en Chine en 1824, et que M. Stanislas Julien a traduit et va publier, on donne la composition de l'émail ainsi employé. Nous pouvons aussi donner des exemples d'émaux sur fer au moyen âge et à une époque plus moderne, mais cette application appartient à l'orfèvrerie, et la nouveauté consiste à se servir de plaques de fonte de grande dimension pour la peinture d'émail en apprêt.

maniement, mais ils en diffèrent dans la base principale de leur composition et dans le mode de cuisson. De là un art à part; aussi est-on convenu d'entendre, sous le terme d'émaux, les décorations de peintures appliquées sur métal, et, par métonymie, d'appeler émail la plaque de métal émaillée.

L'étymologie du mot *émail* a été cherchée dans l'expression hébraïque חשמל (Hachmal), employée pour la première fois par le prophète Ézechiel (1), que Bochart et d'autres ont traduit par émail, que le savant Gesenius interprète par du bronze poli. En réalité, on ne sait pas la signification de ce terme; les Septante l'avaient traduit par ἤλεκτρον, et saint Jérôme par *Electrum*, autre expression sur laquelle on a également beaucoup varié. La science philologique moderne a cherché, et elle ne pouvait manquer de trouver une étymologie dans les langues indo-germaniques. Le mot *schmelzen*, qui est allemand, son dérivé anglo-saxon *Smaltan*, sont présentés comme la source à laquelle ont puisé les Grecs et les Romains. Je ne remonterai pas plus haut qu'à la langue de ce dernier peuple, qui seul, ayant reçu le procédé des Gaulois, peut avoir eu le mot pour l'exprimer; et je pense que du *maltha* de Pline (XXXVI, 24) on a fait, dans la basse latinité, *malthum, exmalthum, smalthum*, et de là *smalto*, en usage dès le IXᵉ siècle pour désigner bien positivement l'émail; nous en avons fait notre mot *esmail, esmaillerie, esmailleur*.

La science a une technologie précise, l'archéologie doit fixer la sienne. Différents procédés, des applications variées, auxquelles nos collections doivent les objets dont elles se composent, exigent des dénominations multiples. J'avais à choisir entre les expressions consacrées par ceux-là même qui inventèrent et pratiquèrent ces procédés, et les termes plus ou moins expressifs, mais arbitraires, qu'il est loisible à chacun de leur substituer. J'ai préféré les premiers, et je m'y suis arrêté après avoir attentivement examiné dans les textes le sens qu'on leur donnait. En général, ces textes manquent de la précision scientifique qui est devenue, comme l'orthographe de notre langue, une obligation pour

---

(1) Ezechiel, ch. I, v. 4. Parmi les commentateurs, les uns se sont lancés dans les interprétations les plus hasardées, les autres, plus simplement, ont déclaré que cette expression devait s'appliquer à un métal qu'on ne connaissait pas mieux que celui désigné par saint Jean (Apoc., I, 15).

chacun. Au moyen âge, et bien avant dans le XVIᵉ siècle, tout était caprice. Un garde des joyaux, un comptable chargé de dresser un inventaire, se permettait toutes sortes de formules arbitraires pour désigner des objets passés de mode ou nouvellement inventés par elle. Il me fallait donc procéder avec précaution, et, loin de m'en tenir à un seul passage, j'ai comparé plusieurs documents entre eux.

Le procédé le plus ancien, celui dont on désigne assez habituellement de nos jours les produits sous le titre d'émaux incrustés, champlevés, etc., etc., est appelé dans les textes tant qu'il a été pratiqué, c'est-à-dire jusqu'à la fin du XVᵉ siècle : *Émaux en taille d'épargne*. Ce terme représente très bien un dessin dont les tailles ou traits sont épargnés par le burin dans le métal, afin de laisser place à l'émail qui fait le fond, qui rend les carnations et remplit les espaces laissés entre les lignes formées par les plis des vêtements. J'ai réuni, dans la seconde partie de cette notice, de nombreuses citations qui mettent en évidence l'usage permanent, la propriété et la convenance de cette expression. Les preuves pourraient être innombrables, le terme a passé au XVIᵉ siècle des orfèvres aux graveurs en bois. Papillon l'emploie dans son ouvrage bien connu pour désigner le genre de gravure que lui et tous les Papillon de sa famille pratiquèrent avec succès.

Un second procédé, qui dérive du premier, est celui de l'émail monochrome appliqué à la taille d'épargne d'abord et ensuite à la gravure en creux dont il remplit les tailles faisant office de niellure, sans toutefois changer rien à sa composition, sans être même astreint à la couleur noire. J'ai conservé le terme dont on se servait : des *émaux de niellure*; il rend très bien l'idée qu'on doit avoir du procédé et la distinction à faire avec les nielles proprement dites.

Le procédé des *émaux cloisonnés* ne me semble avoir été pratiqué en France qu'accidentellement. J'accepte donc l'expression qu'on a ingénieusement imaginée et qui est admise généralement. Je ne vois pas dans les textes de terme qui désigne les émaux exécutés par ce procédé. On l'a cherché à tort dans l'expression d'*émaux de Plicque* et de *Plite* (1), qui revient si souvent dans les inventaires

---

(1) On verra dans le glossaire de la seconde partie, aux mots : *Esmaux de Plite*, non-seulement toutes les modifications et toutes les

et dans les comptes. C'est une erreur qu'on cesse de partager aussitôt que l'on pénètre avant dans ces textes. Le terme se produit assez souvent, pour qu'on en saisisse parfaitement la signification, qui est celle d'appliqué et qui convient à tous les genres d'émaux exécutés à part, sertis, enchâssés ou soudés ensuite sur la pièce au lieu d'être pris dans la pièce même et d'être soumis au feu avec elle. On trouvera les preuves de cette manière de voir dans la seconde partie. Les *émaux cloisonnés à jour* ne sont qu'une variété des émaux cloisonnés, mais il importe de les compter pour qu'on n'applique pas à d'autres genres d'émaux les textes qui évidemment se rapportent à celui-là.

Un quatrième procédé, celui qui fut le plus généralement en usage, est appelé dans les inventaires, dans les comptes, dans les quittances d'orfèvres: *esmail de basse taille, basse taille émaillée*, et par Benvenuto Cellini, qui le pratiquait lui-même: *opera di basso rilievo*. J'ai conservé ce terme avec d'autant plus de raison que celui de translucide qu'on lui a substitué est l'occasion de méprises continuelles, les émaux en taille d'épargne, les émaux cloisonnés et même les plus anciens émaux peints étant quelquefois translucides.

J'aurais pu former encore vingt subdivisions d'émaux, si j'avais voulu faire, du mélange de plusieurs procédés, de nouveaux genres d'émaux. Je les ai compris tous sous le titre d'émaux mixtes. Quant aux émaux des peintres, ils n'ont dans les textes qu'une désignation: on les appelle des *émaux de Limoges*; et si je n'ai pas conservé cette expression, c'est qu'elle ne répond pas à une classification méthodique. Les émaux en taille d'épargne, fabriqués à Limoges dans tout le cours du moyen âge, sont aussi appelés, dans les textes, des émaux de Limoges, et il importe cependant de bien distinguer le changement fondamental adopté au XVe siècle, par la fabrique de Limoges elle-même, dans l'exécution de ses émaux. Je m'en suis tenu à l'expression d'*émaux de peintres* et d'*émaux peints*, qui convient également aux émaux exécutés par un même procédé hors de Limoges et même hors de France.

---

applications de ce terme, mais aussi des mentions d'*esmaux cheuz*, c'est-à-dire détachés, et d'esmaux transposés d'une pièce d'orfèvrerie à une autre.

ÉMAUX DES ORFÈVRES.

J'appelle émaux d'orfèvres tout émail contenu dans une partie évidée et creusée dans le métal par le travail de l'outil tranchant. L'émaillerie n'existant pas comme métier, l'émail appartenait à qui voulait l'employer; mais ce travail était plus particulièrement le fait de l'orfèvre, qui fut au moyen âge le grand ouvrier, l'artiste par excellence, et pour ainsi dire l'homme universel (1).

L'art de l'émaillerie pratiqué par les orfèvres, sans l'intervention des peintres, et limité dans le procédé de la taille d'épargne, donna-t-il, était-il capable de donner une œuvre d'art? A cette question la réponse ne saurait être directe. L'émaillerie sur or et sur argent doré, qui fut exécutée du Xe au XIVe siècle, nous manque entièrement, il ne nous reste que la grosse émaillerie sur cuivre exécutée à Limoges. Il est à supposer qu'au point de vue de l'art la première était de beaucoup supérieure à la seconde, mais dans l'effet général, je pense qu'on peut apprécier l'une par l'autre. Pour la bien juger, il faudrait toutefois se retrouver dans le milieu même où elle brillait, car si l'antiquité à bon droit récuse notre jugement, quand nous condamnons sa peinture d'après les décorations provinciales retrouvées dans les petites villes d'Herculanum et de Pompéi, le moyen âge ne reconnaît pas davantage notre opinion quand elle se forme d'après des échantillons incomplets d'un procédé qu'il sut élever à la hauteur de l'art. Au XIIIe siècle, car c'est toujours à cette grande renaissance française qu'il faut remonter, les orfèvres, qui étaient tous sculpteurs, graveurs, et des artistes éminents, comprirent comme l'antiquité la statuaire, et, comme elle, ils exécutèrent leurs ouvrages dans les métaux les plus précieux et avec le secours de la polychromie. Cette statuaire a disparu, elle a été rejoindre dans les fourneaux du fondeur tant de chefs-

---

(1) Voyez, pour les preuves, le glossaire de la seconde partie, au mot *Esmailleur*.

d'œuvre des siècles passés, mais il reste quelques fragments, et rien n'est plus facile que de reconstituer, par le dessin ou dans la pensée, ces figures nobles et vivantes par l'éclat de leurs couleurs approchant du naturel et par la solennité d'un style convaincu et sévère. C'était là un grand art, car l'étude de la nature et la dignité du sentiment religieux dirigeaient le génie de l'artiste, en même temps que les goûts de l'époque. Les émaux de Limoges durent participer de ces grands principes et se rattacher à ces traditions; pris isolément, et souvent en fragments informes, ils semblent criards de ton, sans perspective et sans effet, en un mot, des œuvres grossières et imparfaites. Mais n'en est-il pas de même, quand on examine un fragment de vitrail? Les procédés sont-ils assez simples, l'exécution assez naïve? Et pourtant remettez ce fragment en place au milieu de la verrière qui fut sa destination, il vous frappera d'étonnement, vous ne résisterez pas à l'admiration. Il en est de même des émaux appliqués aux vases sacrés, aux crucifix, aux reliquaires et aux grandes châsses monumentales; pour les juger, nous devons les reporter à la place qu'ils occupaient sur l'autel, se détachant, sur les rétables dorés, en couleurs vives et brillantes.

Les émaux des orfèvres ont subi quatre modifications radicales qui constituent quatre classes dans cette première division :

1º Les émaux en taille d'épargne et les émaux de niellure;
2º Les émaux cloisonnés;
3º Les émaux de basse taille;
4º Les émaux mixtes, qui participent de plusieurs procédés.

Nous allons les examiner successivement en décrivant les monuments qui s'y rattachent.

ÉMAUX EN TAILLE D'ÉPARGNE.

Procédé. On décalque un dessin sur la surface unie du métal, et au moyen du burin, du ciselet et des échoppes, on évide tout ce qui n'est pas le contour du dessin; de cette façon on obtient une véritable gravure en relief, dont la taille d'épargne noircie au tampon donnerait, sous le froton et sous la presse, une impression excellente. Les espaces évidés entre ces contours forment autant de petites cuves qu'on remplit de poudre ou de pâte d'émail de diverses nuances, selon que l'artiste a combiné son dessin et suivant que la chimie lui vient en aide. Ces émaux, sans liaison entre eux, se fondent à la haute température de la moufle, s'affaissent au niveau des tailles d'épargne en s'unissant à la planche de métal, de manière à ne plus offrir qu'une surface plane dans laquelle brillent les contours du dessin formés par le métal. Les perfectionnements amenés par l'adresse des orfèvres n'ont introduit dans ce procédé d'autre variété que le plus ou moins d'importance donnée au métal : tantôt les traits du dessin seulement sont épargnés en relief, et les figures sont rendues par l'émail en se détachant sur le fond uni et doré du métal; tantôt ce sont les silhouettes entières des personnages qu'on réserve dans le métal, et elles se détachent sur le fond d'émail. On conçoit que ces modifications dépendaient du goût et des talents de l'orfèvre. Était-il à la fois dessinateur fécond et graveur habile, il donnait plus au métal, et avec ses burins il rendait les détails; se fiait-il moins à ses talents, il réservait plus de place à l'émail.

Le moyen âge doit-il ce procédé à l'antiquité? La France le reçut-elle de l'étranger? L'importance de ces deux questions vaut bien qu'on s'arrête un instant à leur examen.

Les peuples de ces grands royaumes de l'Asie, dont l'Écriture-Sainte nous décrivait le luxe fabuleux, pour nous incompréhensible, jusqu'au moment où M. Botta en a fait sortir de terre la preuve matérielle et évidente; les Égyptiens qui ont confié à leurs tombeaux tout l'ameublement de leurs demeures, présentant les specimen variés des arts les plus avancés; les Phéniciens dont on vantait les fabriques de verre, et qui, avec ces verres, faisaient la conquête commerciale du monde connu et du monde inconnu; les Grecs, enfin, ces héritiers sublimes de leurs riches devanciers, tous ces peuples ingénieux étaient trop avancés dans les arts chimiques pour ne pas tirer un immense parti de l'émail dans ses diverses applications, et cependant, tout indique qu'ils ont porté l'art du verrier à sa perfection, qu'ils ont très avancé la fabrication des poteries émaillées, mais qu'ils se sont arrêtés devant les difficultés de l'application de l'émail au métal.

Une négation ne suffit pas, la solution de ces délicates questions de procédés et d'inventions exige des preuves, et j'irai au-devant des objections, en discutant les monuments eux-mêmes, dont on pourrait se faire une arme contre mon opinion.

S'agit-il de prouver le savoir-faire des briquetiers babyloniens, nous avons plus que des textes, nous avons leurs briques vernissées; faut-il reconnaître l'habileté merveilleuse des potiers égyptiens, j'ai recueilli, au fond des tombeaux de Memphis, d'innombrables figurines émaillées, et quelques divinités dont le corps, couvert du plus bel émail bleu, a été poinçonné avant la cuisson d'hiéroglyphes d'un dessin net, admirable. Ces hiéroglyphes, ainsi imprimés en creux, ont été remplis de pâte d'émail blanc et jaune, qui, par la fusion, adhère à l'émail bleu sans s'y mêler, et présente à l'œil, dans une surface unie, une inscription blanche et jaune de la plus parfaite netteté, se détachant au milieu du bleu le plus vif (1). C'est là une preuve d'un art très avancé, mais c'est de l'émail de poterie, et nous nous occupons de l'émail appliqué au métal. Si logiquement, et selon les probabilités, l'un devait mener rapidement à l'autre, il est certain qu'il n'en fut rien.

Examinons donc, en dehors des productions de la poterie, les objets en métal que les Égyptiens auraient émaillés, s'ils avaient su émailler.

Parmi les symboles de leur religion, l'œil est, après le scarabée, celui que les Égyptiens ont multiplié en plus grand nombre, de toutes dimensions et en toutes matières. La plupart de ces yeux sont exécutés en bronze; les paupières forment une cloison et comme une enceinte dans laquelle on a introduit le morceau d'ivoire qui représente

---

(1) La collection égyptienne du Louvre offre, dans ses vitrines, plusieurs pièces remarquables de ce genre de fabrication.

le blanc de l'œil, et le morceau de corne ou de pierre noire qui figure la prunelle. Quelque soin qu'on ait mis à tailler et à ajuster ces différentes pièces, elles se disjoignent, elles se détachent, et pour ce peuple soigneux et consciencieux, ce dut être une tâche ingrate qu'un travail et une imitation aussi imparfaits. Supposez-lui la connaissance de l'émail, et aussitôt cette cavité du bronze est remplie d'émail noir et blanc, châtain et blanc, bleu et blanc, et nous avons l'œil vivant, imité au naturel et inaltérable, condition première dans l'estime des Égyptiens. On n'a pas trouvé un seul œil émaillé, parmi l'innombrable quantité d'yeux que les fouilles ont exhumés de terre depuis cinquante ans, et si l'on en avait trouvé un seul, on en eût trouvé des milliers.

On voit dans la collection du Louvre deux chapiteaux en bronze, de grande dimension, dont les palmettes en couleur semblent exécutées par le procédé des émaux en taille d'épargne. Voici de quelle manière ces revêtements du chapiteau ont été produits : on a disposé des plaques épaisses de bronze dans la forme évasée du chapiteau, on a ensuite, avec des ciselets et des échoppes, évidé ce métal de manière à former des palmettes creuses, et dans les cavités on a introduit un mastic rouge et bleu, qui a servi à retenir et à colorer, comme l'aurait fait de nos jours le paillon, des pâtes de verre incolores coulées de la grandeur de ces cavités et incrustées à froid. Si les Égyptiens avaient su émailler, cette tentative grossière et imparfaite serait devenue une opération facile, d'une réussite assurée et complète. Avec la connaissance de ce procédé, ils auraient émaillé leurs statues et statuettes en bronze; eux, si amoureux de la couleur, au lieu de les damasquiner avec tant de patience et de difficulté (1), ils auraient fait ressortir, au moyen de l'émail, ces compositions taillées en relief sur les vases en bronze, et dont le travail se perd dans une nuance uniforme.

Si les Égyptiens ne peuvent qu'en apparence revendiquer les émaux de basse taille et les émaux en taille d'épargne, ils n'ont pas de titre plus sérieux pour s'attribuer l'invention des émaux cloisonnés. Qu'on examine, dans les vitrines de la collection égyptienne du Louvre, les objets suivants : 1° deux magnifiques bracelets d'or, du plus ancien style,

---

(1) Voyez au Louvre une statuette damasquinée en or avec un art admirable; elle a les yeux incrustés en pâte de verre.

dont les dessins (des lions et des ornements) sont formés par un cloisonnage découpé, rempli de couleurs variées ; 2º une égide faite en forme d'oiseau à tête de bélier et à pieds de vautour. Le travail de l'orfèvre, pour imiter le plumage de l'oiseau, est d'une finesse merveilleuse; 3º une autre égide décorée au milieu d'un vautour associé à l'ureus et à un autre oiseau à tête de bélier; 4º une porte de naos, en or, dont la corniche et le cordon qui suit les bords sont cloisonnés. Ces quatre objets, d'une fabrication identique, sont colorés avec les mêmes substances. Si ces couleurs avaient pour base les éléments vitrescibles de l'émail, elles auraient conservé leur fraîcheur tout aussi bien que des faïences émaillées; mais des mastics, les uns colorés, les autres retenant des morceaux de lapis-lazuli qui n'auraient pu supporter la chaleur du four, se sont délités, ternis, mis en poussière. Ce n'est donc pas un spécimen des émaux cloisonnés des Égyptiens, mais la preuve que ce procédé leur manquait, et qu'ils l'ont remplacé, avec beaucoup d'habileté, par un expédient ingénieux. Quel éclat, quel délicieux effet eût produit un véritable émail dans ces cloisons d'un si admirable dessin!

Tout cela, comme on voit, ne supporte pas l'examen; un petit épervier de cette dimension, cloisonné en or, dont la tête de femme est remplie de pâte rouge, le corps, de deux nuances de bleu, et les pattes, de blanc, m'a mis plus longtemps en hésitation. Là, aucun emploi de lapis ou autre pierre de couleur. Il est évident que si l'analyse chimique peut soumettre à ses fourneaux une parcelle de ces mastics colorés, elle nous dira ce que nous avons à en penser : si c'est un émail ou un mastic. Jusqu'à preuve du contraire, je soutiens que c'est un mastic; j'en ai pour garants : 1º la parfaite résistance de l'émail qui couvre les faïences égyptiennes; 2º des procédés tout à fait semblables appliqués au bois, c'est-à-dire à une matière qui s'enflammerait, si on l'exposait à la chaleur nécessaire pour mettre l'émail en fusion (1); enfin 3º l'isolement de cette production.

---

(1) On peut voir dans les vitrines de la collection égyptienne du Louvre, deux enseignes militaires et un montant de meuble, tous les trois en bois, tous les trois incrustés absolument de la même manière et avec les mêmes substances.

Ce sont là les seuls objets en discussion dans la collection égyptienne du Louvre, et les collections de Londres, de Leyde (1), de Berlin (2), de Munich (3) et de Turin, qui

---

(1) Le docteur Brugsch cite un bandeau d'or orné de l'Uræus qui appartient au Musée égyptien de Leyde, et qui aurait été émaillé à sa surface, et incrusté de pierres de couleur. *Ein grosses, mit dem Uræus versehenes goldenes Stirnband, an seiner Aussenflæche blau emaillirt und mit farbigen Steinen besetzt.* Cette association de pierres et d'émaux est pour moi, je le répète, la preuve que ces bijoux ne sont pas émaillés, pas plus que les enseignes militaires en bois ne peuvent l'être, bien qu'étant ornées de la même manière elles en aient toute l'apparence.

(2) M. le docteur Kugler parle, dans le *Kunstblatt* du 22 janvier 1853, de bijoux d'or trouvés à Meroe, par Ferlini, et dont une partie est entrée dans le Musée de Berlin. Selon lui, tous ces bijoux, qui furent l'ornement d'une reine égyptienne, sont émaillés d'après le procédé des émaux cloisonnés: « Die Farben sind helleres und dunkleres Blau, Grün, « auch Weiss und Schwarz zur Darstellung des beliebten symbolischen « Ornamentes in der Form des Auges. Alle diese Farben erscheinen « durchaus als ein harter Schmelz, der flüssig in die Füllungen ein- « gelassen und in diesen in nicht gleichartiger flæche erhartet ist. » *Les couleurs sont le bleu clair et foncé, et le vert; on a employé le blanc et le noir pour rendre l'ornement symbolique favori, en forme d'œil. Toutes ces couleurs paraissent positivement formées d'une composition fondue au feu sur le métal, et durcie, bien qu'à des niveaux différents, dans les espaces laissés entre les cloisons.* M. le docteur Kugler affirme, comme on voit, que c'est bien là de l'émail, et cependant je ne changerai pas d'opinion, parce que j'entrevois dans la description même de l'illustre savant, que ces bracelets de Meroe sont de la même fabrication que les bracelets de la collection égyptienne du Louvre, et j'ai dit que je ne les croyais pas émaillés. Ainsi, cette description se termine par ces mots : « Wesentlich verschieden von ihnen ist eine « ausserdem vorkommende rothe Füllung, die sich, eben so bestimmt « als Incrustation, als aus eingekitteten geschliffenen Steinchen « bestehend, erkennen læsst. » *Tout-à-fait différent de ces émaux* (le bleu et le vert), *est un remplissage de couleur rouge qui paraît être une incrustation de pierres taillées, polies et retenues par un mastic.* Ainsi donc, dans la même pièce cloisonnée, des cloisons auraient été remplies, les unes d'émail, les autres de pièces incrustées ou fixées dans du mastic? Cela n'est pas probable. Je dirai plus, au point de vue technique et pratique, cela n'est pas possible; et la présence du lapis-lazuli dans les bijoux du Louvre m'a servi d'argument pour les exclure de l'émaillerie.

(3) On lit dans le catalogue des collections réunies (Vereinigten Sammlungen), rédigé par le professeur Hefner, n° 2: *Vier goldene*

offrent des objets de même nature, ne m'ont pas présenté plus clairement ce que nous avons défini sous le nom d'émaux. Ils offrent même dans les bronzes grecs et romains trouvés à Alexandrie, mais de fabrique égyptienne, une preuve nouvelle à l'appui de notre opinion. Des statuettes de Vénus à la tête radiée, ont le cou chargé d'amulettes, les unes prises dans le bronze, les autres en verroteries incrustées à froid et fixées dans un mastic (1). Ces statuettes répondent toutes à un ancien type, mais la pauvreté du travail et la décadence du dessin placent ces bronzes, les uns à la fin de la domination grecque, les autres à la fin de la domination romaine. Si Memphis, Athènes ou Rome, avaient connu l'application de l'émail au métal (2), ce procédé ne se serait pas perdu, et les ouvriers d'Alexandrie ne l'auraient pas remplacé par un expédient grossier.

Armspangen mit emaille, aus Ægypten durch Dr Ferlini gebracht. — « Quatre bracelets d'or émaillé apportés d'Égypte par le Dr Ferlini. » Ces bijoux sont de la même provenance que ceux de Berlin, mais ils n'étaient peut-être pas acquis, lors de ma dernière visite à Munich en 1844; en tout cas, je n'en ai conservé aucun souvenir, mais M. La Barte, qui revient de cette ville, m'affirme que ces bracelets sont d'un dessin différent, mais du même travail que les bracelets de la collection égyptienne du Louvre. Ce n'est donc pas de l'émail mis en fusion sur le métal, c'est-à-dire un véritable émail.

(1) M. Michelini a acquis de Cloï-bey des bronzes trouvés à Alexandrie, et, entre autres, une de ces Vénus au collier d'amulettes incrusté de verroteries bleues. Ces bronzes sont entrés dans la collection du Louvre.

(2) Les antiquaires, faute de s'être attachés à cette distinction, ont porté confusion dans la question. *L'art de l'émailleur était certainement pratiqué par les anciens habitants de Thèbes*, dit M. Champollion-Figeac; et il a raison, puisqu'il n'étend pas cet art au delà de son application à la poterie. *Ce qui reste d'émaux grecs est tellement considérable*, écrit de son côté M. Dussieux, *que l'on doit rejeter l'opinion qui suppose que cet art fut inconnu ou peu répandu chez les anciens*; et M. Dussieux n'a pas tort, car il n'entend parler que des fils de verre de couleur qui, disposés en mosaïques et soudés par le feu, présentent dans leur section des dessins délicieux. *Les Romains n'ignoraient pas l'art d'émailler*, dit M. Amaury Duval dans l'explication des planches de Denon; et l'observation est juste, car il s'agit de poteries émaillées. Rien de tout cela cependant n'appartient à l'émail fondu sur métal, c'est-à-dire à ce que nous désignons sous le nom d'émaux. Une note, que M. Albert Way avait reçue de M. Dubois, mérite plus d'attention,

On pourrait, il est vrai, citer les verres mosaïques en filigranes, produits d'un art délicieux, imparfaitement reconquis par l'industrie moderne (1). Les Phéniciens furent probablement les propagateurs de cet ingénieux procédé, mais les Égyptiens en sont les inventeurs. Ce peuple, si avancé dans les arts chimiques, avait remarqué que le verre de différentes couleurs pouvait se fondre et se souder sans mêler ses nuances ; partant de ce principe, il étira des filets et des lames de verre coloré, et les réunit en faisceau dans un ordre et une disposition qui, vus à leur extrémité, formaient les dessins mosaïques les plus fins ; puis, soumettant ce faisceau à l'action du feu, il le fondait de manière à n'en former qu'une masse vitreuse. On conçoit, dès lors, que chaque section faite dans cette espèce de rouleau donnait la répétition du même dessin.

Les Grecs héritèrent de ce procédé par l'entremise des

---

parce qu'elle va directement au sujet qui nous occupe. M. J.-J. Dubois était un homme sagace, qui avait manié, tant en Égypte qu'au Louvre, et dans les ventes, d'innombrables antiquités égyptiennes ; il n'est pas probable qu'il eût pris pour un émail une pâte vitreuse incrustée à froid dans le métal, et il connaissait sans doute quelques-uns des objets que je viens de citer ; cependant il annonçait posséder et proposait à M. A. Way de lui céder UN ÉMAIL ÉGYPTIEN : *un spécimen unique d'émail égyptien sur un métal jaune composé, produit par l'incrustation de pâtes vitreuses dans des cavités creusées dans la surface de la planche, et fixé dans ces trous par le feu, suivant un procédé entièrement semblable à celui qu'adoptèrent les émailleurs de l'Europe au moyen âge, est dans la possession de M. Louis Dubois, l'un des conservateurs du Louvre, qui m'a informé que, pendant toute la durée de ses longues études sur les antiquités égyptiennes, c'est le seul exemple qui soit passé sous ses yeux.* Cet objet unique, comme l'annonçait M. Dubois, et si précieux, à le supposer tel qu'il est indiqué dans cette note, ne s'est pas trouvé dans les collections qu'il a laissées à sa mort. J'ai suivi attentivement la vente qui eut lieu, et ce morceau curieux ne m'aurait pas échappé. S'il l'a vendu durant sa vie, comment, depuis lors (1836), ne serait-il venu à la connaissance d'aucun des antiquaires qui se sont occupés de ces matières ? A moins que ce ne soit la figurine égyptienne présentée par M. Hertz, en 1847, à la Société archéologique de Londres, et qui, selon M. W. Harry Roggers, est un émail égyptien qui met la question hors de doute : *wich places the question beyond the reach of doubt* (Journal of the archæol. ass., 1848, p. 281). Ma conviction restera la même tant que je n'aurai pas vu, de mes propres yeux, les objets qui doivent la faire changer.

(1) Par les Vénitiens au moyen âge, et par les fabriques de Bohême et de Choisy, près Paris, de nos jours.

Phéniciens, et ils en rehaussèrent le mérite par le charme et l'élégance de leurs compositions. Mais il serait inutile de citer les nombreux specimen parvenus jusqu'à nous et conservés dans toutes les collections (1); ce n'est pas l'émail tel que nous l'entendons, l'émail appliqué au métal. Cet émail resta inconnu aux Grecs comme à toute l'antiquité; et cependant les yeux qui voyaient l'architecture et la sculpture polychrome, les orfèvres qui étaient d'admirables sculpteurs quand ils le voulaient, auraient renoncé à profiter de cette association heureuse de la couleur avec l'uniformité brillante de l'or? Non sans doute; ils imaginèrent d'introduire des pâtes colorées dans des cloisons de filigranes, dont ils entouraient avec délicatesse toutes les pièces de leur élégant écrin; ce n'était pas de l'émail, c'était un expédient pour le remplacer, et il ne semble pas qu'ils se soient rapprochés davantage du vrai procédé (2). Sauf l'éclat vitreux et la durée, c'en était l'équivalent, et ces tentatives, en même temps qu'elles prouvent l'ignorance où ils étaient, établissent le désir que les Grecs avaient de connaître l'émail appliqué au métal, et l'usage étendu et journalier qu'ils en auraient fait. Lors du passage de l'amiral Halgan à Milo, il y a une dizaine d'années, on lui apporta, et il acheta, deux colliers qui avaient été trouvés dans un tombeau antique. Un de ces colliers a été donné au roi Louis-Philippe, l'autre est entré dans la collection de M. Pourtalès; il est catalogué sous le n° 1390. Ce collier en or est coloré de la manière que je viens d'expliquer; il se compose de petites plaques en or, de forme ovale, unies entre elles par des nœuds. Les plaques sont ornées, avec une délicatesse extrême et une élégance incomparable, de dessins en fili-

---

(1) Je renonce à citer toutes les pièces en verre, de travail grec, que les collections publiques et particulières offrent à l'étude. C'est tout un musée d'objets délicieux : il y a des médaillons d'une beauté, de petites sections de filigranes d'une finesse, des dessins d'un éclat, des masques de théâtre d'un comique, des bas-reliefs d'une élégance, qui surpassent tout ce qu'on peut imaginer, tout ce qu'on doit attendre du goût le plus épuré, associé aux procédés les plus ingénieux.

(2) M. le duc de Luynes, dont on connaît l'autorité dans ces délicates matières, revient d'Italie, où il a vu une couronne d'or de travail étrusque, *qui est décorée d'émaux*. Le marchand qui la lui montrait en a cédé une autre du même genre à M. Campana, et, à l'entendre, elle prouverait avec plus d'évidence encore la pratique de l'émaillerie chez les anciens. Je sens ma conviction ébranlée par ce témoignage, et cependant je ne me rendrai qu'à l'évidence.

granés, soudés sur leur surface, formant comme des cloisons microscopiques, dans lesquelles une pâte, qui paraît être un soufre opaque, a été mise et semble avoir été fondue par l'action du feu. Cette pâte est de couleur bleu turquoise, jaune et vert, toutes nuances très pâles. J'ai examiné ces bijoux longuement et à la loupe, je me suis assuré en outre que cette foule de bijoux grecs, d'or soufflé, qu'on rencontre dans les collections les plus riches, étaient, dans l'origine, colorés au moyen de ces pâtes (1). Les tissus de filigranes qui les recouvrent et qui les ornent avaient pour but premier et principal de former les cloisons qui retenaient ces pâtes colorées. Il faudra donc accorder aux Grecs le mérite d'avoir été les premiers et les plus délicats émailleurs, si d'autres monuments plus considérables permettent d'analyser ces pâtes et d'y trouver les éléments de l'émail: mais jusque-là nous pouvons établir qu'ils n'ont employé qu'un procédé bien imparfait et bien différent du véritable émail : 1° parce que tous les bijoux grecs en filigranes d'or ont été embellis de cette manière, et que le temps, qui respecte l'émail, a détruit presque entièrement ces pâtes sans consistance ; 2° parce que si le véritable procédé avait été connu, il eût eu une vogue immense, se serait transmis à nous, inaltéré, dans de nombreux specimen et dans les textes, où il eût laissé trace.

Rome a bien peu inventé, mais elle a mis à profit tous les secrets du vieux monde. L'Asie, l'Égypte, la Grèce, avaient usé des siècles à la culture des arts; elle s'est déclarée leur héritière, et peu s'en est fallu qu'elle ne prétendît avoir été leur devancière, par droit de conquête aussi. Rome aurait donc exécuté des émaux, si quelque peuple de sa vaste domination avait inventé ou connu ce procédé. Or, nous avons recueilli presque toute la vie privée des anciens; nous avons, de Rome, ses verres de toutes couleurs incrustés en toutes choses, faisant avec les pierres précieuses l'office d'yeux pour les statues de métal (2); nous avons

---

(1) On montre, au Musée de Rouen, un casque grec en cuivre dont la visière est percée de deux yeux en émail qui semblent fondus à part, comme le faisaient les Égyptiens, et sertis à froid dans le cuivre. Le ton foncé de la prunelle, la nuance bleu clair du blanc de l'œil sont bien rendus; mais cette particularité, assez rare en tout cas, ne suppose pas la connaissance et la pratique du procédé de l'émail fondu sur le métal.

(2) Une tête en bronze de travail romain et du plus beau style a été

toute son orfèvrerie, ses gravures sur feuilles d'or enveloppées de verres, faisant l'effet d'un émail métallique translucide; nous trouvons en tous lieux ses mosaïques en pâtes de verre de toutes les nuances, et nous ne trouvons pas la trace d'un émail mis en fusion sur le métal.

Un rhéteur, qui appliquait volontiers sa faconde à la description des productions de l'art, Philostrate, quitta Athènes après avoir professé dans cette ville, et vint, vers le commencement du IIIe siècle de notre ère, chercher fortune à Rome, où la faveur de Julie, femme de Septime Sévère, l'attira dans le palais impérial, au milieu des splendeurs de la royauté et de son luxe. C'est avec ce goût des choses de l'art, avec cette expérience de la vie, avec cette connaissance de tous les raffinements du luxe grec et romain, que Philostrate écrit cette phrase: *On rapporte que les barbares voisins de l'Océan étendent ces couleurs sur de l'airain ardent; elles y adhèrent* (ou elles s'y unissent), *deviennent aussi dures que la pierre, et le dessin qu'elles figurent se conserve* (1). Cette phrase, après les considérations qui précèdent, après ce que je viens de dire de l'existence même de Philostrate, me semble sans réplique; on aura beau la presser, la torturer, on n'en fera pas sortir autre chose que cet aveu, assez pénible pour un Grec, et même pour un Romain, que les *barbares* voisins de l'Océan, probablement les Gaulois (2), avaient le se-

---

acquise en Italie et rapportée à Paris par M. le duc de Luynes. Elle offre cette particularité, que les cils sont découpés dans une feuille de cuivre qui contourne un œil dont le blanc est fait en ivoire et la prunelle avec un verre translucide sous lequel sont peints les cercles de la pupille. L'incarnat des lèvres et des narines est rendu par une feuille de cuivre rouge qui les recouvre. L'émail, qui eût si bien joué le naturel, n'est pour rien dans cette imitation minutieuse de la réalité.

(1) Voici le passage du texte original : Ταῦτα φασὶ τὰ χρώματα τοὺς ἐν Ὠκεανῷ βαρβάρους ἐγχεῖν τῷ χαλκῷ διαπύρῳ, τὰ δὲ συνίστασθαι, καὶ λιθοῦσθαι, καὶ σώζειν ἃ ἐγράφη (Icon., lib. I, cap. 28.) Buonarotti est, je crois, le premier érudit qui ait fait ressortir l'importance de cette remarque de Philostrate.

(2) Olearius commente ainsi : *Celtas intelligit per barbaros in Oceano*; Heyne pousse plus haut; il trouve, dans ces voisins de l'Océan, les Bretons, et les archéologues anglais ne seraient pas éloignés de favoriser cette supposition. Il est évident qu'il y a dans ce passage de Philostrate, pris isolément, de quoi satisfaire les prétentions de toutes les nations européennes; mais on doit l'interpréter par les monuments qui subsistent et par un ensemble de considérations qui s'y rattachent.

cret de l'émail, inconnu aux nations dites civilisées (1).

Si l'aveu était pénible, le fait est étrange. Comment, au milieu de cette capitale du monde, au sein de la ville par excellence, où le luxe enveloppait toute la population et jusqu'aux esclaves (2), un procédé qui s'appliquait si bien à cette frénésie de l'or, des pierreries, de tout ce qui brillait, n'a-t-il pas été trouvé par les orfèvres, les potiers ou les verriers, et poussé jusqu'aux dernières limites de ses ressources variées (3)? Comment? C'est un mystère, et il faut reconnaître, contre toutes les vraisemblances (4), que les émaux, comme l'imprimerie, restèrent inconnus à l'antiquité, bien qu'elle eût à sa disposition et à son usage

---

(1) Cette découverte, par les *barbares*, d'un procédé inconnu aux Grecs et aux Romains n'est pas un fait isolé. Il y a, dans les nations jeunes, une sève qui crée des forces et des puissances nouvelles du milieu même de leur inexpérience. Voyez pour un autre exemple, et ce n'est pas le seul qu'on pourrait citer, d'une invention propre aux barbares, mais que les Romains, cette fois, s'approprièrent : Pline, lib. 34, cap. 17, § 48, Sillig. Lips. 12° 1836.

(2) *Nec non et servitia jam ferrum auro cingunt.* Pline, XXXIII, 6.

(3) Je remplirais un volume si je voulais citer tous les témoignages du luxe désordonné de cette époque. Ces citations établiraient clairement qu'en même temps que le verre était soumis aux applications les plus variées, comme les plus ingénieuses, l'or et l'argent, portés en bijouterie, en équipements de toutes sortes, ou laminés pour servir de revêtements aux lits et à tous les meubles, étaient ciselés, repoussés et gravés avec une recherche et un talent qu'aurait singulièrement rehaussés l'emploi de l'émail. Or, si l'émail avait été appliqué à une seule bague, à une seule fibule, il se serait étendu à toutes choses, et les textes, comme les monuments, en fourniraient la preuve. Les uns et les autres, au contraire, sont muets.

(4) J'ai soutenu ailleurs cette thèse de l'impossibilité d'étouffer une invention dès que le procédé en est simple dans son exécution et fécond dans ses résultats. Il s'agissait de l'invention de Varron, et je vois avec regret que le savant Otfried Müller admettait, à la fin de sa courte et si belle carrière, l'usage passager (*eine vorübergehende Erscheinung*) des émaux chez les Égyptiens, et de l'impression de la gravure chez les Romains (Handbuch, dernière édition 1848, p. 462). L'ensemble de ses études aurait dû l'éloigner de l'écueil que rencontrent les préoccupations un peu aveugles des recherches spéciales. Benvenuto Cellini, qui n'était pas un archéologue, exprimait l'opinion de son temps, en disant des émaux : *Era in uso quest'arte appresso gli antichi* (Tratt., p. 46). La critique du XVI° siècle, dans ces questions d'origine, est loin d'être infaillible.

quotidien, pour l'un et l'autre de ces arts, tous les éléments qui les constituent. Une main puissante, bien qu'invisible, maintint le voile sur l'impression jusqu'au XVe siècle, et le retint sur l'émail appliqué au métal pendant toute l'ère de l'antiquité.

Les Romains trouvèrent donc ce procédé en pratique usuelle dans les parties occidentales et septentrionales de leur immense empire, ils l'adoptèrent et le perfectionnèrent sans doute; mais il est difficile d'en établir la preuve, parce que les tombeaux sont rarement fouillés avec assez d'intelligence pour qu'on puisse déterminer bien positivement ce qui appartient à la civilisation romaine ou ce qui revient à la civilisation locale. Il est un fait certain, cependant : c'est qu'on trouve confondus dans les musées, comme provenant des mêmes tombeaux, des fibules ornées de verres et de pâtes de verre incrustées à froid dans le métal, en même temps que des fibules bien positivement émaillées. Il est probable que cette bijouterie en verroteries appartient à la Gaule-Belgique; au moins les objets ainsi ornés, que j'ai pu examiner, proviennent-ils de ces contrées ; ainsi, des agrafes trouvées à Drouvend, près de Neufchâtel, en Normandie (1), sont travaillées exactement de la même manière et ornées des mêmes verres colorés que l'épée et les abeilles du tombeau de Tournay (2), que le petit plat du trésor de Gourdon (3), que les aigles et les agrafes du tombeau de Bavay (4), et que beaucoup

---

(1) **Musée de Rouen.** — Deux fibules et une épingle en argent doré. Les deux fibules ont la même forme et les mêmes ornements, particuliers à tous ces bijoux, qui se distinguent des fibules émaillées autant par le style que par les verroteries.

(2) Avec un peu d'attention on verra que l'orfèvre a réservé sur le bord de chacune des cloisons, percées dans la plaque d'or, un léger rebaut qui suffit pour retenir la pièce de verre rouge taillée de grandeur exacte et introduite par-dessous. Une petite pièce d'étoffe placée sous le verre fait fonction d'un paillon guilloché. Ces objets curieux, cités dans plusieurs ouvrages comme les monuments les plus anciens de l'émaillerie, avaient été cependant exactement décrits, depuis Chifflet jusqu'à Dumersan, comme verroteries enchâssées.

(3) Le plateau, destiné à supporter les burettes, trouvé à Gourdon. Bibliothèque nationale, cabinet des antiques.

(4) **Collection Failly.** — Une fibule en argent dont l'extrémité s'évase et se termine en rayons. Trouvée à Bavay, arrondissement d'Avènes, département du Nord.

d'autres bijoux dispersés dans diverses collections sans indication de provenance (1). Tous ces objets semblent l'ouvrage d'orfèvres qui ne pratiquaient pas les procédés de l'émail appliqué au métal. Ils ne peuvent pas remonter plus haut que le VIIe siècle, tandis que nombre de fibules émaillées, trouvées dans le sol de toute l'ancienne Gaule, ont un caractère et un style d'une époque plus reculée. Or, ces bijoux émaillés sont d'origine gauloise, car les analogues ne se trouvent pas en Italie.

Citerai-je toutes ces fibules, toutes ces plaques, toutes ces cassolettes et autres bijoux émaillés que les fouilles produisent partout, dont tous les musées sont enrichis? Le travail serait trop considérable, mais il ne manquerait pas d'intérêt, s'il servait à exposer les divers procédés de détail dont on était déjà maître au milieu de nous, du IVe au VIIIe siècle. Il suffira, pour l'éclaircissement de cette notice, d'indiquer les objets de ce genre que possède le Musée du Louvre, à ceux qui, en venant étudier les émaux du moyen âge, voudront remonter à leur point de départ (2).

Tous ces objets sont émaillés sur cuivre jaune, c'est-à-dire sur bronze. L'emploi de cet alliage, pour être moins favorable à la fusion de l'émail, n'en est pas moins, comme on voit, d'un usage facile. Le Musée du Louvre n'a recueilli que des fibules. On sait que, dans l'antiquité, hommes et

---

(1) **Musée du Louvre**, collection Durand, n°s 4866, 4867. **Bibliothèque nationale**, cabinet des antiques, quatre fibules en bronze, n°s 4972, 73, 74 et 75. **Musée de Cluny**, n° 1395, une épingle en or, au chaton un verre rouge sur étoffe. On cite, dans les mémoires de la Société des Antiquaires de Londres, une plaque ornée de verroteries rouges (filled with red glass) qui doit être de ce même travail. (Archæologia, tome III, page 274, année 1786.)

(2) Je citerai cependant la série très intéressante des objets de ce genre qu'on a réunis dans le cabinet des antiques. **Bibliothèque nationale**. Fibules émaillées, de forme ordinaire, en carré, en losange, en palmettes, gravées en taille d'épargne : n°s 4946, 47, 48, 49, 50, 51, 52, 54, 57, 58, 59, 61, 63. En forme de disque, avec deux cercles d'émaux rouges opaques, n° 4929. En forme de roue, à bandes d'émail, avec incrustations de petites fleurs, n° 4944, ou bien en échiquier blanc et bleu lapis, alternant avec des émaux rouges et blancs, le bord supérieur décoré de palmettes alternativement rouges et bleues. En forme de chien, n°s 4926, 4933; de tigre, 4925; de bouquetin, 4928; de cheval, 4930; de lièvre au repos, 4932, 4935; de lièvre courant, 4934; d'oiseau les ailes déployées, 4936. En groupe de deux têtes de chevaux accouplées, 4931.

femmes attachaient leurs manteaux au moyen d'une agrafe, et que les orfèvres s'appliquèrent de tout temps à transformer en bijoux précieux et élégants ces objets usuels. Une fois que l'émail fut appliqué avec succès au métal, il n'est pas douteux qu'il dut se répandre sur toutes les parures, sur tous les ustensiles de toilette, de table et de luxe (1). Mais en nous en tenant aux seize fibules émaillées que possède le Louvre, et dont on trouvera la description dans la Notice de M. de Longpérier (2), nous dirons que le métal est préparé, c'est-à-dire évidé, et les tailles épargnées absolument comme dans les émaux du XIIe siècle (3); ces tailles ménagées en relief, au lieu de séparer chaque couleur d'émail, servent à former les divisions principales du dessin d'ornementation. L'espace qu'elles laissent entre elles a été rempli d'émail d'une seule nuance qui, passé au feu, a comblé exactement les cloisons. C'est dans cet émail refroidi qu'on a creusé au moyen de la roue et de tous les instruments qui servaient à la taille et à la gravure des pierres précieuses, tantôt des séparations profondes mettant le cuivre à nu, tantôt de petites excavations en forme de ronds, de rosaces et autres ornements (4). Un nouvel émail, d'une nuance différente,

---

(1) **Bibliothèque nationale.** — On voit au cabinet des antiques six cassolettes en forme de mouches et décorées de mouches; leur couvercle est émaillé. On trouve aussi dans cette collection des boutons, des pendants d'oreille et d'autres objets dont il est difficile de déterminer l'usage. **Musée d'artillerie.** J'exclus de ces citations l'épée gallo-phocéenne trouvée à Usez. Cette arme admirable, grecque par sa forme et ornée dans le goût local, offre sur son pommeau deux cercles gravés en creux et remplis aujourd'hui d'une couleur verte lustrée qui semble un émail et ne me paraît être en réalité que les restes oxidés d'une feuille d'argent incrustée.

(2) Je les indiquerai ici sommairement, avec le numéro qu'elles portent et leurs dimensions. Collection Durand, n° 3314, longueur 0,053, diamètre 0,029. — ED., 3390, diamètre 0,030. — ED., 3401, diamètre 0,038. — ED., 3403, longueur 0,028, largeur 0,010. — ED., 3423, diamètre 0,037. — ED., 3438, longueur 0,042, largeur 0,027. — ED., 3428 *bis*, longueur 0,053, largeur 0,024. — ED., 3435, longueur 0,034, largeur 0,025. — ED., 3512, diamètre 0,037. Ces onze indications suffisent, les autres fibules ont moins d'importance.

(3) Les n°[s] 3314, 3423, 3428 *bis*, 3401, ayant perdu presque entièrement leurs émaux, qui étaient rouges et jaunes, montrent bien le travail.

(4) Voyez les n°[s] 3390 et 3435, fond bleu, pois ronds espacés régulièrement: cette seconde couche s'est détachée en partie.

a été mis dans ces espaces ménagés, et la fusion opérée par le feu a fait adhérer, sans les mêler, l'ancien et le nouvel émail. Cette seconde opération donnait déjà, par l'opposition de deux tons, des ornements variés et assez élégants; au moyen d'un troisième on a produit de véritables fleurs se détachant en rouge sur une rosace blanche prise dans un fond bleu (1).

Ces émaux, ainsi superposés ou juxtaposés, car nous avons des jaunes et des noirs (2), des rouges et des jaunes disposés en échiquiers dans les cercles répétés de fibules en forme de disque, n'étaient pas les seuls que l'art de l'émailleur produisît. On le voit déjà se rapprocher des émaux du XIe au XIIe siècle, surtout dans une fibule (3) d'un dessin charmant, dont la forme en arc a été rehaussée dans sa partie la plus évasée, celle qui tient la charnière de l'aiguille, par trois nuances d'émaux, bleu, vert et jaune; chaque nuance est séparée de sa voisine par une taille épargnée dans le métal, et qui dessine les contours du dessin. En outre, ces émaux, moins opaques et plus vitrifiés, ont l'éclat et l'effet de glace des émaux plus modernes (4).

Voilà donc l'émaillerie en pleine activité, la voilà devenue plus qu'un objet de luxe : elle est entrée dans les habitudes de la vie privée, elle orne les objets usuels. Est-ce un fait général? Est-il restreint à une localité? S'il est local, à quelles contrées appartient-il? La réponse peut être catégorique, parce que les preuves sont assez nombreuses

---

(1) Voyez le n° 3403. Le fond est bleu turquoise, les ornements sont blancs et de forme carrée, au milieu une petite fleur rouge. Voyez aussi le n° 3450 qui figure une semelle, forme dont nous avons plusieurs exemplaires; le fond de l'émail est rouge orangé opaque; de petits trous ronds, perforés très régulièrement à la roue, sont remplis d'émail bleu turquoise et noir.

(2) Voyez le n° 3512. Les émaux ainsi disposés en échiquier et juxtaposés entre des cercles de métal, réservés en taille d'épargne, sont de couleur rouge, noire et jaune.

(3) Je dois toutefois citer le n° 3491 : c'est une fibule plate, forme ovale, bord dentelé. Sur cette plaque de métal on a gravé très grossièrement un poisson entouré d'ornements rayonnants en pointes. Tous les espaces creusés semblent, par ce qu'il en reste, avoir été remplis d'émail rouge brun opaque.

(4) N° 3455. La roue à polir était évidemment déjà en usage.

pour autoriser une affirmation, et elle est satisfaisante, parce qu'en confirmant le texte important de Philostrate, elle jette une clarté dans ces origines toujours obscures. Les fouilles faites en France, ancienne Gaule, dans une partie de la Gaule-Belgique et de l'Angleterre, ont toutes mis au jour de nombreux bijoux et ustensiles émaillés; les fouilles faites en Italie depuis des siècles n'ont rien produit de ce genre (1), et au delà du Rhin, dans tout le Nord, où les tombeaux de toutes dispositions ont rempli les musées de bijoux en or et d'ustensiles en bronze, les objets émaillés y sont inconnus, ou au moins tellement rares et d'une origine si incertaine, qu'on peut avec assurance établir que l'émaillerie n'y fut pas pratiquée, et que les bijoux émaillés y sont d'importation (2).

La rareté des pièces d'orfèvrerie des XVIe et XVIIe siècles suffit pour expliquer la disparition presque complète des émaux qui furent exécutés en France du VIIe au IXe siècle; mais on ne peut douter que les orfèvres aient été à l'œuvre dans les moments de tranquillité qu'obtint la société au milieu de ses traverses. Eh bien! ces bijoux, ces pièces d'orfèvrerie étaient, certes, émaillés; supposer le secret de l'émail perdu, c'est supposer l'anéantissement complet et général du métier d'orfèvre et de ses traditions. Rien n'indique quelque chose d'approchant d'une pareille catastrophe; au contraire, les textes prouvent, ne serait-ce que par des des-

---

(1) Mon dernier voyage en Italie est de 1844, mais j'ai consulté les archéologues qui reviennent de Rome, et particulièrement M. Perret, l'estimable auteur des Recherches dans les catacombes. Après une étude attentive de tous les objets dont se compose le Musée chrétien du Vatican, il a pu m'affirmer qu'il n'en avait trouvé aucun portant traces d'émail. En effet, j'ai revu ses portefeuilles, et ils ne contiennent que des dessins de ces fonds de coupes qui renferment des feuilles d'or gravées, prises entre deux couches de verre. Ce procédé ingénieux n'a rien de commun avec l'émail.

(2) J'ignore si des fouilles modernes me contrediront, je parle ici d'après des souvenirs qui datent de 1836, époque de mon dernier voyage en Danemark, en Prusse et dans quelques parties du nord de l'Allemagne. Tous leurs musées regorgent d'antiquités nationales, et les objets émaillés y sont très rares. Or, quelques exceptions ne suffisent pas pour infirmer mon assertion. Quand un procédé est connu dans un pays, il s'en infiltre quelque chose dans les contrées voisines; mais c'est dans ce pays seul que les fouilles sont productives et que les exemples abondent.

criptions de rapine et de destruction, que le luxe était grand, et le goût pour les bijoux d'or ornés de pierres précieuses très répandu. S'il s'agit de montrer la pratique permanente de l'émaillerie, nous pourrons citer les anneaux d'or des évêques Ethelwulf (1) et Alhstan (2), qui vivaient au IXe siècle, et d'autres bijoux émaillés qu'on peut placer dans le Xe; mais j'ai hâte d'arriver aux monuments qui forment la collection du Louvre, c'est-à-dire d'entrer à Limoges.

Cette brillante colonie romaine devient, sitôt le calme à peu près rétabli en France, un centre de fabrication d'orfèvrerie si fécond, qu'on ne saurait attribuer ce rapide développement à autre chose qu'à des traditions anciennes, qu'à un corps de métier établi de longue date et fortement organisé. L'histoire de ses orfèvres, par son caractère légendaire lui-même, prouve combien était célèbre et remontait haut leur habileté. C'est vers le milieu du XIe siècle qu'on voit, tant par les monuments qui subsistent, que par les textes, combien les émaux se perfectionnent et gagnent en vogue; Limoges leur donne son nom. (3). Cet honneur lui appartient, parce que cette ville industrieuse n'avait pas cessé de pratiquer ce procédé, en l'associant à son orfèvrerie; et lorsque, par suite d'une tendance particulière, qui concorde avec le goût pour les vitraux peints, pour les grandes peintures murales, pour les costumes et les tapisseries de plus en plus riches et brillantes, l'orfèvrerie s'efforça de paraître revêtue, elle aussi, de ces couleurs éclatantes, alors chacun voulut posséder de ses produc-

---

(1) Ethelwulf vivait en 836 et mourut en 857; son anneau a passé au British Museum. Je l'ai examiné avec soin : c'est une taille d'épargne garnie d'un émail bleu noir, solidement incorporé au métal par la fusion. Le caractère du dessin et les ornements sont saxons, et il me paraît inutile de construire des généalogies, comme on l'a fait en Angleterre, pour établir que cet anneau a été exécuté en France. Un orfèvre saxon pouvait très bien s'acquitter de cette mince besogne.

(2) M. Samuel Pegge a décrit cet anneau et en a donné un dessin. Archæologia, tome IV, p. 47.

(3) Ce point important est établi par de nombreuses citations qu'il eût été impossible d'introduire ici; on trouvera dans le glossaire de la seconde partie de cette notice, au mot *Email de Limoges*, les passages tirés des chroniques, des ordonnances et règlements, des inventaires, etc.

tions, et celles-ci, qui n'avaient été comptées jusqu'alors qu'en raison de leur matière, furent estimées à cause de leurs couleurs. Le clergé lui-même, toujours rebelle aux nouvelles modes, accepta le cuivre doré quand il fut émaillé. La vogue fut immense et l'engouement général. Limoges suffit à ces besoins nouveaux ; c'est tout dire.

Prétendre toutefois que cette ville eut le monopole des émaux, c'est ignorer l'histoire de ce procédé qui nous apprend que les orfèvres de tous les pays en connaissaient l'usage ; c'est aussi méconnaître les habitudes vagabondes et nomades des maîtres, et même des apprentis de tous les métiers, qui portaient au loin leurs secrets et leur habileté. Ainsi s'explique la présence sur la rive gauche du Rhin, à Cologne, à Mayence, et mieux encore dans un grand rayon autour d'Aix-la-Chapelle, ce vieux centre du luxe carlovingien, d'une abondance de pièces d'orfévrerie émaillée, dont Limoges ne peut revendiquer ni le style, ni le caractère, ni la gamme de tons simple et sévère, compositions et coloration qui semblent découler plus directement des belles traditions de l'antiquité, que des pratiques byzantines.

Mais quand l'art se fait industrie, quand il devient une branche du commerce d'exportation ; s'il est aux mains d'une population industrieuse, souple et active, il prend pied dans un pays ou dans une ville, et tient la tête dans le grand courant de la concurrence ; ainsi fit Limoges. Au milieu de la pratique, partout répandue, de l'émaillerie, elle a exporté au loin ses produits et ses artistes euxmêmes ; mais en même temps elle a rempli le centre de la France des objets fabriqués dans ses ateliers, en si grande abondance, que les révolutions de la mode et de la politique ont vainement mis au pillage les trésors de ses églises et les biens des particuliers ; c'est là que se retrouvent les plus nombreuses et les plus belles productions de cet art (1).

---

(1) Les richesses, en ce genre et à travers les dévastations, sont aussi une preuve en faveur de l'origine des émaux ; or, il n'y a nulle part une aussi grande quantité d'émaux en taille d'épargne sur cuivre qu'en France. J'ai fait mes réserves pour les pays situés aux environs d'Aix-la-Chapelle et jusqu'aux bords du Rhin ; quant aux collections étrangères, et à quelques églises hors de nos frontières qui possèdent des émaux, elles les ont achetés en France à une époque assez moderne.

Résumons ce qui vient d'être dit, au moment où, terminant ces préliminaires, nous allons décrire les monuments réunis dans le Musée du Louvre. L'antiquité n'a pas connu l'émail, elle s'est ingéniée de mille manières pour suppléer à ses applications variées. Nos pères ont trouvé le vrai procédé, et à partir du IIIe siècle de notre ère, comme l'avait appris Philostrate, ils appliquaient l'émail à l'orfèvrerie, et cela, non pas dans un lieu isolé, dans une ville; mais partout où travaillaient leurs orfèvres. La ville de Limoges se montra sous ce rapport la plus industrieuse; une grande réputation s'attacha à ses artistes, et elle donna son nom aux émaux. Les preuves abondent à partir du XIe siècle, pour nous montrer son activité, pour signaler son abondante production, et presque son monopole. Nous attribuerons donc indistinctement à cette ville tous les émaux sur cuivre que ne réclament pas les autres pays, qu'ils ne réclament pas avec les raisons solides et incontestables fixées par la critique moderne.

Les émaux auxquels je puis donner une date certaine ne remontent pas plus haut que le milieu du XIIe siècle, et il va sans dire que ce ne sont pas les plus anciennes productions de Limoges; mais j'évite le champ des conjectures, où je n'ai encore trouvé qu'erreur et confusion. Nombre d'anciens monuments de l'émaillerie m'ont été annoncés comme des productions des VIIe et VIIIe siècles; à la première vue je leur ai trouvé tous les caractères du XIIIe. On conçoit dès lors quelle réserve m'imposent

---

M. l'abbé Texier s'exprime ainsi : *La seule abbaye de Grandmont, pillée au XIIe siècle par Henry le jeune, au XIVe et au XVe siècle par les compatriotes de ce jeune prince, dévastée au XVIe siècle par le comte de Saint-Germain à la tête des protestants, possédait en 1787 plus de cinquante reliquaires anciens, émaillés pour la plupart*; p. 92. — *Grâce aux inventaires des églises de Limoges, nous établissons, pièces en main, que la seule ville épiscopale, sans y comprendre les propriétés particulières, possédait quatre cent trente-huit reliquaires*; p. 93. Ce chiffre suffit, et je serais disposé à croire que les pillages de la guerre ont moins ruiné l'orfèvrerie émaillée que les variations de la mode et la destruction organisée en 1792-93. Il ne faut pas oublier que les pillards de la guerre ne recherchent que l'or et l'argent, ils n'ont pas le temps de tirer parti du cuivre; c'est en pleine paix que les fondeurs et les chaudronniers se sont abattus sur les châsses et les reliquaires émaillés.

ÉMAUX EN TAILLE D'ÉPARGNE, XIIe SIÈCLE.

les prétentions d'émaux que je n'ai pu voir. Je n'en parlerai donc pas, préférant une lacune à une erreur. Toutefois, je dois mentionner deux monuments très intéressants. Ils ont pour eux l'autorité respectable de MM. Pottier et Texier. C'est d'abord une crosse d'un charmant modèle (1), qui aurait été trouvée dans le tombeau de l'évêque de Chartres, Ragenfroy, Ragenfredus, où elle n'a pu être déposée que vers 960, époque de sa mort. Elle porte au-dessous du pommeau (2), épargnée en cuivre doré et se détachant dans une bande d'émail bleu, cette inscription :

✠ FRATER WILLELMVS MEFECIT

Jugeant l'âge de cette pièce sur le dessin de Willemin, et l'estimable auteur du texte de cet ouvrage n'avait pas d'autre secours, je lui conteste sa date, et par conséquent son origine (3). Cette crosse n'a pas la forme du bâton pastoral des évêques du Xe siècle ; elle est décorée d'émaux qui appartiennent au XIIe ; enfin, les compositions dont le pommeau est revêtu sont épargnées en relief et gravées dans un style et un mouvement qui ne peuvent remonter plus haut qu'à cette époque. Telles sont mes impressions à la vue de la planche de Willemin ; quand j'aurai vu le monument lui-même, mon opinion sera plus décisive. L'autre émail, un débris de châsse, appartient à M. l'abbé Texier ; il est orné d'incrustations bleues et de rosaces de diverses couleurs. Une figure de saint est ménagée sur le plat du cuivre et comme niellée (je copie sa description). Elle représente un personnage vêtu de la tunique et de la dalmatique ; sa main droite porte un livre ; à sa gauche, dans une ligne perpendiculaire, se lisent ces mots : FR. GUINAMVNDVS ME FECIT. M. Texier reporte le style du dessin et la forme des lettres au XIe siècle, et il trouve, dans un passage de la bibliothèque de Labbe, qu'un

---

(1) Cette crosse est sortie de France, M. Meyrick l'a acquise de M. Douce et la possède aujourd'hui.

(2) Voyez la planche 30 de l'ouvrage de Willemin.

(3) Le tombeau de l'évêque Ragenfroy a été déplacé en 1541. Qui sait quelles substitutions ont pu avoir lieu à cette époque ?

moine du même nom sculpta, en 1077, le tombeau de Saint-Front, à Périgueux.

Je n'ai pas vu ce fragment, et j'ai quelques doutes sur ce Guinamundus ; aussi je me hâte d'arriver aux émaux de la châsse de saint Étienne de Muret, qui proviennent évidemment de Limoges, et qui vont nous servir à fixer d'une manière précise la manière des émailleurs de cette ville dans la première moitié du XII° siècle.

Saint Étienne de Muret fonda l'ordre de Grandmont, près la ville de Limoges, en 1073; il mourut en 1124. Le maître-autel de l'église de l'abbaye de Grandmont fut décoré d'un revêtement de cuivre doré et émaillé pour la dédicace de ce nouveau temple de Dieu, qui eut lieu en 1165; enfin, le pieux moine, fondateur de l'ordre, ayant été canonisé en 1188, la châsse qui contenait ses reliques fut placée sur le maître-autel. Le frère de Lagarde, religieux de cette abbaye, décrit ainsi, à la fin du XVI° siècle, et le revêtement et la châsse : *Entré ces quatre pilliers est ledict grand-autel et tant le contre retable que le devant d'iceluy est de cuivre doré esmaillé. Et y sont les hystoires du vieux et nouveau testament, les treize apostres et aultres saints, le tout avec eslevation en bosse et enrichi de petite pierrerie. Le tout fort bien ouvré et excellent, aultant ou plus riche que si le tout estoyt d'argent. Sur le contre retable, au plus éminent lieu dudict autel, est une fort belle eslevation et grand châsse dans laquelle repose le corps de sainct Étienne, confesseur, premier instituteur de l'ordre de Grandmont. Ladict châsse est de cuyvre doré, esmaillée, enrichie de perles de cristal et aultre petite pierrerie, où est par personnaiges le pourtraict, en bosse, de la vie dudict sainct, entièrement.*

Ce bel autel, y compris la châsse, fut acheté, dépecé et fondu en 1790 par le sieur Coutaud, fondeur à Limoges, qui réserva quelques fragments dans l'espérance d'en tirer meilleur parti. Deux plaques émaillées furent proposées à M. du Sommerard, qui en enrichit sa collection. L'une de ces plaques représente le moine Étienne de Muret, sans nimbe, en entretien avec saint Nicolas, qui est nimbé. Elle est donc antérieure à la canonisation du fondateur de Grandmont; elle ne vient pas de la châsse, mais du revêtement de l'autel. L'orfèvre a tracé cette inscription, ou ce titre, au niveau des têtes de ses personnages : NICOLAZ ERT : PARLA A MN ETEVE DE MVRET, c'est-à-dire : *Nicolas était parlant à monseigneur Étienne de Muret.* Les caractères de cette inscription sont propres à Limoges, et nous les retrouverons sur d'autres monuments de sa fabrique. L'autre plaque a pour sujet l'Adoration des Mages; toutes deux ont en hauteur 0,283, et en largeur 0,180. Il y a deux choses à considérer dans ces curieux et rares spécimen de l'émaillerie de Limoges : d'abord le style du dessin, ensuite le ton des émaux et le procédé de leur application. Ces compositions ont tout le caractère français, sans autre intervention byzantine (1) que celle qui résulte de ce reflet général des productions apportées d'Orient par le commerce des Vénitiens (2). Ces émaux laissent dominer le bleu lapis comme ton général, et ses diverses nuances font, avec un émail couleur vert d'eau, d'une seule nuance, tous les frais des costumes. Excepté l'Enfant-Jésus, qui brille par la dorure du métal épargné, et dont la tête se détache en relief, toutes les figures entièrement émaillées se découpent sur un fond entièrement épargné. Les carnations sont rendues par un émail rosé, avec un essai de modelé et de nuances très mal réussies. Le rouge mat, ou opaque, est employé dans la couverture d'un livre et dans les ornements (3), ainsi que dans les souliers de l'un des trois mages de l'autre

---

(1) L'histoire du doge Orseolo, réfugié à Limoges à la fin du Xe siècle, est un fait positif, mais son influence sur l'atelier limousin par l'intervention des nombreux artistes grecs qu'il aurait amenés avec lui pour se distraire, par la culture des arts, de l'abandon de sa puissance, me semble un petit conte dont on n'avait pas besoin pour expliquer le courant d'influence byzantine qui passe par Limoges au Xe siècle, ainsi que par le reste de l'Europe, et qui s'y continue plus longtemps qu'ailleurs par des raisons que j'aurai soin de mettre en évidence.

(2) J'exclus de cette notice l'examen des influences orientales. Il y a beaucoup à dire sur les émaux chinois, persans, arabes; mais d'un côté des textes précis nous manquent pour fixer des époques certaines, de l'autre les collections orientales sont hors de mon domaine. J'indique cette lacune, car j'en sens toute l'importance.

(3) **Musée de Cluny**, n° 934 du catalogue. M. A.-M. Migliarini, conservateur du Musée de Florence, m'a écrit ses observations sur l'emploi des diverses nuances d'émaux et sur l'utilité que pourrait avoir un tableau de leur introduction successive : *Supporci questo abbozo utile, per rintracciarne le epoche in quelli smalti che si presentano incogniti del tutto e sono gli antichissimi.* Je me suis appliqué à citer exactement toutes les nuances nouvelles qui apparaissent dans les émaux que je décris, je ne pouvais faire plus. Il appartient à un savant spécial de comparer ces applications successives avec ce qu'on sait des

plaque (1). Dans celle-là, les couronnes des mages, de la forme de bonnets, sont jaunes, et la lampe, suspendue dans une arcade, est blanc opaque. Une particularité remarquable, propre à tous les émaux de cette époque, c'est un guillochage en creux qui marque toutes les tailles d'épargne, et une manière de rendre les cheveux et la barbe par un émail rouge mis dans des entailles faites au burin. Quant au procédé, il n'a rien de particulier, si ce n'est un travail de gravure, profond de plus de 2 millimètres, et aussi abrupte que peuvent l'être les lames de cuivre des émaux cloisonnés.

Nous pouvons rattacher à cette catégorie un petit nombre d'émaux (2), qui nous conduisent à la plaque funéraire, ou

---

conquêtes de la chimie en général et de la découverte des couleurs vitrifiables en particulier.

(1) **Musée de Cluny**, n° 935.

(2) **Musée de Cluny**, n° 948, le Christ sur la croix, l'inscription en lettres romaines. Hauteur, 0,153; largeur, 0,042. — **Collection Soltikoff.** Croix en cuivre émaillé, draperie bleu lapis, la ceinture bleu clair pointillée en jaune, bordure jaune pointillée en rouge, les cheveux et la barbe en rouge, les côtes marquées, l'inscription en caractères romains. Hauteur, 0,380; largeur, 0,250. — **Collection Failly.** Croix en cuivre émaillé, montée sur bois. Même caractère, mêmes particularités de travail et de distribution des émaux que sur la croix de M. Soltikoff décrite précédemment. Les têtes, aux cheveux rouges, se détachent sur des nimbes verts bordés de jaune. Cette croix appartenait à M. Didier Petit, de Lyon, qui ne l'a pas comprise dans sa vente. La jupe de couleur bleue qui couvre le Christ est refaite. — **Collection Germeau.** Une troisième grande croix provenant de la même source et acquise, à Limoges même, par l'honorable collectionneur. Le Christ est figuré sur une croix émaillée en vert, qui se détache sur le fond bleu de la croix. Toutes les carnations sont d'un blanc rosé, les traits des cheveux et de la barbe sont remplis d'émail bleu. Au-dessous du Christ est figuré saint Pierre, au-dessus cette inscription divisée en trois lignes : DNS — IHS — IPS. Il y a, dans les traits des personnages et dans l'ensemble du travail, une brutalité primitive étrange. Hauteur, 0,650; largeur des branches, 0,335. — **Collection Saint-Aldegonde.** Quatrième grande croix, produite vers la même époque et par le même atelier limousin. Les têtes sont teintées avec un émail de couleur rose, tenant au violet; les carnations du reste du corps sont blanches, les cheveux rouges, l'ensemble d'un caractère sévère. Hauteur, 0,660; largeur des bras, 0,420; largeur de la croix qui s'évase aux extrémités, 0,047. — **Collection Germeau.** Un reliquaire, forme d'église, avec une porte à l'extrémité. D'un côté quatre figures en relief, de l'autre saint

plutôt commémorative (1), qu'on appendit aux murs de l'église cathédrale du Mans après la mort de Geoffroy Plantagenet, en 1151, et qu'on peut étudier aujourd'hui dans le musée de cette ville (2). Cette plaque a pris un aspect différent par l'emploi de l'émail couleur vert d'eau, qui domine, comme ton général, en formant le fond de tapisserie sur lequel se détache la figure : le bleu éclatant ne vient qu'ensuite frapper les yeux. Le caractère du dessin

---

Pierre et saint Paul, et entre eux saint Jean. Les carnations d'un blanc rosé : le bleu est de deux nuances, l'un turquoise, l'autre bleu lapis pâle et d'une nuance fausse; le rouge est employé dans les auréoles et dans les livres; les fonds sont dorés et guillochés avec beaucoup d'art; les traits, épargnés dans le métal, ne portent pas ces petits points que j'ai remarqués sur les émaux précédemment décrits. Hauteur, 0,220 ; longueur, 0,245.

(1) Cette plaque, sorte de tableau votif, était appendue dans l'église en souvenir du défunt, et elle n'a rien de commun avec les plaques dont on couvrait les tombeaux. Elle a en hauteur 0,633, largeur 0,340.

(2) Un doute s'est élevé dans l'esprit de M. J.-R. Planché au sujet de cette plaque. Le père Menestrier n'en parle pas; le père Anselme (Hist. gén., vol. VI, p. 19, éd. de 1726-33) la citait en 1725, et Montfaucon en donnait la figure en 1730 (Tome II, pl. XII, page 70), comme se trouvant à cette époque appendue dans l'église Saint-Julien du Mans. Nous savons en outre qu'elle a disparu pendant un certain temps, entre son enlèvement de l'église et son exposition dans le Musée du Mans. Or, il y avait dans cette même église, en 1647, deux plaques émaillées qui représentaient deux guerriers avec leurs boucliers couverts des mêmes armoiries; au moins voici ce qu'on lit dans Sandford's genealogical history, page 144, édition de 1677, à l'article de Guillaume Longéspée, comte de Salisbury : *In the cathedral church of Mans, in the county of Main, the figure of William d'Evereux or Fitz Patrick is enamelled upon a copper plate affixed to a pillar in the south aisle near the cross of the said church, being about a foot and a half high, armed in mail and with his left arm leaning upon hi lon triangular shield, upon which are the six lions, but by reason of the embowing thereof, only four of the lions are obvious to your sight. Sir Edward Walker Knight, garter principal King of arms, being in those parts upon his view of the said cathedral, made this observations. Ann. 1647.* — Ce Guillaume mourut le 18 avril 1148, et Geoffroy Plantagenet le 7 septembre 1151; au point de vue de mes recherches sur la marche du procédé de l'émail, ces trente années n'ont pas une grande importance, je renvoie donc aux: Remarks on an enamelled tablet, preserved in the Museum at Mans. Tome I, page 29, du Journal of the british archæological association.

est solennel. C'est le style français encore influencé par les modèles byzantins, mais marchant déjà dans sa propre voie; les dômes et coupoles, surmontés de croissants et de boules, qui remplissent la partie supérieure de la plaque, n'ont rien de réellement oriental; ils appartiennent à cette architecture de convention qu'employèrent si souvent les enlumineurs français du XIe au XIIIe siècle dans les encadrements des miniatures de nos manuscrits. Les carnations sont rendues par un émail rosé qu'on a eu la prétention de nuancer et de modeler. Les yeux sont bleu clair.

Ces émaux aux carnations teintées ont subi une modification dans les mains de quelques émailleurs, qui ont laissé dominer davantage le brillant du métal en en tirant parti. Les silhouettes des têtes sont entièrement épargnées dans le cuivre, et les détails des traits du visage et des cheveux sont gravés en creux. Ces entailles sont remplies d'émail rouge; les figures émaillées se détachent sur le métal, dont l'éclat est rompu par un guillochage finement exécuté en creux et du meilleur goût (1). De ces émaux aux carnations teintées et de la modification dont je viens de parler, nous passons à une autre série qui présente cette différence, que les carnations sont rendues par un émail blanc opaque, employé encore dans d'autres parties. Le caractère du dessin, l'esprit des compositions, sont un peu plus modernes, et nous pouvons leur assigner une date au moyen de la plaque émaillée que je vais décrire :

1. — VISION DE SAINT FRANÇOIS - D'ASSISE. — *Plaque de cuivre doré, émaillé, provenant d'un autel portatif ou d'un reliquaire. XIIIe siècle. — Hauteur, 0,210.*

La plaque est de forme circulaire, composée de quatre circonférences placées en croix et en pénétrant une cinquième de même diamètre qui forme le centre. La circonférence supérieure est occupée par une figure symbolique figurant la vision de saint François-d'Assise qui vit descendre du ciel un séraphin et Jésus crucifié, et se sentit comme pénétré aux pieds, aux mains et au côté des blessures de N.-S., dont il conserva les traces sanglantes. La figure symbolique rappelle à la fois l'ange par les ailes qui s'élèvent au-dessus de la tête, par d'autres étendues au-dessous des bras; par de plus grandes repliées en avant, et Jésus-Christ

---

(1) **Collection Soltikoff.** Un reliquaire. Hauteur, 0,210; longueur, 0,190.

crucifié par la position horizontale des bras, par les traces des clous indiquées sur les mains et les pieds, et par le nimbe qui entoure la tête. Saint François, pieds nus, est debout, élevant les mains, la tête découverte et tonsurée; il est vêtu d'une robe à capuchon de couleur bleu foncé, ceinte par un grand cordon à nœuds tombant verticalement sur le milieu du corps; le visage, le crâne, les mains et une partie de la poitrine, que la robe laisse à découvert, sont en émail blanc tirant sur la couleur de chair, avec des taches d'émail rouge qui figurent les blessures. Le visage, les bras, les mains et les pieds de la figure symbolique, sont émaillés de même. Un nimbe d'émail rouge enveloppe la tête du saint de même que celle du Christ symbolique. De chaque côté du saint François s'élèvent, en s'étendant à droite et à gauche, sur les circonférences latérales, deux groupes d'arbres, dont les troncs et les rameaux sont émaillés de vert, et les fleurons offrent un mélange d'émaux verts, jaunes et noirs sur l'un; d'émaux bleus, blancs et noirs sur l'autre. Le saint François, la vision et les arbres se détachent, en émaux, sur la plaque de cuivre doré qui est ornée d'un guillochage gravé légèrement en creux; la circonférence supérieure est contournée d'un cercle émaillé de bleu clair profilé de blanc, avec quelques indications de nuages vers le bas, figurés par des émaux bleus, blancs et noirs. Un filet bleu turquoise suit les contours des autres circonférences. Le revers n'est pas émaillé. — (Acquisition de 1851, M. L., n° 84.)

Saint François d'Assise, né en 1182, eut sa vision en 1224; il mourut en 1226, et fut canonisé par Grégoire IX. Le caractère du dessin de cet émail le place tout naturellement à cette époque; mais la nature des émaux me dispose à croire qu'il est un des derniers de cette série à laquelle on peut assigner, comme limite extrême, les dernières années du XII⁰ siècle et le premier quart du XIII⁰.

Les émaux ne conservent pas exclusivement ce caractère; d'autres orfèvres ignorent ces teintes rosées, ces carnations blanches; peut-être aussi les rejettent-ils, préférant exprimer les chairs et les mains par le métal doré, épargné en relief. Ces émaux se distinguent par des tons crus, assez vifs, par des blancs purs, des bleus turquoise éclatants, et un caractère de dessin assez solennel (1). Je ne

---

(1) Les collections publiques et particulières conservent quelques émaux qui appartiennent à cette série : **Collection Iza Czartoryska.** Plaque arrondie par le bas et détachée d'une châsse ou d'un reliquaire. L'ange, les ailes déployées, étend ses bras vers les trois Juifs placés dans un cercle de feu et qui portent leurs noms ainsi écrits au-dessus de leurs têtes : AZARIAS-AMNIAS-MISAEL (Daniel, III). Les carnations sont rendues avec un émail blanc, les yeux et les cheveux avec un émail bleu foncé. On remarque en outre le vert se fondant en jaune et le rouge pur. La plaque, bordée par un rang de perles, est très épaisse et n'est pas émaillée au revers. C'est une production remarquable qui forme le point de jonction ou de passage des plus anciens émaux aux émaux nuancés que je décris sous les n° 24 à 29. Hauteur, 0,207; largeur, 0,226. — **Collection Soltikoff.** Coffret de

me crois donc pas autorisé à établir d'une manière positive que les figures et leurs carnations furent rendues par l'émail jusqu'à la fin du XIIe siècle, et qu'à partir de ce moment, au contraire, on réserva les figures dans le métal pour ne creuser et n'émailler que les fonds. Rien n'est ainsi tranché dans les arts. Il y a une persistance de traditions ou de routines qui lutte contre les novateurs et, par des concessions successives, enchevêtre les anciens avec les nouveaux procédés; toutefois, et en admettant de nombreuses exceptions, on pourrait établir ainsi la marche générale :

Figures émaillées, chairs teintées, fond de métal doré. — XIe et XIIe siècles.

Figures mi-partie émaillées et épargnées, carnations blanches. — Fin du XIIe.

Figures dont la silhouette est épargnée dans le métal, dont les détails sont gravés en creux, se détachant sur fond d'émail d'abord verdâtre, bleu et jaune, puis bleu d'azur éclatant. — Commencement du XIIIe.

Uniformité des émaux, dans leurs teintes, pendant deux siècles entiers (XIIIe et XIVe); les distinctions d'époques ne peuvent être établies que par le caractère du dessin et par la fermeté de la gravure. Pour les émaux en relief, c'est la ciselure qui sert de guide.

---

forme oblongue. (Debruge, n° 662.) Cette pièce peut être d'une vingtaine d'années plus ancienne que la plaque de saint François; elle est placée dans le XIe siècle par M. Labarte. Hauteur, 0,080; longueur, 0,220; largeur, 0,130. — **Musée de Rouen.** Un médaillon en cuivre représentant le prophète Osée, en buste. Les carnations sont un peu rosées, l'auréole bleu turquoise, les vêtements de trois nuances de bleu clair. La figure émaillée se détache sur le fond doré de la plaque, dans lequel est gravé le nom OSE — AE. Largeur de la plaque, environ 6 centimètres. — **Collection Pailly.** Petit reliquaire de forme allongée, décoré sur chacune de ses faces de huit médaillons, et, aux extrémités, de deux autres médaillons qu'occupent des anges représentés en buste. Ils sont épargnés en relief dans le métal, mais ils se détachent sur un émail blanc qui forme le fond : c'est le passage à une autre série. La décoration aussi bien que le style des figures placent ce reliquaire assez avant dans le XIIIe siècle. J'en dirai autant d'un chandelier de la collection Soltikoff, assis sur une base à six pans décorés de figures de chevaliers aux vêtements blancs. C'est par la combinaison de plusieurs caractères tirés des émaux, de la gravure et du dessin, qu'on peut donner une date approximative à ces objets d'art.

ÉMAUX EN TAILLE D'ÉPARGNE, XIIe SIÈCLE.

Les émaux que je vais décrire appartiendraient, suivant cette classification, à la fin du XIIe siècle et au commencement du XIIIe.

2. — L'ADORATION DES MAGES. — *Plaque circulaire en cuivre gravé, doré et émaillé. Fin du XIIe siècle. — Diamètre, 0,115.*

La vierge Marie est assise sur un coussin ; elle est vue de face, tenant de la main gauche l'Enfant-Jésus assis sur ses genoux, et de la droite portant un sceptre fleurdelisé ; sa tête, coiffée d'un voile blanc, se détache sur un nimbe d'émail bleu lapis, et on lit au-dessus : STA MARIA. Le nimbe qui entoure la tête de Jésus est crucifère, fond bleu lapis, la croix blanche. A droite (1) est saint Joseph, debout ; sa tête se détache sur un nimbe de couleur bleu turquoise ; au-dessus est le nom : IOSEPH. Les trois mages sont à gauche, chacun d'eux ayant une couronne sur la tête. Le plus rapproché de l'enfant présente une coupe et s'agenouille, les deux autres sont à demi cachés. On lit au-dessus d'eux le mot : MAGI. Un rang de perles allongées, en émail bleu turquoise, entoure la plaque presque entière ; au bas, au-dessous des pieds de la Vierge, il se divise en huit compartiments, dont deux sont incrustés d'émail bleu lapis. Les couleurs d'émaux sont trois tons de bleu lapis, le bleu turquoise, le vert, le jaune, le blanc et le noir ; toutes opaques. Les traits du visage et les détails des mains sont gravés sur le métal en traits profonds remplis d'émail noir. Les figures se détachent sur un fond doré. La plaque n'a pas reçu d'émail au revers. — (Collection Révoil, n° 252.)

3-21. — *Dix-neuf plaques, triangulaires et curvilignes, en émaux de couleur sur fond d'or, remplissant les tympans des arcs qui décorent le* RELIQUAIRE DE CHARLEMAGNE. *XIIe siècle. — Hauteur, 0,036 ; longueur, 0,105.*

Les nos 3 à 14 présentent deux motifs d'ornements qui sont alternés. (Quatre de ces plaques, posées sur les angles, sont repliées sur leurs axes.) Les couleurs d'émaux sont le blanc, bleu pâle et bleu lapis, le jaune vert et bleu lapis, le rouge et le bleu turquoise pâle. Un filet de cette dernière nuance, liséré de blanc, encadre les ornements et suit les contours des plaques qui sont sur leurs bords intérieurs ciselées en imitation de rangées de perles. N° 15. Sur le couvercle de ce reliquaire, des ornements de même style et de mêmes émaux, pareillement sur fond d'or, sont disposés en une rosace circulaire de 0,030 de diamètre, occupant le centre d'une plaque de cuivre doré, rectangulaire, de 0,050 sur 0,035, et, n° 16, en une bordure, dont il ne reste qu'un fragment de 0,040 de longueur sur 0,025 de hauteur, qui est composée de quatre rec-

---

(1) J'appelle droite ma droite, celle du spectateur ; cette observation s'applique à toutes les descriptions.

44   NOTICE DES ÉMAUX, BIJOUX, ETC.

tangles allongés et de trois rosaces à quatre lobes que relient des portions de cuivre ciselé. Cette bordure décore la partie du couvercle qui, lorsqu'il est abaissé, correspond à la partie antérieure du reliquaire (1). Nos 17 et 18. Des frises d'émaux étroites, qui n'existent plus que sur la paroi postérieure, répétées sur le haut et le bas, et quelques fragments sur les côtés, ont 0,004 de hauteur; elles sont distribuées en sections de 0,077 de long qui séparent des ciselures. — (Ancienne collection, n° 347.)

La destination de ce coffret et le buste de Frédéric Barberousse fixent la date de son exécution. C'est en 1165 que l'empereur, épris d'un grand zèle pour le souvenir de Charlemagne, ouvrit son tombeau à Aix-la-Chapelle, et distribua ses ossements; c'est aussi à cette époque que les coffres et coffrets employés à les garder furent exécutés. Mais devons-nous croire que Barberousse commanda ces coffrets émaillés à Limoges? Il faudrait l'admettre, si ces émaux ne présentaient aucune différence dans leurs nuances, dans la contexture de leurs pâtes, dans leur application au métal, avec les émaux de Limoges. Si, au contraire, ces différences sont sensibles, si elles se font remarquer sur d'autres monuments dont l'origine allemande est aussi probable (2), de quel droit refuser à nos voisins l'honneur d'avoir émaillé leur orfèvrerie dès le XIIe siècle, soit avec l'aide des ouvriers nomades de Limoges, soit par leur propre industrie? Je laisse ces questions dans le vague, me contentant d'indiquer leur importance, et la voie dans laquelle les recherches doivent être dirigées.

A cette date, surgit à Limoges une nouvelle série d'émaux, dont le caractère tient à l'usage de nuances fondues de bleu dans le blanc et de vert dans le jaune. Les plaques sont de petites dimensions, et toutes bordées d'un rang de perles ciselées dans le métal et prises dans sa masse.

24. — LA PAQUE (EXODE, CHAP. XII). — *Plaque en cuivre doré et émaillé. Fin du XIIe siècle. — Hauteur, 0,114; largeur, 0,083.*

Un Israélite, portant de la main gauche un bassin rempli de sang, trace

---

(1) A une époque, qu'on ne saurait préciser, les plaques de bordure qui décoraient le côté opposé du couvercle ont été détachées; elles ont fait partie de la collection Durand, et à ce titre existent aujourd'hui dans la collection du Louvre sous les nos ED, 123/2633, 84. Je leur réserve les nos 22 et 23, me rapportant, pour leur description, à ce qui a été dit plus haut.

(2) **Collection Soltikoff.** Grand tableau à volets, servant de reliquaire. Travail de repoussé. Les émaux n'entrent que dans la décoration et ils sortent de la même fabrique allemande.

de la droite la lettre T sur le poteau de la porte de sa maison ; on lit sur le poteau cette inscription : HOC EST PHASE. C'est la Pâque (chap. XII, v. 11) qu'explique et symbolise un agneau égorgé dont le sang s'écoule et remplit une coupe placée en avant. Sous l'arc de la porte, deux hommes debout, un bâton à la main, les reins ceints et les pieds chaussés (chap. XII, v. 11) ; celui qui est placé en avant est imberbe ; tous sont coiffés d'un bonnet terminé en pointe, tel que celui de l'homme qui écrit, et n'en différant que par un cordon rouge. Celui-ci a une robe plus longue, de couleur verte nuancée, remarquable par une bordure bleu pâle tachetée de gouttes rouges. Les traits des visages et les détails des mains sont gravés dans le métal et remplis d'émail gros bleu, de même que l'inscription. Les personnages et les accessoires se détachent sur un fond doré que circonscrit un encadrement d'émail bleu lapis bordé d'un filet blanc. La plaque de cuivre n'a pas reçu d'émail au revers ; elle est ciselée sur le bord d'un rang de perles, ornement caractéristique pour l'époque. On voit dans plusieurs collections des émaux du XIIe siècle exécutés sur des plaques ainsi taillées (1).

25. — INSCRIPTION DU THAU SUR LE FRONT DES FIDÈLES (*Ezéchiel, chap. IX*). — *Plaque en cuivre doré et émaillé. Fin du XIIe siècle.* — *Hauteur*, 0,114 ; *largeur*, 0,082.

L'envoyé de Dieu est représenté debout, vêtu d'une longue robe, ayant un cornet d'écrivain sur ses reins (chap. IX, v. 3), coiffé d'un turban, la tête ceinte d'un nimbe ; il tient de la main gauche une corne lui servant d'écritoire, et de la droite inscrit la lettre T sur le front d'un homme qui s'incline vers lui en joignant les mains. En arrière de celui-ci sont figurés dix personnages dont on ne voit que les têtes échelonnées marquées au front du signe rédempteur. La robe de l'écrivain est bleu pâle, le turban vert, le nimbe bleu lapis avec contour blanc ; celle de l'homme qu'il marque au front est nuancée de vert et de jaune, avec une broderie dans le bas, figurant des croix en sautoir, de couleur rouge, sur une bande de nuance bleu tirant sur le vert ; le manteau est bleu ; les chausses, dont on ne voit que l'extrémité, sont rouges ; les bottes bleues. Les personnages se détachent en couleur sur le fond d'or qui est épargné pour les visages et les mains, dont les détails sont gravés et remplis d'émail gros bleu. Il en est de même de l'inscription SIMILIS AARON ainsi posée : Un encadrement d'émail bleu lapis, bordé d'un filet blanc, renferme la composition. La plaque est ciselée sur le bord d'un rang de perles, de même que celle qui précède. Le revers n'a pas reçu d'émail.

---

(1) Collections **Soltikoff, Germeau, Louis Fould**, etc. Il serait trop long de décrire toutes ces plaques, qui sortent d'un même atelier et répondent à une même phase particulière des émaux en taille d'épargne.

26. — ABRAHAM ET MELCHISEDECH. — L'ÉVAN-
GÉLISTE SAINT LUC. — *Plaque en cuivre doré et
émaillé. Fin du XIIe siècle. — Hauteur, 0,070;
longueur, 0,149.*

Melchisedech présente à Abraham le pain et le vin figurés par un calice et un disque sur lequel est tracée une croix; il est vêtu d'un ample manteau qui lui couvre les mains et laisse voir deux robes superposées; sa tête, ceinte d'une couronne, se détache sur un nimbe de couleur bleu turquoise. En arrière de lui est un autel couvert d'une tenture bleue, et qui laisse apercevoir un rideau relevé attaché à un clou; entre le rideau et l'autel, on lit le nom MELCHISEDECH, disposé sur deux lignes. Abraham, debout vers la gauche, penche la tête du côté de Melchisedech et touche d'une main le pain que celui-ci lui présente; sa tunique, de couleur bleue, est remarquable par les points blancs dont elle est semée; sa tête, coiffée du casque au nasal tombant, se détache sur un nimbe de couleur verte. Derrière lui est placé un homme debout et un second dont on ne voit que la tête. Le nom d'Abraham, gravé dans la plaque et rempli d'émail bleu, de même que celui de Melchisedech, est disposé en hauteur. Dans le haut et le bas de la composition et de la plaque sont deux bordures d'émail bleu dans lequel l'orfèvre a placé symétriquement de petites rosaces qui retiennent dans leurs cloisons des émaux rouges, jaunes ou blancs; ce sont là des émaux cloisonnés, et j'en parle plus loin sous le titre d'émaux mixtes. Du côté droit de la plaque est figuré l'évangéliste saint Luc, assis devant un pupitre et écrivant dans un rouleau; de la main droite il tient la plume, et de l'autre le couteau qui servait à la fois de canif pour tailler et de grattoir pour effacer. A l'angle supérieur de droite on voit, sortant des nuages, la tête du bœuf se détachant sur un nimbe de couleur verte, et vers la gauche un rideau drapé relevé par un clou. La tête de l'évangéliste porte sur un nimbe de couleur bleu lapis, et son nom LVCAS est écrit derrière lui en hauteur. Un filet bleu turquoise liséré de blanc forme l'encadrement de la composition. — (Collection Durand, n° 122/2677.)

27. — L'ÉVANGÉLISTE SAINT MARC. — LE SA-
CRIFICE D'ABRAHAM. — *Plaque en cuivre doré et
émaillé. Fin du XIIe siècle. — Hauteur, 0,070;
longueur, 0,149.*

Du côté gauche est figuré l'évangéliste saint Marc, assis devant un pupitre et écrivant dans un rouleau; il tient la plume de la main droite et de l'autre le couteau. Le lion, dont on voit dans le coin de gauche la tête nimbée sortant des nuages, semble s'abaisser vers l'évangéliste qui écoute ses inspirations. La robe de saint Marc est vert nuancé de jaune; le manteau, dont un coin est passé dans la ceinture, est de nuance bleu pâle; le nimbe qui entoure la tête est de couleur bleu lapis. La tête du lion se détache sur un nimbe rouge. Le nom MARCUS, disposé en hauteur, est gravé et incrusté en émail gros bleu et posé sur le fond d'or, en arrière de l'évangéliste. Du côté droit, Abraham est représenté prêt à frapper d'une épée son fils qu'il tient par les cheveux, agenouillé et renversé en avant sur un autel; l'ange, sortant des nuages, saisit l'épée d'Abraham et l'arrête; l'agneau est placé du côté opposé, derrière le patriarche, et se dresse le long d'un tronc d'arbre; près de la tête d'Abraham est écrit son nom : **HABRAHAM**. Les têtes sont nimbées. La robe d'Abraham est de couleur verte, le manteau bleu pâle, le nimbe bleu turquoise. Le vêtement d'Isaac est de nuance bleu turquoise, le nimbe vert. Les ailes de l'ange offrent deux tons de bleu séparés par une ligne de plumes blanches; le nimbe est rouge. Deux petites bordures d'émail bleu lapis sont disposées dans le haut et au bas de la composition; elles sont ornées de petites rosaces à quatre lobes cloisonnées et remplies d'émaux alternativement rouges et jaunes, et des mêmes rosaces coupées par la moitié et disposées au long des bords, celles-là de couleur blanche. Le revers n'a pas reçu d'émail. — (Collection Révoil, n° 244.)

28. — FIGURE SYMBOLIQUE *réunissant les attributs des quatre évangélistes.* — CHOSROES VAINCU PAR HÉRACLIUS. — *Plaque en cuivre doré et émaillé. Fin du XIIe siècle.* — *Hauteur,* 0,075; *longueur,* 0,149.

Du côté gauche, une figure symbolique, enveloppée d'ailes, réunit autour de la tête de l'ange, qui forme le motif principal, les trois têtes du lion, de l'aigle et du bœuf groupées en arrière. Les quatre sont nimbées; les ailes qui leur appartiennent sont disposées en étages sur chaque côté et deux repliées en avant. Les mains, par leur position et par les indications de cicatrices qui y sont tracées, font allusion au crucifiement de N.-S. Les pieds offrent des marques semblables et s'appuient sur une roue à laquelle des ailes sont attachées. On lit vers le bas de la figure: **CHERVBIM**. Du côté droit, Héraclius est représenté brandissant d'une main son épée, tandis que de l'autre il saisit par les cheveux et renverse en avant Chosroes dont la couronne tombe à terre. Le nom du roi perse est gravé sur le fond vers la gauche: **COSDROE**, et dans le coin de droite, près de la tête de l'empereur, on lit : **ERACLIVS REX**. Au-dessus de Chosroes est un quart de cercle sur lequel sont figurées des images du soleil et de la lune et trois étoiles. L'empereur romain porte le casque, à nasal tombant, de couleur bleu turquoise; la tunique, de nuance bleu pâle et tachetée de blanc. La robe de Chosroes est verte et jaune. Les personnages se détachent en couleur sur le fond doré ; les visages et les mains sont épargnés en métal ; les traits, les détails et les lettres des inscriptions sont gravés et les traits remplis d'émail gros bleu. Dans le haut et le bas de la composition de droite sont de petites bordures fond bleu dans lesquelles sont disposées régulièrement des rosaces cloisonnées et remplies d'émail blanc. J'aurais pu, en raison de cette particularité qui se présente rarement dans les émaux de cette date et de ce style, rejeter cette plaque ainsi que la précédente parmi les émaux de procédés mixtes; il m'a semblé qu'il suffisait de l'indiquer. Le métal est sans préparation au revers. — (Collection Révoil, n° 245.)

29. — SAINT SÉBASTIEN, SAINT LIVIN, SAINT TRANQUILLIN. — *Plaque en cuivre doré et émaillé. Fin du XIIe siècle.* — 0,100 *en carré.*

Les trois saints sont représentés debout sous trois arcades composées d'arcs circulaires reposant sur des colonnettes légères. Les noms de saints sont gravés dans le métal, sur les arcs qui surmontent la tête de chacun d'eux ; les voici : S. SEBASTIANVS, S. LIVINVS, S. TRANQVILLINVS. Les lettres ont été ensuite remplies d'émail noir. Saint Livin, placé au milieu, vu de face, revêtu d'habits épiscopaux, tient une crosse de la main droite, et de la gauche un évangéliaire ; sa tête est couverte d'une mitre qui a la forme basse propre au XIIe siècle ; la bordure de cette mitre, de même que l'étole, laissent apercevoir des traces d'émail rouge presque entièrement détruit. Des intailles incrustées d'émail noir dessinent sur le fond du cuivre doré (car cette figure est entièrement épargnée dans le métal) tous les détails du visage, de la chevelure, de même que les plis du manteau. Les deux figures de saints, placées aux côtés de saint Livin, ont, au contraire, leurs vêtements creusés et émaillés ; les têtes, les mains et les pieds sont gravés en taille d'épargne, et les traits niellés dans le métal doré. Ces deux figures soutiennent un livre de la main gauche que cache un pan du manteau ; les émaux des vêtements sont le bleu avec les ombres rouges et les lumières blanches, et le vert éclairé de jaune ; les trois personnages et les détails d'architecture se détachent sur un fond d'émail bleu lapis. Une ligne d'émail bleu turquoise, lisérée de blanc, entoure la plaque comme un cadre, et est elle-même contournée par le guilloché des bords. Le revers n'est point émaillé.— (Collection Révoil, n° 253.)

L'agrafe dont la description suit a laissé quelque hésitation dans mon esprit : le dessin, la forme, la distribution des émaux la rapprochent à la fois des dernières fibules et de quelques ouvrages orientaux. La pièce est de trop peu d'importance pour qu'on s'y arrête ; quand je trouverai quelque morceau analogue, je déterminerai plus exactement sa place d'après son caractère.

30. — FERMAIL DE CHAPE *en bronze doré et émaillé.* — *Hauteur,* 0,062 ; *largeur,* 0,058.

(L'or est entièrement effacé, il n'en reste de traces que sur le rebord.) La forme est un cercle inscrit dans un quadrilatère dont les quatre côtés sont pénétrés par des arcs ogives. L'ornementation, imitant un pavage de mosaïque, est composée de petites rosaces à quatre lobes dont l'émail de fond est vert, et qui portent au centre un point d'émail blanc ; dans l'intervalle qu'elles laissent entre elles, sont de plus petites rosaces de même forme, en émail blanc ; les unes et les autres sont contournées en or et se découpent sur un fond d'émail bleu lapis.— (Collection Révoil, n° 256.)

Il eût été logique, peut-être, de former une division pour les émaux appliqués sur relief et pour les figures en ronde bosse, mais le passage de la plaque au relief et du relief à la ronde bosse est tellement insensible, les procédés sont si parfaitement les mêmes, qu'il m'a paru plus naturel de confondre ensemble tous les émaux en taille d'épargne, qu'ils soient appliqués sur relief ou sur plaque unie, et de les décrire dans leur ordre chronologique.

Cet ordre est difficile à fixer pour les uns comme pour les autres, dès qu'on entre dans le XIIIe siècle. De ce moment il devient impossible de fournir à la critique des règles précises, tirées de la nature des procédés, ou des nuances des émaux, pour distinguer dans la foule, vraiment innombrable, des produits de la fabrique de Limoges, ce qui appartient au commencement, au milieu ou à la fin de ce siècle. Cette incertitude se prolongera dans l'examen des productions du XIV° siècle, car une sorte de respect hiératique pour les anciens modèles, et le désir d'entourer de plus de gravité les vases sacrés et les reliquaires, prescrivirent le maintien des formes et des couleurs employées jusque-là, ou ils s'opposèrent au moins aux innovations tranchées, et de là sont résultées ces répétitions incessantes des mêmes sujets, émaillés de la même manière, pendant plus de deux siècles. Cette uniformité se prolongea jusque dans la première moitié du XV° siècle. Elle ferait le désespoir de l'archéologue, s'il n'avait pas pour se guider un autre signe, incessamment variable et se modifiant avec chaque époque. Je fais allusion au dessin, qui reste comme le seul phare conducteur dans cette mer monotone. La composition des sujets, le caractère des figures, le mouvement des plis, les particularités du costume, la fermeté et une sorte de gravité du burin dans les parties creusées, une hardiesse et une précision de ciselure dans les parties en relief, sont éloquents et affirmatifs là où l'émail par lui-même est muet ou trompeur. Soumis à un examen dirigé en ce sens, les émaux du XIII° et du XIV° siècle, et, je le répète, ceux même des premières années du XV° siècle, que leurs couleurs uniformément bleu éclatant, leurs petites rosaces vertes, jaunes et rouges confondraient ensemble, se classent et prennent rang suivant leurs dates. Car il ne faut pas oublier que ce sont des émaux d'orfèvres dans lesquels la main de l'homme se trahit par le travail de l'outil et nullement par la peinture de l'émail; il en sera tout autrement quand nous apprécierons les émaux des peintres. La provenance des objets est un renseignement sans portée, car les fabricants de Limoges ont répandu leurs productions, dès le XII° siècle, dans l'Europe entière, tandis que le brocantage des marchands de curiosités, qui approvisionne les collections publiques et privées, a encore contribué, dans les cinquante dernières années, au disséminement des émaux.

C'est d'après ces règles que j'ai classé les émaux suivants. Je commencerai par les boîtes à hosties. Aux premiers temps du christianisme, alors que les fidèles communiaient sous les deux espèces, on apportait les pains dans des linges et dans des corbeilles ; mais lorsque, à cette forme de la communion, on substitua l'usage des oublies, on se servit pour les conserver, alors qu'elles étaient consacrées, de boîtes (1) et de ciboires (2) qui devinrent bientôt aussi riches que les calices eux-mêmes (3).

31. — CIBOIRE *avec couvercle, en cuivre doré, ciselé, émaillé et enrichi de pierres fines. Commencement du XIII*[e] *siècle. — Hauteur, 0,300 ; diamètre, 0,154.*

Huit figures d'apôtres tenant le livre des Évangiles sont disposées sur le corps de la coupe ; les têtes sont ciselées en relief et les détails du buste indiqués par la gravure. Huit anges placés au-dessus et huit, de plus petite proportion, au-dessous, sont exécutés de même. Ces vingt-quatre figures nimbées sont disposées régulièrement sur trois rangs dans des losanges, et se détachent sur un fond d'émail bleu ; des ornements en émaux de couleur enrichissent les losanges. A la hauteur de ceinture de chacune des huit figures, des nuages sont indiqués par des émaux de six couleurs, tandis que des nuages disposés de même, mais n'offrant que quatre couleurs d'émaux, se retrouvent au-dessous des huit petits anges du rang inférieur. Les losanges sont séparés entre eux par des bandes dont le métal forme le fond, et que décorent des incrustations d'émail rouge. A l'intersection de ces bandes, des pierreries sont enchâssées, et, par leur disposition, alternent avec les figures ciselées ; ces pierres sont taillées en cabochons ; ce sont des émeraudes, des grenats, et sur le rang inférieur, huit turquoises. Le bord de la coupe est orné d'un dessin gravé dans le cuivre, dont le motif est formé de deux lettres arabes qui se répètent. Le pied est décoré de rinceaux ciselés dont les détails s'enroulent autour de trois figures d'hommes alternant avec trois oiseaux fantastiques. Ces ornements et les figures, d'un très fort relief, sont sculptés à jour, et le fond qui les supporte est rapporté en dessous. Le décor du couvercle est la répétition presque exacte de celui du corps de la coupe ; les pierres enchâssées dans les intersections des losanges sont variées, mais on n'y voit pas de turquoises. Le pommeau, terminé par un fleuron sculpté, est décoré de quatre bustes d'anges portant sur leur poitrine des nimbes crucifères ; les têtes sont entièrement détachées du fond. Entre chacune des figures sont disposées de petites colonnettes supportant des arcs ; une bande, formant ceinture autour du pommeau, est enrichie de pierreries enchâssées, et quatre forts grenats sont ajustés au-dessous. Dans l'intérieur du couvercle, l'artiste a gravé une main qui bénit, placée dans un nimbe crucifère ; dans l'intérieur de la coupe, une

---

(1) Je parlerai plus loin de ces boîtes, *pyxis, capsa*, etc.

(2) Voyez le répertoire de la seconde partie, au mot *Ciboire*.

(3) Postquam vero minutis panibus orbiculatis, quos oblatas vocamus, uti ecclesia suevit, ipsaque eos procuravit, aptum omnino illi usui erat istius modi receptaculum et scutella, ceu pixidis ligneæ et in ea corporis dominici mentionem facit Rupertus. Tuit. c. 5. (Calvoer Rit. p. I. p. 727.)

figure d'ange portant le livre des Évangiles de la main gauche et bénissant de la droite. Cette figure est encadrée dans une banderole circulaire sur laquelle sont tracés ces mots : **MAGI·TER : G : ALPAIS : ME FECIT : LEMOVI-CARVM.** On remarquera entre l'I et le T un point qui indique la contraction et excuse l'absence de l'S. M. Révoil a cédé ce ciboire au Musée du Louvre; comme il possédait une crosse du même style et peut-être de la même main (voy. n° 32), qu'il savait provenir du tombeau d'un abbé de Montmajour, mort en 1292, il supposa que ce ciboire avait la même origine. — (Collection Révoil, n° 98.)

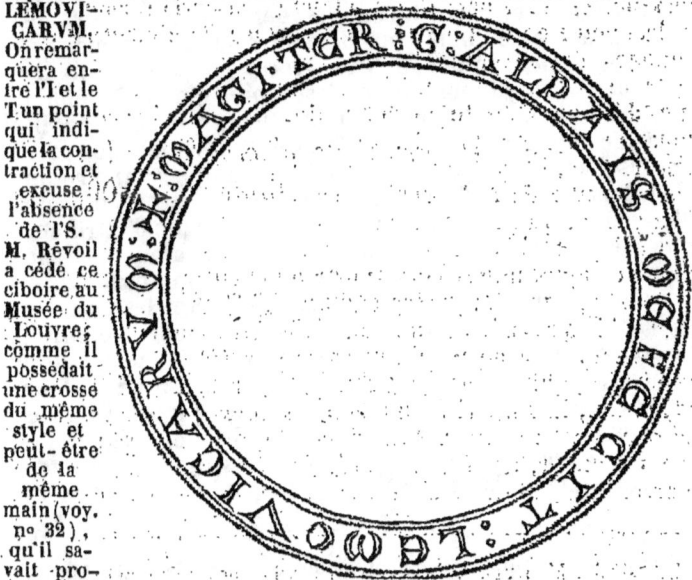

Rien n'est grec dans l'exécution de ce beau ciboire, mais tout y est empreint de cette influence orientale qui suivit les pèlerins à leur retour de la Palestine, du VIIIe au XIe siècle, et qui s'augmenta de la sainte folie des croisades, du XIe au XIVe siècle. Pendant cette longue période d'aspiration vers la Terre-Sainte, les artistes crurent élever leur style jusqu'au Saint-Sépulcre, en l'associant au caractère des monuments qui l'entouraient et lui servaient d'abri, c'est-à-dire aux déviations que les Grecs de Byzance, que les Arabes eux-mêmes, avaient imposées à l'art antique. De là ces formes, ces ornements, et jusqu'à ces inscriptions, mi-hébraïques, mi-arabes, qui auraient été sacrilèges, si elles avaient signifié autre chose ou même quelque chose (1).

---

(1) **Collection Pourtalès.** Une inscription, ou plutôt un ornement de ce genre se trouve sur un bassin à laver en cuivre émaillé, du

La signature d'un artiste, à ces époques, est un fait rare et précieux; le nom d'Alpaïs donne à celle-ci plus d'importance encore, parce qu'on s'est servi de la forme et de la désinence de ce nom pour démontrer l'établissement à Limoges d'une colonie d'artistes grecs, venus en ligne directe de Constantinople. Rien n'est moins fondé. Ce nom a une désinence toute méridionale, et au moins aussi limousine que grecque (1). La finesse d'exécution des parties ciselées, et la beauté des émaux, font de ce ciboire un chef-d'œuvre de la fabrique de Limoges. Il serait difficile d'en offrir un autre aussi complet, et il est facile d'attribuer à la même main, ou au moins au même atelier et à la même époque, une suite d'émaux qui s'en rapprochent.

Nous devons à la pieuse coutume d'enterrer les évêques et les abbés avec le costume et les insignes de leur dignité, la conservation de nombreuses crosses (2) en cuivre doré et émaillé, qui compensent souvent, par la finesse de leur exécution, la vulgarité du métal. On conçoit que les églises ne pouvaient sacrifier, à la mort de chaque évêque, les crosses en or, en argent doré, les crosses couvertes de pierreries, dont ils s'étaient servis durant leur vie; elles les

---

XIIIe siècle. M. Dubois, dans son catalogue, en parle ainsi : Autour de ce médaillon est gravée une inscription tracée en relief très faible et maintenant illisible (n° 95 du catalogue des objets du moyen âge; c'est, je crois, le bassin figuré par Willemin dans la planche 109 de son ouvrage). Cette inscription est très visible, mais elle n'a jamais été lisible. Ces mêmes enroulements en imitation de l'écriture arabe se trouvent fréquemment sur des émaux de cette époque. Je citerai l'une des faces de la châsse de Mauzac, sur laquelle on a voulu évidemment figurer une inscription bilingue, d'un côté en latin, de l'autre en hébreu, mais l'hébreu n'est qu'une imitation imparfaite de ce genre. Je renvoie encore, parmi beaucoup d'autres monuments, ainsi ornés, au n° 960 du Musée de Cluny, hauteur, 0,190; largeur, 0,440.

(1) M. l'abbé Texier s'exprime ainsi : « Nous n'avons trouvé aucune dénomination qui s'en approchât dans les cinq à six mille noms mentionnés par l'histoire de cette province, noms dont nous avons les listes éparses en divers manuscrits. » Le système de l'auteur est en faveur de l'origine grecque d'Alpaïs : cela peut avoir quelque influence sur l'ouïe et sur la prononciation.

(2) On en citerait partout, et chaque jour de nouvelles sortent de terre. Willemin en a dessiné une qui appartenait à M. Petit Radel (pl. 107) : elle est du même style et de la même époque que celle dont nous donnons ici la description.

remplaçaient, dans ce dernier et solennel service, par des crosses en cuivre ciselé, qui reproduisaient, au moins par la forme, par le fini du travail, et par le brillant de la dorure et des émaux, celles que l'on conservait dans le trésor (1). On en découvre tous les jours de nouvelles; la collection du Louvre en possède cinq, dont deux sont émaillées. Ce sont celles que je vais décrire.

32. — Crosse *en cuivre doré et émaillé. Fin du XIII*ᵉ *siècle.* — *Hauteur*, 0,300.

La volute est formée d'un serpent qui tient dans sa gueule une branche dont la tige s'épanouit en fleur. La vierge Marie foule aux pieds le serpent; l'ange de l'Annonciation, d'un pied écrase sa tête, et de l'autre est appuyé contre la volute. Il est ailé; la figure de ronde bosse, ciselée, est posée à jour de même que celle de la Vierge. Un pommeau renflé, surmonté de feuillages formant couronne, ceint d'un anneau qui le coupe en deux parties, est orné de fleurons en rosaces, entremêlés de feuillages. La hampe est décorée de quatre serpents ciselés et ajustés par des clous en cuivre doré; les parties qui n'en sont point recouvertes sont incrustées d'émaux qui forment un fond bleu lapis sur lequel se découpent d'élégants rinceaux, dorés, gravés en creux et rehaussés d'émail rouge. Des ornements analogues décorent la volute, dont l'émail de fond est le bleu lapis employé également pour les détails en écailles de la tête du serpent. Dans la partie de la volute qui couronne les figures on lit en lettres gravées en creux et remplies d'émail rouge, se détachant sur fond d'or pointillé, l'inscription : MATER MARIA GRATIA PLENA, qui existe sur les deux côtés. Le fleuron qui sépare l'ange de Marie est émaillé de vert clair; les yeux des figures sont en émail noir; ceux du serpent formant la volute, et ceux des quatre petits serpents appliqués sur la hampe sont également indiqués par des gouttes d'émail noir. Ce sont aussi des gouttes d'émaux qui figurent des turquoises sur les détails du pommeau. M. Révoil affirme que cette crosse fut trouvée en 1793 dans le tombeau de Bertrand de Malsang, qui fut abbé des bénédictins de Montmajour, près d'Arles, en 1292. — (Collection Révoil, nᵒ 810.)

33. — Crosse (*Fragment de*) *dorée et émaillée.* — *Hauteur*, 0,180.

Le corps de la volute est orné d'un réseau doré sur fond d'émail bleu un peu pâle qui règne également sur les deux faces, séparées entre elles par une sorte d'arête épineuse ciselée en relief et dorée. Dans la courbe

---

(1) On se contenta, dans quelques abbayes, de moins encore. Ainsi, on a trouvé, à Jumièges, des silhouettes de crosses découpées dans des lames de cuivre. C'était, comme dans l'antiquité, une apparence de la chose. Les païens avaient cru que leurs dieux se contenteraient du simulacre des objets qui avaient été à l'usage de leurs morts ; les chrétiens n'avaient pas moins confiance dans l'indulgence du Dieu unique et tout-puissant qui devait faire la part de leur bonne intention.

inférieure de la volute est renfermé un serpent à double face, de ronde bosse, doré, ciselé en pointillé, garni de rangées de turquoises figurées par des émaux coulés dans des trous qui traversent d'un côté à l'autre; la queue du serpent est terminée par deux tiges fleuronnées qui s'enroulent en sens contraires. Un pied fragmenté, que l'on voit à l'extrémité de la volute, brisée elle-même, indique qu'une figure en ronde bosse était le motif principal de cette crosse. C'était sans doute un saint Michel terrassant le dragon. — (Collection Durand, n° 120/2659.) Je renonce à citer toutes les crosses émaillées de ce bleu un peu pâle et travaillé dans ce goût banal qui sont parvenues jusqu'à nous. Il y eut à Limoges une véritable fabrique de ces ustensiles d'église.

Je rapprocherai de ce beau ciboire et de ces deux crosses remarquables plusieurs objets en cuivre émaillé qui appartiennent à la même époque, quoique produits par d'autres mains et avec un moindre talent. Ces émaux sont polis à la roue avec un soin patient et habile. Leur caractère particulier est un aspect sévère, un bleu lapis très foncé et profond, avec l'emploi de blanc et de rouge opaques, isolés, et sans fusion les uns dans les autres. En général, un sentiment grave et un air solennel.

34. — Reliquaire, *en forme de trône, sur lequel est assise la Vierge* (1) *portant l'Enfant-Jésus. Il pose sur un plateau circulaire que soutiennent trois pieds. Cuivre doré, ciselé et émaillé.* — *Hauteur,* 0,220.

La face antérieure est décorée de quatre rangs d'arceaux étroits, en émaux alternativement rouges ou blancs, se détachant sur un fond bleu pâle. Sur la face opposée, où est pratiquée la petite porte du reliquaire, et occupant le centre de cette porte même, est une figure d'ange ailé, nimbé, se découpant par la couleur du métal sur un fond d'émail bleu. Le nimbe est émaillé rouge, bleu clair et blanc. Une autre figure d'ange, dans les mêmes conditions d'or et d'émaux, décore la face latérale gauche, et une sainte la droite; des rinceaux dorés et des fleurons en émaux bleu pâle et blanc s'enroulent sur le plateau, dont l'émail de fond est bleu. Le groupe de la Vierge portant son enfant est doré; les yeux de la Vierge sont figurés par deux perles d'émail noir; ceux de l'enfant par des perles d'émail bleu. Tous deux sont couronnés, et la couronne de la Vierge est ornée de petites perles d'émail bleu clair et bleu foncé. L'enfant bénit de la main droite et de l'autre soutient un livre. La Vierge tient une pomme. Le revers de dessous est doré. — (Collection Durand, n° 148/2654.)

---

(1) **Bibliothèque nationale.** On peut rapprocher de cette Vierge un Christ du cabinet des antiques. Il est assis dans la même pose; de la main droite, il bénit selon le rite latin; de la gauche, il tient un livre. Très fort relief. On remarque l'emploi du vert, de deux nuances de bleu et du rouge, toutes couleurs opaques. Les yeux sont exprimés par deux gouttelettes d'émail noir très saillantes. Hauteur avec le cadre, 0,190.

35. — LE CHRIST DANS SA GLOIRE. — *Plaque de cuivre doré et émaillé, détachée d'un reliquaire. XIIIe siècle.* — *Hauteur*, 0,225; *largeur*, 0,110.

Le Christ bénit de la main droite, et de l'autre porte un évangéliaire; il est vu de face et est assis sur un coussin qui repose sur un arc. Aux quatre angles sont figurés les symboles des évangélistes; dans le haut à gauche, l'ange, et à droite, l'aigle; dans le bas à gauche, le lion, et à droite, le bœuf. La figure du Christ, repoussée en relief et dorée, a été fixée au milieu de la plaque dans un espace réservé; les attributs des évangélistes ont été épargnés dans la planche de métal, et se détachent en or sur l'émail bleu du fond; leurs têtes, en relief et rapportées, posent sur un nimbe d'émail vert contourné d'un filet doré. La décoration de la plaque émaillée se compose de portions de cercles concentriques, formant un double ovale qui encadre la figure du Christ, et de rosaces à huit lobes circonscrites dans des cercles dorés et semées sur le fond d'émail bleu. La tête du Christ pose sur un nimbe crucifère dont les émaux sont de couleurs bleue, verte et rouge. Les lettres alpha et oméga sont placées de chaque côté et se détachent en or sur le fond d'émail. Deux bordures d'un dessin festonné, semblable à celui de l'ovale, règnent dans le haut et le bas de la plaque. Le métal est sans préparation au revers. — (Collection Révoil, n° 248.)

36. — LE CHRIST SUR LA CROIX. — *Plaque en cuivre émaillé, détachée d'un reliquaire. XIIIe siècle.* — *Hauteur*, 0,220.

Jésus-Christ est crucifié, quatre clous apparents traversent ses mains et ses pieds; au bas de la croix est, d'un côté, la vierge Marie, debout, tenant les mains croisées; de l'autre, l'apôtre saint Jean qui porte un évangéliaire de la main gauche; au-dessus de la croix sont deux figures d'anges, l'un à droite, portant un *volumen*, l'autre, à gauche, un évangéliaire; tous deux engagés par la partie inférieure du corps dans des zones de nuages qui sont coupées par la traverse horizontale de la croix. Ces quatre figures sont épargnées dans le métal doré; les têtes sont repoussées en relief et fixées à leurs places par des clous; les nimbes qui les entourent sont en émaux de couleur noir, vert et jaune pour saint Jean et des deux anges, rouge, bleu clair et blanc pour la Vierge. Le nimbe sur lequel pose la tête du Christ est double et crucifère. La croix est rouge et le centre mi-parti bleu clair et blanc, mi-parti lapis. Au-dessus de la tête est une bande de cuivre doré traversant l'émail vert, sur laquelle sont tracés ces monogrammes du Christ. Au-dessus, et tout à fait dans le haut de la croix et de la plaque, est une main sortant des nuages soutenant un nimbe crucifère, dont la croix dorée se découpe sur un fond d'émaux bleu lapis, bleu clair et jaune. La figure d'Adam, élevant ses mains jointes, est placée au pied de la croix; elle est dorée et la tête, repoussée en relief, est rapportée. Le fond est en émail bleu lapis; la croix est en émail vert. — (Collection Révoil, n° 249.)

37. — TRÉPIED *en bronze émaillé, destiné à servir de support. XIIIe siècle.* — *Hauteur*, 0,095.

Trois serpents, à la queue recourbée, sont fixés sur le corps du trépied, la tête tournée vers la terre. Dans les intervalles qu'ils laissent entre eux sont trois motifs d'ornements semblables et variés seulement de couleur, qui sont composés de tiges dorées reliant des fleurons émaillés dont les nuances sont le brun, le rouge, le vert et le jaune, se détachant sur la couleur bleu lapis du fond. Le haut du trépied est décoré de gravures imitant des écailles et doré; les pieds sont surmontés de têtes monstrueuses, dont les yeux étaient formés par des gouttes d'émail noir. Le revers est doré. — (Collection Durand, n° 420/2659.)

38. — Le Christ sur la croix. — *Hauteur, 0,169; largeur, 0,124.*

La figure, rapportée et fixée par quatre clous, est posée sur une croix en taille d'épargne et émaillée de vert qui occupe le centre d'une plaque de cuivre plus grande et très ornée qui a elle-même la forme d'une croix. Cette dernière est parsemée de rosaces dorées sur fond d'émail bleu lapis et bordée d'un filet bleu clair liséré de blanc. Au haut de la croix est le monogramme du Christ. Un nimbe crucifère entoure la tête, le champ est de deux tons de bleu, or et blanc, et la croix de couleur rouge. Au-dessous des pieds du Christ, on voit une image d'Adam à demi cachée; la tête, ciselée en relief, est fixée par un clou, et les deux bras sont élevés en signe d'adoration. Le cuivre est sans préparation au revers. — (Collection Révoil, n° 230.)

39. — Le Christ entre deux anges, *XIII*e *siècle.* — *Hauteur, 0,130.*

Sur une plaque de forme triangulaire, à angles coupés, et dans un espace ménagé, on a fixé avec deux clous la figure en relief de Jésus-Christ portant un évangéliaire sous le bras gauche et prêt à bénir de la main droite; sa tête, repose sur un nimbe crucifère émaillé en zones blanches, bleues, noires et rouges. Deux anges, vus jusqu'à la ceinture, et dont les têtes en relief sont également rapportées, sortent des nuages, à droite et à gauche, dans le bas, vers les pieds du Christ; ces figures, épargnées sur la plaque, se détachent en or sur l'émail du fond qui est de couleur bleu lapis. Le burin a tracé en creux le détail des ailes et du costume. Des rosaces d'émaux de quatre nuances sont semées sur le fond, des nuages de couleurs bleue, verte et jaune forment comme une bordure ondulée sur la ligne du bas, et les deux côtés qui se rejoignent au sommet sont ornés d'une bordure festonnée mi-partie en or ciselé, mi-partie en émaux de couleurs. Le fond est bleu lapis. Le métal est sans préparation au revers. — (Collection Durand, n° 423/2684.)

40. — Ciboire *en cuivre doré et émaillé. (Le couvercle se termine en pointe, et la pointe est surmontée d'une boule et d'un fleuron percé par son centre, de façon à pouvoir suspendre le ciboire.)* — *Hauteur, 0,226; diamètre du ciboire, 0,080; diamètre du pied, 0,104.*

La coupe est décorée de quatre médaillons circulaires dont l'émail fond est blanc et l'ornement cette lettre (monogramme de la vierge Marie). Entre les médaillons sont disposés quatre fleurons dorés sur émail de fond bleu lapis. Des fleurons semblables et en même nombre sont répétés sur le couvercle et alternent avec quatre médaillons formés par un quadrilatère dont les côtés sont pénétrés par des arcs de cercle. L'émail de fond est le vert clair, et le centre un écu burelé d'or et de gueules à une bande d'azur chargée de trois ?..... d'or. L'émail de fond est le bleu lapis de même que sur le pied, qui est décoré des mêmes médaillons contenant les mêmes armoiries, au nombre de trois seulement, alternant avec des ornements semblables à ceux de la coupe et du couvercle, avec cette différence que le motif principal est émaillé de vert clair et de rouge. L'intérieur est doré. Le revers du pied n'est point émaillé. — (Collection Durand, n° 117/2653.)

Tous ces émaux ont été longtemps tenus pour byzantins par des hommes dont nous estimons les travaux, et qui ont laissé sur d'autres points de l'érudition des traces de leur sagacité. Cette erreur venait de deux causes: en premier lieu, on n'avait pas assez comparé les monuments de la sculpture, dans ses différentes phases, pour faire deux parts distinctes entre les créations et les copies, entre les monuments exécutés à Constantinople même ou par les artistes venus de cette ville, et ceux qui, tout en subissant l'influence byzantine, avaient cependant, dans de certaines allures, ce qui trahit une origine différente. Au XIe siècle et au commencement du XIIe, l'art en France était généralement atteint ou entaché d'imitation grecque (1); au XIIe siècle, l'originalité de nos artistes se fait jour partout, et il resterait à expliquer pourquoi à cette époque, et pendant les deux siècles de renaissance nationale qui suivirent, les orfèvres émailleurs de Limoges conservèrent avec persévérance un caractère byzantin, abandonné ailleurs. La première, la vraie cause, c'est qu'en général c'étaient des gens d'un talent médiocrement original, et pour lesquels la tradition et la routine étaient le plus commode des

---

(1) Je ne sais pas pourquoi on se donnerait beaucoup de peine pour prouver que l'influence byzantine s'est exercée sur les arts à Limoges, au Xe et au XIe siècle: c'est un fait général. Quant à la rue nommée Vénitienne et quant aux marchands vénitiens établis à Limoges dès le Xe siècle, si cela était prouvé, qu'importerait? Ce peuple industrieux a porté partout son commerce; il a établi en tous lieux ses comptoirs, et je ne vois pas ce qu'ils ont de commun avec nos émaux, puisqu'il est prouvé que les procédés des Grecs, adoptés par les Vénitiens, différaient entièrement, à cette époque, des procédés employés à Limoges pour exécuter les émaux.

oreillers (1). La seconde raison venait du clergé, qui, pour les vases sacrés, les châsses et les reliquaires, ne sollicitait pas les innovations. La troisième enfin du commerce, qui a aussi sa routine et qui proscrivait les nouveautés.

A mesure que nous avançons davantage dans le XIIIe siècle, le rôle des outils, loin de diminuer en importance, tend à en prendre davantage, et à remplacer par la gravure sur métal le secours que l'orfèvre demandait à l'émail. Cette tendance s'explique de deux manières : le XIIIe siècle fut une grande et sérieuse époque de renaissance ; un procédé incomplet, dissimulant un dessin imparfait, ne pouvait convenir à des yeux habitués à voir les progrès faits dans la sculpture et dans la peinture. Les orfèvres, artistes habiles, firent donc ressortir sur un fond d'émail leurs figures sévères, que le burin traçait avec toute la noble et grave assurance de la science unie au style. Ils avaient proscrit la manière d'émailler les carnations, qui, dans son imperfection et avec l'obligation de réserver les yeux et la bouche, faisait des caricatures, et de proche en proche ils n'employèrent bientôt plus l'émail que pour servir de fond à la silhouette des figures, qu'ils épargnaient dans le métal, et dont ils gravaient au burin tous les détails. Voilà pour la première raison, pour le motif digne d'une grande époque et d'artistes qui aiment leur art ; il y en avait une autre : celle-là tenait du métier. Dans le système des émaux en taille d'épargne, plus les parties réservées en relief sont étendues et importantes, plus on s'épargne la peine d'évider le métal, et après la fusion de l'émail de polir l'ensemble. Il y avait donc intérêt pour les orfèvres de Limoges à pousser le goût du public dans cette voie, et tous les émaux de cette époque montrent l'application de ce système. Celui que je vais décrire appartient encore à l'art ; il est composé dans un grand sentiment religieux, et exécuté avec une supériorité bien rare.

---

(1) M. Texier, à titre de Limousin, défend ses gens très habilement ; mais il les abandonne sur ce point, en reconnaissant que les architectes, les sculpteurs et les peintres secouèrent, dès le XIIIe siècle, l'influence byzantine, à laquelle restèrent soumis les orfèvres émailleurs ; *les églises des Jacobins, à Limoges* (XIIIe siècle), *une partie de la cathédrale* (XIVe), *les tombeaux de Soudeille* (XIIIe), *de Bernard Bran et de Regnauld de la Porte* (XIVe), *prouvent que le Limousin céda, au XIIIe siècle, à l'entraînement du goût général.* Page 37, Essai sur les émailleurs.

11. — LA MORT DE LA VIERGE. — *Plaque en cuivre doré et émaillé. XIIIə siècle.* — *Hauteur, 0,260; largeur, 0,200.*

La Vierge est étendue sur un lit que recouvre une étoffe, en émail bleu clair, dont les plis partagés en cinq divisions sont indiqués par des filets dorés et des lignes d'émail blanc. Les douze apôtres sont placés en arrière; deux d'entre eux portent des cierges allumés; l'un est à la tête de la Vierge, l'autre près des pieds. Saint Pierre, tenant une clef en la main, est dans une pose inclinée; saint Jean, placé derrière lui, porte un livre sur lequel on lit : *Sanctus Johannes apostolus* ainsi abrégé: L'apôtre qui occupe le milieu du groupe soutient un livre appuyé sur son bras gauche que recouvre un manteau, et a la main droite posée sur la poitrine ; un autre, à côté, a les mains jointes; plusieurs ne sont indiqués que par leurs têtes et les auréoles qui les entourent; car tous ont des nimbes émaillés de deux tons de bleu liséré de blanc et pointillé de rouge, ou deux tons de vert liséré de jaune et également pointillé de rouge ; tel est le nimbe qui entoure la tête de la Vierge, sur lequel sont disposées cinq rosaces dorées. Deux anges planent dans le haut de la composition; ils sont représentés sortant des nuages qui cachent le bas de leur corps et encensant la sainte Vierge avec des encensoirs dont les chaînes suivent les enroulements des rinceaux qui ornent le fond. Les têtes de tous deux reposent sur un nimbe liséré de jaune. Le fond, sur lequel se détachent toutes les figures d'apôtres et les deux anges, est en émail bleu lapis, décoré d'ornements dont les tiges et les feuillages sont épargnés dans le métal ; les fleurons, en émaux de couleurs, offrent deux tons de bleu liséré de blanc, deux tons de vert liséré de jaune, des taches d'émail rouge et des nervures mi-parties rouge et or. Dans le haut de la plaque on lit cette inscription gravée en creux sur un fond de métal guilloché : REGINA. MVNDI. DE. TERRIS. ET. DE. Le revers n'est pas émaillé. — (Collection Revoil, n° 217.) — Dix trous, réservés par l'orfèvre dans la plaque, indiquent qu'elle était destinée et qu'elle a été fixée à quelque rétable d'autel, coffret ou reliquaire ; l'interruption de l'inscription indique aussi qu'elle précédait une autre plaque représentant, probablement, l'Assomption de la Vierge.

Cette composition prouve que l'atelier de Limoges s'écartait quelquefois de ses productions industrielles; il en était de même quand on lui commandait des reliquaires avec des légendes particulières propres à l'histoire du saint dont ils devaient conserver les restes; l'artiste alors s'adressait au clerc pour la distribution et le choix des sujets, il demandait aide à son inspiration; mais c'était une exception, et, en général, la production tout industrielle marchait grand train, devançant la demande. Les reliquaires de pacotille étaient ceux qui pouvaient contenir indifféremment toutes les reliques sous le patronage des grandes scènes de la passion, de la vie de la Vierge, ou sous la garde des évangélistes et des apôtres rangés symétriquement tout autour ; puis, on pouvait aussi fabriquer à l'avance, et sans trop s'exposer aux chances du hasard, des reliquaires ornés des scènes de nos grands martyrs, saint Étienne, saint Denis, saint Martin, etc., etc., et l'on n'y manquait pas.

Lorsque les reliques de Constantinople furent cédées par Baudouin à saint Louis, on vit s'allumer, pour ainsi dire, l'incendie du culte des reliques, car je ne saurais dépeindre autrement ce courant de passion qui traversa le monde chrétien. Pour garder ces reliques, pour les montrer aux fidèles, pour les promener dans les rues aux sombres jours des calamités, comme aux grandes solennités des actions de grâces, il fallait des châsses; et que pouvait-on choisir de plus précieux pour ces coffres sacrés que l'or et les pierres fines, et, lorsque leurs dimensions et la pénurie imposaient plus d'économie, le cuivre doré et les émaux? Aussi chaque église et jusqu'aux plus petites eurent leurs châsses, et comme le XIII° siècle avait par-dessus tout le sentiment de l'harmonie dans la magnificence, les autels, les vases du culte, les chandeliers, tout l'ameublement sacré scintilla sous l'émail.

La Sainte-Chapelle de Paris, chacun le sent encore en la voyant, n'était autre qu'une grande châsse, et l'on transporta à l'intérieur tout l'éclat extérieur des petites châsses. L'or ruisselait partout, les vitraux étaient comme des parois d'émail, et de tous côtés, soit par des plaques de verre rehaussées d'or, soit par des plaques de métal émaillées, on ajoutait à l'éclat des peintures (1).

(1). Je ne crois pas qu'on ait retrouvé de plaques émaillées encastrées dans la muraille; mais leur absence serait motivée par le prix que le métal assurait aux voleurs. Des morceaux de verre teint bleu foncé, rehaussé d'or, sont encore en place et simulaient entièrement les fonds bleus des plaques de cuivre émaillées. On s'en est servi dans les ogives de la Sainte-Chapelle pour faire ressortir les sujets peints à la cire sur le mur, et on en a retrouvé un grand nombre jouant encore très bien leur rôle brillant. Toutefois un texte prouve, mieux qu'une conjecture, qu'on employait les émaux dans la décoration architecturale, et il motive ma supposition pour la Sainte-Chapelle. Le tombeau de saint Front, dans l'église de ce nom, fut détruit par les protestants en l'année 1576; on mentionne cet événement dans l'un des registres de la mairie de Périgueux, à l'année 1583, et on y ajoute ces détails: *Entre les ruines en fut faicte une signalee du tabernacle où estoit gardé le chef de sainct Front et plusieurs autres sainctes reliques, lequel estoit édifié en rond, couvert d'une voûste faicte en pyramide; mais tout le dehors estoit entaillé de figures de personnes à l'antiquité, et de monstres, de bêtes sauvages de diverses figures, de sorte qu'il n'y avoit pierre qui ne fut enrichie de quelque taille belle et*

42-47. — Reliquaire *composé de six plaques en cuivre émaillé. XIII*ᵉ *siècle.* — *Hauteur,* 0,190 ; *longueur,* 0,214 ; *largeur,* 0,100.

Il est orné de dix-neuf pâtes de verre taillées en cabochon, et de six figures en relief, dorées et émaillées. Il en existait huit dans l'origine, mais les deux qui occupaient le milieu du couvercle ont été enlevées postérieurement pour faire place à une ouverture garnie d'un verre qui laisse voir l'intérieur. Les six figures de saints, fixées sur la face principale et le couvercle qui la surmonte, ont la tête dorée, avec des yeux formés par une perle d'émail noir ; elles sont vêtues d'un long manteau bleu lapis et d'une robe verte à lumière jaune, qui laisse apercevoir l'ouverture du manteau. Sur la face opposée, l'orfèvre a gravé en tailles d'épargne, sous des arcades, cinq figures de saints dont les têtes se détachent sur un nimbe bleu clair ou vert, et le corps sur un fond d'émail bleu lapis. Des rosaces de couleurs variées sont semées sur ce fond ; au-dessus des arcades, l'émail de fond est bleu turquoise. Le couvercle est décoré comme la plaque. Sur la face latérale droite est une figure d'ange, les ailes déployées et portant un livre ; des rosaces, variées de grandeur et de couleurs, sont semées sur le fond d'émail bleu lapis. Au-dessus d'un arc soutenu par des colonnettes, qui encadre la figure, est un champ d'émail bleu turquoise, sur lequel se détache un petit château crénelé que surmonte un dôme. Sur la face latérale gauche est pratiquée la porte du reliquaire ; un ange, dont les ailes s'élèvent en l'air et qui porte un livre, y est figuré. Des nuages, formés par des ondulations d'émaux de trois couleurs, coupent la figure au-dessus des genoux. — (Ancienne collection, 343.) — Les inventaires le désignent comme provenant de l'abbaye de Saint-Denis.

Avant de sortir de la première moitié du XIIIᵉ siècle, je citerai les deux plaques funéraires, en cuivre émaillé, que saint Louis commanda, en 1247, pour orner les tombeaux de ses enfants enterrés dans l'abbaye de Royaumont. Ce curieux monument de l'art français est conservé dans l'église de Saint-Denis (1). Mais cette manière de décorer

---

bien tirée, et plus recommandable pour la façon fort antique, enrichie de pierres, de vitres de diverses couleurs et de lames de cuivre dorées et esmaillées, et tout le circuit environné de barres de fer, sur lesquelles ceux qui se mettoient à genoux pour prier Dieu, se reposoient. J'emprunte cet extrait à M. Félix de Verneilh.

(1) A l'époque de la révolution, ces plaques de tombes passèrent au Musée des monuments français, mais M. Lenoir n'exposa que celle de Jean de France, la plus complète, et c'est aussi la seule qui figure dans son catalogue sous le n° 24 (voyez aussi Montfaucon, Monuments de la Mon., tome I, pages 160, 162 ; Millin, Ant. nat., tome I, p. 14 ; Willemin, Monuments français, planche 94) ; le dessin est fidèle, mais les nuances des émaux sont complètement fausses.

En 1816 elles ont été renvoyées à Saint-Denis, et, depuis cette époque, elles n'ont pas été de nouveau exposées au public.

un tombeau n'était déjà plus alors une innovation, c'était un noble luxe. D'autres, et en grand nombre, le pratiquèrent (1), non plus à titre de rois, de princes et de grands seigneurs, mais par droit de noblesse. La grande vogue des armoiries ayant été pour beaucoup dans cette application de l'émail aux monuments funéraires, on put dès-lors espérer passer à la postérité la plus reculée dans un faste nobiliaire inaltérable. La dévotion y eut aussi sa part : un fils, une veuve, ne trouvèrent rien de trop brillant pour orner l'église de leurs pieux souvenirs. Limoges eut le monopole de ces riches revêtements, parce qu'elle seule avait trouvé, dans les commandes qui affluaient vers elle de toutes parts (2), la hardiesse de construire des fours capa-

---

(1) Voyez dans le répertoire de la seconde partie l'article *Tombes émaillées*.

(2) Dans la deuxième note de la page suivante, je cite une commande venue de l'Angleterre ; en voici une autre envoyée du fond de la Bretagne : Blanche, fille de Thibaut II, roi de Navarre, et d'Agnès de Beaujeu, fut mariée, en 1235, à Jean Ier, dit le Roux, duc de Bretagne, et mourut à la tour Hélé, près de l'étang de Ploe-Roy, le 5 aoust 1283. Son fils la fit enterrer dans l'église de l'abbaye de la Joie, et pour lui ériger un monument digne d'elle il s'adressa aux ouvriers de Limoges. Voici l'acte qui témoigne de ce fait : c'est une quittance donnée par Guillaume le Borgne, chevalier, chargé par le duc Jean de cette commission. M. Fillon l'a découvert dans les anciennes archives du château de Nantes et l'a publié dans le recueil intitulé : *Les Archives de l'Art français*, tome Ier, page 129 : « Sachent touz que « nous, Guillaume le Borgue, chevallier, avons heu et receu des « exequtors de nostre chier segnour, de bone mémoyre, Johan, « jadis duc de Bretagne, conte de Richemond, défunt, quatre cenz « cinquante liv. pour la façon de la tombe et de la sépulture nostre « chère dame, dont Deux ayt l'arme, madame Blanche, sa mère, « jadis duchesse de Bretaygne, ains que le dit nostre cher segnor « aveyt quémandé fère à Limoges au temps qu'il viveyt et........ « les diz exequtors envers ceux qui font la dite tombe........ à la « somme des dites quatre cenz et cinquante liv. A Venes tesmoyng « nostre seaul le........ pour........ l'an de grace mil treys cenz « et seys. » Cette date de vingt-trois années postérieure à la mort de la duchesse Blanche, ne doit pas faire penser que les artistes de Limoges mirent tout ce temps à exécuter le monument ; elle prouve seulement que le duc Jean payait mal de son vivant et laissait son testament s'acquitter de ses dettes. Quoique cet acte ne dise pas positivement que ce tombeau fût émaillé, le doute n'est pas admissible. Les artistes de Limoges n'avaient de réputation au dehors que pour

bles de contenir ces plaques de grandes dimensions (1). On lui écrivait de loin ; souvent on réclamait ses artistes; la ville industrieuse se prêtait à tout. En 1276, l'évêque de Rochester, Gauthier de Merton, venait de mourir ; avait-il demandé, par ses volontés dernières, qu'on mît sur sa tombe son effigie émaillée, ou ses exécuteurs testamentaires ont-ils suivi en cela le luxe déjà établi? tant y a qu'on envoie l'un d'eux à Limoges pour commander le revêtement émaillé de son tombeau. Celui-ci part de Rochester, et remplit consciencieusement sa mission. Il s'adresse à maistre Jean, et lorsque la plaque est terminée, on fait venir ledit Jean en Angleterre pour poser la plaque et l'ajuster sur le monument (2), circonstance qui ferait supposer qu'on n'était pas capable de cette besogne en Angleterre, si l'on ne savait par d'autres voies combien les orfèvres anglais étaient avancés dans le travail de l'émaillerie fine (3).

L'Angleterre n'a conservé qu'une seule de ces tombes

---

leur émaillerie, et autrement on eût trouvé, en Bretagne et à Paris, des hommes plus capables de fondre, de repousser, de graver le cuivre, ou de sculpter la pierre et le marbre.

(1) On chercherait vainement, dit M. l'abbé Texier, les vingt-sept tombeaux de ce genre qui décoraient les églises et les cloîtres de Grandmont, de Saint-Augustin-lez-Limoges, de la Chapelle-Taillefer, de Saint-Germain; mais hors du Limousin se voyaient de nombreuses tombes ayant la même origine.

(2) Voici le texte original qui fournit ces curieux renseignements, nous le devons à M. Alb. Way : Computant (executores) XL liv. s. VI d. liberati magistro Johanni Limovicensi pro tumba dicti episcopi Roffensis, scilicet, pro constructione et carriagio de Lymoges ad Roffam et XL s. VIII d. cuidam executori apud Lymoges ad ordinandum et providendum constructionem dicte tumbe et X s. VIII d. cuidam garcioni eunti apud Lymoges querenti dictam tumbam constructam et ducenti eam cum dicto magistro Johanne usque Roffam. Thorpe Custum. Roff. 493. Bibl. Bodleienne d'Oxford, dans les manuscrits d'Antony Wood. J'avais cru que Gaultier de Merton avait puisé ces goûts français pour les émaux dans une origine française, mais les Annales ecclesiæ Roffensis, dans l'Anglia sacra (tome I, p. 354), prouvent qu'il était Anglais. C'était donc un goût et une mode généralement répandus.

(3) Voyez dans le répertoire de la seconde partie l'article *Esmail d'Angleterre*.

émaillées : c'est celle de Guillaume de Valence, mort en 1296 (1). Un archéologue anglais suppose que les plaques émaillées qui recouvrent la figure couchée et en relief de ce prélat auraient été exécutées à Londres même, par maître Jean, établi en Angleterre vers 1277-1278. Cette supposition n'est pas admissible. Si cette tombe avait été exécutée à Londres par un orfèvre émailleur limousin, elle aurait été faite d'une seule pièce, et non pas en une foule de morceaux rapportés et assez grossièrement cloués sur une forme de bois. Si maître Jean avait travaillé à Londres, il aurait construit des fours, il aurait formé des élèves, tandis que je ne vois aucune trace de son influence (2); au contraire, plusieurs ustensiles en cuivre émaillé, aux armes des familles anglaises, présentent des erreurs héraldiques qui ne s'expliquent que par des commandes exécutées au loin, et probablement à Limoges, avec

---

(1) Cette tombe se voit dans l'abbaye de Westminster. Pour tous les archéologues anglais ces émaux sont limousins. M. C.-A. Stothard, qui a représenté ce monument et ses détails sur deux planches de son grand ouvrage (The monumental effigies, London, folio 1817-1832, pl. 44 et 45), s'exprime ainsi : There is good ground for supposing the upper or metallic part of the tomb to be french work. Il faut rattacher à cette époque et aussi à la fabrique de Limoges le tronc des pauvres, ou boîte aux offrandes, que l'on conserve dans l'église de Smarden, dans le Kent. Il ne reste des figures en relief qui le décoraient que la silhouette, mais elle indique clairement une scène assez rare, qui est le baptême. M. Pretty en a fait la description; malheureusement, au lieu de nous dire ses dimensions, il nous donne celles de l'église : Curious enamel on the poor's box in Smarden church. Trans. of the Archæological association at its congress held at Gloucester, August 1846, London, 8°, 1848, p. 247.

(2) Il est bien question de *mysteries*, un siècle plus tard, dans l'accord fait entre Richard II et les dinandiers de Londres, qui s'engagent à dorer les statues du roi et de la reine; mais je ne vois rien qui indique l'emploi de l'émail. 24 avril 1399 : A Nicholas Broker et Godfrey Prest, citoyens et chaudronniers (coppersmiths) de Londres, pour dorer deux images à la ressemblance du roi et de la reine, avec tout ce qui y appartient, avec d'autres images et choses faites de leur secret et art (of their mystery and art), 400 liv. Quatorze ans plus tard encore, nous lisons dans les comptes d'Henry V: A Guillaume Godezer (nom allemand), citoyen et dinandier de Londres, à compte pour avoir nouvellement devisé et fait une image, en ressemblance de la mère du roi, ornée avec différents écussons des armes des rois d'Angleterre (du 20 mai 1413).

l'impossibilité de surveiller certains détails de peu d'importance aux yeux des émailleurs (1). Je suis donc disposé à croire que les grandes tombes émaillées furent exécutées à Limoges, tout en maintenant que chaque orfèvre, dans chaque pays, pouvait les imiter, en remplaçant les grands revêtements par de petites pièces de rapport. Ce passage des dernières volontés de Guillaume de Haric, inscrites dans son testament daté de 1327, prouve que ce genre de sépulture était presque habituel. Quant à la prescription de faire ces tombes, *de l'œuvre de Limoges*, ce n'est pas demander qu'on les exécute à Limoges, mais qu'elles soient émaillées; voici l'article du testament : *Je lais* 800 *livres pour faire deux tombes hautes et levées de l'œuvre de Limoges, l'une pour moi, l'autre pour Blanche d'Avanger, ma chère compagne*. Mais il est temps de revenir aux tombeaux des enfants de saint Louis.

Le monument de Jean de France s'est conservé complet; il est unique en France; il mérite une description attentive : elle nous a été facilitée par la plaque de cuivre émaillée et par les dessins faits pour Gaignières qu'on trouve aujourd'hui dans l'un des seize volumes qui ont été s'égarer à Oxford. A l'abbaye de Royaumont, on avait pratiqué dans le mur, à gauche du grand autel, deux enfoncements, deux niches surmontées d'un dais gothique. Le tombeau occupait le bas, et tandis qu'il figurait en sculpture, suivant l'étiquette du XIIIe siècle, le personnage couché et mort, dans le costume officiel, avec les insignes royaux, une peinture, qui remplissait tout le centre de l'arcade, le représentait dans ses vêtements ordinaires, le faucon sur le poing, en un mot vivant. Il en était de même de sa sœur. Une large bordure de feuillages, une autre mi-partie des armes de France et de Castille, complétaient la décoration; mais nous n'avons à nous occuper que des plaques en cuivre repoussé et émaillé qui couvraient les tombes. Celle de Jean est conservée à Saint-Denis presque complète.

(1) On a trouvé, en janvier 1850, dans le Warwickshire, un fond de bassin émaillé d'un écusson de la famille d'Hastang, qui présente des différences si essentielles avec le véritable écusson, qu'on en a cherché la raison dans une altération des couleurs par le feu, dans l'ignorance des émailleurs, ou dans quelques changements adoptés par la famille et dont les textes n'auraient pas conservé trace. Toutes ces raisons ne valent pas celle que je donne. (Journal archéologique de Londres, tome VII, page 78.)

Elle se compose de la figure du jeune prince en cuivre repoussé, du lion sur lequel il repose les pieds, de deux anges qui encensent au-dessus de sa tête, et de quatre petits moines, debout, lisant dans leurs livres de prières et placés des deux côtés du corps, en lui faisant face. Toutes ces figures, en cuivre très épais, sont repoussées en relief très saillant; les deux anges et les quatre moines manquent aujourd'hui, mais leur silhouette est si bien dessinée sur les places qu'ils occupaient, qu'il serait facile de les remplacer. L'orfèvre ou le dinandier qui travaillait ainsi le repoussé n'était pas un homme habile, et l'on ne s'explique pas facilement que le roi saint Louis ait accepté, ou qu'un artiste attaché à sa cour ait pu exécuter en 1247 une œuvre, je ne dirai pas vulgaire, car elle a de la grandeur, mais aussi brutale. Nous n'avons qu'à nous reporter à la statuaire contemporaine, et, bien mieux, à la statuaire d'un demi-siècle plus ancienne, et nous la trouvons délicate, fine, élégante et noble. Le travail du dinandier terminé, on donna ces figures à l'orfèvre émailleur qui les disposa sur six plaques de cuivre (il y a en outre un petit morceau entre les jambes de la figure), et après avoir arrêté le contour de la place qu'elles couvraient, dessina, grava et émailla le reste en rinceaux élégants se terminant en fleurs de lis naturelles. Les rinceaux, réservés en taille d'épargne, se détachent par l'éclat de la dorure sur le fond bleu de l'émail; les fleurs sont émaillées en rouge, noir, vert et jaune dans cette gamme de tons verdâtres tombant dans le jaune qui est ordinaire dans les émaux du XIIIe siècle. L'orfèvre passa aussi au feu les figures repoussées en relief, pour y fixer l'émail sur quelques points, du blanc, du bleu clair et du noir dans les yeux du prince, et de petites gouttelettes d'émail bleu clair sur son bandeau pour figurer des turquoises, puis aussi un émail bleu dans les yeux du lion avec un peu de rouge dans le larmier pour se rapprocher de la vérité. Enfin il dora le tout, et l'épaisseur de la dorure prouve que ce n'était pas l'économie, mais une raison quelconque, peut-être le privilége de l'abbaye, qui imposait un artiste médiocre. Une inscription gravée en creux dans le métal doré et remplie d'émail rouge, porte ce qui suit :
HIC JACET : IOHANNES : EXCELLENTISSIMI LVDOVICI REGIS FRANCORVM FILIVS QVI IN ETATE INFANTIE MIGRAVIT AD XPM ANNO GRACIE : MILLESIMO : DVCENTESIMO : QVADRAGESIMO : SEPTIMO : SEXTO : IDVS : MARTII.

Sur une bande, qui courait à plat près de l'inscription, avaient été fixés de petits écussons semblables en tous points à ceux que nous allons décrire sous les numéros 48 et 49, et les dessins de Gaignières prouvent qu'ils offraient tantôt des fleurs de lis sans nombre sur émail bleu, tantôt des tours de Castille sur émail rouge opaque, et qu'ils alternaient avec des anges. La longueur de la plaque, y compris l'inscription, est de 0,940; la largeur, de 0,430.

Blanche de France, née en 1240, n'était plus de ce monde le 29 avril 1243; mais à en juger par la parfaite conformité des deux plaques, il est à supposer que les tombes de ces deux enfants furent ornées en même temps. Il ne reste plus de celle-ci que le corps et une des plaques latérales; ces débris ne donnent lieu à aucune observation particulière, mais à cette remarque générale, qu'il faut chercher dans ces monuments, d'une date certaine, le type qui sert à reconnaître et à mettre à leur place un grand nombre de productions de la même époque (1).

---

(1) Hors du Louvre je citerai : **Collection Soltikoff**, la Châsse de sainte Calmine, vendue par M. Joyau; hauteur, 0,430; longueur, 0,690. Une navette à mettre de l'encens, qui portait le n° 674 dans la collection Debruge, etc. Je pourrais pousser bien loin ces citations qui ne tendaient à rien moins qu'à énumérer les produits innombrables de Limoges, à l'époque de sa plus grande vogue et de son meilleur style. Aussi je m'arrête, ne faisant exception, pour une plaque émaillée, qu'en raison de son inscription, elle-même émaillée, et qui porte la date de 1267. **Collection Germeau.** Plaque de cuivre doré. D'un côté la Vierge tenant l'Enfant-Jésus, et à côté d'elle un personnage tenant une croix, peut-être l'évêque Aimery, ou son patron : à droite sainte Catherine à genoux, représentée au moment où les anges arrêtent la roue qui fait son supplice. Les figures se détachent sur fond bleu, les têtes sur des auréoles rouges. Les lettres de l'inscription sont remplies d'émail bleu, les points d'émail rouge. Hauteur, 0,083; longueur, 0,353. Voici cette inscription, dans laquelle on remarque des lettres, comme le G de Virginis, qui sont propres à la calligraphie de Limoges, et que nous retrouverons dans les émaux peints du XV° siècle : HOC : ALTARE : COSACRATV : EST : AB : AYMERICO : LEM : EPO : IN : HONORE : SCE : + : ET : BEATE : MARIE : VIRGINIS : ET : BI : ANDREE : APLI : ET : BI : LAVRIANI : MR : ATQ : POTIFICIS : ET : BI : NICOLAI : EPI : ET : 9 F 9 : ET : BEATE : KATHERINE VIRGINIS : ET : MR : ET : OMIVM : SCO 2 2 : QINTO : NONAS : MAII : ANNO : AB : INCARNACIONE : DNI : M : C°C : L°X : VII : TPR ; WI : POR :

48. — Écusson *en cuivre doré et émaillé.* XIIIe *siècle.* — *Hauteur,* 0,027; *largeur,* 0,022; *épaisseur,* 0,004.

C'est l'écu de Navarre et Champagne. Parti de gueules à la chaîne rangée selon toutes les partitions et en orle, qui est Navarre, et d'azur à une bande d'argent côtoyée de deux cotices potencées et contre-potencées d'or, de treize pièces, qui est Champagne. La tranche est dorée et le revers sans émail. — (Collection Durand, n° 122/2680.)

49. — Écusson *en cuivre doré et émaillé.* XIIIe *siècle.* — *Hauteur,* 0,028; *largeur,* 0,022; *épaisseur,* 0,004.

C'est l'écu de la maison de Dreux. Échiqueté d'or et d'azur, à la bordure de gueules. La tranche est dorée ; le cuivre est sans préparation au revers. — (Collection Durand, n° 122/2678.)

Ces écussons avaient plus d'un emploi, mais leur destination la plus ordinaire était d'orner les tombeaux, tantôt parsemés sur les vêtements des figures qui s'élevaient en relief de cuivre émaillé (1) sur le monument, tantôt rangés le long du sarcophage (2), sur la corniche et sur les moulures. Des textes, que je cite ailleurs (3), prouvent qu'on en mettait partout (4), et quand on les trouve sans le tenon qui servait à les fixer, c'est qu'ils étaient suspendus. Les armoiries des écussons que je viens de décrire se retrouvent

---

(1) La tombe bien connue de Guillaume de Valence, comte de Pembroke (voir plus haut, p. 61), dans l'abbaye de Westminster, n'a conservé que cinq de ses écussons. Voyez Stothard, Monum. effig., pl. 44 et 45.

(2) C'est ainsi qu'on les voyait sur la tombe d'Alice, duchesse de Bretagne, morte le 24 octobre 1221, et dont nous n'avons plus qu'un souvenir conservé dans l'histoire de Bretagne de Dom Lobineau, tome I, p. 148 ; c'est aussi de cette manière qu'ils étaient fixés sur les tombes des enfants de saint Louis.

(3) Ces textes sont nombreux : j'ai réuni les plus explicites dans la seconde partie de cette notice, aux mots *Tombes émaillées* et *Escussons*.

(4) Une ceinture conservée au Musée britannique porte encore vingt-deux écussons inscrits dans des médaillons.

ÉMAUX EN TAILLE D'ÉPARGNE, XIIIᵉ SIÈCLE.

sur la coupe du XIIIᵉ siècle publiée par Grivaud de la Vincelle; or, comme Thibaut, comte de Champagne, devint roi de Navarre en 1234, et donna sa fille en mariage au fils de Pierre de Dreux en 1236, il y a un rapprochement naturel entre les tombeaux des fils de saint Louis et les écussons que nous avons décrits.

Aussitôt qu'on eut introduit dans le sacrifice de l'Eucharistie l'usage des hosties, il fallut avoir des vases pour conserver celles qui étaient consacrées et celles qui ne l'étaient pas; ces vases avaient la forme de calices à couvercles, mais pour le voyage, pour la chapelle portative, pour les courses aventureuses des apôtres du Christ, pionniers courageux, jusqu'au XIVᵉ siècle, de la vraie religion et de la civilisation, c'étaient des boîtes de petites dimensions (1), et les actes des conciles (2) recommandent au prêtre de ne se mettre pas en voyage sans la pyxis (3), la boîte aux hosties.

Ces pyxis furent faites de toutes formes; mais du XIIᵉ au XIVᵉ siècle on adopta la figure d'une petite tour : la tour fait allusion à l'Église elle-même. La fabrication de Limoges, qui recherchait les occasions d'étendre son industrie, suivit le culte dans ses diverses variations, et quand on s'arrêta aux boîtes en forme de tours, elle en exécuta en quantités innombrables, ce dont nous avons la preuve par le nombre considérable de celles qui sont conservées dans nos collections publiques et particulières (4). Les sujets profanes qui ornent exceptionnelle-

---

(1) Voyez les descriptions, extraites des inventaires, dans la seconde partie, aux mots : *Boiste à hosties* et *Ciboire*.

(2) Ut presbyteri sine sacro Chrismate et oleo benedicto, et salubri Eucharistia alicubi non proficiscantur, sed ubicumque vel fortuito requisiti fuerint, ad officium suum statim inveniantur parati. Concil. germ., tom. I, p. 83.

(3) Πυξίον, πυξιδμελον, voyez Du Cange.

(4) **Collection Didier Petit.** Elle en possédait quatre, nᵒˢ 100 à 103. **Musée de Cluny.** Il en conserve sept. **Collection Soltikoff.** Elle en a réuni autant, et j'en pourrais citer dans chaque collection. Toutes ces custodes sont en général de la même forme ronde à couvercle conique. **Collection Failly.** J'y ai vu une custode un peu plus grande, et dont le couvercle est plat, formant une boîte ronde. D'ailleurs la même ornementation, les mêmes charnières, partant la même origine et la même époque. **Collection Germeau.** Custode carrée. Forme qui est rare. Cette custode appartient, par ses émaux, à la même époque.

ment quelques-unes de ces boîtes à hosties avaient fait croire à plusieurs archéologues qu'elles répondaient à l'expression de drageoirs qu'on trouve dans les textes ; mais, d'un côté, le moyen âge avait ses libertés ; de l'autre, nous savons, par les descriptions des inventaires et par les miniatures, que le drageoir avait une forme différente et une tout autre importance (1).

Je décrirai les custodes (2) du Louvre, en commençant par la plus ancienne, que ses émaux blancs et bleu lapis pur auraient dû faire mentionner plus haut s'il ne m'avait pas paru préférable de la réunir aux autres.

50. — CUSTODE *émaillée*. *(Le couvercle est terminé par un bouton.)*—*Hauteur*, 0,085; *diamètre*, 0,063.

Elle est décorée dans le bas de quatre demi-cercles formant une bordure continue ; le centre est occupé par un écu en pointe, doré et ciselé, chargé d'une fleur de lis en émail blanc avec un point d'émail bleu turquoise au cœur ; des tiges dorées, partant du point de réunion des demi-cercles, sont réparties de chaque côté sur le fond bleu lapis. Dans la partie supérieure, des petits châteaux, ou castillos, se détachent en tons d'or sur un fond d'émail bleu turquoise. Le couvercle est orné de trois médaillons circulaires au fond bleu turquoise, bordé d'un filet blanc, dont le motif de décor est une croix d'or posée sur un champ bleu d'azur, sur lequel se dessinent des branchages dorés, rehaussés d'émail rouge. Ces médaillons se découpent sur un fond d'émail bleu lapis, et alternent avec des feuillages dorés semblables à ceux de la base. L'intérieur et le revers sont dorés. — (Collection Durand, n° 119/2656.)

51. — CUSTODE *émaillée*. XIVe *siècle*. — *Hauteur*, 0,085 ; *diamètre*, 0,064.

L'ornementation, semblable sur le corps et sur le couvercle de la custode, est formée de médaillons circulaires émaillés en vert clair et décorés d'une rosace, en forme de croix, en émail bleu et blanc, posée sur un champ d'or ciselé ; ces médaillons alternent avec des fleurons ou fleurs de lis et des ornements épargnés dans le métal, et se détachant sur fond d'émail bleu lapis. Les fleurons du couvercle sont remplis d'émail vert liséré de blanc. L'intérieur et le revers sont dorés.—(Collection Durand, n° 119/2658.)

52. — CUSTODE *émaillée*. XIVe *siècle*. — *Hauteur*, 0,130 ; *diamètre*, 0,065.

L'émail de fond est bleu lapis. Le décor est composé de deux médaillons circulaires, de couleur bleu turquoise, dans lesquels sont épargnés

---

(1) Voyez dans le répertoire l'article *Drageoir*.
(2) Voyez dans le glossaire, au mot *Custode*.

des figures d'anges en métal doré et gravé. Un fleuron d'ornements, en émaux tricolores, formant le centre de rinceaux dorés, alterne avec les médaillons. Le même décor est reproduit sur le couvercle et posé de façon à faire alterner les motifs. L'intérieur et le revers sont dorés. — (Collection Révoil, n° 99.)

53. — Custode émaillée. (*Trois pierres imitées en verroteries sont enchâssées sur le couvercle.*) — *Hauteur*, 0,080 ; *diamètre*, 0,065.

Les ornements sont des rinceaux épargnés dans le métal, dorés et gravés, se détachant sur fond d'émail bleu lapis. L'intérieur et le revers sont dorés. On remarque à deux places de l'intérieur qui se correspondent la lettre M répétée ; ces marques ont servi de points de repère pour l'ouvrier ajusteur des pièces de métal. — (Collection Durand, n° 119/2655.)

54. — Custode émaillée. XIVe siècle. — *Hauteur*, 0,084 ; *diamètre*, 0,061.

L'ornementation est composée de quatre médaillons, tronqués dans la partie supérieure, sur lesquels sont épargnés dans le métal des anges nimbés qui se détachent sur un fond d'émail bleu turquoise. De chaque côté des anges, des rosaces émaillées sont réservées dans le fond, et des nuages coupent les figures à la hauteur de la ceinture. Les nimbes, les rosaces et les nuages sont rendus par des émaux rouge, vert et jaune. Une bordure, dont le motif ondulé est mi-parti doré et mi-parti en émaux des trois couleurs rouge, bleue et blanche, suit les contours des médaillons, l'intervalle qu'ils laissent dans le bas étant rempli par un ornement semblable à la partie supérieure d'une fleur de lis. Cette portion du décor est endommagée, et l'enlèvement des émaux permet de suivre l'opération de la gravure en taille d'épargne qui précède l'introduction de la poudre d'émail. L'ornementation du couvercle reproduit quatre médaillons à figures d'anges nimbés, deux sur fond bleu turquoise, deux sur bleu lapis ; et sur le bord, quatre demi-fleurs de lis, telles que celle décrite ci-dessus, se découpent en trois couleurs d'émaux, le rouge, le bleu et le blanc, sur le fond bleu lapis. L'intérieur et le revers sont dorés. — (Collection Durand, n° 119/2657.)

Il est facile d'établir avec évidence, au moyen de textes explicites, qu'on se servait à l'office de la messe de vases d'argent jumeaux, *gemelliones argentei* (1), c'est-à-dire pareils de forme ; l'un pour répandre l'eau sur les mains du prêtre, et l'autre pour la recevoir. Cette expression a été généralement mal comprise (2), mais les bassins que nous

---

(1) L'Ordo romanus les mentionne.

(2) Le cardinal J. Bona cherchait le vrai sens et s'en approchait plus que Mabillon : Ornamenta quædam gemmata esse putat Bulengerus (de donar. pontif., c. 50). Rectius autem Vossius (de Vit. serm.) gemelliones esse, ait, vasa et urceolos ejusdem generis et formæ similis, ut fere solent gemini fratres. (Rer. litur., p. 478.)

allons décrire répondent à la bonne explication. Plus tard, on distingua entre le vase inférieur, *aquamanile*, et le vase supérieur, *urceolus* (1), et celui-ci, devenu une aiguière, prit toutes les formes, tandis que celui-là prit toutes les dimensions (2). Les représentations dans les miniatures des XIIe et XIIIe siècles sont conformes à cette manière de voir, et les dessins dont ces bassins sont ornés ne la contrarient pas, les uns étant religieux et les autres héraldiques. Quant aux bassins à sujets profanes, nous avons la preuve, par les descriptions contenues dans les inventaires du temps (3), qu'ils ont servi comme les autres à l'usage des autels, et cette confusion n'a rien d'extraordinaire, elle est dans l'esprit du moyen âge.

On voit dans ces mêmes documents que les bassins de chapelle allaient toujours par paires, l'un ayant son biberon, l'autre n'en ayant pas; on voit aussi qu'ils se distinguaient des bassins dans lesquels on plaçait les burettes, et des bassins employés dans la vie privée (4) pour se laver à table, pour se laver la tête, pour se faire raser, se faire saigner, prendre médecine, cracher, etc., etc.; mais tous ces bassins avaient, avec leurs aiguières, d'autres dimensions, d'autres formes, étant destinés à des usages réels, tandis qu'au lavement des mains du prêtre, simulacre et allusion, suffisaient ces bassins plats et d'un petit diamètre.

J'ai discuté ces faits et ces distinctions dans la seconde partie de cette notice; j'y renvoie le lecteur curieux de ces investigations de détail. Je vais décrire les trois bassins émaillés du Musée du Louvre, en remarquant que les bassins de ce genre sont parvenus jusqu'à nous en très grand

---

(1) Aquamanile est vas inferius, in quod manibus infusa aqua dilabitur; urceolus vero vas superius, unde lavandis manibus aqua infunditur. (Lanfranci Cantuar. ep. 13.)

(2) On conservait, dans les trésors, de ces aiguières de formes bizarres, et l'on en rencontre aussi dans quelques collections : Urcei argentei diversarum formarum, quos manilia vocant, eo quod ex eis aqua sacerdotum manibus funderetur, habentes formam leonum, draconum, avium et gryphorum, vel aliorum animalium quorumcumque. (Urstisii Rer. german., p. 568, ap. Augusti.)

(3) Voyez dans le répertoire, aux mots *Bacin à laver* et *Bacins à laver sur table*.

(4) Voyez aux mots *Bacin à barbier, à cracher, à laver la teste*, etc.

nombre (1), étant défendus autant par leur peu de valeur intrinsèque que par l'usage respectable auquel ils étaient consacrés, et dont leur surface usée prouve la répétition quotidienne. On a cru que cet usage pouvait être limité dans le XIIIe et le XIVe siècle, parce que tous ces bassins portent les caractères de dessin, d'émail et de style propres à ces époques. C'est une erreur. Il est bien vrai que l'émaillerie sur cuivre, fabriquée à Limoges, s'est emparée alors de cette fabrication, mais on les a exécutés bien avant, et simultanément, en or et en argent émaillé; seulement nous n'avons conservé que les bassins en cuivre.

55. — Bassin *circulaire en bronze émaillé. XIIIe siècle.* — *Diamètre*, 0,214.

Au centre, une figure royale, assise, couronnée, tient un sceptre de la main droite et étend la gauche pour prendre un vase que lui présente une figure debout, vêtue d'une longue robe. On peut voir dans cette scène le couronnement d'une reine et l'instant où, après la communion, l'ablution lui était offerte. Les personnages en taille d'épargne, de même que les ornements qui décorent le fond, émaillé de couleur bleue, sont en ton de bronze, sans qu'il paraisse qu'ils aient jamais été dorés; il en est de même de six figures isolées et assises, couronnées, qui entourent le médaillon central, disposées sous six arcs qui décrivent les lobes d'une rosace, ainsi que des ornements qui remplissent les vides. Des palmettes sur fond bleu pâle complètent l'ornementation. Les sièges sont incrustés d'émaux rouge et bleu turquoise. Le revers est décoré d'une étoile à huit pointes, gravée légèrement en lignes ondulées, circonscrite dans les divisions d'une rosace à seize feuilles. Voici comment Montfaucon parle de ce bassin, qu'il fit dessiner alors qu'il était la propriété de M. l'abbé Fauvel : « Le bassin qui suit est une soucoupe qui a servi à une reine de « France, apparemment de la fin de la seconde ou du commencement de « la troisième race. On ne peut parler de cela que par conjecture. Il était « de cuivre doré et émaillé en certains endroits; une partie de la dorure « et des émaux reste encore. La reine est assise sur un trône, au milieu du « bassin, en dedans; une suivante lui présente une coupe. Tout est représenté si imparfaitement qu'on n'y voit les choses qu'à demi et qu'on ne « peut bien voir la forme de la couronne et de son sceptre. Cette même « reine est encore représentée six fois tout autour de l'image du milieu » (Monuments de la monarchie française, t. Ier, p. 349, pl. 32). L'erreur de Montfaucon, quant à l'époque si reculée qu'il assigne à ce bassin, est d'un temps qui manquait essentiellement de critique archéologique; elle ne diminue en rien la reconnaissance que nous lui devons pour tant de renseignements précieux qui rendent ses ouvrages encore si utiles. — (Collection Révoil, n° 174.)

---

(1) **Collection Soltikoff.** Elle en possède huit; **Musée de Cluny,** cinq ; etc., etc.

56. — Bassin *circulaire en bronze émaillé.*
*XIV*ᵉ *siècle.* — *Diamètre*, 0,230.

L'ensemble de l'ornementation a la figure d'une rosace à six lobes. Le centre est décoré d'un écu semé de France, au lambel de cinq pendants de gueules, qui doit être Anjou ancien, occupant un médaillon circulaire, à fond d'émail vert et ornements dorés. Des arcs de cercle, dessinés par des lignes d'émail blanc entre deux filets d'or, décrivent autour du centre six lobes renfermant autant de figures de guerriers vêtus de courtes tuniques, armés de boucliers et d'épées ou massues, qui se détachent en ton d'or, de même que les ornements qui les entourent, sur un fond d'émail bleu. L'orfèvre émailleur a épargné dans le métal, dans les intervalles que laissent entre eux, vers le bord, les médaillons qu'on vient de décrire, des ornements dorés sur fond d'émail vert. Le rebord est décoré d'un motif circulaire et dentelé, produit mi-partie par le cuivre, mi-partie par l'émail bleu ; sept petits trous ont été pratiqués dans un espace réservé exprès dans la distribution de l'émail, et l'on voit à l'intérieur les traces de la soudure d'un goulot. Le revers, doré, est légèrement gravé en creux de traits formant, au centre, une rosace, et sur le corps du bassin vingt-deux feuilles d'une rosace beaucoup plus grande. — (Collection Durand, n° 114/2649.)

57. — Bassin *circulaire en cuivre émaillé.*
*XIV*ᵉ *siècle.* — *Diamètre*, 0,240.

Au centre est un écu de France ancien, repoussé en relief et gravé en taille d'épargne, émaillé, circonscrit dans un cercle dont les vides sont remplis par trois animaux rampants. Le bord est décoré de six groupes de personnages, en costume civil, dont les figures, debout, réunies deux à deux, sont épargnées dans le métal et se détachent sur le fond d'émail bleu ; des ornements, également épargnés, remplissent les vides entre les figures. Ces groupes sont renfermés dans des cercles tronqués dans le bas et séparés dans la partie supérieure par des champs d'émail vert qui supportent des écus armoriés. Ces écus, au nombre de six, se blasonnent comme il suit : burelé d'argent et d'azur, qui sont les armes de Lezignem ; bandé d'or et de gueules, qui sont celles de Béthune ; échiqueté d'or et d'azur, qui sont les armes des bâtards d'Anjou, au franc-quartier d'argent chargé de trois?.... d'or, posés un et deux ; de gueules à quatre pals d'or ; d'azur à une bande d'argent accompagnée de deux cotices d'or ; de gueules à trois châteaux d'or. Le rebord est orné d'un ruban en zigzag sur fond d'émail bleu. Le revers, sans émail, porte au centre un écu cotice de dix-neuf pièces. — (Collection Révoil, n° 170.)

58. — Porte-cierge *en cuivre émaillé et doré.*
*XIV*ᵉ *siècle.* — *Diamètre à la base*, 0,100.

L'ornementation, posée sur le pied, se compose de six écus armoriés, formant comme les lobes d'une rosace autour de la pointe dorée, qui supportait le cierge ; ces écus, semblables deux par deux, sont : Semé de France ; — Coticé d'or et de gueules de douze pièces, qui étaient les armes des Turenne, en Limousin ; — D'azur à une bande d'argent accompagnée de deux cotices d'or, qui sont ; la couleur, les émaux et les pièces des armes de Champagne. Des ornements, épargnés dans le cuivre doré, se

ÉMAUX EN TAILLE D'ÉPARGNE, XIVᵉ SIÈCLE.   75

détachent sur le fond d'azur et remplissent les intervalles entre les écus. Le revers n'est point émaillé.

59. —   *id.*   *id.*   — *Diam.*, 0,094.

60. —   *id.*   *id.*   — *Diam.*, 0,089.

61. —   *id.*   *id.*   — *Diam.*, 0,086.

62. —   *id.*   *id.*   — *Diam.*, 0,078.

63. —   *id.*   *id.*   — *Diam.*, 0,063.

(Collection Durand, nº 121/2660—65.)

Ces porte-cierges émaillés se rencontrent dans toutes les collections, et l'on s'étonne qu'il n'en soit pas parvenu jusqu'à nous un plus grand nombre, quand on sait ce qu'étaient, au moyen âge, l'amour et la vanité des armoiries, le luxe inouï des funérailles, le mobilier des églises, des chapelles réservées et des autels portatifs. Il y en avait en or, en argent doré et en cuivre, tous émaillés. Les derniers sont seuls parvenus jusqu'à nous, et on les fabriquait à Limoges sur commandes, en suivant le dessin des armoiries, par douzaines, par centaines, je crois à peine exagérer en disant par milliers. Leur forme les distingue des grands et des petits chandeliers (1); leur emploi aussi était différent. Ceux-là figuraient sur l'autel fixe et supportaient de longs cierges; ceux-ci, construits de façon à s'emboîter les uns dans les autres, faisaient partie du bagage de la vie nomade des seigneurs, se plaçaient sur l'autel portatif de voyage, étaient rangés sur les corniches des salles de bal et de festin, sur les balustres autour d'un cercueil, le long des moulures d'une église tendue de deuil, partout où ils pouvaient servir, en longues files ou en rangées étagées, à déployer ce luxe de lumières dont on était si fier, et dont les comptes énumèrent si fréquemment la dépense (2).

---

(1) Plusieurs collections publiques et particulières possèdent de ces chandeliers portés sur trois pieds, qui servaient dans l'église, et qu'il faut distinguer des porte-cierges en usage sur les autels portatifs. **Collection Germeau.** Deux chandeliers, dont la tige, à trois renflements, repose sur trois pieds, le tout émaillé en taille d'épargne, dans le beau caractère du XIIIᵉ siècle.

(2) Voyez les glossaire et répertoire de la seconde partie de cette notice, aux mots *Chandeliers* et *Luminaire.*

Le XIV⁰ siècle vit se maintenir la réputation des émaux de Limoges, et, même dans les hautes régions, lorsqu'il s'agissait de faire un présent à effet et sans grande dépense, on usait de ce cuivre embelli. *L'an 1317, au 11 juillet, envoya M. Hugues d'Angeron au roi, par Guiart de Pontoise, un chanfrain doré à deux testes de lieparts de l'œuvre de Limoges, à deux crestes, pour envoir au roi d'Armenie.* C'était peut-être assez, et un chanfrein d'or aurait été trop. Pour ces grands équipements, ainsi que pour les grandes châsses, le cuivre émaillé se présentait comme une excellente ressource.

Il en était de même des coffres et des coffrets, auxquels il donnait à la fois de l'éclat et de la solidité. Exécutés à l'avance, c'est-à-dire avec des ornements arbitraires et des inscriptions applicables à certaines circonstances, comme un mariage, une naissance, un baptême, ils laissaient unis et vides les écussons, qu'on remplissait sur commande en même temps qu'on émaillait le tout. Le coffret que je vais décrire peut avoir été commandé à Limoges par quelque officier de la cour d'Édouard II, qui fut roi d'Angleterre de 1307 à 1327.

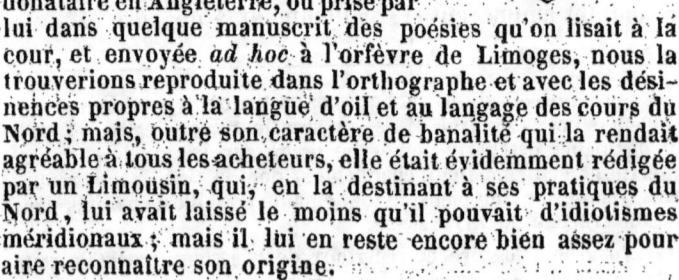

Ce gentilhomme portait cet écusson que j'ai vainement tenté de rattacher à une famille connue. Les relations de la cour d'Angleterre avec la France et avec Limoges s'expliqueraient, en outre des circonstances ordinaires et de ce que nous avons dit à propos de la tombe émaillée de Gauthier de Merton, par les préférences naturelles de la reine, Isabelle de France, par les goûts d'élégance et de luxe du roi. Quant à l'inscription, si elle avait été composée par le donataire en Angleterre, ou prise par lui dans quelque manuscrit des poésies qu'on lisait à la cour, et envoyée *ad hoc* à l'orfèvre de Limoges, nous la trouverions reproduite dans l'orthographe et avec les désinences propres à la langue d'oïl et au langage des cours du Nord; mais, outre son caractère de banalité qui la rendait agréable à tous les acheteurs, elle était évidemment rédigée par un Limousin, qui, en la destinant à ses pratiques du Nord, lui avait laissé le moins qu'il pouvait d'idiotismes méridionaux; mais il lui en reste encore bien assez pour aire reconnaître son origine.

M. Révoil avait ce coffret dans sa collection. Il crut que c'était un présent de Richard II à Isabelle, fille de Charles VI, vers 1390. Opposerons-nous à cette opinion le style et l'ornementation, qui sont de près d'un siècle plus anciens, la présence d'un écusson qui n'appartient à aucune des deux couronnes? Non; nous dirons seulement qu'un roi envoyant à une fille de roi un coffret de cuivre, même émaillé, aurait été considéré comme un ladre ou un impertinent, si le contenu n'avait pas singulièrement rehaussé la valeur du contenant.

64. — COFFRET DE MARIAGE, *de forme rectangulaire, émaillé sur toutes ses faces.* XIVe siècle. — *Hauteur,* 0,120; *longueur,* 0,335; *largeur,* 0,220.

Quatre figures debout, partagées en deux couples, sont disposées vers chaque extrémité du couvercle; un homme, ayant sur la main un faucon, soulève le voile d'une femme que l'on voit de l'autre côté lui présentant un anneau. Ces deux scènes personnifient la rencontre et l'accord. Les figures, dont les traits et les plis du costume sont gravés en creux et remplis d'émail bleu lapis, sont entièrement dorées. L'ornementation du fond qu'elles cachent en partie est une sorte d'échiquier composé de quatre lignes de médaillons, dont la forme est un quadrilatère pénétré par quatre arcs de cercle; on en compte six sur chaque ligne. Les couleurs de fond de ces médaillons sont alternativement un vert bleuâtre et le rouge; les rouges sont décorés d'animaux fantastiques, variés de formes, mais tous se détachent en ton d'or. Les verts portent en cœur, posés successivement et alternés, trois écus qui sont : de France ancien (d'azur semé de fleurs de lis d'or), d'Angleterre (de gueules à trois léopards d'or, l'un sur l'autre), et un troisième d'or à la croix vairée du même et d'azur que j'ai reproduit plus haut. Les médaillons de remplissage forment un fond bleu lapis; chacun d'eux est orné de quatre tigettes dorées, reliées en croix et terminées par une feuille de lierre, avec quatre points dorés posés en sautoir. Une vignette en zigzag encadre le couvercle, dont le bord retombant porte cette inscription épargnée en relief de lettres dorées sur fond d'émail bleu lapis :
✠ *Dosse dame ie vos aym leaument. Por Diu vos pri que ne moblie mia. Yet si mon cors a vos comandement sans mauveste et sans nulle folia.*
La paroi antérieure du coffret est décorée d'un écu d'Angleterre entre deux écus de France; les médaillons qui les renferment, plus grands du double que ceux du couvercle, sont formés par un quadrilatère que pénétrent quatre arcs semi-ogivaux. Leurs émaux sont le vert et le rouge; ils se découpent sur un fond plein d'émail bleu lapis, et les intervalles sont remplis par des figures fantastiques qui, toutes, sont dorées. Les deux plus remarquables gardent l'écu d'Angleterre; toutes deux sont armées de boucliers circulaires; l'une d'elles brandit une lance et l'autre une massue; leurs visages humains sont encapuchonnés, et leurs membres, qui rappellent les bêtes féroces, sont velus. Sur la paroi opposée, c'est un écu de France qui est placé entre deux écus d'Angleterre, et sur chacune des parois latérales un écu d'Angleterre et un écu de France; les médaillons et fonds étant d'ailleurs les mêmes et les figures monstrueuses, à peu de différence, telles que sur les autres côtés. — (Collection Révoil, n° 81. Provenant antérieurement du cabinet de M. de Migieux.)

A cette même époque, à ce même style, appartiennent de

nombreux fragments de reliquaires et de châsses, les uns détachés, les autres réunis et complétés tant bien que mal. Je les décrirai sans discuter la disposition moderne qu'ils ont reçue, et sans rechercher la disposition primitive qu'ils avaient d'abord.

65. — PLAQUE, *formant bordure, en cuivre doré et émaux de couleurs.* — *Longueur,* 0,200 ; *hauteur,* 0,027.

Dessins d'ornements, losanges tracés par des filets bleu turquoise ; les fonds sont d'or, et les rosaces qui occupent les losanges sont à quatre feuilles, en émaux bleu pâle et vert clair se fondant l'un dans l'autre ; Un point rouge marque le centre. Les demi-losanges qui sont formés par la section des bords ont ici le fond d'émail bleu lapis et l'ornement en feuillages dorés. Le revers n'est point émaillé. — (Collection Durand, n° 122/2666.)

66. — PLAQUE, *formant bordure, en cuivre doré et émaux de couleurs.* — *Longueur,* 0,199 ; *hauteur,* 0,029.

Losanges distancés, dessinés par des filets de couleur bleu d'iris. Les fonds sont bleu lapis, et les ornements, qui dans deux sont des oiseaux et dans deux des rosaces à quatre feuilles, sont dorés et rehaussés de touches d'émail rouge. Les losanges et les traits droits qui les réunissent tranchent sur un fond d'or orné de filets bleu lapis qui dessinent au-dessous d'autres losanges plus petits décorés de rosaces à quatre lobes en émail bleu turquoise. Les demi-losanges posés sur les bords sont ornés de demi-rosaces de couleur verte. Le dessin est arrêté sur les deux bords par des filets bleu lapis. Le revers n'est pas émaillé. — (Collection Durand, n° 122/2667.)

67. — PLAQUE, *formant bordure, en cuivre doré et émaux de couleurs.* — *Longueur,* 0,147 ; *hauteur,* 0,029.

Losanges dessinés par des filets d'émail rouge. Les fonds sont dorés et les rosaces qui les décorent sont à quatre feuilles, en émaux bleus et verts, se fondant l'un en l'autre ; un point rouge marque le centre. Les demi-losanges tracés sur les bords sont en émail bleu lapis, semé de croisettes d'or très serrées. Un filet doré arrête le dessin sur les bords. Le revers n'est point émaillé. — (Collection Durand, n° 122/2668.)

68. — PLAQUE, *formant bordure, en cuivre doré et émaux de couleur.* — *Longueur,* 0,149 ; *hauteur,* 0,029.

Demi-losanges formés par un filet d'émail rouge sur fond bleu lapis ceux du haut sont semés de croisettes d'or; ceux du bas sont ornés de têtes d'anges dorées, dont les traits, ainsi que les détails des ailes, sont indiqués par des intailles remplies d'émail noir. Deux de ces anges ont la chevelure contenue en une sorte de filet qui est arrêté sur le front par un bandeau. Le revers n'est pas émaillé. — (Collection Durand, n° 122/2669.)

69. — PLAQUE, *formant bordure, en cuivre doré et émaux de couleur.* — *Longueur,* 0,086; *hauteur,* 0,023.

Ornements composés d'une demi-circonférence occupant le milieu de la plaque, sur fond doré, remplis d'émaux de nuances variées; deux branches dorées s'en échappent, de droite et de gauche, se détachant sur un fond bleu lapis, et ornées de fleurons et de quelques feuillages émaillés de rouge, de vert, de bleu pâle et de blanc. La plaque est entourée d'un filet d'or et des rangées de perles sont ciselées sur deux côtés. Le revers n'est point émaillé. — (Collection Durand, n° 122/2676.)

70. — SAINT MATHIEU, *sur une plaque en cuivre doré émaillé. XIIIe siècle.* — *Hauteur de la plaque,* 0,295; *largeur,* 0,140.

La figure en pied de saint Mathieu, en ronde bosse, dorée, est ajustée par des clous sur la plaque, à laquelle elle adhère sur une surface plane. Le saint est représenté assis, tenant de la main droite un pli de sa robe, et de la gauche supportant un livre à la hauteur de sa poitrine. Ce livre et les galons de la robe sont ornés d'émaux en relief imitant des turquoises et des perles de lapis. Ses yeux sont en émail noir. Entre la tête et la plaque est ajustée une sorte de disque concave, formant un nimbe, doré et ciselé. Les détails d'ornementation qui décorent la plaque sont des enroulements de tiges dorées et ciselées se terminant en fleurons élégants et qui se détachent sur un fond d'émail bleu. Les couleurs d'émaux sont: le bleu clair, le bleu turquoise, le rouge, le vert, le jaune et le blanc. Le siège et le coussin sont émaillés. Une bande de métal doré et pointillé traverse les émaux du fond à la hauteur des épaules du saint; on y lit cette inscription gravée en creux et dont les traits sont remplis d'émail noir : S : MATEVS. Le revers n'est pas émaillé. Cette plaque décorait sans doute, avec les onze autres qui supportaient les apôtres, soit un rétable, soit un grand reliquaire. Elles ont été disséminées par le commerce dans plusieurs collections, et, comme M. Germeau en a acquis deux, le saint Paul et le saint Thomas, à Limoges, il est probable que la destruction du monument a eu lieu dans cette ville même. Un quatrième de ces apôtres s'est réfugié dans la collection du prince Soltikoff. — (Collection Durand, n° 115/2650.)

71 à 76. — RELIQUAIRE. *XIIIe siècle.* — *Hauteur,* 0,180; *longueur,* 0,176; *largeur,* 0,099.

Les figures sont épargnées dans le métal; les têtes sont en relief. Les sujets représentés sont : **71** et **72**. Dieu bénissant ; Jésus crucifié au-dessous, et au pied de la croix, la vierge Marie et l'apôtre saint Jean ; au-dessus, deux figures d'anges. — **73, 74, 75** et **76**. Les quatre évangélistes et les douze apôtres distribués sur la face opposée et sur les deux parois latérales. Les couleurs d'émaux des fonds sont le bleu lapis et le vert clair. Des bandes transversales qui coupent les fonds sont en émail bleu turquoise mêlé de vert. Les émaux employés dans les fleurons d'ornements sont le bleu pâle, le vert clair, le blanc et le jaune, en liséré, le gros bleu par touches. — (Collection Durand, n° 142/2648.)

77. — Plaque *rectangulaire en cuivre doré et émaillé. Commencement du XIV*^{e} *siècle. — Diamètre, 0,059.*

Le motif d'ornement est formé par la réunion de quatre enroulements de tiges dorées que terminent des fleurons émaillés. Deux de ces fleurons sont colorés d'émail blanc, bleu pâle, bleu lapis et noir ; les deux autres d'émail jaune, vert clair et noir, avec quelques taches d'émail rouge dans les quatre. Les tiges dorées sont pointillées au burin ; elles se détachent sur un fond d'émail bleu lapis. Une rosace à quatre feuilles, émaillée de jaune, de vert clair et de noir, décore le point central et couvre l'intersection des tiges. Un filet doré et pointillé au burin encadre la plaque. La tranche est dorée. Le revers n'est pas émaillé. — (Collection Durand, n° 122/2670.)

78. — Jacob, *patriarche.* — *Médaillon circulaire et concave, en bronze émaillé. Première moitié du XIV*^{e} *siècle. — Diamètre, 0,128.*

On a gravé en creux, dans la partie concave, les traits et les contours de la figure d'un vieillard à longue barbe, que désigne une inscription gravée en taille d'épargne sur une large banderole d'émail bleu lapis, JACOB, et à droite la lettre P, initiale du mot *patriarcha*, gravée dans le métal et incrustée d'émail bleu. La tête se détache sur une auréole jaune. La barbe est émaillée de plusieurs tons de bleu ; la robe est de couleur bleu lapis ; le manteau vert est agrafé sur l'épaule. Le bronze est sans préparation au revers. — (Collection Révoil, n° 247.)

79 à **84.** — *Six plaques de cuivre émaillé, dont on a fait un* Reliquaire. *XIV*^{e} *siècle.*

La plaque principale (hauteur, 0,100 ; longueur, 0,218) représente Jésus sur la croix, la Vierge, debout à gauche, saint Jean, à droite, tenant un livre ; deux anges, en buste, au-dessus des bras de la croix. Les figures, exécutées au repoussé, sont fixées à la plaque du fond ; les clous qui fixent la figure de Jésus-Christ sont posés aux pieds et aux mains, comme les clous du crucifiement. Deux évangélistes, assis sous des arcades et portant des livres, sont placés de chaque côté de la scène principale, dont ils sont séparés par les détails d'ornements. Les fonds sont en émail bleu lapis; la croix du crucifiement est en émail vert; une bande d'émail bleu turquoise traverse la plaque à la hauteur de la ceinture des figures de Marie et de saint Jean; une bande semblable s'étend derrière les évangélistes assis, et un arc, également en émail bleu turquoise, sert de siège à chacune de ces deux dernières figures. Le nimbe du Christ est crucifère, la croix rouge, le champ rouge, bleu et blanc; les nimbes de la Vierge et de saint Jean sont rouge, bleu et blanc; ceux des évangélistes, gros bleu, vert et jaune; des rosaces circulaires sont semées sur les fonds, de couleur alternativement rouge, bleu, vert et jaune, rouge, bleu clair et blanc. — **80.** La plaque du couvercle (hauteur, 0,075; longueur, 0,220). Jésus-Christ assis, couronné, bénissant de la main droite élevée, tient un livre de la gauche. La figure, repoussée en demi-relief et fixée par des clous, est posée au centre d'un médaillon ovale formé par le métal épargné, qui se détache en une ligne dorée sur le fond émaillé. Quatre figures d'anges sortent des nuages aux quatre angles; les têtes sont en relief. A droite et à gauche sont des figures d'évangélistes assis sous des arcades et portant des livres. Le fond d'émail est bleu lapis; les arcs, figurant des siéges, sont de couleur bleu turquoise; une bande de même nuance est posée en arrière de chaque évangéliste, à la hauteur de la ceinture. Les nimbes sont émaillés de vert et de jaune. Des rosaces d'émaux semblables à ceux de la plaque principale, sont semées sur le fond de couleur bleu lapis. — **81 et 82.** Les deux plaques opposées et correspondantes sont ornées de rosaces en forme de croix en sautoir, dont les émaux sont alternativement rouges, verts et jaunes, et rouges, bleus et blancs; elles sont circonscrites dans des cercles dorés, formant des médaillons dont les fonds sont alternativement en émail noir ou bleu turquoise. Le fond général est de couleur bleu lapis. — **83 et 84.** Les plaques latérales, terminées en cônes, ont de hauteur, 0,165; largeur, 0,085; sur chacune d'elles est une figure de saint, debout, plane, dorée, les détails gravés en creux. Le nimbe qui entoure les têtes est noir, vert et jaune; deux bandes d'émail bleu turquoise passent horizontalement derrière les figures. Des rosaces circulaires en émaux variés sont semées sur le fond bleu lapis. — (Collection Durand, n° 111/2647.)

85. — LE CHRIST. — *Plaque en cuivre émaillé, en forme de rosace à quatre lobes, inscrite dans un cercle. XIVe siècle.* — *Diamètre, 0,098.*

Dieu le fils est représenté assis, vu de face, la main droite élevée et bénissant à la manière latine, la gauche soutenant un livre posé sur le genou. Le manteau, qui recouvre une épaule, offre deux tons de lilas violacé; la robe, de couleur jaune, est nuancée de vert, et le même mélange de nuances se reproduit sur le nimbe crucifère qui entoure la tête. Les traits du visage, les cheveux, les détails des mains, les galons de la robe et les ornements sont gravés sur le métal épargné. Deux figures d'anges, de petite proportion, agenouillées, remplissent les lobes latéraux. Celui de droite porte les clous du crucifiement de N.-S.; celui de gauche, une couronne. Tous deux ont des ailes mêlées de vert et de bleu, et tous deux un nimbe de couleur bleu lapis. La robe du premier est jaune mêlé de vert; celle du second est bleue. Les trois figures décrites se détachent, en émaux de couleurs, sur le fond de cuivre gravé d'un treillis. Un cercle d'émail vert, liseré de blanc, dessine le contour de la rosace. On lit sur le cercle cette inscription émaillée de rouge : ✝ SVM . SINE . PRINCIPIO . DEVS . OMNIBVS . OMNIA . FIO ✝ CVNCTA . REGENS . TENEO . IVRE . REPLETA MEO. Le revers est sans émail. — (Collection Révoil, n° 254.)

4*

86. — Le Christ. — *Médaillon circulaire en bronze. XIVe siècle.* — *Diamètre, 0,065.*

Vu de face, en buste, bénissant de la main droite et portant de l'autre un évangéliaire. La tête repose sur un nimbe crucifère incrusté d'émaux rouge, vert et jaune. La figure entière est dorée, se détachant sur un fond d'émail bleu lapis. Les lettres alpha et omega sont placées aux côtés de la tête du Christ, et quatre ornements circulaires en émaux de deux nuances, bleu pâle et blanc, qui se fondent, sont posés sans régularité sur le fond. La plaque est circonscrite par un cercle d'émail bleu pâle, liséré de blanc entre deux filets dorés. Tous les traits épargnés sont guillochés comme dans les émaux d'une époque antérieure. — (Collection Révoil, n° 255.)

Les émaux continuent ainsi leur marche monotone à travers le XIVe siècle. Si nous signalons des variétés, ce sont des exceptions, des tentatives sans succès ou des caprices sans suite. Je décrirai une paix décorée de figures en repoussé, se détachant par leur dorure sur un fond d'émail bleu d'une teinte fausse. Cette couleur terne, avec l'emploi de l'ancien rouge opaque, fait toute la décoration d'émail, et cet émail est ondoyant comme une couverte de mauvaise faïence (1).

87. — La vierge Marie *entre deux anges.* — *Paix de forme circulaire, en cuivre doré, ciselé en relief et émaillé.* — *Diamètre, 0,145.*

La composition est circonscrite dans un quadrilatère rectangle pénétré par quatre arcs de cercle. La vierge Marie est assise au centre, tenant l'Enfant-Jésus debout sur ses genoux ; elle est couronnée. Deux anges, agenouillés de chaque côté, tiennent en la main droite des encensoirs qu'ils agitent, et de l'autre supportent, au-dessus du groupe de la Vierge et Jésus, une sorte de dais terminé en pavillon et peint en émail rouge. Des nimbes de même couleur entourent toutes les têtes. Le fond est un champ d'émail bleu semé d'étoiles d'or. Le bord de la paix est ciselé et doré. Le revers est doré. — (Collection Révoil, n° 251.)

Le 19 septembre 1370, la ville de Limoges fut prise par le prince de Galles. Quelle qu'ait été la grandeur de ce désastre, si l'on en prolonge jusqu'en 1380 l'influence pertur-

---

(1) On pourrait supposer un défaut de cuisson, mais comme plusieurs émaux présentent le même aspect, il faut l'expliquer par l'impossibilité de polir sous la roue ces surfaces d'émail placées plus bas que les reliefs des figures. **Collection Germeau.** Paix de la forme du n° 87. Le Christ sur la croix entre la Vierge et saint Jean.

batrice, ce sera accorder beaucoup à un événement qui, pour les émailleurs, n'avait d'autre conséquence grave que d'interrompre tout d'un coup la prospérité de leur commerce. Autrement, en admettant la ruine de leurs moufles dans le saccage des maisons, leur poudre d'émail jetée au vent en même temps que les meubles sont jetés par les fenêtres, il fallait quelques semaines pour reconstruire les uns, pour recomposer les autres et pour planer des feuilles de cuivre rouge. Je n'attache donc pas grande importance à cet événement; les vicissitudes de l'émail tiennent à des causes moins passagères, et si nous pénétrons dans le XVe siècle, nous trouvons encore la fabrique de Limoges en activité. Elle n'inventait plus depuis longtemps, mais elle continuait à se répéter. De monopole, il n'en était plus question, et j'en trouve la preuve dans l'usage des tombes émaillées qui se continuait sans qu'on eût recours à la cité mère. Ainsi, l'Angleterre cherche, dans sa propre industrie, l'orfèvre capable d'émailler la tombe de Jean Wantley, enterré en 1424 (1) sous une plaque où il est représenté en armure et dans un ample surcot émaillé de vert. Les Flandres suffirent aussi à la tombe de Marie de Bourgogne. L'épouse de l'empereur Maximilien, la grande héritière de ces ducs de Bourgogne, qui avaient été pendant un siècle entier les protecteurs de l'orfèvrerie, méritait bien, après sa mort (1482), que les orfèvres combinassent leurs plus riches couleurs, leurs ornements les plus éclatants, pour émailler sa tombe. Mais, là encore, on n'avait plus besoin de Limoges (2), et l'on fit ce monu-

---

(1) Dans l'église d'Amberley, comté de Sussex, M. Stothard l'a représenté avec le fac-simile de l'inscription. (Monum. effig., pl. 116.)

(2) M. W. Harry Rogers s'exprime ainsi dans un résumé historique qu'il a publié dans le journal de l'*Association archéologique*, tome III, p. 292 : Limoges offrit au monde les artistes Benoît, Chatelnon, Julier, Julien, Soman, Jehan Cap, Denisot et Verrier. Ce dernier, émailleur du XVe siècle, travaillait sur or, en imitant probablement la manière d'Antonio Pallajuolo. Un calice émaillé, fait à Limoges, montre, dans l'intérieur de son couvercle, une inscription en vers, datée du mois de juin 1496 et qui se termine ainsi :

   Le nom du maître argentier
   Ce coffre fist Pierre Verrier.

Il y a dans tout cela une confusion, que j'ai cherché à éviter dans cette notice, entre les émailleurs de profession établis à Limoges et les orfèvres qui émaillaient au XVe siècle dans toute l'Europe. Les noms cités par M. Rogers appartiennent à l'orfèvrerie, et, au lieu de huit, c'est une suite de cinq à six cents artistes que je produirai en son lieu.

ment (1) sans ses ouvriers et mieux qu'ils ne l'auraient su faire.

Je terminerai ma description des émaux en taille d'épargne de Limoges par cette réflexion, c'est qu'il en est de l'émaillerie comme de toutes les grandeurs : à une ère de jeunesse éclatante et recherchée succéda une ère de défaillance et d'abandon. Si, plus tard, elle eut sa renaissance, si les productions de Limoges brillèrent d'un nouvel éclat, il n'en reste pas moins à expliquer pourquoi, vers le commencement du XVe siècle, on ne voulut plus des émaux de cette ville industrieuse.

Les émaux sur cuivre avaient été, comme je l'ai dit, son monopole. C'est sans doute un titre de gloire, mais il ne faut pas s'en exagérer la portée. Au moyen âge, le clinquant, le faux, le bon marché n'étaient pas de mode. Ceux qui portaient des bijoux les avaient en véritables pierres précieuses, ceux qui exposaient de la vaisselle d'or et d'argent doré la possédaient au vrai titre. Cependant on tolérait le faux, dissimulé sous la dorure et l'émail, parce qu'il était appliqué à des objets que leurs dimensions trop grandes, ou leur usage journalier trop vulgaire, ne permettaient pas de composer en or ou en argent. C'est ainsi que, parallèlement avec l'orfèvrerie limousine sans valeur intrinsèque, marchait la véritable orfèvrerie, délicieusement ciselée, sculptée, gravée, niellée, émaillée, l'orfèvrerie vraie, en métaux précieux, en matières de prix, rehaussés de pierres fines. Par un concours de circonstances qu'il suffit d'indiquer, par une superbe rivalité de luxe qui s'établit entre des princes dont le nom seul trahit la magnificence, les ducs de Berri, d'Orléans, de Bourgogne, et Charles V lui-même, le sage roi de France, l'orfèvrerie prit une extension, une importance, elle joua, aux XIVe et XVe siècles, un rôle dont on ne peut se faire une idée dans la lecture des historiens, dans l'étude des statuts du métier, dans la série des ordonnances qui règlent sa fabrication, mais qui frappe et étonne lorsqu'on l'étudie dans les comptes des rois de France et des princes du sang, dans leurs inventaires, dans ceux des églises, dans les contrats de mariage, et dans les testaments. On voit dans ces documents la place dominante que prit dans les mœurs, dans les préoccupations, dans les goûts, l'orfèvrerie, appliquée,

---

(1) On le voit dans une chapelle latérale de l'église de Bruges.

comme elle l'était, aux vêtements, aux meubles, aux armes, que sais-je? à l'embellissement de la vie entière. Les sommes immenses qu'elle représentait faisaient le luxe des temps de prospérité; elle faisait aussi la ressource des temps de guerre et de misère. A vrai dire, c'était tout l'avoir des rois, des princes et des seigneurs. Ce que nous plaçons dans les fonds publics, dans les actions industrielles, ce que nous possédons en argent comptant, un seigneur du moyen âge l'avait en orfèvrerie, j'entends en bijoux de prix, en vaisselle fine, et en grosse vaisselle d'or et d'argent. Capital mort, sans doute, mais qui donnait, au lieu d'intérêts, le plaisir fastueux d'étaler ses richesses sur les dressoirs, aux jours des grandes fêtes et des repas magnifiques. Quand venaient les temps de crise, une guerre à soutenir, une rançon à payer, on appelait à soi les changeurs, on fondait les chaudrons d'or et d'argent, et l'on empruntait sur ses joyaux. S'agissait-il d'établir ses enfants, c'était la chambre des joyaux qui faisait les frais de la dot; mais, mieux encore, dans l'habitude de la vie, il ne se passait pas de jours où l'on ne puisât dans son trésor pour donner quelques bijoux de prix, un hanap d'or ou une simple écuelle dorée, à un favori, à un parent, à un ambassadeur étranger, à un messager chargé d'annoncer une victoire ou une défaite, au plus modeste des chevaucheurs enfin, venant, à toute bride, donner la nouvelle de la naissance d'un fils ou d'un neveu. Le cuivre émaillé n'avait pas de rôle dans ce luxe fastueux et dans cette noble générosité; aussi n'a-t-il pas de place dans les inventaires royaux et dans les comptes de dépenses des princes et seigneurs. C'était un expédient pour l'ameublement des églises, une ressource pour la médiocrité, une bonne fortune pour les parvenus. Si les grandes châsses, les coffres, les ustensiles de la vie privée, fabriqués en cuivre, furent accueillis, les uns par les églises pauvres, les autres par la bourgeoisie, faute de pouvoir suffire à la dépense de leur exécution en métaux précieux, nous pouvons être certains que les principales châsses des riches églises, les reliquaires des chapelles seigneuriales, les coffres des grandes dames, et la vaisselle des princes, n'étaient admis sur les autels, dans les sacristies, dans les chambres de joyaux et les boudoirs, qu'en or ou en argent doré. Limoges accapara l'émaillerie sur cuivre, qu'elle faisait mieux et à meilleur marché qu'on n'aurait pu l'exécuter ailleurs, et l'on comprend, dès lors, pourquoi nos habiles orfèvres de l'Ile-de-France et des

Flandres lui abandonnèrent cette fabrication, pourquoi l'Italie la dédaigna.

Si l'on peut appeler une lutte la fabrication simultanée, distincte, et tout à fait différente quant à sa destination, de ces deux genres d'émaillerie, qui au XIVe siècle, et encore davantage au XVe, occupèrent l'orfèvrerie, Limoges n'aurait pu sortir victorieux de cette sorte de concours qu'à la condition de revêtir son modeste métal du charme toujours renaissant des compositions nouvelles et du mérite d'une exécution habile, s'efforçant d'ajouter à la valeur intrinsèque de ses productions une valeur artistique. Mais loin de comprendre ainsi sa mission, et au lieu d'appeler à elle le génie qui crée et le talent qui exécute, l'atelier de Limoges était, à partir de la fin du XIIIe siècle, devenu, comme je l'ai dit, une fabrique, dans laquelle l'esprit mercantile étouffa l'art.

Il nous reste à examiner comment l'émaillerie fut appliquée aux métaux précieux par les orfèvres; mais cette excursion serait trop incomplète, s'il fallait la faire uniquement avec l'aide des monuments qui nous restent. Elle a besoin des textes qui nous représentent le luxe inouï de nos ancêtres. Je renvoie donc aux documents insérés dans la seconde partie de cette notice (1), ils complètent tout ce que j'ai à dire sur les diverses applications de l'émail à l'orfèvrerie. Si d'ailleurs cette excursion nous conduit hors du Limousin, elle nous ramènera à Limoges, pour y décrire sa renaissance, je veux dire ses émaux peints.

ÉMAUX DE NIELLURE.

Taille d'épargne émaillée de noir, gravure en creux émaillée, nielles.

Lorsque des bijoux et des plaques d'or et d'argent doré, gravés en taille d'épargne ou en creux, étaient émaillés de noir, on les appelait des *esmaux de niellure*, et ce travail, plein d'élégance dans sa simplicité quelque peu grave, semble remonter à l'origine de l'émaillerie et n'avoir jamais été abandonné par les orfèvres. Il est certain que l'anneau

---

(1) Voyez au mot *Esmail*.

de l'évêque Ethelwulf, exécuté au IXe siècle, est ainsi travaillé, et nous pourrions, pour la France, sans recourir aux textes dont nous ferons usage dans la seconde partie de cette notice, présenter une suite presque continue de bijoux de toutes sortes en or et en argent doré, émaillés par ce procédé. Il suffira de citer les objets que possède le Musée, et quelques pièces remarquables de nos collections publiques ; en premier lieu, l'anneau de saint Louis, qui était conservé dans le trésor de Saint-Denis. Cet anneau n'a pas appartenu, tel qu'il est, au saint roi ; il est évident que son fils, ou l'abbaye de Saint-Denis, ont substitué au chaton primitif, à l'époque de la canonisation (1297), le saphir dans lequel est gravée la figure de saint Louis, et ont tracé, en même temps, l'inscription qu'on y lit, gravée en caractères qui conviennent à cette date.

88. — ANNEAU DE SAINT LOUIS (1). — *Diamètre, 0,020.* — *Il fait partie du Musée des Souverains. (Voyez la notice de cette collection.)*

L'anneau est semé de fleurs de lis qui se détachent en or sur un fond émaillé en noir ; sur la surface intérieure on a gravé en creux et incrusté d'émail noir cette inscription :

CEST·LE·SINET ƉVROI·SANT·LOVIS ✠

(Ancienne collection, n° 92.)

Ce n'était pas seulement les objets de petite dimension qu'on exécutait ainsi ; nos orfèvres, de bien bonne heure, gravèrent de belles compositions sur de larges plaques, et firent ressortir par cet émail noir, au milieu du brillant de l'or, la finesse de leurs burins et la fermeté de leurs ciselets. Je citerai l'évangéliaire donné à la Sainte-Chapelle de Paris par Charles V. La couverture de ce beau manuscrit est ornée, d'un côté, d'un Christ sur la croix entre Marie et saint Jean, figurés en ronde bosse, du plus délicieux caractère et de l'exécution la plus fine. Au revers, une plaque d'argent, dorée et niellée, représente saint Jean assis sous une arcade, les pieds posés sur un tabouret. Il écrit ces mots : *In principio.* L'ange, son attribut, plane au-dessus

---

(1) J'ai parlé des reliques historiques, et en particulier des reliques de saint Louis, dans le glossaire de la seconde partie de cette notice, au mot *Reliques.*

de sa tête, en développant un rouleau sur lequel on lit : *Et verbum caro factum est*. Au-dessous de l'ange, une grande inscription, en caractères gothiques d'une forme charmante, s'exprime ainsi :

Ce liure bailla à la sainte chappele du palais Charles le Ve de ce nom roi de France qui fut Filz du roi iehan l'an mil troiz cenz LXXIX.

Toute la composition se détache sur un fond de fleurs de lis inscrites dans des carreaux. Aux quatre coins, dans des médaillons ronds, les attributs des quatre évangélistes. La plaque a en hauteur, 0,359 ; en largeur, 0,250.

Cette émaillerie noire ne s'exécutait que sur argent doré ou sur or, et elle avait tantôt le caractère officiel du deuil, tantôt le simple but et le mérite de la variété. Comme deuil, elle était appliquée et réservée aux vases et ustensiles sacrés qu'on employait à l'office des morts, ainsi qu'aux bijoux des veuves qui, comme Diane de Poitiers, faisaient vœu de ne pas quitter leurs vêtements noirs. J'ai trouvé dans les textes de nombreux témoignages à l'appui, je les citerai dans la seconde partie (1).

Une agrafe de chape, ornée de fleurs de lis gravées en taille d'épargne, et qui se détache sur un fond d'émail bleu foncé, appartient au XIVe siècle et à ce genre d'émail. Je vais la décrire :

89. — AGRAFE, *en forme de losange, en argent doré. XIVe siècle.* — *Hauteur*, 0,187 ; *largeur*, 0,165.

Une fleur de lis dorée, enrichie d'améthystes, d'émeraudes et de grenats, montés en relief, se découpe sur un fond d'émail bleu noir semé de fleurs de lis de très petites proportions et de la forme élégante particulière à la fin du XIIIe et à la première moitié du XIVe siècle ; des ciselures forment sur les bords un encadrement enrichi d'une ligne de petits grenats, auxquels sont mêlés deux saphirs. Le revers est en argent.

Dans ces limites, ce sont purement des émaux en taille d'épargne, et la couleur de l'émail, pas plus que la valeur du métal auquel il adhère, ne constituant un procédé nouveau, il n'y aurait pas lieu d'en faire une classe à part, si, pour tirer de ce genre de travail toutes les ressources d'effets dont il est susceptible, on n'avait de proche en

---

(1) Voyez aux mots *Deuil* et *Esmail de niellure*.

proche, et d'une manière insensible, renversé le travail du burin et transformé des tailles d'épargne en tailles creuses, c'est-à-dire de la gravure en relief en gravure en creux. Les tailles furent d'abord très larges, et l'émail y entrait et s'y fixait facilement; on les rendit plus délicates et tellement fines, que, l'émail étant trop épais pour s'y introduire, on lui substitua le nielle (nigello, niello), un composé de soufre, de plomb et d'argent.

Les Grecs de Constantinople pratiquèrent cette première modification du procédé, c'est-à-dire la gravure en creux à tailles larges et profondes rempli d'émail, tantôt noir, tantôt de couleur, mais presque toujours monochrome. Je crois pouvoir leur attribuer les trois petits médaillons que je vais décrire. Ils sont plus profondément gravés que les nielles qu'on fit plus tard, mais c'est absolument le même procédé, exécuté avec les mêmes instruments, produisant le même genre d'effet. Les figures d'apôtres, représentées en bustes, se détachent sur un fond d'émail bleu, sur lequel sont jetées des fleurs, des rameaux de vigne et d'autres feuillages. Les carnations et les lumières des étoffes sont rendues par le métal épargné en saillie. Les traits du burin qui rendent les détails du visage, des cheveux et de la barbe, sont remplis d'émail bleu, les lèvres d'émail rouge. Un nimbe d'émail vert entoure les têtes. Les vêtements sont uniformes, les robes de couleur bleue, les manteaux rouges. La plaque d'argent est assez épaisse, le revers n'est pas émaillé.

90. — UN APÔTRE. — *Médaillon circulaire en argent.* — *Diamètre, 0,044.*

Il relève de la main droite un coin de son manteau et présente de la gauche un livre (l'Evangile) qu'il tient élevé. Sa chevelure, coupée court sur le front, est très fournie en arrière; sa barbe, longue, est coupée en pointe. — (Collection Durand, n° 122/2672.)

91. — L'APÔTRE SAINT JEAN. — *Médaillon circulaire en argent.* — *Diamètre, 0,044.*

Il tient un rouleau de la main gauche élevée et présente l'autre main ouverte à la hauteur de la poitrine. Il est sans barbe et sa chevelure est coupée court sur le front. — (Collection Durand, n° 122/2673.)

92. — Un Apôtre. — *Médaillon circulaire en argent.* — *Diamètre, 0,044.*

Il porte, de la main droite, un livre appuyé sur la poitrine; la main gauche est relevée; le front est dégarni de cheveux, et la barbe, longue, est coupée en pointe. — (Collection Durand, n° 122/2674.)

Le Louvre n'a qu'un médaillon d'après lequel on peut apprendre comment nos orfèvres appliquèrent ce même procédé; il est insuffisant pour donner une idée de ses ressources et des applications variées qu'il reçut au moyen âge. Les textes y suppléent. J'en ai cité plusieurs dans le glossaire de la seconde partie au mot *Esmail de niellure*.

93. — Saint Évêque sur son trône. — *Médaillon circulaire, en cuivre émaillé. XIVe siècle.* — *Diamètre, 0,072.*

Il est représenté assis sur un fauteuil épiscopal de style gothique; il est vu de face, vêtu d'une longue robe à capuchon, dont le collet est orné de broderies. Il porte un évangéliaire dans la main gauche et bénit de la droite; la tête est coiffée d'une mitre et entourée d'un nimbe. Cette plaque est niellée en bleu très foncé; elle est gravée de manière à faire ressortir en métal doré le visage, les détails des cheveux et de la barbe, les mains, les pieds et les lumières des vêtements; le reste est rempli d'émail bleu et de quelques ornements bleu turquoise et rouge. —(Collection Durand; n° 123/2682.)

Les Grecs opérèrent la substitution entière du nielle à l'émail à une époque déjà ancienne, puisque les orfèvres de Wologda et de Ustzug (1) eurent communication du procédé dès le XIIe siècle, et qu'il pénétra à la même époque si complètement en Italie, que le moine Théophile (2) en parle comme d'un procédé depuis longtemps en pratique. Je passe sous silence l'opinion de Vasari (3), qui le rattache

---

(1) J'ai vu dans le cabinet des joyaux, connu à Dresde sous le titre de Grün Gewœlbe, un Kofchik, ou vase à boire, en or massif, qu'on dit avoir appartenu à Jean Basilides, grand-duc de Russie, et qui a une inscription slave gravée et niellée.

(2) Cette composition est donnée par le moine Théophile, ainsi que le procédé de cuisson, lib. II., cap. 27 et 28 : *de nigello, de nigello imponendo*.

(3) Vasari, introd., cap. 19. Voyez aussi Benvenuto Cellini, Trattato dell' oreficeria, cap. 2, dell' arte del niellare.

à l'antiquité : le peintre-écrivain n'a d'autorité que dans ses biographies.

Si l'invention n'appartient pas à l'Italie, la palme lui revient pour ce genre de travail, non pas qu'elle l'ait perfectionné au point de vue du procédé, mais de si grands talents s'appliquèrent, dans ce pays, à creuser dans le métal les compositions charmantes de leur féconde imagination, que l'idée de nielle s'allie au souvenir des chefs-d'œuvre italiens. Dès le XIIIe siècle, les orfèvres ornaient ainsi tout l'ameublement des églises et des chapelles portatives (1); au XVe siècle, ils firent des prodiges, mais dès les premières années du XVIe, les nielles étaient abandonnés (2), l'impression des gravures les avait tués. Cette mémorable invention a donné aux nielles, dans le monde érudit, la plus grosse part de leur célébrité. Vasari, comme tous les Italiens, ignorait et estimait médiocrement ce qui se passait au delà des monts. Il ne savait pas qu'on imprimait sur gravure en relief depuis trente années, et sur gravure en creux depuis dix, dans les Pays-Bas (3), à l'époque (1450) où, selon lui, Maso Finiguerra aurait découvert le moyen d'imprimer les gravures en creux, en tirant une épreuve de sa Paix, qui représente le couronnement de la Vierge. Le mérite de ce grand artiste est uniquement d'avoir gravé admirablement en creux sur métal, et nous citerions ici, non pas les épreuves de ses gravures (4), mais ses nielles eux-mêmes, si l'espace ne

---

(1) Un de ces dessus de table d'autel portatif du XIIIe siècle, dont le travail de la niellure est remarquable, a passé de la collection de M. Cicognara dans celle de M. Rock, à Londres. Voyez Cicognara : Memor. spettanti alla storia della Calcographia, p. 72, et Archæol. journal, tome IV, p. 247.

(2) Benvenuto Cellini nous l'apprend : Nell' anno MDXV, l'arte di intagliare di niello si era quasi del tutto dismessa. Il entend, comme je le fais, la part qu'y prenaient les grands artistes ; le métier s'est sans doute continué.

(3) M. Passavant suppose que Maso Finiguerra a été instruit du procédé de l'impression par Roger van der Weyden le vieux, l'élève du peintre Jean van Eyck, qui a dû s'arrêter à Florence en allant à Rome en 1450. La supposition, car ce n'est pas autre chose, est ingénieuse et piquante. Voir une suite d'articles sur la gravure dans le Kunstblatt de l'année 1850.

(4) On sait qu'une gravure en creux, une fois niellée, c'est-à-dire quand le noir composé de soufre, de plomb et d'argent, a été

nous manquait. On les trouve au cabinet des estampes de la Bibliothèque nationale de Paris, au British Museum, dans les trésors des églises de l'Italie, et dans vingt collections particulières.

94. — COUPE *en argent, niellée, dorée en quelques parties; le couvercle est surmonté d'une figure de Neptune en ronde bosse et dorée; le pied est à balustre. XVII*^{e} *siècle.* — *Hauteur, 0,210; diamètre, 0,177.*

Le dessin des nielles qui décorent tout l'extérieur de la coupe est composé d'enlacements et de très fins détails qui, se détachant en ton clair sur la couleur noire du fond, ont l'apparence d'une damasquinure. L'intérieur de la coupe et celui du couvercle, l'un et l'autre dorés, sont ornés de frises exécutées par un travail de pointillé extrêmement fin et habile. Dans la coupe, le sujet, très compliqué, est un combat de cavaliers contre des animaux et d'animaux entre eux; un taureau, des lions et des ours sont représentés dans des actions très variées, se défendant, luttant et s'entre-dévorant. La frise principale du couvercle offre des sujets de chasse, tels qu'un cerf pris dans des filets et des sangliers attaqués par des hommes ou poursuivis par des chiens. Une seconde frise, concentrique, mais de moindre proportion, règne au bord du couvercle: des oiseaux et des coqs combattant sont mêlés aux détails élégants d'une guirlande de vigne. Un écusson armoirié, gravé de même au pointillé, occupe le centre. Un émail sur argent, de forme circulaire, diam. 0,062, forme le motif central de l'intérieur de la coupe; saint Georges y est figuré, armé de toutes pièces, monté sur un cheval ailé, et combattant avec une lance un monstre mi-parti lion et serpent. La silhouette de cette composition ayant été évidée, tous les détails ont été gravés de basse taille, de façon à varier les nuances et les effets des émaux, qui

mis en fusion dans ses tailles, ne peut plus fournir d'épreuve, et je ne crois pas qu'il existe de procédé pour dégager une gravure du nielle qu'elle a reçu. Une épreuve de la Paix de Finiguerra n'a donc pu être prise que par lui-même, et au moment qui précéda l'opération du niellage. La Bibliothèque nationale possède une de ces épreuves. Jusque-là, Zani, qui l'a découverte, devait triompher, mais on en a trouvé une autre, et celle-ci porte tous les caractères d'une estampe de recueil, imprimée au XVIe siècle, peut-être même au XVIIe, avec tous les perfectionnements de la presse à rouleau, sur papier à grandes marges, à vergures modernes, qu'on croirait sorti de nos fabriques, et, ce qu'il y a de plus singulier, cette épreuve, tirée sur ce papier, est reliée, depuis près de 200 ans, dans un petit volume avec des gravures du XVIe siècle, toutes imprimées sur le même papier. J'ai déjà promis de reprendre à nouveau cette question; je désire la sortir de la fausse voie dans laquelle Vasari l'a jetée, et où tous les auteurs l'ont suivi.

sont translucides et se détachent en couleurs brillantes sur un fond d'argent mat. (Ancienne collection, n° 352.)

Ce travail de pointillé, qui ne semble, à première vue, qu'un effort de patience et qu'on a peine à distinguer au grand jour, prend, quand on l'examine à la lumière, qui lui est favorable, toute la valeur d'une œuvre d'art. Le cabinet des bijoux de Berlin (1) et celui de Copenhague possèdent des pièces du même travail, et très probablement de la même main ; l'une est signée H. W. 1653, le chiffre ainsi formé HW (2); l'autre du nom entier de l'artiste, J. Wechter, et de la date 1646.

On a dû remarquer, dans la description qui précède, qu'outre le travail de pointillé, cette coupe offre l'apparence d'un mélange de la damasquinure et des nielles. D'autres pièces d'orfèvrerie étaient à la fois damasquinées et niellées par une de ces associations heureuses dont on peut faire remonter les premiers essais très avant dans l'antiquité. Nous n'avons pas à nous en occuper ici, bien que le travail préparatoire de ces incrustations d'or et d'argent soit absolument le même que celui qui dispose la plaque pour recevoir les émaux en taille d'épargne. Je lis dans l'un des comptes de nos rois : *A Jehan Duvet, orfèvre, demourant à Dijon, la somme de deux cens cinq livres tournois, à luy ordonnée, pour son payement d'un bassin ouvré d'or et d'argent à la moresque sur laton. Le* 28 janvier 1529 (1530). Pouvons-nous compter cet orfèvre habile, ce graveur devenu célèbre sous le nom du maître à la licorne, parmi nos émailleurs? Nous le voyons appliquant ses burins et ses ciselets au rude travail de la damasquinure ; il a gravé 63 planches (3), dont plusieurs d'après ses compositions ; évidemment il aura niellé ; de là à émailler il n'y a pas même un pas, et ce serait une heureuse trouvaille qu'un émail de basse taille signé J. Duvet (4).

---

(1) Kunstkammer, n°ˢ 465, 466, 467.

(2) J'emprunte cette marque à l'ouvrage du D. Kugler.

(3) Voyez le Peintre graveur français, tome V, p. 1.

(4) Jean Duvet quitta Dijon pour entrer au service des rois François Ier et Henri II, ces grands protecteurs de tous les talents français ; puis il se retira à Langres, où il publia son Apocalypse figurée (Lyon, in-folio, 1561), et où il mourut.

ÉMAUX CLOISONNÉS.

Après avoir suivi les émaux en taille d'épargne jusqu'aux dernières limites de leurs variétés, nous remonterons les siècles pour examiner un autre genre d'émail qui, à en juger par le caractère de ses productions, se lie aux arts de l'antiquité, mais qui a pour nous moins d'intérêt, étant de fabrique étrangère, et plus borné, d'ailleurs, dans son application. Tous les émaux de ce genre, que nous possédons, ont le caractère oriental et le style byzantin; ils sont appliqués sur or et sur argent doré; ils sont très rares. Aucun texte ne se rapportant à eux (1), il fallait inventer un nom, et celui d'*émaux cloisonnés*, qui est adopté, exprime bien le procédé au moyen duquel ils sont produits. Voici ce procédé : On prend une mince feuille de métal sur laquelle on trace à la pointe le dessin; on découpe des lames du même métal d'une hauteur proportionnée à la grandeur de la pièce (de 1 à 4 millimètres), et l'on fait suivre à ces lames tous les contours du dessin en les arrêtant avec de la cire; puis, quand le dessin est ainsi hérissé de ce relief en traits déliés, on soude à la plaque toutes ces lames. De ce moment, la plaque est cloisonnée, c'est-à-dire qu'elle présente un réseau, et dans ce réseau autant de cloisons qu'en exigeaient le dessin et les nuances d'émaux dont on disposait. On distribue dans chacune de ces cloisons de la poudre d'émail, je veux dire le fondant et les oxides métalliques colorants pulvérisés ensemble; on passe la plaque dans le four pour obtenir la fusion, et quand elle est refroidie, au moyen du polissage on unit le tout comme une glace-mosaïque dans laquelle les cloisons viennent affleurer en traits effilés et brillants, de manière à tracer les limites des émaux en même temps que les contours du dessin. La dorure donne plus d'éclat à ces traits du visage, à ces plis des vêtements, à ces fines inscriptions, qui res-

---

(1) Voyez dans le répertoire de la seconde partie les mots *Esmail cloisonné* et *Esmail de plite*.

sortent en or brillant au milieu des vives couleurs d'un émail translucide.

Tel est le procédé ; voyons à qui nous en devons les premières applications. J'ai établi en principe que les anciens ont poussé l'art de la verrerie aussi loin peut-être qu'il est donné de le faire, et en tous cas dans des voies si ingénieuses que leurs productions ont été des modèles et pour les Byzantins, héritiers de leurs traditions, sinon de leur génie, et pour les Vénitiens, qui héritèrent des Byzantins, et pour les modernes, enfin, si fiers des progrès de la chimie. Ni les beaux médaillons de verre, ni les vases semblables au vase dit de Portland, ni les ingénieuses combinaisons de leurs filigranes, ni les figurines de ronde bosse émaillées en couleur, n'ont trouvé de rivaux, et ce n'est pas faute d'imitateurs. Est-ce le procédé qui resta caché? Non, chacun l'a connu et pratiqué, et on le connaît encore, et on le pratique chaque jour; mais il a manqué depuis lors à l'humanité la délicatesse et l'élégance du goût associé à l'adresse de l'outil et à la perfection du procédé. Parmi ces verres de l'antiquité, parmi ces chefs-d'œuvre, on remarque quelques dessins formés par du verre de couleur, encadré dans un léger filigrane d'or, et appliqué, au moment de sa fusion, dans une pâte de verre d'une nuance différente. Ainsi, une feuille de vigne d'un beau vert, cloisonnée en or, vient s'enfoncer et se souder dans un verre bleu avec lequel elle forme corps. On a dû répéter souvent ce même dessin, puisque plusieurs exemplaires sont parvenus jusqu'à nous en même temps qu'un dessin d'épervier et d'autres motifs (1).

C'est, comme on voit, un cloisonné particulier, le cloi-

---

(1) Il suffira de citer quelques monuments et de rappeler qu'on trouve, parmi les verres antiques, des coupes et des écuelles en verre jaunâtre dans l'épaisseur duquel on a pressé des dessins et des gouttelettes de verre de couleur. Je citerai en exemple le fragment n° 2333 du cabinet des antiques.

Une des feuilles de vigne dont j'ai parlé a été trouvée par M. l'abbé Cochet, en 1850, à Envermeu, vallée de Dieppe, dans des tombeaux qu'on croit antiques et qui sont au moins mérovingiens. Cet objet est purement antique ; la netteté et l'élégance du contour, formé par le filigrane pour dessiner la feuille, ne laissent aucun doute à cet égard. Cette pâte de verre a un centimètre de diamètre. Minutoli possédait exactement le même modèle dans sa collection. L'épervier se rencontre également en plusieurs exemplaires. Le cabinet des estampes de la Bibliothèque nationale, le cabinet des antiques du même établissement et la collection Pourtales possèdent les pareils.

sonné primitif, qui n'est pas encore appliqué et fondu sur le métal, mais qui mène au procédé définitif et en offre l'apparence. Les difficultés de ce travail en réduisaient l'application à de si petites dimensions qu'on dut chercher le moyen d'en étendre l'emploi, et les mosaïques en cubes de verre de toutes nuances, fixés sur un fond solide, conduisaient à l'idée de disposer des cloisons avec les linéaments du dessin, et de remplir les petites cuves qu'ils formaient avec ces mêmes cubes de verre (1), mais pulvérisés cette fois et de nouveau mis en fusion par la chaleur de la moufle ou du four. Les artistes du Bas-Empire avaient sous les yeux les plus belles mosaïques de l'antiquité ; ils cherchaient à flatter les goûts d'une société qui avait poussé, jusqu'à l'abus, le luxe de l'orfèvrerie et des pierres précieuses. Il est donc naturel de leur supposer l'ambition d'associer à ces belles matières les émaux, leurs rivaux en éclat, pour varier la décoration des ornements sacrés, des bijoux de toilette, et de tous les objets du luxe. Un texte établit que Basile, l'empereur grec († 886), avait un oratoire émaillé (2), et les descriptions de l'autel de Sainte-Sophie ne peuvent se comprendre qu'en admettant l'emploi et l'usage général de ces émaux.

L'Italie rivalisa bientôt de luxe avec la cour de Constantinople, et, comme elle, aux pierres précieuses elle associa les émaux cloisonnés (3). D'abord, elle les fit venir de la

---

(1) Le moine allemand Théophile écrivait en Italie, au XIIe siècle, ce qui suit : Inveniuntur in antiquis ædificiis paganorum in musivo opere diversa genera vitri, videlicet album, nigrum, viride, croceum, saphireum, rubicundum, purpureum, et non est perspicax, sed densum in modum marmoris et sunt quasi lapilli quadri, ex quibus fiunt electra in auro, argento et cupro (lib. II, cap 12, de diversis vitri coloribus).

(2) Voir la vie de Basile écrite par Constantin Porphyrogénète dans la première moitié du Xe siècle.

(3) Anastase se sert d'expressions qui conviennent très bien aux petits quadrats d'émaux cloisonnés, importés de Constantinople par le commerce ; il parle de pièces d'orfèvrerie sacrée ornée *cum gemmis et smalto*, — *cum pretiosis margaritis et gemmis ac smalto*. On comprenait alors les émaux dans les pierres précieuses : *Quæque cariora ac sanctiora in thesauris reperit ecclesiæ, secum Constantinopolin detulit, inter quæ ornamentum quoddam gemmis ac lapidibus, videlicet eis, quos smaldos vocant, pretiosissimumque.* — Orné de perles et orné d'émaux étaient des expressions appliquées à un même genre de travail : *Item quod nulla domina, sive mulier, audeat portare cappellum imperlatum sive smaltatum.* (Consuet. Frederici, reg. Siciliæ; cap. 94.)

capitale grecque. Le fait est prouvé par l'origine du rétable du maître-autel de Venise, la célèbre Palla d'oro, mais il est probable que bientôt après, c'est-à-dire au XIe siècle, les artistes grecs vinrent fabriquer à Venise et à Rome ces émaux, qui, dès lors, décorèrent les églises et les palais. Cette conjecture est d'autant plus probable qu'elle seule explique comment le moine Théophile, un Allemand qui écrivait en Italie (1) au XIIe siècle, pouvait vanter l'habileté des Toscans dans ce genre de travail, et passer sous silence les émaux en taille d'épargne qui n'étaient exécutés qu'au delà des monts. Tous ces émaux cloisonnés, même lorsqu'ils portent des inscriptions latines, même quand ils trahissent, par l'incorrection des inscriptions grecques, une main occidentale, ont le caractère et le cachet byzantins. Leur rareté est extrême aujourd'hui; elle s'explique par la matière précieuse, l'or ou l'argent, qu'on en a retirée du moment où d'autres émaux leur étaient préférés.

Ces préliminaires suffisent pour mettre ce procédé à la place qui lui appartient dans une classification méthodique. Je vais décrire les rares monuments de ce genre d'émail qui sont parvenus jusqu'à nous. Toutefois, il est nécessaire, avant d'aborder cette description, de détruire une erreur qui consiste à comprendre dans cette classe des bijoux ornés de verres colorés, sertis dans de l'argent et placés sur des morceaux d'étoffe de soie en guise de paillon (2). L'émail n'est pour rien dans ce travail. Je décrirai d'abord les émaux cloisonnés de la collection du Louvre.

---

(1) Je ne citerai, des instructions du moine Théophile, que le passage où il décrit la pose des cloisons, après qu'on a préparé la plaque d'or : Deinde eadem mensura atque riga incides corriolas omnino subtilissimi auri, in quibus subtili forcipe complicabis et formabis opus quodcunque volueris in electris facere, sive circulos, sive nodos, sive flosculos, sive aves, sive bestias, sive imagines, et ordinabis particulas subtiliter et diligenter unamquamque in suo loco, atque firmabis humida farina super carbones. Cumque impleveris unam partem, solidabis eam cum maxima cautela, ne opus gracile et aurum subtile disjungatur aut liquefiat (Lib. III, cap. LII).

(2) En premier lieu, l'épée et les abeilles trouvées en 1653 dans un tombeau mérovingien près de Tournay; 2° un petit plateau en or provenant de la trouvaille dite du trésor de Gourdon; 3° une plaque de manteau; 4° une agrafe ou bouton. Ces objets se voient au cabinet des antiques de la Bibliothèque nationale. J'énumérerai, p. 99, les bijoux ornés de véritables émaux cloisonnés que possède le Louvre et ceux qu'on rencontre dans d'autres collections.

95 à 98. — Les attributs des Évangélistes.
— *Quatre plaques de forme rectangulaire, en émaux de couleurs, XI*^{e} *siècle, enchâssées aux angles d'une boîte que décore un bas-relief en or repoussé, dont le sujet est le Calvaire du Christ.* — *Deux, sur fond d'émaux, ont : hauteur, 0,070; largeur, 0,066.* — *Deux, sur fond d'or, ont : hauteur, 0,067; largeur, 0,060.*

95. L'*aigle* (attribut de saint Jean); une des pattes est posée sur le livre des Évangiles; un cercle d'or forme un nimbe autour de la tête; le fond est composé d'ornements de couleur verte sur bleu, encadrés dans une bordure d'un dessin régulier. — 96. Le *lion* (attribut de saint Marc) regardant à gauche; une des pattes de devant est posée sur le livre des Évangiles; un cercle d'or forme un nimbe autour de la tête. Les ornements du fond, assez semblables à ceux de la plaque qui précède, sont de trois couleurs, et encadrés de même d'une bordure. — 97. L'*ange* (attribut de saint Mathieu); une main relevée à la hauteur de la poitrine, l'autre portant le livre des Évangiles; la tête est entourée d'un nimbe festonné de deux couleurs, et au bas de la figure est placé un chiffre formé des lettres M et T (première et troisième du nom de saint Mathieu) se détachant sur les vêtements; quatre petites rosaces sont semées sur le fond d'or; deux dans le haut, deux en bas; la bordure qui encadre est assez semblable pour le dessin à celle qui entoure l'aigle, mais seulement de deux couleurs. — 98. Le *bœuf* (attribut de saint Luc) regardant à droite; un pied de devant est posé sur le livre des Évangiles; la tête est entourée d'un cercle rouge incrusté dans le fond d'or; la bordure, de deux couleurs, est assez semblable à celle qui encadre le livre. — Les couleurs d'émaux employées sont : le bleu saphir translucide, le bleu lapis opaque, le rouge translucide, le rouge opaque, le vert translucide, le vert opaque, le grenat translucide, le blanc opaque, le bleu turquoise opaque, le rose opaque.

(Ancienne collection, n° 349.)

99 à 106. — *Huit médaillons de forme triangulaire curviligne, placés sur la même boîte, dans les montants qui séparent les symboles des évangélistes.* — *Hauteur, de 0,024 à 0,030; largeur, de 0,050 à 0,055.*

L'or forme fond dans quatre médaillons, et ornements dans les quatre autres.

107 à 116. — *Dix petites rosaces, alternativement circulaires ou rectangulaires, placées sur* un arc cintré qui sert de couronnement au Calvaire, bas-relief en or repoussé décorant le centre de la même boîte. *Motifs d'ornements.*—Diamètre, 0,012.

(Ancienne collection, n° 349.)

Je citerai brièvement les émaux cloisonnés les plus importants qu'on peut étudier dans les musées et dans les églises (1).

XIe siècle. — Évangéliaire de la Bibliothèque nationale de Paris, écrit, au IXe ou Xe siècle, en capitales d'or et d'argent sur pourpre, et orné, au XIe siècle, d'une superbe reliure d'orfèvrerie. Aux quatre angles, des fleurons, composés d'émaux cloisonnés et de pierres précieuses, remplacent les boutons de métal qui préservent ces reliures en relief. Les émaux sont blanc opaque, jaunes, bleus, verts et violet translucide. (Suppl. latin, n° 1118.)

Évangéliaire de la Bibliothèque royale de Munich. (Mss n° 37.)

Un petit médaillon trouvé, en 1840, dans Thames-Street, en face de Dowgate-Hill, à Londres. Il renferme un émail cloisonné, de 2 centimètres de diamètre, qui représente un personnage couronné, vu de face (2).

XIe au XIIe siècle. — Évangéliaire de la Bibliothèque nationale de Paris, écrit, en capitales d'or sur pourpre, dans le IXe siècle, orné d'une reliure d'orfèvrerie à la fin du XIe. Dans la bordure sont enchâssées des pierres précieuses; et entre ces pierres sont disposées, de chaque côté, quatre plaques d'émaux cloisonnés figurant des rinceaux d'ornement d'un goût aussi italien que grec. Ces émaux sont rouges, jaunes et blanc opaque, vert et bleu translucides. (Suppl. latin, 650.)

---

(1) Je ne fais pas entrer, dans cette liste, un bijou en or qu'on dit avoir appartenu à Alfred le Grand (IXe siècle). M. Alb. Way en a donné une description et une gravure dans le Journal archéologique de Londres, tome II, p. 164. On conserve cet objet dans le Ashmolean Museum d'Oxford. Je n'ai pas eu le temps de visiter cette collection.

(2) M. Smith, propriétaire de cet émail, pense qu'il a été exécuté à la cour d'Alfred par les ouvriers qu'il ramena de Rome. Cette conjecture n'est applicable qu'à l'encadrement; pour l'émail, il est byzantin du XIe siècle, et la manière de représenter le personnage, de le couronner et de le vêtir, convient aussi à cette date.

Le devant d'autel ou rétable, dit la Palla d'oro, de l'église Saint-Marc, à Venise. Elle est décrite et figurée dans l'ouvrage de M. du Sommerard, 10ᵉ série, planches 32 et 33. Cicognara a publié le dessin de plusieurs fragments, Stor. della scult., pl. VII.

XIIᵉ siècle. — Une croix de la collection Debruge-Dumesnil, nº 661 du Catalogue, aujourd'hui la propriété de M. Alexandre J. Beresford Hope, esq. Elle est figurée dans le Archæological journal, nº 29 (1).

La châsse de Notre-Dame, à Aix-la-Chapelle, donnée par l'empereur Frédéric Barberousse.

La châsse des trois rois, à Cologne.

Une boîte renfermant un évangéliaire. Bibliothèque royale de Munich, mss 35.

La croix de l'ancienne abbaye d'Ognies, actuellement chez les religieuses de Notre-Dame, à Namur, figurée dans les Annales archéologiques de M. Didron, tome V, p. 320.

Le calice de Saint-Remi de Reims, déposé au cabinet des antiques de la Bibliothèque nationale, figuré dans les Annales archéologiques, tome II, p. 363 (2).

Un petit médaillon du cabinet des antiques de la Bibliothèque nationale. Christ en buste (3).

La couronne, l'épée et les gants de Charlemagne, à Vienne, dans le trésor impérial. Les émaux ont été ajoutés, au XIIᵉ siècle, dans l'une des restaurations que ces insignes ont subies; ils sont figurés par Willemin dans ses Monuments inédits.

XIIIᵉ siècle. — L'épée supposée avoir appartenu à saint Maurice, à Vienne.

Une croix trouvée dans le tombeau de la reine Dagmar, 1213, conservée au Musée royal de Copenhague (4).

---

(1) Ce serait lui attribuer une ancienneté beaucoup trop grande que d'accepter le Xᵉ siècle proposé par M. Labarte; elle est tout au plus du XIIᵉ. L'imperfection du procédé entre pour beaucoup dans son air primitif.

(2) Les émaux sont disposés et fixés sur la panse; les couleurs habituelles s'y rencontrent, et en outre une nuance violacée, brûlée, riche et très particulière.

(3) Les inscriptions sont grecques, le style purement byzantin. — Diamètre, 16 millimètres.

(4) M. Petersen la décrit, et il tire de sa présence en Danemark au XIIIᵉ siècle, la preuve que le Nord était dès lors en relations directes avec Constantinople et l'Orient. (Annal. for Nordisk Oldkyndigheid 1842, p. 13.)

Ces émaux byzantins présentent incontestablement dans leurs nuances certaines analogies avec les émaux des peuples orientaux, et nous mènent à cette question : A quelle époque les arts de la Chine, s'infiltrant à travers l'espace, vinrent-ils trahir leurs secrets aux peuples de l'Asie les plus voisins de l'Europe, aux Indous, aux Persans, et à ces Arabes que leur existence conquérante et leur vie nomade rendaient propres à servir de fil conducteur à toutes les données de l'art et de l'industrie? Pour répondre à cette question, les textes et les monuments nous font défaut tout à la fois, les textes qui devraient nous fournir des dates, les monuments qui nous permettraient de fixer des époques; et cependant il est un fait certain, c'est qu'aux plus anciens émaux byzantins, d'un ton pâle et d'une qualité translucide, succèdent, vers le XIIe siècle, d'autres émaux également cloisonnés, mais opaques dans leur composition, travaillés différemment et dans une gamme de tons tout autre; ce travail, cette qualité d'émail et cette gamme étant absolument pareils à ceux qu'employèrent et qu'obtinrent les Chinois, les Indiens, les Arabes et les Persans, pour fabriquer ces admirables vases, coupes, bassins, assiettes, qui remplissent nos collections, le lien est évident, incontestable : il faut l'admettre et attendre des autorités historiques pour classer les résultats et en tirer toutes les conséquences.

117. — UNE BANDE D'ORNEMENTS *détachée d'un reliquaire; travail allemand, exécuté dans les données byzantines.* — *Hauteur, 0,025; longueur, 0,078.*

Quatre rosaces, à quatre lobes, forme de trèfle, alternant bleu et rouge avec un point jaune au centre, se détachent sur un fond qui veut être blanc, mais qui est vert pâle et fortement craquelé; ce fond est semé de rosaces plus petites, également bleues et rouges. Une bande d'émail bleu clair, encadrée entre deux filets de cuivre doré et marqué de clous d'émail jaune, entoure la plaque. On voit au revers de la plaque cette lettre et ces signes de repère pour l'ouvrier ajusteur :

(Collection Durand, no 122/2675.)

Dans ces mêmes données a été exécuté, vers le commencement du XIIe siècle, par des artistes grecs, et probablement à Constantinople, un saint Georges descendu de son cheval pour terrasser le dragon. Le saint guerrier, debout sur l'animal, lui plonge sa lance dans la gueule; il occupe la droite de la scène. Sa tête nue est nimbée; son costume est celui qu'on retrouve sur les anciennes peintures des églises grecques, qui datent du XIe au XVe siècle, et dont il est difficile de mieux préciser l'époque. La scène est divisée en deux parties par un arbre, et le côté gauche est rempli par un cheval si petit, que saint Georges en l'enfourchant pourrait encore rester debout. Le harnachement de ce coursier est pris dans les habitudes arabes. Cette peinture, en émaux cloisonnés, a l'aspect étrange d'un dessin européen colorié par des Chinois (1). Elle le doit à une gamme de tons particulière qui nous frappe, comme elle dut être saisissante pour nos artistes des XIe et XIIe siècles. Aussi vit-on ces tons bleu turquoise, bleu lapis, vert d'eau et jaune, faire invasion dans les émaux de Limoges, tous à la fois et d'une manière sensible, vers le milieu du XIIe siècle, au moment, justement, où le flot

---

(1) Les figures se détachent sur un fond d'enroulements et de rinceaux d'un caractère autant arabe que byzantin, et où les couleurs verte et bleue dominent. Le cheval est teinté avec un émail blanc opaque d'une nuance grise, et craquelé, en tout pareil au blanc et aux fissures des émaux chinois. Les carnations sont teintées en rose. L'or fait à la fois office de cloison et de dessin, quand une même nuance d'émail occupe une certaine étendue, comme dans les cheveux noirs et dans la jupe rouge du saint Georges. Mais ce cloisonnage est de deux sortes : une large bordure en cuivre entoure les figures; elle est composée de deux lames qui laissent un vide entre elles, recouvertes par une troisième lame, celle-ci dorée, accusant en larges traits les contours de la figure. De légères cloisons en or forment le dessin intérieur, on pourrait dire le détail. Une inscription grecque, dont voici le fac-simile, est tracée en émail blanc sur fond bleu. On remarque sur le ventre du cheval cette marque en rouge qui ne se lie à rien et semble être une marque d'artiste. Au droite et au-dessous du tableau principal, une bordure en cuivre doré et repoussé présente deux saints, l'un en pied, l'autre en buste, et des ornements qui appar-tiennent au style oriental - byzantin de cette date. Hauteur de l'émail sans la bordure, 0,190. — Largeur, 0,165. — Largeur de la bordure, 0,037. (Collection Pourtalès, n° 191 de son catalogue.)

des pèlerins sortis de toutes les classes de la société allait et venait sur la grande route de l'Orient. Il est impossible de ne pas être frappé des analogies de couleurs qu'offre cet émail avec les émaux chinois, persans, arabes ou orientaux, et, par suite, des analogies que les émaux de Limoges du XIIe siècle ont avec cet émail grec-byzantin; mais les conséquences de ce rapprochement doivent rester dans le vague, tant que nous n'aurons pas de plus nombreux monuments pour guider la critique.

Les orfèvres italiens adoptèrent, comme je l'ai dit, ce procédé, en le modifiant selon leur goût, et ils le pratiquèrent jusque dans le XVe siècle; nous en avons la preuve dans un specimen délicieux que possède le cabinet des antiques de la Bibliothèque nationale. C'est une plaque d'or, ronde, qui a 0,083 en diamètre; l'orfèvre habile qui en est l'auteur a représenté, avec autant de succès que le permet ce procédé imparfait, le Christ sur la croix entre Marie et saint Jean. Ces trois figures se détachent sur un fond parsemé de délicieux rinceaux de feuillages. Le mouvement des figures est heureux; saint Jean cache sa figure dans son manteau avec un sentiment douloureux très profond (1). Malgré ce soin d'exécution, ce talent de dessin et une coloration modifiée dans le sens de nos goûts, ces émaux translucides, à teintes plates, circonscrites dans ces minces cloisons d'or, conservent un air oriental étrange.

La Russie doit avoir reçu par le commerce, et elle a sans doute conservé par respect religieux, soit dans le trésor de Moscou, soit dans les églises de Nowogorood, bon nombre de ces émaux. Les a-t-elle imités, et de quelle manière? Les renseignements nous manquent.

Émaux cloisonnés à jour.

Nos anciens inventaires royaux mentionnent à plusieurs reprises des émaux cloisonnés à jour, des coupes, des ai-

---

(1) La jupe du Christ est bleue; la robe de la Vierge blanche, son manteau vert; la robe de saint Jean verte, son manteau jaune translucide doublé de bleu clair opaque; la croix et les deux auréoles sont d'un bleu turquoise; l'auréole du Christ jaune translucide. L'inscription INRI, formée de lames de métal, se détache dans un cartel d'émail rouge; les carnations sont rosées.

guières, des lames d'épée même, *ouvrées à esmaux à jour* (1). Une coupe, qui du trésor de Saint-Denis a passé dans le cabinet des antiques de la Bibliothèque nationale, répond, au premier aspect, à ces descriptions; mais en l'examinant attentivement, on voit qu'elle est faite de morceaux de cristaux rouges, blancs et verts, sertis dans des cloisons de métal après avoir été gravés, le morceau central en un portrait de Chosroes à cheval, les autres en fleurons. Ce travail oriental, de la seconde moitié du VIe siècle de notre ère, a dû trouver des imitateurs, et l'émail s'offrait à eux pour produire le même effet à moins de frais. Je suis disposé à croire que des objets ainsi exécutés ont été apportés au milieu de nous dans ce grand courant qui entraînait en Europe, au moyen âge, toutes les productions de l'Orient (2). Ce qu'il y a de certain, c'est qu'en 1541 nos orfèvres avaient complétement perdu la tradition de ce procédé. A cette époque, François Ier fit appeler son orfèvre, Benvenuto Cellini, pour lui montrer une coupe ainsi faite, et pour apprendre de lui comment elle avait pu être exécutée. Le célèbre artiste examine, s'étonne, et se vante d'avoir deviné le procédé (3), de manière à

---

(1) Je renvoie pour les citations des textes à la seconde partie de cette notice.

(2) Voyez la coupe de Chosroes au cabinet des antiques de la Bibliothèque nationale. La taille du portrait et des fleurons est si peu nette qu'on pourrait croire que ces morceaux de cristaux sont fondus dans un moule. On lit, dans l'histoire abrégée du Cabinet des médailles par A. L. Cointreau, Paris, in-8°, 1800 : En 1791, furent apportées de Saint-Denis, aujourd'hui Franciade, des antiquités faisant auparavant partie de son trésor — Une grande soucoupe d'or ornée d'émaux de diverses couleurs; au milieu est un roi parthe assis sur son trône et gravé en creux, p. 21.

(3) Benvenuto Cellini propose, pour les imiter, un procédé qui diffère des émaux cloisonnés uniquement par cette circonstance, que les lames de métal, au lieu d'être soudées sur la plaque, y adhèrent légèrement. Cette plaque elle-même est enduite d'un ciment qui permet aux émaux de s'y reposer et d'entrer en fusion sans y adhérer. Tant que la plaque de métal joue un rôle, ce sont des émaux cloisonnés complets ; aussitôt qu'elle est retirée, ce sont des émaux cloisonnés à jour, et par conséquent une variété des émaux cloisonnés. Voici comment l'habile écrivain s'exprime dans son Traité de l'Orfèvrerie : Ma poichè io sono venuto con proposito a ragionare della vaghezza de' trafori nell' opere di filo, non voglio lasciare indietro di non dire come in Parigi nel MDXLI essendo al serv'zio del magnanimo re Francesco, m'occorse

nous prouver que non-seulement il lui était inconnu, mais que la vue d'un objet de ce genre était pour lui une nouveauté complète.

Émaux cloisonnés en résille sur cristal.

Tous les efforts des artistes, quand ils se font industriels, consistent à produire les mêmes effets avec des procédés moins lents, partant moins coûteux. Dans la seconde moitié du XVIe siècle, on profita de l'habileté avec laquelle on mettait le cristal en fusion pour remplacer les anciens émaux cloisonnés sur métal par des émaux cloisonnés en résille d'or, mêlés à des feuilles d'or estampées ou flinquées (1), qui simulaient une ciselure des émaux de basse taille. Ces émaux ont l'apparence des vrais émaux cloisonnés, ils en ont les couleurs translucides, avec plus de souplesse dans les contours des dessins. Les ornements qui forment bordure autour du bouclier de Charles IX sont presque des émaux cloisonnés, et en tout cas des modèles parfaits de ce genre de travail, qui eut un grand succès, et sur lequel je m'étendrai davantage dans la notice des bijoux (2).

---

di vedere un' opera lavorata di filo molto maravigliosamente — egli un giorno, che era andato al vespro nella Cappella Reale, mi fece intendere dal gran Connestabile, che dopo il vespro io mi dovessi appresentare da sua Maestà : con andato nel detto luogo mi disse, che mi aveva fatto chiamare per mostrarmi alcune belle cose — mi mostro una tazza senza piede, da bere, lavorata di filo, laquale era di ragionevole grandezza, e di leggiadri fogliametti ornata, i quali andavano scherzando interno a diversi compartimenti fatti con gran disegno ; ma quello che piu la faceva parere maravigliosa, era, che infra i fogliami e i partimenti, quegli sfondati erano stati tutti da quell' ingegnoso artefice ripieni di smalti di varj colori ; laonde quando si alzava la detta tazza all' aria, tutti quegli smalti transparevano in guisa tale che cosa vaghissima era a vederla, e quasi pareva impossibile a essere stata a tanta perfezione condotta. (Edit. de Milan, 8°, 1841, p. 40.).

(1) Six planches d'Androuet du Cerceau, formant recueil et spécialement destinées à ce genre d'émaillerie, ont paru sous ce titre : *Ornements d'orfèvrerie propres pour flinquer et émailler.* Paris, chez A. Langlois.

(2) Ces émaux ne sont pas rares ; on en a fabriqué jusque dans le XVIIe siècle, et assez avant. Je citerai : **Bibliothèque nationale**, cab. des antiques, petite plaque détachée de quelque objet d'orfèvrerie

ÉMAUX DE BASSE TAILLE.

Basse taille émaillée. — Émaux dits translucides.

Les deux grandes classes d'émaux que nous venons d'examiner, les émaux en taille d'épargne et les émaux cloisonnés, nous conduisent à une troisième, la plus importante de toutes, si on la considère sous le rapport de l'art, et si on l'étudie dans les textes (1). En effet, les émaux en taille d'épargne, pour la plupart appliqués à un métal vulgaire, ne furent que par exception l'œuvre d'artistes de talent; en masse, et pris en général, ce sont des produits industriels, dont Limoges fut la plus grande, la plus féconde fabrique. Appliqués aux ustensiles sacrés, ils n'entrèrent que dans les églises pauvres; et si on les rencontre dans les grandes églises, c'est comme pièces d'apparat, vues à distance, ou comme vases de rechange d'un usage quotidien. Quand on les trouve employés dans la vie privée, c'est à l'office, parmi les ustensiles de voyage ou dans de modestes intérieurs. En résumé, ils jouent le rôle de la vaisselle de cuivre, comparés aux émaux de basse taille, dont nous allons parler, qui prennent rang avec la riche et somptueuse vaisselle d'or et d'argent doré. Les émaux cloisonnés appartenaient aussi à la fine orfèvrerie; ils étaient exécutés sur or, et décoraient la riche vaisselle, sacrée et profane; mais ces émaux, exclusivement byzantins, pouvaient convenir, dans leur raideur hiératique, à

---

cloisonné en or sur argent; légers feuillages et fleurs sur un fond vert foncé translucide et très vif. **Collection Sauvageot** : médaillon ovale; au-dessus d'un bouquet de pensées, de roses et de lis avec leur feuilles, plane, inscrite dans une banderole, l'inscription que voici : Grace dedans le lis ha. Hauteur, 0,083; largeur, 0,060. **Collection Quedeville** : un médaillon de même dimension, orné de fleurons. **Collection Visconti** : des fleurons et chiffres du temps de Marie de Médicis, appliqués à la reliure d'un livre d'heures.

(1) Pour les textes qui fournissent ces expressions et qui les commentent, voyez la seconde partie de cette notice, au mot *Esmail de basse taille sur or et sur argent*.

une nation que la décadence de ses artistes et ses tendances religieuses condamnaient à l'immobilité; ils étaient condamnés d'avance par l'Italie, qui les adopta passagèrement. Je dis qu'ils étaient condamnés et adoptés à la fois, contradiction qui s'explique, parce que s'ils furent imités par les orfèvres italiens, ces artistes n'en conservèrent bientôt que les émaux translucides qu'ils appliquèrent différemment.

Il fallait, en effet, à l'Italie, il fallait à la France, où l'orfèvrerie était si avancée, il fallut plus tard aux Flandres, pour satisfaire aux goûts de la somptueuse cour des ducs de Bourgogne, il fallut, enfin, à l'Europe entière, qui s'était éprise de ces bijoux, un procédé qui convînt à la fois aux artistes et aux hommes de goût; aux artistes, s'il leur offrait le moyen d'exprimer librement leur pensée dans toute l'étendue de leur talent; aux gens de goût, s'ils pouvaient associer aux pierreries enchâssées, aux ciselures fines, des émaux qui fussent égaux aux unes et aux autres en pureté de travail, qui leur fussent supérieurs en éclat de couleur, qui répondissent, enfin, à l'expression heureuse de Vasari : Une sorte de peinture associée à la sculpture. *E specie di pittura mescolata con la scultura.*

Les émaux de basse taille tiennent aux émaux cloisonnés par la nature transparente de l'émail, aux nuances limpides et vives par l'emploi des métaux précieux, par le fini et la délicatesse du travail. Les uns semblent procéder des autres, et de mains également aptes à les exécuter simultanément. Les émaux cloisonnés, sorte de monopole des Grecs, deviennent insensiblement, et comme par compromis, des émaux de basse taille ou translucides sur fond ciselé en relief. Ce changement s'opère d'abord dans des parties de vêtement; puis, en gagnant de l'espace, en rendant toujours plus rares les cloisons, l'émail translucide finit par couvrir entièrement un fond ciselé en bas-relief. Nous n'avons pas de preuve certaine, de document positif, pour établir que telle a été la marche suivie, mais tout fait croire que l'Italie tira de cette manière les émaux en basse taille des émaux cloisonnés. Elle avait intérêt à le faire. Ses orfèvres étaient des hommes de talent, je dirai plus, des hommes de génie. Grands sculpteurs, peintres ou architectes quand il le fallait, ils étaient, dans leur atelier, des ciseleurs consommés, qui rendaient le relief de leurs délicates compositions avec une énergie et une puissance que paralysait et qu'enchaînait entièrement le procédé du cloisonnage. L'émail translucide, au contraire, harmonisait leurs travaux, et d'une ciselure incomplète faisait un tableau parfait.

Depuis Jean de Pise (1), qui décora de ciselures émaillées le maître-autel de l'église d'Arezzo, en 1286 (2), jusqu'à Pollajuolo (3) et Francia (4), tous les grands orfèvres de l'Italie (5) employèrent ce procédé; Vasari le décrit avec pré-

---

(1) J'extrairai de Vasari ce peu de mots : L'anno 1286 fu condotto da Siena in Arezzo Giovanni Pisani. *Il y fit le maître-autel;* scompartendo per tutta l'opera alcune cose di musaico sottile e smalti posti sopra piastre d'argento (tome II, p. 212, Milano, 1809).

(2) Cette ville d'Arezzo fut favorisée par les émaux. On lit dans Vasari : Lasciò maestro Cione (orfèvre d'Arezzo, et père d'Andrea Orcana, le grand peintre du XIIIe siècle), molti discepoli e fra gli altri Forzore di Spinello Aretino, che lavorò d'ogni cesellamento benissimo, ma in particolare fu eccellente in fare storie d'argento a fuoco smaltate, come ne fanno fede nel vescovado d'Arezzo una mitra con fregiature bellisime di smalti (tome III, page 20). Il est bien évident qu'il ne peut être question, au commencement du XIVe siècle, pour décorer une mitre, que d'émaux de petite dimension et de peu d'épaisseur. Ces coiffures n'avaient pas encore pris l'ampleur qu'on leur donna à partir des XVe et XVIe siècles. Bottari nous apprend que cette mitre n'existe plus.

(3) Ce grand artiste a sa vie écrite dans Vasari. On y lit ce passage sur ses travaux d'orfèvrerie : Duro in questo mestiero infinite fatiche si ne' lavori che fece d'oro come in quelli di smalto e di argento. Infra le quali sono alcune paci in san Giovanni, bellissime, che di colorito a fuoco sono di sorte, che col pennello si potrebbero poco migliorare, ed in altre chiese di Fiorenza e di Roma e altri luoghi d'Italia si veggono di suo smalti miracolosi (p. 173, tome VI, Mil., 1809). On conserve, et l'on montre dans la galerie des Uffizi, à Florence, une Paix ciselée et émaillée par Ant. Pollajuolo; elle représente une descente de croix.

(4) Lavorò di smalto ancora molte cose d'argento. (Vasari, tome VI, p. 257, Mil., 1809.)

(5) L'attention une fois fixée sur cette marche des émaux, l'érudition découvrira les textes qui les désignent, et les voyageurs retrouveront les monuments qui se sont conservés. Vasari parle de la tête de saint Zanobi que l'orfèvre Cione aurait placée dans une tête d'argent sculptée et ciselée admirablement. Cet ouvrage porterait la date de 1330. Cicognara contredit Vasari en ce point seulement qu'un cartel émaillé, encastré dans cette tête, attribue cette œuvre à Andrea Arditi, orfèvre de Florence, et cette notion, d'ailleurs incontestable, est confirmée par un inventaire du trésor de la cathédrale de Florence, rédigé en 1418, et qui fournit ces deux articles : Item, un calice d'ariento dorato, grande, smaltato coll'arme di san Zanobi, nel quale è scritto.

cision (1), et Benvenuto Cellini indique en grand détail les modifications qu'il lui avait fait subir pour son usage (2). Je renvoie à leurs ouvrages. Je ne suis d'autres indications que celles qui me sont fournies par les monuments. Voici le procédé. La plaque d'or ou d'argent était fixée solidement pour résister à la force d'impulsion de l'outil. Sur cette plaque, on traçait légèrement le calque de son dessin, et on gravait, ou plutôt on ciselait la composition en relief, avec toutes les finesses du modelé. Puis, on étendait sur cette sculpture, d'un très faible relief, de la poudre de cristal nuancé, par grandes teintes plates, de vert et de rouge pour les vêtements, de bleu pour les ciels, de violacé pour les carnations (3). La chaleur du four faisait entrer tous ces émaux en fusion, et leur donnait le brillant et la transparence de la glace. On conçoit, pourvu qu'on se soit rendu compte des effets de la lithophanie, et mieux encore de ceux qu'obtient la fabrication nouvelle des poteries émaillées sur bas-relief, comment, les saillies de la sculpture laissant à l'émail peu d'épaisseur, les fonds, au contraire, leur en donnant beaucoup, il se produit une échelle indéfinie de tons différents dans la même nuance d'émail. On comprend aussi comment des orfèvres, sans être peintres, pouvaient, par l'habileté et la perfection du modelé de leurs ciselures, produire de véritables peintures, tout en n'étendant que des teintes plates sur leur travail de basse taille.

Comment ce procédé pénétra-t-il de l'Italie en France?

Andrea di Ardito maestro, colla patena smaltata quando Christo va in cielo; — item, un calice mezzano d'ariento dorato, smaltato con molte figure di santi, fatto nel 1331, fatto per maestro Andrea d'Ardito, secondo ch'è scritto nel detto calice, colla patena. (Inventario di Santa-Reparata di Firenze. — Bibl. magliabechiana.) Il faut reporter à cette époque l'exécution de la grande châsse d'Orvieto par maître Ugolino, l'orfèvre, et non par le peintre, assisté de ses compagnons de Sienne. Elle est signée : Per magistrum Ugolinum et socios, aurifices de Senis, factum fuit sub anno Domini MCCCXXXVIII tempore domini Benedicti pappæ XII.

(1) Vasari dans son introduction.
(2) Benvenuto Cellini : Trattato dell' Oreficeria.
(3) Tous ces émaux, pour rendre leur effet, doivent être translucides; et l'émail blanc, qui, mêlé au rouge, permet de *roser* les carnations, étant opaque, on ne put l'employer, et l'on fut obligé de se contenter de carnations légèrement violacées.

On pourrait répondre : par toutes les voies, et il en est une dont il faut signaler l'importance. La grande route que suivit la chrétienté, au moyen âge, fut le chemin de Jérusalem. A partir du Xe siècle, c'est par troupes que les pèlerins entreprirent ce rude voyage, et quand la voie de terre devint impraticable, Venise et Gênes furent les ports où se dirigeaient les pieux voyageurs, et, plus tard, cette grande route de la chrétienté ne fut pas moins animée quand le sentiment religieux la déserta, comme il avait abandonné les cœurs. Alors, à l'enthousiasme de la croix succédèrent d'autres enthousiasmes, chez ceux-ci pour les arts, chez ceux-là pour la vie matérielle ; ici pour les bijoux italiens, là pour les étoffes orientales : autant de moteurs puissants de cette activité commerciale qui mit l'Europe, et jusqu'à ses parties les plus septentrionales, en communications régulières, faciles, fréquentes, avec les deux grands ports de mer, Venise et Gênes. A cette époque, les relations étaient donc, sinon aussi promptes, du moins aussi faciles, et plus fréquentes que de nos jours, car le commerce italien était non-seulement le plus actif et le plus entreprenant, mais, au moyen de ses comptoirs formés dans les principales villes, et de ses négociants établis partout (1), il enlaçait l'Europe. La voie de terre était la plus suivie, mais les bâtiments de Venise passaient le détroit de Gibraltar et apportaient directement, le long de nos côtes, et dans la Manche, des cargaisons de verreries et autres objets de leur ingénieuse fabrication (2). C'est par l'entremise de ces commis-voyageurs vénitiens et génois, que les joyaux italiens pénétrèrent parmi nous, et que le procédé des émaux en basse taille fut connu de nos orfèvres.

Toutes les nations qui cultivaient les arts se l'approprièrent rapidement et facilement (3). La France fut la pre-

---

(1) J'ai cité ailleurs un grand nombre de ces négociants de Lucques, de Gênes, de Milan, de Venise, etc., établis dans les Flandres aux XIV et XVe siècles.

(2) Philippe-le-Hardi, duc de Bourgogne, ordonne, le 6 juillet 1394, que l'on paie « quatre francs pour seize voirres et une escuelle de voirre, des voirres que les galées de Venise ont avant apportez en nostre pays de Flandres, au port de l'Escluse. » Avec ces verres arrivaient les bijoux, et ces importations remontaient au XIe siècle.

(3) J'ai décrit, sous le numéro 94, une coupe de travail allemand, décorée, dans l'intérieur, d'un émail de basse taille sur argent. On

mière à suivre l'Italie, et ses orfèvres, du nord au sud, de l'est à l'ouest, prouvèrent, dès le XIIe siècle, qu'ils pouvaient la suivre avec bonheur (1). Je renonce à tracer ici le tableau de ces mille bijoux, dont l'imagination la plus féconde avait dicté la composition compliquée, et dont les émaux en basse taille faisaient le plus bel ornement. Des volumes entiers d'inventaires de nos rois, princes, seigneurs féodaux et riches particuliers, en contiennent la description, et la seconde partie de cette notice fera connaître de quel secours ils ont été dans la formation du riche trésor de Louis, duc d'Anjou, vers 1360. Tout cela a disparu, tout cela s'est perdu. Décrivons ce qui nous reste, et d'abord les émaux de basse taille sur or.

---

rencontre en Allemagne, principalement à Augsbourg, grand centre d'orfèvrerie, beaucoup d'émaux de ce genre. Je n'en ai pas vu qui fussent antérieurs au XVIe siècle.

(1) Le fait est prouvé pour Montpellier au XIIe siècle. Voici ce qu'on lit dans l'histoire du Languedoc de Dom Vaisette (tome IV, p. 467, édit. in-folio de 1742 ; tome VII, p. 48, édit. de M. Du Mège. Toulouse, 8°, 1844) :

« Philippe-le-Bel ayant transféré, dans la part antique de Montpellier, la monnoye royale qui étoit auparavant à Sommieres, le roi de Majorque se plaignoit que cette monnoye faisoit du tort à la manufacture d'émail en or et en argent établie dans la partie de Montpellier qui estoit de son domaine et qu'il ne pouvoit punir les monnoyeurs qui delinquoient dans cette dernière partie, à cause de leurs privilèges. Le roi Philippe-le-Long, après avoir déclaré qu'il n'appartenoit qu'à lui seul d'avoir une monnoye à Montpellier, ordonna au sénéchal de Beaucaire de ne pas traverser l'ouvrage en émail, mais seulement en or qui se fabriquoit dans la partie de cette ville qui appartenoit au roi de Majorque (juin 1317). »

Le travail préparatoire d'un émail de basse taille, j'entends la ciselure en bas-relief de la plaque qui sert d'excipient à l'émail transparent, est le fait d'un orfèvre, et plus particulièrement d'un orfèvre qui grave les monnaies. On conçoit donc très bien que les monnoyeurs du roi de France aient employé leurs moments perdus à faire des émaux de basse taille, et qu'étant hors de la juridiction du roi Dom Sauche, ils échappaient à ses impositions, et, quand ils contrevenaient à ses règlements, ils pouvaient se soustraire à sa justice. De là les plaintes de celui-ci et les lettres du roi de France. Le résumé de Dom Vaisette était loin de me satisfaire ; j'ai recouru aux Archives générales du royaume pour rechercher l'original. L'inventaire du trésor des Chartes mentionne, sous le n° 340, n° 37 de l'évêché de Magelone, les lettres du roi en deux rouleaux. L'un des deux manque, et c'est celui qui m'intéressait.

Benvenuto Cellini fait l'éloge de nos orfèvres-émailleurs au

118. — La vierge Marie et *l'Enfant-Jésus entre saint Étienne et sainte Catherine.* — *Plaque en or, circulaire.* — *Diamètre,* 0,068.

La Vierge tient dans ses bras Jésus qui presse de ses lèvres le sein de sa mère; elle est habillée d'un grand manteau bleu, doublé de rouge, qui recouvre sa tête; un livre est posé sous son bras droit. Saint Étienne, placé à gauche et vu de profil, porte la palme du martyre. Sainte Catherine est représentée à droite, avec la roue, instrument de son supplice, et une palme en sa main gauche que couvre le manteau; sa tête est ceinte d'une couronne et se détache sur un nimbe de couleur pourpre. Les nimbes qui entourent la tête de la Vierge et celle du saint sont de couleur d'or avec des points en émail blanc. Le nimbe de Jésus est crucifère, mi-parti or et bleu; sa robe est rouge pourpre. Trois arcs gothiques trilobés forment un couronnement dans le haut de la plaque, et dans le bas, les deux figures de saints sont coupées au-dessus de la ceinture par un appui dont la partie ouverte correspond au groupe de la Vierge et Jésus. Toutes les figures se détachent sur un fond vert qui laisse apercevoir des ornements gravés sur toute la surface du métal. Le revers n'est pas émaillé. — (Collection Révoil.)

119. — Jésus-Christ *entre saint Jean-Baptiste et saint Charlemagne.* — *Plaque en or, circulaire.* — *Diamètre,* 0,067.

Jésus bénit de la main droite et soutient de la gauche, que cache un pli du manteau, un globe surmonté d'une croix; ses cheveux sont pendants sur les épaules, et sa barbe est longue; la tête, coiffée d'une tiare à trois rangs de couronnes, se détache sur un nimbe crucifère de couleur d'or. Saint Jean, placé à droite, porte un agneau dont la tête est, ainsi que celle de saint Jean, entourée d'un nimbe d'or. Saint Charlemagne, placé à gauche, porte une épée de la main droite et un globe doré de la gauche; la tête est ceinte d'une couronne fleurdelisée, et pose sur un nimbe d'or. Trois arcs gothiques trilobés forment un couronnement dans le haut, et dans le bas les deux figures de saints sont coupées au-dessus de la ceinture par un appui dont la partie ouverte correspond à la figure du Christ. Le fond bleu laisse apercevoir des ornements gravés sur toute la surface du métal. Le revers n'est pas émaillé.

XVIe siècle: s'il avait pu donner quelque attention aux travaux des deux siècles antérieurs, il les eût loués avec plus de justice encore, car ils pouvaient alors donner à l'Italie la leçon qu'il leur conseille de prendre d'elle : Come gia dicemmo in Fiorenza l'arte dello smaltare e grandemente fiorita ed in tal guisa, che gli orefici della Fiandra e della Francia, dov'ello e molto in uso, non poco acquistarono a lor lavori mediante l'osservazioni, che essi fecero sopra le opere di smalto de' nostri artefici (cap. 4, p. 44).

120. — Baptême du Christ. — *Plaque en or, circulaire.* — *Diamètre*, 0,069.

Jésus, entièrement nu, est représenté debout, les bras croisés sur la poitrine, plongé à mi-corps dans les eaux d'une excavation circonscrite par les déchirements du terrain. A gauche, saint Jean-Baptiste agenouillé verse l'eau sur la tête du Christ; à droite est placé un ange qui présente un linge dont un des bouts est posé sur son épaule. On voit, dans le bas et au premier plan, l'agneau de saint Jean-Baptiste, dont la tête se détache sur un nimbe crucifère; un nimbe semblable entoure la tête du Christ. Le manteau de saint Jean-Baptiste et la robe de l'ange sont de couleur rouge. Le revers n'est point émaillé. — (Collection Durand, n° 99/2390.)

121. — La Flagellation. — *Plaque en or, circulaire.* — *Diamètre*, 0,069.

Le Christ, attaché par des cordes contre une colonnette à base et chapiteau gothiques, occupe le centre; il est nu, à l'exception du milieu du corps caché par un linge; sa tunique est étendue à ses pieds. Deux soldats, placés à droite, sont armés de fouets à lanières dont ils paraissent prêts à le frapper; un homme assis près d'eux tient d'une main l'extrémité de la corde dont est lié Jésus-Christ et de l'autre des verges; un soldat, placé à gauche, a des verges en chaque main et lève le bras droit pour frapper Jésus. Trois hommes sont groupés en arrière; le plus rapproché de la colonne porte une masse d'armes. Les émaux employés pour vêtements sont le pourpre, le bleu de deux tons, le vert, le jaune, le gris, un ton lilas rosé et un ton olive. Le fond, sur lequel se détachent les figures, est rouge pourpre, et le pavé, à compartiments, est mêlé de gris et de noir. Le revers n'est point émaillé.

122. — Jésus-Christ cloué sur la croix. — *Plaque en or, circulaire.* — *Diamètre*, 0,068.

L'instrument du supplice est étendu transversalement sur le sol; Jésus y est attaché, et son bras gauche fixé par un clou; le bras droit est libre, et la vierge Marie, agenouillée au premier plan, le retient des deux mains et le baise. Tandis qu'un homme assis à gauche tient un marteau d'une main, et de l'autre attire à lui le bras de Jésus, un autre homme, placé vers la droite, un genou en terre et un pied sur la croix, enfonce, à l'aide d'un marteau, un clou qui perce les pieds du Sauveur, d'où s'échappe une longue traînée de sang. L'apôtre saint Jean est agenouillé en arrière de la croix; derrière lui trois saintes femmes; trois hommes, vers la gauche et dans le fond, sont à demi cachés par l'élévation du terrain; l'un d'eux porte une lance. Les figures placées dans le bas de la plaque se détachent sur un fond de gazon, et celles du haut sur un fond de ciel d'un ton bleu. La tête du Christ est ceinte de la couronne d'épines et pose sur un nimbe crucifère. Le manteau de la Vierge est bleu, celui de l'apôtre Jean est pourpre; les autres couleurs de vêtements sont le vert, le jaune, un ton gris violacé et un ton rosé. Le revers n'est pas émaillé.

123. — Le Christ sur la croix. — *Plaque en or, circulaire.* — *Diamètre, 0,068.*

L'instrument du supplice occupe le centre, le Christ y est attaché par des clous qui sont indiqués par une trace sanglante. Le côté du Sauveur est ouvert par une profonde blessure. La tête, inclinée, est ceinte de la couronne d'épines et se détache sur un nimbe crucifère et étoilé. Les quatre lettres INRI sont gravées sur le haut de la croix. Les personnages placés au pied de la croix sont partagés en deux groupes : la vierge Marie est au premier rang de celui de gauche; elle est évanouie et soutenue par saint Jean; trois saintes femmes sont placées en arrière. Les scribes et les Pharisiens occupent la droite, trois d'entre eux ont les regards élevés vers le Christ. Un homme, que l'on ne voit que de dos, étend vers le Sauveur une éponge placée au bout d'un bâton; trois autres sont groupés plus à droite et plus en arrière, l'un d'eux est armé d'un bouclier et d'une massue. Les figures et la croix se détachent sur un fond bleu qui laisse apercevoir deux anges suspendus dans les airs aux côtés du Sauveur, et les images du soleil et de la lune au-dessus de sa tête. Le terrain est de couleur bistrée, les couleurs d'émaux employées pour les vêtements sont : le pourpre, le bleu, le vert et le gris. Les auréoles des saintes femmes et de l'apôtre Jean sont de couleur verte. Le corps du Christ est entièrement couvert d'un émail translucide, imitant le ton de chair. Le revers n'est pas émaillé.

124. — L'Agneau de Dieu. — *Plaque en or, rectangulaire.* — *Hauteur, 0,062; largeur, 0,054.*

Saint Jean, debout, la tête posant sur un nimbe, tient de la main gauche une banderole déployée, sur laquelle on lit ces mots : *Agnus Dei*; de la droite, il accompagne ses paroles d'un geste qui s'adresse à cinq personnages assis vers la gauche en un groupe serré; ce sont trois hommes et deux femmes vêtus de longues robes; ils sont assis sur la terre et entourés d'arbustes; on voit des arbres dans le fond et, sur une montagne qui occupe le centre, un agneau nimbé surmonté d'une croix qui supporte une bannière. La robe du saint est dorée, le manteau rouge à revers bleus, le nimbe bleu, la chevelure et la barbe d'un jaune d'or. Les émaux des vêtements des personnages assis sont le bleu, le rouge, le vert et le noir. Le nimbe de l'agneau est vert et la croix rouge. Les arbres sont traités en émaux verts très brillants. Le revers n'est pas émaillé.— (Collection Durand, n° 422/2679.)

On exécutait ces émaux de basse taille aussi sur argent, mais beaucoup plus rarement, car on ne doit pas les confondre avec les émaux mixtes, mêlés de basse taille et de taille d'épargne, auxquels je réserve un chapitre à part.

125. — Saint Jean. — *Plaque en argent, rectangulaire.* — *Hauteur, 0,040; largeur, 0,031.*

Le saint, debout, est enveloppé d'un ample manteau bleu; il tient dans la main droite la coupe symbolique. La tête pose sur un nimbe rayonnant et doré, les pieds sont nus. Le fond est rempli par des arbres, et quatre arbustes dans des caisses sont placés aux côtés du saint. Le revers n'est pas émaillé. Le cadre, en argent doré, est composé de feuillages découpés, posés à jour et dans les intervalles de tiges repliées. Seize fleurettes, émaillées de rouge, le décoraient; elles ont été enlevées, à l'exception de deux et un fragment.—(Collection Durand, n° 115 *bis*/2631.)

Ce procédé fut pratiqué dans toute la France, et l'on peut dire dans toute l'Europe, partout où le luxe trouva des orfèvres de talent pour répondre à ses demandes. On exécutait rarement ces émaux sur les pièces mêmes; ils étaient presque toujours travaillés sur des plaques à part et sertis ensuite à leur place. J'indiquerai, au moyen des nombreux textes que j'ai réunis dans la seconde partie de cette notice, à quelle immense variété d'objets ils étaient appliqués. Je mentionnerai ici un de ces usages, parce qu'il en est parvenu jusqu'à nous de délicieux specimen. Je veux parler des portraits. Avec la vénération des reliques, le culte du patron marchait de pair. Reliquaires et petits triptyques se portaient simultanément. Sur ceux-ci, on s'était fait représenter en humble posture près de son saint protecteur, en face de son épouse, entouré de ses enfants. M. Soret possède un parfait échantillon de ce touchant usage. Ce sont les deux volets d'un triptyque en or, émaillé sur les deux faces. L'article que M. Labarte lui a consacré rend inutile une nouvelle description. Je dirai seulement que loin d'être *un travail italien*, c'est un charmant ouvrage, purement français, sans aucune influence italienne (1). La ciselure de la basse taille est de la plus grande délicatesse, unie au sentiment et à la fidélité de la ressemblance. Les fleurs de lis, les aigles à double tête, l'hermine, sont tracés sur l'or avant l'introduction de l'émail; les têtes des saints patrons se détachent sur des auréoles d'un superbe rouge, l'émail des carnations est légèrement rosé, les prie-Dieu sont blancs. Ce petit monument, ou plutôt ce fragment de monument de l'orfèvrerie française est le meilleur commentaire qu'on puisse donner

---

(1) Je soupçonne M. Labarte d'avoir commis une erreur du même genre, lorsqu'il s'exprime ainsi : Un des monuments les mieux conservés et les plus délicats de la ciselure émaillée des maîtres italiens est un petit triptyque, ayant appartenu à Marie-Stuart, qui est aujourd'hui dans la riche chapelle du palais du roi de Bavière (description, p. 158). Je n'ai plus bien présent à la mémoire ce bijou précieux, mais je ne m'expliquerais pas comment Marie-Stuart, si bonne Française, n'aurait pas demandé son triptyque à un orfèvre français.

à ces *milliers* d'objets en or émaillé que décrivent les inventaires (1).

Ce qu'on révère le plus est bien près de ce qu'on aime le mieux. Dans une société mondaine, le portrait prit souvent la place du triptyque. Il était, comme lui, ciselé sur or et sur argent, puis émaillé d'émaux translucides, et on le portait au cou en médaillon, ou d'une manière moins ostensible, et alors enfermé dans une boîte d'or émaillée elle-même à l'extérieur (2).

Il est inutile de suivre ce procédé dans toutes ses applications; mais pour constater sa persistance jusqu'au XVIIe siècle, même en présence des émaux peints qui terminaient leur brillante carrière, je rappellerai le saint Georges décrit plus haut sous le n° 94.

Imitation des émaux de basse taille par la peinture sur cristal.

Il importe, pour éviter les erreurs, de signaler des peintures en émail fixé derrière des plaques de cristal, et qui prennent facilement l'aspect d'émaux translucides. Une Paix de la collection du Louvre, que je décris sous le n° 164, en est un exemple. Ces paix, ou porte-paix, étaient de bien ancien usage, et furent utilisées par les orfèvres à toutes les époques. Nous voyons qu'il y en avait une à Fontainebleau, en 1560, parmi les joyaux de la couronne, avec *une Nativité soubz un cristal*; était-ce, comme ici, une peinture en émail sur verre?

---

(1) Voyez plusieurs citations dans la seconde partie.
(2) Description de la collection Debruge-Dumesnil, n° 686.

ÉMAUX MIXTES.

Je ne veux pas faire autant de classes d'émaux qu'il s'en présente de variétés. Ils n'offrent, pour la plupart, que l'association des procédés précédemment décrits. Je les énumérerai sous le titre général d'émaux mixtes.

Émaux cloisonnés en inscrustations.

Dans une plaque, creusée en taille d'épargne, quelques parties de vêtements ou d'ornements sont profondément évidées, et dans ces espaces, à fond uni et bordés à pic, on a disposé les cloisons des dessins ; ces cloisons ont été remplies d'émail, et la plaque elle-même a été placée dans la moufle ; ce ne sont donc pas seulement des émaux cloisonnés, et enchâssés ensuite, mais bien un émail fait par deux procédés, par la taille d'épargne et par le cloisonnage. Ces émaux mixtes (1), du XIIIe siècle, appartiennent, en général, à Limoges, mais ils ne sont pas exclusivement de sa fabrication, surtout quand ils sont exécutés sur or et sur argent.

126 à 139. — QUATORZE PLAQUES A DESSINS D'ORNEMENTS, *en cuivre doré, décorant la châsse de saint Potentien, 11e évêque de Sens. XIIIe siècle.*

126 et 127. Longueur, 0,334 ; hauteur, 0,027. Chacune des deux est composée de trois sections d'émaux coupées par deux motifs de ciselure que décore une rosace inscrite dans un quadrilatère ; ce sont également des rosaces qui, alignées au nombre de cinq, ornent les frises émaillées : elles sont à quatre lobes, nuancées de deux tons de bleu se dégradant

---

(1) A Vienne, la couronne de Charlemagne est exécutée dans ce mélange, et l'on voit à Londres, dans le Musée de géologie appliquée, une petite plaque sur laquelle est figuré le buste de saint Paul. Les sept couleurs employées en font un fin émail cloisonné, incrusté ou encastré dans une pièce de métal doré, sur laquelle on a gravé des inscriptions. A.-W. Frank, esq., l'a cité et figuré dans l'Archæological Journal de Londres, n° 29.

jusqu'au blanc, avec un point rouge au centre cloisonné, et sont inscrites dans des cercles qui se détachent en vert liséré de blanc sur fond d'or. Les vides que laissent les cercles en dehors sont remplis par des émaux bleu lapis sur lesquels sont découpées de petites rosaces blanches cloisonnées. — **128** et **129**. Longueur, 0,087; hauteur, 0,025. Les fonds sont d'un ton bleuâtre jaspé; un large trait d'*oo* tracé en zigzag est accompagné de demi-cercles d'or posés sur l'un et sur l'autre bord, et renfermant des champs d'émail rouge sur lesquels se détachent de petites rosaces émaillées de blanc et cloisonnées. — **130** et **131**. Longueur, 0,346; hauteur, 0,025. — **132** et **133**. Longueur, 0,330; hauteur, 0,025. Chacune des deux est composée de trois sections d'émaux interrompues par deux motifs de ciselure qui présentent une rosace inscrite dans un quadrilatère. Les frises émaillées ont pour décor des lignes de cinq rosaces qui se détachent ne tous variés sur fond d'or; elles se décomposent ainsi : le cœur est un quatre lobes émaillé de blanc et cloisonné, inscrit dans un quadrilatère de couleur bleu turquoise, sur chaque côté duquel sont appuyées des feuilles hémisphériques lisérées de filets blancs perlés; deux de ces feuilles sont de couleur rouge, deux sont bleu lapis, chacune des quatre est ornée d'une petite rosace émaillée de blanc et cloisonnée. — **134** et **135**. Longueur, 0.085; hauteur, 0,027. Fond d'or, losanges formés par des traits émaillés de rouge; dans les losanges sont inscrites des rosaces de couleur verte et des demi-rosaces dans les demi-losanges. — **136** et **137**. Longueur, 0,085; hauteur, 0,025. Fond d'or; deux rangs de rosaces à cinq lobes, émaillées de jaune, cloisonnées, avec un point rouge au centre, inscrites dans des circonférences émaillées de bleu. — Quadrilatère de 0,025 sur 0,025. Le fond bleu est encadré dans des lignes blanches; l'ornementation se compose d'une rosace à quatre lobes, émaillée de jaune, cantonnée de quatre rosaces plus petites que séparent quatre points rouges. — **138** et **139**. Longueur, 0,085; hauteur, 0,025. Des demi-cercles contrariés de sens, dorés, se détachant sur un fond d'émail bleuâtre, jaspé, tant plein que vide. — Quadrilatère de 0,025 sur 0,025. Le fond bleu est encadré de blanc. L'ornementation se compose d'une rosace à quatre lobes, émaillée de jaune, ayant au centre une petite rosace blanche et un point rouge, cantonnée de quatre plus petites que séparent quatre points rouges. La châsse, dont les dimensions sont : longueur, 1,195; largeur, 0,370; hauteur, 0,600, est recouverte de cuivre doré, travaillé au repoussé. Douze figures d'apôtres sur le couvercle. Les prophètes sur l'un des côtés; Jésus-Christ, sainte Marie, saint Augustin sur l'autre; saint Potentien entre deux martyrs, forment un ensemble de décoration qu'enrichissent des pierreries et les émaux qui sont ici décrits. — (Acquisition du roi Charles X, 236.)

Émaux en taille d'épargne, émaux de basse taille, émaux de niellure.

Lorsque les émaux de basse taille furent dans leur plus grande vogue, on voulut en varier les effets, et des orfèvres ingénieux imaginèrent d'associer ensemble plusieurs procédés pour, de leurs mérites réunis, tirer un parti avantageux. Le procédé consistait à faire ressortir les figures d'une composition, par l'éclat du métal, sur l'azur brillant d'un émail translucide étendu sur un fond guilloché et ciselé. Ces figures, réservées en taille d'épargne sur une plaque d'or, et plus souvent d'argent, ne présentaient qu'une silhouette, mais on exprima les traits du visage et les plis des vêtements par un travail de burin dont les tailles furent remplies par un émail noir. De cette manière, on associait trois procédés : la taille d'épargne pour les figures, la niellure pour remplir les traits du burin, enfin, toutes les délicatesses des émaux de basse taille pour les fonds. Ce genre d'émail fut très généralement employé par les orfèvres français, mais il s'en est conservé peu d'exemples. Le monument que je vais décrire est un des plus remarquables.

140 à 153. — Quatorze scènes du Nouveau Testament. — *Plaques émaillées sur argent. XIVe siècle.* — *Hauteur, 0,063 ; largeur, 0,045 ; de forme rectangulaire.* — *Elles sont ajustées dans la décoration du piédestal qui supporte la statue de la Vierge, en argent doré, donnée en 1339 à l'abbaye de Saint-Denis par la reine Jeanne d'Évreux, et placée aujourd'hui dans le Musée des Souverains. (Voir la notice de cette collection.)*

Les sujets des émaux sont : — 40 l'*Annonciation*; l'ange et la vierge Marie sont debout, séparés par un vase d'où sort une branche de lis ; la Vierge tient un livre de la main gauche, et l'ange une banderole déployée sur laquelle on lit : *Ave gratia*. Les ailes de l'ange sont mélangées d'émail vert et d'émail jaune. — 141. La *Visitation*; la Vierge et sainte Elisabeth représentées debout, chacune d'elles appuyant la main sur le ventre de l'autre. — 142. La *Nativité*; la mère de Dieu est couchée dans un lit au-dessus duquel est suspendu un rideau relevé ; saint Joseph est agenouillé derrière le lit ; au premier plan et dans le coin de gauche sont étendus l'âne et le bœuf. — 143. *L'Ange annonce aux bergers la naissance du Christ*; l'ange est dans les airs tenant une banderole déployée ; un berger, debout, à gauche, s'appuie sur un bâton recourbé ; un autre est assis vers la droite, tenant une cornemuse ; trois brebis sont couchées en avant ; deux chèvres gravissent une colline, dont la verdure est indiquée par une couche générale d'émail vert. — 144. *L'Adoration des mages*; la vierge Marie est assise et soutient son enfant posé debout sur ses genoux ; Jésus reçoit les présents qu'un roi mage, agenouillé, lui présente dans une coupe ; les deux autres mages sont debout en arrière ; chacun d'eux porte une boîte ; tous deux, ainsi que la Vierge, ont sur la tête une couronne à trois fleurons ; celle du mage agenouillé est à terre posée devant ses pieds ; on voit une étoile au-dessus de la tête de la Vierge. — 145. La *Présentation au temple*; l'enfant est debout sur un autel que recouvre une nappe ; la vierge Marie le soutient et le prêtre lui tend les bras ; en arrière de la Vierge est un jeune serviteur portant un cierge et une corbeille remplie d'offrandes. — 146. La *Fuite en Egypte*; Marie portant l'Enfant-Jésus est assise sur un âne que saint Joseph conduit par la bride. — 147. Le *Massacre des enfants de Bethléem*; le roi Hérode est assis sur un trône, ayant sur la tête une couronne à trois fleurons; un soldat, vêtu d'une cotte de mailles, tient une épée élevée en l'air et saisit de la main gauche un enfant que sa mère tient embrassé; celle-ci est assise, et près d'elle une autre femme prosternée baise une tête qu'elle tient des deux mains. — **148.** La *Résurrection de Lazare;* Jésus, suivi d'un de ses disciples, étend la main vers Lazare qui se redresse dans son sépulcre; Marie, sœur de Lazare, est debout à la tête du cercueil. — **149.** *Trahison de Judas;* Jésus-Christ, debout, reçoit le baiser de Judas; Malchus est à terre aux pieds de Jésus, et Simon Pierre, qui suit un autre disciple, remet son épée dans le fourreau; quatre hommes d'armes sont en arrière de Jésus-Christ; deux portent des hallebardes, un autre élève en l'air un fanal. — **150.** *Jésus portant sa croix;* le Christ est debout, portant sa croix sur l'épaule gauche et entraîné par un homme qui tient un marteau; la vierge Marie et Marie-Madeleine suivent en arrière. — **151.** Le *Christ sur la croix;* Jésus crucifié occupe le centre; à droite est Marie debout, à gauche l'apôtre saint Jean; au-dessus de la croix sont figurées des images du soleil et de la lune. — **152.** *Jésus sortant du tombeau;* Jésus portant une croix de la main gauche, enveloppé d'un manteau retenu par une agrafe, est représenté sortant du sépulcre; trois soldats vêtus de cottes de mailles sont endormis, et dans le fond deux anges debout et portant des flambeaux sont posés de chaque côté. — **153.** *Jésus rédempteur;* le Christ portant la même croix que dans la composition précédente, et vêtu d'un manteau, délivre les âmes du purgatoire; il saisit et attire à lui Adam et Ève que suivent plusieurs figures sortant d'une fournaise enflammée. Le démon est représenté dans le haut s'arrachant les cheveux; un cadavre est aux pieds du Christ. Les figures sont épargnées en relief, et sur leur surface plane, les intailles qui indiquent les traits des visages et les plis des vêtements n'ont pas d'autre coloration que le rouge ou le vert. Les fonds sont bleu d'azur, transparents, et le jeu de la lumière est augmenté et varié par des hachures croisées faites dans le métal. Les nimbes qui entourent les têtes des personnages saints sont remplis d'émail rouge, semi-lucide, qui forme également le centre de petites rosaces à six lobes, en argent, semées sur les fonds d'azur. Chacune des compositions est renfermée dans un arc surbaissé, dont les détails, de style gothique, sont incrustés d'émail vert transparent; l'émail vert est en outre employé, dans plusieurs, pour de grandes parties de terrains; on trouve dans une seule l'emploi de l'émail jaune. — (Ancienne collection, n° 342.)

154. — LE CHRIST. — *Médaillon circulaire, en argent doré, en taille d'épargne, ciselé en basse taille et émaillé de niellure. XIVe siècle. — Diamètre, 0,046.*

Le Christ est posé de face, en buste; il bénit de la main droite, selon la forme latine, et porte de la gauche un évangéliaire. Les lettres sont placées sur le fond de chaque côté de la tête. Le visage, la chevelure, le nimbe, les mains, l'évangéliaire, les deux lettres, sont en métal doré, et les traits gravés sont remplis d'émail noir. Les vêtements sont en émail translucide, la robe violette, le manteau vert; le fond est bleu d'azur et laisse apercevoir un travail pointillé sur le métal, qui a pour but, à la fois, de faire ornement et de retenir l'émail sur la plaque. Un cercle d'émail rouge circonscrit entre deux filets d'argent doré est orné de très petites rosaces dorées réservées par la gravure. Le revers est doré. — (Collection Durand, n° 122/2671.)

De la même époque datent de petits émaux qui ornent le vase de cristal donné par la fille de Guillaume d'Aquitaine à Louis VII, son époux, qui en fit présent à Suger. Ils occupent la place de quatre pierres précieuses, que l'on dut enlever, au XIVe siècle, dans quelque circonstance désastreuse, comme l'abbaye de Saint-Denis en traversa sans plus de privilége que ses sœurs.

155-158. — QUATRE MÉDAILLONS *circulaires où les fleurs de lis sans nombre se détachent par le brillant de l'argent sur un fond d'émail bleu transparent. — Diamètre, 0,016. — Ce vase fait partie du Musée des Souverains. (Voir la notice de cette collection.)*

Je citerai encore un charmant médaillon en argent doré, que le Musée de Cluny a acquis : c'est un petit reliquaire qui renfermait, ou était censé renfermer, une épine de la sainte couronne ainsi que d'autres restes pieux (1). Je ne m'occupe ici que de l'émail qui est au revers ; il représente un chevalier et sa femme en prières et à genoux devant le Christ à la colonne. Tous les émaux sont translucides, et ne laissent à découvert que les parties réservées pour produire leur effet par l'éclat du métal. Les inscriptions, ainsi que les écussons d'armes, sont remplis d'émaux de couleur ; les fonds sont guillochés (2). Quant au dessin, il est naïf, et l'on remarque dans les figures une recherche de la physionomie individuelle, c'est-à-dire de la ressemblance (3).

---

(1) Sur l'étui de l'épine on lit : *De Jhesus corona,* et sur le cercle du médaillon les inscriptions suivantes, désignant des parcelles de reliques : *De carcere quo intratus. De vase quo lavit manus. De Katherine tumba. De pillari quo deus alligatus. De domo qua natus. De precepe quo inclusus.*

(2) Diamètre du reliquaire, 0,055.

(3) **Collection Sauvageot.** Un petit reliquaire, en forme de livre, dont l'extérieur est orné de deux émaux translucides ; l'un représente le Christ sur la croix, l'autre le baptême, ces deux compositions inscrites sous des arceaux gothiques. Hauteur, 0,030. C'est un travail purement français, de la fin du XIIIe siècle. **Musée de Rouen.** On y montre un petit livre de prières, en argent, qui rentre dans

Figures en relief se détachant sur fond émaillé.

Je trouve encore, dans les collections, des joyaux ornés de figures et d'ornements sculptés en relief qui se détachent vivement sur fond d'émail (1). Les inventaires et les comptes les mentionnent; l'orfèvrerie russe les a adoptés depuis longtemps, et les exécute encore aujourd'hui. Je pourrais parler aussi des tableaux d'or estampés et émaillés ; je pourrais, enfin, m'étendre sur les bijoux *esmaillés de blanc*, dont les inventaires décrivent les compositions variées et innombrables, dont le Musée possède, comme toutes les autres collections, des specimen; mais ces applications de l'émail cessent d'appartenir aux émaux proprement dits. Si nous les tirons des textes anciens, c'est de l'érudition, et j'ai rejeté ces curieux renseignements dans la seconde partie de cette notice ; si nous les trouvons dans les collections, c'est de l'orfèvrerie, et je les décrirai dans la notice sur les bijoux. Mais si, après cette longue énumération des procédés variés de l'émail et de ses applications

---

cette catégorie. Il se compose de la reliure en argent et de quatre feuillets également en argent. Sur le plat extérieur de la reliure est un émail translucide représentant saint Christophe qui traverse le fleuve avec l'Enfant-Jésus sur son épaule. Son manteau est bleu, la robe de l'enfant est verte. Au revers, ou sur le plat intérieur, on a gravé, ciselé et émaillé le Christ sur la croix, entre Marie et saint Jean. Le manteau de la Vierge est bleu, sa robe violette ; l'auréole du Christ est verte comme le sol dans lequel est fixée la croix ; la robe de saint Jean est violette. Sur les quatre feuillets intérieurs on a gravé *L'oraison dominicale, le symbole des apostres* et *les dix commandemens*; les deux premières prières en latin, les commandements en français. On voit sur l'autre plat intérieur de la reliure, la Vierge et l'Enfant-Jésus ; sur le plat extérieur, saint Michel terrassant le dragon ; ses ailes sont vertes. Le livre a environ 3 centimètres de hauteur ; les émaux ont le caractère français du XVIe siècle.

(1) Pour d'anciennes citations, voyez la seconde partie de cette notice (Répertoire, au mot *Emaux*), et pour quelques monuments, la notice sur les bijoux. M. J.-J. Dubois décrivait un émail de ce genre dans son catalogue des objets d'art de M. V. Denon, n° 759 : «Email sur or. Petit médaillon de forme ronde et ciselé en bas-relief, représentant le buste, vu de face, de Gustave-Adolphe, roi de Suède. Ce portrait, dont le fond, la cuirasse et la collerette sont seuls émaillés, a été exécuté dans le XVIIe siècle. Diamètre, 5 lignes.»

universelles, on demande qui en avait le monopole, la réponse sera bien simple : tout le monde. En effet, sans sortir de l'Europe, nous voyons, depuis Moscou et le fond de la Pologne (1) jusqu'à l'extrémité du Portugal, depuis l'Angleterre (2) jusqu'à la Dalmatie et la Sicile (3), l'émail appliqué à la bijouterie et à l'orfèvrerie, ici plus tôt, là plus tard, dans ce pays avec plus de luxe, dans cet autre avec plus de goût, mais partout avec une égale facilité (4).

---

(1) Les documents originaux qu'il m'a été donné de consulter aussi bien que les histoires écrites sur ces renseignements, établissent qu'au XVIe siècle le luxe des bijoux y était aussi grand, aussi fastueux peut-être que dans le reste de l'Europe, un ou deux siècles auparavant. On y appréciait encore à cette époque les pierres cabochons, on y estimait la licorne aux prix que notre moyen âge avait fixés. Les bijoux étaient en tout semblables à ceux qu'on portait en France au XVe siècle, et leur provenance peut être cherchée, pour la plus grande part, en Allemagne, et, pour une partie, dans les contrées orientales. La princesse Czartoryska conserve, comme des reliques de famille, les écrins, ou plutôt quelques-uns des écrins qui faisaient l'accompagnement obligé de la grandeur de ses ancêtres ; presque tous sont émaillés, les uns dans un goût oriental et byzantin assez accusé, d'autres dans l'imitation des bijoux de la renaissance ; les premiers de fabrique nationale, les seconds d'importation allemande.

(2) Je ne ferai pas l'histoire de l'orfèvrerie émaillée en Angleterre, mais je renverrai à quelques documents nouvellement tirés de ses archives et trop peu connus. Nous en sommes redevables à M. Fr. Devon, et j'en donnerai quelques extraits dans la seconde partie de cette notice.

(3) On a publié à Vienne d'anciens documents slaves, et entre autres un reçu de la municipalité de Raguse, daté de 1420, qui mériterait d'être cité, parce qu'il contient une liste de bijoux qui donne une grande idée du luxe des princes slaves. Il suffira de citer, dans cette notice, le préambule et le dernier article : « Au nom du Père, « du Fils et du Saint-Esprit, nous, prince, noble patricien et toute la « communauté des nobles de la ville de Raguse, aimée de Dieu, « donnons à savoir à tous ceux qu'il appartient, ou devant qui se « produira ce présent, notre écrit patent et sous notre grand sceau « légal, † témoignant que nous reçumes du très glorieux seigneur « despote, Georges, hospodar de la terre serbe et autres, les ci-men- « tionnés trésors et d'abord nous reçumes mil quatre vingt livres d'or « en lingots. — Un soufflet émaillé (Pouschlitza smaldum.) » La ville de Raguse était devenue le lieu de dépôt de ces objets précieux, plus encore à cause de l'honnêteté connue de sa municipalité qu'en raison de la force de sa position.

(4) Il est inutile d'insister sur la facilité, la fréquence, la rapidité des communications ; c'est un fait hors de doute, et cependant je

ÉMAUX DES PEINTRES.

Vers le milieu du XVe siècle, la décadence de Limoges était complète. Pendant que les émaux de basse taille et leur association aux procédés de la taille d'épargne et de la niellure conservaient aux productions de l'orfèvrerie une vogue qu'elle rajeunit dès lors par ses grands talents, les émaux en taille d'épargne sur cuivre, la grosse émaillerie de Limoges, tombaient chaque jour en discrédit. Le culte des reliques s'était refroidi; les églises regorgeaient de châsses, de reliquaires et d'ex-voto dont la valeur intrinsèque ne compensait pas l'espace qu'ils occupaient sur les autels et dans les chapelles. Le commerce de ces émaux était donc devenu presque nul, et Limoges, atelier stationnaire, reproduisait de mal en pis les anciens modèles, sans songer à ranimer la vogue en variant les productions. A la fin, de guerre lasse et la nécessité aidant, on se réveilla, et une transformation complète ouvrit aux émaux de Limoges une nouvelle carrière de deux siècles de faveur.

Par quelle voie, par quelles mains, à quelle époque précise ce changement s'opéra-t-il? Ce sont là de ces questions d'origine toujours obscures, mais toujours intéressantes.

En ouvrant la lutte avec un ancien procédé, un procédé nouveau cherche moins à tracer sa propre voie qu'à entrer dans la voie de son devancier, pour le surpasser et l'évincer. De là souvent des efforts mal raisonnés de la part des inventeurs, et des résultats contraires à la nature même du procédé qu'ils ont découvert. L'imprimerie, à ses débuts,

---

citerai ce passage des comptes royaux de l'Angleterre : 30 *mai* 1302. *Cinq cents livres payées à Betin de Friscobold et à ses compagnons, marchands, de la société des Friscobolders, de Florence, pour certains joyaux exécutés en France par ces mêmes marchands pour l'usage du souverain pontife.* Les 500 livres étaient garanties par ces joyaux qui, comme on le voit, fabriqués en France par des orfèvres italiens, pour le pape, viennent en Angleterre servir, au moins momentanément, de modèles aux orfèvres anglais. En 1395, Richard II envoie au pape Urbain une coupe d'or et une bague; elles étaient peut-être fabriquées sur les traditions laissées par ces Italiens.

retarda de vingt ans son essor, par l'ambition ou par la nécessité de lutter avec les copistes, en contrefaisant leur écriture; les émaux en apprêt s'attardèrent également, en voulant donner à leurs premiers essais une apparence et comme un faux air d'émaux de basse taille. C'est qu'une nouveauté, dans les choses de goût liées aux conditions industrielles, n'est jamais acceptée qu'à la condition d'être mieux sans être autre chose. Nos yeux, quelque avides de nouveautés que soient nos inclinations, ne veulent rien d'abrupte dans l'innovation; ils exigent comme une continuation perfectionnée de ce qu'ils ont l'habitude de voir.

Les émaux de basse taille sur or et sur argent étaient des bijoux précieux; ils s'exécutaient partout, à Paris comme à Montpellier. On aurait pu également en faire à Limoges; mais ce travail délicat n'allait pas plus aux habitudes industrielles de cette ville, que les objets en or ne convenaient à sa clientèle; elle s'ingénia dès lors à faire à bon marché des émaux rivaux, ne dût-elle donner que l'apparence de ceux qu'elle imitait. De là une manière particulière dans ses premiers et rares essais. Sur une plaque de cuivre brillante, on dessine au pinceau, avec un émail brun, les traits du dessin et toutes les ombres, puis on étend sur cette espèce de camaïeu des émaux colorés et translucides, qu'on rehausse d'un travail d'or pour accuser les lumières, et qui joue ainsi l'émail en basse taille, autant que les gravures de nos campagnes reproduisent les tableaux célèbres qu'elles copient. Les carnations opaques, dont le ton violacé ne pouvait choquer des yeux habitués aux carnations également violaçantes des émaux de basse taille, une imitation de pierrerie produite par des gouttelettes d'émail sur paillon de couleur, l'épaisseur des plaques et leur contre-émail vitreux, couleur verdâtre, à la surface grumeleuse, sont les caractères de ces premiers émaux en apprêt.

Il est bien rare qu'un métier tombé en décadence sorte lui-même de ses routines. Les planches de métal, gravées en taille d'épargne pour recevoir les émaux, et tous les outils de l'orfèvrerie ne pouvaient servir à ce nouveau procédé de l'émail en apprêt. Je suis disposé à croire que les orfèvres n'y eurent aucune part, et que nous en devons l'invention et l'essor uniquement aux peintres verriers, dont l'art avait pris dans Limoges un remarquable essor au XVe siècle, et dont la corporation nous fournit en effet presque tous les artistes de la fabrique des émaux peints. Il faut se rappeler que les conditions de la peinture sur verre avaient entièrement changé. Les mosaïques transparentes faites en morceaux de verre teints dans la masse étaient abandonnées depuis des siècles. Le procédé de la peinture sur plaques de verre, au moyen d'émaux colorés, qui est absolument le procédé des émaux en apprêt, avait pris le dessus, et s'était tellement perfectionné, qu'au XVe siècle on exécutait de véritables tableaux en couleurs éclatantes, et des grisailles du plus grand effet, sur des pièces de verre incolore de grandes dimensions, de manière à produire de petits vitraux d'une seule pièce, et les plus grands avec un petit nombre de pièces rapportées. Quand dans l'atelier du peintre verrier on peignit sur verre avec cette liberté du pinceau, et qu'on sut que l'espèce de cristal coloré qui couvrait les travaux des orfèvres, soit en émaux translucides sur plaques ciselées de basse taille, soit en émaux blanc opaque et colorés sur figures ciselées en ronde-bosse (1), était le même fondant qu'on appliquait au verre, on dut se demander, et on se demanda en effet, s'il serait plus difficile de peindre sur métal que de peindre sur verre. Alors, sans changer les dispositions de l'atelier, sans modifier essentiellement la composition des émaux et des ustensiles, de peintre verrier qu'on était, on se trouva peintre émailleur, par la simple substitution d'une plaque de métal à une plaque de verre. De là, sans doute, certaines conformités dans la composition des sujets, dans le choix des couleurs, dans le goût pour les paillettes colorées (2), dans la manière de sentir l'harmonie des nuances et la distribution de l'effet.

Une fois le procédé trouvé, Limoges s'en empara, comme elle avait fait, au moyen âge, des émaux en taille d'épargne, d'une main ferme et dominante; elle s'en assura le monopole par sa hardiesse à en étendre à tout les applications,

---

(1) Voyez, dans le répertoire de la seconde partie, les documents que j'ai réunis aux articles *Emaux de basse taille* et *Emaux blancs*.

(2) Ces paillettes, qui servent à désigner une série des premiers émaux peints de Limoges, étaient particulières aux verriers. Le moine Théophile décrit, au XIIe siècle, un procédé pour orner les vêtements, les croix et les livres dans les vitraux avec des pierres précieuses (pars II, cap. 19, De gemmis picto vitro imponendis). Au XIVe siècle, on imagina de produire le même effet sur les franges et les broderies, au moyen de verres doublés dont la couche colorée était usée dans les endroits qu'on voulait faire briller.

à en épuiser les ressources, en même temps qu'elle ranima ses relations commerciales pour agrandir son marché et suffire à sa prodigieuse fécondité.

Je ne discuterai pas l'origine française et exclusivement limousine de ces émaux. On lira sur ce sujet des discussions approfondies dans les ouvrages que j'ai cités en tête de cette notice. Leurs auteurs avaient trouvé le terrain historique embarrassé par des rivalités et des prétentions, ils l'ont déblayé avec talent; y revenir est désormais inutile. C'est un fait établi et reconnu de tout juge compétent (1).

---

(1) Il suffira de citer quelques noms connus de tous ceux qui s'occupent des arts. Leur opinion est unanime pour fixer à Limoges le berceau et la splendeur des émaux peints.

M. Franck de Londres : article de l'Archæological Journal, 1851.

F. Kugler : Beschreibung der kœnigliche Kunstkammer, Berlin, 12, 1838, p. 132. — Kunstgeschichte, Berlin, 8°, 1842, p. 792.

De Landsberg de Dresde : Das Grüngewœlbe, in Dresden, 8°, 1834, p. 66.

L. de Ledebur : Leitfaden für die kœnigliche Kunstkammer, zu Berlin, 12°, 1844, p. 40.

On n'a pas encore rencontré en Allemagne un seul document qui pût faire supposer que des artistes de ce pays se soient livrés pendant les XVe et XVIe siècles à la peinture en émail, à l'exception toutefois des archives de Cologne, où M. J.-J. Merlo a découvert deux indications : l'une, de 1523, est une notification sans intérêt donnée par Wilhelm van Keisserswerde, Malienmecher; l'autre, de 1542, est un acte de l'état civil, également dépourvu de toute signification, et dans lequel figure, comme parent de mineur, Anthonius Melgenmecher (Die Meister der altkölnischen Malerschule. Köln, 1852, p. 194). Sur cette limite des émaux d'orfèvres et des émaux de peintres, il est difficile de dire auquel de ces deux procédés se livraient ces artistes, si toutefois la brièveté du renseignement permet d'affirmer qu'il s'agisse de faiseurs d'émail, et non pas de faiseurs de mailles de fer, ce que nous appelons des grillageurs.

D'Agincourt n'avait pas étudié l'histoire des émaux ; il ne pouvait comprendre la valeur des termes dont il se servait à propos de la châsse d'Orvieto, termes qui tendent à reporter au XIIIe siècle, et à donner à l'Italie, les émaux peints inventés à Limoges au XVe siècle. C'est peine perdue que de les discuter. Voici un passage de l'excellent Traité des pierres gravées de Mariette, qui mérite plus d'attention, parce qu'il sera possible un jour d'en faire usage : « Cette pratique (de prendre avec du verre des empreintes des pierres gravées), qui peut-être avait été interrompue, fut remise en vogue sur la fin du XVe siècle. Je trouve pour lors, à Milan, un peintre en miniature, nommé François Vicecomité, qui possédait le secret des plus beaux émaux, et qui contrefaisait, à s'y tromper, les pierres gravées par le moyen des pâtes de verre. » P. 93.

L'émail en apprêt, ou les émaux peints, sont donc pour nous un procédé national, et leurs produits forment un musée français, car ils offrent, pendant près de deux siècles, un vif reflet de notre école dans ses tendances diverses vers les Flandres ou vers l'Italie, tantôt sous l'influence de Fontainebleau, tantôt sous l'influence de Versailles.

Dans les débuts, il s'agit moins de l'art que de la technique, et ce qui importe, avant tout, c'est de bien déterminer le caractère de style, d'inscriptions, d'encadrement, qui lie et unit toutes les œuvres anonymes provenant d'émailleurs différents, bien que des mêmes ateliers. Nous chercherons ensuite à les classer en les décrivant. L'aspect général est gothique dans le dessin, violaçant dans la couleur. Des émaux en gouttelettes saillantes, et qui, au moyen du paillon, brillent comme des pierres précieuses, sont répandus sur les coiffures, sur les vêtements, et jusqu'au milieu du paysage. Les compositions sont conçues dans ce style particulier qui régna en France durant la seconde moitié du XVe siècle, de 1450 à 1480, entre l'influence des maîtres flamands et la renaissance française, qu'il faut bien distinguer de la renaissance créée par les maîtres italiens à Fontainebleau, et dont nous trouverons l'influence dominante à Limoges à partir de 1530. Plusieurs mains, plus ou moins dirigées par cette première influence flamande (1), ont travaillé à ces émaux; elles sont faciles à distinguer par le type des visages et leurs expressions, par le mouvement des plis, la proportion des figures, et, enfin, par l'esprit de la composition. Si les uns ont cru reconnaître dans ces peintures d'émail des réminiscences italiennes (2), les autres des imitations allemandes, c'est que toutes les écoles, vers 1450-70, gravitaient dans une ten-

---

(1) Le D. F. Kugler apprécie très bien le caractère de ces émaux, quand, en décrivant ceux qui se trouvent dans la Kunstkammer de Berlin, il remarque que le dessin des figures est très gothique, dans le style des vieilles miniatures françaises exécutées sous l'influence de l'école flamande des Van Eyck. C'est là le véritable trait caractéristique, et je suis heureux de trouver la confirmation de mon opinion dans l'ouvrage d'un juge aussi compétent (p. 135).

(2) Collection Soltikoff. Dans l'Adoration des Mages (ancien n° 693 de la collection Debruge), l'un des Mages a le chapeau et le costume des rois et seigneurs peints par le Ghirlandajo.

dance commune de naïveté (1), de bonhomie et de gracieuseté un peu cherchée, l'école française comme les autres. Les peintures en émail qui appartiennent à cette première époque seraient donc reconnaissables par le style. Elles sont encore plus faciles à distinguer, si l'on ne considère que les moyens techniques et matériels, c'est-à-dire l'usage de plaques de cuivre assez épaisses, fortement émaillées, au revers, d'un ton gris verdâtre, d'abord grumeleux, puis jaspé, et enfin translucide; l'emploi d'émaux couleur de chair, opaques et violacés dans les carnations, et de tons violets, bleus et verts très vifs dans les vêtements; la pratique de gouttelettes d'émail en relief, et l'usage d'un caractère uniforme dans toutes les inscriptions, caractère particulier à la ville de Limoges, qui n'a rien de la gothique allemande ou italienne du XVᵉ siècle, et que certaines lettres font facilement reconnaître, comme un G de cette forme VIORA (2), GLORIA (3), et un S retourné ZINGUES (4). Ces inscriptions, uniformément les mêmes, quant aux caractères, dans tous ces émaux (5), sont composées tantôt en latin, tantôt en français (6), mais jamais en allemand ni en italien.

---

(1) **Collection Soltikoff.** La résurrection du Lazare (n° 694 de la collection Debruge). Les Gentils, se bouchant le nez, font un contraste naïvement bouffon avec le pieux maintien des autres assistants et de la donatrice agenouillée sur le premier plan.

(2) **Musée de Cluny,** n° 997.

(3) **Musée du Louvre,** n° 163.

(4) **Musée du Louvre,** n° 163.

(5) **Collection Soltikoff.** Voyez le même mot *Gloria*, écrit de la même manière dans l'adoration de l'Enfant-Jésus, ancien n° 692 de la collection Debruge.

(6) **Collection Didier Petit.** Triptyque. Dans le volet de gauche, sainte Catherine tient le diable sous ses pieds. La pensée du démon est exprimée par ces mots : *j'enrage.*

Enfin, et comme dernier signe distinctif, je signalerai la décoration uniforme des cadres de ces tableaux de dévotion, que ce soient de simples plaques, des diptyques ou triptyques; elle est composée d'une moulure de cuivre parsemée de petits nœuds ou entrelacs également en cuivre, et qui rappellent la forme des nœuds de la cordelière d'Anne de Bretagne (1). Ces caractères, qui servent à reconnaître les premiers émaux des peintres, en même temps qu'ils assignent à leur berceau, sinon un atelier commun, au moins une seule et même ville, la ville de Limoges, peuvent servir également à établir à quelle période de temps ils appartiennent. Costumes, édifices, dates des gravures copiées ou imitées, tout concourt à limiter leur fabrication entre les années 1480 et 1525. Les portraits d'Anne de Bretagne (1476 † 1514) et de Louis XII (1462 † 1515), d'Anne de France (1462 † 1522) et de Pierre de Bourbon (1439 † 1503), exécutés avec ces émaux, confirment, par la voie historique, cette appréciation tirée de l'ensemble des faits. Les sujets traités sont presque tous religieux (2), et disposés en triptyques pour orner un autel portatif et s'accrocher au chevet du lit, ainsi que l'usage en était dès lors établi. On en fit aussi pour orner des reliquaires et des croix, mais je n'ai encore vu que des plaques (3), et je suis fondé à croire que

---

(1) On rencontre ces émaux, aux carnations violacées, à la bordure uniforme, à Berlin (Kunstkammer), à Londres (chez M. Bernal), à Rome (Vatican), à Florence (Palazzo Vecchio), à Grenade (au Musée), dans les **Musées du Louvre, de Cluny**, dans les **collections Debruge, Soltikoff, Dauguy, Sauvageot, Rattier**, etc., etc. Comme les produits des mécaniques anglaises sont répandus dans le monde, de même les émaux des peintres furent envoyés au loin par le commerce de Limoges. La tradition veut que l'émail du Musée de Grenade ait appartenu à Gonzalve de Cordoue, et la tradition n'a peut-être pas tort. Le grand capitaine surprit, plus d'une fois, les villes italiennes que nous occupions; il pilla nos camps à la suite de ses victoires, entre les années 1495 et 1507. Quoi de plus naturel que lui, ou l'un de ses officiers, ait porté en Espagne, et comme un trophée, un tableau d'émail enlevé à quelque chapelle portative de nos Français?

(2) Je dis presque tous, parce que l'on conserve dans la Kunstkammer de Berlin deux plaques, de cette nature d'émail, où sont figurés des sujets tirés de l'histoire de Didon. Ce fait n'est sans doute pas unique.

(3) Collection particulière, à Gand. Tableau à deux volets. Au milieu, le Calvaire. Sur le volet de gauche, le portement de la croix;

les vases, aiguières, plats, etc., ne furent émaillés en apprêt que plus tard, et quand l'émaillerie eut secoué ses premières habitudes et pris tout son développement.

Nous n'avons les noms d'aucun des artistes qui travaillèrent, au XVe siècle, à ces premiers émaux. Semblables aux peintres du moyen âge, qui inscrivaient si rarement leurs noms au bas de leurs tableaux, semblables aux orfèvres, leurs devanciers, qui ont laissé anonymes tant de beaux émaux en taille d'épargne, les nouveaux émailleurs de Limoges n'attachaient pas encore à leur personne l'importance que les siècles suivants ont vue et tolérée. Il est vrai, cependant, que d'innombrables inscriptions en or couvrent ces émaux; elles suivent les bordures des vêtements, les revers des bottes, les ganses des chapeaux; elles courent sur les ceintures et sur les gaînes d'épées; elles se produisent partout, mais elles ne signifient rien, ou plutôt elles signifient trop, si elles doivent nous donner des noms d'artistes que chacun lira à sa guise. Je conseille donc une grande circonspection, et j'en donnerai l'exemple en refusant d'accepter les noms des émailleurs Monvaerni (1), Josef de Borl (2), etc., dont je n'ai pas encore rencontré une signature incontestable.

---

sur le volet de droite, la Pieta. Cadre ancien avec ses moulures et ses nœuds. Je cite cet émail, à cause de ses dimensions. Les trois plaques ont en hauteur 0,233, celle du milieu en largeur 0,204.

(1) On cite un émail de la **collection de M. Carrand**, signé M. P.; mais sur lequel je lis NL. (voyez page 147); un autre de la **collection de M. Baron**, signé AR.; un troisième du palazzo de Florence, signé MF.; un quatrième de la Kunstkammer de Berlin, signé MO; enfin celui de la **collection Didier Petit**, sur lequel on lit en toutes lettres le nom *Monvaerni*, et voici comment la pièce est écrite dans son catalogue sous le n° 123 : «Triptyque de 25 centimètres de haut « sur 45 de large. Peinture en émail de couleur représentant, dans la « partie du milieu, le Calvaire; dans le volet de droite, saint Jacques; « dans le volet de gauche, sainte Catherine tenant à la main un glaive « sur la lame duquel est écrit : Ave Mari, et au-dessous : Monvaerni.» Je n'ai aucune animosité contre Monvaerni, et l'opinion de MM. Didier Petit, Labarte, Texier, Rogers, etc., est pour moi d'un grand poids, mais je suis décidé à n'accepter des noms qu'après avoir constaté moi-même les signatures.

(2) Un émail, dont le sujet est copié d'après la gravure d'Albert Dürer représentant la descente de croix, a passé dans les mains de M. Dodd de Saint-James, qui l'a soumis à l'Association archéologique. On le

NARDON PÉNICAUD.

Le nom de Pénicaud se lie aux plus anciens essais, comme aux plus beaux succès de l'émaillerie limousine. Le chef de la famille a porté le nom de Nardon, diminutif limousin de Bernard, et ses successeurs celui de Jean. A-t-il travaillé longtemps? ou est-ce seulement à la fin de sa carrière de peintre verrier qu'il se sera fait peintre émailleur, imprimant par son talent le premier élan à cette renaissance de l'émail à Limoges? Nous l'ignorons; mais un de ses plus beaux émaux (1), signé et daté, nous donne

---

vante dans le Journal de cette société comme un des plus curieux produits des ateliers de Limoges, et M. W. Harry Rogers croit lire sur le vêtement de l'une des figures : Josef de Borl.

(1) **Musée de Cluny.** Don de madame veuve Labadie, née Lefebvre. Jésus-Christ est sur la croix entre la Sainte-Vierge et saint Jean. Quatre anges, aux ailes tantôt brunes, tantôt bleues, reçoivent dans des calices le sang qui coule des plaies du côté, des mains et des pieds. Ils portent les attributs de la Passion. Sainte Marie-Madeleine est prosternée au pied de la croix. Au-dessous de ce tableau, dont une longue légende, terminée par les initiales du roi Réné, forme le cadre, est un second tableau où l'on voit, au milieu, un écusson royal aux armes de France. Un seigneur, au court manteau fourré d'hermine, est agenouillé à gauche, en face d'un ecclésiastique agenouillé à droite. Une couronne d'or repose sur le sol au milieu des fleurs, immédiatement au-dessous de l'écu de France. A gauche, derrière le seigneur, et lui servant pour ainsi dire de légende, est l'écusson du roi Réné. A droite, derrière l'ecclésiastique, se trouve l'inscription dont je donne le fac-simile dans le texte; elle est tracée en or sur fond bleu, et on doit la lire ainsi : Lucas de Verolo presbyter hoc opus fecit fieri pro sancto Petro de Rogiano humiliter rogat orate pro eo : Nardon Penicaud de Limogia hoc fecit prima die aprilis anno millesimo quingentesimo tertio. Elle se traduit ainsi : *Lucas de Vereuil? prestre, fit faire cet ouvrage pour (l'église ou pour la chapelle de) Saint-Pierre de Rogiano. Il demande humblement que l'on prie pour lui : Nardon Penicaud de Limoges a fait cela le premier jour d'avril mil cinq cens trois.* Hauteur de la plaque, 0,314; largeur, 0,235. J'ai expliqué ailleurs comment cet émail a pu être commandé par Réné II, duc de Lorraine, qui héritait des droits de

son nom, le lieu de sa naissance et l'époque précise où il avait déjà obtenu des résultats remarquables. C'est un calvaire entouré de longues et pieuses légendes, accompagné des portraits des donateurs, de l'écusson de France, de leurs armoiries, et enfin de cette inscription :

> Lucas de Liolo p̄br̄ hoc
> op͡ F. F. pro s͞c͞to pe͞ro de
> romano humilit' rogat
> orate p eo: nardon peni
> caud de limotg' f͞c͞t p͞a die
> ap͞l ano mil͞mo v͞c tertio.

En associant à cette peinture en émail, d'une réussite si complète, tous les émaux de la même main que, faute de signature, il fallait jusqu'à présent laisser parmi les anonymes, nous parvenons à nous faire une idée exacte des émaux peints au début du XVIe siècle. Nardon ou Bernard Pénicaud s'intitule de Limoges (1), c'est-à-dire natif de cette ville, et nous pouvons traduire en toute sûreté par Pénicaud Limousin le chiffre PL que nous allons trouver

---

Réné d'Anjou sur la couronne de Naples, et comment il était destiné à renouveler quelque fondation de ce bon prince. On comprend dès lors comment les prières, l'écusson et le portrait du roi Réné, mort depuis vingt ans, peuvent se trouver sur un émail exécuté en 1503.

(1) Il a signé d'autres émaux des lettres N L qu'on peut ainsi interpréter : Nardon Limousin. **Collection Carrand.** Triptyque peint en émaux de couleurs. Le Christ entre la Vierge et saint Jean, figures en buste; le Christ est nu; il a devant lui, sur la balustrade qui lui sert d'appui, son manteau et les dés, en souvenir de la passion; les figures se détachent sur un fond d'architecture d'un style qui fut en lutte avec les souvenirs gothiques et l'invasion de la renaissance entre les années 1485 et 1510. Aux deux extrémités de la balustrade se voient la lettre N placée à gauche et la lettre L inscrite en or, à droite. On lit en outre cette inscription tracée en or au bas de la plaque, et dont je conserve les abréviations : CRIST9 : MORT9 : EST : PROPT : PCTA : NOSTRA : ET : RESVREXIT : PT : IVSTIFICACIONE : NOST. Le manteau du Christ est violet; il y a des verts, des rouges dans les vêtements, et un ton jaune brun mordoré remplit le fond. Les rehauts d'or sont abondants et apposés dans la manière de Jean Pénicaud. Sur le volet de gauche, saint Paul debout; sur le volet de droite, saint Pierre. Le cadre est intact; mais les nœuds,

estampé sur toutes les plaques de la famille. Il date ce grand émail du 1er avril 1503, et ce sera faire une part équitable aux difficultés qu'il a surmontées que d'accorder quinze années à ses premiers essais, aux succès qui les suivirent, à la réussite d'un émail de cette dimension, enfin à la vogue que les émaux peints avaient déjà conquise, puisqu'ils ont pour patrons des gens aussi considérables.

Sa manière. Le ton général est bleu, tendant au brun vineux, dans une gamme sombre et un peu triste; des bleus turquoise et des verts d'eau tranchent sur ce fond général et le raniment sans l'égayer. Les figures se détachent sur un fond bleu parsemé tantôt d'étoiles, tantôt de fleurs de lis. Les carnations sont rendues par un émail violacé. Les yeux, les traits, les contours du visage et les plis des vêtements, particulièrement dans le blanc, sont dessinés à la pointe dans l'émail avant sa cuisson; ils ressortent par la couleur foncée de la couche d'émail qui est au-dessous; ce trait n'a rien de spirituel, et il est quelquefois tremblotté d'une façon pénible. Les cheveux sont rendus uniformément par un émail brun sur lequel on a étendu une couche d'or, dans laquelle on a dessiné à la pointe le mouvement des boucles et le détail. Les paillettes, formées de gouttes d'émail translucide sur paillon, ont peu de saillie; elles sont répandues un peu partout, et particulièrement sur la circonférence des nimbes et la bordure des vêtements. Dans le Calvaire du Musée de Cluny, elles bordent la croix. Les revers, ou contre-émail, sont recouverts d'une couche assez épaisse d'émail opaque brun, violacé ou marbré.

159 à 161. — Pieta, *les évangélistes* saint

---

bien que d'après le même modèle, semblent avoir été exécutés d'une manière différente. Hauteur, 0,240; largeur, 0,170; largeur des volets, 0,070. On voit dans la même collection un autre triptyque du même maître. Jésus-Christ apparaît à Marie-Madeleine, qui porte le costume et le turban qu'on retrouve dans toutes les peintures et sculptures des vingt dernières années du XVe siècle. Un défaut de perspective bizarre se remarque dans l'arbre qui, planté à distance, passe entre les bras de la sainte. Sur chaque volet, une sainte debout, placée dans une niche gothique; au-dessus de la première, on a écrit en lettres d'or: MATER MEMENTO MEI, et au-dessus de la seconde: AVE MARIA GRACIA PL. Mêmes dimensions que le précédent. Le cadre est bien conservé avec sa moulure et ses nœuds.

Pierre *et* saint Paul. — *Triptyque en émaux de couleurs rehaussés d'or, avec imitation de pierreries sur reliefs et paillons, et détails dorés.* — *La plaque du milieu, hauteur, 0,203; largeur, 0,167. Chaque volet, hauteur, 0,203; largeur, 0,067.*

159. La vierge Marie contemple avec douleur le corps sanglant de son fils étendu sur ses genoux; Marie, mère de Jacques, assise près de la Vierge, soulève d'une main la tête du Christ, et de l'autre détache de son front la couronne d'épines; du côté opposé, Marie-Madeleine porte à ses lèvres une des mains de Jésus et tient en la main droite une boîte de parfums. La scène est encadrée dans les détails architectoniques d'une chapelle à trois nefs, dont les voûtes, les arceaux et les colonnettes se dessinent en arrière sur fond d'azur; la partie avancée, qui forme un couronnement aux figures, est composée de trois arcs réunis par des clefs pendantes en une seule arcade, dont les retombées reposent de chaque côté sur des colonnes. Un riche tapis est tendu en arrière des figures, remarquable par la profusion de pierreries en reliefs d'émail sur paillons dont il est semé; il les sépare de l'abside et cache à demi des anges ailés posés dans l'attitude de l'adoration. Le pavé est formé d'une mosaïque mi-partie violette et verte, dont les dessins se détachent en noir et en or. La robe de la vierge Marie est de couleur violette, et son ample manteau, recouvrant la tête, est bleu d'azur rehaussé d'or. L'auréole qui ceint la tête des trois Marie est de couleur violette et bordée de gouttes d'émail en relief.—**160.** La plaque du volet de gauche représente l'apôtre saint Pierre; il est debout; il porte de la main droite une clef, et sous le bras gauche un livre. Ses pieds sont nus, sa robe est violette, son manteau bleu d'azur.—**161.** La plaque du volet droit représente l'apôtre saint Paul, debout, portant un livre ouvert en la main droite et une épée de la gauche que cache le manteau. La robe est bleue et le manteau violet. Le nom PAULE est tracé en or, comme une broderie, sur le collet de la robe. Les pieds sont nus (1). — (Achat du règne de Louis-Philippe, n° 296 *bis*.)

162. — Le Couronnement de la Vierge. — *Plaque en émaux de couleurs rehaussés d'or, avec détails dorés et imitations de pierreries sur paillons et reliefs.* — *Hauteur, 0,194; largeur, 0,174.*

Dieu le père et Dieu le fils sont assis sur des siéges que réunit une même estrade formant, en avant, un demi-cercle sur lequel la vierge Marie est agenouillée, vue de face et les mains jointes. Dieu la bénit de la main droite, et soutient de la gauche des tablettes sur lesquelles sont tracés des caractères dorés. Jésus, tenant une croix de la main gauche, contemple sa mère; le manteau qui couvre ses épaules et cache le bas du corps, laisse voir sa poitrine sanglante; sa tête, ceinte de la couronne d'épines, se détache sur un nimbe orné de pierreries, et un nimbe semblable entoure la tête de la Vierge. Dieu le père est coiffé d'une tiare à

---

(1) **Collection Beaucousin.** Deux volets provenant d'un triptyque, l'adoration de l'enfant et la circoncision, sont évidemment de Nardon Pénicaud. —Hauteur, 0,257; largeur, 0,096.

triple rang de couronnes se détachant sur un nimbe doré. Dans le haut de la composition est un ange tenant des deux mains une couronne destinée à la Vierge; deux anges placés à la même hauteur occupent chaque côté, deux autres sont posés plus bas, deux près de Dieu le père et de Jésus, et deux aux côtés de la Vierge. On aperçoit au-dessus de la tête de la Vierge la colombe symbolisant l'Esprit saint. Le fond bleu d'azur est semé d'étoiles d'or. La composition est encadrée par des ornements formant bordures; dans la plus importante on remarque des fleurettes blanches qui alternent avec des imitations de pierreries. Deux colonnettes sont placées à droite et à gauche, et un médaillon circulaire, entouré d'une ceinture de pierreries, est placé dans le haut de la plaque, formant comme une clef à l'arc du cadre. *Saint Michel* y est représenté ailé, vêtu d'une armure et tenant un sabre dont il est prêt à frapper le démon que l'on voit sous ses pieds. Deux scènes de la passion du Christ sont figurées aux côtés de ce médaillon; les personnages, de même que saint Michel, sont de petite proportion. Du côté gauche, *le Christ sur la croix*, la vierge Marie et saint Jean debout, les monuments de Jérusalem dans le fond. Du côté droit, *la lamentation sur le Christ*. Le corps de Jésus est étendu sur les genoux de sa mère, assise au pied de la croix; saint Jean soutient la tête du Christ et Marie-Madeleine est agenouillée près des pieds. Le contre-émail, d'un ton gris violacé, est opaque et marbré.

163. — Le Couronnement de la Vierge. — *Plaque circulaire en émaux de couleurs rehaussés d'or, détails dorés et imitations de pierreries sur paillons et reliefs. — Diamètre, 0,230.*

La Vierge, occupant la gauche, est assise dans une attitude d'adoration qu'expriment son regard abaissé et ses mains jointes. Jésus-Christ, assis du côté opposé, pose une couronne sur la tête de sa mère; il soutient de la main gauche un globe que surmonte une croix. Sa tête est coiffée d'une tiare papale à triple rang de couronnes, dont la couleur brune et le semé de pierreries se confondent avec la couleur et les pierreries du nimbe. Il en est de même de la couronne et du nimbe de la Vierge. Jésus-Christ est vêtu d'une longue tunique bleue et d'une chape violette doublée de vert, qui est attachée sur la poitrine par une agrafe à quatre lobes et ornée, sur le devant, d'un large galon enrichi de pierreries. On remarque sur la partie inférieure de la chape le monogramme du Christ plusieurs fois répété, et sur le galon étroit qui la borde par le bas on lit l'inscription qui suit : *Jesus-Christus rex regum et Deus dominus, ave Maria, ave Maria.* La Vierge est représentée les cheveux flottants sur les épaules; la robe, qui laisse voir la poitrine, est de couleur violette; les parements des manches sont verts; le manteau bleu lapis est bordé d'un galon de pierreries et semé de lettres dont la réunion forme le monogramme de Marie. Les deux figures se détachent sur un fond bleu d'azur étoilé d'or; les deux sièges, qui sont semblables, sont de couleur brune et ornés de pierreries de même que les chaussures. Près des pieds, on remarque une grande étoile, indiquée par un paillon et des rayons dorés, sur le sol émaillé en vert; c'est l'étoile de Marie, *stella matutina*. Autour de la plaque règne une bande d'émail blanc sur laquelle est tracée, en lettres noires, une inscription que nous rétablissons ici en rectifiant les abréviations : *Gloria et honore, exaltacione singulisque graciis dominus Jesus qui est Pater et Filius atque Spiritus sanctus non divysus set* (sic) *solus Christus Deus, coronavit suam dilectissimam matrem* (c'est-à-dire matrem Mariam), *reginam atque imperatricem sui infiniti regni celorum, et sedet ad dexteram suam que* (sic) *cum eo vivit et regnat.* Le contre-émail est de couleur glauque et opaque. — (Ancienne collection, n° 53.)

Ces premiers essais ne donnaient pas assez de précision, ils ne donnaient pas assez de corps aux émaux ; le bariolage s'y laissait trop sentir ; excusable lorsqu'il faisait valoir la découverte de nouvelles nuances d'émaux, il était révoltant quand ce mérite avait disparu ; Nardon Pénicaud le comprit, car il chercha, en modérant l'emploi des émaux translucides et en modifiant la composition de quelques nuances, à atteindre un résultat plus satisfaisant : il y parvint. Les vêtements ont des tons plus solides, les bleus sont magnifiques ; et l'effet général est harmonieux, bien qu'il abuse encore du violet et n'évite pas dans les carnations les tons faux qui distinguent et compromettent ses émaux.

Musée de Cluny : la Vierge, en buste. — Les carnations sont encore violacées, les vêtements d'un bleu admirable, avec une bordure d'inscriptions en or, le nimbe en émail brun translucide ; le caractère de la tête est simple et primitif, les mains sont d'un dessin parfait (1).

ANONYMES.

On voit dans le Musée de Cluny un diptyque qui représente d'un côté le portement de croix, et de l'autre le Calvaire (2). Bien que ces émaux soient traités avec la même technique et exécutés avec les mêmes nuances que les émaux de Nardon Pénicaud, ils sont l'ouvrage de mains différentes, et l'on rencontre plusieurs fois le même sujet copié d'après la même composition, mais traité par des artistes dont il est impossible de confondre la manière (3).

---

(1) Cet émail, ou plutôt ce fragment d'émail de Nardon Pénicaud, est d'un grand mérite, mais il est très altéré. N° 999. Hauteur, 0,115 ; largeur, 0,090.

(2) Hauteur, 0,280 ; largeur, 0,237. Le cadre n'a conservé que sa moulure ; dans sa restauration il a perdu les nœuds de métal.

(3) Un exemple suffira. Je le trouve dans un Calvaire copié deux fois d'après la même composition. **Collection Sauvageot.** Triptyque. Le Christ en croix entre les deux larrons ; volet de gauche, le portement de croix ; volet de droite, la descente de croix. Hauteur de la plaque centrale, 0,267 ; largeur, 0,240 ; largeur des volets, 0,105. La

Musée de Cluny. — Triptyque représentant la Nativité, l'Adoration des Mages et la Circoncision (1). Ces émaux me semblent être l'ouvrage de quelque élève du maître précédent; ils ont la même technique, mais le dessin en est plus grossier et les têtes sont difformes. Le cadre, avec sa moulure et ses petits nœuds, est conservé intact. C'est, en général, une singularité dans cet atelier, ou dans ces premiers émaux, que la forme des têtes. Chez les uns entièrement dénudée, chez celui-ci ronde comme une boule, chez celui-là écrasée ou carrée comme un dé (2). On ne peut s'expliquer cette particularité que par la difficulté de rendre les cheveux avec l'émail, et par l'obligation d'employer un émail brun sur lequel on revenait avec l'or, qui dessinait délicatement le mouvement des cheveux. Dans quelques-uns de ces émaux, ce travail en or a disparu; dans les autres, d'un débit courant, on s'en est affranchi.

Quelque imparfaits que fussent le dessin, la composition, le sentiment dans ces émaux, ils avaient un éclat et des dimensions qui en firent de bonne heure des objets d'art recherchés, aussi les voyons-nous tout d'abord entrer en lutte avec les émaux translucides des orfèvres, et se substituer à leurs applications aussitôt qu'il s'agissait de dépasser certaines grandeurs. Les triptyques qui servaient aux autels portatifs, et qu'on suspendait au chevet du lit, ou en ex-voto dans les chapelles, furent exécutés de cette manière, concurremment avec la peinture et la miniature, et les donateurs étaient représentés sur les volets de droite et de gauche accompagnés de leurs saints patrons. Quelques

---

composition et le dessin sont français. Sur le volet de droite, Nicodème a des inscriptions sur ses bottes et sur son justaucorps. On y lit : Ave Maria; on y pourrait lire : Monvaerni. **Collection de M. Rattier.** Grand triptyque : même sujet, même composition. Ici les figures ont des proportions moins longues ; les émaux sont distribués différemment : le cheval de droite, qui présente la croupe, est d'un bleu gris, au lieu d'être blanc. Hauteur, 0,260 ; largeur, 0,230 ; largeur des volets, 0,095. Le cadre a conservé sa moulure et ses nœuds.

(1) N° 995. Hauteur, 0,210 ; largeur de la plaque centrale, 0,165.

(2) **Collection Quedeville.** La mort de la Vierge, composition encadrée dans deux colonnes bleu lapis, fleurdelisées en or. On voit, dans le coin supérieur de gauche, le Christ qui reçoit l'âme de la Vierge, et cette inscription : Mater Dei, memento mei, Domine. Hauteur, 0,145 ; largeur, 0,190.

monuments conservés jusqu'à nous suffisent pour prouver que la vogue des nouveaux émaux peints était en bonne voie, et qu'elle partit de haut (1).

Émaux italiens.

La renaissance des émaux de Limoges jeta un trop grand éclat en France pour que la renommée n'en étendît pas le succès au dehors. L'Italie dut se préoccuper de ce nouveau genre de peinture inaltérable ; mais pour savoir dans quelle mesure ses peintres se livrèrent à ce nouveau procédé, profitèrent de ses avantages, activèrent ses progrès, c'est en Italie même qu'il faudrait faire des recherches. De ce côté des Alpes, on le conçoit facilement, il n'est parvenu que de rares specimen qui pourraient les faire considérer plutôt comme des essais, des tentatives, peut-être même des caprices, que comme les productions d'un atelier formé, d'une industrie développée. A les considérer isolément, ce sont des œuvres d'art du plus beau caractère, du plus précieux travail. Comme date, les uns remontent aux der-

(1) **Collection Rattier.** Les deux volets d'un triptyque. Pierre II, duc de Bourbon (1439✝1503), à genoux devant saint Pierre, et Anne de France, fille aînée du roi Louis XI (1462-1522), à genoux devant sainte Anne, tous les deux devant des prie-Dieu couverts d'une étoffe semée de France à la bande de gueules qui sont les armes de Bourbon. Il y a une recherche évidente de la ressemblance. Les paillettes ou reliefs d'émail sur paillon sont répandus sur la couronne du donateur, sur la tiare, la chape et la clef de son patron, et aussi sur les vêtements. Un fond d'architecture, style de la renaissance, à plein cintre. Ces deux volets flanquaient autrefois un tableau d'émail central qu'on a vendu sous prétexte qu'il n'était ni de même dimension ni de la même main. C'est un fait regrettable. Hauteur, 0,240 ; largeur, 0,090. Pierre de Bourbon avait, comme on voit, une prédilection toute particulière pour les émaux. Nous avons cité ces mêmes portraits exécutés en émail de basse taille, p. 112. Ce goût pour les émaux semble même s'être étendu à toute la famille. Une religieuse, agenouillée devant la Vierge, porte sur sa robe cette inscription : VIVE. MADAME. LOYSE. DE BOVRBON, dans un émail de Pierre Raymond, daté de 1538. Je pourrais donner encore d'autres preuves. **Collection Seymour,** à Londres. Triptyque disposé dans cette forme : Hauteur, 0,470 ; largeur, 0,395. Nos 1 et 2, les armes du roi ; 3 et 4, les armes de France écartelées de Bretagne ; 5, le portrait de Louis XII à genoux à côté de son patron ; 6, le portrait d'Anne de Bretagne dans la même posture, à côté de sa patronne ; 7, un concert céleste ; 8, l'Annonciation ; 9, quatre anges en prières.

1	7	3
5	8	6
2	9	4

nières années du XVe siècle, quelques-uns sont datés des premières années du XVIe (1), mais le plus grand nombre est contemporain de Jean Pénicaud II. Quant au style, les plus anciens se rattachent à l'école de Mantegna (2), c'est-à-dire au nord de l'Italie; les autres se rapprochent davantage des influences du Perugin et de l'école d'Urbin.

Leur manière. — Je ne puis déterminer exactement le faire de ces émaux d'après le petit nombre qui m'a passé sous les yeux; cependant j'appuierai sur la nature de l'émail, qui est de deux sortes: l'une, et celle-là appartient à de rares specimen, est appliquée au cuivre, elle est opaque, terne et globuleuse; le revers de ces plaques n'est pas émaillé. L'autre, appliquée sur argent, est translucide, ou vise à produire l'effet des émaux de basse taille. Le fond d'argent est guilloché dans les parties qui ne reçoivent pas de figures, et couvert d'un émail bleu éclatant sur lequel les sujets sont peints en blanc et en couleur. C'est le procédé employé dans des émaux datés de 1517, et dans la Paix du Louvre, n° 164, qui correspond à la même époque.

---

(1) **Collection Baifé.** Une couronne en argent, d'un dessin élégant, est ornée de sept médaillons d'argent émaillé en grisailles sur fond d'azur. Ils représentent le Christ, la Vierge, saint Pierre, saint Sébastien, saint Etienne, saint Georges et saint Paul. L'émail bleu est presque translucide et très brillant; la peinture est apposée dessus en touches pointillées d'un faire hardi et facile. Le diamètre de la couronne est de 0,160. On lit autour, gravée en creux, l'inscription suivante: HEC OPERA FECIT FIERI COMVN CACCARXEN (SIS) EX VOTO FELICE TEMPORE D.F. PETRI YAXA 1517. DIE ZX IVNII. L'orfèvre de Corcano, près de Cosme, en Lombardie, a bien pu tirer de quelque ville, comme Milan ou Venise, ces petits médaillons émaillés et les faire entrer dans l'arrangement de sa couronne.

(2) **Collection Gatteaux.** La Vierge, tenant l'Enfant-Jésus couché sur son bras gauche, est assise sous un édicule dont le tympan est orné d'un bas-relief au-dessous duquel on lit: AVE MARIA. La Vierge regarde, à droite, saint Sébastien, qui semble dans les douleurs de son martyre; à gauche est placé saint François. Les deux saints ont la tête nimbée. Les figures se détachent, en grisailles perlées et légèrement teintées, sur un fond bleu gris assez faux. Plaque cintrée. Hauteur, 0,090; largeur, 0,054. Le ton général rappelle un dessin sur papier préparé et à la mine de plomb, rehaussé de blanc, comme les exécutaient les vieux maîtres du XVe siècle. On croit voir un petit tableau de Mantegna. Les contours sont tracés à la pointe; il y a des rehauts d'or sur les cheveux et sur les vêtements. Dans tout l'ensemble, un charme, une naïveté, une élégance inexprimables.

Toute cette manière s'est modifiée, ainsi qu'on peut le voir dans l'autre Paix du Louvre, n° 165. Là, le métal a été recouvert d'émaux à teintes plates, dans lesquels dominent le bleu, le violet et le brun mordoré, couleur particulière aussi aux premiers émaux de Limoges. Par-dessus ces émaux, un travail de pointillé en or et en émail blanc dessine péniblement tous les détails, en accusant les lumières. C'est une grisaille colorée dans laquelle les chairs seules ne sont pas teintées. Le contre-émail ou le revers est gros bleu, granité et très rugueux.

L'enseigne du Louvre est en grisaille, la Paix en grisaille colorée. Toutes les deux sont de la même main, et leur encadrement a été fait par le même ouvrier, au moins pour les parties ornées de filigranes.

164. — Paix *en argent doré, ornée de peintures en émaux de couleurs, fixés, les uns sur cuivre, les autres sur cristal de roche, et posés sur paillons.* — *Hauteur,* 0,370; *largeur à la base,* 0,260.

Elle a la forme d'un petit monument composé d'une base, de deux pilastres d'ordre composite, d'un entablement et d'un couronnement accompagné de volutes sur lesquelles sont posées des statuettes d'enfants assis et jouant des instruments de musique. Une petite statue du Christ, debout et tenant une croix de la main gauche, domine le faîte terminé en piédestal évasé, sur lequel sont appuyées deux cornes d'abondance. Des peintures en émaux fixés sur des plaques de cristal de roche, sont distribuées sur toutes les parties du monument. La plus grande forme un tableau cintré et occupe le centre; le sujet est un *Calvaire*. Jésus-Christ y est représenté sur la croix; sa mère, évanouie, est secourue par les saintes femmes. Au premier plan, des soldats se disputent les vêtements du Seigneur; d'autres entourent le pied de la croix. La ville de Jésuralem est figurée dans le fond. Autour de ce tableau, et engagées dans les moulures de son encadrement, sont disposées dix petites plaques de même travail, sur lesquelles sont peints les *quatre évangélistes* et *six apôtres*; les *six autres apôtres* sont représentés debout dans des niches superposées qui décorent les pilastres du petit monument. La base, finement ciselée d'ornements auxquels sont mêlées des chimères, est décorée d'un médaillon ovale contenant une peinture faite par les mêmes procédés, dont le sujet est la *Lamentation sur le Christ*: le Sauveur est représenté au pied de la croix et soutenu par sa mère et les saintes femmes. *Moïse* et *Daniel* sont peints dans des médaillons circulaires qui ornent les piédestaux de la base. Les peintures de la frise sont disposées en trois médaillons; on y voit la *Vierge en adoration*. *Dieu* et le *Saint-Esprit* sont figurés sur des émaux au centre du couronnement; sur le côté droit, la *Vierge* agenouillée; sur le côté gauche, l'*ange Gabriel* lui apparaissant. Le revers de la Paix est décoré de ciselures et de véritables émaux sur argent qui forment des compartiments et des médaillons variés de formes et de grandeurs. *Saint Michel*, combattant le démon, est figuré dans un ovale placé sur le couronnement. La *Foi* et la *Charité* sont représentées en pied sur des plaques allongées posées aux deux côtés du bouton central qui sert à porter la Paix. L'émailleur a placé dans le haut *la mort de saint Laurent* étendu sur un gril, et dans le bas, *un martyr périssant par le supplice de la roue*. Les angles sont occupés par quatre médaillons circulaires où sont peintes des têtes de saints vues de profil ; et dans d'autres, de plus petite proportion, sont peintes des têtes d'anges ailées. La base est garnie de deux plaques allongées, dont les sujets sont l'*Adoration des bergers* et l'*Adoration des mages*. Cette paix provient de la chapelle de l'ordre du Saint-Esprit. Sur le bouton du revers sont ciselés en intailles les écus accolés de France et de Pologne, qui sont les armoiries du roi Henri III, entourés du collier de l'ordre et surmontés de la couronne royale.

165 et **166.** — Paix *ornée de deux plaques en émaux de couleurs rehaussés d'or et de blanc. — L'une est rectangulaire ; hauteur, 0,121 ; largeur, 0,080. L'autre, demi-circulaire ; hauteur, 0,047 ; largeur, 0,080.*

Elles sont placées, la première en dessous, la seconde en dessus, dans un encadrement en bronze doré, formé par deux colonnes avec base et chapiteau soutenant une corniche que couronne un arc plein cintre. La plaque rectangulaire est posée entre les colonnes, la plaque semi-circulaire dans le tympan de l'arc. Entre les moulures qui forment le soubassement de cet édicule, on lit cette inscription gravée sur le métal : PAX . HVIC . DOMVI. Le sujet de la plaque rectangulaire est la *Nativité* : la vierge Marie est agenouillée, les mains jointes, les regards abaissés sur le divin enfant étendu sur le sol à ses pieds. Saint Joseph, également à genoux, contemple Jésus, en élevant la main gauche dans le mouvement consacré à la bénédiction ; de la droite, il soutient un bâton. En arrière de la Vierge on voit un bœuf et un âne attachés par des chaînes dans une étable grossière et ouverte à tous vents. Des détails dorés et des grisailles figurent un paysage dans le fond. Des nimbes dorés entourent la tête de Marie et de Joseph, un nimbe et des rayons celle de Jésus, dont le corps repose sur une auréole dorée. — Le sujet de la plaque demi-circulaire est l'*Annonciation* : la vierge Marie est agenouillée devant un pupitre qui supporte un livre ; du côté opposé on voit l'ange qui s'avance vers elle en étendant la main droite et portant de la gauche une branche de lis. Les deux figures se détachent sur un fond bleu d'azur étendu sur paillon ; le sol est indiqué par des émaux verts. Le contre-émail, de couleur gros bleu, est granité et très rugueux. — (Collection Durand, n° 116/2652.)

167. — Enseigne *en grisaille sur fond noir, détails et inscriptions dorés, avec ornements en filigranes d'argent dans l'encadrement. — Diam., 0,052.*

Un jeune enfant, vêtu d'une courte tunique et la tête nue, chemine conduisant par la main une femme vêtue d'une robe flottante et remarquable par une houppe de cheveux qui surmonte son front, le reste de la tête étant entièrement rasé (on a souvent représenté ainsi la fortune, qu'il faut saisir au passage parce qu'elle n'a pas de cheveux par derrière). Autour du bouton est cette inscription : REGI . TI . BONA . MADRE . MIA. Le revers est caché par l'enveloppe du bouton.

Cristaux peints.

Tout cela n'est pas digne de l'Italie. On aurait compris qu'elle ne s'essayât pas dans un genre de peinture qu'elle pouvait déclarer trop imparfait; mais une fois qu'elle l'abordait, elle devait y laisser sa marque et son cachet. Il serait injuste, toutefois, et inconséquent de trancher la question avec des éléments aussi incomplets pour la juger; mais ce qui ferait supposer que les artistes italiens abandonnèrent l'émail après de faibles essais et de rares tentatives, c'est qu'ils tournèrent la difficulté et tentèrent de produire des émaux, ou du moins d'en donner l'apparence, avec du cristal peint à chaud et à froid (1). Je ne m'occuperai que du premier de ces procédés, qu'on peut, sans trop

---

(1) Je me figure que les lenteurs, les difficultés, les accidents causés par le procédé des émaux appliqués au cristal de roche, engagèrent quelques peintres à tourner une seconde fois la difficulté, et tandis que leurs confrères simulaient de vrais émaux avec de l'émail appliqué derrière le cristal, ils simulèrent ce procédé par la peinture exécutée à froid derrière ce même cristal. Cette peinture, comme on le voit de nos jours, où les fixés sont à la mode, acquérait une grande vivacité par le brillant que sa surface polie donnait aux couleurs, qui elles-mêmes se détachaient sur un fond de paillon fixé au cristal et soutenu par une couche épaisse de mastic. **Collection Carrand.** Petit tableau cintré, divisé en deux parties. Au bas, la Vierge et l'Enfant-Jésus entre les deux donateurs, encadrés dans un cercle de quinze médaillons remplis de figures; au haut, l'Éternel. Peinture fine et délicate, l'œuvre microscopique d'un miniaturiste habile. **Collection Jovet.** La Vierge tenant l'Enfant-Jésus. Trait coloré avec rehaut d'or et d'argent, exécuté d'une main hardie et ferme, comme un dessin de maître à la plume. Le mastic qui soutenait le paillon s'est détaché et permet de reconnaître le mode de travail. **Collection Pourtalès.** Une Annonciation. Tableau carré. Largeur, environ 0,220. Une Adoration des Mages, médaillon circulaire. Diamètre, environ 0,260.

En Allemagne, on tenta quelque chose d'analogue. **Musée du Louvre.** Un dé à l'extrémité duquel on a gravé le Christ sur la croix, dans un morceau de cristal qui a de diamètre 0,005. Le cristal, qui est placé sur un paillon rouge cerclé d'un paillon bleu, a reçu par-derrière un cercle tracé en or et la date 1587. Sur le bord inférieur du dé on a gravé cette inscription : *Bei dissen Geschenck mein im besten gedenck*, 1587. Par ce don, pense à moi, 1587. **Collection Carrand.** Une bague. Au centre, dans un écu, trois pensées gravées en creux; au-dessus et des côtés le chiffre A S et la date 1582.

de licence, rattacher aux émaux. Le Musée du Louvre possède un échantillon remarquable, très fin et très complet, de cette peinture en émail appliquée au cristal et rendue plus vive par l'emploi du paillon. Je l'ai décrit précédemment sous le n° 164. Toute la face de cette Paix est ornée de cristaux de roche peints en émail, et le revers est couvert de véritables émaux. Cette association prouve peut-être le passage de l'un de ces procédés à l'autre, et comme tout le travail de ce petit monument nous reporte aux vingt premières années du XVIe siècle, on peut entrevoir dans la marche de ces tentatives quelque jour, et s'expliquer le monopole de Limoges par la cessation de toute concurrence sérieuse.

Émaux vénitiens.

Presque toutes les collections rangent parmi les productions de Limoges des vases émaillés (1), qui s'en distinguent autant par les formes que par le goût des ornements, par les nuances des couleurs et par la manière particulière dont les dorures sont appliquées ou plutôt incrustées au moyen de la roulette et des petits fers. D'où viennent ces émaux? Aucun texte ne nous l'apprend, mais le style de leurs ornements, autant que les armoiries bien connues des grandes familles d'au delà des Alpes, nous annoncent qu'ils sont italiens et de la première moitié du XVIe siècle. Il est impossible, en outre, de ne pas saisir dans leur riche ornementation quelque chose du style français, du style à la mode sous le règne de Charles VIII et de Louis XII, et de ne pas rattacher cette fabrique, dont l'apparition est subite et l'existence bien éphémère, au passage et aux divers séjours de nos armées dans le nord de l'Italie, soit que nous ayons transporté ce goût en Italie, soit que nous l'y ayons puisé. Toutefois, les preuves et les documents nous manquant, force me sera de rester dans une appréciation générale.

---

(1) **Collection Saint-Pierre.** Un plat rond à support d'aiguière, d'une richesse et d'une élégance incomparables. Les onze godrons de l'élévation centrale se détachent en blanc sur émail vert, et entourent un médaillon armorié de gueules, à la fasce de sinople, chargée de deux quintefeuilles d'argent. Cet écusson est du temps, mais il a été fait à part et fixé au moyen d'un boulon de cuivre, sans doute pour répondre après coup à une commande. Diamètre, 0,295.

Aussitôt que le commerce eut introduit à Venise les produits variés de Limoges, cette ville industrieuse se mit à l'œuvre pour nous faire concurrence; mais il semblerait que, dans l'impossibilité de faire aussi bien qu'en France, on eut le bon esprit de faire autre chose, et de se contenter de transporter à l'émail bleu et blanc, sur métal, la décoration dorée qui avait déjà réussi dans le commerce et conquis la vogue quand on l'appliquait à la verrerie. En effet, toutes ces aiguières et ces nombreux vases émaillés, dont le nord de l'Italie fut tout d'un coup comme envahi, ont l'aspect et l'élégance de quelques anciens vases et coupes de verre bleu étoilé d'or et décorés d'émaux de couleur apposés en apprêt. S'il s'agissait d'en caractériser le style et l'aspect, je signalerais leurs formes italiennes, et dans la décoration un émail bleu lapis à l'extérieur, un émail blanc à l'intérieur, tous les deux apposés en couches épaisses et ondoyantes; quelques places réservées dans l'émail bleu, pour alterner avec l'émail blanc et vert, suivant une disposition élégante et de bon goût, le tout étoilé ou fleurdelisé sans nombre et très finement, dans ce goût oriental qui, par des combinaisons gracieuses, produit des dessins variés et des effets inépuisables. Jusque-là tout semble si bien réussi qu'on se demande comment on s'en est tenu à ces ornements un peu monotones; pourquoi il ne s'est pas trouvé quelque artiste, dans ce trop plein de peintres, qui tentât de reproduire en émail ses propres compositions ou les tableaux des grands peintres dont Venise a le droit d'être fière. Quelques écussons, qui portent dans leurs supports des figures d'hommes et d'animaux (1), sont peints en émaux tellement ternes et si mal apposés, qu'on comprend pourquoi des artistes de valeur n'ont pas consenti à mettre leur talent au service d'un art si peu sûr de lui-même.

168. — Coupe *godronnée, en émaux de quatre couleurs (bleu d'azur, vert émeraude, blanc et brun),*

---

(1) **Collection Louis Fould.** Une aiguière semblable par les dimensions et la forme au n° 171 du Louvre, mais dont la panse est décorée des armoiries des Rovere, peintes en émail. Les figures d'hommes sauvages qui leur servent de support sont indignes de la beauté et de l'élégance de la pièce.

enrichie d'ornements dorés à l'intérieur comme à l'extérieur. — *Hauteur,* 0,233 ; *diamètre,* 0,322.

Le bleu d'azur est la couleur de fond ; les bords de la coupe en sont revêtus à l'intérieur et à l'extérieur, et décorés d'un semé de fleurs de lis d'or. Une bande étroite d'émail vert marque l'intersection. Une vignette dorée règne circulairement à l'extérieur, au-dessous du champ fleurdelisé, et sépare le bord du corps de la coupe que décorent vingt-six godrons posés parallèlement entre eux et dans une direction verticale. Ces godrons, séparés par des languettes de fond d'azur à fleurettes dorées, revêtus d'émail blanc, sont décorés de deux motifs dorés qui s'alternent. L'un des deux, assez semblable à une plume, est rehaussé d'une touche d'émail bleu sur la côte. Au second rang, seize godrons d'un moindre relief sont disposés dans la partie inférieure parallèlement entre eux, mais dans une position inclinée ; ils sont revêtus alternativement d'émail bleu et brun, décorés d'or, avec une touche blanche, et se découpent sur un fond blanc décoré d'or. Le pied est formé de quatorze côtes en émail bleu, séparant autant de canaux en émail blanc, décorés d'or avec de longues touches, alternativement d'émail bleu ou brun. Le bord du pied est vert à fleurettes d'or ; il est entouré d'une fine monture en cuivre ciselé et bronzé. Dans l'intérieur de la coupe, les parties correspondantes aux godrons sont concaves ; celles du premier rang sont revêtues d'émail blanc décoré d'or, avec des touches alternativement bleues et brunes ; celles du rang inférieur sont décorées en or avec des touches blanches, sur fonds alternativement verts ou bruns, et se détachent sur un fond d'émail blanc décoré d'or. Le centre, en forme de rosace, est décoré en or sur fond bleu. Le contre-émail est de plusieurs tons de bleu granités. — (Ancienne collection, n° 54.)

169.—Coupe *godronnée, en émaux de trois couleurs (bleu d'azur, vert émeraude et blanc), enrichie d'ornements dorés à l'intérieur comme à l'extérieur.* — *Hauteur,* 0,215 ; *diamètre,* 0,303.

Le bleu d'azur est la couleur d'émail du fond ; les bords de la coupe en sont revêtus à l'intérieur comme à l'extérieur, et décorés d'un semé de fleurs de lis d'or ; une ligne d'émail vert marque l'intersection. Une vignette dorée, dont un des motifs forme feston dans le haut, règne circulairement à l'extérieur au-dessous du champ fleurdelisé, et sépare le bord du corps de la coupe, que décorent vingt-deux godrons posés parallèlement entre eux et dans une direction verticale. Ces godrons, séparés par des languettes bleu d'azur à fleurettes dorées, sont revêtus d'émail blanc et décorés de motifs dorés qui s'alternent ; l'un des deux est assez semblable à une branche de fougère et rehaussé d'une touche d'émail vert sur la tige. Un deuxième rang de seize godrons règne dans la partie inférieure ; ils sont posés parallèlement entre eux et dans une direction verticale, et se détachent en vert sur un fond d'émail blanc ; le motif doré qui les décore ressemble à une plume, et une forte touche d'émail blanc indique la côte. Le même ornement, avec une touche d'émail bleu, se retrouve sur douze godrons de même forme que les précédents, mais posés en sens inverse, qui décorent le pied de la coupe ; ils sont en émail blanc et se détachent sur un fond bleu. La partie évasée du pied est en émail vert, décorée de vignettes dorées et d'une frise en rinceaux rehaussée de touches blanches. Le décor de l'intérieur reproduit exactement sur des parties en creux les couleurs d'émaux et les détails d'ornements des godrons extérieurs. Dans le fond est une rosace fond bleu d'azur avec motifs dorés. Le contre-émail est noir.—(Collection Durand, n° 52/2508.)

170. — Bouteille, *à panse aplatie, à côtes en relief, en émaux de trois couleurs (bleu d'azur, vert émeraude et blanc), enrichie d'ornements dorés. — Hauteur, 0,364; diamètre, 0,220.*

Le col, de couleur bleu d'azur, est semé de fleurs de lis d'or; le pied évasé, de couleur vert émeraude, est orné de même. Le corps de la bouteille est décoré dans un système de frises et d'ornements concentriques. Une rosace dorée sur fond bleu d'azur occupe le centre; un cercle d'émail blanc, décoré d'or, l'entoure; une bande d'émail vert émeraude vient ensuite et sert de fond à une frise circulaire en or rehaussée de touches blanches. Ces trois détails réunis forment une rosace centrale à laquelle se rattache un ensemble de dix-huit godrons qui l'entourent et la complètent. Ces godrons, disposés régulièrement, légèrement inclinés les uns sur les autres, revêtus d'émail blanc, sont ornés d'un décor en or qui rappelle la plume du paon. Chaque côte est rehaussée par une touche d'émail vert. L'intervalle que laissent entre eux chacun des godrons est orné de petites fleurettes dorées sur fond bleu d'azur; une frise d'ornements dorés, avec quelques touches blanches, décore les deux bords de la bouteille qui se termine par une côte émaillée de blanc; les deux faces sont semblables. — (Ancienne collection, n° 55.)

171. — Aiguière, *en émaux de trois couleurs (bleu d'azur, vert émeraude et blanc), enrichie d'ornements dorés. — Hauteur, 0,320; diamètre, 0,130.*

La couleur de fond est le bleu d'azur. Le bec est décoré sur la partie antérieure d'ornements dorés, en forme d'écailles. Une frise, dont le motif principal rappelle des plumes, est disposée circulairement sur la partie supérieure du corps de l'aiguière; au-dessous est un large champ semé régulièrement de fleurons dorés et circonscrit dans le haut et le bas par des vignettes. La partie inférieure est en émail blanc sur lequel se détachent dix godrons revêtus d'émail bleu d'azur et décorés d'un ornement doré en forme de plume. Un étroit bandeau d'émail vert, décoré d'or, sépare le corps de l'aiguière du pied, dont la moitié est en émail blanc décoré d'étoiles d'or, et la partie évasée, en émail bleu orné de fleurons dorés. L'anse est de couleur bleue à l'extérieur et verte en dessous; l'endroit où elle s'attache au corps de l'aiguière est marqué par une rosace à huit lobes d'émail blanc à détails dorés. L'intérieur du bec est revêtu d'émail blanc étoilé d'or. Le contre-émail est bleu d'azur. — (Collection Durand, n° 53/2511.)

172. — Burette, *en émaux de trois couleurs (bleu d'azur, vert émeraude et blanc), enrichie d'ornements dorés. — Hauteur, 0,195; diamètre, 0,073.*

La couleur de fond est le bleu d'azur. Le goulot, en émail vert, est terminé par une tête de serpent émaillée en bleu ; l'ornement qui le décore imite des écailles. L'anse est formée de deux parties émaillées en vert rattachées par une boule d'émail bleu, et est semée d'étoiles d'or. Le couvercle, de couleur bleue, est terminé par une poire émaillée en blanc et pointillée d'or. Le goulot allongé est décoré de fleurs de lis d'or partagées en deux sections par des vignettes formant bandeau. Le corps du vase est décoré, dans la partie supérieure, de la même frise en rinceaux rehaussés de touches blanches qui se reproduit dans cette sorte d'émaux, et dans la partie inférieure orné de neuf godrons repoussés verticalement, émaillés de blanc, décorés du motif semblable à une plume que nous avons souvent décrit et que rehausse une touche d'émail bleu. Le pied, revêtu d'émail vert, est étoilé d'or. Sur la partie extérieure on voit mêlée à ces motifs d'ornements et en or comme eux, la lettre initiale du mot Aqua, qui indique que cette burette est réservée pour l'eau et évite la confusion dans le service de la messe. On trouvera dans la seconde partie, des descriptions de burettes accompagnées de ces signes. Contre-émail marbré.—(Collection Durand, n° 28/2449.)

173. — Burette *semblable à la précédente.* — *Hauteur,* 0,205 ; *diamètre,* 0,076.

Sur la partie extérieure du pied on trouve, mêlées aux étoiles dorées, les lettres Vinum(1), qui servaient, à la messe, à reconnaître celle des deux burettes qui était remplie de vin. Contre-émail marbré. — (Collection Durand, n° 28/2449.)

Devant quelles difficultés les émailleurs italiens se découragèrent-ils ? Je l'ignore ; mais il est un fait certain, c'est que des débuts, remarquables à plus d'un titre, furent abandonnés, et que toute concurrence céda devant les succès de l'industrieuse ville de Limoges. Les émaux faisaient en effet, dans ce vaste atelier, de rapides progrès.

Suite des émaux peints de Limoges.

Le ton violacé des carnations avait été remarqué de bonne heure comme un défaut grave, et l'on chercha de toutes manières à le corriger. Faute d'y réussir, on tourna la difficulté en se contentant d'un blanc mat pour les carnations, légèrement rosé sur les joues, et d'un vif incarnat

---

(1) **Collection Germeau.** Un plateau de burettes carré, émaillé en bleu, orné d'étoiles et de rinceaux d'or. Au centre deux lettres ou signes entourés d'une couronne, dimension, 0,187 en carré. Je ne cite pas tous les coffrets, salières et petits meubles qui ont passé sous mes yeux ; l'ornementation et l'émail sont les mêmes, quelque variété de forme que reçoivent les objets.

sur les lèvres (1); mais, en même temps, on poussa si loin l'éclat des vêtements que l'on put détacher les figures sur un fond du plus beau noir. Le Musée de Cluny offre un exemple de ces émaux ainsi modifiés : c'est un diptyque qui représente, d'un côté, le Christ, et, de l'autre, la Vierge (2). Cet émail permet de marquer le passage des émaux violacés aux émaux éclatants de couleur, et dans lesquels se fait sentir la main des peintres de talent. La bordure en émail appartient encore à l'un des artistes dont nous avons plus haut passé les œuvres en revue. Les enfants qui s'enlacent avec des enroulements de guirlandes, ont les carnations violettes, des têtes énormes et entièrement dépourvues de cheveux. Les bouquets de feuillage qui les relient entre eux sont rendus par des tons verts froids rehaussés de touches blanches. Il est bien difficile que cette bordure et les figures en buste du Christ et de la Vierge soient de la même main, car ceux-ci révèlent un homme de talent. Le type et les physionomies sont des créations entièrement françaises, dans lesquelles on peut retrouver la simplicité des maîtres primitifs flamands et italiens. Les mains sont parfaites, les plis des vêtements se forment avec grandeur et simplicité, et jusqu'au mouvement des ondulations de la banderole, tout y est charmant. Ces deux figures se détachent avec harmonie sur un fond bleu tellement foncé qu'il semble noir, le cadre ancien est conservé, il est encore orné de sa moulure et de ses nœuds à l'état primitif.

A côté de cette peinture en émail, vive, brillante dans sa transparence, un peu gothique dans les tendances de son dessin, et qui semble la production facile de peintres verriers rompus au traitement des émaux, marchait parallèlement l'œuvre de peintres miniaturistes, dont les émaux montrent une grande imperfection technique et beaucoup de finesse de pinceau. Leur émail, apposé sur le métal en grandes

---

(1) **Collection Daugny.** L'Adoration des bergers ; au bas, cette inscription ainsi divisée : OMATER. DEI MEMENTO. MEI. Il y a des inscriptions en or sur tous les vêtements et sur l'architecture ; l'effet général est neigeux par l'abus des rehauts de blanc et l'absence de paillon. Hauteur, 0,253 ; largeur, 0,210. **Collection Germeau.** *Saint Jehan, saint Jaque*, sous des arcades, se détachant sur des draperies très ornées, carnations rosées, lèvres roses, pointillé d'or. Hauteur, 0,170 ; largeur, 0,067.

(2) Catalogue du Musée, n° 997 ; provenant de la collection Didier Petit, n° 43. Hauteur, 0,240 ; largeur, 0,197.

épaisseurs, a des tons sales, sans aucune transparence, et presque sans aucun brillant. Il semble qu'il se colle à la plaque et s'y soit desséché. Le dessin est gothique, incorrect et naïf; les nez sont singulièrement longs et se montrent de profil, même quand la figure est de face; les yeux sont adoucis par de longs cils, et un pointillé brun dans les ombres, rosé dans les carnations, parvient péniblement à rendre le modelé des chairs; enfin des gouttelettes d'émail sans paillon semblent être conservées à regret, et comme par concession aux habitudes prises. La composition est mesquine et souvent puérile. C'est un reflet des miniatures de nos manuscrits, un art exclusivement français, sans que l'influence des gravures flamandes et allemandes s'y soit exercée. On fera attention à cette phase particulière (1) des émaux peints, à leur début, parce que de ces deux tendances différentes et de leur fusion, sont sortis les chefs-d'œuvre de Limoges.

Les progrès sont dès lors sensibles, car au milieu de toutes

---

(1) **Collection Germeau.** La légende de sainte Valérie, l'une des patronnes populaires du Limousin, suite de petites plaques cintrées. On lit sur la lame du sabre qui va s'abaisser sur le cou de la sainte, le nom: VALERIEN. On remarque beaucoup de finesse dans les têtes, des profils un peu pointus, une grande naïveté dans la composition; ce sont de véritables miniatures de manuscrits. Hauteur, 0,097; largeur, 0,085. **Collection Naïf.** Le Christ sur la croix entre les deux larrons. Au bas, à gauche, la Vierge soutenue par saint Jean et une des saintes femmes; à droite, deux cavaliers, l'un sur un cheval blanc et en armure complète de chevalier du XVe siècle, l'autre sur un cheval gris brun, et coiffé d'un grand chapeau fourré d'hermine; au fond la ville de Jérusalem, se détachant sur un ciel bleu étoilé; dans les deux angles du bas, des écussons, l'un écartelé au premier d'azur à trois maillets d'or, au second et troisième de gueules à trois croisettes d'or, au quatrième d'or à deux fasces de gueules, l'autre de sinople, au lion d'or, à la bordure de gueules chargée de.... besans d'or. On lit sur la robe de la Vierge, le mot de Maria répété, on y pourrait lire Monvaerni. Hauteur, 0,200; largeur, 0,220. Cet émail fait partie d'une suite de douze sujets de la Passion. J'en ai retrouvé trois dans la **collection Bouruet**, la Pieta, ou Descente de croix, dans la **collection Iza Czartoryska**, et enfin la Flagellation dans le commerce. **Musée de Cluny**, n° 998. Pieta. Des deux côtés de la Vierge, les donataires à genoux, homme et femme. Travail français très naïf. Les trois figures se ressemblent, et elles rappellent le type des figures de la légende de sainte Valérie, cité plus haut. Les émaux de couleur sont opaques, et il y a dans le paysage des jaunes et des verts qui sont propres à ces émaux. Les pierreries imitées en émail de relief sur paillon couvrent le nimbe et rattachent cet émail à la série des

ces imperfections il y avait des réussites et des lueurs de succès qui durent frapper les artistes, en leur faisant comprendre la valeur, la portée, et toutes les ressources de ce procédé. Se consacrer à ce genre d'émaillerie pouvait tenter, et tenta des peintres de talent; nous allons dorénavant décrire des œuvres signées, et nous apprécierons la manière et les mérites de chaque émailleur.

JEAN PÉNICAUD I.

Est-ce le frère, est-ce le fils de Nardon Pénicaud? On l'ignore : c'est évidemment son élève. Il l'imite d'abord; il introduit ensuite dans son art des perfectionnements qui lui permettent d'ouvrir une voie nouvelle. On conçoit que dans cette période d'essais sa manière dut varier; aussi marquerons-nous deux tendances sensibles. Dans ses commencements, il poursuivait évidemment l'effet métallique des émaux de basse taille, et au moyen du métal brillant (1) qui recevait les ombres, des émaux translucides qui leur donnaient la profondeur, des rehauts d'or, apposés en pointillé, en hachures et en masse, qui formaient les lumières et comme les reliefs de la ciselure, et enfin des paillettes nombreuses, vives de couleurs et de peu de relief, il arriva à produire quelque chose de presque aussi

---

émaux paillettés. On voit au bas de la plaque ce monogramme, ou cette marque **Quedeville.** des plaies du opaques, le larg., 0,085. Hauteur, 0,225; largeur, 0,153. **Collection** Le martyre de saint Etienne. Le sang qui jaillit saint est mis en relief. Tous les émaux sont contre-émail est vert foncé. Hauteur, 0,105;

(1) Le paillon est d'un usage immémorial; l'abus qu'on en fit pour donner à des pâtes de verre l'éclat et l'apparence de pierres précieuses, le fit condamner dans les ordonnances des métiers. En 1416, l'orfèvre du duc de Bourgogne asseoit ses rubis sur paillon, *afin,* dit-il, *qu'ils eussent meilleure et plus fresche couleur.* (Ducs de B., n° 464.) Benvenuto Cellini explique longuement les nuances de toutes sortes qu'on doit choisir pour faire valoir les pierres précieuses. (Dell' Oreficeria, page 6, Milano, 8°, 1811.) On lit l'article suivant dans les ordonnances ou statuts du métier, rédigés par les argentiers de Limoges en 1389 : Item que per vaissella esmellada, lon no meta limalha d'argent ou do popier, sino que autramant sie regarda estre fasador et ordenat per leurs bayle susdits.

brillant. L'effet général tient des vitraux peints, et aussi un peu de la porcelaine (1); un bleu turquoise et un bleu d'azur y dominent, les carnations violacées frappent la vue et choquent l'œil, le brun jaunâtre brille dans les fonds et dans l'architecture, plus clair encore il couvre les chevelures. J. Pénicaud abandonna cette lutte avec les émaux de basse taille pour chercher, dans les ressources naturelles de l'émail, la véritable peinture, et il était sur la bonne voie, si nous en jugeons par ses derniers travaux. Cette seconde manière se distingue par des carnations plus rosées, par des yeux noirs dans des orbites très blanches, par un ton général foncé, où le bleu, dans ses différentes nuances, domine, où le vert, de plusieurs tons et translucide, laisse percer le travail des ombres tracées sur le paillon (2). Les revers de ces émaux sont jaspés d'un brun violacé, assez épais pour empêcher de voir si la plaque est poinçonnée, mais qui permet de distinguer les raies qu'on a faites dans le métal, sans doute pour mieux retenir l'émail; plus tard, ces revers sont couverts d'un émail vert glauque très épais. Le dessin est bon, le style français, l'imitation des gravures allemandes et flamandes évidente. Pénicaud a même puisé, dans ce fonds de compositions, devenues populaires dans toute l'Europe, une certaine exagération de physionomies expressives et grimaçantes, dont l'effet s'augmente encore par le blanc trop vif des yeux.

---

(1) **Collection Daugny.** Le Christ couronné d'épines, imité de la gravure d'Albert Dürer. Ton général clair, brillant et gai. Sûreté de dessin, physionomies exagérées dans leurs expressions moqueuses. Le violet, le brun et le bleu vif dominant dans les vêtements, les terrains d'un ton vert. La signature, dont je parle dans la note 3 de la page suivante, est au bas à droite. Hauteur, 0,234; largeur, 0,195. La Flagellation, même grandeur, mêmes émaux que le précédent.

(2) **Collection Soltikoff.** La Flagellation, petite plaque en émail de couleur, placée dans un cadre en cuivre ciselé du meilleur goût, et de la date même de l'émail, c'est-à-dire de 1512 ou 13, l'original d'Albert Dürer étant de 1511 et la copie de Noël Garnier, dont il s'est probablement servi, de l'année suivante. Hauteur, 0,120; largeur, 0,090. Il n'est pas fait usage de paillettes dans cet émail. La signature est sous les pieds du Christ. Cette petite plaque a appartenu à M. Deville, ancien maire de Tournon (Ardèche). On peut rapprocher de cet émail les deux plaques suivantes, de la même collection : 1° La mise au tombeau. Hauteur, 0,150; largeur, 0,120. 2° Un triptyque, Jésus sur la croix, au centre et sur les volets, la Flagellation et la mise au tombeau. Hauteur, 0,190; largeur, 0,175; volets, 0,075.

Un de ses émaux porte IOH̄MNES.PENIC (1); un autre : XOHAN: P:ENICAVLT (2); un troisième : IOHAM: P (3); enfin un quatrième ce chiffre enlacé : [monogram] (4).

Tout ce que je viens d'énumérer, tout ce que j'ai décrit appartient encore aux *incunables* de l'émaillerie. Cet art devait sortir de son berceau sous la conduite vigoureuse

---

(1) Cette signature a été amplifiée pour qu'elle fût lisible ; elle est tracée en or et en caractères microscopiques au-dessous des pieds du Christ, au bas de la Flagellation dont il est question dans la note précédente.

(2) **Collection Daugny.** Le Couronnement d'épines. La signature est tracée en or au bas, à droite. M. Didier Petit, auquel cet émail appartenait, l'a sommairement décrit dans son catalogue, sous le n° 169, en ajoutant qu'il est signé JEHAN.P.E.NICAVLAT. Cette lecture fautive l'autorisa à créer un émailleur du nom de Nicaulat, et ce nom a été adopté dans quelques ouvrages. Le fac-simile de cette signature, qu'on voit plus haut dans le texte, met fin à cette erreur. Je l'ai calqué avec soin, et je suis certain de n'avoir rien omis, rien ajouté.

(3) **Collection Daugny.** La Flagellation. Une draperie tombante empêcha l'artiste de compléter sa signature. A ces plaques signées il faut en associer une qui ne porte pas de signature, mais qui les rappelle par le dessin, le sentiment et les tons des émaux. **Collection Soltikoff.** La résurrection du Lazare, plaque émaillée en couleur ; dans le fond, une église surmontée d'une fleur de lis. Hauteur, 0,265 ; largeur, 0,235.

(4) Je renvoie à la description de cet émail donnée par le D. Fr. Kugler (Beschreibung der kœnigliche Kunstkammer zu Berlin p. 135, n° 211). Triptyque. Dans le tableau central le crucifiement, sur les volets le portement et la descente de croix. Hauteur, 10 pouces 1/2 ; largeur, 9 pouces. Le chiffre se trouve sur le volet du portement de croix, dans le coin d'en bas. **Collection Soltikoff.** Ce même chiffre se voit au milieu d'un écusson que soutiennent deux anges, et se détache sur fond bleu ; dans un triptyque qui représente, d'un côté, l'Adoration des bergers, de l'autre, l'Adoration des Mages. Hauteur des plaques émaillées, 0,205 ; largeur, 0,170.

des peintres éminents du Limousin, dont nous allons nous occuper, et qui eurent Nardon Pénicaud pour chef, et Jean Pénicaud le second pour véritable guide. Le style, en même temps que les procédés, se modifient. Nous sommes en 1530. François Ier, depuis quinze ans, s'efforce, peut-être avec trop de précipitation, d'activer la renaissance des arts en France. Une petite Italie française, un reflet de Mantoue et de Florence, donne son impulsion partout, et Limoges s'en ressent. Le roi de France, accessible à toutes les innovations, n'avait pas vu sans intérêt la nouvelle application qu'on faisait de l'émail; il comprit la portée de ce procédé; il voulut en favoriser les progrès, et nomma Léonard, un des plus habiles émailleurs du Limousin, son peintre et son valet de chambre, donnant à l'émaillerie de Limoges, avec sa protection, l'empreinte des tendances qu'il favorisait à Fontainebleau. L'influence italienne, toutefois, ne fut pas dominante, et nous devons à la distance qui sépare Limoges de la cour de France, la persistance du caractère français. Les copies délicieuses des portraits de Fr. Clouet, resté fidèle aux traditions nationales; l'imitation des compositions de Delaune, qui n'était qu'à demi dans le courant italien, et des petits maîtres français et allemands, qui n'en avaient que la réminiscence, tout cela mêlé, assimilé, confondu, sans grand discernement, mais toujours avec goût, compose comme un style particulier à Limoges, qu'on reconnaît à première vue, et qui semble appartenir à l'émaillerie.

Mais cette émaillerie elle-même, arrivée à son apogée, comment la classer dans l'histoire de l'art? Si nous écartons quelques productions originales d'un mérite supérieur mais exceptionnel, si nous laissons à part les portraits de Léonard Limosin, de Jean Pénicaud le jeune et de Petitot; si, enfin, nous avons la force de nous dégager de l'engouement qui résulte de goûts particuliers et d'études spéciales, nous dirons que l'émaillerie des peintres a été et restera un art reproducteur qui compense, par sa nature inaltérable et ses qualités brillantes, ce qui lui manque en fermeté de dessin, en liberté de touche, en vérité et en variété de coloris, en rapidité et en sûreté d'exécution. En toutes choses, la renaissance du XVIe siècle a pour caractère distinctif, pour mérite et aussi pour tort d'avoir dépassé le but. Aux yeux de quelques-uns c'est un avantage, parce qu'ils sont séduits par cette hardiesse qui s'applique à tout, par cette élégance qui couvre l'immoralité et embellit jusqu'aux licences; aux yeux de juges plus sévères, c'est un tort, parce que dans les arts une certaine réserve rend plus profond le sentiment, en même temps que le respect des règles traditionnelles forme comme une limite qui, en faisant monter la sève du génie, l'empêche de s'épandre, et en réalité de se perdre. Les émaux ont profité, ils ont souffert aussi de cette tendance hardie et quelque peu enivrée. Alliés à l'orfèvrerie, servant de rehaut à la ciselure et à la gravure, associant dans une juste mesure la peinture à la plastique, ils semblaient avoir conservé dans leurs allures quelque chose des traditions antiques; mais tout à coup la renaissance s'en empare; d'un accessoire elle fait la chose principale; d'un moyen d'ornementation limité, elle compose une peinture qui a toutes les prétentions de la véritable peinture, sans en avoir les ressources et les franchises.

Ces réserves faites en faveur de l'art, dans ses conditions sérieuses, je vais décrire avec enthousiasme quelques productions remarquables, les passer toutes en revue, et suivre avec intérêt, jusqu'aux dernières limites de sa décadence, un art dont la vogue a soutenu les efforts pendant deux siècles, et qui s'apprête à renaître de nos jours dans des conditions nouvelles.

JEAN PÉNICAUD II.

Le second des Jean Pénicaud ouvrira cette nouvelle ère. C'est déjà un homme de talent, dont les ouvrages prennent un rang distingué parmi les productions de Limoges. Il a signé un de ses émaux IOHANES PENICAVDI IVNIOR, 1539 (1), en indiquant par cette qualification sa parenté avec Jean Pénicaud, dont il était sans doute le frère cadet. J'ai vu sur une Annonciation (2) les initiales de son nom I. P., dont il s'est servi de nouveau pour marquer un portrait de Luther, et ce dernier émail peut être considéré comme portant la date de 1531 ou 1532, puisqu'il représente le ré-

---

(1) **Catalogue Walpoole**, n° 59, Londres, 1841.

(2) **Collection Daugny.** Annonciation. La Vierge est agenouillée sur un prie-Dieu en bois sculpté. Devant elle, l'Ange; dans les nuages, l'Éternel; dans le fond à gauche, un lit, et sur son coussin le chiffre I P, tracé en lettres d'or. Revers translucide, frappé du poinçon P L; plaque cintrée par le haut. Hauteur, 0,145; largeur, 0,127.

formateur *anno œtatis* 48 (1). Ces productions signées permettent de reconnaître, en outre, un certain nombre de ses ouvrages qu'il a laissés sans signature (2), et de séparer ses émaux de l'œuvre de Jean Pénicaud le troisième, auquel on les attribue à tort.

Sa manière trahit les habitudes d'un peintre verrier, et plus encore celles d'un miniaturiste (3). Il a eu deux manières, et dans le style et dans la technique de l'émail : d'abord miniaturiste et Français, il est timide, sérieux, un peu sec ; plus tard, il semblerait qu'un voyage en Italie, le contact avec les maîtres italiens, ou tout simplement l'influence de Léonard Limosin, qui rapportait de Fontainebleau les errements à la mode, le fait tourner au genre grandiose, facile et un peu lâché (4). Quant à la technique,

---

(1) **Collection Soltikoff**, n° 723 de la collection Debruge. La tête se détache sur un fond vert, l'émail laisse apercevoir le paillon guilloché qui lui donne sa transparence.

(2) **Collection Daugny.** Petite plaque d'émail divisée en treize compartiments ; dans le plus grand le Christ, dans les autres les douze apôtres. On croit voir une miniature de livre d'heures, seulement les tons sont plus profonds dans leur vigueur transparente. Le bleu domine dans le ton général. Cet émailleur emploie pour tout ce qui est métal, hallebardes, épées, scies, clefs, un ton vert bronzé et mat qui est particulier. Le contre-émail est translucide, il porte la marque du poinçon PL. Hauteur, 0,145 ; largeur, 0,103.

(3) De ce nombre est le portrait d'Érasme, qui, dans la **collection Soltikoff**, fait pendant au portrait de Luther, et portait le n° 725 dans la collection Debruge. La marque du poinçon PL a été frappée au revers de la plaque de métal.

(4) **Collection Iza Czartoryska.** La Vierge, vue en buste, allaite l'Enfant-Jésus. Sur la tablette qui s'étend au bas du tableau, on voit une moitié d'orange et un verre d'où s'échappent trois lis. La Vierge se détache sur fond noir, la robe est d'un bleu sale, le coussin d'un violet vineux ; on lit dans la partie supérieure l'inscription suivante : O MARIA : FLOS : VIRGINVM-VELV : ROSA : VELV : LISLIV. — Le revers est couvert d'un émail translucide, à travers lequel on distingue très bien le poinçon des Pénicaud marqué deux fois. C'est une copie délicate et fine, un peu pâle, d'un tableau italien, peut-être de Francia. Hauteur, 0,124 ; largeur, 0,092. **Collection Soret.** Un médaillon présentant d'un côté un portrait de religieuse, vue de trois quarts, se détachant sur un fond noir et bordé par un liséré blanc et une bande d'émail bleu sur paillon d'argent. Au revers, un camaïeu d'or enlevé à la pointe sur émail noir. Il représente la Vierge *au berceau*, copiée sur la gravure exécutée par Marc-Antoine

Il eut aussi deux manières : la première, fidèle encore aux anciens errements, se remarque dans une Cène (1); la seconde est toute développée dans sa grande Ascension, et dans d'autres émaux où l'on ne peut ni méconnaître, ni oublier la finesse de la touche, unie à la vigueur du coloris. Il fait usage du paillon par grandes surfaces, tellement qu'on croirait qu'il en couvre entièrement ses plaques, mais le brillant du cuivre suffit souvent pour donner de l'éclat à ses couleurs translucides. Ses tons, solides autant que limpides, prennent, au moyen de cette assistance, une transparence vigoureuse qui est tout à fait caractéristique. Quand il traite des sujets de grande dimension, on voit que sa parenté avec Jean Pénicaud I s'étend jusqu'à sa

---

d'après Raphaël (Bartsch, n° 63). Marie tient l'Enfant-Jésus sous les yeux de sainte Anne, patronne de la religieuse, et à laquelle est dédié ce joli ouvrage; on lit l'inscription suivante tracée en lettres d'or : AVE: MATER:MATRIS:DEI: Je cite ce médaillon, parce qu'il marque les deux tendances, les deux manières. Dans le portrait, les errements français; dans le camaïeu, l'influence italienne; d'un côté, la simplicité la plus naïve; de l'autre, la hardiesse la plus habile. Forme ovale, hauteur, 0,080; largeur, 0,075.

(1) **Collection Quedeville.** La Cène. Le Christ et les apôtres assis autour d'une table ronde; un serviteur entre à droite; dans la partie supérieure neuf arcades et une lucarne. Au revers l'émail est translucide et la plaque est marquée au poinçon quatre fois. Hauteur, 0,190; largeur, 0,185. **Collection Soret.** La Nativité. La Vierge est couchée; deux femmes lui donnent leurs soins, une troisième, assise sur le premier plan, tient l'Enfant-Jésus emmailloté; un ange, les ailes développées, agenouillé dans les nuages, encense la mère de Dieu. L'émail étant fixé dans un cadre, on ne peut voir le revers. Hauteur, 0,040; largeur, 0,067. **Collection Soulages.** *Enseigne de chapeau.* Un seigneur, agenouillé devant la Vierge qui apparaît au milieu des nuages. Les costumes des femmes reportent à la cour d'Anne de Bretagne, et celui des hommes à l'étiquette du règne de Louis XII. L'inscription a été refaite et n'est pas intelligible; c'était une invocation à la Vierge. Plusieurs couleurs sont appliquées sur paillon; l'émail est d'une grande finesse. Le contre-émail est translucide; la marque du poinçon est frappée au centre. Médaillon ovale. Hauteur, 0,053; largeur, 0,040. **Collection Soltikoff.** Un petit coffret décoré de douze sujets bibliques avec cette inscription : DE GENESEE ET EXODE ET LE VITCVS NUMERI DES ROIC IVDI. — Un autre coffret orné des médaillons des douze Césars, peints en grisailles, au milieu d'une couronne de feuillages peints en vert et soutenus par des amours dessinés dans le goût de Clovio, c'est-à-dire que cette dernière production date de la transformation italienne de Jean Pénicaud II.

manière de peindre en émail; on la trouve surtout dans ses ombres apposées sur le fond du métal et dans la touche des rehauts d'or. Si je voulais rendre justice à tous ses mérites, je vanterais dans une délicieuse Annonciation son ciel d'azur qui va mourir en tons insensiblement dégradés, depuis le bleu le plus foncé étendu dans la partie supérieure, jusqu'au bleu argentin qui, dans le bas, recouvre à peine le paillon et semble annoncer le crépuscule du matin; je ferais ressortir l'habileté avec laquelle sont rendues des sculptures en bois, dont les reliefs s'accusent vivement entre des ombres transparentes et des lumières dorées spirituellement touchées; enfin, je ne louerais jamais assez la nature limpide, éclatante et profonde, de ses nuances d'émaux. A la vérité, la variété et la vie manquent à ces têtes, un peu monotones dans leurs proportions et dans leurs physionomies, à ces yeux glauques un peu morts; les extrémités sont touchées lourdement, le modelé est souvent mal compris, le faire est un peu mesquin (1). Mais quittons ces cri-

(1) Ces critiques s'adressent tout entières à un grand émail que je vais décrire avec quelque étendue, parce qu'il est, comme œuvre de Jean Pénicaud II, et malgré ses défauts, d'une grande importance. **Collection Gatteaux.** L'Ascension de Jésus-Christ, en émaux de couleur. Hauteur, 0,303; largeur, 0,193. Le Christ plane dans les airs, au milieu d'une gloire formée d'une bande lumineuse de forme ovale dans laquelle volent dix chérubins aux ailes déployées, aux bras croisés sur la poitrine et peints entièrement en rouge, comme c'était habituel au moyen âge. Jésus bénit de la main droite, et de la gauche il retient son manteau qui flotte derrière lui, laissant nu tout le buste. Ce manteau est brun rouge, du même ton que la gloire et les chérubins. Deux anges, vêtus de blanc, soutiennent cette gloire, deux autres planent au haut du tableau, les bras croisés sur la poitrine en signe d'adoration; leurs vêtements sont violets, leurs ailes vertes. Au bas du tableau sont agenouillés les douze apôtres: sur le premier plan, saint Pierre en robe bleue, manteau violet, tenant d'énormes clefs à la main; à droite, saint Paul, robe brune, manteau violet. Pénicaud avait devant les yeux quelque tableau italien qu'il a imité, à l'exception du coloris qu'il a tenu clair, suivant le goût français, et éclatant d'après les conditions de l'émail. Sa signature était peut-être en bas à droite, mais l'émail est altéré sur ce point. **Collection Soltikoff.** On doit ranger à côté de ce bel émail la plaque centrale d'un tableau qui en réunit onze dans son cadre de bois doré. Celle du milieu, sur laquelle est figurée l'Ascension, a cela de particulier, que la figure du Christ a le même type, son corps les mêmes proportions, ses carnations le même coloris; je ne pousserai pas plus loin cette comparaison pour établir que ces deux plaques des collections Gatteaux

tiques de détail pour donner sans restrictions des éloges à ces émaux, qui, pris dans leur ensemble, sont délicieux.

Aussitôt que le revers des émaux de la famille des Pénicaud se couvre d'émail moins épais et devient translucide, on distingue dans la plaque de cuivre cette marque de poinçon, ~~~ frappée au marteau, qui se retrouve sans discontinuer sur les émaux de tous les Pénicaud (1). En démembrant ce monogramme, on y a trouvé un L et un P, dont on aurait fait Louis Pénicaud, si des signatures en toutes lettres n'établissaient pas que le premier des Pénicaud se nommait Nardon et les trois autres Jean; mais en le décomposant en un P et un L, on peut interpréter ce chiffre par Pénicaud Limosin, sorte de poinçon de famille propre à tous ses membres. Nous verrons plus loin que Léonard s'appela de même Limosin, non par la volonté du roi, mais par une habitude qui n'était pas circonscrite dans la ville de Limoges. Une couronne surmonte ce chiffre; on la trouve également sur les signatures de l'anonyme P. V., de Léonard, de P. Raymond, et d'autres. Je ne saurais en donner l'explication, mais avec le temps nous en découvrirons la signification.

---

et Soltikoff sont de la même main, et on dirait presque de la même fournée. Les autres plaques du même tableau se rapprochent davantage de l'Annonciation de la **collection Daugny**; quant à la plaque du bas, je l'attribue à J.-B. Court, et j'en parle page 276, note 3.

(1) Cette marque a été frappée en outre avec cet autre poinçon la différence n'est pas grande, mais il suffit qu'elle soit sensible pour établir l'existence de deux poinçons. Je n'appuierais pas sur cette circonstance, peu importante sans doute, si l'on n'en pouvait tirer une conséquence. Il s'est élevé en effet des doutes sur la propriété de cette marque. On a dit qu'elle appartenait au planeur des plaques de cuivre, et non pas aux artistes Pénicaud : or, un planeur n'aurait eu qu'un poinçon; tandis que les différents membres de la famille Pénicaud, qui avaient le droit de s'en servir, durent en avoir plus d'un; et d'ailleurs l'anonyme P. V. marquait aussi ses émaux d'un poinçon frappé au revers du cuivre. Les émaux des Pénicaud sont poinçonnés une, deux, et jusqu'à quatre fois. **Collection Soltikoff**. Le portrait d'Érasme qu'on a vu dans la collection Debruge est ainsi marqué de quatre coups de poinçon.

P V.

Il était impossible qu'un talent aussi éminent, des succès aussi remarquables, n'eussent pas appelé, près d'un tel maître, des élèves soumis à ses principes, ou, en regard de lui, des rivaux habiles à surprendre ses procédés et à imiter sa manière. Je ne saurais déterminer dans quelle position était, à cet égard, l'émailleur qui a marqué ses émaux d'un P et d'un V couronnée; mais il est évident qu'il est non-seulement son contemporain, mais son imitateur; car c'est le même style, les mêmes nuances d'émaux, la même manière, à tel point que j'aurais été tenté d'attribuer les deux émaux que j'ai sous les yeux (1) à la jeunesse de Pénicaud le second, s'ils n'étaient poinçonnés d'une marque différente de la sienne. Cette marque se présente ainsi . Elle est frappée au revers dans le cuivre, et apparaît au travers d'un émail incolore et translucide de même qualité que celui dont est couvert le revers des émaux de Jean Pénicaud II. Que signifie cette marque? Je ne parle pas de la couronne; mais les lettres telles que la gravure les reproduit exactement doivent-elles se traduire par Pénicaud Limosin vieux ou Pénicaud Limosin le cinquième? Je remets à quelque rencontre heureuse la solution de cette énigme.

Sa manière. Qu'on suppose des ouvrages timides et imparfaits de Pénicaud II, on aura une idée de ces émaux, qui sont, malgré cette infériorité, de fines productions et des objets précieux.

---

(1) **Collection Trimolet**, à Lyon. La décollation de saint Jean-Baptiste. Quatre personnages occupent le premier plan. Le saint, en robe jaune, est à genoux, les mains jointes, tourné vers la gauche et se présentant de profil. En face de lui Hérodiade, qui tient un plat dans ses mains. Derrière elle, sa suivante. Le bourreau est debout, à droite de l'émail, et plus en avant que le saint martyr; il a tiré son épée et va frapper. Dans le fond une estrade occupée par cinq spectateurs qui se détachent sur des bâtiments. Hauteur, 0,097; largeur, 0,074. — La Flagellation. Jésus-Christ est attaché à la colonne, deux hommes le frappent de verges; l'un, celui de gauche, porte la toque à plumes, les chausses à crevés et les souliers camus en usage au commencement du XVIe siècle. Grisaille teintée sur fond noir. Plaque cintrée par le haut. Hauteur, 0,077; largeur, 0,074.

JEAN PÉNICAUD III.

Le troisième émailleur de la famille de ce nom est un grand artiste, un dessinateur plein d'esprit, un coloriste rempli de ressources, et, dans quelques productions (1), le talent supérieur et la gloire de Limoges. Il travaillait sans doute dès son jeune âge dans l'atelier de son père, mais il n'a pu conquérir qu'en Italie la distinction de goût, la hauteur de style, la grandeur des effets qui marquent ses ouvrages. S'il s'était formé à Fontainebleau, il aurait rapporté de son voyage ces mêmes qualités, mais il aurait conservé les défauts qui caractérisent tous ceux qui sont sortis de cette école, et je n'en vois trace nulle part dans ses ouvrages. Le Parmegianino, parmi tous les maîtres italiens, semble avoir le plus influencé sa manière. Quelques-unes de ses compositions ne sont pas indignes du beau talent de ce grand peintre. Sa supériorité sur tous les émailleurs de Limoges se marque en deux points : il n'a copié personne (2); il n'a signé aucun de ses ouvrages (3). Ne copier personne et se montrer inventeur fécond, habile, depuis les pochades les plus hâtivement lâchées jusqu'aux tableaux d'émail les mieux terminés, en restant toujours soi-même par le sentiment, le coloris et la touche, c'est le signe du vrai talent. Ne signer aucune de ses œuvres, mais les marquer de sa touche spirituelle, de ses teintes particulières, de ses camées dignes de l'antique, c'est se montrer supérieur au métier, et digne du nom d'artiste.

Je n'ai pas la prétention de définir sa manière. Il a peint, le plus souvent en grisaille, les carnations teintées (4). Les

---

(1) Je songe au n° 174 du Louvre, à la Pieta de la **collection Rattier**, médaillon de 0,220 en diamètre ; au repas des Dieux de la **collection Soltikoff**. Ce sont des chefs-d'œuvre.

(2) Exceptionnellement quelques tableaux célèbres, quelques compositions divines de Raphaël. **Collection F. Reiset**. Jupiter et Vénus d'après la gravure de Marc-Antoine, grisaille teintée. Hauteur, 0,100 ; largeur, 0,150. Provenant de la collection Denon, n° 739.

(3) J'affirme, et cependant M. l'abbé Texier s'exprime ainsi : *Jehan Pénicaud a signé six tableaux représentant la légende de saint Martial appartenant à M. Alphonse Bardinet*. M. M. Ardant ajoute qu'il les a datés de l'année 1544.

(4) **Musée de Dijon**, n° 820 du Catalogue. Deux plaques en grisailles : sur l'une, Dalila coupant les cheveux de Samson ; sur l'autre, Samson tuant les Philistins. Émaux d'une grande finesse d'exécution.

yeux sont frappés, et aussi charmés, par les effets vigoureux et harmonieux qu'il sait trouver pour faire poindre ses compositions au milieu du noir, comme une apparition qui perce la nuit, et dont l'éclat va grandissant. Ses blancs laiteux, ses rehauts d'or touchés sobrement et à propos, l'ensemble distingué et séduisant de ses émaux, sont des signes caractéristiques que confirme toujours le poinçon de la famille, frappé sur toutes ses plaques. Son talent ne l'a pas mis plus qu'un autre à l'abri de la presse industrielle, et de la nécessité d'appliquer son habile pinceau aux ustensiles de la vie privée. Nous avons de lui des plats, des assiettes (1), des aiguières (2), coupes (3), salières, et chandeliers (4). Partout, même dans ses œuvres les plus rapides, les plus fugitives, on voit que l'homme de talent a dominé l'industriel.

174. — La Vierge et l'Enfant-Jésus. — *Plaque en grisaille sur fond noir, les chairs colorées, détails dorés.* — *Hauteur, 0,180; largeur, 0,130.*

La Vierge est représentée assise, tenant de la main gauche une palme et portant la main droite sur son sein; une double auréole entoure sa tête, un livre est posé sur ses genoux. L'Enfant-Jésus, debout près de la Vierge, tient une pomme dans la main gauche; il est entièrement nu, et sa tête est entourée de rayons et de quatre fleurons détachés. Les pieds de tous deux posent sur des nuages qui cachent à demi des figures d'anges placés de chaque côté. Une corne d'abondance est en arrière et à la gauche de la Vierge. Sur le bord on lit cette inscription en lettres dorées : *O mater Dei, memento mei*. Le contre-émail est incolore et laisse apercevoir le poinçon frappé au revers. — (Collection Révoil, n° 284.)

---

(1) **Collection Andrew Fountaine.** Une suite d'assiettes charmantes, décorées de quatre médaillons, d'une bordure d'arabesques, et, au centre, d'un sujet mythologique.

(2) **Collection du Louvre,** n° 179.

(3) **Collection du Louvre,** n° 178.

(4) **Collection Achille Sellières.** Deux chandeliers bien complets depuis le pied jusqu'à la bobèche, et d'une bonne conservation. C'est fort rare. Pénicaud les a décorés, avec soin, de grisailles teintées dans le même genre que la buire du Louvre, n° 179. Il a mis tout son esprit et toute la verve de sa touche dans quelques figures, comme dans le Moïse élevant les tables de la loi sur sa tête, et dans un danseur placé plus loin. Hauteur, 0,230; diamètre à la base, 0,210.

175. — Dieu apparaît a Moïse. — *Plaque en grisaille sur fond noir, chairs colorées, détails dorés. — Hauteur, 0,066; largeur, 0,084.*

L'Éternel est représenté sortant à demi d'un buisson ardent; Moïse, les mains jointes, est assis auprès d'un arbre, deux faisceaux de rayons dorés sortent de sa chevelure; un bâton recourbé est à ses pieds, le troupeau près de lui, et un chien sur le devant à droite. Le contre-émail, un peu marbré, laisse voir le poinçon frappé au revers. — (Collection Durand, n° 104/2618.)

176. — Dieu donne a Moïse les tables de la loi. — *Plaque en grisaille sur fond noir, les chairs colorées, détails dorés. — Hauteur, 0,066; largeur, 0,084.*

L'Éternel est représenté dans les nuages, tenant de la main droite les tables de la loi; devant lui est Moïse agenouillé sur la montagne, ses mains sont jointes, des rayons dorés sortent de sa chevelure. On voit, dans le fond, les tentes des Israélites. Le contre-émail, un peu marbré, laisse voir le poinçon frappé au revers. — (Collection Durand, n° 104/2619.)

177. — Un sacrifice au dieu Mars. — *Plaque en camaïeu d'or sur fond noir. — Hauteur, 0,063; largeur, 0,070.*

Deux guerriers tiennent un renard renversé et étendu sur une table; l'un d'eux est agenouillé et retient l'animal par une patte de devant, l'autre est prêt à le frapper d'un glaive dont est armée sa main droite. Derrière cet homme est un fagot; près de l'autre, un casque. Une porte à fronton est placée dans le fond à gauche, et l'on voit entrer un homme enveloppé d'un manteau. Dans une niche encadrée de colonnes et surmontée d'un fronton triangulaire, la statue du dieu Mars armé d'un bouclier préside au sacrifice. Des flammes s'élèvent au-dessus d'un vase à feu posé à peu de distance. Le contre-émail incolore laisse voir le poinçon frappé au revers. — (Collection Durand, n° 108/2630.)

178. — Noé sacrifiant au Seigneur. — *Coupe en grisaille sur fond noir, détails et ornements dorés. — Hauteur, 0,170; diamètre, 0,184.*

Noé est représenté agenouillé près d'un autel, élevant ses regards vers le Seigneur, que l'on voit dans le haut porté par des nuages d'où s'échappent des rayons dorés. Les trois fils de Noé ayant leurs femmes à leur côté prennent part à cet acte d'adoration; ils sont disposés en deux groupes que sépare l'autel. L'émailleur a peint au centre une autre scène que la pénétration du pied couvre et cache en partie. A l'*extérieur* de la coupe sont distribués des têtes et masques coiffés de draperies, alternant avec des vases, les uns et les autres posés sur des enlacements qui soutiennent des draperies et des trophées d'armes. Sur le *pied* sont des enfants nus dansant, à l'exception d'un seul qui est couché et tient un lapin dans ses bras. Le contre-émail est noir.—(Collection Durand, n° 34/2456.)

179. — LA PURIFICATION (...et ils lavèrent leurs vêtements; Exode, chap. XIX, v. 14). — *Buire en grisaille sur fond noir, les chairs colorées, détails et ornements dorés.*—*Hauteur, 0,170; diamètre, 0,118.*

Les Israélites sont représentés lavant leurs vêtements; trois d'entre eux les trempent dans les eaux, au-dessus desquelles ils se penchent; deux, posés en arrière, soulèvent des manteaux qu'ils tiennent des deux mains; un homme est placé à droite et vu de profil, sa tête est ornée d'un petit diadème doré. Sur le côté opposé, une femme agenouillée lave un linge dans un bassin; un homme placé derrière elle enlève sa tunique, qui cache encore la tête et laisse voir le corps entièrement nu. Un autre est posé dans le fond, élevant les bras. Un troisième semble s'éloigner, et quatre hommes debout se rattachent à la scène par leur attitude et l'expression de leurs regards; l'un d'eux porte une pique. Sur le bord supérieur sont disposés des cartouches dans lesquels sont peints, sur fond d'or, des guerriers à cheval, et, de chaque côté des cartouches, des génies à ailes dorées supportent des guirlandes de fruits. Le goulot du vase figure une harpe garnie de ses cordes; deux figures, en tons de chair, dont les jambes sont enveloppées d'une draperie en grisaille, posées de chaque côté de la harpe, ont une main sur les cordes. Des masques drapés et des trophées d'armes décorent le bas du vase; le pied est orné de médaillons à sujets, qui sont de restauration moderne. Des arabesques rouge et or sur fond blanc décorent l'anse; l'intérieur de la buire est revêtu d'émail blanc, le contre-émail est noir. — (Collection Durand, n° 23/2442.)

ANONYME.

Je rangerai à la suite des ouvrages de Pénicaud le troisième une série d'œuvres anonymes, que je classerai plus rigoureusement, avec le temps, à mesure que des œuvres signées permettront d'assigner à chacune d'elles un nom et une époque précise.

Il semblerait qu'un émailleur, élève de Pénicaud l'ancien, et encore accroché à toutes ses pratiques, eût décoré le fond du plat que je vais décrire, dont la bordure et le revers sont exécutés d'une main moins gothique, et qui tient du dernier des Pénicaud. Le ton général est brunâtre, l'aspect terne; les vêtements, peints en émaux bruns ou bleus translucides sur paillon, se détachent sans vigueur sur un fond général, où le vert domine. La toison des moutons est pointillée en blanc d'une façon monotone, les carnations sont pâles et un peu violacées, les figures longues, et l'ensemble de trop peu de mérite pour qu'il soit nécessaire de s'y arrêter plus longtemps.

180.—LE MOIS DE JUIN, *faisant partie d'une suite gravée par Etienne de Laune.* — *Assiette en émaux de couleurs sur fond noir, avec emploi de paillons et rehauts d'or.* — *Diamètre, 0,198.*

Une femme occupe le centre et est représentée tondant une brebis; un homme, à gauche, s'avance vers elle en portant une seconde brebis sur ses épaules, et un berger, placé à droite, se baisse pour en soulever une troisième. On voit le troupeau en arrière et au fond un pâtre s'appuyant sur sa houlette. Le signe de l'Ecrevisse se détache dans le haut sur un fond d'or, et dans le bas on lit, sur une bande d'émail blanc, le nom du mois, IVING, écrit ainsi en lettres noires. Le rebord est orné de bustes de femmes terminés en arabesques, alternant avec des masques de satyres et des têtes ailées. Le revers est décoré d'une sorte de rosace formée par quatre figures arabesques supportant des coupes et des draperies entre lesquelles sont disposés quatre groupes de chimères à têtes d'homme et de femme. Une vignette en arabesques dorées termine le décor; elle est coupée par quatre médaillons en grisaille, où sont peintes quatre figures de guerriers morts, en couleur rouge rehaussée d'or.—(Collection Révoil, n° 172.)

ANONYME.

Cet émailleur a pris avec bonheur, dans Pénicaud, ses effets de grisaille pleins de douceur, quoique tranchés. Dans la plaque suivante, qui se distingue par le talent avec lequel est rendu le dessin de Raphaël, c'est dans les têtes que se trahit la faiblesse. Des expressions, nulles quand elles devraient être animées, ou sinistres quand elles pourraient être calmes, prouvent l'inexpérience et la maladresse de l'imitateur.

181. — ÉNÉE CONSOLANT LES TROYENS, *d'après Raphaël.*—*Plaque en grisaille sur fond noir, les carnations légèrement teintées, quelques détails dorés. La composition fait partie d'une suite de sujets tirés de l'Énéide, qui sont réunis dans une planche que*

Marc-Antoine a gravée d'après Raphaël. (Bartsch, OEuvre de Marc-Antoine, n° 352.)

Énée, debout sur le rivage, la tête nue, s'appuie de la main gauche sur une pique, et de la droite fait un geste qui semble accompagner les paroles qu'il adresse à un groupe placé du côté droit. Les personnages qui composent ce groupe sont, un homme coiffé du bonnet troyen, un jeune homme, en avant, tête découverte, un homme portant une pique, et derrière celui-là un autre dont on ne voit que la tête. Un jeune homme, armé d'une pique, est posé à gauche, en arrière d'Énée, dont le nom est écrit en lettres d'or, au-dessus de la tête : ENEAS. On voit une barque sur les flots, près du rivage. Le contre-émail est incolore et très rugueux. — (Collection Durand, n° 104/2620.)

ANONYME.

S'emparer de la forme, des mouvements et des expressions de tête de son maître, imiter avec bonheur ses effets, cela ne suffit pas pour tromper l'œil du connaisseur, que choquent des contours lourds et épais, un dessin peu sûr, et surtout l'absence de cette touche pleine d'esprit et de goût qui distingue Pénicaud.

182. — TRAIT DE PIÉTÉ FILIALE. — *Plaque en grisaille, sur fond noir, les carnations légèrement colorées, détails dorés. — Hauteur, 0,076 ; largeur, 0,133.*

Un homme, qui semble mort, est attaché par des cordes contre le tronc d'un arbre qui occupe le bord de l'émail, sur la gauche ; il a le corps percé d'une flèche, les jambes sont enveloppées d'un manteau. Un jeune homme tient un arc tendu et est prêt à décocher une seconde flèche ; un autre jeune homme agenouillé embrasse ses genoux. Du côté droit sont assis deux personnages que leurs insignes indiquent comme les juges de l'action ; l'un tient un sceptre et porte sur la tête une couronne à pointes : il est sans barbe ; l'autre, plus âgé, est coiffé d'un turban. Mariette avait recueilli une légende qui doit être le sujet de cette composition : Deux hommes se disputaient l'héritage d'un mort, et chacun, pour se l'attribuer, prétendait être son fils unique. Le juge, embarrassé, ordonna que le corps fût apporté, et déclara que l'héritage appartiendrait à celui des deux prétendants qui le percerait d'une flèche. L'imposteur y consentit ; le fils tomba aux genoux du juge, se refusant à accomplir un acte qui lui faisait horreur. — Le revers est incolore. — (Collection Révoil, n° 277.)

ANONYME.

L'émail dont la description va suivre n'est pas indigne de Léonard, ou de l'un des Pénicaud. Il puise dans la vigueur de la composition originale, et dans l'éclat des carnations teintées au milieu de la grisaille, son mérite principal. Il pèche par les extrémités qui manquent de fermeté, par la touche qui est molle, et le modelé qui est vide. L'encadrement sombre est bien entendu pour faire valoir cette grisaille éclatante.

183. — Neptune et Amphitrite. — *Plaque en grisaille sur fond noir, les chairs colorées, détails dorés et rehauts d'or, encadrement de couleur bistre relevée d'or. — Hauteur, 0,195; largeur, 0,270.*

Les deux divinités, assises sur un lit, se tiennent enlacées et échangent des baisers ; l'Amour, ayant en main le trident de Neptune, les regarde et sourit ; un dauphin est à ses pieds. L'encadrement est orné dans le haut d'une tête de satyre, et sur les côtés de termes et attributs. Le revers est recouvert d'un émail jaunâtre, épais et presque opaque.—(Collection Durand, n° 75/2543.)

P. I.

Je ne sais pas le nom de l'émailleur qui signe ses ouvrages des lettres P. I. et qui en a daté un de 1534 (1). C'était un artiste de talent, un chercheur de procédés nouveaux, un de ces hommes qui, avec Léonard Limosin et Pénicaud III, ont porté les émaux de Limoges à ce point de rare perfection qui fit leur vogue.

Sa manière. Il est difficile de la juger sur un petit nombre d'ouvrages (2) et de faire la part du talent de cet

---

(1) **Collection Sauvageot.** Le pape, tête nue, est vu en buste, de profil et tourné vers la gauche ; il est chauve ; il a une longue barbe blanche et porte une chape retenue par un gros fermail et ornée d'un large orfroi brodé en or. Trois sujets, tirés sans doute de la vie de saint Clément, se montrent dans cette broderie et sont touchés avec un art, un esprit, une verve tout à fait remarquables et caractéristiques. On lit autour : Clemens VII. Pont. Max. 1534. P. I. — Diamètre, 0,118.

(2) Musée de Lyon. Plaque ronde, camaïeu sur fond bleu, diamètre 0,125. Sur une place qui est disposée comme une arène de combat, deux hommes, la tête nue, luttent à l'épée ; d'autres, armés de longs bâtons, se tiennent à leurs côtés et semblent les témoins du combat. Une estrade soutenue sur trois colonnes occupe le fond, et

artiste au milieu des insuccès de ses hardies tentatives. Ce qui domine, c'est une finesse de touche, sentie et spirituelle, unie à un rare sentiment de l'effet. Comme Pénicaud, il fait poindre avec peu de chose, avec presque rien, des figures dans l'obscurité des fonds; mieux que lui il donne à ses figures une tournure qui rappelle les meilleures époques de l'art et fait penser à Prudhon. Il a exécuté des émaux de couleurs et des grisailles teintées sur fond bleu. Une couche d'émail très épaisse caractérise ses plaques, qui sont couvertes au revers d'un émail translucide, grenu et un peu sale.

PIERRE PÉNICAUD.

Le dernier venu des Pénicaud était, comme tous les siens, peintre verrier en même temps que peintre émailleur. En 1555 il reçut un à-compte sur le prix qui lui était alloué pour l'exécution d'un grand vitrail de douze mètres carrés. Ce paiement est enregistré, dans le livre des comptes de la confrérie du Saint-Sacrement de Limoges, ainsi qu'il suit : *Avons baillé à Pierre Penicaud et à Rechambault, qui font la vistre de la Cène, que avons faict marché à six vingt livres, de quoi leur baillâmes comptant, comme appert par la lettre passée par Albin, la somme de 60 livres* (1). Pour qu'un travail aussi important lui fût confié, il fallait qu'il fût passé maître et qu'il eût acquis déjà une position dans son métier; lui supposer, à cette date, quarante ans, c'est rester dans les probabilités, c'est le faire naître en 1515.

---

les personnages qui y sont placés dominent la composition. Le principal, couronné de lauriers, est assis et étend un sceptre sur un homme agenouillé à ses pieds. Au côté droit est une femme debout, qui pourrait être une figure allégorique de la Justice. Au centre du médaillon et de la composition, on lit, tracée en lettres d'or, la signature P. I. Au revers, une Pallas est assise, tenant la Victoire dans la main. Près d'elle, d'un côté, un trident; de l'autre, l'étendard aux armes impériales. Cette bizarre composition a trait peut-être à la lutte de François Ier et de Charles-Quint. Le personnage couronné qui tient le sceptre a beaucoup de ressemblance avec le roi de France. Cet émail fait partie de la collection Lambert, léguée au Musée de Lyon.

(1) Ce précieux manuscrit est conservé à l'hôtel-de-ville de Limoges; quant au vitrail, il a été détruit en 1770. Nous devons ces renseignements à M. l'abbé Texier.

De ce fait résulte une autre probabilité: c'est qu'il n'était pas le fils, mais le frère de Jean Pénicaud le troisième, et qu'ils avaient tous deux pour père Jean Pénicaud jeune.

Sa manière. C'est l'exagération et un peu la caricature de Jean Pénicaud le troisième. Il a des tournures déhanchées et des têtes accentuées à effets, avec une hardiesse brutale qui n'appartient qu'à lui. Je vais chercher les particularités qui distinguent les deux frères. Je dirai tout d'abord qu'ils ont beaucoup de ressemblance; mais tandis qu'on peut attribuer à Pierre un mauvais émail de Jean Pénicaud, il est impossible de donner un bon émail de Pierre Pénicaud à Jean, car le meilleur de ses ouvrages n'atteint jamais les rares qualités de son frère. Ce qui le distingue, ce sont les proportions trop longues des figures, la mollesse cotonneuse et monotone des plis, la froideur des grisailles (1), les contours durs de ses figures et leurs yeux charbonnés, la direction uniformément droite de ses hachures qui se croisent rarement par-dessus des hachures grises, le pointillé blanc et maigre des arbres, l'absence du sentiment de l'art, et la perte de cet instinct de l'effet qui est l'un des mérites de son frère. Il résulte de ses défauts comme de ses qualités des compositions à grand mouvement, si mal accentuées qu'au premier moment l'œil n'embrasse qu'une confusion moutonnée rendue plus uniforme encore par une cuisson fautive qui pique l'émail et le saupoudre comme d'une poussière blanche.

Il signe ses émaux de son chiffre PP (2). Je n'ai pas encore rencontré son nom en toutes lettres, et je doute qu'il l'ait mis sur ses œuvres. En général elles sont anonymes et faites pour induire en erreur l'acheteur, qui a cru souvent acheter des émaux de Jean Pénicaud son frère. Les plaques sont frappées au revers de la marque qui a servi à toute la famille, mais qu'on distingue difficilement sous un émail épais et souvent grumeleux.

---

(1) **Collection Gatteaux.** Quatre figures allégoriques debout. Grisailles. Hauteur, 0,245; largeur, 0,055. Ces quatre plaques sont détachées d'un coffret, ainsi que deux autres recueillies par M. du Sommerard, et qui figurent, sous le n° 1043, dans le Musée de Cluny.

(2) **Musée de Cluny,** n° 1025. Ce plat, de forme circulaire, mesure en diamètre 0,430. La signature, tracée en or, est au bas à gauche : on trouve cette même signature sur un émail, représentant Orphée, du cabinet de M. de Tusseau.

184. — LE CHRIST MIS AU TOMBEAU. — *Plaque en grisaille sur fond noir, les chairs colorées, détails dorés.* — *Hauteur,* 0,120; *largeur,* 0,102.

Joseph d'Arimathie et Nicodème déposent dans le tombeau le corps de Jésus, dont les blessures sont saignantes; Marie-Madeleine le soutient; derrière elle sont Marie, mère de Jacques, et Salomé, et de chaque côté, des figures d'apôtres que l'émailleur a introduites dans cette scène, contrairement à la tradition. Le contre-émail est incolore. — (Collection Révoil, n° 272.)

185. — BATAILLE. — *Bouclier circulaire et convexe, en grisaille sur fond noir; quelques détails dorés.* — *Diamètre,* 0,400.

Un cavalier vu de dos, ayant un casque à panache et une cuirasse, et portant un ample étendard, occupe le centre de la composition; sous les pieds du cheval sont étendus un jeune homme et son cheval renversés, un casque, un bouclier. Un cavalier occupe la gauche, et l'intervalle entre les chevaux est rempli par deux figures engagées sous eux, et qui se couvrent de leurs boucliers. Trois guerriers à cheval remplissent la droite; deux se détachent sur des étendards; le troisième, posé en avant, est armé d'un poignard qu'il dirige contre un combattant renversé sous les pieds des chevaux, et leur opposant son bouclier; un autre est à terre près de celui-ci, et deux, debout, sont mêlés à l'action. Les fonds sont remplis de combattants dont on n'aperçoit que les têtes surmontées d'armures et de trophées qu'ils portent au bout de leurs piques. Au haut de la composition est une petite figure du dieu Mars armé d'un bouclier; il est porté par un nuage, et se détache sur un fond de rayons dorés. Le contre-émail est incolore. — (Collection Durand, n° 60/2520.)

186. — COMBAT DE CAVALIERS AU BORD D'UNE RIVIÈRE. — *Bouclier circulaire et convexe, en grisaille sur fond noir; quelques détails dorés.* — *Diam.* 0,400.

Les figures sont nues, sans casques ni armures; plusieurs ont des boucliers. La composition offre une mêlée confuse d'hommes et de chevaux, se dirigeant des extrémités vers le centre. On remarque à droite un guerrier tenant par la chevelure un jeune homme qu'il renverse; un autre à gauche, armé d'un poignard. Au premier plan, entre deux chevaux renversés, un jeune homme vu de dos, étendu et posé sur les genoux; plus à droite, un cadavre sans tête enfoncé dans les eaux près d'un bouclier qui surnage. De chaque côté des étendards surmontent la scène, des lances et des trophées s'élèvent dans les airs. Dans le haut, le dieu Mars armé est porté sur un nuage et se détache sur un fond de rayons dorés. Le contre-émail est incolore. (Collection Durand, n° 60/2521.)

187 et **187** bis. — NEPTUNE CALMANT LA TEMPÊTE, *d'après Raphaël.* — *Coupe avec couvercle en* *grisaille sur fond noir, détails dorés.*—*Haut.*, 0,170; *diam.*, 0,180. *Cette composition est le sujet principal d'une planche qui réunit plusieurs scènes de l'Énéide, gravées par Marc-Antoine, d'après Raphaël.* (Bartsch, tome XIV, n° 352.)

Neptune est représenté au milieu des eaux, debout sur une conque que portent trois chevaux marins; sa main droite tient un trident. son attitude est animée. Des têtes de tritons sortent des eaux près de lui, et au-dessus, trois têtes bouffies perçant les nuages, personnifient les vents. On remarque sur les flots, à droite, une embarcation à voile, et vers la gauche les débris d'un vaisseau de la flotte d'Énée. La silhouette du rivage se détache sur un fond de ciel doré. L'*extérieur* de la coupe est décoré de quatre figures debout portant des lances et des boucliers, alternant avec des cartouches ornés; des draperies relevées rattachent les unes aux autres; des trophées d'armes retombent au-dessous des cartouches, et des feuillages entourent la base. Le *pied* est orné de têtes à ailes de papillon, relevant des guirlandes, et soutenant des trophés d'armes. Sur le *couvercle*, six médaillons de forme ovale, alternant avec des cartouches supportés par des têtes d'enfant ou de satyre. Des têtes d'homme et de femme, vues de profil, sont peintes sur les médaillons, et des sujets dont les figures, de petite proportion, sont dorées, décorent les cartouches. A *l'intérieur* du couvercle, des têtes d'homme et de femme, vues de profil, sont peintes dans les cavités qui correspondent aux médaillons de l'extérieur; des termes sont disposés dans les intervalles, et reliés par des arabesques. Le contre-émail est noir.—(Collection Durand, n° 35/2457.)

Une grande verve dans le genre faux michel-angelesque de Golzius, une touche plus facile que savante, un effet plus saisissant que juste, mais, en somme, de la fougue et de l'abondance : tel est le caractère d'une suite de grisailles (1) que je suis tenté d'attribuer à Pierre Pénicaud, bien que les draperies soient fermes, tandis que les siennes sont cotonneuses, bien que les hachures soient croisées, tandis qu'il mêle peu ses travaux de pointe; mais il est si difficile de connaître toutes les modifications imposées à la manière d'un émailleur par ses caprices, ses études et par les peintures originales placées sous ses yeux, qu'il faut s'abandonner à l'impression produite par l'ensemble, et d'instinct je crois les figures que je vais décrire de la main de Pierre Pénicaud.

188.—ARIANE, *d'après Rosso*. — *Plaque cintrée*

---

(1) Cette suite des dieux de la mythologie antique a dû être complète; elle est aujourd'hui disséminée de tous côtés. **Collection Sauvageot.** On y voit le Vulcain.

et concave, en grisaille sur fond noir.—Haut., 0,220; larg., 0,120; faisant partie d'une suite des divinités de la Fable, gravées en vingt estampes, en 1526, par Jacques Caraglio, d'après les dessins de Rosso. (Bartsch., tome XV, n° 41/18.)

Elle est nue, debout, vue de face; ses yeux sont baissés, les bras éloignés du corps. L'émailleur a supprimé une couronne d'étoiles qui, dans la gravure, orne la tête de l'Ariane. — (Collection Durand, n° 92/2578.)

189.—Junon, *d'après Rosso.* — *Plaque cintrée et concave, en grisaille sur fond noir. — Haut., 0,220; larg., 0,120; faisant partie d'une suite des divinités de la Fable, en vingt estampes gravées en 1526 par Jacques Caraglio, d'après les dessins de Rosso.* (Bartsch., tome XV, n° 274.)

La déesse est nue, vue de dos; son bras droit repose sur le cou d'un paon, le gauche retient une draperie tombante. — (Collection Durand, n° 92/2579.)

C.

L'émailleur qui signe ses ouvrages de cette lettre ne peut être confondu ni avec les Pénicaud, ni avec les Courtois. Leur manière est différente. J'ai trouvé cette marque sur l'une des plaques d'un coffret (1); elle est tracée en or sur un petit cartel blanc, et elle a tous les caractères d'une signature. Ces émaux représentent, en quatre

---

(1) **Collection Rattier.** — La plaque du couvercle est plus grande que les autres, mais il est inutile de s'en occuper, puisqu'elle a été refaite pour compléter ce joli coffret, qui a en hauteur 0,047, et en largeur 0,080. La signature se voit dans le coin de droite, en haut de la plaque où l'artiste a figuré la mort de Samson. Je sais qu'on doit se défier de ces lettres isolées. On voit dans la même collection un autre coffret orné de treize émaux qui portent chacun une lettre différente. Ces lettres sont des points de repère pour indiquer au monteur en cuivre l'ordre dans lequel les sujets se rangent; mais le cas est ici différent; une seule des plaques porte une lettre, et elle est placée au milieu d'un cartel

scènes (le cinquième est moderne), l'histoire de Samson. Les figures sont un peu longues et la touche manque de cet esprit que Pénicaud apportait dans ses travaux; sans ces défauts je lui aurais attribué ces grisailles.

LÉONARD LIMOSIN.

En s'appliquant à l'émaillerie, où les Pénicaud faisaient déjà merveille, Léonard lui donna, par la souplesse de son talent, un essor et un caractère tout nouveaux. Ses mérites furent goûtés par François Ier; ils ont été reconnus et sanctionnés par la postérité.

Il doit, dit-on, le surnom de Limosin au roi de France, qui voulait, en le créant son peintre et son valet de chambre, le distinguer de Léonard de Vinci. Je ne sais sur quelle autorité repose cette historiette qui m'a toute l'apparence d'un conte, comme il en fourmille dans la biographie des peintres. Il aura été imaginé par quelque flatteur de notre émailleur; car à qui persuadera-t-on qu'on pouvait confondre un personnage et un grand génie comme le Vinci avec un peintre comparativement très secondaire comme le Limosin ? Il y a plus, dès le mois de mai 1519, Léonard de Vinci était mort, et il est plus que probable qu'à cette date Léonard l'émailleur était un enfant parfaitement inconnu à la cour, et qui s'appelait Limosin par cette habitude de prendre le nom de sa province quand on portait un nom de famille commun, ou lorsqu'on n'avait qu'un nom de baptême, usage assez général dans le moyen âge, et encore au XVIe siècle.

Sorti du fond de sa province vers 1525, Léonard Limosin entra dans l'école de Fontainebleau, et en 1530 dans l'émaillerie. Son dessin trahit cette origine, et ses premiers émaux sont de 1532. Il a dû travailler jusqu'à la fin de ses jours; car ses ouvrages, qui sont presque tous datés, marquent, par leur décadence, les progrès de sa vieillesse. En 1573 et 1574 sa main tremble, ses couleurs pâlissent, l'étincelle créatrice s'échappe en même temps que les forces l'abandonnent. Si nous plaçons sa naissance en 1505 et sa mort en 1575, nous ne serons pas éloignés de la vérité. Il était donc en 1530 à Limoges (1), et je serais disposé à

---

(1) Un passage de la Cosmographie de Thevet mérite d'être cité, bien qu'il n'ait d'intérêt que si l'on pouvait lui assigner une date. Le

croire qu'il travailla dès lors pour le roi. Il ne faut pas oublier que François I#er avait à Paris une multitude d'orfèvres habiles et délicats, pour exécuter les bijoux de ses maîtresses, les enseignes qu'il portait à son chapeau et les aiguillettes émaillées qui couvraient ses pourpoints ; mais sa grande affaire n'était pas là : elle était dans la décoration de Fontainebleau. Une tradition, conservée par l'abbé Guilbert, constate que le Rosso avait introduit dans la galerie de François I#er, tant au plafond que dans les panneaux, des médaillons d'émail. Et en effet, on voit dans la disposition des encadrements une quantité de places qui semblent réservées à ce genre de décoration. C'était d'ailleurs dans les tendances de l'époque et dans les goûts novateurs du roi, qui demandait en même temps à Jérôme della Robbia de la sculpture émaillée en couleur. Personne mieux que Léonard Limosin n'était capable de rendre les cartons de maître Roux, et tout me fait croire qu'il en fut chargé. Ces émaux n'existent plus ; ils ont été détruits, non par le Primatice, dont on accusait les sentiments jaloux, mais par le temps, qui prend à sa solde les variations de la mode (1).

Il était dès lors peintre du roi, mais ses occupations officielles n'absorbaient pas tout son temps, de même que ses appointements n'auraient pas suffi à son existence. Il travaillait pour son compte, et cherchait les moyens les plus assurés de tirer parti de son talent. A cette époque les

---

célèbre historiographe avait beaucoup voyagé ; natif d'Angoulême, il a dû, plus d'une fois, passer par Limoges ; et s'il place en 1520 (il écrivait en 1570) la découverte de quelques antiquités dans cette ville, il ne dit pas dans quelle année il les vit : *Il n'y a pas cinquante ans qu'aux fondements de certaines vieilles murailles voisines de la ville (de Limoges), l'on découvrit plusieurs antiquités, comme statues, médailles et médaillons, et me recorde qu'il me fut montré, en la maison de l'un des excellents ouvriers en émail qui soit par aventure au monde, une petite idole de Mercure.* Cosm., liv. XIV, p. 458. Paris, 8°, 1574-1575.

(1) Voici comment s'exprime l'abbé Guilbert dans sa description de Fontainebleau, médiocre ouvrage avec lequel il faut pourtant compter : « *François I#er employa le Rosso à cette galerie ; il l'orna, outre les tableaux, de quantité d'ouvrages d'émail dont on voit à peine quelques restes* (p. 80). *Deux médaillons en émail représentent à droite Apollon, et à gauche Diane sur leurs chars* (p. 87 et en note). *Les peintures sur émail étaient fort en réputation sous le règne de François I#er. Rous* (le Rosso) *en avoit fait une grande quantité que saint Martin* (le Primatice) *détruisit.*

tableaux de sainteté étaient d'un débit facile, surtout ces suites de la passion ou de la vie de N.-S., dont Albert Dürer, par ses gravures, avait propagé le goût, et Marc-Antoine étendu, par ses copies, la popularité. Léonard composa une vie du Christ en dix-huit sujets, et les exécuta en émaux de couleur, les signant de son chiffre L L et de la date 1533 (1). Il était ainsi à l'affût des sujets à la mode, et la fable de Psyché, peinte par Raphaël à la fin de sa vie et transportée avec les gravures du maître au dé, un élève de Raimondi, dans l'Europe entière, venait d'enchanter tous les hommes de goût. Les reproduire en grisailles lui parut, en 1535, une bonne spéculation ; ce fut, comme travail, l'affaire de quelques mois (2).

J'ai vu un couvercle de coupe peint par Léonard, signé de son chiffre et daté de l'année 1536 (3) ; je décrirai un tablier (4) et un échiquier, datés de 1537, et qu'il a peints en blanc et en vert, rehaussant les blancs de délicieux camées peints en noir, et les verts de délicates arabesques tracées en or ; cette application franche et heureuse de l'émail aux meubles de la vie privée date de l'année 1537 (5), et provoque ces questions : Est-ce à lui que Limoges dut ses premières coupes (6), ses aiguières, ses plats, toute la vaisselle de la table et tous les ustensiles domestiques, fabriqués en métal vulgaire, mais revêtus de ce riche vêtement d'émail, aussi éclatants par l'élégance du dessin que par la variété des couleurs ? Doit-on louer l'artiste, autant

---

(1) **Collection Debruge**, n° 696. Hauteur, 0,170 ; largeur, 0,140.

(2) **Musée du Louvre**, n° 253. Voyez aussi, page 178, dans le tableau des travaux de Léonard, une répétition de ces sujets de l'année 1545.

(3) **Collection Andrew Fountaine.** Un couvercle de coupe, décoré de quatre médaillons, formé par des guirlandes de feuillages encadrant les bustes d'Hélène, Hector, Herchules, Lucrese. Entre les médaillons, des cartels portent les lettres LL et la date 1536. Les médaillons dans l'intérieur sont dorés à plat, et le dessin est enlevé à la pointe. Diamètre, 0,215.

(4) Voyez ce mot dans le glossaire de la seconde partie.

(5) **Musée du Louvre**, n° 265.

(6) Pierre Raymond a exécuté, il est vrai, une coupe en 1534 ; mais il est probable que nous n'avons pas, dans le couvercle de coupe peint par Léonard en 1536, la plus ancienne de ses applications de l'émail aux meubles de la vie privée.

que la ville industrielle eut à se louer de ce développement donné à l'émaillerie? Je ne saurais répondre à ces deux questions d'une manière absolue; je dirai cependant, quant au premier point, que les probabilités sont en faveur de Léonard; et quant à l'utilité de cette extension donnée à l'application des émaux, il faut remarquer qu'elle eut l'avantage de fournir aux artistes de nouvelles données, une nouvelle carrière, et que d'ailleurs l'hésitation n'était pas permise. Les émailleurs limousins n'auraient pas trouvé un débouché suffisant à leur activité, s'ils l'avaient limitée à la peinture des plaques de triptyques, de coffrets et de reliquaires. Il est vrai que la peinture en émail, poussée dans cette voie, prit bien vite, ou plutôt qu'elle reprit le caractère industriel que donnent aux œuvres la hâtive production, l'imitation sans choix et la répétition des mêmes sujets sans relâche. Elle y fut sollicitée par ses succès et par les commandes qui affluèrent de toutes les parties de la France et des quatre coins de l'Europe. Nous en avons la preuve dans les innombrables émaux armoriés, c'est-à-dire exécutés sur ordre, pour les personnes dont elles portent les armes, et ces écussons n'appartiennent pas tous à nos rois, à nos princes, à nos seigneurs; beaucoup d'entre eux nous apprennent que les grandes familles allemandes (1), anglaises et hollandaises suivaient la mode, en commandant leur vaisselle de parade à Limoges.

En 1539, Léonard peignit un Christ sur la croix, d'un ton violacé (2); un Calvaire dont on vante la fine exécution (3), et le portrait de Martin Luther (4), qui était de

---

(1) Voyez pages 211 et 213, note 4, de cette notice. On conserve dans la Kunstkammer de Berlin un plat rond (diamètre, un pied et demi) avec son aiguière n° 255, et une assiette n° 256, qui sont ornés des écussons des familles patriciennes d'Augsburg, les Artzt et Welser.

(2) Collection Barnal, à Londres. Cette plaque, haute de 0,260 environ, est signée L. L. 1539.

(3) Émail carré long, de 0,220 de haut sur 0,160 de large, peinture en émaux de couleur sur paillon, signé L· L· 1539, n° 96 du catalogue Didier Petit.

(4) Journal archéologique de Londres. On y lit, tome VII, page 81, que M. Webb a présenté à l'association un portrait de Martin Luther, par Léonard Limosin, signé L. L. 1539. J'ai vu chez M. Webb, mon collègue du jury de Londres, ce portrait, peint un peu durement sur fond bleu; il n'a pas une ressemblance bien décidée avec Luther. Hauteur, 0,070 environ.

bonne défaite à cette cour de France, où les tendances se portaient avec ardeur vers la réforme. L'année suivante, il exécuta une Annonciation en émaux de couleur sur paillon, avec cette hardiesse hâtive qui produit des œuvres lâchées, et qui commençait à devenir le signe caractéristique de ses travaux (1). Il avait poussé la grisaille aux dernières limites de la perfection, lorsqu'il répéta pour le roi, en 1543 (2), l'histoire de Psyché. D'autres séries de sujets mythologiques, de plats et de coupes, constatent l'activité de Léonard et la fécondité de son atelier, à cette époque de sa vie (3). L'année suivante il songea à reproduire lui-même ses compositions par la gravure. Les émaux n'étendaient pas, à son gré, sa renommée assez loin ; mais il faut croire que ce genre de travail, qui exige de la patience et ne permet pas de dissimuler sous l'éclat des couleurs certaines faiblesses de dessin trop évidentes, le rebuta, et qu'il s'en tint à quelques essais (4). On lit ce qui suit dans les comptes des bâtiments royaux, année 1545. « *A Michel Rochetel, paintre, pour avoir par luy fait douze tableaux de painture de coulleurs sur pappier, chacun de deux pieds et demy et en chacun d'iceux paint la figure de l'un des apostres, qui sont les douze apostres de nostre Seigneur, et une bordure, aussi de painture, au pourtour de chacun tableau, pour servir de patrons à l'esmailleur de Lymoges, esmailleur pour le Roy, pour faire sur iceux patrons douze tableaux d'esmail.* » Cet esmailleur pour le Roy n'est autre que Léonard Limosin. Ces douze cartons lui furent envoyés à Limoges, et en

---

(1) J'ai vu un émail daté de cette année chez un marchand. L'ange tient une banderole sur laquelle on lit : AVE MARIA GRACIA PLENA DOMINVS TE. On voit en outre sur le pot d'où sort le lis : L. L. 1540. Hauteur, 0,225 ; largeur, 0,170.

(2) **Musée du Louvre, n° 240. Collection Andrew Fountaine.** Une coupe, Astianax. Les anges qui soutiennent et relèvent les rideaux sont de toute beauté. La signature L. L. 1543 est tracée en or dans un cartel vert tenu par deux satyres dans un mouvement animé et spirituel. Hauteur, 0,125 ; diamètre, 0,215.

(3) **Collection du château de Warwick.** — Un plat orné d'un côté du repas des Dieux, et quatre plaques représentant des sujets mythologiques, signés LL, 1543.

(4) M. Robert Dumesnil n'en compte que quatre, toutes signées et datées de l'année 1544. *Elles sont*, dit-il, *de la plus insigne rareté* (Le Peintre graveur français, tome V, p. 45) ; et, en effet, l'abbé de Marolles, ce grand collectionneur, n'en possédait aucune.

8*

1547 il les avait terminés; mais quand ils arrivèrent à Paris, le roi François Ier venait de mourir, et les émaux suivirent une direction différente de leur destination première. Henri II, monté sur le trône, n'avait rien à refuser à sa maîtresse, et tout ce que les magasins des résidences royales contenaient en ouvrages remarquables prit le chemin du château d'Anet (1), qui s'élevait alors sous la direction de Philibert Delorme. Les douze apôtres peints en émail furent du nombre; ils décorèrent la chapelle (2).

Dans cette même année 1545, on lui demanda une nouvelle suite de l'histoire de Psyché peinte par Raphaël. Il se servit des gravures arrangées par Ducerceau d'après celles du maître au dé, et il refit ses grisailles de 1534 (3). L'année suivante, il peignit quelques portraits avec cette finesse et ce modelé habile qui leur donnent encore tant de valeur (4).

---

(1) M. Doublet de Boisthibault a retrouvé, dans les archives de la préfecture d'Eure-et-Loir, le procès-verbal de la prise de possession du château d'Anet par la nation. Il est rédigé par un sieur Quevanne, et daté du 23 brumaire an VI (13 novembre 1797). On y lit : « Une chapelle « construite en pierre de Vernon, — avec une tribune et une sacristie « boisées, pleines et ornées de douze apôtres en cuivre émaillé. » Ces douze émaux furent donnés, par la préfecture, à l'église de Saint-Père de Chartres, à l'époque où elle fut rendue au culte, c'est-à-dire en 180?.

(2) Ces douze tableaux d'émail sur cuivre sont exécutés en émaux de couleurs sur fond blanc. Les détails, tels que nimbes et bordures de vêtements, sont peints en or. Les figures, représentées debout, posent leurs pieds sur un sol de verdure. La plaque principale, celle qu'occupe l'apôtre, est encadrée dans un ensemble de plaques qui forment une disposition absolument semblable à celle du saint Thomas et du saint Paul appartenant au Musée du Louvre. La plaque transversale supérieure est décorée d'un cartouche flanqué de deux vases, sur lesquels sont écrites en noir les premières lettres du nom de l'apôtre. Un cartouche décore également la plaque transversale inférieure; une salamandre y est figurée. Les montants sont ornés d'arabesques en couleurs sur fond bleu. Entre les deux plaques dont ils se composent, est placé un médaillon ovale en émail, fond bleu, avec la lettre F en or. La plaque principale a en hauteur 0,640, en largeur 0,270. Sur la plaque du saint Simon, dans l'un des détails des arabesques du montant de gauche, est la date 1547 en chiffres dorés. Sur la plaque du saint Paul, de toutes la mieux exécutée, on lit le monogramme LL tracé en lettres de couleur bistre sur le pommeau de l'épée.

(3) Ancienne collection Préaux. Une des pièces de cette suite porte le chiffre LL et la date 1545.

(4) Collection Bza Czartoryska. Portrait en buste, de trois

Il avait pris fantaisie au roi François Ier, à la fin de son règne, de se faire peindre sous les traits de saint Thomas, et les seigneurs de sa cour sous la figure des autres apôtres. Ce caprice, qui, sous l'influence de nos mœurs et dans la direction des idées actuelles, semble peu respectueux, était admis si généralement en Italie, que son introduction en France ne peut être taxée bien rigoureusement. Léonard peignit ces émaux en même temps que les précédents, et également sur fond blanc, préludant ainsi, dès la première moitié du XVIe siècle, aux Toutin et aux Petitot, qui devaient, chose étrange, devenir les inventeurs de cette invention. L'entourage de ces figures a été complété sous Henri II, parce que l'ensemble n'était pas terminé à la mort du roi son père, et j'ignore si la suite des douze apôtres fut achevée (1). En effet, le grand roi venait de mourir : Diane de Poitiers régnait; Léonard Limosin l'a représentée en croupe derrière son royal amant, et comme faisant son entrée triomphale dans le pouvoir. C'était en 1547 (2), il s'agissait pour le peintre en titre d'office de reconquérir la faveur d'un nouveau roi et de se maintenir

---

quarts, se détachant sur fond bleu. Le personnage a une longue barbe, une toque rouge et un manteau fourré. On lit sur la plinthe émaillée d'un ton verdâtre, LL 1546, tracé en or. Hauteur, 0,180; largeur, 0,135.

(1) **Musée du Louvre**, n°s 236 et 237. Je lis, dans des papiers de M. Alex. Lenoir, une note ainsi conçue : N° 8 *des Feuillantines : deux émaux exécutés par Léonard de Limoges d'après les dessins de Solario*. La provenance du dépôt des Feuillantines est plus certaine que le nom du peintre.

(2) **Collection James Rothschild**. Cet émail, qui fut la propriété de l'Etat, et qui n'a pu perdre ce caractère, figurait sous le n° 460 dans le Musée des Petits-Augustins. M. Alexandre Lenoir l'a fait graver, de la grandeur de l'original, pour son grand Recueil, et il l'a fait réduire pour son ouvrage in-8° en huit volumes. Dans le texte qui l'accompagne on lit : « Ce Musée renferme un beau tableau en
« émail, où l'on voit Henry II et sa maîtresse montant le même
« cheval ; — une inscription manuscrite, en style et en caractères du
« temps, est placée derrière cette peinture. La voici telle qu'elle est
« figurée : le portrait au naturel, du dessin de Raphaël, du roi de
« France, Henry II, accompagné de madame Diane de Saint-Vallier,
« duchesse de Valentinois, allant à la chasse ; fait en l'an mil cinq cens
« quarante-sept. » (Musée des mon., tome IV, p. 9.) Je n'accepte de cette inscription que le nom de Henry II et la date.

en place (1), un peu d'encens était nécessaire et ne coûtait rien alors à personne. Il en mit dans la composition, il en mit surtout dans le soin avec lequel il peignit cet émail, un des plus beaux de son œuvre. Il avait alors essayé de tout, et il suivait sans doute sa fantaisie autant que les goûts de sa clientèle, en variant ses grisailles, ici sur fond noir, là sur fond bleu, un jour teintées, un autre pas. En 1549, il peignit l'histoire d'Actéon en grisailles sur fond bleu du plus piquant effet (2).

Il s'appliqua de bonne heure aux portraits, et, malgré toutes les difficultés, il les réussit à merveille. En 1550, il exécuta celui de Claude de France, fille de Louis XII et première femme de François Ier (3). Comme cette princesse était morte en 1524, et que tous ceux qui pouvaient s'intéresser à elle l'avaient suivie dans la tombe, il est probable que ce portrait appartient à quelque suite de reines de France, que Léonard aura été chargé de peindre pour la cour. Il fit aussi une suite de portraits d'hommes célèbres dans la robe et dans les lettres, et sans doute beaucoup d'autres qui ne nous sont pas parvenus (4). Ce genre de peinture si difficile exige, même dans une reproduction, des études et une science de dessin que peu d'émailleurs possédaient ; mais Léonard Limosin, en se consacrant à l'émaillerie, n'avait pas abandonné la peinture. Toutefois, nous n'avons conservé, du moins on ne connaît aujourd'hui, qu'un seul de ses tableaux peint à l'huile et de grande di-

---

(1) Je lis dans l'*État des officiers domestiques du roy Henry II*, parmi les varlets de chambre : *Léonard Limosin en 1548, hors en 1554*. C'est-à-dire qu'admis au titre d'officier en 1548, il fut rayé en 1554, et réintégré plus tard, ainsi que nous le verrons page 184.

(2) **Collection Andrew Fountaine.** Couvercle d'une coupe avec sa monture primitive. On lit sur un cartel : 1549. Diamètre, 0,220. Dans la même collection une coupe décorée d'un écusson ; on lit sur une banderole : Ut prosit sibi non parcit suis.—1549. Hauteur, 0,125 ; diamètre, 0,215.

(3) **Collection Soltikoff.** Ce portrait très fin est si pâle qu'on ne peut attribuer ce défaut qu'à un accident dans la cuisson ou à une erreur dans la préparation des émaux. Il se détache sur un fond bleu resplendissant. Hauteur, 0,180 ; largeur, 0,160.

(4) J'ai eu sous les yeux un Scaliger sur fond bleu, vu de trois quarts et regardant à gauche. Hauteur, 0,185 ; largeur, 0,140 ; signé LL ; les deux lettres, en or, séparées par une fleur de lis. Nous avons un Calvin? n° 256 du Musée, un La Trémoille ou d'Armagnac? n° 255.

mension. Il avait pris pour sujet de sa composition l'incrédulité de saint Thomas. Ce tableau, il le signa ainsi sur le livre que tient un apôtre : *Leonard Limosin, esmailleur, peintre, valet de chambre du Roy,* 1551 (1). En maintenant, dans cette circonstance, sa qualité d'émailleur au premier rang, c'était indiquer que la peinture à l'huile n'était plus pour lui qu'un passe-temps ou une distraction ; et, en effet, dès 1552, nous le retrouvons plus actif que jamais dans son atelier d'émaillerie. Non-seulement il fond ses émaux sur plaque, mais il décore de cette brillante peinture les ustensiles du luxe et de la table que la cour emploie. Une fontaine à jets d'eau (2), d'une disposition ingénieuse, s'élève sur une base triangulaire en forme de tige de fleurs, et de son calice s'échappent des eaux. Apollon, les Muses, et toute la mythologie, semblent s'être réunis aux croissants, aux chiffres et aux devises royales, pour faire adopter par la mode le cuivre émaillé à l'égal de l'or et de l'argent. C'est en ce moment que Léonard reçut une de ces commandes qui illuminent la vie d'un artiste, parce qu'elle lui donnait l'occasion de marquer son passage, même dans un siècle aussi brillant que le fut le XVIe. Henri II voulait orner deux petits autels de la Sainte-Chapelle du palais, qu'on avait appliqués à une boiserie assez maladroitement disposée en travers de la nef pour former un chœur. Il demanda à son émailleur en titre deux tableaux, et voulut que François Ier et Léonore d'Autriche fussent représentés sur l'un, lui-même et Catherine de Médicis sur l'autre. Léonard réunit tous les souvenirs de sa carrière d'habile copiste, et toutes les forces de son talent, pour composer ces pré-

---

(1) Ce tableau, peint sur bois, est placé dans une des salles de la mairie de Limoges. Il a de hauteur 3,000, et de largeur 1,500. En 1765, il était dans l'église, et M. Desmarets, cité par l'abbé Texier, s'exprimait ainsi : On voit à Saint-Pierre, à gauche, dans un rétable fermé, un tableau peint, en 1551, par un nommé Léonard Limosin, peintre-émailleur et valet de chambre du roi. C'est un monument de l'ancienne peinture. Il y a de la vérité dans le dessin, mais de la sécheresse dans la touche, ce qui est le défaut de ces anciennes peintures.

(2) **Collection de M. Andrew Fountaine** dans le Norfolk. Je décrirai ailleurs ce monument important de l'émaillerie de Limoges, et je publierai le dessin que j'en ai fait : je dirai seulement ici que cette fontaine est décorée de grisailles teintées dans ce goût délicat où Léonard se rapproche de Pénicaud. La date 1552, la signature, les croissants et le chiffre de Henri II se voient dans des cartels sur le renflement de la tige. Hauteur totale, 0,455.

cieux et éclatants tableaux (1). En une seule année, cette œuvre fut terminée. Elle forme une réunion de 46 plaques d'émail, et si nous admettons qu'il mit plus de soin et consacra plus de temps à ce travail qu'à tout autre ouvrage, si nous multiplions par 40 les 46 émaux de ces deux tableaux, et ce sont les 40 années actives de sa vie, nous trouvons pour toute sa carrière le chiffre de 1,840 émaux, et, à juger par le nombre qui nous en reste, je ne serais pas éloigné de croire qu'il les ait produits.

Un des plus parfaits ouvrages sortis de l'atelier d'émaillerie de Limoges a été exécuté, l'année suivante, par Léonard. Il représente une jeune femme nue, étendue sur le gazon, et coiffée d'une toque qui recouvre la résille d'or dans laquelle ses cheveux sont retenus (2). Cette même femme, qui n'est autre que Diane de Poitiers, figure avec la même coiffure, et sans plus de vêtements, dans un repas des Dieux, dont le Limosin a pris toute la composition à Raphaël, transformant les Dieux de la Fable, costumes et ressemblances, en personnages de la cour. C'est pour le duc de Montmorency qu'il fit, ou que le roi lui commanda de faire, en 1555, ce magnifique plat (3). Arrivé, dès lors, à l'apogée de son talent et de la faveur, il s'efforça de se rendre maître du genre de peinture qui était le plus en vogue, de la peinture de portraits, et il réussit de manière à satisfaire les exigences les plus grandes. Si, en présence d'un pareil succès, le petit nombre de ses grands portraits étonne, c'est que, d'un côté, on ne se rend pas compte des difficultés de l'émail amené à ces dimensions, à cette perfection surtout, et que, de l'autre, on ignore la fragilité des chefs-d'œuvre de l'art. Voyons ce qui nous reste de ces magnifiques portraits. Tout d'abord, en 1556, l'émailleur du roi peint Léonore d'Autriche (4), Catherine de Médicis (5), Élisabeth

---

(1) **Musée du Louvre**, n°s 190 et 243.

(2) **Collection du Louvre**, n° 242.

(3) **Collection Andrew Fountaine**, dans le Norfolkshire.

(4) **Collection de don Valentin Carderera**, à Madrid.

(5) J'ai trouvé à Londres, chez M. Seymour, membre du Parlement, cinq portraits admirables de la même dimension, des mêmes émaux encadrés dans le même entourage, portant la même date que le portrait du duc de Montmorency, de la collection du Louvre, qui lui-même fait suite avec le François II, roi de France, et le François de Lorraine, duc de Guise. Tous ces portraits ont été évidemment faits

de France (1), le connétable de Montmorency (2), et l'année suivante le roi de France François II (3), le duc de Guise François de Lorraine (4), Marguerite de Valois (5), le cardinal François de Lorraine (6), et, enfin, Amyot (7). Ces grands portraits, véritable galerie historique inaltérable, furent exécutés pour Henri II, et décoraient ses résidences ; mais Léonard, lancé dans cette voie, faisait en même temps, pour les particuliers, beaucoup d'autres portraits d'un même mérite, quoique de moindres dimensions (8). Il les

---

pour Henry II, et ne sont sortis de France qu'à l'époque où de tristes désordres survinrent dans les résidences royales à la suite de nos révolutions. Je me suis interdit toute description des émaux qui ne font pas partie du Musée du Louvre ; je ne ferai donc que les citer.

(1) **Collection Seymour**. Sur le fond bleu à droite on lit : LL 1556, et à gauche : LL 1557.

(2) **Musée du Louvre**, n° 245.

(3) **Musée du Louvre**, n° 244.

(4) **Musée du Louvre**, n° 254.

(5) **Collection Seymour**. Marguerite de Valois. Au bas, sur la balustrade à droite, LL 1557. C'est la grande Marguerite, sœur de François Ier, avec lequel elle avait beaucoup de ressemblance. Léonard suivait les bons portraits du temps, et pour celui-ci quelque original de Janet dont nous n'avons que des répétitions dans les collection Sutherland (ancienne collection Alex. Lenoir), Carlisle, Bibliothèque Sainte-Geneviève de Paris, etc. Il a reproduit ce portrait en petit : **Collection Germeau**. Médaillon rond entouré d'un cercle d'émail bleu et noir : la figure de la reine se détache, avec beaucoup de finesse, sur un fond bleu d'azur. La signature LL en or, les deux lettres séparées par une fleur de lis, se voit au bas. Diamètre, 0,110.

(6) **Collection Seymour**. Il n'est ni signé, ni daté, mais la nature du travail et de l'émail, de même que la disposition de l'encadrement, prouvent qu'il appartient à la même suite.

(7) Même collection, même remarque que dans la note précédente.

(8) J'en citerai deux qui sont signés. **Collection Pourtalès**. Henry d'Albret, roi de Navarre, père de Henry IV. Il est décrit sous le n° 703 dans le catalogue de M. Labarte ; il porte une signature et une date tracées sur la bande bleue d'en bas, ainsi : LL 1556. Hauteur, 0,195 ; largeur, 0,140. **Collection Mattier**. Le même portrait, mais beaucoup plus petit et aussi plus fin, plus doux, plus brillant. Il porte au bas ce titre : Henry d'Albret. LL. Hauteur, 0,080 ; largeur, 0,060. On voit au dos les deux L et une fleur de lis au milieu. Ces deux portraits en émail sont faits d'après une même peinture originale de quelque

répétait même plusieurs fois, tant leur succès était grand, pour satisfaire aux désirs des parents et des amis (1).

J'ai réservé, pour la seconde partie de cette notice, les preuves écrites, tirées des textes. Je ne puis cependant m'empêcher de citer deux passages de comptes et d'inventaires royaux, qui apportent ici des indications utiles. En premier lieu, on voit, dans un *compte de l'argenterye du Roy pour l'année finye en MVLIX pour le quartier de juillet, aoust et septembre: A Leonard Limousin, esmailleur et peintre du feu roy, sept aulnes et demye*. Le feu roi était Henri II, mort de sa blessure le 10 juillet 1559, et je retrouve Léonard sur *l'estat des officiers domestiques du Roy pour l'année commancée le 1er juillet 1559 et finye le 31 decembre 1560 : A Leonard Limosin, esmailleur ordinaire dudict seigneur, 80 livres*. Ceci prouve que la faveur et sa position n'avaient pas changé, malgré le changement de deux règnes. L'autre renseignement constate que plusieurs émaux exposés aujourd'hui dans les salles du Louvre servaient d'ornement dans les châteaux de nos rois, il y a trois cents ans. Ainsi lit-on dans l'inventaire des meubles du château de Fontainebleau, dressé en 1560 : N° 795. *Une peincture d'esmail de Lymoges, cerclé d'or, et une autre soulz ung cristal cerclé d'or. Une autre de feu roy Françoys deuxiesme. Ung autre de la royne Claude en ung petit cadre d'or.* N° 796. *Une autre de la royne Leonor* (2).

Le succès enorgueillit l'artiste et devrait lui imposer l'obligation de ne rien produire qui fût indigne de sa réputation ; mais, le plus souvent, ce succès l'aveugle au point

---

bon peintre français. Outre les portraits en médaillon, Léonard plaçait aussi des portraits en pied de personnages agenouillés sur les volets des triptyques, comme dans un émail de la **collection Beaucousin** : hauteur, 0,237 ; largeur, 0,080 ; ou au bas des tableaux votifs, comme sur les émaux de la Sainte-Chapelle.

(1) **Collection Germeau.** Une répétition exacte, sauf quelques détails de broderies, du portrait décrit n° 255, mais cette fois accompagné d'un portrait de femme. Celui-ci est de trois quarts, regardant à gauche. Costume français de velours noir, du milieu du XVIe siècle, avec guimpe plissée et serrée au col ; cheveux relevés : la figure se détache sur un fond bleu d'azur et s'appuie sur une plinthe bleu verdâtre. Hauteur, 0,190 ; largeur, 0,140.

(2) Voyez la seconde partie pour d'autres citations tirées de ce même inventaire. Répertoire, à l'article *Emaux de Limoges*.

de lui faire croire que tout est bon pour un public si bien prévenu. Il faut croire que Léonard eut cette pensée, lorsqu'il signa deux des médaillons qui appartiennent à une suite des douze stations de la Passion. Ces deux émaux peuvent être tout au plus avoués par lui; mais les autres, et le Christ sur la croix en particulier, sont tellement inférieurs à son talent, que c'est une honte de les avoir fait vendre sous son nom (1). Je dis fait vendre, parce que l'amour du gain a dû avoir sa part dans ce mépris de la dignité de l'artiste. Les quatre années qui suivirent ne le laissèrent sans doute pas oisif, mais je n'ai pas rencontré de ses ouvrages portant ces dates, et je suis obligé de descendre jusqu'en 1562 pour retrouver une preuve de son activité. C'est un grand plat rond sur lequel il a représenté le Jugement de Pâris, d'après la composition de Raphaël, en grisailles, ou plutôt en couleur bleu de ciel, genre de camaïeu que les peintres en miniature de la renaissance avaient mis à la mode en ornant les manuscrits. Cette peinture d'émail, assez médiocre, est soutenue par l'original, et le revers du plat trahit seul la hâte et la négligence que Léonard apportait dès lors à ses travaux (2). Une lacune de six autres années se fait, non dans sa fécondité, mais dans mes recherches. J'espère la combler avec le temps. La scène de la manne dans le désert nous reporte en 1568 (3). Cet émail est exécuté dans le genre bâtard des camaïeux bleus qu'il avait mis à la mode, et qu'il pratiqua jusqu'à la fin de son active carrière. Il a continué ainsi ses travaux (4) dans

---

(1) **Musée de Cluny.** Ces douze plaques d'émail faisaient partie de l'ancienne collection de M. du Sommerard; elles sont exposées sous les nos 1028 à 1039. Hauteur, 0,340; largeur, 0,257. Deux de ces plaques sont signées et datées. La Cène, n° 1030; à gauche, sur la bordure de l'émail, on lit : Léonard L 1557. Pilate se lavant les mains, n° 1032. On lit sur une banderole développée au bas de l'émail : Léonard, 1557.

(2) **Musée de Cluny**, n° 1027. Le Jugement de Pâris. Le revers est décoré d'un buste de femme placé de profil dans un encadrement et peint en grisaille : c'est sur ce côté qu'on lit la signature LL, 1562. Diamètre, 0,310.

(3) **Collection Soltikoff.** Signé dans un cartel : LEONARD LIMOSIN, 1568. Hauteur, 0,460; largeur, 0,870.

(4) **Collection Failly.** Médaillon, portrait en buste, appuyé sur une plinthe peinte en bleu. Le portrait se détache sur un bel émail bleu. Diamètre, 0,093. On lit au revers : *Charles 9 roi de France LL* (une

un âge bien avancé, et lorsque la main déjà ne venait plus en aide à la pensée de l'artiste. Un émail daté de 1572 (1) a encore la fraîcheur de son coloris, mais il n'a plus rien de cette touche fine, de ce dessin précis, qui distinguait son talent dans sa verdeur ; on regrette la signature qui accompagne cet émail peu digne de la réputation de Léonard, et en voyant cette date on s'explique cette décadence. Elle est plus sensible encore dans un plat peint l'année suivante en émaux de couleurs (2). Une touche lourde, des contours épais et tremblotés, un affaiblissement général du ton des émaux, prouvent que la volonté luttait péniblement pour ranimer l'étincelle éteinte. Elle se réveilla quelque peu lorsqu'il s'agit de peindre les portraits de Charles IX et de sa femme, d'après les originaux de François Clouet (3), puis elle s'éteignit tout à fait, et la défaillance se montre complète dans deux compositions où Charles IX est repré-

---

fleur de lis entre les deux lettres comme sur le petit portrait de Henry d'Albret, cité page 183, note 8), *né en* 1550. J'ai des doutes sur cette date : la touche et l'émail ne m'ont pas paru être en rapport avec les autres ouvrages produits par Léonard à cette époque de sa vie. Un triptyque placé sur l'autel du sépulcre de saint Martial était daté de l'année 1571. M. l'abbé Texier a trouvé ce renseignement dans les papiers de l'abbé Legros, et il ajoute : *C'était une œuvre, sinon un don en émail du peintre Léonard Limosin.* Page 301.

(1) **Musée du Louvre**, n° 243. On lit sur la table, écrite en lettres rouges, la signature suivante : LL, 1572.

(2) **Collection Dumont.** Plat long peint en émaux de couleurs. La manne dans le désert. Sur le premier plan, Moïse et les Israélites ; dans le fond, le camp et des montagnes. Au bas, sur une pierre : LEONARD LIMOSIN ; et sur une autre, la date 1573. Au revers, une tête de profil dans un encadrement. Grisaille sur fond bleu. Longueur 0,475 ; largeur, 0,354. **Collection Callet.** Le même plat copié servilement, mais avec un émail si grossier, si imparfait, qu'on ne sait à quoi et à qui attribuer une ignorance aussi complète des procédés connus et appliqués généralement en 1573. Cette copie n'est ni signée, ni datée.

(3) **Collection Janzé.** Charles IX en pied et debout, tenant de sa main droite le médaillon qui pend à son cou, la gauche appuyée sur son épée. Manteau noir, costume de satin bleu brodé. A gauche, un rideau vert relevé. Fond bleu. Plaque ovale et concave. Hauteur, 0,270 ; largeur, 0,190. Élisabeth d'Autriche debout, près d'une table, coiffée comme dans le portrait du Louvre, tenant de la main droite un éventail à plumes, de la gauche ses gants ; à droite, le rideau vert relevé ; sur la table, recouverte d'un drap bleu de ciel, un livre et un vase de fleurs ; sur le vase la signature L L. 1573. Mêmes dimensions.

senté vêtu à l'antique, assis dans un magnifique char, et traîné, dans l'un, par deux renards (1); dans l'autre, par deux chevaux blancs (2). L'âge de l'artiste se trahit dans l'absence de ressemblance, dans le dessin et dans l'effet. Ces deux émaux sont signés de la même date, 1573.

L'année suivante mit un terme à son activité (3), et je suppose que l'année 1575 aura été la limite extrême de son existence. Les preuves me manquent pour l'affirmer.

Sa manière. Une si longue carrière, une activité aussi féconde, supposent plusieurs manières de peindre et des modifications sensibles dans les procédés. En effet, Léonard Limosin a essayé de tout, et presque tout lui a réussi. Je le prendrai en 1553, à l'apogée de son talent, et je l'examinerai dans ses émaux de la Sainte-Chapelle, qui me paraissent réunir tous ses mérites et tous les progrès que lui doit l'émaillerie. L'effet général est éclatant, clair, harmonieux; il est égayé par des bleus de ciel vifs, par des bleus turquoise, chatoyants sur paillon, et par des teintes bleuâtres adoucies, qui font l'effet de légers glacis. Un ton jaune serin, employé dans les cheveux, lui est particulier, et des carnations rosées, limpides, ajoutent à la surprise séduisante causée par ces émaux, qui ont quelque chose du brillant d'un satin changeant. J'ai dit que Léonard a tout essayé, d'abord pour tout tenter, ensuite pour varier ses effets. Il indiqua ainsi des voies nouvelles, et Limoges profita de son ardeur pour le progrès. Personne n'a manié mieux que lui la pointe dans les ombres (4), personne n'a

---

(1) **Collection Debruge**, n° 704. Hauteur, 0,180; largeur, 0,230. Le roi est figuré en Mars; le monogramme est tracé sur l'épée, la date sur les nuages.

(2) **Collection Barnal**, à Londres. Le portrait n'a aucune ressemblance. Le mot *sol* est inscrit dans un cartel; le chiffre LL et la date 1573 sont tracés sur la cuve d'une fontaine. Hauteur, 0,180; largeur, 0,230.

(3) On lit, à l'article de Léonard Limosin, dans le catalogue Didier Petit : *Un émail avec la date 1574, sujet allégorique, se voit dans la collection Debruge et dans la collection Didier Petit.* Or, on ne trouve ni dans l'une ni dans l'autre de ces collections un émail portant cette date; il faut donc laisser cette assertion à l'état de supposition.

(4) La pointe s'emploie pour dessiner dans la couche d'émail en poudre appliquée à froid sur une couche déjà fixée par la cuisson. Elle glisse, au milieu de la poudre d'émail, sur cette surface lisse

tiré plus de ressource des grisailles sur noir et sur bleu, aussi bien que des grisailles teintées qui s'animent comme des peintures. Quand il colore, c'est dans le goût français, clair, léger, brillant, et les tons de ses émaux sont mieux nuancés que dans les ouvrages de tout autre émailleur. Le paillon, chez lui, fait merveille; il en use abondamment; il n'en abuse pas. L'or, il l'a employé avec grâce et avec esprit dans une foule d'ornements, dans des médaillons, camées, et dans des camaïeux sur fond noir, bleu et rouge. Il a essayé de peindre légèrement sur fond blanc, sans donner d'épaisseur à ses émaux (1), et il s'est tiré de cette innovation avec un tel succès que j'ignore encore ce que Toutin a inventé, ou ce que Petitot a perfectionné. Quand on examine avec soin les têtes des apôtres saint Thomas et saint Paul du Musée du Louvre (2), la tête du saint Paul des douze apôtres de Chartres (3), et, mieux encore, les têtes de trois personnages qui sont placés à gauche de la croix dans le grand crucifiement (4), on reconnaît que Léonard n'avait pas seulement découvert le secret de fondre ses teintes, mais qu'il peignait sur pâte d'émail avec des couleurs aussi variées, aussi vraies, qu'aucun de ses successeurs du XVIIe siècle. Il ne lui a manqué, pour développer ce genre d'émail-miniature, que d'en avoir le temps, c'est-à-dire d'avoir épuisé la vogue des grands émaux à effet, et il l'épuisa si peu que sa vie active s'est consumée à les produire.

J'ai apprécié le talent de l'émailleur, je pourrais exa-

comme glace, avec la même facilité que sur la planche de cuivre enduite du vernis Callot, et elle donne un résultat moins maigre qui tient plus du dessin à la plume. Quelquefois Léonard adoucissait ce travail de pointe en étendant par-dessus un glacis d'émail blanc; j'en ai trouvé la preuve dans plusieurs de ses ouvrages et particulièrement dans ce médaillon : **Collection Visconti** : Vénus, debout, pressant ses seins pour en faire jaillir le lait qui nourrit les jeunes amours dont elle est entourée. Signé sur une urne L L. Diam., 0,270.

(1) Un médaillon ovale, n° 221, de la Kunstkammer de Berlin. Hauteur, 13 pouces; largeur, 10 pouces. La scène de Ruth et de Booz. M. F. Kugler pense que Léonard a copié un plat de Majolica. Ce n'est pas admissible : la nature de l'émail fond blanc fait seule l'analogie.

(2) **Musée du Louvre**, n°^{s} 236 et 237.

(3) J'en parle plus haut, page 178, note 2.

(4) **Musée du Louvre**, n° 204.

miner dans Léonard le talent du peintre, de l'inventeur (1), du coloriste; mais l'espace me manque pour une étude approfondie. Disons que sorti de l'école de Fontainebleau il en a les meilleures qualités, qu'il en a aussi les défauts, et que le plus saillant est l'absence d'originalité. Sa facilité à copier les maîtres, à s'assimiler leur manière, à amalgamer ses idées et ses réminiscences, ne lui ôte pas positivement les droits à l'invention, mais elle gêne et met en défiance le juge le plus favorablement prévenu, elle donnerait des armes à la critique.

Il a signé presque tous ses ouvrages, et le plus grand nombre avec deux LL (2) séparées quelquefois avec une fleur de lis 1572 (3) ou surmontées d'une couronne. Sur d'autres émaux il met L·L·I553 Léonard L., d'autres fois L. Limosin. Le plus souvent Léonard Limosin (4), et exceptionnellement LEONARD en faisant LL suivre son nom de LIMOSIN tous ses titres (5), comme dans les émaux de M·F la Sainte-Chapelle que 1553 ·LEONARD· ·LIMOSIN· ESMAILLEVR ET 1553 je vais décrire. PEINCTRE ORDIN AYRE DE LA CHAN BRE DV ROY M F

LEONARD· M·F· LIMOSIN 1553

190 à 212. — Tableau votif de la Sainte-Chapelle ; 190. Le Calvaire ; 191. Jésus portant sa croix ; 192. Jésus mis au tombeau ; 193, 194, 195, 196. Quatre figures d'Anges portant les instruments de la Passion ; 197,

---

(1) Il marquait sa prétention, ou plutôt son droit, en signant quelques émaux : *Leonardus Lemovicus inventor.*

(2) Musée du Louvre, nos 243 et 249.

(3) Voyez page 183, note 8.

(4) Musée du Louvre, nos 194 et 213. Il signait aussi Leonardus Lemovicus, et je vois dans un cartel, sur un médaillon ovale de la collection Rattier, représentant les Vendanges, hauteur, 0,350, largeur, 0,270, cette signature : LEONAD LIMOSI M. F.

(5) Musée du Louvre, n° 190.

198, 199, 200. Évangélistes et Apôtres; 201. François Ier; 202. Éléonore d'Autriche; 203. Armoiries de France; 204. Devise du roi François Ier; 205, 206, 207, 208. Initiales de François Ier; 209, 210, 211, 212. Salamandres. — *Vingt-trois plaques en émaux de couleurs, avec emploi de paillons et rehauts d'or, réunies par des filets dorés, qui en dessinent les contours et les encadrent. — Dimensions de l'ensemble: haut., 1,070; larg., 0,750.*

190. La croix sur laquelle le Christ est attaché occupe le centre de la composition; elle est surmontée de l'inscription INRI; une auréole, rayonnant sur un nimbe doré, entoure la tête du Christ; le mauvais larron est attaché à gauche sur un poteau dont la traverse passe sous ses épaules, et représenté se tordant sur l'instrument du supplice; le bon larron, du côté droit, est lié de même, son attitude affaissée exprimant la résignation. En avant de la croix et au premier plan, la vierge Marie est étendue sur le sol, sans connaissance; deux saintes femmes lui prodiguent des soins, et une troisième, les mains jointes, est agenouillée devant elle. Sainte Marie-Madeleine, vue de dos, tient embrassé le pied de la croix; à droite, trois hommes à demi vêtus, armés de poignards, se 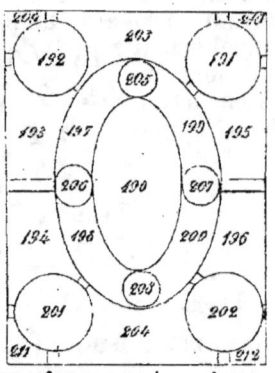 disputent le manteau du Christ; à gauche, une femme essuie ses larmes avec un pan de son voile; on voit près d'elle l'homme portant le vase rempli de vinaigre et l'éponge au bout d'une branche d'hysope; de nombreux personnages sont groupés autour de la croix; six sont montés sur des chevaux blancs; l'un d'eux porte une échelle; un autre a dans la main la lance dont il a percé le côté du Sauveur. On remarque dans le fond un homme monté sur un mulet, plusieurs armés de lances, et vers la droite un guerrier portant un étendard. Les figures se détachent dans le haut sur un fond de nuages de couleur bleue. Au bas de la plaque, vers la droite, on lit l'inscription suivante, tracée en lettres noires sur un cartel réservé en blanc: **LEONARD LIMOSIN ESMAIL-LEUR ET PEINCTRE ORDINAYRE DE LA CHAMBRE DU ROY. M.F.1553.** J'ai donné plus haut un fac-simile exact de ce cartel. — **191.** Jésus portant sa croix est représenté tombé à terre et s'y appuyant d'une main; Simon le Cyrénéen soulève en partie la croix, et un homme frappe avec le pied la poitrine du Christ; sainte Véronique, agenouillée, tend vers lui le suaire. La vierge Marie, debout, est au premier rang du cortège qui suit Jésus; près d'elle sont deux saintes femmes, et, en arrière, des soldats à pied et à cheval; du côté opposé, d'autres précèdent le Christ; ils sont armés de lances, et l'un d'eux porte un étendard. Les figures se détachent sur les murs de la ville, et deux têtes de soldats casqués, placés dans un angle, indiquent que la scène se passe sur une montagne. — 192. Le corps de Jésus-Christ est déposé sur le sépulcre, que recouvre en partie un linceul ; Joseph d'Arimathie le tient sous les bras, Nicodème soulève les pieds, la Vierge soutient son fils ; à la tête du tombeau est un vieillard, un autre personnage en arrière, et vers la droite Marie-Madeleine, qu'accompagnent deux saintes femmes. Les figures se détachent sur un fond de rochers et de verdure. On voit sur le sol, en avant du tombeau, la couronne d'épines, et au-dessus, le monogramme LL et la date 1553. — 193, 194, 195, 196. Les quatre figures d'anges se rattachent par leurs attributs aux scènes de la Passion que nous venons de décrire : l'une, dont le front est orné d'un petit croissant doré, porte les clous de la Passion, au nombre de trois ; sur une pierre placée à ses pieds, on lit : LEONARD LIMOSIN. M. F., et sur une autre la date 1553. La seconde tient de chaque main un fouet à lanières ; à l'angle inférieur de la plaque, on lit sur une tablette émaillée de blanc : LEONARD LIMOSIN M. F. 1553. La troisième soutient des deux bras une colonne d'ordre ionique ; sur une pierre placée à ses pieds on trouve le monogramme LL. La quatrième tient, des deux mains, et étendu, le suaire de sainte Véronique, empreint de l'image du Christ ; dans l'angle inférieur de la plaque est une tablette émaillée de blanc, sur laquelle on lit tracé en noir : LEONARD LIMOSIN M. F. 1553. — 197, 198, 199, 200. Des figures d'apôtres et d'évangélistes, de petite proportion, peintes en camaïeu or sur fond d'émail bleu, décorent les quatre plaques curvilignes qui entourent, comme un cadre, le médaillon principal n° 190. — 201. Le roi François Ier, agenouillé, est posé de profil ; sa tête est découverte ; il est vêtu d'un ample manteau vert fleurdelisé, doublé d'hermine, et porte au cou le collier de Saint-Michel ; ses mains sont jointes, ses genoux posent sur un coussin rouge fleurdelisé ; devant lui est un prie-Dieu, sur lequel on voit la couronne royale, le sceptre et un livre de prières. La figure se détache sur un fond de muraille ; le monogramme LL et la date 1553 sont tracés sur la base du lambris en lettres et chiffres dorés. — 202. La reine Éléonore, femme de François Ier, agenouillée sur un coussin, est vêtue d'un riche costume ; près d'elle est un prie-Dieu supportant un livre. La figure se détache sur un fond d'appartement, que décorent des colonnes et un tableau de paysage placé vers la gauche. — 203. Les armes de France, d'azur à trois fleurs de lis d'or, surmontées de la couronne royale et entourées du grand collier de Saint-Michel, sont peintes en émail bleu et or sur une plaque à fond noir ; deux lettres F et deux salamandres les accompagnent. — 204. La devise du roi, NUTRISCO ET EXTINGOR, est tracée en lettres noires sur un grand écusson émaillé de blanc ; on y trouve la date 1553. — 205, 206, 207, 208. La lettre F, initiale du nom de François, est répétée sur les quatre petits médaillons circulaires et tracée en or sur émail bleu. — 209, 210, 211, 212. Les salamandres placées aux quatre angles sont également peintes en or sur émail bleu. Les revers sont incolores. Ces magnifiques tableaux furent recueillis par M. Alexandre Lenoir, après que la Sainte-Chapelle eut été transformée en un dépôt d'archives ; ils ont passé au Louvre en 1816, le Musée des Petits-Augustins étant dissous. Ces vicissitudes pouvaient être l'occasion de graves détériorations, mais celles qu'on remarque leur sont antérieures. Dans plus d'un endroit l'émail s'est écaillé ; ce malheur reste à la charge de Léonard Limosin. Un usage trop fréquent ou trop hardi du paillon expose tous ses ouvrages à des accidents de ce genre, car on comprend que l'émail n'adhérant pas à la plaque, dont il est séparé par une feuille métallique, se meut sous l'influence de la température, se brise au moindre choc et tombe en écaille. Un croquis de ces deux tableaux, exécuté par Gabriel de Saint-Aubin le 14 juin 1767, m'a été communiqué par M. de Chennevières ; il signale déjà cet état fâcheux. L'artiste a écrit en marge de son dessin : *Fort écaillé*. — (Ancienne collection, n° 208.)

213 à 235. — Tableau votif de la Sainte-Chapelle; 213. Jésus sortant du tombeau; 214. Jésus et Madeleine; 215. Jésus au Jardin des Oliviers; 216, 217, 218, 219. Quatre figures d'anges portant les instruments de la Passion; 220. Henri II; 221. Catherine de Médicis; 222. Armoiries de France; 223. Devise du roi Henri II; 224, 225, 226, 227. Arcs et croissants; 228, 229, 230, 231. Chiffres de Henri II; 232, 233. Croissants; 234, 235. Initiales de Henri II. — *Vingt-trois plaques en émaux de couleurs, avec emploi de paillons et rehauts d'or, réunies par des filets dorés qui en dessinent les contours et les encadrent. — Dimension de l'ensemble : hauteur, 1,070 ; largeur, 0,750.*

213. Jésus-Christ est représenté sortant du tombeau; ses pieds posent encore sur la dalle du sépulcre; un de ses bras est élevé vers le ciel, et l'autre supporte un bâton terminé en croix, auquel est suspendue une oriflamme; une ample draperie rouge, fortement rehaussée d'or, entoure le Christ et cache une partie de son corps; la tête est environnée de rayons dorés, et la figure entière se détache sur une auréole rayonnante. Quatre soldats sont placés près du sépulcre, tous quatre endormis, mais vus sous des aspects différents; deux autres sont debout à un plan plus éloigné, et sont armés, l'un d'une lance et l'autre d'un bouclier. Les figures se détachent sur les détails d'une grotte; une ouverture laisse apercevoir les monuments de Jérusalem. Sur une dalle du sépulcre on lit ces mots, tracés en lettres noires : LEONARD LIMOSIN M. F. 1553. — 214. Jésus-Christ, tenant une bêche de la main droite, appuie l'autre main sur le front de la Madeleine agenouillée devant lui. Un petit vase à parfums est posé près des pieds du Christ. Les deux figures sont placées en avant des plates-bandes d'un jardin entouré d'un mur d'appui qui laisse voir dans le fond des constructions et des montagnes. On trouve vers la gauche le monogramme LL et la date 1553. — 215. Jésus est agenouillé, les mains jointes, les regards élevés vers un ange qui lui présente un calice surmonté d'une hostie. Les trois apôtres endormis occupent le premier plan, et l'on voit dans le fond, près de la porte du jardin, Judas

tenant une bourse et guidant une troupe de soldats armés de lances ; un homme porte un falot allumé. A l'arrière-plan sont des monuments qui se dessinent dans l'ombre. Près du bras d'un apôtre endormi, on trouve le monogramme LL et la date 1553. — **216, 217, 218, 219**. Quatre anges ; l'un soutient des deux mains la croix de N.-S. Sous son pied droit est tracé en lettres d'or le monogramme LL, et sur une pierre, en avant, la date 1553 en chiffres dorés. Un autre porte l'échelle du crucifiement ; dans l'angle inférieur de la plaque est un cartel sur lequel sont tracés en lettres d'or ces mots : **LEONARD LIMOSIN PEINTRE DV ROYS. 1552**. Le troisième porte la couronne d'épines ; un des pieds est posé sur une pierre où l'on trouve le monogramme LL et la date 1553. Le quatrième, vu à demi de dos, porte la lance et l'éponge placée à l'extrémité d'un bâton ; dans l'angle inférieur de la plaque est un petit cartel sur lequel est tracé le monogramme LL avec la date 1553. — **220**. Le roi Henri II, agenouillé et vu de profil, est dans la même pose, sous le même costume et entouré des mêmes accessoires que le roi François Ier, son père, dans le cadre correspondant. Les variantes sont : la couleur des coussins, qui sont verts ; la suppression du sceptre et l'absence du tableau dans l'angle droit. — **221**. La reine Catherine de Médicis, agenouillée et vue de trois quarts, est exactement dans la même pose, sous le même costume et entourée des mêmes accessoires que la figure d'Éléonore d'Autriche, précédemment décrite. Sur la base du lambris on trouve le monogramme LL et la date 1553, tracés en lettres et chiffres dorés. — **222**. Les armes de France, d'azur, à trois fleurs de lis d'or, surmontées de la couronne royale et entourées du grand collier de Saint-Michel, sont peintes en émail bleu et en or sur une plaque fond noir. Deux lettres H et deux croissants les accompagnent. — **223**. C'est également sur une plaque d'émail noir que recouvre en partie un grand écusson émaillé de blanc, qu'est tracée la devise **DONEC TOTUM IMPLEAT ORBEM** et la date 1553. Le cadre qui renferme l'écusson est orné de deux figures d'enfants et surmonté d'un croissant. — **224, 225, 226, 227**. Ce sont aussi des croissants, avec des arcs mêlés à des feuillages, que l'on voit sur les quatre plaques curvilignes qui entourent le médaillon central. — **228, 229, 230, 231**. Le chiffre de Henri II, répété sur les quatre petites plaques circulaires. — **232, 233**. Le croissant, à deux des angles. — **234, 235**. Et l'initiale du nom de Henri, aux deux autres angles. — (Ancienne collection, n° 208 *bis*, provenant de la Sainte-Chapelle.)

236. — Saint Thomas, *sous les traits de François Ier. — Plaque en émaux de couleurs sur fond blanc, détails dorés. — Hauteur, 0,595 ; largeur, 0,265.*

Le saint est représenté debout, marchant, enveloppé d'un ample manteau rouge qui ne laisse apercevoir que la main gauche portant une équerre, le col et le bas de la robe de couleur bleue. Le visage est de profil, regardant à gauche ; les cheveux, la barbe et la moustache sont très mêlés de blanc ; la tête découverte se détache sur un nimbe d'or ; les pieds sont nus. De minces baguettes profilées forment un encadrement divisé en compartiments rectangulaires, où sont enchâssées des plaques d'émail ; deux de ces plaques sont placées horizontalement au-dessus et au-dessous de la figure, les autres forment des montants étroits de chaque côté ; toutes sont décorées d'arabesques en couleurs sur fond blanc. Celle du haut porte l'inscription S THO. enfermée en un cartouche ; celle du bas, deux croissants enlacés sur un écusson circulaire, et des profils de satyres posés aux extrémités. Le milieu de chacun des montants est occupé par un médaillon ovale, en émail noir, sur lequel se découpe, en lettres argentées, le chiffre du roi Henri II. — (Ancienne collection, n° 241.)

237. — SAINT PAUL, *sous les traits de l'amiral de Chabot.* — *Plaque en émaux de couleurs sur fond blanc, détails dorés.* — *Hauteur, 0,595; largeur, 0,265.*

Le saint est représenté debout, enveloppé d'un manteau bleu qu'il relève d'une main, l'autre étant appuyée sur la garde d'une longue épée. Le visage est de trois quarts; les cheveux, les sourcils et la barbe, celle-ci très longue, sont blancs. La tête découverte repose sur un nimbe d'or. L'encadrement est semblable à celui de l'émail qui précède; la disposition est identique, mais les arabesques offrent quelques variantes; sur la plaque supérieure, on lit l'inscription S. PAV. en lettres noires; celle inférieure est ornée d'un croissant et de têtes d'enfants posées aux extrémités. Les montants portent le chiffre de Henri II, tracé en lettres argentées. — (Ancienne collection, n° 240.)

238. — HENRI II, *roi de France.* — *Plaque circulaire en grisaille sur fond noir, chairs colorées et emploi de quelques émaux de couleurs, détails dorés.* — *Diamètre, 0, 280.*

Il est représenté à cheval, vu de profil, la tête découverte, ayant barbe et moustaches. Il tient une palme de la main gauche. La statue équestre de Marc-Aurèle a servi ici de modèle, avec d'autant plus de probabilité que Léonard Limosin avait déjà reproduit en émail ce beau monument de la ville de Rome(1). Le vêtement principal de Henri II se confond avec la couleur du fond; le justaucorps, qui n'est à découvert qu'au col, aux manches et sur la cuisse, est blanc avec broderies jaunes. On remarque sur le harnachement du cheval, vers le poitrail, le chiffre du roi, c'est-à-dire l'accouplement du C et de l'H qui est en même temps la réunion du D et de l'H. Sur la housse de la selle sont peints des croissants. Le contre-émail est incolore. — (Ancienne collection, n° 1.)

239. — PSYCHÉ TRANSPORTÉE PAR ZÉPHIRE, *d'après Raphaël.* — *Grisaille sur fond noir, les chairs colorées, quelques détails dorés.* — *Hauteur, 0,182; longueur, 0,240.* — *Cette composition fait partie de la suite de trente-deux pièces gravées d'après Raphaël*

---

(1) **Collection Vaudoyer.** Médaillon. Grisaille. La statue équestre de Marc-Aurèle.

par le maître au dé (Bartsch, tome xv, n° 44/6), dont une reproduction anonyme est comprise en l'œuvre d'Androuet Ducerceau.

Psyché y est représentée, dans un même tableau, portée dans les airs, assise sur la terre et endormie; puis, vers la droite, et à un plan plus éloigné, reçue par trois jeunes filles à la porte d'un palais. Sur un fragment de terrain, vers la gauche, on voit tracés en noir le monogramme LL, et la date 1535. Au-dessous de la composition, les strophes suivantes, écrites en lettres noires sur une bande d'émail blanc partagée en deux cartouches allongés par un mince intervalle doré, sont disposées sur trois lignes qui contiennent quatre vers : « Zephir la gonfia come vela in nave, La veste et pon la in un pian dietro al monte Onde dormito un sonno assai (soave) A un palagio ne vien presso a una fonte. » L'inscription du second cartouche étant inintelligible par des lacunes provenant de parties détruites, nous la rétablissons d'après l'estampe : « Cui mientre mira et gran meraviglia have s'ode dir da non viste voci et pronti Cio tutto è tuo noi tue che guardi omai Lanati et oscrea et poscia a cena andrai. » Zéphire enfle sa robe comme la voile d'un navire, et la dépose dans une plaine derrière la montagne, et là, après avoir dormi d'un doux sommeil, elle marche vers un palais proche d'une fontaine; tandis qu'elle la regarde avec admiration, elle entend des voix invisibles lui dire : Tout ce que tu vois est à toi, nous sommes à toi, reprends tes sens, lève-toi et viens au repas. — Le contre-émail est incolore. — (Ancienne collection, n° 39.)

240. — LE PÈRE DE PSYCHÉ CONSULTANT L'ORACLE D'APOLLON, *d'après Raphaël. — Grisaille sur fond noir, les chairs colorées, quelques détails dorés. — Hauteur, 0,173; longueur, 0,230. Cette composition, qui fait partie de la même suite que celle qui précède, a été gravée d'après Raphaël par Augustin Vénitien (Bartsch, tome* xv, *n° 42/4), et reproduite par un anonyme dans l'œuvre d'Androuet Ducerceau.*

Le roi est placé à gauche, proche d'un autel d'où s'échappent des flammes, en avant de la statue d'Apollon; un sacrificateur est à son côté; d'autres, occupant la droite, entourent un taureau et deux béliers destinés à l'holocauste; au bas du piédestal de la statue sont tracés, en chiffres et lettres noirs, la date 1543 et le monogramme LL, et au-dessous de la composition les strophes suivantes disposées comme dans l'émail précédemment décrit : « Per questo il Re sacrifica et partito Chiede al milesio Dio per la figliuola Il qual risponde a l'ermo et inculto lito Menala con lhonor funereo et sola. Lasciala quivi che mortal mortal marito Haver non dee ma chi per l'aer vola di velen pieno et con immortal foco distrugge'l mondo et mai non trova loco. » Le roi offre un sacrifice et demande à Apollon un mari pour sa fille ; le dieu de Milet répond : Conduis-la seule et avec les honneurs funéraires sur un rivage solitaire et inculte, où tu la laisseras, car elle n'aura pas pour époux un mortel, mais celui qui vole par les airs, plein de rage, celui dont le feu immortel détruit le monde et ne connaît pas de repos. — Le contre-émail est incolore. Le cadre est formé par des bandes d'émail bleu décoré d'une arabesque d'or, engagées dans des moulures en bois sculpté et doré.—(Collection Révoil, n° 280.)

241. — La toilette de Psyché, *d'après Raphaël. — Grisaille sur fond noir, les chairs colorées, quelques détails dorés. — Hauteur, 0,173 ; longueur, 0,230. — Cette composition, qui fait partie de la même suite que les deux qui précèdent, a été gravée d'après Raphaël, par le maître au dé* (Bartsch, tome XV, n° 48/10), *et reproduite par un anonyme dans l'œuvre d'Androuet Ducerceau.*

Psyché est représentée demi-nue, assise, déroulant sa chevelure et servie par deux femmes debout à ses côtés ; une troisième, assise à l'angle gauche, s'appuie sur une grande aiguière dont le pied porte le monogramme LL tracé en noir. Les strophes suivantes sont disposées au-dessous de la composition de la même manière que dans les deux émaux décrits : « Lenala la Donzella al nono giorno Poi che l volante arcier fuor mosse'l piedi Ha i invisibil serve a se d'intorno Apparecchiate a far quanto ella chiede Chiede ella del suo bel crine aureo adorno se loscrime ordinato ben procede, et a questo intenta a se medesma dice Psiche chi vive piu di te felice. » Le neuvième jour, lorsque l'archer ailé fut parti, la jeune fille est entourée de servantes invisibles prêtes à faire tout ce qu'elle demande ; tout ce qu'elle leur demande, c'est de dérouler et peigner sa chevelure d'or, et cependant elle se dit à elle-même : Qui donc au monde est plus heureuse que toi ! — Le contre-émail est incolore. Le cadre est semblable à celui de l'émail qui précède.— (Collection Révoil, n° 281.)

242. — Vénus et l'Amour. — *Plaque de forme ovale en émaux de couleurs sur fond blanc, avec emploi de paillons et rehauts d'or.—Hauteur, 0,200; longueur, 0,265.*

Vénus est représentée étendue sur l'herbe d'une prairie ; elle est entièrement nue, et posée sur une draperie bleue rehaussée d'or ; elle en relève un pli d'une main, tandis que de l'autre elle s'appuie sur un jeune amour qui la tient embrassée. Les cheveux sont nattés avec des fils d'or, et la coiffure a la forme d'un chaperon. Le fond du paysage, entièrement vert sur le premier plan, et garni d'arbres, se termine en tons bleus, et figure une ville dont la mer baigne les murailles ; un vaisseau se voit dans le coin de droite. Un vase d'où sortent des fleurs est placé en arrière de la figure principale, et un carquois rempli de flèches posé en avant. Vers la gauche, et sur une feuille que surmontent deux brindilles dorées, on lit le monogramme LL, et au-dessous la date 1555. Le contre-émail est incolore (Collection Révoil, n° 274). — Quelle est la femme assez belle et assez prodigue de sa beauté, pour se faire représenter, en 1555, dans cette nudité, que sa riche coiffure rend plus impudique encore. On répondra tout d'une voix : c'est Diane de Poitiers. Cependant ce nez busqué n'est pas le nez de la duchesse de Valentinois, il s'approcherait plutôt des traits connus de Louise de Savoie ou de Marguerite de Valois; mais comment songer à ces deux femmes, toutes deux mortes en 1555, et qui d'ailleurs, à aucune époque de leur vie, ne s'étaient associées à ces réminiscences antiques qu'excusait la passion des arts, que conseillait à la maîtresse du roi le soin de sa domination. La duchesse de Valentinois, il est vrai, avait alors cinquante-cinq ans; mais si le temps altéra sa beauté, Henri II ne s'en aperçut pas, et Léonard Limosin n'avait aucun intérêt à rendre son maître plus clairvoyant. Il est impossible de s'arrêter à cette absence de ressemblance qui est du fait de l'émailleur, et dont c'était le défaut. J'accepte donc l'opinion générale, qui désigne ici Diane de Poitiers. Une circonstance intéressante vient d'ailleurs à l'appui de la tradition. Léonard Limosin, en même temps qu'il peignait l'émail du Musée, a exécuté pour le connétable de Montmorency un magnifique plat dans lequel il a fait entrer le repas des Dieux, suivant fidèlement la gravure de Marc-Antoine, avec cette différence, toutefois, que les personnages portent le costume de la cour, et que Jupiter, remplacé par Henri II, à la toque sur la tête, et tient ses gants de la main droite en se tournant vers Catherine de Médicis, assise à sa gauche, et vêtue d'une robe bleue disposée comme dans le dessin original. A la droite du roi, et complètement nue, mais coiffée de la même toque noire à plumes blanches, recouvrant des cheveux blonds serrés en forme de coques dans la même résille d'or, est assise cette même femme dont nous cherchons à connaître le nom; puis autour de la table, les personnages de la cour, Anne de Montmorency compris, et tous dans les poses et dans les costumes que Raphaël a donnés aux divinités de l'Olympe (1). La place qui est donnée à Diane de Poitiers, à la droite du roi, le rôle qu'elle joue dans cette scène, les croissants qui l'entourent, tout dans ce tableau s'adresse à la maîtresse du roi, et si c'est elle, c'est bien aussi la duchesse de Valentinois que représente l'émail du Louvre. Jamais la peinture en émail n'a mieux réussi; c'est qu'aussi l'émailleur de Henri II n'avait jamais pris plus de soin à remplir sa tâche ; on sent qu'il veut satisfaire le caprice le plus cher au cœur de son maître.

243. — Scène de famille. — *Plaque ovale et concave, en émaux de couleurs rehaussés d'or. — Hauteur, 0,285 ; largeur, 0,210.*

Une jeune femme est assise devant une vaste cheminée et près d'une

---

(1) **Collection Andrew Fountaine**, dans le Norfolkshire. La composition de Raphaël est disposée dans la largeur du plat, afin de profiter de sa longueur pour placer en hauteur les figures ailées qui répandent des fleurs sur la table des Dieux, et au-dessus d'elles le grand écusson des armes de Montmorency, flanqué des deux épées de connétable, avec des banderoles qui portaient sa devise. Ces armes ont été grattées, on n'en voit plus que la silhouette. L'une des figures a la tête surmontée d'un croissant, et dans la bordure une autre porte le même signe. Les arabesques qui ornent ces bordures, les combats d'enfants qui les remplissent, sont du style le plus pur, de l'invention la plus heureuse, et d'une exécution incomparable. Le revers est d'une belle disposition. On trouve la signature de l'artiste, au bas de la composition, un peu à droite sur les marges : LEONARD LIMOSIN 1555. Longueur totale du plat, 0,510 ; largeur, 0,430. Longueur prise dans le fond du plat, 0,355.

table sur laquelle est posée une aiguière ; elle tient sur ses genoux un jeune enfant nu qu'elle essuie avec un linge. Derrière elle, et vers la gauche, un homme jeune contemple la scène d'un air calme ; à sa droite et en avant, un vieillard assis fait sécher avec empressement un linge qu'il présente au feu du foyer. Un autre vieillard, penché sur un mur d'appui qui sépare la chambre de la campagne, regarde le jeune enfant. Le fond de paysage, traversé par une rivière, est animé de fabriques, d'arbres et de rochers. Sur la table où est posée l'aiguière, on voit le monogramme LL et le millésime 1572 tracés en rouge. Le contre-émail est incolore.—(Collection Durand, n° 80/2348.)

244. — FRANÇOIS II, *roi de France.* — *Médaillon de forme ovale, en émaux de couleurs, détails dorés.* — *Hauteur, 0,447 ; largeur, 0,316.*

Portrait en buste; le visage est posé de trois quarts, les yeux sont bleus, les cheveux châtains ; la tête est couverte d'une toque ornée de perles et d'une petite plume blanche, l'oreille percée d'un anneau qui soutient une perle. Le manteau noir est doublé d'hermine. Le pourpoint est blanc, taillaïdé et rayé de filets d'or. Une mince chaînette, passée en sautoir, suspend sur la poitrine une médaille de Saint-Michel. La figure se détache sur un fond bleu d'azur. Une tablette transversale, de nuance bleue pâle, coupe le buste au-dessous de la ceinture. Le contre-émail est incolore. —(Ancienne collection.)—J'ai cité, page 183, un article de l'inventaire des joyaux et meubles de Fontainebleau qui mentionne ce portrait.

245 à **253.** — MONTMORENCY (*Anne de*), *connétable de France.*— *Médaillon de forme ovale, en émaux de couleurs, détails dorés.*—*Hauteur, 0,450 ; largeur, 0,320.*—*Portrait en buste, fait à l'âge de 63 ans.*

245. Le visage est posé de trois quarts ; les yeux sont bleus, les cheveux, la barbe et les moustaches grisonnants. Le costume est entièrement noir : la toque est ornée d'une médaille et de points dorés, le manteau est bordé d'hermine ; le pourpoint, fermé par une ligne de boutons dorés, est garni, sur la poitrine, d'un double rang de dessins arabesques formant un galon qui remonte vers le col. La médaille de l'ordre de Saint-Michel est suspendue à une chaîne très fine, qui se détache en or sur la couleur sombre du pourpoint. Le fond est bleu d'azur, et une tablette transversale, mi-partie bleue et verte, coupe le buste au-dessus de la ceinture. Le cadre en bois doré et sculpté, en forme de cartouche, est divisé en compartiments qui renferment des plaques d'émaux peints en grisaille sur fond noir. — **246 et 247.** Deux de ces plaques sont posées sur les côtés ; des satyres, homme et femme, y sont représentés, l'un et l'autre debout, portant un vase sur la tête et mêlés à de jeunes satyres qui jouent à leurs pieds. — **248 à 251.** Quatre autres plaques, découpées sur le dessin du cartouche et ajustées vers les angles, sont ornées d'arabesques dorées et remarquables par des godrons hémisphériques sur chacun desquels est peint en grisaille un dextrochère armé de gantelets, mouvant d'un nuage, tenant, la pointe haute, l'épée du connétable, qu'en-

toure une banderole sur laquelle est écrite la devise d'Anne de Montmorency : APLANOS. De ces quatre plaques, les deux supérieures sont en outre décorées de figures d'ornements, et sur celle de droite on lit le monogramme LL et la date 1556, tracés en lettres et chiffres dorés.— 252 et 523. Une tête d'ange et une tête de Méduse, toutes deux émaillées en couleur sur cuivre repoussé, sont appliquées, l'une dans le haut, l'autre dans le bas du cadre. — (Ancienne collection, n° 3.)

254. — François de Lorraine, *duc de Guise.* — *Médaillon de forme ovale, en émaux de couleurs, détails dorés.* — *Hauteur, 0,462; largeur, 0,315.* — *Portrait en buste, fait à l'âge de 38 ans.*

Le visage est placé presque de face ; les yeux sont bleus, les cheveux, la barbe et la moustache de couleur blonde ; le nez porte l'empreinte d'une blessure dont la direction est oblique. Une toque noire, posée de côté, recouvre la tête ; elle est ornée d'une très petite plume de même couleur et de filets d'or mêlés au galon. Le manteau noir, à collet remonté, est doublé de martre. Le pourpoint est blanc, taillé et rayé de ganses d'or. La médaille de l'ordre de Saint-Michel est suspendue sur la poitrine par un mince cordon d'or en sautoir. La figure se détache sur un fond bleu d'azur. Sur une tablette transversale, de couleur bistre rehaussée d'or, qui coupe le buste au-dessus de la ceinture, on trouve vers la droite le monogramme LL et la date 1557, en lettres et chiffres d'or.— (Ancienne collection, n° 2.) — Le contre-émail est incolore. Dans le recueil de Gaignières, tome IX, fol. 24, est un portrait semblable avec cette inscription : François de Lorraine, copié sur son portrait, dont l'original, peint par *Janet*, est dans le cabinet de M. de Gaignières.

255. — Portrait d'homme. — *Plaque de forme ovale, en émaux de couleurs sur fond noir, détails dorés.* — *Hauteur, 0,200 ; largeur, 0,144.* — *En buste.*

Le visage est posé de trois quarts ; les yeux sont bleus, les cheveux blonds et bouclés, les moustaches blondes et très longues ; la barbe, de même couleur, couvrant presque entièrement la poitrine, est partagée en deux pointes vers l'extrémité. Le costume est noir brodé d'or ; l'ordre de Saint-Michel est suspendu à un cordon passé en sautoir. La toque noire, à petit bord relevé, est brodée d'or et ornée sur le côté d'une plume blanche. Sur le contre-émail incolore on trouve le monogramme LL surmonté d'une couronne, et la date 1550, en lettres et chiffres noirs. — (Collection Révoil, n° 283.) — M. Révoil, nous ne savons d'après quelle autorité, nomme ce personnage Jean-Philippe Rheingrave, colonel des Allemands au service de Henri II, chevalier de Saint-Michel en 1550 ; il nous a paru avoir une grande ressemblance avec un portrait désigné sous le nom de Louis II de la Trémoille, qui fait partie de la collection des crayons de la Bibliothèque nationale, tome Ier, et se trouve reproduit dans le recueil de Gaignières, tome VIII, fol. 27. D'un autre côté, une répétition exacte de ce portrait, accompagné d'un portrait de femme qui lui fait pendant, fut trouvé à Carlat, près Aurillac, et comme les D'Armagnac ont occupé le château de Carlat jusqu'à la fin du XVIe siècle, on pourrait supposer que ce portrait nous offre les traits de quelque membre de cette puissante famille. J'ai parlé, page 176, de cette répétition.

256. — CALVIN? — *Plaque en émaux de couleurs sur fond bleu d'azur. — Hauteur, 0,230; largeur, 0,180. — Portrait en buste.*

Le visage est posé de trois quarts; les yeux sont bruns, les sourcils et les cheveux noirs; la barbe, courte et taillée en rond, est de couleur châtain, ainsi que la moustache. Le vêtement est entièrement noir, avec des indications de broderies sur la poitrine. La tête est couverte d'un bonnet. Le contre-émail est incolore. — (Collection Révoil, no 282.) — L'attribution est de M. Révoil, et la ressemblance avec les portraits authentiques de Calvin ne l'assure que faiblement.

257 et 258. — DIEU APPARAISSANT A ABRAHAM. — *Coupe, avec couvercle, en camaïeu sur fond bleu, les chairs colorées, détails dorés. — Hauteur, 0,195; diamètre, 0,180.*

Dans *l'intérieur*, Dieu, entouré de nuages, occupe le haut de la composition; il est coiffé d'une tiare. Abraham est vu au-dessous, agenouillé sur le sol et prosterné. A gauche et à un plan plus éloigné, l'on voit, près d'une tente, un berger assis gardant des moutons, une figure assise, une autre à genoux, et un pasteur debout, portant une houlette. La figure d'Abraham est reproduite dans le fond, au milieu des bergers et des troupeaux. *L'extérieur* de la coupe est décoré de quatre figures de termes, séparées par des arabesques dorées. Le pied est orné de masques et de draperies, et sur la partie évasée on voit un cerf poursuivi par des chiens. Le *couvercle* offre quatre médaillons où sont peintes des têtes d'hommes et de femmes, vues de profil, en tons de chairs, et les intervalles sont remplis par des termes et des ornements arabesques dorés. Une décoration analogue est reproduite intérieurement. Le contre-émail est bleu. — (Collection Durand, no 32/2454.)

259 et 260. — NOÉ OFFRANT, APRÈS LE DÉLUGE, UN HOLOCAUSTE AU SEIGNEUR. — *Coupe, avec couvercle, camaïeu sur fond bleu, les chairs colorées, détails et ornements dorés. — Hauteur, 0,230; diamètre, 0,180.*

Dans *l'intérieur*, Noé est représenté à genoux, occupant la gauche de la composition, les mains élevées vers le Seigneur, que l'on voit dans des nuages, se détachant sur un fond d'or rayonnant. Au centre est un autel construit en pierres et surmonté de flammes; plusieurs espèces d'animaux sont répandues de tous côtés, et, dans le fond, quatre figures sans vêtements élèvent des constructions d'une simplicité primitive. *L'extérieur* de la coupe est orné de quatre trophées rattachés, par de légers liens, à deux masques alternant avec deux têtes de béliers; les uns et les autres relient des draperies, et de légers ornements dorés sont mêlés à ces motifs de décoration. Sur *le pied*, deux têtes d'anges ailées sont unies par des draperies à des mufles d'animaux. Sur *la base* sont figurés les génies de la terre, des airs et des eaux; le premier, assis sur un bouc qu'il tient par les cornes; le second, volant à la poursuite d'un oiseau; le troisième, porté par un dauphin et tenant une conque marine. *Le couvercle* offre, à l'intérieur, quatre médaillons de forme oblongue, où sont peintes alternativement des têtes d'hommes et de femmes, et, dans les intervalles, des arabesques dorées, dont les motifs principaux sont des sirènes et des termes ailés, et, à l'intérieur, des médaillons semblables où sont peintes deux têtes de femmes et deux têtes de guerriers casqués, que séparent des ornements dorés. Le contre-émail est bleu. — (Collection Durand, n° 33/2455.)

261 et **262**. — 1° Marie, sœur d'Aaron, célébrant le naufrage de Pharaon. *Fragments du* Défi des Piérides, *d'après Rosso (Musée du Louvre, cat. des tableaux, n° 369), composition gravée par Æneas Vicus.* 2° Noé offrant un sacrifice au Seigneur. — *Coupe, avec couvercle, en camaïeu sur fond bleu, détails et ornements dorés.* — *Hauteur*, 0,200; *diamètre*, 0,179.

1° Sur *le couvercle*, Marie, sœur d'Aaron, est représentée debout près du rivage de la mer, tenant un tambour et des baguettes dont elle s'apprête à le frapper. Les flots de la mer roulent des naufragés dont on ne voit que la tête; l'une de ces têtes est ceinte d'une couronne à pointes, et un sceptre sort des flots à peu de distance. L'homme nu, debout sur le rivage opposé, est l'Apollon du tableau du Rosso; la Muse jouant de la lyre, celle qui est vue de dos, une troisième qui joue d'une sorte de harpe, et la Piéride qui joue du tympanon, sont empruntées au même tableau. L'émailleur a tiré de lui-même, ou de sources qui nous sont restées inconnues, les quatre figures qui complètent la composition. L'intérieur du *couvercle* est décoré de quatre médaillons où sont peintes en grisaille des têtes d'hommes et de femmes vues de profil; les médaillons sont séparés entre eux par des figures d'enfants nus dont les poses sont animées; l'un d'eux est à cheval sur un bâton. De légères arabesques dorées sont tracées sur le fond. 2° La composition qui décore *l'intérieur* de la coupe est tout à fait semblable à celle précédemment décrite, n° 259. *L'extérieur* est orné de quatre satyres en grisaille et d'arabesques dorées, se rattachant à des médaillons qui sont décorés de petites figures peintes en rouge sur fond blanc. *Le pied* est orné de têtes d'enfants ailées, alternant avec des mufles de lions et supportant des draperies. On voit sur *la base* une femme présentant un gâteau à un monstre fabuleux; neuf figures d'hommes ou de femmes, groupées à l'entour, se rattachent à l'action par leurs poses et leurs gestes; d'un côté, deux femmes sont agenouillées; de l'autre, on voit un homme à genoux, élevant les bras. Le contre-émail est bleu. — (Collection Durand, n° 34/2453.)

263. — Psyché transportée par Zéphire, *d'après*

Raphaël.— Coupe en grisaille sur fond noir ; quelques détails dorés. — Hauteur, 0,071 ; diamètre, 0,222.

La composition est conforme à celle déjà décrite n° 239. On voit Psyché portée dans les airs ; au-dessous, assise et endormie, et vers la droite et dans l'éloignement, reçue par trois jeunes filles sur le seuil d'un palais. Le revers est décoré de têtes d'anges ailées, alternant avec des têtes de vieillards ; les unes et les autres supportent des draperies qui sont rattachées à des anneaux d'où pendent des médaillons entourés d'arabesques. Le contre-émail est noir. — (Collection Durand, n° 45/2466.)

264. — JUNON ET L'AMOUR. — *Coupe en grisaille sur fond noir ; les chairs légèrement teintées ; quelques détails dorés. — Haut., 0,075 ; diam., 0,225.*

La déesse est assise sur un char porté sur les nuages et attelé de trois paons ; l'Amour est posé dans un nuage au-dessus. Une vignette dorée entoure la composition. Le revers est orné de termes relevant des draperies, de médaillons et d'arabesques dorés. Le contre-émail est noir. — (Collection Durand, n° 43/2465.)

264 bis. — PORTRAIT DE HENRI II. — *Plaque de forme ovale, en grisaille sur fond noir. — Hauteur, 0,152 ; largeur, 0,115.*

Le roi est représenté de profil, la tête nue et ceinte d'une couronne de lauriers. Il est vêtu d'une riche armure décorée de divers ornements, parmi lesquels figure le croissant. Le contre-émail est incolore. Les deux mains et l'épée appartiennent à la restauration que cet émail a subie. — (Acquisitions nouvelles, n° 441.)

265 à 284. — TRICTRAC (1) ET ÉCHIQUIER, *adossés et se repliant sur charnières ; les deux tabliers composés de quatre plaques et les entourages de seize (huit pour un côté, huit pour l'autre), peintes en camaïeu sur fond d'émail vert émeraude, et rehaussées de détails et d'arabesques dorés. — Dimensions de l'ensemble : hauteur, 0,467 ; largeur, 0,471.*

265 et 266. Le tablier du trictrac : hauteur, 0,310 ; largeur, 0,158 ; ensemble,

---

(1) L'expression de trictrac est moderne ; voyez dans le glossaire de la seconde partie, au mot *Tablier*.

0,316. Les compartiments sont marqués par des petites flèches, qui sont alternativement de couleurs blanche et vert clair; on en compte douze de chaque côté. La zone du centre est décorée de quatre figures en buste, d'hommes et femmes se regardant, peintes en camaïeu et encadrées dans des losanges contre lesquels sont appuyées des arabesques d'or. Ce sont également des arabesques très finement touchées en or, et formant vingt-huit motifs variés, qui ornent les parties de fond que séparent les flèches. On découvre sur une tablette de la cinquième division, à partir de gauche dans le haut, le monogramme LL, et sur un cartouche de la sixième division, à partir de la gauche, mais au rang inférieur, la date 1537. — **267 à 274.** Longueur, 0,190; largeur, 0,037; formant une frise d'encadrement autour du trictrac; arabesques en grisaille composées de termes, d'enfants, de têtes barbues, de trophées d'armes et d'instruments de musique, auxquels sont mêlées quelques fines brindilles dorées.—**275 et 276.** Hauteur, 0,310; largeur, 0,157; ensemble, 0,314; constituant le tablier de l'échiquier, qui est divisé en soixante-quatre cases; trente-deux sont émaillées d'un ton uni vert émeraude; trente-deux sont émaillées de blanc et décorées d'arabesques d'or disposées en rosaces autour d'un même nombre de petits médaillons circulaires dont les sujets rapidement peints, les deux premiers en or, les autres en noir, sont des compositions en partie empruntées aux camées antiques. — **277 à 284.** Longueur, 0,190; largeur, 0,037; formant une frise d'encadrement autour du damier; ornements de même composition et style que ceux de la frise qui entoure le trictrac. — (Acquisitions modernes M. L., n° 128.)

Cette description ferme dignement la liste des œuvres de Léonard, qui, s'il avait plus respecté son nom, ne l'aurait pas accolé aux œuvres médiocres produites dans son atelier; le même sentiment de dignité de l'artiste lui conseillait de détruire des ouvrages altérés par les accidents inévitables de la cuisson et rendus indignes de sa réputation: les quatre émaux dont la description suit sont du nombre.

285. — Phèdre (1). — *Plaque en émaux de couleurs, avec emploi de paillons.* —Haut., 0,300; larg., 0,250.

Elle est représentée en buste; les yeux sont bleus, les cheveux en partie cachés par une gaze; un bijou orne le front, un collier entoure le haut de la robe, qui est de couleur blanche, et une agrafe attache le manteau. Le contre-émail est transparent et marbré.—(Collection Durand, n° 84/2553.)

286. — Hippolyte. — *Plaque en émaux de*

---

(1) **Musée de Sèvres.** — Une Déjanire, exécutée de même dimension, dans les mêmes tons et avec des défauts semblables, prouve que cette suite de portraits imaginaires est nombreuse.

couleurs, avec emploi de paillons et rehauts d'or. — *Haut.*, 0,300; *larg.*, 0,250.

Il est représenté la tête découverte et ceinte d'un bandeau de pierreries; ses yeux sont bleus, ses cheveux blonds; sa robe, de couleur blanche, est rayée d'or et ornée d'un collier de pierreries; les plis du manteau sont rattachés par une agrafe; sur le fond bleu d'azur est écrit le nom HIPPOLITYS, et dans le bas le monogramme LL. Le contre-émail est transparent et marbré. — (Collection Durand, n° 84/2554.)

287. — PORTRAIT D'HOMME. — *Plaque de forme ovale, en émaux de couleurs; détails dorés.* — *Haut.*, 0,134; *larg.*, 0,104.

Ce personnage, représenté en buste, m'est inconnu; son visage est posé de trois quarts; les yeux sont bleus, les cheveux, la moustache et la barbe d'un blond très clair. Il est vêtu d'un pourpoint de couleur sombre, dont le collet relevé soutient une petite fraise; une chaîne, dont l'or est effacé, forme deux rangs autour du cou; la toque, de même couleur que le pourpoint, est ornée d'une petite plume blanche qui retombe en arrière. La figure se détache sur un fond bleu. Le contre-émail est incolore. — (Collection Durand, n° 93/2580.)

288. — LA CRÉATION. — *Gobelet à pied en camaïeu sur fond bleu; les chairs teintées.* — *Hauteur*, 0,155; *diamètre*, 0,110.

On voit d'un côté Dieu élevant la main sur Adam, étendu devant lui et encore inanimé, et de l'autre donnant la vie à Ève, qu'il tire du côté d'Adam. Les deux compositions sont réunies par un même fond de paysage, que remplissent diverses espèces d'animaux. Le pied est orné de têtes ailées, de guirlandes et de quatre médaillons, où sont peintes des têtes vues de profil et légèrement colorées. L'intérieur est couvert d'une couche de peinture jaune, qui est une restauration moderne. Le contre-émail est noir. — (Collection Durand, n° 22/2441.)

ANONYME.

Plus que tout autre artiste de Limoges, Léonard a eu ses imitateurs. Son active production l'obligeait à se faire aider, et de son atelier sortirent des élèves qui, sans avoir son talent, approchèrent de sa manière par la composition des émaux, par leur ménagement et leur cuisson. Le plus grand nombre fut contemporain de son activité, et si quelques-uns lui survécurent, ils conservèrent quelque chose de ses errements, tout en modifiant leurs manières selon les goûts et la mode. Je range parmi les anonymes contemporains de

Léonard et qui doivent prendre rang immédiatement à sa suite, l'émailleur qui a exécuté le triptyque dit de Catherine de Médicis. Musée de Cluny, n° 1009. « Cabinet de
« deuil à l'usage de la Reine, aux armes, chiffres et attri-
« buts du roi Henry II et de la reine. Ce cabinet, sorte de
« tableau à volets, est un des monuments les plus complets
« en ce genre. La garniture est en cuir imprimé aux chiffres
« de Henry II et de Catherine de Médicis. Au-dessus des
« chiffres est la couronne de France, et les espaces libres
« sont semés de larmes. A l'intérieur est le portrait en pied
« de Catherine de Médicis, exécuté en émail : elle est age-
« nouillée dans son oratoire, son costume est celui du
« deuil. Hauteur, 0,300; largeur, 0,210. Les volets sont
« décorés de quatre médaillons renfermant des sujets tirés
« de la vie et de la passion du Christ. Diamètre, 0,117.
« Cinq autres médaillons plus petits (hauteur, 0,065 ; lar-
« geur, 0,050) et de forme ovale, complètent la décoration
« de ce beau triptyque. L'intérieur de cette chapelle por-
« tative est décoré, comme l'extérieur, des chiffres du roi
« et de la reine, avec les insignes du deuil. Tout donne
« lieu de supposer que ce précieux monument a été exécuté
« lors de la mort du roy Henry II de France. » Je n'ai rien à ajouter à cette excellente description de M. du Sommerard fils. Je me suis demandé cependant à quelle époque, dans quelle intention, pour qui et par qui ce triptyque avait pu être fait. Deux dates sont seules admissibles : 1559, année de la mort d'Henri II, et 1589, année de la mort de Catherine de Médicis. La reine avait un peu plus de quarante ans à cette première date, elle en avait soixante-dix à la seconde. Les traits du visage ne permettent pas de s'éloigner de 1559. Évidemment on a voulu rappeler le deuil de Catherine de Médicis; elle est à genoux et en prières dans sa chapelle tendue de noir. Mais pour qui ce douloureux tableau a-t-il été fait? Pour la reine, cela n'est pas admissible : on ne fait pas faire son portrait pour soi-même, et en le commandant pour un autre, on ne lui donne pas cet air de tableau de sainteté. J'en conclus qu'une amie dévouée, un serviteur fidèle, a voulu consacrer ainsi la douleur de sa maîtresse après la mort cruelle de son époux ; et son dévouement enthousiaste ne connaissant pas de bornes, il lui a donné la disposition d'un tableau d'autel, tout prêt à transformer son attachement en adoration. A qui attribuer cet émail? Si Léonard Limosin l'avait peint en 1559-60, il se serait rapproché davantage,

dans le ton, dans la physionomie, dans la manière, du portrait qu'il avait fait de la reine en 1553; il l'aurait signé surtout, car il n'a jamais négligé le soin de marquer ses œuvres quand elles avaient d'aussi hautes destinées, et il lui importait, au moment de ce changement de règne, de faire acte de peintre de talent ; enfin il n'aurait pas laissé à d'autres mains, et à des mains secondaires, le soin d'exécuter les neuf médaillons qui complètent le monument. Il est plus facile de lui refuser cet ouvrage que de nommer un autre peintre capable de l'avoir exécuté. Considéré en lui-même, cet émail est assez timide quant au portrait, et assez arriéré quant aux procédés.

ANONYME.

289. — JULES CÉSAR. — *Plaque circulaire, en grisaille sur fond noir, détails et inscriptions dorés. — Diamètre, 0,240.*

Posé de profil, tourné vers la droite, couronné de lauriers, avec cette inscription : IULIUS. S. Le revers est incolore. — (Collection Durand, n° 78/2546.)

290. — LA DÉESSE CÉRÈS. — *Plaque circulaire, en grisaille sur fond noir, détails et inscriptions dorés. — Diamètre, 0,240.*

Posée de profil, tournée vers la gauche, couronnée d'épis, avec cette inscription : SERES. LA. D. Le revers est incolore.— (Collection Durand, n° 78/2547.)

ANONYME.

Un tableau, du genre généalogique, peint vers 1566, offre de l'analogie avec les dernières œuvres de Léonard Limosin, bien que des émaux aussi sombres, aussi ternes et aussi faux de tons, n'aient jamais été employés par lui. Un pointillé sec et maigre, des contours durs, et des physionomies nulles, font le caractère de cet émail. L'inscription fixe approximativement sa date. Elle est antérieure à 1589, puisqu'il n'est pas dit que Catherine de Médicis soit morte ; elle est postérieure à 1565, puisqu'on y parle de la seconde fille de Philippe II, roi d'Espagne, et d'Élisabeth, son autre fille, morte en 1568.

291. — Catherine de Médicis. — *Plaque en émaux de couleurs sur fond bleu, avec emploi de paillons et rehauts d'or. — Hauteur, 0,300; largeur, 0,370.*

La reine est vêtue de noir, assise, à droite du tableau, sur un siége de deuil que recouvre un dais garni de rideaux. Ses armoiries sont placées sur le milieu du dais; ses mains sont ornées de bagues. Devant elle est un homme dont on ne voit que le buste; il a la tête découverte, les cheveux blancs comme la barbe et la moustache; son vêtement et son manteau sont bleu d'azur, la ceinture de couleur orangée. A gauche, un homme jeune, la tête nue, portant le même vêtement que le premier. Le fond de couleur bleue, sur lequel se détachent ces deux figures, est entièrement couvert par l'inscription suivante en lettres dorées : « Catherine fille de lauran de medicys duc d'Urbin et de magdelaine de bollôgne unique héritière des susdites maisons laquelle exposa henry secôd roy de france duql eust yssus frâcoys et charles roys de frâce hêry roy de frâce et de pollôgne et môseigneur frâcoys duc dâiou accorde en mariage a la royne dâgletaire et ung fils dont le roy de portugal estoit côpere le quel estan ieune deceda plus elle eust de filles madame elizabet mariee au roy des espagnes duquel elle a eu deux filles plus madame la duchess de loraine dôt et sorti plusieur enfans plus madame margerite royne de navare et eust encores deux filles iumelles decedees. » Le contre-émail est incolore.—(Collection Durand, n° 81/2549.)

ANONYME.

Quelque élève de Léonard, faisant un essai, a bien pu produire l'émail que je vais décrire, et lui donner une apparence d'ancienneté, qui n'est, en réalité, que de l'inexpérience.

292. — Portrait de femme.—*Plaque en émaux de couleurs avec emploi de paillons et rehauts d'or. — Hauteur, 0,100; largeur, 0,085.*

Elle tient une fleur de souci surmontée d'un cœur. La robe est rouge sur paillons, à manches et collet noirs; les revers sont blancs, ainsi que le bonnet, la guimpe et les manchettes. Le fond mi-parti bleu et vert, une bordure verte dans le bas, et l'encadrement noir sont ornés de légères arabesques et vignettes dorées. Le contre-émail est incolore.—(Collection Révoil, n° 259.)—Cet émail est inscrit dans le catalogue de M. Révoil sous le nom de Marguerite, sœur de François Ier. Cette attribution n'est motivée que par la fleur placée dans la main de la jeune femme; le costume, et plus encore les traits, la contredisent.

ANONYME.

Il y a eu des essais pleins d'inexpérience; il y a eu aussi des émailleurs qui, sans positivement manquer de talent, étaient incapables d'avancer et de se frayer une voie. Leurs œuvres ont une naïveté vieillotte, une sorte d'enfance ridée; des procédés arriérés s'y combinent avec une certaine maladresse dans la composition, pour donner à ces émaux une apparence gothique.

293. — LA MÈRE DE DOULEURS. — *Plaque en émaux de couleurs sur fond noir, détails dorés. — Hauteur, 0,145; largeur, 0,125.*

La figure est en buste; les deux mains pressent une épée qui perce le côté droit; les yeux sont inondés de larmes; la robe est violette; un grand manteau bleu couvre à la fois la tête et les épaules; une auréole d'or entoure la tête. On voit sur le fond des larmes d'or, à gauche le monogramme de Marie, la lettre M à droite, et sur l'épaule gauche une étoile dorée. Le contre-émail est incolore. — (Collection Durand, n° 105/2622.)

294. — LE CHRIST SUR LA CROIX. — *Plaque en émaux de couleurs sur fond noir, détails dorés. — Hauteur, 0,127; largeur, 0,102.*

Jésus-Christ est étendu sur la croix; on lit au-dessus de sa tête l'inscription I.N.R.I.; la vierge Marie est debout à gauche, et saint Jean derrière elle. Sainte Marie-Madeleine, agenouillée, embrasse le pied de la croix. Près de la Vierge est une femme en pleurs. Du côté droit est Longin, le centurion, sur un cheval blanc, et en arrière de lui des soldats à cheval. Sur le sol, on voit un vase à parfums, et un petit chien vers l'angle droit. Dans le fond sont indiqués les murs de Jérusalem; le ciel est parsemé d'étoiles. Le contre-émail est incolore. — (Collection Durand, n° 108/2632.)

295. — PIETA. — *Plaque en émaux de couleurs sur fond noir, détails dorés. — Hauteur, 0,127; largeur, 0,102.*

Le corps du Christ, dont les plaies sont saignantes, repose sur les genoux de la vierge Marie qui le soutient. Saint Jean est près de la tête du Seigneur. Marie-Madeleine, agenouillée vers la droite, porte un vase à parfums. On voit dans le haut, à gauche, les trois croix dressées sur le Golgotha; le fond de ciel est parsemé de larmes dorées. Le contre-émail est incolore. — (Collection Durand, n° 108/2631.)

ANONYME.

Parmi les nombreux imitateurs de Léonard Limosin, on compte des hommes qui, bien que dépourvus de talent, ont eu l'adresse de surprendre dans son atelier, et en travaillant pour lui, le secret de ses émaux. En le quittant ils singent sa manière, et à distance ils trompent l'œil.

Une histoire de la Passion a été peinte en émaux de couleurs par un de ces imitateurs adroits ou maladroits, comme on voudra l'entendre. Au premier aspect, ce sont les tons clairs et vifs, éclatants et rompus, de l'émailleur du roi; en regardant de plus près, on fait les remarques suivantes : sous le rapport du dessin, les figures sont plus longues, les extrémités plus effilées, les têtes sont penchées avec affectation, et il y a souvent sur un même plan des disproportions choquantes dans les figures; d'ailleurs une composition abondante jusqu'à la confusion. La manière de traiter l'émail de cet imitateur de Léonard offre les particularités suivantes : tous les traits et contours, tout le travail de hachures est exécuté en émail rouge; les rehauts d'or, employés abusivement, sont apposés sans esprit. C'est évidemment un ouvrier de Léonard, qui devait réussir en travaillant sous sa direction et d'après ses modèles, mais que sa liberté laissait à la merci de son inexpérience et d'un talent médiocre. Je daterai ses émaux de 1565 à 1575 (1).

ISAAC MARTIN.

Loin de chercher à augmenter le nombre des émailleurs et à grossir leur liste, on a vu que j'ai retranché plusieurs noms qui m'ont semblé faiblement autorisés. Isaac Martin était éliminé dans mon premier travail. J'avais pensé que la plaque qui porte son nom venait d'une confrérie de Saint-Roch et désignait, en grosses lettres d'or, non pas l'émailleur, mais le membre de la confrérie qui avait acheté cet émail pour orner sa bannière. Depuis, j'ai réfléchi que

---

(1) **Collection Albert Decombe.** Cette suite a dû se composer de douze plaques. M. Albert n'en a recueilli que dix. Elles sont bien conservées; leur revers est translucide. Hauteur, 0,185; largeur, 0,130.

ces enseignes de confrérie nous seraient parvenues en plus grand nombre, s'il avait été d'usage de les faire en émail, et en examinant le travail de cette plaque, je l'ai trouvé particulier, original et étranger au faire des autres émailleurs. Force m'était donc d'admettre Isaac Martin.

Sa manière. — Il appartient à la grande pléiade des imitateurs (1) de Léonard Limosin. Il se distingue de son modèle par des défauts. Son dessin est pitoyable. Dans une plaque qui représente saint Roch, un ange et le chien, le saint a les pieds beaucoup plus petits que les mains, et l'ange a les bras bien plus longs que les jambes. Ses nuances d'émaux tiennent du ton des émaux de Léonard, mais les blancs sont sales, la juxtaposition des couleurs est criante, et les rehauts d'or sont posés au pinceau avec une lourdeur et une maladresse qui d'un pointillé font une éclaboussure. Il signe ainsi (2) : **YZAAC MARTIN**

PIERRE RAYMOND.

L'Allemagne revendique cet émailleur, parce qu'il a écrit son nom de Raymond sous la forme de Rexmon, dont on peut faire Rexmann et Reichsmann (3). Mais, à ce compte,

---

(1) Parmi ces copistes plus ou moins adroits, il faut ranger l'auteur d'une suite de douze plaques émaillées dont je ne fais pas un article à part, parce que ces productions ont quelque rapport avec les émaux d'Isaac Martin. **Collection Héricart de Thury.** Douze sujets de la Passion, émaux de couleurs avec rehauts d'or. Compositions empruntées aux gravures d'Albert Dürer, figures longues, physionomies insignifiantes. La scène où Jésus-Christ est représenté conduit devant Anne, beau-père de Caïphe, au moment du reniement de saint Pierre, a été distinguée de celle où l'artiste a figuré Jésus-Christ devant Pilate, par les noms d'Anne et de Pilate inscrits en or sur les marches. Hauteur, 0,195; largeur, 0,155.

(2) **Collection Daugny.** Saint Roch. Au haut, cette inscription : S. Roche ; à gauche, le nom d'Isaac Martin également tracé en or, et ainsi que le montre le fac-simile donné plus haut. Hauteur, 0,170 ; largeur, 0,123. Cet émail portait le n° 37 dans la **collection de M. Didier Petit.**

(3) Fr. Kugler, Kunstgeschichte, p. 793 : *Pierre Rexmon, un allemand dont le nom doit s'écrire Rexmann.* C'est une supposition qui n'est pas encore confirmée, bien que M. Didier Petit cite cette signature dans l'introduction de son catalogue, page 26. M. Brulliot se

l'Italie, l'Angleterre, ou toute autre nation pourraient nous enlever nos enfants les plus légitimes; car ce qu'ils savaient le moins, c'était d'écrire régulièrement leurs noms; ce qu'ils semblent avoir pris à tâche, c'est de les défigurer. L'indifférence qu'ils apportaient à leurs signatures doit nous donner la mesure de l'importance que nous pouvons y attacher. S'il s'agissait de prouver que Pierre Raymond est Allemand, je n'appuierais pas beaucoup sur la forme capricieuse d'un nom; je m'attacherais à établir que ses premiers émaux trahissent des prédilections pour les compositions allemandes (1), que son exécution est portée vers la précision jusqu'à la sécheresse; je montrerais que s'il a modifié plus tard sa manière sous l'influence italienne (2), c'est encore lui qui se rapproche, avec le plus de succès, des petits maîtres allemands, eux-mêmes un peu italianisés; enfin je signalerais ses relations d'affaires avec l'Allemagne, puisque c'est à lui que les grandes familles de Nuremberg et de Würzburg adressent leurs commandes. Toutes ces circonstances conviennent, il est vrai, tout autant à la famille des Pénicaud et à d'autres émailleurs limousins, mais enfin ce sont de meilleures raisons que l'orthographe d'un nom dont les variantes sont infinies. J'attache peu d'importance à ces questions de nationalité, et j'attendrai patiemment qu'un document authentique nous enlève un artiste que Limoges a fait ce qu'il a été.

Pierre Raymond a signé le plus grand nombre de ses émaux, et, selon l'occurrence, il a multiplié ses signatures

---

trompe en qualifiant P. Raymond de peintre en Majolika, mais il ajoute, avec plus de raison : c'était probablement un artiste français. Dict. des monog., tome II, n° 2312.

(1) **Collection Sauvageot**. Le portement de croix et la sainte Véronique. Grisailles sur fond et terrain bleuâtres; les carnations légèrement teintées. La composition est entièrement dans les données d'Albert Dürer; le dessin est net, précis, propre; on dirait l'œuvre d'un orfèvre graveur. Médaillon. Diamètre, 0,115. Cet émail n'est pas signé, mais il est de la même main que le suivant : Le berger défend ses brebis contre le lion et autres animaux carnassiers. Trois grands cartels sont remplis d'inscriptions françaises faisant une allusion morale à la scène. *Fuyer, fuyer en aultre part ours, lyon et loux ravissant.* Après cette inscription, qui occupe le coin gauche supérieur de l'émail, on lit : LAM·1541·PR. Hauteur, 0,135; largeur, 0,105. M. Soret et d'autres amateurs ont recueilli des émaux qui appartiennent à ces suites.

(2) Cette modification est sensible à partir de 1544.

jusqu'à trois et quatre fois sur la même pièce (1). On y lit : Pierre Raymō (2), Reymon, Remon, Rexmon (3), et plus souvent encore son chiffre P. R., quelquefois surmonté de la couronne qu'emploient Pénicaud et Léonard (4). Le livre des comptes de la confrérie du Saint-Sacrement de Limoges écrit son nom : Pierre Raymond, ce qui établit déjà une sorte de naturalisation. Nous verrons son fils Martial accepter cette orthographe. Ce même livre nous apprend qu'il fut chargé par la confrérie de quelques dessins sans importance (5), de 1555 à 1582, et c'est là tout ce que nous savons d'une vie qui a dû être bien occupée, à en juger par ses nombreuses productions. Celles-ci sont datées à partir de 1534 (6), et dès 1538 l'artiste était dans la plénitude de

---

(1) **Collection Andrew Fountaine.** Deux belles coupes de la plus parfaite conservation, l'une signée quatre fois du chiffre PR., l'autre datée de l'année 1553.

(2) **Collection Brunet-Denon.** Cette signature, avec le trait sur l'o pour indiquer l'absence de l'n, se voyait sur la coupe décrite dans le catalogue imprimé pour la vente, sous le n° 350.

(3) **Collection Sauvageot.** Une coupe, peinte en grisailles encadrées dans des rameaux verts. Sur le couvercle quatre médaillons, et sur les montants qui les séparent : P. REXMON d'un côté et 1544 de l'autre. **Collection Soltikoff.** Une coupe : Didon recevant le jeune Astianax. P. REXMON et 1546. **Collection ducale de Gotha** : un plat de grande dimension ; on lit d'un côté P. REXMON, de l'autre son monogramme. Enfin un grand vase dont le couvercle portait P REXMON 1562, et la panse PR 1558, se trouvait à Nurnberg, en 1833, dans la famille des Tücher.

(4) **Collection Albert Decombe.** Une belle coupe. Dans le fond le sujet si souvent répété d'Astianax. Le pied a été refait en émail avec beaucoup de talent, par M. Meyer, de la manufacture de Sèvres. Elle est datée de 1538, et le chiffre P. R. est sous une couronne. Diamètre, 0,195. — **Collection Quedeville.** Une salière. La date 1544 est placée sous une couronne.

(5) Il fut chargé de rappeler en fugitifs croquis, sur le livre de comptes de la confrérie du Saint-Sacrement, les travaux exécutés aux frais de l'association : 1555, *à Pierre Raymond pour avoir faict le pourtraict de ladite vistre de la cène au présent livre*, 3 liv. 11 s. — 1557 *Item pour le pourtraict de la navette que a eu Pierre Raymond*, 8 s. 6 d. — 1574 *Pour un bourdon d'argent fait par Jehan Yvert, orfeuvre, dorure et façon réunis*, 61 liv. 18 s. —*Pour le portraict du mesme, à Pierre Raymond*, 3 liv. — 1582 *Payé à Pierre Raymond, peinctre, pour ymage au commencement des estatuts*, 1 liv. 10 s.

(6) M. Maurice Ardent mentionne une coupe signée P R 1534.

son talent; elles finissent en 1578 (1), et l'émail qui porte cette date n'est pas sans doute son dernier ouvrage. Son activité immense embrassa depuis l'émail microscopique (2) jusqu'aux émaux de très grande dimension (3), et suffit aux commandes innombrables de la France et de l'étranger (4).

Sa manière. — Il y a deux hommes dans Pierre Raymond, l'artiste et le fabricant, et l'un éclipse l'autre; malheureusement c'est le fabricant qui domine. Considéré dans quelques rares et bonnes productions, comme le triptyque de saint Jean (5), comme l'aiguière de 1554 (6), comme les salières des travaux d'Hercule (7), c'est un artiste de talent,

---

(1) **Collection Pourtalès.** Une aiguière datée de 1572. Le n° 298 du Louvre porte la date de 1578.

(2) On a recueilli dans diverses collections les médaillons de sa petite Passion. Ils sont grands comme des pièces de cinq francs et remplis de personnages. Diamètre, 0,040. **Collection Sauvageot.** Le Lavement des pieds, qui est signé P R; c'est le n° 9 de la suite, qui se composait de douze scènes.

(3) **Collection Pourtalès.** N° 192 du catalogue de M. Dubois, grand triptyque aux armes de Philippe de Bourbon. Les figures sont très grandes. Ces émaux prouvent mieux que toute autre de ses productions, que Pierre Raymond était un artiste de talent auquel sa prodigieuse fécondité a seule fait du tort. Hauteur du tableau entier, 0,490; hauteur des plaques sans la partie supérieure, 0,285. **Collection Héricart de Thury.** Il a répété cette même histoire de saint Jean-Baptiste. Deux plaques servent à la prédication, une au baptême, la quatrième à la décollation. La composition de la prédication est très remarquable. Ces grisailles ont quelque chose du blanc laiteux de Jean Laudin et de sa précision un peu sèche. Hauteur, 0,305; largeur, 0,155.

(4) Les derniers descendants de la famille célèbre des de Tücher de Nuremberg possédaient encore, en 1833, sept pièces émaillées par lui pour un de ses membres, de 1558 à 1562. Un grand vase, haut de un pied deux pouces, ayant un pied quatre pouces de diamètre. Le couvercle signé : P. Rexmon, 1562; le vase, P. R. 1558; six coupes, dont deux avec leurs couvercles. Toutes ces pièces sont revêtues des armes de la famille des de Tücher. Voyez une description dans le Kunstblatt de 1833, n°s 19 et 20. On trouve des ouvrages de Raymond partout, mais ce qui a quelque signification, c'est qu'on les rencontre, comme d'ancienne provenance, dans les collections des souverains, à Dresde, à Berlin, à Gotha, à Weimar, à Munich, etc., etc.

(5) **Collection Pourtalès.** Voyez note 3 ci-dessus.

(6) **Musée du Louvre**, n° 322.

(7) **Musée du Louvre**, n° 324. **Musée de Berlin** et collections **Soltikoff, Sauvageot, Quedeville,** etc., etc.

qui, dans la grisaille teintée, sait disposer son effet, mélanger ses travaux et donner à un dessin, sinon irréprochable, au moins supportable, un grand charme et beaucoup d'attrait ; mais sur vingt émaux signés par lui, un seul peut-être aura ces qualités, du ressort de l'artiste ; les dix-neuf autres brilleront par d'autres mérites qui appartiennent au fabricant. Celui-ci, homme fécond, plein de ressource, d'imagination et de facilité de main, exécutera vingt plats différents par leurs arabesques, par la variété des compositions et les combinaisons des revers, et ces vingt plats modèles, il les fera répéter chacun dix fois, dans son atelier, par des mains, tantôt habiles jusqu'à une parfaite imitation, tantôt maladroites et grossières jusqu'au grotesque. Originaux et copies, bien ou mal réussis, portent indifféremment et uniformément le chiffre P. R que Pierre Raymond apposait sur tous les produits de son atelier, comme si ces lettres, signe magique, avaient pu transformer en œuvres d'art des travaux mécaniques. Elles sont loin d'avoir obtenu ce résultat, et cette raison commerciale, cette véritable marque de fabrique n'a fait et ne fera que compromettre la réputation de l'artiste. Leur ton froid, leur aspect noir, leur absence d'effet, les nuances brunes et sales des carnations, la dureté des contours et le travail trop multiplié des hachures noires, qui leur donne un air insipide de gravures sur bois transportées sur l'émail, tous ces caractères de médiocrité et de hâte industrielle que ne relèvent aucune habileté de composition, aucune originalité de touche, aucune finesse d'expression, rangent ces produits dans la classe des banalités qui se soutiennent dans le commerce par leur rareté comparative et par une certaine séduction d'émaux éclatants dont la vogue n'est pas épuisée.

Pierre Raymond a principalement pratiqué les émaux en grisaille, aux carnations teintées, et quand il a employé par hasard des émaux de couleur, il n'est parvenu à faire que des grisailles coloriées dans lesquelles le paillon et les rehauts d'or jouent un rôle beaucoup trop grand (1). Il a essayé

---

(1) **Musée du Louvre**, nos 304 à 306. En disant qu'il n'est parvenu qu'à faire des grisailles coloriées, je veux remarquer qu'il lui manquait ce sentiment de la réalité dans l'harmonie qui constitue le peintre. **Collection Achille Seillière.** Grand plat rond à support d'aiguière ; au centre, sur le support, un portrait de femme se détachant sur fond bleu ; autour, des scènes de l'histoire de Psyché. On lit au

de repousser en relief certaines parties de ses pièces de cuivre et de les émailler ensuite (1). Le succès n'a pas couronné cette tentative, dans laquelle Jean de Court (I. D. C.) a si bien réussi. J'ai dit que ses compositions n'avaient rien d'original ; elles sont puisées dans les gravures des maîtres de toutes les écoles, et plus particulièrement dans celles des petits maîtres, y compris Holbein et de Laune.

Une fois l'atelier formé et la fabrique montée, une fois la vogue venant en aide à l'entreprise, il fallut trouver le moyen de varier la production et de sortir des plats, des aiguières et des plaques, sortes de tableaux peints. Pierre Raymond imita l'orfèvrerie et transforma en cuivre émaillé tout ce qu'elle faisait en or et en argent. Les chandeliers (2), les salières, les petites coupes couvertes et les grandes coupes sans couvercles, les assiettes en quantités innombrables (3), enfin tous les ustensiles de la vie privée, allèrent couvrir les tables et les dressoirs ; et cette extension donnée à l'émail fut si bien accueillie, qu'on exécuta ces services non-seulement sur commande, en les armoriant aux écus-

---

bas : LAMOVR DE CVPIDO ET DE PSICHE MERE DE VOLVTE. PR. Diamètre, 0,452. C'est du coloriage plutôt que de la couleur ; mais l'effet, comme décoration, est satisfaisant, et c'est sans aucun doute une des œuvres importantes de ce fécond émailleur. **Collection Carraud.** Trois plaques, détachées d'une suite de douze scènes de la Passion, copiées de la petite Passion d'Albert Dürer. Le Lavement des mains de Pilate, le Portement de Croix, la Mise au Tombeau, la signature PR est tracée en or sur l'émail brun translucide du tombeau. Hauteur, 0,115 ; largeur, 0,083. **Collection Germeau.** Même suite, la Déposition de la Croix.

(1) **Collection Visconti.** Un plat rond, grisailles. Le Jugement de Paris. Sur les bords, des arabesques et quatre têtes de lion repoussées en relief. Diamètre, 0,375. On connaît dans ce même genre des coupes et des chandeliers à godrons repoussés en relief.

(2) **Collection Andrew Fountaine.** Deux chandeliers ornés, sur le fût, de figures allégoriques, et sur la base de sujets bibliques, avec le chiffre P. R. et la date 1556 tracée en rouge. Hauteur, 0,307.

(3) On va trouver sous les numéros 315 à 317 trois assiettes peintes en émail pour le président Séguier (Pierre I), dont elles portent les armes. Elles appartiennent à une série d'assiettes des douze mois, disséminées un peu partout, et qui se rencontrent dans le commerce avec une autre série traitée avec plus de soin, armoriée de même et signée P.R. 1566. Il faut croire que le président commanda plusieurs douzaines d'assiettes émaillées, et qu'on répéta les mêmes compositions.

sons de ceux qui les demandaient, mais à l'avance et en nombre. J'ai déjà dit mon opinion sur ce développement sans bornes donné à l'émail; Limoges l'a dû à Léonard Limosin, et plus encore peut-être, au moins sous le rapport de la fécondité, à Pierre Raymond.

296. — La Cène. — *Plat de forme ovale, en grisaille sur fond noir; les chairs colorées; quelques détails dorés. —Longueur, 0,510; largeur, 0,375.*

Les douze apôtres entourent une table garnie d'une nappe et que recouvrent des pains et du vin; l'agneau pascal est sur un plat au centre; Jésus, occupant le fond et le milieu de la composition, tient contre lui l'évangéliste saint Jean endormi. On reconnaît Judas Iscariote dans le personnage de gauche, en avant, par le sac d'argent qu'il tient dans la main droite. Il est un des quatre apôtres qui, placés au premier plan et vus de dos, sont assis sur des siéges de formes variées; deux grandes aiguières séparent Judas de l'un d'eux; sur l'une d'elles on lit le monogramme P R, et sur le sol, au-dessous, la date 1565. On remarque, dans le fond à gauche, la tête d'un quatorzième personnage, qui ne peut être que l'hôte ou le serviteur de la maison. Le fond représente les parois d'une chambre, percées, dans la partie qui est derrière le Christ, de deux fenêtres accouplées. Une vignette dorée entoure la composition. *Le rebord* est semblable à celui d'un bassin du même maître, dont la description suit celle-ci, et qui est daté de 1569. Sur un écusson de la frise qui le décore, on voit trois fleurs de lis d'or, mais cet écusson et ces fleurs de lis sont de restauration moderne. *Le revers* est orné d'un cartouche que décorent deux têtes d'ange ailées et de deux masques coiffés de draperie, les uns et les autres en tons de chair. Une couronne de fruits est contenue dans les enroulements qui la cachent en partie; une tête d'homme, vue de profil, en ton de chair, occupe le centre sur un fond noir pointillé d'or; et une frise en grisaille, ornée de rosaces et d'un médaillon ovale, sur lequel est peint un enfant nu, termine le décor. — (Collection Durand, n° 10/2415.)

297. — Jéthro au camp de Moïse. — *Bassin circulaire, ayant une ouverture au centre; grisaille sur fond noir; les chairs colorées; quelques détails dorés. — Diamètre, 0,465.*

« Jéthro, beau-père de Moïse, ayant appris comment l'Éternel avait retiré Israël de l'Egypte, prit Séphora, femme de Moïse, et les deux fils de cette femme, et vint à Moïse où il était campé, en la montagne de Dieu. Il arriva comme Moïse siégeait pour juger le peuple. » (*Exode*, chap. XVIII.) Moïse est assis; deux cornes dorées le caractérisent; il tient en main un sceptre d'or, et est représenté parlant à Jéthro assis sur des degrés non loin de lui. Un vieillard, deux soldats, un homme que l'on ne voit que de dos, tenant embrassé le tronc d'un arbre, sont debout du côté droit; à gauche est figuré Jéthro arrivant dans le camp de Moïse, dont les tentes occupent le fond; il est suivi d'un jeune homme qui tient un livre, et Séphora, femme de Moïse, est assise sur un tertre de gazon, au pied d'un arbre, ayant un jeune enfant dans ses bras, et un plus âgé, que l'on ne voit que de dos, assis au-dessous d'elle. Un vieillard et un jeune homme sont placés derrière l'arbre, l'un parlant, l'autre écoutant. L'autre portion de la composition est occupée par une scène dont trois femmes forment le centre; deux, étrangement coiffées, sont assises sur une large pierre; deux hommes en costume militaire prennent part à cette scène; en arrière d'eux et plus à gauche, deux hommes coiffés du bonnet phrygien cheminent en conversant; à la droite des trois femmes, un homme isolé, vu de profil. On voit dans le fond des tentes à des plans différents, et sous la plus rapprochée on aperçoit, à travers l'ouverture que forment les rideaux soulevés, deux femmes assises à terre, dont une a un enfant nu sur les genoux. Sur la partie de l'estrade où posent les pieds de Moïse, on lit en lettres noires: EXODE XVIII, et sous les pieds du vieillard debout à droite de Jéthro, le monogramme P. R et la date 1569. Une vignette dorée sur fond noir entoure la composition, et une semblable, mais de moindres proportions, le vide central. *Le rebord* est décoré d'une frise non interrompue, formée par des animaux naturels ou fantastiques; des satyres, quelques figures d'enfants reliés les uns aux autres, portés sur des chars que les uns traînent, que les autres poussent. Dans un écusson correspondant à la partie du bassin où est placé Moïse, on retrouve le monogramme P R, déjà cité, en lettres d'or. *Le revers* est orné d'un large cartouche circulaire, décoré de quatre têtes d'ange ailées et de deux figures capricieuses; l'une est une harpie portant sur la tête une corbeille de fruits, l'autre un monstre à tête humaine, qui se termine en une double queue de dauphin. Les enroulements du cartouche supportent une couronne de fruits, qu'ils laissent apercevoir et cachent tour à tour; cette couronne est coupée en deux places qui se correspondent par deux forts masques en tons de chair, entourés de draperies et surmontés d'un croissant. Le fond noir est orné d'arabesques d'or. Une frise en ornements de grisaille, mêlée à de légers détails dorés, complète et termine la décoration. — (Ancienne collection, n° 11. Notice des émaux de la galerie d'Apollon, année 1820, n° 633.)

298. — Saphan lisant devant Josias le livre de la loi. — *Plat de forme ovale; grisaille sur fond noir, les chairs colorées, quelques détails dorés. — Long., 0,515; larg., 0,395. — Les deux figures debout dans le fond sont empruntées à Raphaël et tirées de la mort d'Ananias, sujet d'un des cartons conservés à Hamptoncourt. Le revers est pris dans la gravure d'Étienne de Laune.*

« Et il arriva qu'aussitôt que le roi eut entendu les paroles du livre de la loi, il déchira ses vêtements et il commanda au sacrificateur, Hilkija, et à Ahikam, fils de Saphan, et à Hacbor, fils de Micaja, et à Saphan, le secrétaire, et à Hasaja, serviteur du roi, en disant: Allez consulter l'Éternel touchant les paroles de ce livre. » (*Rois*, chap. XXII.) Josias est à gauche, assis sur un trône qui est placé entre deux colonnes et élevé sur deux degrés. Le roi juif tient en main un sceptre fleurdelisé, et le turban qui le coiffe est surmonté d'une couronne à pointes. Devant lui et au pied du trône, Saphan est représenté à genoux et lisant dans un grand livre qu'il tient des deux mains et qui est posé sur un pupitre élevé. Sur les feuillets du livre, on lit ces lignes écrites en lettres noires : « *La sainte Loi au livre observe, e lue et devant Josias, roi puissant, qui veut de fait quelle soit observée. Tat il se rend à Dieu obéissant.* » Un autre livre fermé est à terre, près du genou de Saphan. Les deux personnages qui occupent le premier rang du groupe du fond, et dont les gestes paraissent répondre à ceux du roi, sont le sacrificateur Hilkija et Hasaja, serviteur du roi ; de même que les deux jeunes gens inclinés à droite, derrière Saphan, ne sauraient être autres que Ahikam, fils de celui-ci, et Hacbor, fils de Micaja ; derrière eux sont deux figures de vieillards. Sur l'estrade du trône on lit en lettres noires : IIII. *Rois*. XXII. 1578, et vers la droite de la composition le monogramme P R. Une vignette dorée forme l'encadrement. Le rebord est semblable à celui du bassin du même maître portant le n° 297. Dans un écusson on retrouve en chiffres dorés la date 1578. Le revers, décoré sur la longueur du plat, contrairement au sens de la composition de la face, représente la déesse Minerve, debout, la tête coiffée d'un casque, tenant d'une main un drapeau et de l'autre soutenant un bouclier sur lequel est figurée la tête de Méduse. Autour de la figure de Minerve, on lit en chiffres et lettres d'or : 1578. *Minerve, mère de tous les arz*. Une vignette dorée forme autour un premier cadre, et une frise en grisaille, d'un large dessin, entremêlée de brindilles d'or, en forme un second qui termine le décor. Dans un écusson allongé de cette frise, on lit en lettres noires : iuillet. 1578. P. R. — (Collection Durand, n° 14/2419.)

299. — JOSEPH EXPLIQUANT LES SONGES DE PHARAON. — *Plat, de forme ovale, en grisaille sur fond noir ; les chairs colorées, quelques détails dorés. — Longueur, 0,500 ; largeur, 0,385. — Le revers est emprunté à l'œuvre gravée d'Étienne de Laune.*

La droite de la composition est occupée par le roi Pharaon, qui, assis sur un trône élevé de deux marches, tient de la main gauche un sceptre ; sa tête est coiffée d'un turban ceint d'une couronne à pointes ; ses pieds croisés reposent sur un coussin ; au-dessus de lui est un dais à baldaquin d'où pendent des rideaux ; deux vieillards sont debout sur les marches du trône. Au milieu du tableau est Joseph, debout devant Pharaon, les deux mains étendues vers le roi comme pour appuyer sur l'explication qu'il donne. En arrière de Joseph, et remplissant la gauche, un groupe d'hommes diversement coiffés ; le plus remarquable par son costume est vu de dos ; de son turban sort une longue queue qui se termine par une houppe, et ses épaules sont couvertes d'un camail orné d'arabesques dorées. Le fond d'architecture s'ouvre en une arcade à travers laquelle on aperçoit la campagne ; les songes de Pharaon y sont figurés au 1er plan par des vaches grasses et des vaches maigres ; à l'arrière-plan, par deux groupes d'épis dorés. Sur les marches du trône on lit en lettres rouges : Pharaon, Genèse, XLI. La vignette dorée qui entoure la composition est semblable à celle du bassin placé sous le n° 300. Il en est de même du décor du rebord, qui ne diffère que par l'adjonction d'un écu armorié qui est de gueules au chevron cousu d'azur, chargé de trois croisettes d'or, appointé d'un croissant d'argent, accompagné de trois quintefeuilles du même. Le revers est également décoré comme celui du plat susdit, à l'exception de la figure principale placée sous le dais, qui, dans le premier, est une femme en costume français du XVIe siècle, et dans celui-ci un guerrier casqué, enveloppé dans un manteau et tenant une lance en main. Les quatre colonnettes qui soutiennent le dais offrent une légère variante; on en remarque une également sur le baldaquin. La frise qui termine la décoration est la même dans les deux plats. — (Anc. collection, n° 10.)

300. — Le jugement de Salomon. — *Plat de forme ovale, grisaille sur fond noir, les chairs colorées, détails dorés. — Longueur, 0,500; largeur, 0,385. — Le revers est emprunté à l'œuvre gravée d'Étienne de Laune, à l'exception de la figure centrale.*

Salomon, assis sur un trône élevé, occupe le centre de la composition; sur sa tête est une couronne, et dans sa main gauche un sceptre fleurdelisé; devant lui et vu de dos, un soldat, la tête découverte, d'une main tient par le pied un enfant nu qui s'attache contre sa cuisse, et de l'autre un glaive. Les deux mères sont placées de chaque côté; l'une, à droite, à genoux, est vue de dos et tend les bras vers l'enfant; et celle de gauche est vue de face; ses bras sont ouverts et retombent. Un enfant mort est étendu sur un linge contre le premier degré du trône, et un chien s'en approche. Sur les trois degrés de l'estrade, comme sur des lignes qui se suivent, sont tracés ces mots, en lettres noires: *Date (inquit) huic infantem vivum, quando quidem hec est mater ejus, et timuerunt omnes regem.* 3. reg. 3. Les spectateurs de cette scène sont nombreux, les uns placés dans l'intérieur de la salle, trois à gauche, trois à droite; les autres vus à l'extérieur, dans des entrecolonnements, séparés des personnages déjà désignés par un mur d'appui, et entre eux par les colonnes et la draperie qui servent de fond au trône de Salomon; ils forment deux groupes: celui de droite est de cinq figures, celui de gauche de six; on y distingue un jeune homme qui, monté sur le mur d'appui, tient embrassée une colonne; au bas de la composition, vers la droite, se trouve le monogramme PR. en lettres noires. Une vignette dorée forme encadrement. Le *rebord* est orné d'arabesques en grisaille. Le *revers*, décoré sur la longueur du plat, contrairement au sens de la composition de face, offre un ajustement tout particulier. Une femme en costume français du XVIe siècle, ayant les deux mains dans un petit manchon, est debout sous un dais en baldaquin supporté par quatre colonnettes. Une tête d'enfant ailée, que surmonte une corbeille de fruits, et ajustée dans un enroulement, sert de couronnement au dais, dont les angles supportent deux vases d'où s'échappent des flammes. Les pieds de la femme posent sur un mince support. Cette composition légère se détache en grisaille, avec tons de chair colorés, sur un fond noir orné de très légers courants de feuillages en or. Une vignette dorée entoure le motif principal du revers, et une frise en grisaille, d'un large dessin entremêlé à des brindilles d'or, termine le décor. — (Collection Durand, n° 12/2417.)

301. — Suzanne au bain. — *Assiette en émaux de couleurs rehaussés d'or sur fond bleu. — Diamètre, 0,195.*

Elle est représentée dans un bassin qui reçoit l'eau d'une fontaine occupant la gauche; les deux vieillards sont dans le coin de droite, en partie cachés par le tronc d'un arbre chargé de fruits. Le fond est rempli par un parterre qui est séparé par une barrière en treillis d'une prairie où sont deux figures vues dans l'éloignement, et à l'arrière-plan par un pavillon à trois étages qui se termine en pignon. Le ciel est parsemé d'étoiles dorées. Au bas de la pierre du bassin on lit, en lettres d'or, le monogramme PR. Une petite vignette dorée entoure la composition. Le *rebord* est décoré d'une frise dans laquelle des têtes d'ange ailées, en tons de chair, alternent avec des vases peints en camaïeu, et en sont séparées par des arabesques que terminent des bustes de femme en tons de chair. Le *revers*, émaillé de noir, est semblable à celui des assiettes n°s 307 à 315, à l'exception de la frise qui, au lieu d'être en grisaille et or, est ici formée d'arabesques dorées. — (Collection Durand, n° 48/2423.)

302. — SUZANNE SURPRISE PAR LES VIEILLARDS, *d'après Jules Romain.* — *Assiette en émaux de couleurs rehaussés d'or sur fond bleu.* — *Diam.*, 0,195.

Suzanne occupe le centre de la composition. Elle est nue, ses pieds sont cachés par l'eau du bassin sur le bord duquel elle est assise. L'un des vieillards approche ses lèvres du corps de Suzanne, et d'une main entoure sa taille ; le second, placé en arrière d'elle, retient son bras gauche. Des arbres occupent la partie de droite où sont les vieillards, une fontaine l'angle gauche ; un vivier sur lequel nagent des canards est placé en arrière des personnages ; plus loin, deux rangs de treillis, et une maison dans le fond. Le ciel est parsemé d'étoiles dorées. Le monogramme PR est tracé en lettres d'or sur la dalle du bassin. La vignette, le rebord et le revers sont semblables à ceux de l'assiette n° 301. — (Collection Durand, n° 48/2428.)

303. — SUZANNE TRAINÉE DEVANT LES JUGES. — *Assiette en émaux de couleurs rehaussés d'or sur fond bleu.* — *Diamètre*, 0,195.

Deux soldats placés à la droite, l'un d'eux tenant une corde en main, poussent devant eux Suzanne dont les bras sont croisés sur la poitrine. Deux vieillards, qui sont ses juges, sont assis sur un banc vers la gauche. Un arbre couvert de fruits occupe le centre, et l'on voit deux tentes sur la prairie qui remplit le fond. Le ciel est parsemé d'étoiles dorées. Le monogramme PR, en lettres d'or, se trouve près du pied d'un des vieillards à gauche. La vignette, le rebord et le revers sont semblables à ceux du n° 301. — (Collection Durand, n° 48/2424.)

304. — SUZANNE CONDUITE AU SUPPLICE. — *Assiette en émaux de couleurs rehaussés d'or sur fond bleu.* — *Diamètre*, 0,195.

Suzanne occupe le milieu de la composition, et est représentée marchant ; cinq hommes d'armes l'entourent, quatre d'entre eux ont des casques, et trois portent des boucliers. En avant du groupe et lui faisant face, est le jeune Daniel, debout, étendant vers Suzanne le bras gauche, et portant du droit un sceptre doré. Le fond est rempli par des prairies. Le monogramme PR, en lettres d'or, se trouve à droite près des pieds des soldats. La vignette, le rebord et le revers sont semblables à ceux du n° 301. — (Collection Durand, n° 48/2425.)

305. — L'innocence de Suzanne proclamée. — *Assiette en émaux de couleurs rehaussés d'or sur fond bleu. — Diamètre, 0,195.*

Le jeune Daniel est assis à droite sur un trône élevé de trois marches, au-dessus duquel est une draperie verte. Son geste indique la persuasion. Près de lui et occupant le centre, est Suzanne, debout, essuyant ses larmes. En avant et vers la gauche, on voit un des vieillards coupables, et l'autre, plus bas, les mains liées derrière le dos. Un soldat portant un bouclier, deux vieillards et une autre figure que dépassent des hallebardes, entourent Suzanne. Une femme vue de dos est placée dans le coin de droite, près d'une colonne sur le piédestal de laquelle est tracé, en lettres d'or, le monogramme P. R. Le fond est rempli par des édifices. La vignette, le rebord et le revers sont semblables à ceux du n° 304. — (Collection Durand, n° 18/2426.)

306. — La lapidation des vieillards. — *Assiette en émaux de couleurs rehaussés d'or sur fond bleu. — Diamètre, 0,195.*

Les deux vieillards, placés dos à dos et à genoux, occupent le centre de la composition. Ils sont nus jusqu'à la ceinture et couverts de blessures saignantes. Deux hommes sont debout près d'eux, l'un vu de face et l'autre de dos, tous deux ayant des pierres en l'une et l'autre main, et prêts à les en frapper. Un troisième, vers la gauche, soulève au-dessus de sa tête une pierre plus forte. A droite, un vieillard en costume sacerdotal, assiste au supplice. Le monogramme PR, en lettres d'or, se trouve entre les pieds du personnage de gauche. La vignette, le rebord et le revers sont semblables à ceux du n° 304. — (Collection Durand, n° 18/2427.)

307. — Le mois de Janvier, *d'après Étienne de Laune. — Assiette en grisaille rehaussée d'or sur fond noir, les chairs colorées. — Diamètre, 0,200.*

Un homme, la tête couverte, et une femme, sont assis dans une chambre près du feu, devant une table ronde ; ils sont servis par deux personnes, dont une verse à boire et l'autre apporte un plat. Deux chiens sont à leurs pieds, et un chat sous le fauteuil du maître. La porte ouverte laisse apercevoir un homme agenouillé devant le feu de la cuisine, et par les fenêtres on découvre la campagne. On voit au haut de la composition le signe du Verseau sur fond d'or, au bas le nom du mois, et à droite, sur le manteau de la cheminée, le monogramme P. R. Le *rebord* est orné de mascarons qui alternent avec des vases, et reliés par des sirènes en arabesques. Le *revers* est décoré de masques et de termes alternés, rattachés par des enroulements et disposés en rosace. Deux frises concentriques, l'une en légers traits d'or, et l'autre en grisaille et or, complètent le décor. — (Ancienne collection, n° 48.)

308. — Le mois de Février, *d'après Étienne*

de Laune. — *Assiette en grisaille rehaussée d'or sur fond noir, les chairs colorées.* — *Diamètre, 0,200.*

Un vieillard assis se chauffe au feu d'une cheminée; une femme debout, ayant une quenouille à la ceinture, s'en approche. Derrière eux un serviteur apporte du bois posé sur son épaule. Un chien, un coq et une poule sont sur le premier plan; par la porte ouverte on voit la campagne et un homme coupant un arbre. On remarque au haut de la composition le signe des Poissons, le nom du mois dans le bas, et vers la droite le monogramme P. R. Le *rebord* et le *revers* sont semblables à ceux du n° 307. — (Ancienne collection, n° 47.)

309. — LE MOIS DE MARS, *d'après Étienne de Laune.* — *Assiette en grisaille rehaussée d'or sur fond noir, les chairs colorées.* — *Diamètre, 0,200.*

Un homme coupe du bois, une femme près de lui porte un fagot sur son épaule, une autre femme vers le fond en soutient un sur sa tête. Quelques moutons paissent; des arbres et des fabriques remplissent le fond du paysage. On voit au haut de la composition le signe du Bélier sur fond d'or, au bas le nom du mois, et un peu à droite le monogramme P. R. Le *rebord* et le *revers* sont semblables à ceux du n° 307.—(Ancienne collection, n° 49.)

310. — LE MOIS D'AVRIL, *d'après Étienne de Laune.* — *Assiette en grisaille rehaussée d'or sur fond noir, les chairs colorées.* — *Diamètre, 0,200.*

Un berger, la tête couverte, est assis dans un pré, tenant à la main une houlette; près de lui, une femme à genoux tresse une torsade des fleurs qu'une autre femme inclinée prend dans un panier; un chien est à leurs pieds. Le paysage est égayé par des groupes de figures et d'animaux placés au second plan: un pâtre joue de la cornemuse en gardant un troupeau, une femme trait une vache, et dans le fond un chasseur anime du cor deux lévriers. On voit au haut de la composition le signe du Taureau sur fond d'or; au bas, près d'un panier, le nom du mois; à droite, le monogramme PR. Le *rebord* et le *revers* sont semblables à ceux du n° 307. — (Ancienne collection, n° 50.)

311. — LE MOIS DE JUILLET, *d'après Étienne de Laune.* — *Assiette en grisaille rehaussée d'or sur fond noir, les chairs colorées.* — *Diamètre, 0,200.*

Un homme fauche un pré, un autre aiguise sa faux; trois enfants se baignent dans une rivière, et, plus loin, un homme conduit un cheval traînant une voiture de foin. On voit dans le haut de la composition le signe du Lion sur fond d'or, au bas le nom du mois, à gauche le monogramme PR. Le *rebord* et le *revers* sont semblables à ceux du n° 307. — (Ancienne collection, n° 43.)

312. — Le mois d'Août, *d'après Étienne de Laune.* — *Assiette en grisaille rehaussée d'or sur fond noir, les chairs colorées.* — *Diamètre,* 0,200.

La moisson. Un homme coupe, avec une faucille à dents, du blé qu'il tient à poignée ; un autre, en arrière, lie des gerbes ; deux hommes, en partie cachés, prennent part aux travaux ; un quatrième, dans le fond, conduit un cheval qui traîne une voiture chargée. On voit dans le haut de la composition le signe de la Vierge sur fond d'or, et au bas le nom du mois, près duquel est le monogramme PR. Le *rebord* et le *revers* sont semblables à ceux du nº 307.—(Ancienne collection, nº 46.)

313. — Le mois de Septembre, *d'après Étienne de Laune.* — *Assiette en grisaille rehaussée d'or sur fond noir, les chairs colorées.*—*Diamètre,* 0,200.

Un homme ensemence un champ labouré, et l'on voit un poulet et deux pigeons qui mangent le grain dans les sillons ; une femme est assise en arrière et à gauche près d'un sac ; plus loin, à droite, un homme conduit deux bœufs qui traînent une charrue. Le fond du paysage est orné de fabriques et de ruines. On voit au haut de la composition le signe du Scorpion sur fond d'or, au bas le nom du mois. Le *rebord* et le *revers* sont semblables à ceux du nº 307. — (Ancienne collection, nº 52.)

314. — Le mois de Novembre, *d'après Étienne de Laune.* — *Assiette en grisaille rehaussée d'or sur fond noir, les chairs colorées.*—*Diamètre,* 0,200.

La glandée. Un homme occupe le milieu de la composition, tenant de la main gauche un long épieu, et de la droite un trait qu'il est prêt à lancer dans les chênes. Non loin, sous les arbres, est un nombreux troupeau de porcs. Vers la droite et en arrière, une femme broie du chanvre ; et dans le fond un pâtre est assis qui dort près de ses moutons. On voit dans le haut le signe du Sagittaire sur fond d'or ; au bas, un peu à droite, le nom du mois, et plus à droite le monogramme PR. Le *rebord* et le *revers* sont semblables à ceux du nº 307. — (Ancienne collection, nº 45.)

315. — Le mois de Décembre, *d'après Étienne de Laune.* — *Assiette en grisaille rehaussée d'or sur fond noir, les chairs colorées.* — *Diamètre,* 0,200.

Un homme égorge un porc qu'il tient renversé sur la paille, tandis qu'une femme agenouillée en recueille le sang dans un poêlon. Près d'eux sont le couperet, un vase, et dans la bouche de l'homme le couteau. A gauche, en arrière, un autre homme grille deux porcs, dont les têtes sortent des flammes ; à droite, un de ces animaux, éventré, est appendu à la muraille d'une maison. On voit au haut de la composition le signe du Capricorne, au bas le nom du mois, à droite le monogramme

PR. Le *rebord* et le *revers* sont semblables à ceux du n° 307. — (Ancienne collection, n° 54.)

316. — LE MOIS DE JUILLET. — *Assiette en grisaille sur fond noir, les chairs colorées, quelques détails dorés.* — *Diamètre, 0.200.*

Un homme fauche un pré; un autre est assis dans les herbes, vidant une gourde; un troisième, placé en arrière, fouette un cheval qui semble traîner avec peine une charrette chargée de foin. Des arbres et des fabriques remplissent le fond. Le *rebord* est semblable à celui de l'assiette n° 317, et les mêmes armoiries sont peintes entre deux têtes de chimère. Le *revers* est orné, au centre, d'une tête de guerrier casqué, sur le même fond, dans le même cadre, et entourée des ornements semblables à ceux du revers n° 317. Dans un médaillon de la frise on trouve le monogramme PR. — (Collection Durand, n° 49/2431.)

317. — LE MOIS DE DÉCEMBRE, *d'après Étienne de Laune.* — *Assiette en grisaille sur fond noir, les chairs colorées, quelques détails dorés.* — *Diamètre, 0.200.*

Un homme tient renversé sous son genou un porc qu'il vient d'égorger avec un coutelas qu'il a en main. Une femme, genou en terre, recueille dans un poêlon le sang qui s'échappe de la blessure; un homme, placé vers la gauche et ayant un fagot sur son épaule, regarde la scène. Fond d'architecture et de paysage. Le *rebord* est orné de quatre groupes de chimères accouplées, qui relient des ornements au centre desquels est placé, dans le bas de l'assiette, un écu armorié qui est d'azur au chevron d'or, accompagné d'un agneau d'argent en pointe, au chef cousu de gueules chargé de trois étoiles d'or. Ce sont les armes des Séguier, et la date 1566 qui accompagne quelques assiettes de ce même service témoigne qu'il fut exécuté pour le président Pierre I. Le *revers* est orné au centre d'une tête de femme posée de profil; elle est légèrement colorée en ton de chair, et se détache sur un fond pointillé d'or; elle est encadrée par un rang de fortes oves, qu'entoure une ornementation de fruits, de cartouches et de têtes de chérubin. Une vignette dorée et une frise en grisaille complètent et terminent le décor. Dans un médaillon de la frise, on trouve le monogramme PR. — (Collection Durand, n° 49/2429.)

318. — ABRAHAM ET MELCHISÉDECH. — *Aiguière en grisaille sur fond noir, détails et inscriptions dorés.* — *Hauteur, 0,300; diamètre, 0,100.*

« Après la défaite de Kadorlahomer et des rois qui étaient avec lui,
« Abraham ramena tout le bien qu'ils avaient pris, Lot son frère, ses
« biens, les femmes et le peuple. Et le roi de Sodome s'en alla au-devant
« de lui, et Melchisédech aussi, roi de Salem, fit apporter du pain et du vin
« et le bénit en disant : Béni soit Abraham. » — Tel est le sujet de la composition principale qui orne le corps de l'aiguière. Melchisédech y est repré-

senté en costume sacerdotal, présentant des pains à Abraham, dont la tête est casquée et le corps revêtu d'une armure ; le roi de Sodome est auprès de lui, Lot en arrière. Un arbre sépare un groupe de trois hommes et une femme qui sont près de Melchisédech, apportant de grands vases qui rappellent le vin dont parle la Genèse. Derrière les personnages est un fond de paysage où l'on distingue une troupe armée à demi cachée par la figure de Melchisédech. Un chien est près des pieds d'Abraham. Des étoiles dorées sont répandues sur le fond du ciel, et l'inscription suivante est placée au-dessus de la tête du sacrificateur : Genèse XIIII. La partie supérieure est décorée d'arabesques qui viennent se relier à un mufle d'animal à cornes ; des satyres sonnant de la trompette sont placés à droite et à gauche, et au-dessous de l'un une chèvre, au-dessous de l'autre un animal grotesque. Le goulot et le pied sont décorés de feuillages ; l'anse est ornée d'un décor rouge et or sur fond d'émail blanc ; le bec orné d'une arabesque dorée. Sur la base du pied, quatre têtes d'ange ailées sont disposées sur des ornements d'où pendent des paquets de fruits. Le contre-émail est noir, parsemé de fleurettes d'or.— (Collection Durand, n° 11/2446.)

319. — ABRAHAM ET MELCHISÉDECH. — *Vase en grisaille sur fond noir, quelques détails dorés. — Hauteur, 0,235 ; diamètre, 0,125.*

Le sujet est le même que celui de l'aiguière n° 318, mais la composition présente quelques variantes : les personnages principaux sont dans la même pose et le costume est le même, mais une figure d'homme portant un vase a été supprimée dans le groupe qui suit Melchisédech ; deux figures de jeunes gens y ont été ajoutées, marchant en arrière de la femme, l'un portant des deux mains une amphore, l'autre élevant en l'air un plat où sont posés des pains. Le groupe, placé en arrière, d'Abraham, du roi de Sodome et de Loth, présente, avec les mêmes personnages, des costumes différents et d'autres attitudes. Une femme et un enfant ont été supprimés, un mulet ajouté, la foule du peuple est moins nombreuse. Le fond du paysage offre également des variantes, et l'on remarque un corps de troupes, en outre de celui que nous avons décrit et qui a été déplacé. Le chien placé près d'Abraham a été supprimé. La partie supérieure est décorée d'un motif principal figurant Silène étendu et s'appuyant sur une outre, et un satyre lui présentant un bassin rempli de fruits. Des feuillages ornent le goulot et le pied. Un rang d'oves forme un cercle au-dessous de la composition principale. Un rang d'oves décore également la base du pied. Le contre-émail est noir, parsemé de fleurs d'or. — (Collection Durand, n° 21/2440.)

320 et 321. — RUTH ET BOOZ. — LA MORT D'ABSALON. — *Deux chandeliers en grisaille sur fond noir, les chairs colorées, quelques détails dorés. Ils sont composés d'une bobèche entièrement refaite, d'une partie en renflement, d'un fût et d'une base évasée et circulaire sur laquelle sont disposées les peintures principales. — Hauteur, 0,340 ; diamètre, 0,200.*

320. Ruth est représentée sortant d'un champ de blé et tenant dans ses bras une gerbe ; Booz est à quelque distance, vers la gauche, assis sur un tertre de gazon et vu de dos ; il interroge un moissonneur qui occupe le milieu de la composition, agenouillé, tenant une faucille d'une main et de l'autre désignant Ruth à son maître. Derrière celui-ci est un second moissonneur occupé à couper les épis, et un troisième à droite, plus près de Ruth, courbé sur une gerbe. D'autres gerbes et des vases, dont un est renversé, sont posés entre Booz et les moissonneurs. Cette composition est séparée, par des arbres, d'une autre scène qui remplit le côté opposé : on y voit un berger assis et gardant un troupeau de moutons, des maisons dans le fond, et, à la porte principale, Ruth et Booz vus dans l'éloignement. Un rang d'oves entoure la base. Sur *le renflement* sont peints Neptune et Amphitrite, portés sur les flots par deux chevaux marins, et suivis d'un triton qui tient en chaque main des branches de feuillages. Cette scène est un fragment d'une composition circulaire gravée et comprise dans l'œuvre d'Androuet Ducerceau. *Le fût* est décoré de masques coiffés de draperies, de guirlandes et de paquets de fruits rattachés à des anneaux. Dans deux petits médaillons, placés à l'opposite l'un de l'autre, on trouve le monogramme PR et la date 1564. — (Collection Durand, n° 51/2506.)

321. La mort d'Absalon. On le voit suspendu par les cheveux à une branche d'arbre, et son cheval en liberté ; derrière est représenté Joab, armé de pied en cap et monté sur un cheval lancé au galop, une lance en la main droite ; en arrière de Joab est une troupe de six cavaliers armés comme lui, les premiers portant des boucliers. Des arbres et des maisons remplissent les fonds de paysage. Un rang d'oves entoure la base. Sur *le renflement*, Amphitrite est représentée portée sur les flots par un triton qui sonne de la conque ; près d'eux est un jeune triton ailé, dans la même action ; une tête de monstre marin sort des flots. Ce fragment fait partie de la composition circulaire gravée par Androuet Ducerceau. Le fût est décoré comme celui du chandelier qui précède, et dans les places qui correspondent on trouve le monogramme PR et la date 1564. — (Collection Durand, n° 51/2507.)

322. — LE TRIOMPHE DE DIANE. — CHASSE AU CERF. — CHASSE AUX OURS. — *Aiguière en grisaille sur fond noir, les chairs colorées, quelques détails dorés. — Hauteur, 0,265 ; diamètre, 0,100. — La composition du Triomphe a été gravée par Androuet Ducerceau, et les Chasses par Virgilius Solis.*

Diane, caractérisée par son croissant, son arc et son carquois, assise sur un char traîné par deux couples de cerfs, triomphe de Vénus et de l'Amour, que l'on voit assis à l'arrière du char, dans l'attitude de captifs ; les mains de Vénus sont liées, et un bras de l'Amour est attaché à la jambe de sa mère. Près de chaque couple de cerfs est placée une nymphe, la première tenant une couronne, la seconde armée d'une pique ; une autre nymphe suit le char en sonnant du cor, et deux génies ailés le précèdent en sonnant de la trompette. La composition disposée au-dessous est divisée en deux scènes de chasse : d'un côté, un enfant est représenté fuyant devant deux chiens et poursuivi par deux chasseurs qui ont la lance en arrêt ; de l'autre côté, un ours se défend contre deux chiens et mord le fer de la lance d'un chasseur qui l'attaque ; un autre chasseur est prêt à le percer, et un chien posé en arrière. Entre les arbres on voit un ours qui s'éloigne, et vers la droite un ourson qui grimpe au long d'un tronc.

Le goulot est orné d'arabesques dorées, et le pied de guirlandes de fruits peints en grisaille. De légers ornements, noir et or, décorent l'anse émaillée de blanc; on y lit, renfermée dans un médaillon ovale, la date 1554, tracée en lettres noires. Le contre-émail noir est parsemé de fleurettes dorées. — (Collection Durand, n° 15/2420.)

323. — 1° ADAM ET ÈVE ; 2° SALOMON ADORANT LES FAUX DIEUX ; 3° SISARA MIS A MORT PAR JAHEL, *d'après Lucas de Leyde ;* 4° VIRGILE SUSPENDU A LA FENÊTRE D'UNE DAME ROMAINE (*Idem*) ; 5° SAMSON ET DALILA (*Idem*) ; 6° ARISTOTE SERVANT DE MONTURE A UNE COURTISANE (*Idem*). — *Salière de forme hexagone en grisaille sur fond noir, très légèrement teintée de tons rosés, quelques détails et les inscriptions dorés. — Hauteur, 0,070 ; diamètre, 0,080.*

1° Adam, debout, détache une pomme de l'arbre autour duquel est enroulé le serpent à tête humaine, qui s'abaisse vers Eve à demi couchée à terre, et lui présente un fruit qu'elle prend de la main droite. 2° Le roi Salomon est à genoux devant une colonne dont le chapiteau supporte une idole que montre du doigt une femme placée derrière lui. On lit dans le haut : SALOMON, et sur le piédestal de la colonne, le monogramme PR. 3° Sisara est vu de dos, étendu près d'un arbre ; Jahel tient de la main droite un marteau, et de la gauche un clou déjà enfoncé dans la tête de Sisara. On lit sur le côté : SISERO. 4° Virgile est assis, les bras croisés, dans un grand panier qui est suspendu par deux cordons à une fenêtre sur laquelle deux jeunes femmes sont appuyées. Plusieurs spectateurs sont groupés vers la droite, à l'angle de la maison. On lit dans le haut : VIRGILE. 5° Samson est assis à terre, à demi couché sur les genoux de Dalila, qui de l'une main tient des ciseaux et de l'autre une mèche des cheveux de Samson ; on aperçoit les Philistins dans le fond. 6° Aristote est représenté marchant sur les mains et sur les genoux ; une jeune femme, à cheval sur son dos, tient de la main gauche un cordon passé dans la bouche du philosophe et agite en l'air un fouet. — La cavité supérieure, destinée à recevoir le sel, est décorée d'un profil d'homme casqué qu'entoure une frise formée par des cornes d'abondance alternant avec des vases remplis de fruits. La face inférieure est décorée d'un profil de femme entouré de guirlandes de fruits rattachées à des anneaux. — (Collection Révoil, n° 154.)

324. — 1° HERCULE ÉTOUFFANT ANTÉE ; 2° COMBATTANT CERBÈRE ; 3° ENLEVANT DÉJANIRE ; 4° PORTANT LE CIEL ; 5° MORT DU CENTAURE NESSUS ; 6° MORT D'HERCULE. — *Salière de forme hexagone, en grisaille sur fond noir, très légèrement teintée de tons rosés,* *détails et inscriptions dorés.* — *Hauteur*, 0,070; *diamètre*, 0,080.

1° Hercule tient Antée embrassé dans une vigoureuse étreinte et le soulève de terre. On lit dans le haut : ERCVLES ANTE. 2° Hercule est prêt à frapper Cerbère de sa massue. On lit dans le haut : SERBERE GVANE et l'on voit le monogramme PR tracé en lettres noires. 3° Hercule est vu de dos, soulevant Déjanire, dont un des bras est posé sur son épaule; il tient de la main droite, par une mèche de cheveux, Acheloüs qui est représenté avec un visage humain sur un corps de taureau. On lit dans le haut : ERCVLES. PRIN. DIANIRA. 4° Hercule soutient sur ses épaules le globe céleste; en outre, il est figuré dans le fond combattant l'hydre. 5° Au premier plan est Nessus, renversé et percé d'une flèche; dans le fond, Hercule et Déjanire. 6° Hercule est représenté couché et entouré de flammes. La partie supérieure, destinée à recevoir le sel, est décorée d'une tête de femme vue de profil et de guirlandes qui sont alternativement rattachées à des têtes d'animaux et à des anneaux. La partie inférieure, ayant exactement la même disposition, offre le même décor, à l'exception de la tête qui est celle d'un homme couronné de lauriers. — (Collection Révoil, n° 155.)

325. — Vénus et les amours. — Didon recevant Énée, *d'après Raphaël.* — *Salière en grisaille sur fond noir, détails dorés.* — *Hauteur*, 0,084; *diamètre*, 0,105. — *Ces deux compositions font partie des sujets de l'Énéide, qui sont réunis en une même planche gravée d'après Raphaël par Marc-Antoine.* (Bartsch, tome XIV, n° 352.)

Vénus est représentée assise sur un char qui est attelé de quatre colombes; l'Amour, debout devant sa mère, est porté par un nuage posé au-dessus des colombes. Un jeune enfant est à demi couché sur la partie la plus élevée du char. Un amour ouvre la marche, un autre précède le char, un troisième le pousse par derrière. Sur la partie opposée de la salière on voit Didon marchant à côté d'Enée; Achate et une femme les accompagnent. L'émailleur a revêtu Enée du costume du XVIe siècle, en conservant aux trois autres personnages l'habillement antique. La cavité de la salière est décorée d'une tête d'homme vue de profil et coiffée du bonnet phrygien, et autour, des arcs et des flèches peints en grisaille sont reliés par des arabesques dorées. Le revers est noir. — (Collection Durand, n° 49/2499.)

326. — Triomphe de Neptune. — *Couvercle de coupe, grisaille sur fond noir, détails et ornements dorés.* — *Diamètre*, 0,185.

Les motifs principaux sont tirés d'une composition gravée par Ducerceau, et la reproduction de celle qui décore une salière portant le n° 354, avec quelques variantes et l'addition d'un triton ailé qui souffle dans une longue trompette marine. L'intérieur du couvercle, décoré d'une rosace centrale, est orné sur les bords d'enlacements mêlés à des ornements arabesques. Deux têtes surmontées d'un croissant sont posées sur les détails des enroulements ; une guirlande de feuillages et de fruits termine le décor en grisaille, et une vignette dorée borde le couvercle.—(Collection Durand, n° 34/2456.)

327. — LE TRIOMPHE DE DIANE. —*Couvercle de coupe, grisaille sur fond noir, les chairs colorées, détails dorés. — Diamètre, 0,192. — Cette composition a été gravée par Ducerceau.*

Le groupe principal est la reproduction de celui précédemment décrit n° 322, avec quelques variantes, telles qu'un bandeau sur les yeux de l'Amour, un lien passant des mains de Diane au bras de Vénus, un chien placé en bas du char, une nymphe tenant un rameau dans la main gauche près de la déesse, une autre derrière le premier couple de cerfs ; enfin, un carquois et un arc posés à terre, en arrière des génies sonnant de la trompette. La nymphe sonnant du cor derrière le char a été supprimée ; mais neuf figures ont été ajoutées. La première est une nymphe élevant dans les airs, en signe de triomphe, l'arc et le carquois de l'Amour placés en trophée à l'extrémité d'une lance ; elle est suivie d'une autre nymphe qui, d'une main, tient en laisse deux grands lévriers, et de l'autre traîne à sa suite les trois Grâces représentées avec des ailes et nues, les mains liées par des cordons qui passent de l'une à l'autre. Deux nymphes ouvrent la marche, l'une portant une lance que surmonte un trophée de chasse, l'autre armée d'un arc et d'un carquois, et derrière celle-ci deux autres ; celle du fond portant au bout d'une lance des bois de cerf formant trophée, et la plus en avant prête à frapper un des chiens qu'elle tient accouplés ; un cor est à terre en avant d'elle. Au-dessous du char on lit en lettres noires le monogramme P. R. Le revers est orné de quatre médaillons de forme ovale où sont disposées des figures alternativement d'homme et de femme, se détachant en grisaille, et tons de chairs, sur l'émail noir pointillé d'or. Des arabesques dorées et une couronne de feuillages en grisaille complètent l'ornementation.—(Collection Durand, n° 4960.)

328. — JÉSUS LAVANT LES PIEDS DES APÔTRES. — *Plaque en émaux de couleurs rehaussés d'or, détails dorés. — Hauteur, 0,201 ; largeur, 0,169.*

Jésus-Christ, agenouillé, tient entre ses mains le pied droit de saint Pierre, qui est assis devant lui. L'apôtre a les mains jointes et son pied gauche plongé dans un bassin rempli d'eau. Saint Jean, placé en arrière de son maître, tient de la main droite une aiguière, et de l'autre un linge posé sur son épaule. Les autres apôtres, au nombre de neuf, sont groupés dans le fond et dans des attitudes diverses. Tous ont la tête surmontée d'un nimbe d'or ; celle du Christ se détache sur une auréole dorée. Le bassin est placé dans une sorte de rigole régulière remplie d'eau, circonscrite entre le gradin sur lequel est agenouillé le Christ et le banc qui sert de siége à saint Pierre. Le contre-émail est incolore.—(Collection Durand, n° 67/2532.)

329. — La Visitation. — *Plaque en émaux de couleurs rehaussés d'or. — Hauteur, 0,225; largeur, 0,287.*

Élisabeth est représentée debout, recevant Marie devant la porte de sa maison. Les deux saintes, uniformément vêtues d'une longue robe et d'un manteau, ont la tête enveloppée d'un voile blanc et surmontée d'une auréole d'or. Une servante est sur le seuil de la maison d'Élisabeth, et une autre debout derrière la vierge Marie. Le fond est rempli par des constructions, un mur et une porte en arcade, et l'on aperçoit au delà, sur une colline, un petit moulin à vent dont les ailes se font remarquer par leur forme carrée; le ciel est parsemé d'étoiles d'or. Les couleurs employées pour les vêtements sont le bleu d'azur et un ton violacé très fortement rehaussés d'or. Le contre-émail est incolore. — (Collection Durand, n° 70/2537.)

330. — La Nativité de saint Jean-Baptiste. — *Plaque en émaux de couleurs rehaussés d'or. — Haut., 0,225; larg., 0,287.*

Élisabeth est représentée couchée dans un lit, de la forme de ceux qui étaient en usage au XVI° siècle; la tête, couverte d'un voile blanc, est entourée d'une auréole; une femme approche d'elle l'enfant qui vient de naître, une autre à gauche lui présente une tasse. Zacharie est assis sur un escabeau, au pied du lit, et une femme agenouillée au premier plan prépare un berceau. Une grande cheminée occupe la droite; le feu brille, et un bassin est placé en avant. Une fenêtre s'ouvre au fond dans une arcade dont les parois forment un banc de chaque côté. Les couleurs employées pour les étoffes sont le bleu d'azur, le brun jaune et un ton violacé. Toutes les couleurs sont rehaussées d'or. La couverture du lit est bleue et parsemée de fleurettes dorées. Le contre-émail est incolore. — (Collection Durand, n° 70/2538.)

331. — Baptême de Jésus-Christ. — *Plaque en émaux de couleurs rehaussés d'or, détails dorés. — Hauteur, 0,245; largeur, 0,240.*

Jésus-Christ, debout dans le Jourdain, reçoit le baptême de Jean-Baptiste, agenouillé sur une berge élevée occupant la gauche. Dieu le père, la tête ceinte d'une tiare et portant en la main gauche un globe surmonté d'une croix, domine la composition, se détachant sur un fond d'or et porté par des nuages d'où s'échappent des rayons; au-dessous de lui, l'Esprit-Saint est représenté sous la forme d'une colombe planant au-dessus de Jésus-Christ et se détachant sur un fond d'or, dont les rayons viennent s'unir à ceux qui entourent la tête de Jésus; un ange placé sur le rivage de droite porte le manteau de Notre-Seigneur; des arbres occupent les deux côtés du fond, et sur les gazons sont placés quelques animaux. Le contre-émail est incolore. — (Collection Durand, n° 74/2539.)

332 à 347. — La Passion *(douze scènes de la),*

d'après Albert Dürer, et LES QUATRE ÉVANGÉLISTES. — *Douze plaques rectangulaires et quatre circulaires en émaux de couleurs rehaussés d'or, détails dorés, réunies dans un même cadre que décorent les chiffres, armes et insignes du connétable Anne de Montmorency, provenant de la chapelle du château d'Écouen. — Hauteur, 0,180; largeur, 0,145; les médaillons circulaires : diamètre, 0,140; l'ensemble du cadre : hauteur, 0,890; largeur, 1,400.*

332. En commençant par le rang inférieur : *Jésus célébrant la Pâque avec ses disciples.* — Jésus et douze disciples entourent une table recouverte d'une nappe blanche, et au milieu de laquelle on voit l'agneau pascal. Saint Jean est représenté endormi sur les genoux de Jésus, qui repose un bras sur son épaule et bénit de la main droite. Quatre des disciples sont vus de dos et sont assis sur des bancs décorés de sculptures. On reconnaît Judas à la bourse qu'il tient de la main gauche ; il est en avant vers le milieu, vêtu d'une robe bleue ; derrière lui est une aiguière posée sur le pavé, qui est formé de compartiments en damier. On aperçoit dans le fond le ciel étoilé d'or, à travers trois arcades que soutiennent des colonnettes accouplées. Une auréole dorée entoure la tête du Christ. — **333.** *Jésus au Jardin des Oliviers.* — Il est agenouillé, les pieds nus, les mains jointes ; dans l'angle droit supérieur, un ange plane dans les airs, portant de la main droite un calice. Au premier plan, dans le bas, sont représentés endormis Pierre, ayant une épée sous le bras, et les deux fils de Zébédée ; dans le fond, à droite, sont assis et dormant également d'autres disciples ; plus loin et à gauche, on voit Judas portant une bourse, guidant des soldats armés qui franchissent la porte du jardin. Le fond est rempli par un rocher sur lequel se détache la figure de Jésus, par des arbres et la barrière du jardin, au-dessus de laquelle on aperçoit une colline verte et le ciel étoilé d'or. Une auréole dorée entoure la tête du Christ, et des cercles d'or se dessinent en nimbe au-dessus des têtes de Pierre et des fils de Zébédée. — **334.** *Le Baiser de Judas.* — Jésus occupe le milieu de la composition ; il est debout et vu de profil ; Judas appuie la main droite sur son épaule et l'embrasse ; plusieurs soldats armés de lances sont en arrière, ou en remarque un qui, placé derrière Jésus, est prêt à le frapper d'une courroie qu'il tient des deux mains et rejetée en arrière au-dessus de son casque ; dans le coin de droite est Simon-Pierre, qui brandit une épée et tient renversé sous son genou Malchus, qui lui oppose une lanterne à l'aide de laquelle il cherche à protéger son visage. On voit dans le fond, vers la droite, les disciples s'enfuyant et un soldat arrêtant l'un d'eux par son manteau, et à gauche une guérite et des soldats ; la barrière du jardin laissant apercevoir une colline et le ciel étoilé d'or. La tête du Christ est nimbée d'un cercle d'or. — **335.** *Jésus conduit chez Caïphe.* — A droite est Caïphe, assis sur un siège élevé de deux marches ; à gauche, Jésus conduit par des soldats armés de piques ; dans le fond, les Anciens et les Scribes ; au premier plan, dans l'angle droit, un vieillard debout ; un chien blanc est couché sur le sol en avant de Jésus ; deux arcades se dessinent sur le mur du fond et laissent voir le ciel de couleur d'azur. La tête du Christ est surmontée d'un cercle d'or. — **336** ou première du second rang. *Jésus frappé de verges.* — Jésus, attaché à une colonne, occupe le centre de la composition ; il n'a d'autre vêtement qu'un linge qui cache le milieu du corps, et de la tête aux pieds sa peau est diaprée de meurtrissures sanglantes ; son manteau est à terre étendu à ses pieds; deux hommes sont prêts à le frapper : l'un placé à droite et vu de dos est armé de verges, l'autre à gauche tient un fouet à lanières ; quatre personnages, debout dans le fond, figurent les Scribes ou les Anciens d'Israël. Le fond est rempli par des détails d'architecture intérieure.— 337. *Jésus couronné d'épines.*—Il est représenté debout, vers la droite, sur une estrade de quatre marches, le corps diapré de meurtrissures sanglantes, comme dans la composition précédente, la tête couronnée d'épines, tenant de la main gauche un roseau. Un Juif, debout à droite, le présente au peuple en soulevant le manteau qui couvre les épaules de Jésus et que relève du côté opposé un serviteur placé en arrière du Christ ; à gauche et dans le fond, sont groupés des vieillards et des soldats armés de lances, qui se détachent sur un fond d'architecture laissant apercevoir un coin du ciel étoilé. La tête du Christ est entourée d'une auréole dorée, son manteau attaché par une agrafe ; au-dessus de lui est un baldaquin à rideaux, et au-dessous un arc pratiqué dans l'estrade et garni de barreaux croisés figure une voûte. — 338. *Jésus devant Pilate.* — Le moment représenté est celui où Pilate, prenant de l'eau, lave ses mains devant le peuple et dit : « Je suis innocent du sang de ce juste, vous y penserez. » Il est assis à gauche sur un trône élevé, et un serviteur, qui d'une main lui tient un bassin, de l'autre verse l'eau d'une aiguière. Jésus, debout, vêtu d'une longue robe, couronné d'épines, est escorté par des soldats armés de piques et conduit par un jeune homme vêtu d'une courte tunique et vu de dos ; dans le fond sont quatre personnages debout figurant les Scribes et les Anciens. Ils se détachent sur un fond d'architecture ; on voit le ciel étoilé d'or dans le coin de droite, au-dessus de la tête des soldats ; un petit chien blanc est couché au pied du trône de Pilate.— 339. *Jésus portant sa croix.*— Il est représenté renversé sous le poids de la croix et s'appuyant de la main gauche sur une pierre du chemin. Un soldat placé à droite s'apprête à le frapper d'une petite massue ; un jeune homme, que nous avons décrit dans la composition précédente, placé à gauche et vu de dos, le frappe d'une pique ; deux soldats armés sont en arrière. A droite et à un plan un peu plus éloigné, on voit saint Jean, la vierge Marie, près d'elle une sainte femme et d'autres en arrière, dont on ne voit que les têtes au-dessous de la voûte d'une porte de ville. Dans le fond, sur la hauteur du Golgotha, deux potences se dessinent sur le ciel étoilé d'or ; des soldats les entourent, d'autres s'y dirigent armés de piques, l'un d'eux portant une échelle. La tête du Christ est couronnée d'épines et entourée d'une auréole dont la dorure est effacée.— 340 ou première du rang supérieur. *Jésus crucifié.*— Il est représenté sur une croix en potence, couronné d'épines et le sein percé d'une blessure saignante. Marie-Madeleine embrasse le pied de la croix ; à gauche est la vierge Marie, debout et dans l'attitude de la prière ; à droite l'apôtre saint Jean portant un livre de la main gauche ; on voit Jérusalem dans le fond. Des nuages, sur lesquels se détachent six têtes d'ange ailées, forment une guirlande dans le haut, en arrière de la croix ; au-dessus de la tête du Christ une inscription avec ces mots : INRI ; une auréole dont l'or est effacé entoure la tête du Christ ; un nimbe plein surmonte la tête de la vierge Marie et un cercle d'or celle de saint Jean. — 341. *Jésus mis au tombeau.* — Nicodème et Joseph d'Arimathie déposent le corps dans le sépulcre. La Vierge est placée en arrière, et près d'elle saint Jean, Marie mère de Jacques, et la mère des fils de Zébédée. Marie-Madeleine, agenouillée, tient un vase de parfums ; un vase semblable est posé sur le bord du sépulcre et un autre à terre en avant, près de la couronne d'épines ; dans le fond à gauche est une grotte recouverte de verdure, et à droite les monuments de la ville. —342. *La Résurrection de N. S.*—Jésus est debout, les pieds posant sur son sépulcre, à demi couvert d'un manteau, portant une petite croix à bannière et se détachant en entier sur des rayons dorés; deux soldats sont couchés en avant au premier plan; l'un d'eux est endormi, l'autre se réveille et se soulève à l'aide de sa hallebarde; un autre soldat, dans le fond à droite, est représenté dormant, et un quatrième à gauche s'enfuit épouvanté. Des arbustes garnissent le fond de deux côtés, et le ciel de couleur d'azur est étoilé d'or.—343. *L'Ascension de N. S.*—Les apôtres sont réunis sur le sommet d'une montagne qu'ils entourent. La vierge Marie est debout vers la gauche, vêtue d'un long manteau dont un pli recouvre sa tête, et tient les mains jointes. Deux apôtres agenouillés sont posés au premier plan, au milieu, et vus de dos; les autres sont debout, et il en est plusieurs dont on ne voit que la tête s'élevant au-dessus de la montagne qui les cache. Tous sont dans l'attitude de la prière et ont les yeux élevés. Le ciel est entr'ouvert, et au-dessus des nuages on voit les pieds et le bas des vêtements de N. S. se détachant sur un fond pointillé d'or. La tête de la Vierge est surmontée d'un nimbe d'or.— 344, 1er médaillon. *Saint Jean* l'évangéliste.— Il est assis, vu de profil, regardant à gauche, au pied d'un arbre, sur un rivage au bord de la mer, et écrit sur un livre posé sur ses genoux; un aigle est près de lui en arrière. Dans le coin de gauche est un fond de paysage, et au-dessus, des nues entr'ouvertes laissent apercevoir cette inscription: JESUS. Un nimbe d'or surmonte la tête de l'évangéliste; un nimbe semblable entoure celle de l'aigle, qui tient dans son bec les ustensiles de l'écrivain, son encrier et son grattoir. —345, 2e médaillon. *Saint Luc* l'évangéliste.—Il est représenté de profil, assis sur un siége et devant un pupitre qui supporte un livre qu'il feuillette d'une main, en même temps qu'il écrit de l'autre sur un livre posé sur son genou. Le bœuf est couché derrière le siége, qui le cache à demi; dans le fond à gauche est un dressoir garni de bouteilles et de vases; au milieu, les murs de la chambre percés de deux fenêtres cintrées garnies de carreaux en losanges; vers la droite, une ouverture laissant apercevoir la campagne et le ciel. La tête est coiffée d'un bonnet et surmontée d'un nimbe doré. — 346, 3e. *Saint Marc* l'évangéliste. — Représenté de profil, regardant à droite, assis sur une chaise devant une table sur laquelle est posé un pupitre qui soutient le papier sur lequel il écrit; un flambeau allumé est près du pupitre; le lion est couché derrière le siége; deux livres sont posés sur le sol formé de carreaux en damiers; une aiguière et une bouteille sont placées sur un bahut qui occupe le coin de gauche en arrière. Le fond d'architecture est percé de trois fenêtres qui laissent voir le ciel; une draperie bleue à fleurons d'or est suspendue vers le centre. La tête du saint, découverte et chauve, est entourée d'une auréole et surmontée d'un nimbe. — 347, 4e. *Saint Matthieu* l'évangéliste. Il est représenté de profil, regardant à gauche, assis sur un bahut, près d'une table en hémicycle qui supporte un pupitre. Le saint touche de la main droite un grand livre posé sur le pupitre et de la gauche appuyée sur un livre plus petit qui est placé près de lui sur le banc. L'ange, placé en arrière de la table, s'appuie sur le pupitre et semble aider le saint à tourner les feuillets du livre. Les détails des parois de la chambre remplissent le fond à gauche; une ouverture laisse apercevoir vers la droite la campagne, les monuments d'une ville et le ciel. La tête du saint est coiffée d'un bonnet et surmontée d'un nimbe d'or; un nimbe dont l'or est effacé entoure la tête de l'ange. — Les douze plaques sont disposées sur trois rangs de quatre; les médaillons circulaires placés aux extrémités du premier rang et du troisième, les deux extrémités du second rang étant occupées par des panneaux. Sur celui de gauche sont sculptées les armes des Montmorency: l'écu, portant d'or à la croix de gueules cantonnée de seize alérions d'azur, couronné d'une couronne ducale, entouré du collier de l'ordre de Saint-Michel. Dans le panneau de droite, les armes réunies de Montmorency et de Savoie entourées de la cordelière. Les plaques, les médaillons et les panneaux d'armoiries sont séparés entre eux par des moulures dont le centre est découpé en branches de feuillages à jour; les lignes verticales coupent à angle droit les horizontales, et sur l'intersection sont placés des médaillons circulaires ; cinq portent en relief un alérion d'azur sur fond d'or, et cinq également en relief un chiffre doré sur fond rouge, qui est composé des lettres A D et M. Aux extrémités des lignes qu'occupent ces médaillons circulaires, sont posés des ovales de couleur rouge supportant l'épée du connétable; dans le haut et le bas, des cartouches unis ; des moulures qui se terminent par un rang de godrons encadrent tout l'ensemble. — (Ancienne collection, nos 13 à 38.)

Ces émaux, composés avec une certaine liberté d'après les gravures en bois d'Albert Dürer, en ont reproduit jusqu'au travail; ils ont le ton et l'apparence de quelques-uns des émaux de Pierre Raymond, et par analogie ils peuvent lui être attribués. Ce même aspect de gravures coloriées se retrouve dans une suite de seize sujets de la Passion, que possède le Musée de Cluny sous les nos 1047 à 1062. Ceux-là n'ont rien d'allemand dans la composition, rien de très précis dans le dessin ; ils sont tout à fait français, bien que cette imitation du travail de la gravure leur donne quelque chose de sec et de gothique. — Hauteur, 0,215 ; largeur, 0,160.

348. — Un Massier. — *Plaque en émaux de couleurs sur fond noir; détails dorés.* — Hauteur, 0,234 ; largeur, 0,174.

Il est debout, tient de la main droite une masse et de l'autre un gant; son manteau bleu fleurdelisé est garni de martre ; la toque est ornée d'une plume blanche. Cet émail a subi une restauration. — (Collection Révoil, n° 273.)

L'usage des petits tableaux votifs, sur lesquels le donateur se faisait représenter à genoux aux pieds de son patron, avait passé, comme je l'ai dit, des émaux en basse taille, ouvrage d'orfévrerie, aux émaux peints. Nous avons recueilli plusieurs portraits de ce genre, et les noms qu'ils portent sont venus grossir à tort la liste des émailleurs de Limoges. Il importe d'éviter ces erreurs.

Musée de Cluny, n° 1045. — Plaque de forme ovale, émail en couleur rehaussé d'or. Suzanne surprise par les vieillards. Le donateur est représenté à genoux à droite de la composition, et au-dessous cette inscription : Sur une autre plaque, avec la même date, et à côté de la répétition du même sujet, le portrait de sa femme. On a pensé que maistre Jehan Guenin pouvait bien être l'émailleur lui-même, et qu'il avait signé son nom autant pour marquer son travail que pour désigner sa personne ; mais le saint Jean qui l'accompagne, à titre de patron, et le portrait de la femme, lèvent toute incertitude. Jean Guenin est un dévot personnage qui n'a rien de commun avec l'émaillerie. Par le travail comme par la composition, ces deux plaques ressemblent, trait pour trait, à une assiette (1) dans le fond de laquelle Pierre

---

(1) **Musée du Louvre**, n° 302.

Raymond a placé le même sujet, émaillé dans le même ton et signé de son chiffre. C'est donc très probablement une œuvre de l'atelier de cet émailleur, mais une œuvre, à la vérité, des plus médiocres (1).

ANONYME.

Jean Pénicaud le troisième (2), Léonard Limosin (3), Pierre Courtois (4), Jean de Court (5), et d'autres, ont tenté d'associer le repoussé du cuivre à leur travail d'émaillerie. Le résultat ne semble pas avoir répondu à leur attente. Ils ont abandonné ce genre de travail, et nous ignorons auquel de ces artistes il conviendrait d'attribuer les deux médaillons

---

(1) M. Didier Petit, dans un cas pareil, n'a pas eu la même hésitation. Il a fait d'Étienne Mersier résolument un émailleur. Il a été jeté dans cette erreur par un petit émail cintré par le haut, qu'il décrit sous le n° 112, et que j'ai retrouvé dans la **collection Iza Czartoryska**. Un gentilhomme, en costume de la fin du XVIe siècle, est à genoux aux pieds d'un saint Paul qui a quatre fois sa taille. On lit sur une banderole cette inscription tracée en rouge : SANCTE PAVLE ORA PRO ME TIENE MERSIER. C'est une peinture d'émail indécise et médiocre. La pointe fait les frais de tout le travail; elle accuse les contours et charbonne les yeux. Hauteur, 0,130 ; largeur, 0,077. Cet émail appartenait antérieurement à M. Quédeville. M. Labarte attribue un médaillon signé E., de la collection Debruge, à ce même Étienne Mersier, *maître de l'école de Limoges de la fin du XVIe siècle ou du commencement du XVIIe*. Je crois que c'est une erreur. — **Collection Germeau.** Un coffre orné de dix plaques émaillées, représentant des apôtres, et d'une onzième qui décore le couvercle, sur laquelle Pierre Raymond a peint en émaux de couleurs, dans la manière des plaques décrites sous les numéros 332 à 347, la Vision de saint François. Ces émaux sont attribués à Étienne Mersier, parce qu'on trouve, au bas de la plaque principale, le chiffre suivant : mais ce chiffre, que j'ai rencontré dans l'intérieur d'une boîte à portrait, en association avec des S barrés et en regard du portrait d'un jeune seigneur de la cour, appartenait sans doute à la personne pour laquelle ce coffret fut exécuté. Hauteur, 0,265 ; longueur, 0,365.

(2) Il a exécuté quelques pièces dans ce genre.

(3) Voyez les deux têtes de chérubins dans le cadre du portrait d'Anne de Montmorency (Musée du Louvre, n°s 252 et 253).

(4) Les émaux du château de Madrid que je cite page 254, note 2.

(5) Je décris un bouclier repoussé sous le n° 414.

que je vais décrire, remarquables uniquement par ce mode particulier d'exécution, et par le caractère des têtes, dont le type italien vient sans doute des peintures ou miniatures qui ont servi de modèles.

349. — Pompée. — *Plaque circulaire en cuivre repoussé, émaillée sur reliefs; mélange de grisaille et de tons de coloration de chairs, quelques détails et inscriptions dorés. — Diamètre, 0,174.*

La figure en buste est posée de profil, regardant à gauche; la tête est couronnée de lauriers; une agrafe attache le manteau sur l'épaule. On lit cette inscription en lettres dorées : M. POMPEIVS. Le contre-émail est fort épais et de couleur violacée. — (Collection Durand, n° 65/2529.)

350. — Julie, femme de Pompée. — *Plaque circulaire en cuivre repoussé, émaillée sur reliefs; mélange de grisaille et de tons de coloration de chairs, quelques détails et inscriptions dorés. — Diamètre, 0,174.*

La figure en buste est posée de profil, regardant à droite; un petit diadème orne la chevelure. L'inscription en lettres dorées est celle-ci : IVLIA. CAESAR. FILIA. POMPEI. V. Le contre-émail est fort épais et de couleur violacée. — (Collection Durand, n° 65/2530.)

ANONYME.

On remarque dans les œuvres signées de Pierre Raymond de si notables différences, et dans des émaux qu'il n'a pas signés de si évidentes ressemblances avec sa manière, qu'il est bien permis de supposer que les artistes qui l'aidaient, venant à le quitter, cherchaient à débiter leurs productions comme provenant encore de l'atelier qu'ils avaient déserté. A cette origine trompeuse appartiennent des émaux très remarquables (1), que je classe à leur rang; mais il est

---

(1) **Collection Albert Decombe.** Un couvercle de coupe, de forme très élevée. Les premiers récits de la Genèse. Dans la scène du travail, Eve couchée est rendue à merveille. Grisailles teintées, ton argentin; les contours fins et délicats; les ombres rendues par un pointillé exécuté avec esprit à la pointe; le ciel pointillé en or. Diamètre, 0,177.

impossible, ou il serait trop long, de décrire la manière de chacun de ces émailleurs.

351. — LE TRIOMPHE DE NEPTUNE.—*Salière de forme oblongue en grisaille sur fond noir, détails dorés. — Hauteur, 0,095; longueur, 0,120; largeur, 0,060. — Les principaux motifs sont empruntés à une composition gravée par Ducerceau.*

Neptune est représenté armé d'un trident, ayant près de lui Diane, caractérisée par l'arc qu'elle tient en sa main. Tous deux sont portés sur les eaux par des dauphins, et sont suivis de deux sirènes, qui approchent de leurs têtes des couronnes de fleurs. De l'autre côté, Amphitrite dirige sur les eaux deux chevaux marins, et s'appuie sur Neptune assis à ses côtés. Un centaure marin tenant des branchages de chaque main, et un génie ailé portant une draperie qu'il présente au souffle des vents, remplissent les intervalles entre les deux groupes. Le bord supérieur est décoré de têtes d'animaux et de fruits disposés dans des enroulements. Le centre a subi une restauration. La partie inférieure est ornée d'un cartouche dont le milieu est pénétré par un pied en bois de travail moderne. — C'est identiquement la même composition et presque les mêmes hachures que sur le couvercle de coupe n° 326; mais on distingue une autre main dans la dureté des contours, dans la lumière qui fait soulever les paupières, et dans le ton uniformément coloré des carnations. Cette salière a peut-être porté la signature de Pierre Raymond, comme sortant de son atelier. — (Collection Durand, n° 55/2513.)

A. S.

Cet émailleur prend rang à la suite de Pierre Raymond; c'est la même technique, avec un talent moins sûr de lui-même; c'est aussi le même sujet traité par le maître. Musée de Cluny, n° 1066 : Un berger qui défend ses brebis contre les animaux carnassiers, grisaille à chairs teintées. Hauteur, 0,160; largeur, 0,120. Une inscription tracée dans le haut de la plaque commence ainsi : *Fuyez faulces baistes...* N° 1067. Le pendant du sujet précédent avec cette inscription : *A l'ayde pasteurs acourez*, et au-dessous de l'inscription ce chiffre : A.S.

ANONYME.

Quelques émailleurs, sans se mettre positivement à la suite des Pénicaud, des Léonard Limosin et des Pierre

Raymond, prirent à l'un ses effets, à l'autre ses arrangements de composition; l'anonyme dont je vais décrire un coffret me semble avoir glané ainsi de côté et d'autre.

Sa manière. Des effets comme Léonard Limosin, une touche qui tient de Pénicaud, des encadrements et des détails qui le rapprochent de Pierre Raymond ne servent pas à le distinguer; ce qui le caractérise et peut aider à le faire reconnaître, c'est une maigreur tellement exagérée qu'elle se montre même dans des copies d'après Raphaël, et cette maigreur est si bien dans sa manière qu'on la retrouve dans tous les membres de ses figures, depuis les pieds jusqu'aux mains. Un contour charbonné est un autre trait qu'il ne faut pas omettre.

352 à 356. — PSYCHÉ (*Sujets tirés de la fable de*), *d'après Raphaël.* — *Cinq plaques en grisaille sur fond noir, quelques détails dorés, décorant le couvercle et les quatre faces d'un coffret dont les dimensions sont : hauteur, 0,200 ; longueur, 0,300 ; largeur, 0,225.*

352. Sur le couvercle, *Psyché transportée par Zéphire.*—Hauteur, 0,090; longueur, 0,163.— Elle est représentée portée sur les nuages ; au-dessous, assise sur le gazon et endormie; dans le fond, reçue à la porte d'un palais par trois jeunes filles. Le cartouche, orné de fruits et de feuillages, est supporté par deux satyres.—353. Sur la face antérieure, *le Repas.* — Hauteur, 0,085; longueur, 0,165. — Psyché est servie par deux femmes, l'Amour se penche vers elle ; trois musiciens exécutent un concert. Les supports du cartouche sont deux jeunes centaures.—354. Sur la face opposée, *le Bain.* — Hauteur, 0,085 ; longueur, 0,165. — Le cartouche est supporté par une figure de femme posée de face, et une d'homme vu de dos. — 355. Sur la face latérale droite, *la Toilette.* — Hauteur, 0,085 ; longueur, 0,093. — Psyché, détachant sa chevelure, est servie par deux femmes, une troisième est assise près d'une grande aiguière. Le cartouche, orné de fruits, est supporté par deux figures de termes.—356. Sur la face latérale gauche, *Psyché et l'Amour.* — Hauteur, 0,085 ; longueur, 0,093.— Le cartouche est orné de fruits et de têtes de satyres. — (Collection Révoil, nº 90.)

NB. 1543.

Pendant que les Pénicaud, les Léonard et les Pierre Raymond régénéraient les émaux de Limoges et les élevaient à la dignité d'œuvres d'art, des ouvriers incapables de les suivre trouvaient un gagne-pain en répétant, avec les procédés imparfaits des premiers essais, les compositions acceptées déjà par le petit commerce d'estampes de piété. Ces émaux pourraient être passés sous silence, et l'on devrait les exclure des collections, s'il n'était utile de les étudier, afin d'éviter de prendre pour ancien ce qui n'est que grossier. C'est à ce point de vue que je les mentionne ici. Deux grands émaux datés de 1543, et dont l'un porte, en outre, la marque N B, appartiennent à un ouvrier de cette portée, qui ne nous est connu que par ce triste ouvrage.

Sa manière. Une grossière incorrection de dessin, une façon lâchée de traiter toutes choses, l'emploi presque général de tons bruns et verts translucides, qui font ressortir durement les carnations d'un blanc opaque.

Musée de Cluny, n° 1040. *Ecce Homo*. Hauteur, 0,273; largeur, 0,190. Au bas de la plaque, on trouve cette marque avec la date

N B·

1543

On rangera, comme appartenant au même émailleur, ou de même date, une Passion, affreux et

N° 1041. La Résurrection. immédiatement après (1), appartenant au même émailleur, comme provenant d'ouvriers de même sorte, travaillant à la même suite de douze scènes de la Passion, douze émaux véritablement affreux et dont rien ne rachète la pauvreté (2). Enfin, et sans qu'il soit besoin de les décrire, on complétera l'œuvre de cet atelier en réunissant sous la même rubrique les innombrables plaques que la vogue

---

(1) Voici encore quelques pièces qu'il est bon de citer et qui appartiennent à cette catégorie qu'on est tenté de vieillir outre mesure. **Collection Failly.** 1° Pilate se lave les mains. Hauteur, environ 0,280. 2° Une femme coiffée d'une toque, costume gris, mode du XVI° siècle, assise au milieu d'un paysage. On lit au bas sur une banderole d'émail brun : COVMAN.DES.LAGE.DE.SA.IENESE. DONOIT. A. PRIER. NOSTRE ·SEGNIER ·ET · POVR·SAVOIR·LE· NOMBRE·DE·SES·PATRE·NOSTRE·ELE·FAISOIT. VN·MONSEAV. DE·PIERES· Hauteur, 0,200; largeur, 0,150. Je pourrais encore citer, au moins à cause de ses dimensions, un triptyque qui représente l'Ascension et le repas chez Marthe. Chaque plaque en hauteur 0,295, en largeur 0,200.

(2) **Musée de Cluny,** n°ˢ 1068-1079.

des émaux a fait sortir de nos jours des églises de village et des modestes demeures où elles auraient dû rester ensevelies.

ANONYME DE 1547.

Musée de Cluny, n° 1042. La Vierge incarnée entre deux anges, avec la date en gros chiffres : 1547. Hauteur, 0,157; largeur, 0,120. Cet émail en grisaille n'est pas de la même main que les précédents, mais il tient aux mêmes routines. Une aussi barbare production a pu être offerte aux acheteurs en 1547; elle a pu même être achetée pendant que les Pénicaud et les Léonard Limosin produisaient tant de belles choses. Cela prouve, mieux que tout autre raisonnement, le caractère industriel de Limoges, qui pourvoit à tous les goûts, à toutes les classes, à toutes les fortunes. On rencontre des specimen de cette marchandise de pacotille dans toutes les collections (1).

ANONYME.

Le plan cavalier que je vais décrire appartient à ces émaux qui imitent la gravure coloriée, et comme il n'est pas signé il est impossible de l'attribuer à un émailleur connu, ce genre de peinture décorative ne conservant aucun de ces caractères distinctifs qui forment et trahissent une manière.

357. — Plaque *de forme ovale en émaux de couleurs, avec emploi de paillons figurant des pierreries sur la bordure.* — Hauteur, 0,420; largeur, 0,290.

Vue cavalière d'une ville fortifiée, au bord de la mer, de ses environs,

---

(1) **Collection Le Carpentier.** Saint François à genoux. Grisaille teintée; à droite, au bas, cette marque dans un écusson d'azur. Hauteur, 0,135; largeur, 0,110. Acquis à la vente de M. Quedeville. Je ne cite que cet émail et à cause de cette marque, autrement j'aurais trop à faire.

des forts qui s'y rattachent, avec tracé des routes et des rivières. De nombreux vaisseaux sur la mer; des canons disposés dans la ville pour la défense, contre la ville pour l'attaque; les bataillons rangés en carrés dans la campagne; des groupes variés répandus de tous côtés. On remarque dans un canal que la mer forme en arrière de la ville, des hommes à la nage, formant l'épisode d'une scène d'attaque et de défense. Le contre-émail est incolore. — (Collection Durand, n° 62/2523.)

G. KIP.

L'artiste qui a signé de ces marques et monogrammes le petit nombre d'émaux parvenus jusqu'à nous, n'était pas un émailleur de profession. Il est probable qu'il nous manque encore bon nombre de ses productions; mais lorsqu'on aura tout réuni, on acquerra la conviction qu'il s'est plutôt essayé qu'appliqué à l'émaillerie.

Sa manière. Il avait plus de finesse que de goût, plus de gentillesse que de talent; ses figures sont longues, et ses compositions, où le mouvement est assez remarquable, se détachent vivement, mais sans effet, et assez sèchement sur un fond noir. Il se sert beaucoup de la pointe dans ses travaux, et de rehauts d'or.

Il a signé l'émail du Louvre de ce monogramme (1), une plaque, des trois lettres K I P (2); enfin il a poinçonné, comme le faisaient les Pénicaud, des plaques, au revers, de la marque suivante : (3). Ces trois signatures m'ont permis de fixer le caractère de ses émaux et de faciliter ainsi la reconnaissance d'autres pièces anonymes du même

---

(1) **Musée du Louvre**, n° 358.

(2) **Collection Rattier.** L'Adoration des bergers. On lit au-dessous d'une plinthe : KIP. Contre-émail translucide. Médaillon. Diamètre, 0,095. C'est le n° 54 de la collection Didier Petit.

(3) **Collection Rattier.** Cet émail faisait partie de la collection Debruge-Dumesnil, et M. Labarte le décrit ainsi sous le n° 757 : « L'Innocence condamnée. Cette scène, où figurent dix personnages, « se passe la nuit sur la place Saint-Jean-et-Paul, à Venise. Des inscrip-« tions en italien indiquent les noms des figures allégoriques. Gri-« saille rehaussée d'or. Hauteur, 0,090 ; longueur, 0,110. Cet émail « est sans signature, mais au revers il existe sur la plaque de cuivre « un poinçon portant un lion passant, et au-dessus les lettres IK. » M. Labarte n'a pas remarqué la lettre P sous le ventre du lion. J'ai copié exactement ce poinçon.

maître (1). C'est ainsi que je lui attribue une frise charmante qui n'offre de différence avec les pièces indiquées ou décrites, qu'une plus grande perfection dans la qualité de l'émail, l'emploi de tons verts qui raniment la grisaille, enfin le charme des compositions des petits maîtres qui donnent aux figures plus de mouvement et de vie.

358. — PETIT VASE *en grisaille sur fond noir, quelques détails dorés.* — *Hauteur, 0,066; diamètre, 0,044.—Il est monté en bronze doré.*

Sur le corps du vase, *combat de cavaliers et de fantassins.* On compte dix-neuf figures : sept sont montées sur des chevaux, une renversée près de son cheval, huit combattant à pied, trois autres étendues sur le sol. Toutes portent le costume et les armes antiques. Entre un cavalier armé d'une lance et un fantassin qui lui présente un bouclier, on voit se détachant en blanc, sur le fond, le monogramme KI inscrit dans un G. Sur le goulot, d'un côté l'*Arche flottant sur les eaux*; on voit Noé sur le devant, et la colombe tenant entre ses pattes un rameau doré. De l'autre côté, *Adam et Eve* près de l'arbre du bien et du mal. Eve porte à ses lèvres la pomme que lui a donnée le serpent, représenté, à partir de la ceinture, sous la figure d'une femme. — (Collection Durand, n° 25/2444.)

ANONYME.

Si les monogrammes sont difficiles à expliquer en l'absence de tout document, les planches non signées jettent dans un embarras plus grand encore. Quelques-unes d'entre elles peuvent être rapprochées de planches signées par des maîtres aimés et bien connus; mais les autres, et c'est le grand nombre, ne répondent à aucun faire connu, à aucune manière qui porte nom. C'est souvent une apparition sans précédent comme sans suite, et il devait en être ainsi. Tous les peintres verriers connurent le procédé de l'émail en apprêt; tous étaient outillés de façon à produire des émaux de moyenne proportion, et au moment de la grande vogue des Pénicaud et des Léonard, tous se sentirent animés de l'ambition de rivaliser avec eux. S'ils manquaient de talent, ils appelaient à eux de jeunes enlumineurs ou des peintres poussés par le goût des nouveautés, et après quelques essais, s'ils réussissaient, ils s'enrôlaient dans la grande fabrique, ou, ce qui était plus fréquent, après quelques tentatives,

---

(1) Le Calvaire, plaque grisaille. Hauteur, 0,120; largeur, 0,095. Grande finesse d'exécution. Cet émail n'est pas signé.

chacun retournait à son métier et à son art, rebuté par les difficultés inhérentes au procédé lui-même. A ces essais qu'on ne signait pas appartiennent les émaux anonymes que nous voudrions nommer. Quelques-uns sont du fait d'artistes distingués (1) et respirent ici la grande manière des bons élèves de l'école de Fontainebleau (2), là le fini précieux et le sentiment délicat des plus habiles de nos miniaturistes (3). D'autres fois, c'est en variant la couleur des fonds (4), en distribuant d'une manière particulière les émaux de couleur au milieu des grisailles, qu'on signale son passage dans l'émaillerie. On peut classer chronologiquement tous ces caprices, mais c'est tout ce qu'on peut faire.

359. — CHASSE AU SANGLIER.—*Plaque en forme de frise, en grisaille sur fond noir, avec emploi d'émaux*

---

(1) **Collection Sauvageot.** Je rangerai dans ce nombre deux figures de sibylles émaillées sur plaques concaves pour servir d'ornement à quelque meuble. Elles sont debout. L'une se montre de profil ; elle est plongée dans la réflexion ; l'autre, vue de face, a une robe bleue qui laisse à découvert les bras, et est fendue jusqu'à mi-jambe. Ces deux figures se détachent sur fond d'or. Hauteur, 0,250 ; largeur, 0,060. Un ton bleuâtre très harmonieux domine dans un effet doux. Le dessin élégant tient à l'école de Fontainebleau.

(2) **Collection de M. Louis Fould.** Une Charité qui réunit l'élégance d'un Primatice à quelques grandes qualités d'un Raphaël. Plaque ovale. Hauteur, 0,260 ; largeur, 0,205. Cet émail trahit dans le traitement de ses diverses parties, dans les fonds surtout, une inexpérience ou une hésitation qui semblent le fait d'un peintre qui s'essaie, et pour essai fait un chef-d'œuvre.

(3) **Collection Louis Fould.** Un petit coffret orné de douze plaques émaillées. Longueur, environ 0,150. Les compositions en grisailles, légèrement teintées, illustrent la vie touchante de Tobie. Du sentiment, de l'élégance, un peu de manière et beaucoup d'hésitation , caractérisent le talent du peintre miniaturiste, qui s'est surpassé dans la petite scène intitulée : *Voyant Tobie ung juif mort par les rues.* Les petits tableaux de nos meilleurs manuscrits de la première moitié du XVIe siècle sont égalés par ce fin pinceau dont je ne connais pas d'autre ouvrage.

(4) **Collection Failly.** Petit coffret décoré de douze plaques d'émail. On lit sur les deux extrémités, et dans de petits écussons soutenus par des enfants : *Les douze trivphes du très for et puissant Hercules qui mist à fin tous ses malveillans par sa puisanse.* Figures en grisailles et en partie colorées se détachant sur fond rouge grenat translucide.

verts pour les arbres et les terrains, détails dorés. — Hauteur, 0,020; longueur, 0,161.

Le sanglier occupe le milieu de la plaque, attaqué par deux chiens, frappé d'un coup de lance par un chasseur, près duquel on en voit un autre armé d'un bouclier et d'une longue épée; un enfant nu, portant une lance et monté sur un cheval, est dans le coin de gauche; un autre enfant également nu et à cheval, placé à droite, sonne du cor; deux hommes le suivent, l'un portant un bâton et l'autre tenant deux chiens en laisse. Au haut de la plaque, on lit cette inscription en lettres d'or: VIS·EN·LIESSE·ET·MOI·AVSY. Le contre-émail est incolore. — (Collection Durand, n° 89/2562.)

360. — CHASSE AU CERF. — *Plaque en forme de frise, en grisaille sur fond noir, avec emploi d'émaux verts pour les arbres et les terrains; détails dorés. — Hauteur, 0,022; longueur, 0,170.*

Le cerf est poursuivi par trois chiens et chassé par trois enfants nus, armés de lances, montés sur des chevaux; un valet, en costume du XVI° siècle, placé à l'extrémité droite, sonne du cor et tient deux chiens en laisse. En haut de la plaque on lit écrit en lettres d'or: BIEN·EI·LAS. QVI·NE·PET·AVOER·SOVLAS. Le contre-émail est incolore.—(Collection Durand, n° 89/2563.)

361. — CHASSE AU LAPIN.—*Plaque en forme de frise en grisaille sur fond noir, avec emploi d'émaux verts pour les arbres et les terrains; détails dorés. — Hauteur, 0,022; longueur, 0,170.*

Deux lapins adossés et dressés sur leurs pattes de derrière occupent le centre de la plaque et le sommet d'un petit monticule; près d'eux, à droite, on voit accourir un valet et trois chiens; et plus loin, un homme âgé, à cheval, suivi d'un enfant également à cheval et portant un cor; deux autres valets, tenant des chiens en laisse, sont placés à gauche du monticule, et derrière eux deux enfants à cheval, l'un d'eux armé d'une lance. Au haut de la plaque on lit cette inscription en lettres d'or: VIVE· LES·PETIS·CONIS·QVI·SE·GARDE·DE·MATIS. Le contre-émail est incolore. — (Collection Durand, 89/2564.)

ANONYME.

Cet artiste sans talent s'est attaché à représenter des personnages de la cour, comme s'il y exerçait lui-même quelque fonction. Il ne signe pas ses émaux, mais il est facile de reconnaître et de réunir ses ouvrages. Ils font un certain effet par leur clarté et leur dimension; à première vue on pourrait les attribuer à Léonard Limosin (1).

Samanière. Sous l'influence de l'école de Fontainebleau, il donne à ses figures l'élégance et les proportions sveltes qui caractérisent le style du Primatice. Son dessin est indécis et incorrect; une ignorance singulière des plus simples notions de la perspective lui permet, non de voir, mais de montrer en même temps le dessus de la tête et le dessous des fers d'un même cheval (2). Il applique cette excessive naïveté à tout, aux proportions, aux édifices, aux distances. Le ton général de ses émaux, peints sur fond blanc, est clair; le bleu turquoise un peu verdâtre y domine.

362.—CONCERT.—*Plaque en émaux de couleurs sur fond blanc, quelques détails dorés. — Hauteur, 0,460; largeur, 0,415. — Tous les personnages portent le costume du XVIe siècle.*

Une dame, dont le front est orné d'un croissant, vêtue d'une robe bleu de ciel, occupe le premier rang d'un groupe de femmes placé à droite de la composition. Elle est, ainsi que les autres, assise sur le gazon et joue de la guitare; près d'elle est une jeune femme en robe jaune, jouant de la flûte; deux sont en arrière, et l'une d'elles tient les yeux attachés sur un livre de musique; une quatrième, vers l'angle de droite, coiffée d'une toque à plumes, joue d'un instrument posé sur ses genoux; à gauche et sur un plan différent, trois jeunes hommes sont représentés debout, l'un jouant du violon, l'autre d'une longue trompette, le troisième sonnant dans un cor; à leur gauche un vieillard debout. Une rivière sépare le premier plan et les personnages décrits d'une autre composition circonscrite entre cette rivière et trois côtés de bâtiments refermant une cour verte, au centre de laquelle s'élève une fontaine à

---

(1) Ce rapprochement ne serait possible qu'avec les dernières productions de cet émailleur, avec le n° 243 du Musée par exemple.

(2) **Collection Sauvageot.** Henry II à cheval, et une dame de la cour assise en croupe, grand médaillon ovale. Le roi est coiffé d'une toque couleur bleu clair, surmontée d'un panache de plumes; son costume est à l'antique; la femme qu'il tient en croupe a la coiffure du temps et une robe brune rehaussée d'or. Le cheval est blanc; il se détache sur un fond de paysage animé par une chasse à courre; sur le devant, un chien blanc. Hauteur, 0,285; largeur, 0,200. Cette femme ne ressemble pas à Diane de Poitiers, et cependant il est probable que le peintre a voulu la représenter. Dans son autre émail (Musée du Louvre, n° 362), la ressemblance n'est pas plus heureuse, mais le croissant marque positivement l'intention de l'artiste.

deux rangs de cuvettes; divers groupes y sont répartis: trois hommes sont représentés bêchant la terre, deux se tenant par les mains; plus, en avant, une dame accompagnée de sa suivante et d'un gentilhomme; un personnage vu de dos près de la rivière et coiffé d'une toque à plumes, et un homme auprès de lui; en outre douze autres figures, dont deux sont placées aux portes et dix aux diverses fenêtres des bâtiments. Le contre-émail est incolore. — (Collection Durand, n° 63/2524.)

C. N.

1539-1545.

Ce contemporain, peut-être un élève infidèle de Pierre Raymond, n'a laissé à la postérité que les initiales de son nom, et elle n'en demanderait pas davantage, n'était ce besoin dont nous sommes tourmentés de porter la lumière dans toutes les questions obscures. Le temps nous aidera pour trouver ce nom. Nous savons déjà que cet émailleur travaillait de 1539 à 1545, et nous pouvons l'apprécier d'après ses œuvres.

Sa manière. Il y a deux parts à faire dans les ouvrages de cet émailleur: une bonne et peu remplie, c'est le léger bagage de l'artiste; l'autre mauvaise et très fournie, c'est la lourde charge de l'industriel. La première marquant par une certaine originalité de composition et un goût particulier dans la manière de colorier les grisailles en légers tons bleus, violets et jaunâtres, qui produit des effets harmonieux (1), et

---

(1) **Collection Didier Petit**, n° 135. *Hanap, émail fond noir; hauteur, 0,190 sur 0,110 d'ouverture, peinture grisaille représentant la prédication de saint Jean-Baptiste. Dessin d'un beau style et belle exécution, signé CN sur un écusson placé au-dessous du dégorgeoir du vase; plus bas la date 1539, et sur la base est inscrit en lettres d'or IEHAN VVLIN qui est probablement le nom de la personne pour laquelle cette pièce a été faite. Fort belle conservation.* **Collection d'Abelin.** *Une mise en croix. Trois hommes élèvent la croix sur laquelle le Christ est cloué; un quatrième, coiffé d'un bonnet, est assis à droite sur le premier plan; dans le fond une grande foule d'hommes armés de lances. Grisaille teintée; effet dans le genre des ouvrages de Pénicaud le troisième. Hauteur, environ 0,090; largeur, 0,065.* **Collection Albert Decombe.** *Le Jugement de Pâris, le héros costumé en guerrier du XVIe siècle. Voici l'inscription:* COMMANT VENEVS PROMIT A PARIS LA PLVS BELLE DE GRESE ET LVI IVGA LA POME. *En pendant: le Triomphe de Pâris. Hauteur, 0,180; largeur, 0,160. Dans ces détestables productions, l'orthographe va de pair avec le*

se détache vigoureusement sur un émail du plus beau noir. La seconde se distinguant par la négation de tout talent. Dans ces travaux hâtifs, l'émailleur dessine durement à la pointe les contours grossiers de figures grotesques; il accentue ensuite en lumières blanches les muscles et les côtes de ses figures d'une manière aussi exagérée qu'elle est maladroite; il met dans chaque œil, et à la même place, un point blanc qui donne à ses hommes et à ses animaux un grand rapport de ressemblance en même temps qu'un air effrayé et effaré (1); enfin il appose sur ses arbres et sur les guirlandes de fleurs dont il accompagne ses arabesques, un vert froid rehaussé d'un pointillé blanc qui doit simuler le feuillage et qui figure la neige. Ses arabesques dorées ne sont pas plus fines que ses arabesques en grisaille, et quand il emploie des couleurs pour les rehausser ou pour en varier l'effet, elles n'y gagnent pas beaucoup.

363. — BÉRENGER, *d'après Lucas de Leyde.* — *Plaque ovale en émaux de couleurs sur fond noir, détails dorés.* — *Hauteur, 0,205; largeur, 0,164.*

Il est représenté à cheval, ayant le costume en usage à la fin du XVe

---

talent. J'ai vu aussi plusieurs fois dans le commerce des salières du même émailleur; elles sont à six pans décorés des travaux d'Hercule. Le buste d'Hercule et celui de Déjanire occupent les extrémités supérieure et inférieure. Hauteur, 0,083; diamètre au pied, 0,100. **Collection Carrand.** Un coffret orné de douze plaques émaillées en camaïeu vert bleuâtre, qui représentent les douze travaux d'Hercule. Deux d'entre elles ont été enlevées. Ce coffret a été acheté à la vente Debruge; il portait le n° 762.

J'ai vu, en outre, une coupe de grande dimension. Dans l'intérieur, Loth et ses filles; on lit le nom de *Lot* sur le vêtement du père et la signature C N aux pieds de l'une des filles, qui est debout. Les figures sont grandes et rendues en grisailles légèrement teintées. A la partie extérieure, trois enfants dansent en tenant des torsades de feuillages verts et des rinceaux d'or; au-dessous du pied, une légende: Doceo facere. — Sur le couvercle, quatre bustes dans des médaillons, entre lesquels pendent des bouquets, un mascaron et un cartel sur lequel est tracée, en noir, la date 1545. Au revers intérieur, huit pensées en couleur sur fond noir. Diamètre, 0,156.

(1) **Musée de Dijon.** Catalogue n° 824. Josué à cheval. Cet émail a beaucoup de rapport avec l'émail n° 365 du Musée du Louvre. Le cheval et Josué se ressemblent d'une façon véritablement bouffonne. Plaque ronde, diamètre 0,200.

siècle. Le bonnet et le manteau sont de couleur bleue ; le cheval est blanc et couvert d'une housse blanche décorée d'ornements arabesques tracés en noir. Cette housse est bordée et traversée par des bandes de couleur bleu turquoise. On lit sur le haut de la plaque, écrit en lettres d'or : BERENGIER. Le contre-émail est coloré de rouge. — (Donné au Musée, en novembre 1851, par M. le comte de Nieuwerkerke, directeur général des Musées, ML. n° 94.)

364. — JUDAS MACCHABÉE, *d'après Lucas de Leyde.*—*Plaque circulaire en émaux de couleurs sur fond noir, quelques détails dorés.*—*Diamètre*, 0,210.

Il est représenté à cheval, revêtu d'une armure, la tête couverte d'un casque surmonté de plumes ; un manteau est jeté sur son épaule. Sa main droite est armée d'une hache. On lit autour du médaillon ces mots, tracés en lettres d'or : JUDAS MACHABEUS, et sur le fond, la lettre F indiquant une suite. Le cheval, de couleur blanche, est couvert d'une housse à dessins arabesques rouges, sur laquelle sont figurés à l'arrière trois oiseaux. Au-dessus de la tête du cheval est un rameau vert. Le contre-émail est incolore. — (Collection Durand, n° 64/2525.)

365. — JOSUÉ, *d'après Lucas de Leyde.*—*Plaque circulaire en émaux de couleurs sur fond noir, détails dorés.* — *Diamètre*, 0,210.

Il est représenté à cheval, revêtu d'une armure sur laquelle est jeté un manteau bleu. Sa main droite soutient une masse d'armes ; l'autre est cachée par un bouclier sur lequel sont figurées deux croix. On lit ces mots, tracés circulairement en lettres d'or : IOSUE LE FOR, et la lettre D indiquant une suite. Le cheval est blanc, des plumes surmontent sa tête ; une draperie est rattachée sur le poitrail par un mascaron, et sur l'arrière du cheval, un soleil rayonnant, disposé comme un caparaçon, rappelle le miracle attribué à la prière de Josué. Le contre-émail est incolore. — (Collection Durand, n° 64/2526.)

366.—DAVID, *d'après Lucas de Leyde.*—*Plaque circulaire en émaux de couleurs sur fond noir, quelques détails dorés.* — *Diamètre*, 0,210.

Il est représenté à cheval, revêtu d'une armure, la tête couverte d'un casque que surmonte une couronne ; ses pieds sont chaussés de bottes armées d'éperons. Un sabre est à son côté, et une harpe est placée comme un attribut à l'arrière du cheval. On lit ces mots en lettres d'or, tracées circulairement : DAVID. ROX. IV, et dans le fond un E. Le cheval est de couleur blanche, couvert d'une housse ornée, à dessins arabesques ; des plumes surmontent sa tête et un long gland retombe sur son poitrail. Le contre-émail est incolore.—(Collection Durand, n° 64/2527.)

367. — CLAUDE (*L'empereur*), *d'après Lucas de*

Leyde. — Plaque circulaire en émaux de couleurs sur fond noir, détails dorés. — Diamètre, 0,210.

Il est représenté à cheval, revêtu d'une longue robe, la tête ceinte d'un bandeau. Ses pieds sont chaussés de bottes armées d'éperons. Sur son épaule gauche est posé un bouclier qui porte en écusson une aigle noire sur fond d'or. A son côté pend une longue épée, dont sa main gauche tient la poignée. On lit autour du médaillon ces mots, tracés en lettres d'or : IMP. CLAUDIUS. Le cheval, de couleur blanche, est couvert d'une riche housse, à dessins d'or, ornée au poitrail d'un écusson bleu, et sur la croupe d'une couronne de feuillages. La bride est garnie de glands. Le contre-émail est incolore. — (Collection Durand, n° 64/2528.)

368. — Divinités mythologiques. — *Buire en grisaille et émaux de couleurs sur fond noir. — Hauteur, 0,122; diamètre, 0,116.*

La partie supérieure est décorée de quatre médaillons circulaires renfermant alternativement des têtes d'hommes et de femmes. Des arabesques dorées les séparent. Sur le centre est représenté Jupiter porté par des nuages, monté sur un aigle et tenant la foudre. A droite est un génie portant sur sa tête une colombe. A gauche, un génie ailé étreignant un serpent. La partie inférieure est ornée de masques supportant des guirlandes. Sur le bec du vase est le monogramme C N en lettres d'or. — (Collection Durand, n° 24/2443.)

369. — Scènes de la vie de Moïse. — *Salière de forme hexagone en émaux de couleurs, sur fond bleu, rehaussés d'or, détails dorés. — Hauteur, 0,075.*

(Collection Durand, n° 49/2502.)

369 bis. La descendance de sainte Anne. — *Plaque en émaux de couleurs sur fond noir, détails dorés. — Hauteur, 0,305; largeur, 0,246.*

Sur un riche trône, entre un dressoir et une colonnade, deux femmes sont assises sous des rideaux que des anges relèvent; l'une, sainte Anne, a la tête ceinte d'une couronne rayonnante d'or; ses cheveux sont nattés et pendants; l'autre, la sainte Vierge, est vêtue du costume qui lui est consacré; elles soutiennent l'Enfant-Jésus. Huit personnages, hommes et femmes et six enfants, les entourent; ils représentent la postérité de sainte Anne. Discutable dans les ouvrages historiques les plus autorisés, il n'est pas étonnant si cette descendance prête à la critique, quand elle est du fait d'un émailleur limousin ; on peut dire toutefois qu'elle se rapproche des données les plus générales. Des banderoles en émail blanc portent les noms de chaque personnage. Les voici, en commençant par

11*

la gauche et en conservant l'orthographe adoptée par l'émailleur : JOSEPH — DALPEVS (pour Alphæus) — M·CLEOPHE — S·I·LEMINEVR — I·LEIVSTE — S·IVDE — S·SIMON — S·JEHAN — S·JAQVES — M·SALOME — ZEBEDE — CLEOPHAS — SALOMAS — JOACHIN. On lit au bas, à gauche, sur un cartel émaillé en blanc : LA·LIGNEE· MADAME·SAINTE·ANNE·1545. C. N. Le contre-émail est incolore. — (Acquisitions nouvelles. MN. N° 140.)

370. — SCÈNES DE LA VIE D'HERCULE. — *Salière de forme hexagone en grisaille sur fond noir, quelques détails dorés.* — *Hauteur,* 0,070; *diamètre,* 0,075.

Il est représenté : 1° enchaînant Cerbère; 2° combattant le lion de Némée; 3° enlevant Déjanire; 4° portant le ciel sur ses épaules; 5° enlevant les deux colonnes; 6° prêt à mourir. Le dessus et le dessous sont décorés de têtes de guerriers posées de profil et encadrées d'ornements. — (Collection Durand, n° 49/2500.)

371. — SALIÈRE *en grisaille et émaux de couleurs sur fond noir.*

La date 1545 est tracée en chiffres dorés sur un écusson; et sur le contre-émail noir on lit ces mots, écrits en grandes lettres d'or : CONF....... IN DOMINO. — (Collection Durand, n° 2498.)

372. — HERCULE AU JARDIN DES HESPÉRIDES. — *Couvercle de coupe, grisaille sur fond noir, détails dorés.* — *Diamètre,* 0,196.

Hercule, portant une petite massue, est représenté nu et vu de dos, près des arbres couverts de fruits; un de ses compagnons, placé en arrière de lui, tient un arc bandé; on le voit ailleurs prêt à frapper le gardien du jardin, renversé à ses pieds et se défendant à l'aide d'un bouclier; ailleurs, poussant devant lui, aidé d'un compagnon, le gardien garrotté; ailleurs, cueillant des fruits. La composition est entourée d'une frise d'ornements circulaires de couleur bleu pâle, rehaussée d'or. Dans l'intérieur sont disposés, entre des arabesques dorées, quatre médaillons où sont figurées, également en or, des têtes d'hommes et de femmes, avec des inscriptions entourant chacune d'elles; ces inscriptions sont : ERCVLES SVIS APELE. — HELENE SVIS APELEE. — ERCVLES SVIS TSERE. — ELENE SVIS APELEE LEN. Une couronne de feuillages en émaux verts entoure le décor, et une vignette dorée orne le bord. — (Ancienne collection, n° 4965.)

373. — PRÉDICATION *sur le Pater.* — *Plaque en grisaille sur fond noir, quelques détails dorés.* — *Hauteur,* 0,105; *largeur,* 0,088.

Un moine parle du haut d'une chaire qu'entoure un groupe de femmes assises à terre; deux hommes, l'un tête découverte et l'autre coiffé d'un chapeau, sont assis en avant et à part; leurs gestes et leur expression marquent le doute et contrastent avec la physionomie attentive et convaincue de deux hommes placés debout derrière eux, et formant le premier rang de nombreux auditeurs. Au haut de la composition on lit, en grandes lettres noires, ces mots : *Donne nous aujourhui nostre pain cotidian*, et au-dessous de cette inscription on voit un petit tableau symbolique de ces paroles du Pater; ce sont trois petits personnages peints en grisaille sur fond d'or, deux hommes et une femme, assis autour d'une table et mangeant. On a voulu retrouver dans cette scène Pierre Viret prêchant devant Calvin et Théodore de Bèze. La ressemblance des personnages ne justifie que très imparfaitement cette interprétation. J'ai vu chez M. Strauss un émail en grisaille qui fait suite à celui-ci, et par le faire et par le caractère des inscriptions; il représente Jésus-Christ guérissant le possédé. On lit cette inscription en gros caractères : MAIS DELIVRE NOUS DU MALIN, AMEN.—Hauteur, 0,145; largeur, 0,125.—(Collection Durand, n° 103/2617.)

374. — HERCULE. — *Médaillon circulaire en émaux de couleurs sur fond bleu, détails et inscriptions dorés, engagé dans la monture d'un vase en verre doré.* — *Diamètre*, 0,038.

Tête de profil couronnée de lauriers. Le visage regarde à gauche; la barbe taillée et courte et la chevelure sont de couleur blonde et rehaussée d'or. La robe est lilas. On lit cette inscription, disposée circulairement : HERCVLES IE SVIS APELE. Du côté opposé de la bouteille est un médaillon de même forme et placé au centre des mêmes ornements. Il est détruit presque à moitié. Sur la partie qui reste, on voit une femme nue assise sur un globe qui flotte sur les eaux; son bras droit est élevé en l'air, et le gauche tient le bout d'une écharpe de couleur lilas qui devait former un arc au-dessus de la tête. Le fond est noir. Il ne reste de l'inscription que les dernières lettres INE. IE. Rien dans ces émaux, encastrés dans une bouteille de verre, ne diffère des émaux de Limoges et des plus ordinaires; je ne sais pas m'expliquer l'association de ces produits de Venise et de Limoges.

PIERRE COURTOIS.

Ce nom est bien connu, en France, dans la grande famille des artistes. En 1545 un Mathurin Courtois et un Christophe Courtois travaillaient à Fontainebleau, comme sculpteurs, sous la direction du Primatice, et il me serait facile de suivre des Courtois peintres jusque très avant dans le XVIIe siècle, mais ils n'ont pas de rapport immédiat avec l'émailleur du même nom. On pourrait établir avec plus de probabilité une liaison de parenté entre Pierre Courtois et un Robert Courtois. Ce peintre verrier figure dans les comptes de la fabrique de l'église de la Ferté-Bernard, en 1498, comme s'engageant à peindre l'arbre de Jessé dans une verrière qui devait remplir la fenêtre occidentale de la haute nef, suivant un devis très détaillé et fort curieux qui s'y trouve annexé (1). Ce Robert Courtois eut peut-être plusieurs fils, l'un, Jean Courtois, dont nous allons parler, qui travaillait encore à la Ferté-Bernard en 1540, et l'aîné, qui serait notre Pierre Courtois.

Sa manière. Elle marque un talent. Inutile de critiquer une certaine rudesse dans l'expression des figures, de la grossièreté dans la touche, une sorte de sauvagerie dans les effets et dans la couleur. Pierre Courtois était un artiste, et l'on sent sa puissance jusque dans ses défauts. Ce qui le fait reconnaître, c'est le ton général de ses émaux, un peu sombres, où le brun et les nuances vineuses violacées sont abondants, mais que rehaussent les bleus vifs dont il compose ses fonds, et une verdure vigoureuse, un peu froide, qui lui est particulière. S'il ne néglige aucune des ressources de l'émail, s'il emploie le paillon, s'il rehausse ses couleurs par la dorure, ce n'est pas là son véritable mérite, et d'autres lui sont sous ces rapports très supérieurs; mais une certaine fougue de composition, une invention qui n'est jamais banale, une couleur et des effets qui lui sont propres, le distinguent, et récréent la vue au milieu de la foule insipide et monotone. Même quand il veut copier fidèlement, il envahit son modèle et il se personnifie jusque dans Raphaël : ce sont là ses mérites (2). On peut toutefois lui en reconnaître un autre. Il a tenté

---

(1) On conserve ces curieux documents dans le trésor de la fabrique. La fenêtre est haute de 11 à 12 mètres, large de 6 à 7; la verrière de Robert Courtois est détruite; il s'engageait par le devis : *à peindre l'arbre de Jessé, assis en une chaire, en grand triomphe, et Aaron, et de son corps sera produit un arbre en branches et rameaux, duquel arbre seront composés, mis et assis, en beaux fleurons qui y seront pourtraictz, douze rois comme il assied en tel cas. Et à la sommette dudict arbre sera l'image de Nostre-Dame tenant son enfant.* — —

(2) Voici comment M. Léopold Charles, de la Ferté-Bernard, caractérise la manière du peintre verrier Robert Courtois, dans un mémoire manuscrit sur les vitraux de la Ferté-Bernard, travail excellent, qu'il a envoyé au Ministère de l'Instruction publique. La vitre de l'arbre de Jessé étant détruite, il s'appuie sur d'autres verrières qui ont, avec les fragments de celle-là, beaucoup d'analogie, et l'on trouvera certainement plus d'un trait qui convient aux émaux de Pierre Courtois : *Dans les vitres du trépassement de la Vierge et de Lazare, la scène est fortement colorée, les tons sombres y dominent, le rose brun, le rouge vif, le bleu, le vert foncé, ce dernier y est même d'une nuance rare, franche et veloutée, nullement crue et pauvre d'effet, comme le vert l'est souvent. Nous n'avons rencontré cette nuance que dans les vitraux de Courtois, auquel elle semble particulière. La scène, haute de ton, est*

d'exécuter des émaux par des procédés nouveaux (1) et dans des dimensions inusitées (2), propres à la décoration architecturale. En 1559 il fit, par ordre de Henri II, pour le château de Madrid, neuf figures presque aussi grandes que nature, repoussées et émaillées sur cuivre (3). C'est avec beaucoup d'adresse qu'il a dissimulé sous des bracelets, sous la ceinture et autres parties des vêtements, les raccords des quatre plaques de cuivre (4) qui composent chaque figure ; et sans s'arrêter au style des figures, il est mauvais ; au repoussé, il est brutal ; à la couleur, elle est criarde ; on doit reconnaître qu'il y a quelque chose de hardi dans cette application de l'émail à l'architecture (5).

---

enveloppée dans un encadrement d'architecture en grisaille. — Pour ce qui regarde la composition et le dessin, il y a de la maigreur dans les détails anatomiques, de la sécheresse dans les draperies, taches légères qui accusent l'époque et que rachète l'expression des physionomies.

(1) Il a peint, comme Léonard, des grisailles bleues et des peintures en couleur sur fond blanc, genre d'innovation qui, en se maintenant, devait conduire aux émaux de Petitot.

(2) Les émaux de petites dimensions ne semblent pas avoir été de son goût. Cependant j'ai vu quelques pièces qui prouvent qu'il pouvait s'y appliquer. **Collection Germeau.** Un miroir bien complet ; au revers, un émail qui représente Minerve debout et casquée, au milieu d'un dessin de rinceaux et de fleurs. Forme ovale. Hauteur, 0,105; largeur, 0,085.

(3) On lit dans l'ouvrage d'Alexandre Lenoir : « J'ai vu, il y a environ trois ans (1802), chez M. Cave, ciseleur, demeurant à Paris, « rue Calende, en face du Palais-de-Justice, neuf tableaux en émail. « — J'ignore comment ces chefs-d'œuvre, qui devoient être une pro- « priété du gouvernement, sont passés dans le commerce ; je proposai « au Ministre de l'Intérieur, qui vint les voir chez moi, d'en faire « l'acquisition pour le Musée des Petits-Augustins ; — mais les exces- « sives prétentions de M. Cave arrêtèrent le désir où étoit le Ministre « d'obtempérer à ma demande. Un étranger les fit acheter et en priva « la France (tome IV, p. 84). » Ces émaux n'étaient pas sortis de Paris ; ils ont été acquis pour le Musée de Cluny. On dit qu'il y avait dans l'origine douze figures, et que trois sont passées en Angleterre.

(4) Prise isolément, chacune de ces plaques de cuivre ne dépasse pas de beaucoup les grands bassins et les plats que les confrères de P. Courtois émaillaient. Sa hardiesse est dans l'idée de l'association de ces plaques.

(5) **Collection Theis.** Une plaque ovale sur laquelle Pierre Courtois a repoussé et émaillé le groupe du Laocoon, tel que le mon-

Son nom paraît sur ses émaux sous différentes formes : Pierre Courtois (1), Courteys (2), Cortoys (3), Courteus, Courteys (4), Corteys (5) ; j'ai adopté la première comme la seule régulière, considérant les autres comme des variantes de négligence, de caprice ou de prononciation limousine. Les limites de ses œuvres datées s'étendent de 1550 (6) à 1568 (7). C'est là tout ce que nous savons de cet émailleur distingué.

---

trait l'épreuve en bronze coulée à Paris dans les moules faits à Rome avant sa restauration. C'est un grand émail, mais un rude travail ; il est signé Pierre Covrteys. Hauteur, 0,744 ; largeur, 0,500.

(1) J'ai calqué cette signature COVRTOIS sur l'un de ses émaux.

(2) Voici comment il écrit lui-même son nom en toutes lettres, et pendant la même année, sur la plus importante de ses œuvres. Je veux parler des émaux exécutés en 1559 pour le château royal de Madrid : CHARITAS 1559 FET A LIMOGES. P. Cortoys — SATVRNVS 1559 PIERRE CORTOYOS — HERCVLES 1559 PIERRE COVRTOYS — MARS 1559 PIERRE COVRTOYS — PRVDENTIA 1559 PIERRE COVRTEYS — JVSTITIA, MERCVRIVS et SOL portent cette dernière forme de nom.

(3) Collection Visconti. Apollon sur le Parnasse. Grisailles teintées. Très beau plat. Longueur, 0,500 ; largeur, 0,370. Le revers est grandement traité. Voici la signature : P. CORTOYS

(4) Cette signature est prise sur le revers du bassin du Musée du Louvre, n° 381. On trouve la même signature sur un bassin de la Kunstkammer de Berlin. Collection Visconti. L'entrée dans l'arche de Noé, d'après Raphaël. Grisailles teintées. Longueur du plat, 0,470 ; largeur, 0,350. Signé au bas P. COVRTEYS.

(5) Musée du Louvre, n° 379. Collection Didier Petit. Portrait signé P. CORTEYS 1557 avec le chiffre de Marc-Antoine. Collection Visconti. Suzanne et les vieillards, camaïeu bleu, les chairs teintées, magnifique plat signé P. CORTEYS 1568. Longueur, 0,500 ; largeur, 0,370.

(6) Collection Brunet Denon, n° 460 du catalogue.

(7) Musée du Louvre, n° 381. Plusieurs de ses ouvrages sont datés de cette même année 1568.

375. — Le sacrifice d'Abraham. — *Plaque en émaux de couleurs rehaussés d'or.* — *Hauteur, 0,150; largeur, 0,130.*

Isaac, dont l'attitude et l'air du visage expriment la soumission, est agenouillé sur un bûcher ; Abraham le retient du bras gauche et lève, pour le frapper, son bras droit armé d'un glaive que retient un ange. A gauche, est le bélier dans un buisson ; à droite, une urne d'où s'échappent des flammes, et plus loin deux serviteurs, l'un debout, l'autre assis, près d'un âne qui broute ; on voit vers le coin de droite, sur un caillou, le monogramme **P C** en lettres dorées. La robe d'Abraham est bleue, le manteau violacé, le turban bleu pâle, les ailes de l'ange multicolores. Sur le contre-émail incolore on lit : P. Corteys. M. F. — (Collection Durand, n° 105/2622.)

376. — L'enlèvement d'Hélène, *d'après le Primatice.* — *Plaque circulaire en émaux de couleurs rehaussés d'or, détails dorés.* — *Diamètre, 0,300.*

Hélène est représentée sur le bord de la mer, entre les mains des soldats qui l'entraînent. L'un d'eux l'entoure de son bras et a déjà un pied dans la barque la plus rapprochée du rivage ; un des rameurs la tient par son manteau ; trois soldats armés protègent l'enlèvement ; un rameur est assis dans une barque, trois dans une autre plus éloignée, et dans un des vaisseaux on voit un soldat prêt à décocher une flèche. Des monuments remplissent le fond. Dans le bas, sur le terrain et près de coquilles, on lit le monogramme P. C. — (Collection Révoil, n° 275.)

377. — La dernière nuit de Troie, *d'après Rosso.* — *Plaque circulaire en émaux de couleurs rehaussés d'or.* — *Diamètre, 0,300.*

Énée est représenté au premier plan, emportant son père sur ses épaules ; le jeune Ascagne marche à côté de lui ; tous trois sont nus ; un bonnet troyen recouvre la tête du vieillard ; à droite, un guerrier s'avance, entre les débris, se couvrant de son bouclier et tenant de la main gauche une épée ; deux autres sont placés en arrière, brandissant un bélier. On voit dans le fond le roi Priam, la tête ceinte d'une couronne et tenant un sceptre ; près de lui deux femmes échevelées, la statue de Minerve debout sur son piédestal et les colonnades d'un temple ; à gauche, des monuments en flammes. On lit sur une pierre au-dessous du pied d'Anchise le monogramme P. C. en lettres d'or. La partie de gauche, comprenant en entier la figure d'Ascagne, est refaite. — (Collection Révoil, n° 276.)

378. — Le mois d'Octobre, *d'après Étienne de Laune.* — *Plaque de forme ovale, en émaux de cou-*

leurs, avec emploi de paillons et rehauts d'or, détails dorés. — *Hauteur, 0,355; largeur, 0,280.*

Un homme placé en avant est représenté semant des grains dans les sillons d'un champ; on voit près de lui des oiseaux qui mangent les semailles. Un autre homme, à un plan plus éloigné, conduit un cheval qui traîne une herse; un troisième, vers la gauche, dirige une charrue attelée de deux bœufs; plus loin sont divers groupes de maisons; on distingue à droite une église près d'une prairie où paissent des moutons; à gauche, des moulins sur le bord d'une rivière, dont les eaux s'étendent jusqu'à l'horizon et reflètent une montagne ronde qui se détache sur le fond de ciel. Dans le haut du médaillon, de grands nuages entr'ouverts laissent apercevoir sur un fond d'or le signe du Scorpion. On trouve dans le bas à gauche, près d'un sac, le monogramme P. C. Le contre-émail est incolore. — (Collection Durand, n° 110/2646.)

379. — Le repas des noces de Psyché (1), *inspiré de la composition de Raphaël.* — *Plat de forme ovale, en grisaille sur fond noir, les chairs colorées, quelques détails dorés.* — *Longueur, 0,500; largeur, 0,390.*

Les Dieux sont assis autour d'une table; les figures de Jupiter et Junon, de Pluton et Proserpine, d'Hercule et Vénus sont assez semblables à celles de la Farnésine; l'Amour et Psyché occupent une place différente et sont dans une tout autre pose; le petit Amour qui soulève la nappe est une variante. La pose des Heures, placées en arrière des Dieux et portant des fleurs, n'est pas une reproduction exacte. L'émailleur n'en a mis que deux et a supprimé toutes les autres figures de la fresque. Une vignette en arabesques dorées entoure la composition. Le rebord est orné d'un enlacement formant de place en place des médaillons; dans quatre de ces médaillons sont des figures dorées d'hommes tenant des lances; dans un le nom de P. COURTEYS en lettres d'or; dans un autre la date 1560 en chiffres dorés. Le revers est décoré d'une figure couchée de fleuve, d'après Raphaël, appuyée sur une urne et tenant de la main droite un aviron. Cette figure, en ton de chair sur fond pointillé d'or, occupe le centre et est renfermée dans un cartouche de large dessin, sur lequel deux mascarons en tons de chair alternent avec deux têtes de lion; une guirlande de fruits, rattachée par des anneaux, est encadrée par des enroulements que décorent des lignes de perles. Un rang d'oves tourne autour du plat et en termine l'ornementation. — (Ancienne collection, n° 40.)

380. — Apollon et les Muses. — *Plat de forme ovale en grisaille sur fond noir, les chairs légèrement*

---

(1) Il est probable que Pierre Courtois a exécuté un service de table de l'histoire de Psyché; on en rencontre des pièces un peu partout. **Collection Andrew Fountaine.** Une belle suite d'assiettes, grisailles teintées, signées PC. 1560 dans des cartels. Diamètre, 0,217.

colorées, quelques détails dorés.— Longueur, 0,500; largeur, 0,385.

Apollon occupe le centre et le haut de la composition ; il est assis sur le sommet d'une montagne et représenté jouant d'un violon à cinq cordes; son arc et son carquois sont à ses pieds ; Pégase ailé est en arrière de lui. Au-dessous d'Apollon et occupant les premiers plans, les Muses sont partagées en deux groupes, quatre sont à gauche et cinq à droite ; elles sont représentées jouant d'instruments divers, à l'exception d'une seule qui chante en fixant les yeux sur un livre ouvert; de chaque côté un Génie, portant des couronnes des deux mains, plane au-dessus de chaque groupe ; on voit en arrière de celui de gauche deux poëtes à longue barbe et couronnés de lauriers. Un olivier est près d'Apollon sur le sommet de la montagne ; deux courants d'eau qui descendent et se rejoignent figurent l'Hippocrène et le Permesse; au point où ils s'unissent, la nymphe Castalie, couchée dans les roseaux, épanche en la rivière qu'ils forment les eaux qui jaillissent de ses seins et de l'urne sur laquelle elle s'appuie. Une vignette dorée entoure la composition. Le *rebord* est décoré de masques coiffés de draperies et de têtes de satyres, que réunissent des enroulements auxquels sont ajustées des têtes d'animaux à longues cornes. Cette partie du plat est en partie refaite. Le *revers* est décoré d'un cartouche orné de deux têtes d'enfants, de deux têtes de satyres, de quatre corbeilles remplies de fruits, de draperies et d'enlacements dans lesquels sont ajustées quatre figures de satyres de sexes différents, tenant les unes et les autres des palmes dorées de chaque main ; au centre sont des instruments de musique sur fond pointillé d'or, et sur l'enroulement qui les encadre on lit, en lettres noires, ces mots : *par. pierre Corteys a limoges.* Une frise en grisaille termine le décor ; elle est très restaurée. — (Collection Durand, n° 2439.)

381. — NEPTUNE ET CYBÈLE, *personnifiant les eaux et la terre. — Bassin circulaire en émaux de couleurs rehaussés d'or sur fond bleu. — Diamètre, 0,525* (1). — *La figure du Neptune et celle d'un fleuve sont imitées de Raphaël.*

D'un côté, Neptune, armé du trident, est porté sur les eaux dans une coquille dorée que traînent quatre chevaux marins. Un jeune triton marche devant lui en sonnant de la conque. De l'autre, Cybèle, étendue sur la terre, est caractérisée par un double rang de mamelles et par la triple tour qui surmonte sa couronne de fleurs. Une draperie bleue, dont elle est vêtue, laisse entièrement à découvert le haut de son corps et ses jambes que soulève un loup en se glissant sous elle. Un enfant se nourrit au sein de la déesse, qui abandonne à une chèvre blanche sa mamelle infé-

---

(1) **Collection Carlisle**, au Castel-Hovard, la belle résidence du lord de ce nom dans le Yorkshire. J'ai vu, dans cette collection, un bassin de même dimension qui porte aussi, dans le creux formé par le support, la signature de l'artiste, et de cette manière : *Fet a limoges par P. C.* Les sujets font allusion aux saisons.

rieure. Un lion, un cerf et un ours l'entourent à peu de distance. Elle tient sur ses genoux une sorte de nacelle, asile contre les eaux, que sa prévoyance a préparée, sans doute, pour l'homme qu'elle nourrit et protége. De grandes figures de fleuves, placées entre les deux groupes, aux points où finit l'empire du Dieu et où commence celui de Cybèle, tout en les séparant, semblent relier leurs deux éléments. L'un des fleuves est jeune ; son corps entièrement nu flotte plus qu'à demi sur les flots ; son bras droit s'appuie sur un aviron, le gauche repose sur une urne dont les eaux se confondent avec celles de la mer. L'autre a la barbe et les cheveux blancs, le bas de son corps est enveloppé d'une robe violette. Couché dans des roseaux qui servent de refuge à trois cygnes, il tient d'une main une palme, et de l'autre une corne d'abondance. Les eaux s'épandent de l'urne qui lui sert d'appui. Le support central est orné d'un médaillon circulaire de 4 cent. 1/2 de diamètre, représentant une jeune femme à demi nue, à demi couverte d'un voile de couleur bistre. Elle est assise et écrit dans un livre. Un lion couché devant elle, une chèvre debout derrière, et à ses pieds, en avant, un homme en costume de moine, accroupi et vu de dos. Trois frises concentriques ornées de fleurons et d'arabesques forment au médaillon un triple encadrement qui ne se rattache à la composition générale que par le ton des émaux. Le *rebord* est décoré de quatre têtes de satyres en tons de chair (une des têtes est restaurée ainsi que les ornements qui l'entourent ; ils ont été rétablis en peinture à l'huile), et d'autant de médaillons oblongs en grisaille sur fond bleu. Le *revers* est orné de deux figures de satyres grotesques, dont les bras sont passés comme dans des anses, aux lignes recourbées du cartouche qui les entoure. Elles alternent avec deux grandes corbeilles remplies de fruits ; quatre sirènes occupent les intervalles. Une frise circulaire en enlacements termine le décor, elle est ornée de quatre médaillons en camaïeu et rehaut d'or sur fond bleu ; deux représentent des tritons sur les eaux sonnant de la conque ; le troisième, deux singes jouant ; le quatrième, un chat et un chien. Dans l'enfoncement que produit au milieu du bassin le support de l'aiguière, on lit en lettres d'or : 1568. *Faict à Limoges par P. Covrteys,* dont on voit le fac-simile p. 254. — (Collection Durand, n° 1/2406.)

382. — LES ENFANTS DE NIOBÉ PERCÉS DE FLÈCHES PAR APOLLON ET DIANE, *d'après Jules Romain.* — *Plat circulaire en émaux de couleurs avec emploi de paillons et rehauts d'or.* — *Diamètre,* 0,465.

Cinq des fils sont étendus morts ; le sang jaillit de leurs blessures, leurs corps nus et décolorés forment sur le sol un enchaînement confus ; le sixième cache son visage contre terre, et le Dieu qui occupe avec Diane le haut de la composition, l'arc tendu, dirige sur lui le trait dont il va le frapper. Diane contemple avec joie cette scène de carnage ; elle tient en main un javelot, prête à satisfaire sa haine implacable sur les filles de Niobé. Celles-ci se relient au groupe de leurs frères par des mouvements divers ; l'une étend vers la déesse ses mains suppliantes ; derrière elle sa sœur se cache ; une autre pleure sur un des morts qu'elle tient embrassé et soulève à demi ; deux s'enfuient épouvantées de côtés divers ; la sixième se confond en un même mouvement avec son frère, dernière victime d'Apollon. Deux figures de vieillards étendus à terre se distinguent à peine des cadavres de leurs jeunes maîtres : un d'eux voile d'une main son visage, l'autre semble faire de son corps, à un des mourants, un inutile rempart, et son regard, élevé vers le ciel, exprime l'indignation et la terreur. Une prairie ombragée de grands arbres, vers la gauche, occupe le premier plan. Trois flèches d'or et un vase renversé sont en avant de la scène. A droite sont des fabriques et des arbres, et dans le fond, les murs et les monuments d'une ville qui est séparée des prairies par une rivière. Apollon et Diane, supportés par des nuages, se détachent sur un fond d'or. Un croissant orne le front de la déesse. Une vignette dorée, sur fond noir, entoure la composition. Le *rebord*, sur fond noir, est orné de vases et corbeilles de fruits, de légers pavillons, de têtes d'enfants et de masques qui s'alternent et se relient par des arabesques et des draperies que soutiennent des paons. D'autres oiseaux et des papillons complètent le décor très varié de couleurs et relevé de légers ornements d'or. Le *revers* offre une élégante composition. Une légère rosace dorée occupe le centre, autour duquel quatre figures d'anges ailés, légèrement couverts d'une draperie alternativement verte et bleue, disposés en croix, ont les pieds posés sur des corbeilles de fruits. De chaque main ils tiennent une aiguière, et leurs bras étendus portent et soulèvent des draperies qui se rattachent à des pavillons alternativement bleus ou verts. Sous chacun des pavillons bleus sont assises deux nymphes des eaux, appuyées sur leurs urnes et tenant en main des palmes d'or ; sous chacun des pavillons verts, deux figures de fleuves également appuyés sur leurs urnes et tenant de même des palmes d'or. De chacune des urnes l'eau s'échappe et se répand sur des fonds où sont figurés, en or, des cygnes et autres oiseaux aquatiques nageant entre des roseaux. Des têtes de femmes coiffées d'arabesques, ornées de draperies et couronnées par les pavillons, alternent avec les figures d'anges, et se relient par des ornements aux groupes de fleuves, et à ceux des nymphes qui s'adossent contre elles. Une guirlande de feuillage, en traits d'or, complète et termine le décor. Sur le pavillon bleu qui couronne l'une des têtes et un groupe de nymphes, on lit, en lettres d'or : *Courtois*. — (Collection Durand, n° 7/2412.)

383. — LE MOIS DE FÉVRIER, *d'après Étienne de Laune.* — *Assiette en grisaille sur fond noir, rehaussée d'or, les chairs légèrement colorées.* — *Diamètre,* 0,187.

Un homme, la tête découverte, est assis sur un banc devant le feu d'une cheminée ; une femme est assise près de lui ; elle relève d'une main un pli de son vêtement pour garantir son visage ; un enfant assis près d'elle chauffe ses mains ; un autre enfant, vu de dos, est accroupi par terre au premier plan ; un homme, à droite, apporte du bois ; un fagot, des bûches et une cognée sont à terre près de lui ; une voûte en abside et des monuments occupent le fond. Le *rebord* est orné de cartouches qui relient deux urnes enflammées, deux paquets de poissons et coquillages et deux draperies. Dans l'écusson du bas on lit en lettres d'or : FEBRUARIUS; dans celui de droite on entrevoit une sirène en traits d'or, dans celui de gauche une salamandre. Le *revers* offre au centre le signe des Poissons, près desquels est la marque qui les accompagne. Ils sont encadrés dans un cartouche en grisaille, orné dans le haut d'une tête de chérubin ailée et dans le bas d'une tête d'animal fantastique relevant des draperies. La frise qui termine le décor figure un collier, dont les pierres sont colorées en touches marbrées d'un ton rougeâtre. Cette frise est refaite. — (Collection Durand, n° 19/2437.)

384. — LE MOIS DE JUILLET. — *Assiette en grisaille*

rehaussée d'or sur fond noir, les chairs légèrement colorées. — Diamètre, 0,190.

Un homme fauche l'herbe d'un pré; une femme l'étend au râteau; un autre homme près d'eux, en arrière, boit à même une gourde. Le rebord est orné de deux écussons rattachés par des guirlandes composées de groupes de fruits, de fleurs, d'instruments de travaux champêtres, que relient de légères draperies. Dans l'écusson du haut on lit le monogramme P. C. en lettres d'or; dans celui du bas, le mot JULIUS, également en lettres d'or. Le *revers* offre au centre le signe du Lion sur fond pointillé d'or. Un enlacement en grisaille et une frise légère en or complètent le décor. — (Collection Durand, n° 19/2433.)

385. — TRIOMPHE DE DIANE, TRIOMPHE DE JUNON. — *Vase en forme d'urne, élevé sur une base circulaire et destiné à accompagner le n° 381. Le couvercle est surmonté d'une figurine de Mercure, en bronze doré. — Hauteur, 0,503; diamètre, 0,172.*

Diane est représentée sur un char à dossier élevé, soutenant de la main gauche le disque de la lune; deux nymphes traînent le char; deux génies ailés marchent en avant, en sonnant de la trompette; derrière le char de la déesse, une nymphe tient en laisse deux dauphins, une autre porte un croissant figuré, une troisième sonne dans un cor. Au-dessus de cette composition les diverses phases de la lune sont représentées en camaïeu dans quatre petits médaillons de forme ovale, que séparent autant de figures à demi couchées, dont les poses indiquent les différentes heures de la nuit. Des masques ajustés avec des draperies et des guirlandes décorent le bord supérieur. Au-dessous de la composition, alternant avec un ornement en écailles, sont figurés des godrons ajustés dans un enlacement d'un ton bistre. Le pied est décoré de cartouches symbodliques : deux aigles tenant des foudres dans leurs becs supportent l'un, deux dragons vomissant des feux entourent l'autre; le centre de ces deux est rempli de flammes que l'on retrouve sur les motifs qui les séparent; un rang de perles entoure le pied. Sur le fût de la base, Junon, maîtresse du ciel, assise sur un char auquel sont attelés deux paons, est entourée de ces brillants oiseaux; derrière elle un génie, porté par les nuages, replie le manteau de la Nuit. La figurine de Mercure en ronde-bosse, qui surmonte le couvercle, y est fixée par une monture à jour, qui laisse à découvert une partie du décor, assez semblable à l'ornement en godrons simulés placé dans la partie inférieure du vase. La hauteur de la figurine est de 0,07. Le contre-émail est incolore. — (Collection Durand, n° 2/2407.)

386. — LE TRIOMPHE DE NEPTUNE, *d'après une composition gravée de l'œuvre de Ducerceau; et au-dessous,* LE TRIOMPHE DE CÉRÈS OU L'ÉTÉ, *d'après une composition gravée qui est comprise dans l'œuvre de*

Virgilius Solis. Aiguière en émaux de couleurs avec emploi de paillons et rehauts d'or. — Hauteur, 0,253 ; diamètre, 0,100.

Ces deux sujets, disposés en frises tournantes et superposées, ornent le corps de l'aiguière ; ils sont séparés par un étroit bandeau d'émail blanc décoré d'ornements noirs. Dans celui de dessus, Neptune est représenté assis et porté sur les eaux par deux chevaux marins ; la déesse Diane, caractérisée par son croissant et le javelot qu'elle tient de la main gauche, est assise auprès de lui. Deux tritons les précèdent ; l'un d'eux, ailé, portant élevé dans les airs un vase surmonté de flammes ; un autre les suit tenant des lauriers ; entre ceux-ci sont placées deux figures de tritons, l'un vieux, l'autre jeune, tous deux ailés, tous deux sonnant de la conque, près desquels sont des monstres marins. Dans la composition inférieure on voit Cérès, coiffée d'épis et ayant une faucille dans la main gauche, assise sur un char que traînent deux cigognes blanches. Apollon jouant de la lyre assiste à son triomphe, comme Diane, sa sœur, à celui de Neptune, et Vertumne, coiffé de feuillages, est représenté marchant et tenant en l'air une corbeille de fruits ; en avant d'Apollon est le dieu Pluton, la tête couverte d'un casque et tenant de la main gauche une fourche à trois pointes; Mars est auprès de lui, également casqué, mais sans armes et la main gauche remplie d'épis ; deux femmes suivent le char de Cérès : l'une porte d'une main des épis et de l'autre un râteau ; la seconde a sur l'épaule un fléau. Le goulot et le pied sont décorés de feuillages d'un ton bistre. L'anse est ornée d'une légère frise d'or sur émail bleu. — (Collection Durand, n° 6/2411.)

387 et 388. — 1° LES ÉPREUVES DE JOB ; 2° L'INNOCENCE DE SUZANNE RECONNUE *et* LE BON SAMARITAIN. — *Coupe avec couvercle, en grisaille sur fond noir, les chairs colorées, détails dorés. — Hauteur, 0,160 ; diamètre, 0,177.*

1° *Intérieur de la coupe.* Job est représenté nu, assis sur un fumier. Satan le tient d'une main, et de l'autre le menace du fouet. A un plan plus éloigné sont figurés les malheurs qui le frappent en tout ce qu'il possède ; à gauche, ses enfants renversés et écrasés sous les débris d'un bâtiment qui s'écroule ; à droite, sa maison en flammes et un valet en sortant épouvanté ; dans le fond, des bestiaux et un serviteur étendus morts sous une pluie de pierres. Dieu, coiffé d'une tiare, est vu dans le haut, porté par des nuages et se détachant sur un fond d'or. Au-dessous de la figure de Job, on lit cette inscription en lettres noires : Pacianse. an . foy . i . a . Job. II, et au-dessous de ses pieds le monogramme P. C. Une vignette dorée entoure la composition. Le *revers* est orné d'arabesques dorées et d'un cartouche en grisaille pénétré dans son centre par un pied de restauration moderne. — 2° *Couvercle.* Le Samaritain est représenté descendu de son cheval et penché sur un homme étendu à terre, dont les plaies nombreuses sont saignantes ; il appuie une main sur le front du blessé et de l'autre verse sur lui le contenu d'une bouteille. A quelque distance vers la droite, on voit le sacrificateur qui s'éloigne et derrière lui le lévite lisant dans un livre. On aperçoit à gauche entre les arbres deux hommes armés. On trouve sous la figure du sacrificateur le monogramme P. C. et au-dessus du Samaritain ces mots : S. luc. Du côté opposé, le jeune Daniel, debout sur une estrade, tient un sceptre de la main droite et de l'autre désigne Suzanne, dont il proclame l'innocence. Celle-ci, debout près de lui et vers la gauche, a la tête couverte d'un voile, et les mains attachées par un lien que tient un homme d'armes placé derrière elle et portant une lance de la main gauche. Un des vieillards est devant Daniel, retenu par deux guerriers; l'autre est vu en arrière vers la droite, entraîné par deux autres. Deux figures de spectateurs, vues en entier, et d'autres dont on ne voit que les casques, forment un groupe. Au-dessous de ces deux compositions est une couronne circulaire de fleurs, fruits et feuillages. L'intérieur du couvercle est décoré d'arabesques dorées remplissant les intervalles entre quatre médaillons de forme ovale, où sont peintes des têtes en ton de chair sur fond noir pointillé d'or, circonscrits par une banderole d'émail blanc, sur laquelle se détachent en noir les inscriptions suivantes, qui désignent les personnages : SEMIRAMIS BABYLONIA, PORTIA BRUTI VXOR, DOMITIAN AUG GERM COS XI IMP. CAES, CLAUDIA METELLI. — (Collection Durand, n° 36/2458.)

389 et 390. — Jupiter, Vénus et Mercure, *d'après Raphaël.—Coupe avec couvercle, en grisaille sur fond noir, détails dorés. — Hauteur, 0,110; diamètre, 0,190.*

Jupiter est représenté assis sur les nuages, tenant un sceptre ; à gauche, est Vénus qui implore le maître des Dieux ; à droite, Mercure qui semble obéir à ses ordres ; l'Amour est debout aux pieds de sa mère. La figure de Jupiter se détache sur un fond pointillé d'or, et les autres figures sur des nuages. Un aigle est placé au-dessous de la composition, et un cercle qui l'entoure réunit les douze signes du Zodiaque. On voit près du pied de Mercure le monogramme P. C. L'intérieur de la coupe est décoré d'une couronne de feuillages et de fruits, d'arabesques dorées et d'un cartouche en grisaille, dont le centre est pénétré par le pied, sur lequel sont peints quelques ornements en grisaille et or. Le *couvercle* est orné extérieurement de quatre médaillons, de forme oblongue, sur fond bleu. Les figures qui y sont peintes sont : une femme, un guerrier casqué, une femme coiffée d'une guirlande de feuillages, un homme dont le vêtement est garni de fourrure, et la tête couverte d'un bonnet. Les quatre sont de profil. Entre les médaillons sont posés des masques coiffés de draperies surmontant des feuillages et des fruits, alternant avec des têtes d'animaux au-dessous desquelles sont des cartels ornés de quelques figures de petite proportion. Sur l'un et l'autre on trouve le monogramme PC. Le décor intérieur est composé d'arabesques qui séparent quatre têtes de profil, en grisaille sur fond noir, remplissant les cavités qui correspondent aux médaillons de l'extérieur. Le contre-émail est noir.—(Collection Durand, n° 37/2459.)

391.—Le repos de Silène.—*Coupe en grisaille sur fond noir, les chairs légèrement teintées. — Hauteur, 0,080; diamètre, 0,210.*

Silène est représenté à demi couché, le coude appuyé sur une cuve de forme antique remplie de raisins; il est couronné de pampres, et une branche de vigne lui sert de ceinture; ses jambes sont cachées par une draperie; sa main gauche tient une coupe dans laquelle un satyre, placé à droite, verse le vin d'une aiguière qu'il tient des deux mains. Deux enfants nus soulèvent au-dessus de la cuve une corbeille remplie de raisins; une femme en a une semblable sur sa tête, et des hommes portant de grands vases occupent le fond. Une couronne de fleurs, fruits et feuillages, entoure la composition. Le *revers* est décoré d'un cartouche orné de fruits, pénétré dans son centre par le pied, décoré de feuillages. Le contre-émail est noir. On y trouve le monogramme P. C. — (Collection Durand, n° 41/2463.)

JEAN COURTOIS.

Robert Courtois du Mans, peintre verrier de la Ferté-Bernard en 1498, était le père de Jean Courtois, et il forma son fils à son art, de telle façon qu'en 1532 on le trouve occupé à peindre une verrière pour l'église, et en 1540 à restaurer les autres (1). Ce travail terminé, alla-t-il à Limoges pour travailler de son métier, ou plutôt ne fut-il pas poussé par le goût des nouveautés et le désir d'appliquer son talent à l'émaillerie? Nous l'ignorons, et nous ne savons pas davantage s'il était frère de Pierre Courtois. Peu importe, d'ailleurs; leurs ouvrages ne peuvent se confondre, car leur talent n'est pas égal (2). L'un avait quelque

---

(1) Ces documents sont conservés dans les archives de l'église de la Ferté-Bernard; ils ont été signalés pour la première fois par M. Léopold Charles, et publiés dans le Bulletin monumental de M. de Caumont, tome V, page 506. Je ne répéterai ici qu'un court passage; il s'agit de la chapelle du chevet de l'église et de sa verrière faite aux frais d'un sieur Heullant, contrôleur : Compte des dépenses de l'année 1534 : *A Pierre Cohin, serrurier, la somme de 57 sols tournois pour le nombre de 76 vergeetes de fer par lui faictes et qui ont été mises et employées aux vitres données à la dicte fabrique par Mgrs les procureurs du Roy, contrerolleur de la Ferté et général d'Auréleans. — A Jehan Gaudart, mercier, la somme de 14 sols tournois de despence faicte par l'imaiger de Mgr le contrerolleur de la dite Ferté et par son cheval pendant qu'il estoit en ceste ville où il étoit venu et envoyé par mondit seigneur le contrerolleur pour véoir l'autel et contretable de la chapelle neufve et en faire ung devis et pourtraict et pour le disner de Jehan Courtoys, peintre, qui estoit venu asseoir les vitres de Mgrs les procureurs du Roy et contrerolleur susdits.*

(2) **Collection Andrew Fountaine.** Deux séries d'assiettes décorées des douze mois de l'année d'après les gravures d'Étienne de Laune. L'une signée P. C.; l'autre, I. C. La distinction que j'ai cherché à établir entre leurs talents se manifeste clairement dans ce rapprochement de deux séries complètes d'après les mêmes modèles.

chose et comme une étincelle du feu sacré; l'autre n'a que de la main, de l'adresse et de la patience.

Sa manière est si particulière, et en même temps si uniforme, qu'il suffira de quelques traits pour la caractériser. Du milieu de compositions compliquées, de paysages aux horizons étendus, d'intérieurs fournis d'ameublement, le tout coloré d'émaux aux teintes vigoureuses ou éclatantes sur paillon, se détachent des figures aux carnations d'un rouge saumonné et des parties blanches inattendues, qu'elles figurent un cheval, un chien, des sacs, la barbe d'un homme ou des vêtements. Des émaux brillants sur paillon, unis comme une glace, un travail très soigné de pointillé et de hachures rehaussant en or toutes choses, des bordures d'or sur fond noir, des arabesques en couleur, des revers de plats, de coupes, d'assiettes, en rinceaux blancs sur fond noir et bleu vermiculé d'or, tout cela, exécuté avec un soin et une grande perfection, compose les mérites de cet émailleur, qui n'a pu malheureusement en sauver la monotonie en y ajoutant, soit une lueur de génie, soit le talent d'un dessinateur habile, soit le charme du coloriste, et j'entends par là non pas l'éclat des émaux, mais ce sentiment de l'effet qui lui manque autant au milieu de la profusion des couleurs que dans ses grisailles. Quoi qu'il en soit, à travers ses défauts et ses qualités, on croirait voir un miniaturiste de manuscrits, et l'on sent le peintre verrier se faisant émailleur, et conquérant la faveur par la finesse d'exécution de ses ouvrages. Ses compositions, prises dans les gravures des petits maîtres, leur ont emprunté avec bonheur les qualités les plus rares de leur touche spirituelle, de leur fini précieux. Ses grandes pièces méritent aussi l'attention, mais il semblerait qu'il fait des efforts pour suffire à la tâche, et qu'il sent lui-même que, passé certaines proportions, il trahit ses défauts et son impuissance(1). Les Pénicaud avaient employé l'or pour ajouter

---

(1) Il se répétait souvent. Après avoir exécuté deux fois une grande composition en couleur (l'une aujourd'hui au Louvre, l'autre dans la collection Pourtalès), il la recommençait en grisaille et servilement. **Collection Achille Sellières.** Grand plat. Le passage de la mer Rouge, grisaille, chairs teintées, même sujet, même composition, mêmes dimensions que l'émail en couleur, n° 392 du Musée du Louvre. Longueur, 0,530; largeur, 0,400. La composition ou le fond du plat: longueur, 0,440. Au revers, la signature I. C.

encore à l'éclat des émaux colorés, Léonard Limosin les suivit dans cette voie, et Jean Courtoys fit de cet expédient une ressource de sa peinture en émail. De lui, date l'abus des rehauts d'or, et il eut pour imitateurs, je cite les plus notables, Susanne de Court (1), Martial Courtois, Jean, Joseph et Léonard Limosin (le fils).

Il a signé ses ouvrages du chiffre I. C (2).

392.—LE PASSAGE DE LA MER ROUGE.—*Plaque ovale, en émaux de couleurs, avec emploi de paillons et rehauts d'or.—Hauteur, 0,310; longueur, 0,410.*

Moïse et les Israélites occupent la gauche et le rivage de la mer Rouge;

C'est un des émaux les mieux réussis et les plus parfaits que l'on puisse voir, sous le rapport de la transparence, de la surface unie comme une glace, de l'absence de défauts et de restaurations.

(1) On confond souvent les ouvrages de Susanne de Court avec les productions de Jean Courtois, quoique le ton des carnations les distingue bien positivement. Voyez une erreur de ce genre dans l'Album de M. du Sommerard, série VII, planche 30, et dans la description de la collection Debruge-Dumesnil, page 602.

(2) Outre les pièces remarquables que possède le Louvre, on peut citer de lui : **Collection Louis Fould.** Un grand plat. Bethsabée surprise par David. Il n'est pas signé, et il a quelques restaurations dans le bas. **Collection Sauvageot.** Prédication de saint Jean, et Jésus-Christ dans sa gloire. Deux plaques signées IC. Hauteur, 0,200; largeur, 0,155. **Collection Andrew Fountaine.** Moïse élève le serpent en vue des Israélites; signé au revers. **Collection Visconti.** Une aiguière. L'histoire de Loth et ses filles, signée I. C. sur la panse. Grisaille, les chairs teintées. **Collection d'Arjuzon.** Le Christ sur la croix, entre les deux larrons; au bas de la plaque, un cartel se détachant en blanc sur la verdure du terrain. Il y avait sur ce cartel une inscription dont il ne reste que deux ou trois lettres; c'est un des plus fins ouvrages de Jean Courtois. Plaque ovale. La collection de M. d'Arjuzon a été adjugée en vente publique le 3 mars 1852, mais cet émail a été conservé par ses héritiers. **Collection Saint-Pierre.** Un plat rond. Au fond est représentée la Circoncision, et au bas de la composition, sur un cartel émaillé de blanc, on lit : CHRISTVS OCTAVO DIE CIRCVMCIDITVR. L'éclat des émaux, le brillant des vêtements, bleu turquoise et bleu lapis, la netteté et le précieux de tous les détails n'ont jamais été poussés plus loin. Sur le rebord, un écusson écartelé au premier et au quatrième d'azur à trois lettres I d'or posées deux et trois, au second et troisième de gueules à une foy parée d'or ou d'argent (la dorure est effacée). Au revers la signature I. C. Diamètre, 0,230.

12

le groupe principal est composé de Moïse étendant sur la mer la verge qu'il tient en la main droite, d'Aaron placé près de lui, de deux femmes soutenant des vases posés sur leur tête, de trois vieillards et d'un homme à longue barbe ; ils forment le premier plan d'une longue colonne de peuple décrivant une courbe, dont les figures, d'abord distinctes, se confondent vers le fond sous une arcade, et ne montrent plus que des rangées de têtes surmontées de piques dorées. Pharaon et les Égyptiens remplissent la droite et sont représentés submergés par les flots. Une longue muraille de vagues, soulevées et ondoyantes, les sépare du rivage où l'on voit le peuple de Dieu. Pharaon est assis dans un char élevé que traînent deux chevaux à la nage ; sa tête est ceinte d'une couronne, et il porte un sceptre de la main gauche. A un plan plus avancé que celui qu'il occupe, on voit deux cavaliers cherchant à se retenir l'un à l'autre. Plus en avant encore, une tête de vieillard et une tête de cheval sortent des eaux. En arrière de Pharaon, des épisodes divers de ce grand naufrage ; on remarque un guerrier sur un cheval blanc, soulevant des deux mains son étendard ; une croupe de cheval sortant des flots, et deux groupes de guerriers dont les lances indiquent le nombre. Un arbre est à la gauche des Israélites, et les monuments de l'Egypte s'aperçoivent en arrière des flots. La robe de Moïse est rouge, son manteau bleu d'azur, ses manches de couleur bleu pâle ; des rayons dorés sortent de sa chevelure. Le manteau de Pharaon est rouge aventurine, son armure de couleur bleu turquoise, ses chaussures vertes. Toutes ces couleurs sont sur paillons. Le contre-émail est incolore. — (Collection Durand, n° 61/2522.)

393. — LA CONTINENCE DE JOSEPH, *d'après Lucas de Leyde.* — *Assiette en émaux de couleurs sur fond bleu, avec emploi de paillons et rehauts d'or, détails et inscriptions dorés.* — *Diamètre, 0,200.*

Joseph est représenté fuyant et laissant son manteau entre les mains de la femme de son maître ; celle-ci est assise sur un lit que recouvre un ciel à baldaquin, garni d'amples rideaux retombants. Deux chiens, dont un rongeant un os, sont placés au premier plan, et à droite est une table couverte d'un tapis, sur laquelle est posée une aiguière. Des pilastres décorent l'intérieur. On lit vers le haut : G. XXXIX (Genèse). Le *rebord* est orné de figures d'enfants se terminant en arabesques, séparées par des vases qui alternent avec des masques grotesques. Le *revers* est décoré d'une rosace formée par des enlacements en grisaille bleuâtre, sur lesquels sont ajustés quatre termes et des masques grotesques. Sur une partie de grisaille on lit le monogramme I. C. De légers détails dorés sont répandus sur le fond, et une couronne de feuillages, dessinée en traits d'or, termine le décor. — (Ancienne collection, n° 4.)

394. — JOSEPH CONDUIT EN PRISON. — *Assiette en émaux de couleurs sur fond bleu, avec emploi de paillons et rehauts d'or, détails et inscriptions dorés.* — *Diamètre, 0,200.*

Joseph occupe le centre de la composition, debout, entouré de trois hommes armés de hallebardes, dont deux le poussent vers la prison ; le troisième, marchant en avant et plus rapproché de la porte, tient en main un trousseau de clefs. A droite, et au deuxième plan, Putiphar, debout, est escorté d'une troupe d'hommes armés de lances ; près de Putiphar est sa femme lui montrant le manteau de Joseph, et en arrière de celle-ci une femme qui porte le pan de sa robe ; plus loin, un enfant monté sur des marches. Deux figures, dans l'éloignement, sont posées entre les colonnes d'un portique; et deux autres, dans le haut, sur une terrasse qui relie entre eux plusieurs monuments. On lit, vers le haut : G. XXXIX. Le *rebord* est orné de masques richement coiffés, alternant avec des agrafes de joyaux et reliés par des arabesques dorées, auxquelles sont mêlés des détails de pierreries. Le *revers* est décoré d'une rosace formée par des enlacements en grisaille bleuâtre, dans lesquels sont ajustés deux masques grotesques en tons de chair. On lit, sur une partie des enlacements, le monogramme I. C. en lettres noires. De légers détails dorés sont répandus sur le fond. Une couronne de feuillages, dessinée en traits d'or, termine le décor. — (Ancienne collection, n° 5.)

395. — LE SONGE DE PHARAON. — *Assiette en émaux de couleurs sur fond bleu, avec emploi de paillons et rehauts d'or, détails et inscriptions dorés. — Diamètre, 0,200.*

Le roi est représenté couché dans un lit de bois sculpté et doré, qui ne diffère des lits du XVIe siècle que par son couronnement en toit, à palmettes de couleur bleu turquoise. Un chien blanc est couché au pied du lit, et l'on remarque, près de lui, une paire de chaussures et un vase. Dans le fond, rempli par un paysage, sont représentées les vaches grasses et les vaches maigres, et dans le haut on trouve l'indication du chapitre de la Genèse : G. XLI. Une vignette dorée entoure la composition. Le *rebord* est orné de mascarons richement coiffés, alternant avec des agrafes de pierreries, dont ils sont séparés par des figures de monstres ailés. Le *revers* est décoré d'une rosace en grisaille, avec ornements en tout semblables à ceux de l'assiette n° 394. On y lit également en lettres noires le monogramme I. C. — (Ancienne collection, n° 9.)

396. — JOSEPH EXPLIQUE LE SONGE DE PHARAON. *Assiette en émaux de couleurs sur fond bleu, avec emploi de paillons et rehauts d'or, détails et inscriptions dorés. — Diamètre, 0,200.*

Le roi est représenté sur son trône que recouvre un dais doré, garni de rideaux verts; il porte en la main droite un sceptre fleurdelisé, et son turban est surmonté d'une couronne à pointes. Trois personnages sont placés en arrière du trône. Joseph, debout devant Pharaon, donne une explication qu'accompagnent ses gestes ; des rayons lumineux sortant du ciel viennent aboutir à son front ; derrière lui sont groupées sept figures debout. Un chien blanc est couché sur le devant, au premier plan. On entrevoit, en arrière, les vaches grasses et les vaches maigres, et une ville dans le fond, et on lit dans le haut : G. XLI. La vignette et le *rebord* sont semblables à ceux de l'assiette n° 395. Le décor du *revers* est semblable à celui de l'assiette n° 394. On y lit de même, en lettres noires, le monogramme I. C. — (Ancienne collection, n° 6.)

397. — Joseph conduit en triomphe. — *Assiette en émaux de couleurs sur fond bleu, avec emploi de paillons et rehauts d'or, détails et inscriptions dorés. — Diamètre,* 0,200.

Il est représenté, une couronne sur la tête et un sceptre fleurdelisé en la main droite, assis sur un char élevé que traînent deux hommes précédés de deux autres sonnant de la trompette; plusieurs personnages entourent le char, portant en main des palmes d'or; on remarque une femme à genoux vers la droite, et près d'elle un petit enfant; à gauche et en arrière du cortége, deux femmes sont agenouillées; on voit plus loin deux vieillards et une femme; un temple circulaire remplit le fond de droite, et un temple surmonté d'un fronton, celui de gauche. On lit dans le haut : G. XLI. La vignette et le *rebord* sont semblables à ceux de l'assiette n° 394. Le *revers* est décoré d'une rosace en grisaille, dont les enlacements relient trois figures de termes alternant avec des corbeilles remplies de fruits. On y lit, en lettres noires, le monogramme I. C. — (Ancienne collection, n° 8.)

398. — Pharaon confie a Joseph l'approvisionnement de l'Égypte. — *Assiette en émaux de couleurs, avec emploi de paillons et rehauts d'or, détails et inscriptions dorés. — Diamètre,* 0,200.

Joseph, tenant une pelle de la main gauche, est debout près du roi, qui est monté sur une élévation de deux marches; deux personnages sont en arrière de Pharaon, et un chien blanc à son côté. En arrière de Joseph est un homme près de quatre sacs alignés, dont deux sont ouverts et laissent voir des grains. Plus loin, à droite, deux portefaix emportent des sacs sur leur dos; à gauche, un homme monté sur un chariot de fourrage charge la paille que quatre batteurs viennent de dépouiller de son grain. Le fond est occupé par des monuments; on remarque un temple circulaire et une arcade à travers laquelle on aperçoit le paysage. On lit dans le haut : G. XLI. La vignette et le *rebord* sont semblables à ceux de l'assiette n° 393. Le *revers* est semblable à celui de l'assiette n° 397. On y trouve de même le monogramme I. C.—(Ancienne collection, n° 7.)

399. — Le mois de Février, *d'après Étienne de Laune*.—*Assiette en grisaille sur fond noir, détails dorés. — Diamètre,* 0,200.

Un vieillard assis se chauffe au feu d'une cheminée; une femme, debout, la quenouille à la ceinture, s'en approche; derrière eux, un serviteur apporte du bois sur son épaule. Un chien, un coq et une poule sont sur le premier plan. Par la porte ouverte, on voit la campagne et un homme qui coupe un arbre. Au haut de la composition, le signe des Poissons, et au milieu de l'assiette, sur le mur du fond, le mot FÉVRIER, tracé en lettres d'or. Le *rebord* est orné de mascarons en tons de chair. Le *revers* est décoré de masques et de termes rattachés par des enroulements et disposés en rosace; une frise en traits d'or complète le décor. — (Ancienne collection, n° 41.)

400. — LE MOIS DE JUIN, *d'après Étienne de Laune.* — *Assiette en grisaille sur fond noir, détails dorés.* — *Diamètre, 0,200.*

Une femme assise, ayant des ciseaux en la main droite, retient de l'autre une brebis posée sur ses genoux; à sa droite est un homme debout qui lui apporte une seconde brebis posée sur ses épaules, et à sa gauche un autre homme qui se baisse pour emporter celle qu'elle vient de tondre, et dont la laine emplit un panier placé à ses pieds. Le troupeau est en arrière, divisé en deux groupes, et un petit pâtre occupe le fond du paysage. On trouve en haut de la composition le signe de l'Écrevisse sur fond noir, et le nom du mois écrit en lettres d'or au-dessus de la porte de la maison. Le *rebord* est orné de mascarons en tons de chair, alternant avec des vases et reliés par des chimères. Le revers est semblable à celui du n° 399. — (Ancienne collection, n° 44.)

401. — LE MOIS DE JUILLET. — *Assiette en grisaille sur fond noir, détails dorés.* — *Diamètre, 0,200.*

Un homme fauche l'herbe d'un pré entouré de fascines; un peu en arrière de lui, une femme et un autre homme la rassemblent au râteau et en forment de petites meules. Dans le haut de la composition, le signe du Lion sur fond d'or; à l'angle que forme la haie, le nom du mois en lettres d'or. Le *rebord* est semblable à celui du n° 400. Le *revers* est décoré de trois termes en tons de chair, reliés par des enlacements en grisaille et disposés en rosace. La frise qui entoure et termine est la même que celles des n°s 399 et 400. Sur un des enlacements on lit le monogramme IC, et dans un autre un chiffre, composé de deux D accolés, d'un H et d'un V. — (Ancienne collection, n° 42.)

402. — L'ARCHE DE NOÉ. — *Coupe en émaux de couleurs sur fond noir, avec emploi de paillons et rehauts d'or.* — *Diamètre, 0,263.*

Noé est représenté à genoux sur le sol, les deux bras étendus et les regards élevés vers le Seigneur, qui apparaît dans les nuages et se détache sur un fond d'or. L'arche, qui repose sur une prairie, occupe le centre de la composition. Plus loin, on aperçoit une ville fortifiée, dont les murs sont baignés par les flots de la mer. Dans l'espace compris entre Noé et l'arche, on voit la femme du patriarche et deux de leurs fils, et à un autre plan, le troisième fils, ayant près de lui sa femme. Des couples d'animaux sont répartis de tous côtés, debout ou couchés. On remarque au premier plan un cerf et une biche, un taureau et une vache; plus loin deux licornes, deux éléphants, d'autres encore, et mêlés à eux, un lion, un renard, un dindon, un porc-épic; du côté opposé, deux chèvres qui luttent tête à tête, tandis qu'à l'extrémité d'un long pont tournant qui conduit dans l'arche, on voit deux chiens prêts à y entrer. Sur le fond de ciel, à gauche du nuage qui porte le Père-Éternel, on lit en lettres d'or : GE. VI et VII, indiquant les chapitres de la Genèse. Le Seigneur est vêtu d'une robe blanche et d'un manteau rouge sur paillon d'or, qui entoure son corps comme une ceinture, et voltige derrière sa tête et ses épaules. La robe de Noé est mordorée, son manteau bleu, son turban rouge pailleté sur paillon d'or, ses manches sont d'un ton bleu pâle. Les mêmes couleurs sont réparties sur les autres personnages. Une vignette d'or sur fond noir entoure la composition. Le *revers* est orné de trois termes en tons de chair, rattachés à des enroulements en grisaille, qui alternent avec des masques en tons de chair, formant le centre d'autant de cartouches et supportant des corbeilles remplies de fleurs. Le fond est noir, enrichi d'arabesques d'or et circonscrit par une bordure étroite en grisaille. Sur un des enlacements est tracé en lettres noires le monogramme I. C. Le pied est décoré de deux petites figures de satyres grotesques alternant avec des groupes formés par un petit terme que flanquent deux animaux fantastiques. Toutes ces figures sont en émaux de couleurs vives et variées, sur fond noir, avec ornements dorés. — (Collection Durand, n° 39/2461.)

103. — LOTH ET SES FILLES, *d'après Étienne de Laune.* — *Coupe en grisaille sur fond noir, les chairs colorées, quelques détails dorés.* — *Diamètre,* 0,260.

Loth est représenté assis à côté d'une de ses filles. Elle lui présente une coupe que remplit sa sœur ; celle-ci, debout, soutient des deux mains l'aiguière d'où le vin s'échappe. Les figures se détachent sur les parois d'une grotte recouverte de gazon et d'arbres, et surmontée de portions d'édifices en ruines. A un plan plus éloigné, l'on voit la statue de sel, et, dans le fond, la ville de Sodome en flammes. Une vignette dorée entourait la composition ; elle est presque entièrement effacée. Le *revers* est orné d'un cartouche que décorent des masques et des têtes d'animaux en tons de chair, alternant avec des paquets de fruits. Au-dessus des masques et des têtes sont des médaillons de forme ovale : dans l'un est une figure de fleuve, dans un autre un cerf, dans le troisième une nymphe couchée, dans le quatrième un taureau. Ces quatre motifs sont en tons de chair. On voit sur le fond des traces d'arabesques dorées, et un ornement en grisaille entoure le bord. Sur un détail du cartouche, entre le médaillon du cerf et celui de la nymphe, on trouve le monogramme I. C. — (Collection Durand, n° 40/2462.)

104. — LA CRÉATION DU MONDE, *d'après Raphaël.* — *Coupe en grisaille sur fond noir, les chairs colorées, détails dorés.* — *Haut.,* 0,080 ; *diam.,* 0,190.

Dieu, la tête ceinte d'une couronne et entourée d'une auréole rayonnante, vêtu d'une longue robe et d'un manteau, étend la main vers Adam, couché sur le sol, au moment même de la création. On voit dans le ciel le soleil, la lune, les étoiles ; dans les eaux, qui occupent le fond, les animaux de la mer, ceux de la terre et de l'air répandus à divers plans sur les gazons et entre les arbres. Deux de ces animaux seulement sont teintés en couleur de chair. On trouve au-dessous du pied d'Adam le monogramme I. C. en lettres noires. Une élégante vignette en arabesques dorées entoure la composition. Le *revers* est décoré d'un cartouche orné de mascarons et de guirlandes. Des arabesques dorées couvrent le fond noir ; une rangée d'oves entoure le bord ; le pied, en cuivre doré, est de monture moderne ; il est fixé au centre de la coupe par une rosace apparente à l'intérieur; une bande de cuivre entoure également le bord. — (Collection Durand, n° 42/2464.)

405. — COMBAT DE CAVALIERS, *composition gravée par Ducerceau.* — *Aiguière en grisaille sur fond noir, les chairs colorées, quelques détails dorés.* — *Hauteur, 0,265; diamètre, 0,115.*

Les cavaliers sont entièrement nus, sans casque, et les chevaux sans autre harnachement que la guide qui sert à les conduire. Un des cavaliers, dont le cheval est blessé au poitrail, renversé d'un coup de lance un jeune homme dont le cheval se cabre ; un guerrier mort est étendu sur le sol. A droite de ceux-ci, un guerrier, armé d'un bouclier et d'une épée, a son cheval étendu sous lui et se défend contre deux cavaliers; trois autres guerriers, à la gauche, combattent à l'épée. La partie supérieure est décorée d'armes et de pièces d'armures disposées en trophées; le pied est orné de feuillages et au-dessous d'armes et de masques ; l'anse, en émail blanc, comme l'intérieur du bec, est décorée de légères arabesques de couleur rouge; vers l'origine de l'anse, on trouve le monogramme I. C. — (Collection Durand, n° 43/2418.)

406. — 1° LE TRIOMPHE DE NEPTUNE ET D'AMPHITRITE, *fragment d'une composition gravée par Ducerceau;* 2° CHASSE A L'OURS, *composition gravée par Heinrich Aldegrever;* 3° DIVINITÉS DE L'OLYMPE. — *Flambeau en émaux de couleurs sur fond bleu, avec emploi de paillons et rehauts d'or, composé d'un fût en balustre surmontant un renflement en forme de boule, qui s'élève au centre d'un plateau dont le pied, en s'élargissant, se termine en une base godronnée.* — *Hauteur, ...; diamètre de la base, 0,200.*

Le *fût* est décoré d'enlacements en grisaille entremêlés de rosaces colorées, se détachant sur un fond semé de légers détails d'or. — 1° Sur le *renflement inférieur* est représenté le triomphe de Neptune et d'Amphitrite. Portés sur la mer par deux chevaux marins, ils sont précédés et suivis de petits génies à demi cachés par les eaux, de deux tritons à barbe blanche, d'un plus jeune portant un vase de feu, d'un autre sonnant dans une conque. — 2° Sur le *plateau* est figurée une chasse à l'ours. Un ours debout occupe un des côtés, tenant entre ses griffes la lance qu'un enfant cherche à lui arracher, et tournant la tête vers un autre prêt à le frapper d'une petite massue. Un chien blanc est près de celui-ci, qui s'acharne après l'ours; deux enfants placés l'un à droite et l'autre à gauche, dans des poses différentes, dirigent tous deux leur lance contre l'animal ; derrière celui de gauche, un autre est représenté sonnant du cor. Du côté opposé un ours est renversé; deux enfants sont sur lui, l'un cherchant à se dégager, l'autre enfonçant son bras dans la gueule de l'animal, un troisième tient ses pattes de derrière; près de celui-ci un autre accourt armé d'une lance; du côté opposé un cinquième pique de sa lance la tête de l'ours; un sixième, en arrière de celui-ci, remarquable par son costume militaire, soutient des deux mains une massue posée sur son épaule, et dont on ne voit que l'extrémité. Une petite vignette dorée entoure cette composition et est circonscrite par une sorte de collier de perles d'or, coupé de place en place par des plaques rondes ou des paillons simulant des rubis, un lapis et une émeraude, et par quatre petites têtes en ton de chair. — 3° La *base* est décorée de douze figures de divinités peintes sur autant de godrons se faisant suite. Ces figures sont : 1° *Hercule* combattant l'hydre ; 2° *Apollon* : il est couronné de lauriers ; 3° *Hercule* enlevant Déjanire à Achéloüs ; 4° *Mercure* : figure restaurée ; 5° *Hercule* soutenant le ciel ; 6° une figure rendue méconnaissable par des restaurations ; 7° *Hercule* tenant un arc : Nessus est dans le fond; 8° *Cybèle* : des animaux sont couchés derrière elle ; 9° *Hercule* vainqueur de la biche de Cerynée ; 10° figure restaurée et dénaturée ; 11° *Hercule* étouffant Antée; 12° figure restaurée et dénaturée. De légères arabesques et une fine vignette dorée complètent le décor. Le contre-émail bleu est semé de fleurs de lis d'or. On lit vers le bas, en lettres d'or, ce monogramme I. C. — (Collection Durand, n° 50/2504.)

407. — 1° LE TRIOMPHE DE NEPTUNE ET D'AMPHITRITE, *fragment d'une composition gravée par Ducerceau;* 2° CHASSE A L'OURS, *composition gravée par Heinrich Aldegrever;* 3° DIVINITÉS DE L'OLYMPE. — *Flambeau en émaux de couleurs sur fond bleu, avec emploi de paillons et rehauts d'or, faisant pendant au précédent.* — *Hauteur, ...; diamètre de la base,* 0,200.

Le *renflement inférieur* offre le même sujet que le précédent, mais diversement composé. Neptune et Amphitrite sont portés par un dauphin; deux sirènes ailées les suivent et tiennent au-dessus de leur tête une couronne et des fleurs; un amour est devant eux, dans les airs, sonnant de la trompe ; trois jeunes tritons sont dans les eaux qui les cachent à demi, sonnant également de la conque, et derrière eux un triton à barbe et cheveux blancs. Le *plateau* offre de même un sujet analogue à celui du précédent, mais autrement composé : la *base* est ornée de douze figures de divinités, peintes sur autant de godrons et dans la même disposition. Ces figures sont : 1° *Jupiter* : il tient un sceptre de la main gauche ; ses pieds posent sur la foudre et un aigle ; 2° *Pluton* : il tient un sceptre de la main droite ; 3° *Diane* : son front est orné d'un croissant ; un croissant est également dans sa main gauche et un javelot dans la droite ; deux chiens l'accompagnent ; 4° *Hercule* combattant le lion de Némée ; 5° *Neptune* armé d'un trident : près de lui est un cheval marin ; 6° *Hercule* combattant l'hydre à sept têtes ; 7° *Vénus* : elle porte un sceptre terminé par des flammes; l'Amour est debout à ses pieds ; 8° *Hercule* tuant le dragon du jardin des Hespérides ; 9° *Bacchus* : il presse des raisins dans une coupe qu'il porte de la main gauche; un jeune satyre est à ses pieds ; 10° *Hercule* portant les deux colonnes sur ses épaules ; 11° figure rendue méconnaissable par la restauration ; 12° *Hercule* combattant Euryton ou Cacus. Le contre-émail bleu est semé de fleurs de lis d'or; on lit vers le bas, en lettres d'or, le monogramme I. C. — (Collection Durand, n° 50/2505.)

La précipitation industrielle a dû envahir ses travaux, et dans cette supposition on pourrait lui attribuer les assiettes dont la description suit. Elles sont ornées de scènes faisant allusion aux mois de l'année, et elles offrent, avec quelques traits caractéristiques de sa manière, la plupart de ses défauts. Au bas de toutes est peint un écusson qui porte : écartelé, au premier et quatrième échiqueté d'or et de gueules; au deuxième et troisième d'azur à une tête d'or entre un lambel et un croissant du même : posés l'un en chef, l'autre en pointe.

408. — LE MOIS DE MAI. — *Assiette en grisaille rehaussée d'or sur fond noir, les chairs légèrement colorées. — Diamètre, 0,183.*

Un jeune homme à cheval, ayant une jeune femme en croupe qui passe un bras autour de son cou et tient une baguette dorée de la main droite, tous deux en costume du temps de Henri II, se détache sur les arbres d'une forêt. Au haut de la composition, le signe des Gémeaux sur fond pointillé d'or; au bas, cet écusson quatre mascarons, en tons de chair, de fruits que des enroulements y décoré en cartouche; des masques des draperies à des enroulements; toutes deux en traits d'or, l'entourent Le *rebord* est orné de alternés par des groupes rattachent. Le *revers* est colorés sont reliés par une vignette et une frise, et le terminent. — (Collection Révoil, n° 173.)

409. — LE MOIS DE JUIN. — *Assiette en grisaille rehaussée d'or sur fond noir, les chairs légèrement colorées. — Diamètre, 0,183.*

Le sujet est la tonte des brebis. Un homme et une femme sont assis sur un tertre de gazon, tous deux ayant une brebis sur leurs genoux et des ciseaux dans la main droite. A leurs pieds est un panier rempli de laine. Derrière eux, et à gauche, est un pâtre, incliné sur son bâton, qui attend, ayant une brebis près de lui. Au-dessus de la composition le signe de l'Écrevisse, et au-dessous les armoiries. Le *rebord* et le *revers* sont semblables à ceux du n° 408. — (Collection Durand, n° 19/2436.)

410. — LE MOIS D'OCTOBRE. — *Assiette en grisaille rehaussée d'or sur fond noir, les chairs légèrement colorées. — Diamètre, 0,183.*

Un homme foule avec ses pieds des raisins dans un cuvier, où il se tient baissé en serrant des deux mains le bord. Un jeune enfant nu est derrière lui, un rameau d'or dans la main droite, et élevant de la gauche une coupe en l'air. Un vieillard, le bâton à la main, apporte des raisins chargés dans une hotte posée sur ses épaules, et une femme s'apprête à verser les grappes que contient une corbeille qu'elle porte sur la tête. Le fond est rempli par des ceps couverts de fruits. Au haut de la composition, le signe de la Balance sur fond d'or, et au bas les armoiries. Le *rebord* et le *revers* sont semblables à ceux des n°s 408 et 409. — (Collection Durand, n° 19/2435.)

ANONYME.

Les Courtois eurent des ateliers; ils eurent aussi des imitateurs. Préciser le caractère de dessin, de composition et de technique, qui permettra de reconnaître l'un d'eux, est tout ce que je puis faire pour dévoiler cet anonyme.

Sa manière. Ses figures démesurément longues, leur air un peu sauvage, leurs carnations légèrement saumonées, frappent de prime abord, et rappellent vaguement les défauts de Pierre et de Jean Courtois. Je dis leurs défauts; car l'expression sinistre de ses visages, leurs yeux hagards ou louches, la pauvreté du dessin, la maigreur des formes qui, dans les figures de femmes, va jusqu'à la caricature, tous ces défauts dépassent de beaucoup les mêmes défauts des deux Courtois. L'anonyme dont je m'occupe affectionne les camaïeux sur fonds bleu lapis avec carnations teintées; tous ses contours sont enlevés durement, et le travail de la pointe entre pour beaucoup dans ses travaux. Il trace de cette manière le dessin général de son paysage et les massifs de son feuillage, puis il remplit les espaces, et modèle avec un pointillé d'émail blanc, apposé au pinceau, qui donne à ses compositions un ton froid et un air mesquin.

411. — LE REPAS DES NOCES DE PSYCHÉ, *d'après Raphaël.* — *Plat en camaïeu sur fond bleu, les chairs colorées, quelques détails dorés.* — *Diamètre*, 0,290.

Les Dieux sont assis autour d'une table; l'Amour, sous les traits d'un enfant, est seul debout près des genoux de Vénus. Les Heures voltigent au-dessus de l'assemblée des Dieux et répandent des fleurs. Une vignette en arabesques dorées entoure la composition. Le *rebord* est orné de quatre têtes d'anges ailées, reliées par des rinceaux de feuillages. Le *revers* est décoré de deux mascarons auxquels sont rattachés des ornements et quatre figures d'animaux fantastiques; un rang d'oves, simulant des cœurs, entoure et termine le décor. — (Collection Durand, n° 46/2421.)

412. — LE MOIS D'AVRIL, *d'après Étienne de*

Laune. — Assiette en camaïeu sur fond bleu, chairs colorées, emploi de quelques émaux rouges, détails dorés. — Diamètre, 0,265.

Un berger tenant une houlette est assis, vers la gauche, sur le devant d'une prairie ; une femme à genoux près de lui tresse une couronne ; une autre femme, placée devant eux, se baisse pour cueillir des fleurs. En avant de ce groupe est un chien couché, et au-dessus on lit le mot *avril* en lettres noires. A la droite, et à un plan plus éloigné, est un berger adossé à un arbre, jouant de la cornemuse en gardant des moutons qui l'entourent. Dans le fond l'on voit plusieurs groupes de maisons, et le paysage est animé par de nombreuses figures d'hommes et de chiens poursuivant un cerf qui est à la nage dans les eaux d'un étang. Le signe du Taureau est placé dans le haut, porté sur des nuages et se détachant sur un fond doré. Une vignette en arabesques dorées entoure la composition. Le *rebord* est orné de masques en tons de chair et d'ornements en camaïeu, qui se terminent par des cornes d'abondance. Le *revers* est décoré d'une composition architecturale, où l'on voit une figure de Minerve ; la déesse est debout, casquée, portant une lance et soutenant un bouclier. Elle est surmontée d'un fronton ajusté sur une corniche brisée. Un vase est au sommet. De chaque côté, des oiseaux chimériques, des têtes de dauphins terminées en arabesques, et au-dessous, des globes surmontés de compas. Une guirlande de feuillages et de fruits complète le décor.—(Collection Durand, n° 47/2422.)

413. — ADAM ET ÈVE.—*Assiette en camaïeu sur fond bleu, les chairs colorées, emploi d'émaux rouges, détails dorés. — Diamètre, 0,227.*

L'arbre de vie et de mort occupe le milieu de la composition. Un serpent, qui y est enroulé, présente un fruit à Ève, assise sur un tertre de gazon du côté droit. Adam est debout vis-à-vis d'elle, tendant une main vers le fruit, et appuyé de la droite sur un bâton noueux. On voit une licorne, un lièvre et un chameau, dans le fond de paysage. Deux vignettes concentriques, l'une dorée, l'autre en grisaille, entourent la composition. Le *revers*, également bleu et pointillé d'or, est décoré d'une tête vue de profil occupant le centre et entourée d'arabesques. Une couronne de feuillages orne le bord. —(Collection Durand, n° 49/2438.)

JEAN DE COURT.

Nous avons dans l'histoire des peintres français les de Court, et parmi les artistes de Limoges, Susanne de Court et Jean de Court, dit Vigier. N'aurions-nous pas ici un Jean de Court à distinguer de Jean Courtois ? Ce Jean de Court ne serait-il pas le père, comme il est certainement le maître de Susanne de Court, et peut-on supposer qu'il est le même peintre qui succéda à François Clouet dans l'office de peintre du roi, en 1572 (1)? Le temps seul peut répondre à ces questions et faire évanouir nos incertitudes; il marche en accumulant des notions nouvelles et des renseignements certains.

Sa manière. Nous avons pour en fixer les signes caractéristiques les deux émaux peut-être les plus importants qu'il ait faits, et dans des données très différentes, l'un sur relief repoussé (2), l'autre sur une coupe de grande dimension (3). Il est évidemment contemporain des Courtois; il les cherche, il les imite. Comme eux, il aime les compositions mythologiques, les ajustements exubérants; comme eux, il abuse du paillon, il pousse au vif les carnations, et il étend sur le feuillage de ses arbres, ainsi que sur la verdure de ses gazons, un ton vert froid que des lumières pointillées en blanc rendent encore plus glacial, et cependant il a quelque chose en propre qui le distingue. Ce quelque chose, ce sont des défauts. Considérons-nous son dessin, nous voyons des figures longues jusqu'au ridicule, des profils bizarrement maniérés dans une forme carrée et pointue, avec ce caractère particulier adopté par sa fille Susanne, et qui sert à faire reconnaître ses ouvrages. Quittons-nous les

---

(1) Sur le successeur de Clouet, qui devait être un homme de talent, voyez *la Renaissance des Arts à la cour de France*, tome Ier, p. 231 et 317.

(2) **Musée du Louvre**, n° 414. C'est celui qui va être décrit.

(3) **Collection Callet**. La conquête de la Toison-d'Or, peinte en émail de couleur sur paillon. Le revers en grisaille. Au-dessous d'une femme couchée dans un médaillon, on trouve les lettres I. D. C. Une des figures qui se tiennent sur le second plan, spectateur de l'action de Jason, a plus particulièrement ce profil anguleux que Susanne de Court s'est approprié. Diamètre, 0,255. **Collection Soltikoff**, ancien n° 726 de la collection Debruge. *Ecce Homo*; cette plaque a été coupée et rognée pour pouvoir s'adapter, à une place vide, au bas d'un tableau rempli déjà par dix émaux de la main de J. Pénicaud le second. L'association n'est pas favorable à Jean de Court. Tous ses défauts ressortent à côté des productions charmantes de son voisin. J'ai vu dans les mains de M. Meyer, l'habile émailleur de la manufacture de Sèvres, un coffret complet qu'on attribuait à Susanne de Court, mais que je suis porté à croire de la main de Jean de Court. Les sujets de l'histoire de Joseph sont répartis sur la plaque bombée qui forme le couvercle, sur deux grandes plaques qui garnissent les longs côtés, et sur quatre autres beaucoup plus petites qui occupent les extrémités. Les nombreuses figures placées dans la composition se détachent sur des fonds rubannés que Jean de Court affectionnait.

figures pour examiner l'architecture, les yeux sont choqués par un bariolage des couleurs de l'arc-en-ciel, qui s'étend en longs rubans sur les murailles, les colonnes et les degrés. Enfin, il faut bien remarquer l'abus du paillon et l'excès des rehauts d'or (1). La part ainsi faite à une juste critique, on sent malgré soi cette sévérité d'appréciation faiblir devant des émaux exécutés avec un soin précieux, et dont les figures, gracieuses jusque dans leur maniérisme, se détachent en tons clairs, en carnations saumonnées sur un fond d'ornements colorés de tons harmonieux, bien que sombres.

Il signait ses émaux des trois lettres ✦I✦D✦C✦ (2).

414.—Minerve.—*Écusson de forme ovale, sur métal repoussé, en émaux de couleurs, avec emploi de paillons et rehauts d'or. — Hauteur, 0,520; largeur, 0,400.*

Elle est représentée debout, la tête coiffée d'un casque que surmonte une crinière blanche; son bras gauche soutient un étendard, le droit s'appuie sur un bouclier où est figurée la tête de Méduse; à ses pieds est une chouette placée sur deux livres superposés. On aperçoit, dans le fond, une ville fortifiée qui figure sans doute Athènes. Les cheveux de la déesse sont blonds, sa robe est de couleur mordoré, le manteau bleu d'azur, la cuirasse, le casque et la chaussure mi-partie bleu pâle, mi-partie aventurine, l'étendard est bleu pâle. Toutes les couleurs sont sur paillon. Le plumage de la chouette les réunit toutes; la tête de Méduse est en tons de chair. Le cartouche, de large dessin, qui forme autour de la figure de Minerve un riche encadrement, est repoussé en relief; ses ornements sont dorés et enrichis de paillons enchâssés qui imitent le saphir, le rubis, l'émeraude, la turquoise et l'améthyste. Deux grandes figures à mi-corps, et deux masques d'un relief plus prononcé que les enroulements, y sont rattachés. Ces figures, homme et femme, en tons de chair ainsi que les masques, placées comme des supports à droite et à gauche, sont engagées au-dessous de la ceinture dans les membres du cartouche. Un fort mascaron placé dans le bas est coiffé de draperies et flanqué de fleurs et

---

(1) **Collection Maillon.** Petite plaque. Vénus et l'Amour au milieu de rinceaux et d'arabesques; au bas, deux satyres. Cette composition est imitée d'une gravure d'Etienne de Laune. On lit à droite les trois lettres J. D. C. C'est le n° 754 de la vente Debruge. Hauteur, 0,120; largeur, 0,100.

(2) **Musée du Louvre,** n° 414. M. l'abbé Texier cite, de ce même artiste, un plat ovale de la **collection de Mme de la Sayette.** Moïse élevant le serpent d'airain en vue des Israélites, signé I. D. C. Je viens de décrire ce même sujet traité par Jean Courtois. Le n° 750 de la **collection Debruge** portait le monogramme I. D. C., et représentait la mort d'Adonis.

de fruits en relief. Dans le haut, une tête de génie est posée sur une écharpe que retiennent deux agrafes de pierreries. Au-dessous de cette tête, on lit en lettres d'or le monogramme I. D. C. Des fleurs, des fruits et des brindilles d'or, décorent le fond noir sur lequel se découpe la silhouette du cartouche. Le contre-émail est incolore.—(Collection Durand, n° 59/2519.)

JEAN COURT, DIT VIGIER.

On a voulu faire un seul émailleur de Jean Court et de Jean Courtois : c'est commettre une erreur. Les deux talents diffèrent autant que les deux noms, et ceux-ci se trouvent dans les documents du XVIe siècle concurremment et en présence. M. l'abbé Texier a même découvert, dans un rôle de taille du XVIe siècle, les insertions suivantes : *Canton de Magnynie : Jehan Court, dit Vigier, esmailleur, et petit Jehan son fils*. Puis plus loin, après d'autres noms : *Jehan Courteis*, et enfin *les heoirs de feu Courteis, esmailleur.*

Il signait ses émaux des lettres ·I·C·D·V· (1), et plus souvent il écrivait son nom en toutes lettres (2) : A LVMOGES Cette signature se trouve sur une coupe (3), PAR IEHAN et on lit sur le revers d'un beau plat (4) : COVRT DIT VIGIER 1556 ·ALVMOGES·PAR·IEHAN·COVRT·DIT·VIGIER·1557. Ce qu'il y a de singulier, c'est qu'aucun de ses ouvrages ne porte d'autre date. N'aurait-il donc consacré que ces deux années à son métier d'émailleur ?

---

(1) **Musée du Louvre**, n° 408.

(2) **Collection Pourtalès**, n° 198. Une coupe. Hauteur, 0,170 ; diamètre, 0,185. C'est une pièce charmante, et comme émail un chef-d'œuvre. Elle est bien décrite dans le catalogue de M. J.-J. Dubois. J'extrais ce passage de sa description : *Sur le bord du piédouche dont le dessus est semé de fleurs de lys d'or, se voit répété l'écusson de Marie Stuart*, à qui ce beau vase a dû être présenté lorsque cette princesse n'était encore que la fiancée de François II, qu'elle épousa le 24 avril 1558. La coupe était digne de cette charmante princesse, et l'hypothèse est très acceptable.

(3) On lit exactement la même signature sur le couvercle dépareillé d'une autre coupe. **Collection Iza Czartoryska**. Diamètre, 0,180.

(4) **Collection Callet**. Grand plat peint en grisailles, chairs teintées. Dans le fond, le repas des Dieux, d'après Raphaël. Au revers, un encadrement sur lequel on a tracé la signature que je donne plus haut en fac-simile, mais après en avoir réduit les dimensions de moitié.

Sa manière se caractérise par le sentiment de l'artiste, par la finesse et la netteté de l'exécution, par la touche spirituelle, par une délicatesse charmante dans l'application des tons de chair, par des ressources infinies dans le travail de la pointe. En résumé, dans le dessin et l'arrangement, les mérites de Pierre Raymond, avec plus de goût et d'esprit ; dans la technique, beaucoup de rapports avec Léonard Limosin et Martin Didier, moins l'élégance du dessin de l'un et la puissance des effets de l'autre. Il s'est appliqué exclusivement à la grisaille.

415. — Le mois d'Avril. — *Assiette en grisaille, rehaussée d'or sur fond noir, les chairs colorées.* — *Diamètre, 0,183.*

Un homme et une jeune femme, vêtus du costume en usage au temps de Henri II, sont assis sur un banc rustique dans un jardin ; à leurs pieds sont une coupe et une bouteille. Ils se tiennent amoureusement enlacés, et près d'eux, un fou, revêtu de son costume caractéristique et tenant en main la marotte, étend le bras pour les unir plus étroitement. Au haut de la composition, le signe du Taureau sur fond pointillé d'or ; sur le banc, à gauche, le monogramme I. C. D. V. Le *rebord* est orné d'enlacements blanc mat, sur fond noir rehaussé de légères arabesques d'or. Le *revers* est semblable à celui de l'assiette n° 416. — (Collection Durand, n° 18/2434.)

416. — Le mois d'Octobre. — *Assiette en grisaille sur fond noir, détails dorés, les chairs colorées.* — *Diamètre, 0,185.*

Une femme, en costume italien du XVIe siècle, assise sous un arbre, sur un tertre de gazon, tenant un pain sous le bras droit, présente une coupe de la main gauche à un homme qui passe près d'elle, ensemençant un champ labouré. Le fond est rempli par des arbres et des fabriques. Au haut de la composition, le signe du Scorpion, sur fond d'or, près duquel, à gauche, est le nom du mois en lettres d'or. Le *rebord* est orné de quatre mascarons colorés ; ils forment le centre d'enroulements qui relient des paquets de fruits. Le *revers* est orné d'une rosace formée par des enlacements en grisaille et deux petits termes fantastiques, sur fond noir décoré de légères arabesques d'or. — (Collection Durand, n° 19/2432.)

Longueur, 0,425 ; largeur, 0,290. C'est une magnifique pièce, d'un travail large et d'un grand effet. On peut encore citer de lui les deux plaques de la Kunstkammer de Berlin : n° 223, le Christ devant Pilate, d'après la gravure en bois d'Albert Dürer ; n° 224, l'Ascension du Christ.

MARTIN DIDIER, PAPE.

Les initiales qui désignent cet émailleur cachaient une énigme dont je crois avoir découvert le sens, en lisant dans les comptes royaux de l'année 1599 l'article suivant : *A Martin Dicdier, esmailleur de Sa Majesté, la somme de 30 livres tournois à lui ordonnée pour ses gaiges* (1). Cet émailleur, en titre d'office, a figuré sans doute sur des comptes antérieurs et depuis l'année 1574, date approximative de la mort de Léonard Limosin, auquel il succéda (2) ; et l'on remarquera qu'il s'est retiré en 1609, sans doute par le bénéfice de son grand âge et pour céder sa place à Albert Dicdier, probablement son fils. On peut donc renfermer son activité, comme *peintre-esmailleur du Roy*, entre les années 1574 et 1609 ; mais il a pu travailler dès 1550, et dans les vingt années qui suivent cette date conquérir la réputation qui l'a désigné pour devenir le successeur de Léonard Limosin, dont il était peut-être l'élève.

On trouve sur ses émaux les signatures suivantes (3) :

·M·D· — ·M·D· (4) — MDPP (5) — MDPP,

---

(1) Estat des officiers domestiques du Roy de 1599 à 1609. Voyez la *Renaissance des Arts à la cour de France*, tome Ier, p. 246.

(2) M. Didier Petit dit dans son catalogue, en décrivant le coffret n° 95, que Pierre Courtois a dirigé la fabrique royale des émaux de Limoges, après Léonard Limosin. Il aurait dû en fournir la preuve. Pour moi, je n'ai rien trouvé dans les documents qui autorise cette supposition ; je crois au contraire que Martin Didier eut cette succession.

(3) **Collection Soltikoff.** Magnifique coffret acquis de M. Soulages. Hauteur, 0,230 ; largeur, 0,250 ; longueur, 0,335. La signature s'y trouve répétée trois fois en or et en noir, et sans l dans l'intérieur du D. Les peintures en émail sont exécutées en grisailles.

(4) **Musée de Lyon.** Legs de M. Lambert. L'histoire de saint Jean-Baptiste. Cinq plaques peintes en grisaille. **Collection Sauvageot.** Petite plaque. Grisaille. Hauteur, 0,145 ; largeur, 0,115. Jésus attaché à la croix. Dans le fond, un garde debout dans une attitude d'un grand caractère. **Collection Achille Sellières.** Le Jugement de Pâris, médaillon signé : ·M·D· Diamètre, 0,260. Grisaille teintée, rehaussée d'or.

(5) **Palais Manfrin** à Venise. Cette signature se lit sur un triptyque, œuvre capitale de Martin Didier. Quand les volets de ce tableau sont ouverts, on a sous les yeux cinq sujets. Le baptême du Christ

avec un I inscrit dans le D (1) — *M·PAPE* (2) — M D P A P E (3). Les deux premières lettres, avec l'I inscrit dans le D, répondent au nom de Martin Diedier; quant aux deux lettres P P et aux quatre initiales P A P E, je ne saurais les expliquer. Quelque circonstance heureuse nous apportera un éclaircissement que je n'obtiendrais pas par des conjectures.

Sa manière. Il y a de la grandeur dans son style, et il semble apporter un goût distingué dans le choix des maîtres italiens qu'il prend pour modèles; son dessin fait excuser ses irrégularités par l'ampleur et la noblesse des attitudes. Le type de ses figures est distingué, bien que ses physionomies deviennent monotones et un peu sinistres par une manière uniforme d'éclairer le blanc des yeux. Il comprend l'effet largement, et il en tempère l'éclat avec un charme qui donne parfois à ses grisailles l'air d'un dessin à l'estompe de Prudhon, et qui parfois aussi tourne involontairement au clair de lune. Sa couleur est vigoureuse dans une échelle de tons un peu sombrés; il semble avoir appris de Jean Pénicaud sa manière de faire poindre l'effet dans le noir, et de Léonard Limosin ses bruns translucides et l'emploi fréquent, abondant et habile, de la pointe. Il se servait de préférence, dans ses émaux de couleur, d'un violet brillant qu'il fond habilement avec ses

---

et la décollation de saint Jean-Baptiste occupent les volets; ce dernier sujet est signé M D avec un I dans le D. Le tableau central est divisé en trois parties. Dans celle du milieu, la prédication de saint Jean dans le désert, marquée MDPP avec un I dans le D; à droite, les auditeurs, tableau marqué MD avec un I dans le D; à gauche, un autre groupe d'auditeurs, émail marqué MDPP toujours avec un I dans le D. Dans la partie supérieure, des arabesques et des anges.

(1) **Musée de Lyon.** Plaque cintrée par le haut; grisaille sur fond noir. Le martyre d'une sainte. On la voit, dans le bas, étendue sur le sol et décapitée; près d'elle et debout, un personnage couronné tient le glaive dont il l'a frappée. La sainte paraît dans les nuages emportée par des anges. Hauteur, 0,15; largeur, 0,12.

(2) **Collection Sauvageot.** Une plaque émaillée en couleurs. La Vierge tient sur son bras gauche l'Enfant-Jésus qui l'embrasse; à sa droite, un évêque; à sa gauche, une abbesse, tous les deux nimbés. Les figures se détachent sur la draperie verte du fond. Le monogramme est en bas à droite. Hauteur, 0,185; largeur, 0,150. Une plaque cintrée par le haut complète le tableau.

(3) **Collection Brunet Denon.** Un coffret n° 352.

bleus. Ces deux couleurs, associées aux tons bruns, et en l'absence des carnations vives, donnent à ses émaux colorés un aspect sévère d'une grande impression, et qui les distingue des productions de ses contemporains. Il a fait des grisailles (1) qui le rapprochent de Pénicaud le troisième et de Léonard Limosin, sans doute son maître. Elles s'en distinguent cependant par plus de douceur dans l'effet et dans le travail de la pointe, tempérant l'un par des glacis fugitifs qui donnent un ton roux aux figures et un ton verdâtre aux fonds, l'autre par un frottis au pinceau qui fait disparaître la dureté des hachures.

Il a eu aussi sa veine industrielle (2), mais son point de départ lui permettait quelques écarts en lui laissant de la marge. Dans les assiettes que nous allons décrire, si le sujet principal se ressent de la hâte du travail, le centaure du revers, dans l'une, est digne de ses meilleures pièces. Ses copies ne sont pas aussi bonnes que celles qu'on doit à des artistes moins inventifs. Après le Triomphe de Galatée, qu'il a composé, nous décrirons le même sujet copié exactement par lui d'après Raphaël : on y sent de la gêne et de l'hésitation, mais on retrouve cependant sa manière, avec certitude, dans le travail des hachures, dans le regard qui lui est particulier, et dans les tons de chair qu'il emploie avec esprit, bien que d'une touche un peu lâchée. Enfin, bon nombre de ses ouvrages resteraient dans le vague des anonymes, si l'on ne se fiait qu'à des signatures, car il a rarement signé; mais on les distingue facilement par les traits caractéristiques que je viens de signaler (3).

---

(1) **Collection Soltikoff**, ancien n° 749 de la collection Debruge. Triptyque. Sujets tirés de la vie de saint Jean-Baptiste. Tons violets et verts, que refroidit un pointillé blanc, expressions violentes du rapport avec la Vierge du Louvre, n° 417.

(2) On rencontre dans le commerce bon nombre de productions dans lesquelles la banalité des expressions et le travail heurté de la pointe trahissent la hâte de la fabrique. Je citerai un grand triptyque : sur la plaque centrale, le Christ sur la croix, au haut l'Éternel; au bas à gauche, la signature M. D., tracée en or avec l'I dans le D; sur le volet de gauche un *Ecce Homo*; sur le volet de droite, un portement de croix. L'effet général est encore saisissant, mais il est dur, tranché, et un travail en larges hachures noires rapproche cet émail des productions de Pierre Raymond, lorsque celui-ci imite les anciennes gravures.

(3) M. Didier Petit lui attribuait un grand triptyque (n° 36 de son

417. — La Vierge. — *Plaque en émaux de couleurs sur fond noir, quelques détails dorés. — Hauteur, 0,290; largeur, 0,235.*

Elle est agenouillée sur les nuages, ses mains sont jointes, son visage exprime la douleur. La robe est violette, le manteau recouvrant la tête est bleu, les manches sont jaunes. Une auréole d'or rayonnante, qui entourait la tête, est effacée. Le contre-émail est incolore. — (Collection Révoil, n° 258.)

418. — Diane surprise au bain par Actéon. — *Plaque en grisaille sur fond noir; les feuillages sont émaillés de vert et le cerf de couleur naturelle. — Hauteur, 0,155; largeur, 0,300.*

La déesse, se baignant dans un bassin avec deux nymphes, est distinguée de ses compagnes par un petit diadème et un collier doré; elle est vue de dos et assise; les nymphes sont debout. Vers la droite, Actéon, représenté sous le costume d'archer, porte une lance d'une main et de l'autre soutient un cor, qu'il fait résonner; un chien lévrier est auprès de lui. Vers la gauche on voit le cerf qu'ils poursuivent. Des arbres alignés en avenue indiquent une entrée de forêt. Le bassin où se baigne Diane est entouré, sur trois côtés, d'une margelle régulière, et dans le coin de gauche est placé un terme de Priape, disposé en fontaine jaillissante. Dans le fond, une plaine et des collines (1). Le contre-émail est incolore. — (Collection Durand, n° 69/2535.)

---

catalogue) qui, acheté à la vente par M. Soumesson au prix de 2,310 fr., a trouvé son refuge dans le cabinet de M. Louis Fould. Cette attribution est assez juste, mais ce n'est pas un de ses meilleurs ouvrages. **Collection Visconti.** Petit médaillon rond. Diamètre, 0,160. Un concert dans un bois. Un jeune homme joue de la lyre, une femme l'accompagne sur la guitare. L'effet est délicieux, les attitudes sont charmantes, l'ensemble rappelle Prudhon. **Collection Soltikoff**, ancien n° 724 de la collection Debruge, attribué à tort à Jean Pénicaud le troisième. Cet émail me paraît un des bons ouvrages de Martin Didier.

(1) Martin Didier a traité plusieurs fois le même sujet. **Collection Albert Decombe.** Un charmant coffret orné de cinq plaques; celle du couvercle, la plus importante et la plus soignée, est signée M. D. avec un I dans le D. Sur la margelle du bassin, dans lequel se baignent Diane et deux nymphes; la figure en gaîne jette l'eau par la bouche. L'émailleur a peint les armes de la personne qui commanda ou à laquelle étaient destinés ces émaux. Neuf hermines dans un écu. Hauteur de la grande plaque, 0,075; largeur, 0,143. Les autres, même hauteur; largeur, 0,085.

419. — Le triomphe de Galatée. — *Plaque en grisaille sur fond noir, avec emploi d'émaux verts pour les feuillages; détails dorés. — Hauteur, 0,155; largeur, 0,300.*

Un satyre et un centaure marins soulèvent Galatée au-dessus des flots, le centaure la tient embrassée, tandis que le satyre saisit un de ses pieds et enveloppe sa jambe gauche dans un enroulement de sa queue de poisson. A droite, un jeune triton est représenté sortant à demi des flots et sonnant de la conque ; près de lui est une tête de monstre marin. A gauche, une néréide portant une palme verte. Des rayons d'or percent les nuages. Le contre-émail est incolore. — (Collection Durand, n° 69/2536.)

420. — Vénus sur son char *traîné sur les nues par deux colombes.* — *Assiette en grisaille rehaussée d'or sur fond noir, les chairs colorées. — Diamètre, 0,200.*

La déesse tient une flèche de la main droite et étend le bras gauche vers l'Amour, qui vole dans les airs, l'arc tendu, prêt à lancer un trait. Le fond est pointillé d'or, la vignette dorée. Le *rebord* est orné de masques de femmes en tons de chair, et de têtes de lions alternant avec des paquets de fruits et reliés par des enroulements. Le *revers* est décoré au centre du signe du Sagittaire, sur fond noir pointillé d'or, dans un cadre de feuilles d'eau enveloppé d'un lourd cartouche en grisaille. Une couronne de feuillages et de fruits en grisaille termine le décor.—(Collection Durand, n° 19/2430.)

421. — Phaéton conduisant le char du soleil. — *Plaque en grisaille sur fond noir, les chairs colorées, détails dorés. — Haut., 0,087 ; larg., 0,150.*

Phaéton est représenté assis sur son char, portant de la main droite une baguette dorée, et de la main gauche tenant les rênes des quatre chevaux qui l'entraînent sur les nuages. Une image dorée du soleil est placée à l'arrière du char, remarquable par deux figures nues et en tons de chair, qui sont allongées en dessous en forme de supports. Jupiter, placé en arrière sur des nuages, indique du geste à Phaéton la liberté qu'il lui donne de fournir sa course dangereuse. Le contre-émail est incolore. — (Collection Durand, n° 53/2509.)

422. — Le triomphe de Galatée, *d'après Raphaël.* — *Coupe en grisaille sur fond noir, les chairs légèrement colorées par places.*—*Diam., 0,205.*

Galatée est traînée sur les eaux par deux dauphins qu'elle dirige. Le vent soulève sa chevelure et sa draperie. A ses pieds l'Amour, étendu, arrête un des dauphins. A gauche, un triton vigoureux tient une nymphe embrassée; à droite et en arrière, deux jeunes tritons sonnent de la conque. Deux amours dans les airs, l'arc tendu, couronnent la composition. Une vignette d'or l'encadre. Le *revers* est orné d'une arabesque d'or sur fond noir. — (Collection Révoil, n° 279.)

· M · I ·

C'est toujours avec hésitation que j'introduis un nouvel émailleur dans la liste déjà longue des artistes de Limoges. Avant de m'y décider, je me suis demandé si les lettres M·I· n'étaient pas une nouvelle variante de la signature de Martin Didier, déjà si variée. J'ai cherché dans les traits caractéristiques des ouvrages marqués des deux manières ce qui les rapprochait, ce qui les distinguait aussi, et je suis resté convaincu qu'on ne pouvait attribuer les deux signatures au même émailleur.

Sa manière. Contours fermes et spirituels, vivement accusés et comme tracés à la plume, parce qu'ils sont enlevés à la pointe dans l'émail avant la cuisson; modelé doux; toutes les figures se détachant sur un fond gris foncé traversé de hachures noires. Je ne connais qu'un émail portant cette signature, et cela est insuffisant pour caractériser la manière de peindre d'un émailleur.

422 bis. — ENSEIGNE. — *Combat de cavaliers.* — *Plaque ronde en grisaille sur fond noir.* — *Diamètre,* 0,051.

Deux hommes à longs cheveux luttent à terre; un cavalier, qui tient une bannière déployée, est assis à contre-sens sur un cheval lancé au galop au travers de la mêlée. Il a la tête dénudée, ainsi qu'un homme placé sur la droite, et qui combat armé d'une massue et d'un bouclier. On lit au revers, sur signature ainsi tracée ·M·I· un émail translucide rougeâtre, la Don fait au Louvre par M. Frédéric Lagrenée, juge au tribunal de la Seine. M. L., N° 155.

ANONYME.

Un artiste du talent de Martin Didier devait avoir des imitateurs, et il en eut. L'auteur du coffret que je vais décrire me semble avoir cherché ses effets doux et sombres, et avoir employé comme lui les tons verts pour le feuillage et le terrain (1).

423 à 427. — JEUX D'ENFANTS. — *Coffret composé de cinq plaques en grisaille sur fond noir, les chairs et les cheveux colorés, avec emploi d'émaux verts pour les terrains et feuillages, détails dorés.*

423. Sur la plaque du couvercle. — Hauteur, 0,60 ; longueur, 0,175. — Deux enfants (celui de gauche est remarquable par une ceinture qui flotte en banderole, et l'autre par le petit moulin qu'il tient à la main) font balancer une corde sur laquelle est assis un troisième enfant ; les cordes sont attachées à deux branches d'arbres ; un quatrième enfant, couché sur le gazon, au premier plan, est vu de dos. — 424. Sur la plaque antérieure. — Hauteur, 0,065 ; longueur, 0,206. — Deux enfants montés sur des chèvres sont armés de petites lances et de boucliers, et se dirigent l'un sur l'autre. Deux autres sont placés derrière eux vers les extrémités ; celui de droite jouant de la flûte, celui de gauche frappant sur un tambour ; un cinquième, assis sur le gazon et vu de dos, occupe le milieu de la scène. — 425. Sur la plaque opposée. — Hauteur, 0,060 ; longueur, 0,195. — Deux enfants, montés sur des bâtons terminés par des têtes de chevaux, s'avancent l'un sur l'autre en croisant des lances dont le fer est remplacé par de petits pavillons tournant en sens contraires. Un troisième enfant, couché sur le gazon, semble le juge du camp. — 426. Sur la plaque latérale droite. — Hauteur, 0,062 ; longueur, 0,065. — Deux enfants et une chèvre. L'un d'eux porte une corbeille sur la tête. — 427. Sur la plaque latérale gauche. — Hauteur, 0,062 ; longueur, 0,062. — Trois enfants luttant et jouant ensemble. — (Collection Durand, n° 54/2512.)

ALBERT DIDIER.

Je ne connais pas d'ouvrage de cet artiste, et cependant il devait avoir un certain talent, puisqu'il figure ainsi sur *l'état des officiers domestiques du Roi pour l'année 1609 : A Albert Didier, esmailleur de sa majesté, la somme de trente livres à luy ordonnée pour ses gages* (2). Comme il succède à Martin Didier, il y a tout lieu de croire qu'il était son fils, et il faudra chercher, ou un monogramme qui le désigne positivement, ou des œuvres qui, par quelque analogie avec les émaux de son père, pourront lui être attribuées (3).

---

(1) **Collection Capmas.** Une grande coupe au fond de laquelle cet émailleur a peint le *Quos ego* et qu'il a décorée, sur son couvercle, de ces jeux d'enfants que nous retrouvons sur le coffret du Louvre, n° 423.

(2) *La Renaissance des Arts à la cour de France*, tome Ier, p. 252.

(3) **Collection Sauvageot.** La Vierge, vue de profil et tournée vers

Émaux russes.

J'ai dit que l'émail était venu en aide aux orfèvres de tous les pays (p. 123, note 1) et avait pénétré jusqu'au fond de la Russie ; il paraîtrait que des peintres établis dans ce pays, à la fin du XVIe siècle, leur firent concurrence et voulurent, comme dans le reste de l'Europe, suppléer à l'orfèvrerie brillante mais coûteuse, par le cuivre peint en émail. Nous avons trop peu de specimen de cet art pour fixer bien positivement les caractères particuliers de ces émaux. Voici les observations que me suggère une tasse en cuivre émaillé exposée dans les salles du Musée de Cluny sous le n° 1147. Tasse à six pans, émaillée à l'intérieur comme au revers. Diamètre, 0,105. On a figuré à l'intérieur la bénédiction de Jacob, et à l'extérieur des bouquets de tulipes. L'émail est épais, les couleurs peu brillantes, la surface produit un reflet métallique, les blancs ont le ton gris des émaux et du craquelé chinois. Autour de la coupe à l'intérieur, et au-dessus de la composition, on a tracé l'inscription suivante en noir sur fond blanc, dans un caractère dont ce mot donnera l'idée. Je la transcris avec les lettres de notre ПРИТКОРИΑ alphabet qui lui correspondent, et en ajoutant au-dessous une traduction littérale :

Iakof	otson	pritvorniia	i	blagoslovenia	ego	spodobsiia
Jacob	*son père*	*trompant*	*et (la)*	*bénédiction*	*de lui*	*recevant*
mati	iounochon	togo	dicla	naoutchaet		glava
(la) mère	*le jeune homme*	*de cette*	*chose*	*l'enseigne*		*chapitre*
bejtii,	40....					
de la Genèse	*40....*					

Le chapitre de la Genèse est ainsi indiqué à la fin de l'inscription МКАGNΓИЇ 40.3 ïч et ces chiffres ne correspondent pas avec les divisions de nos bibles. M. Mérimée, à qui je dois cette traduction, et M. le comte de Gotze, chef des célèbres

---

la gauche, tient l'Enfant-Jésus qui s'attache à son sein droit en caressant l'agneau que lui présente le petit saint Jean. La Vierge porte une couronne surmontée d'un nimbe maladroitement ajusté. Hauteur, 0,150 ; largeur, 0,020. Cet ouvrage ressemble aux émaux de Martin Didier, moins le talent et le goût. Est-ce un ouvrage de sa jeunesse ou de la jeunesse de son fils, en 1590 ? Je pencherais pour cette dernière opinion, mais je n'ose l'adopter en l'absence de toute marque positive,

Gotze de Raguse, qui lit ce dialecte ecclésiastique couramment, jugent, par la forme des caractères et l'usage des chiffres arabes, que cette inscription ne remonte pas plus haut que le XVIIe siècle. Les émailleurs russes continuèrent à produire, en associant leur travail à l'orfèvrerie en filigrane. On trouve des vases et des coupes ainsi travaillés et ornés de fleurs émaillées dans le goût et dans les tons de couleurs propres aux Nouailher. Cela est plus étrange qu'original, et assez grossier (1).

SUSANNE DE COURT.

Jehan de Court était valet de chambre et peintre ordinaire du roi en 1574, et c'était certainement un peintre de talent puisqu'il succédait à Fr. Clouet. Son fils Charles de Court lui succéda à son tour en 1584 ou 1589 (2). Les documents, à cette date, et les écrivains contemporains écrivent toujours de Court; or nous trouvons sur de grandes pièces d'émail les lettres J. D. C. (3) que je traduis par Jean de Court, et que j'attribue non pas au peintre du roi, Jean de Court, mais à un émailleur de peu de talent, appartenant à la même famille, qui était probablement le père, et qui fut certainement le maître de Susanne de Court. Lui et elle n'ont rien de commun avec les Courtois et Jean de Court dit Vigier.

Sa manière est celle de Jean de Court, avec plus d'afféterie et moins de variété. Les figures de face se ressemblent toutes, et celles de profil ont une forme particulière qui permettrait de les inscrire dans un as de carreau (4). Une certaine mignardise, une grâce affectée, se lient à un colo-

---

(1) **Collection Soltikoff.** Deux coupes d'argent ornées de filigranes et décorées de fleurs d'un large dessin; au milieu, un médaillon: dans l'un un cerf, dans l'autre un pélican. — Diamètre, 0,155. Il est inutile de citer d'autres productions de ce genre.

(2) *La Renaissance des Arts à la cour de France,* tome Ier, page 223.

(3) **Musée du Louvre,** n° 414.

(4) C'est l'exagération et la caricature des beautés à la mode dont Germain Pilon avait si gracieusement rendu l'idéal. Pour comprendre la vérité de cette comparaison, on examinera le bas-relief du saint Paul prêchant à Athènes dans la chaire à prêcher provenant des Grands-Augustins, et qui est placée dans le Musée de la Renaissance, salle de Jean Goujon.

riage creux et criard que rend papillotant un pointillé doré poussé jusqu'à l'abus. Ni mérite de composition, ni sentiment de la couleur et de l'effet, mais beaucoup de propreté et de soin dans l'exécution, en association avec un brillanté général qui séduit, a donné et conserve aux ouvrages de cette femme une vogue persévérante.

Elle signe tous ses ouvrages du chiffre ·S·C· (1) et de ses noms ainsi écrits : SVSANNE·COVRT (2); et SVSANNE·DE·COVRTF (3).

428. — VÉTURIE AUX PIEDS DE CORIOLAN. — *Bassin de forme ovale, en émaux de couleurs sur fond noir, avec emploi de paillons et rehauts d'or. — Longueur, 0,513 ; largeur, 0,383.*

Le moment représenté est celui où Coriolan dit à sa mère : « Vous me désarmez, Rome est sauvée et votre fils est perdu. » Coriolan est debout, vêtu du costume militaire, coiffé d'un casque ombragé de plumes; il tient dans la main droite une lance dorée ; un jeune enfant, placé derrière lui, porte les plis de son manteau. Un guerrier armé de toutes pièces est assis à peu de distance, et trois autres, également armés, forment le premier rang d'un corps nombreux de troupes. Véturie est agenouillée devant son fils, les mains croisées sur la poitrine. Volumnie et deux autres dames romaines sont en arrière d'elle, à genoux. Des pains, des cordages et des vases sont à terre près de la mère de Coriolan. Au bas de la composition, on lit, en lettres noires, sur un rectangle allongé, d'émail blanc, circonscrit dans un encadrement, ces mots : *Susanne de Court, f.* Les vêtements réunissent plusieurs couleurs qui se retrouvent, en général, sur chaque figure, mais diversement réparties. Ces couleurs sont le bleu d'azur et le bleu pâle, le vert de deux tons, le violet, le mordoré, toutes employées sur paillon. Il faut y ajouter l'émail incolore sur paillon d'or. La vignette, le *rebord* et le *revers* sont semblables à ceux du bassin n° 429. — (Collection Durand, n° 5/2410.)

429. — LES VIERGES SAGES ET LES VIERGES FOLLES. — *Bassin de forme ovale, en émaux de couleurs sur fond noir, avec emploi de paillons et rehauts d'or. — Hauteur, 0,495 ; largeur, 0,385.*

Dix jeunes femmes, uniformément vêtues, occupent le premier plan; elles sont répandues sur une prairie émaillée de fleurs d'or, et partagées en deux groupes. Les cinq de gauche sont les vierges sages; les cinq à droite, les vierges folles. Les premières tiennent en main ou sur leurs genoux leurs lampes allumées; quatre sont assises et ont près d'elles leurs

---

(1) Musée du Louvre, n° 431.
(2) Musée de Sèvres, et Musée du Louvre, n° 429.
(3) Musée du Louvre, n° 428.

vases d'huile; une seule est debout, tenant d'une main son vase et de l'autre sa lampe, dont une de ses compagnes semble admirer le vif éclat; une troisième a sur ses genoux l'évangile selon saint Mathieu; une autre, un livre ouvert, et près d'elle des cahiers de musique; la cinquième, qui occupe le centre, mesure avec un compas les divisions d'un globe céleste. Les vierges folles sont étendues sur le gazon; deux sont endormies; trois sont éveillées mais oisives; leurs lampes sont renversées à leurs pieds, et leurs vases sont vides. Des paons perchent dans les arbres qui les abritent, par opposition à un phénix posé sur un arbre de l'autre côté. Un ange plane dans les airs; ses vêtements comme ses ailes brillent de couleurs variées; il tient en main la trompette qui vient d'annoncer la venue du Seigneur. Les vierges sages ont été admises, nous les retrouverons dans les nuages, se détachant sur un fond d'or, entourant Jésus-Christ dont le côté est sanglant, la tête couronnée d'épines; le Fils de Dieu ouvre ses bras miséricordieux, et l'Esprit Saint, sous la forme d'une colombe, repose sur son épaule. En bas, près des murs de la ville, les vierges folles sont représentées en marché avec ceux qui vendent de l'huile. Ce sont elles encore qui, ayant rallumé leurs lampes, se présentent à la porte de la salle des noces, qui reste fermée pour elles. Toutes les figures sont vêtues d'un même costume, et les mêmes couleurs sont sur chacune diversement réparties; ces couleurs sont le bleu d'azur et le bleu pâle, le vert, le violet, le mordoré, toutes sur paillon. Il faut y ajouter l'émail incolore sur paillon d'or. Le nom de *Susanne Court* est écrit en lettres noires, sur un rectangle allongé, en émail blanc, circonscrit dans un petit encadrement. La composition est entourée d'une vignette dorée sur fond noir. Le *rebord* est décoré de médaillons à sujets, de vases remplis de fleurs, de termes en tons de chair, et de figures fantastiques, chimères et centaures. Le *revers* est orné d'un cartouche en grisaille, avec tons de chair pour les figures. — (Collection Durand, n° 5/2408.) — Susanne de Court a répété ce plat dans les mêmes dimensions, et avec la même composition et les mêmes ornements. *Musée de Sèvres*, don de M. Héricart de Thury. Ce plat est signé Susanne Covrt. — Longueur, 0,505. **Collection Andrew Fountaine**, une aiguière signée Susanne Court f. Les sujets mythologiques sont d'une exécution très fine. Un coffret décoré de sujets bibliques, signé également Susanne Court.

430. — Le triomphe de Flore, ou le Printemps, faisant partie d'une suite des quatre saisons, gravée par *Virgilius Solis*. — Aiguière en émaux de couleurs sur fond noir, avec emploi de paillons et rehauts d'or, détails dorés. — Hauteur, 0,287; diamètre, 0,135.

Le corps de l'aiguière est décoré de deux compositions superposées que sépare une sorte d'anneau sur lequel est peint un motif d'ornement de couleur noire sur fond d'émail blanc. La figure principale de la frise supérieure est Flore, assise sur un char que traînent deux bœufs; elle porte des fleurs de la main droite et une couronne de l'autre. Le Printemps, sous les traits d'un enfant couronné de verdure, est assis derrière la déesse Flore et joue du violon. Une viole est appendue au char, et l'on remarque, tout à fait à l'arrière, un singe tenant un fruit. En avant marche Euterpe, qui sonne dans une trompette, et derrière elle Mercure portant son caducée. Derrière le char, Clio, Melpomène un compas à la main, et, fermant la marche, Mars armé de toutes pièces qui s'appuie sur Vénus qu'il tient embrassée. Une scène champêtre est le sujet de la frise inférieure: un pasteur, ayant une longue houlette sous son bras, est représenté parlant à une femme debout près de lui; en arrière, on voit les bâtiments d'une ferme, un homme et une femme qui en sortent portant une corbeille remplie de pains, et précédés d'un autre homme qui tient un lourd fardeau sur son épaule et un vase de la main droite. Du côté opposé et en arrière de la ferme, un homme charge un mulet des pains que lui présente un jeune enfant agenouillé. Des vases et des corbeilles sont entassés au premier plan. En rapprochant cette aiguière du bassin n° 428, on peut voir en cette scène, par l'analogie de la figure principale, Véturie faisant charger des approvisionnements pour les porter au camp de son fils. Sur le *pied* sont peints quatre termes d'enfants soutenant des draperies; sur le goulot, des feuillages verts rehaussés d'or. De légères brindilles d'or détachées sont semées sur le fond noir de l'aiguière. L'intérieur est émaillé de blanc. L'anse, dont l'émail de fond est noir, est parsemée de fleurettes dorées, et décorée, sur la tranche, d'ornements noirs se détachant sur un filet d'émail blanc. Près de l'anse, on trouve un petit cartouche renfermant cette inscription : *Susanne de court. f.* écrit de la même manière que la signature du plat dont j'ai donné un fac-similé. Le contre-émail est noir et semé de fleurs de lis mêlées à des fleurettes dorées. — (Collection Durand, n° 4/2409.)

431. — 1° ABRAHAM RENVOIE ISMAEL, A LA PRIÈRE DE SARA; 2° JACOB REÇOIT LA TUNIQUE ENSANGLANTÉE DE JOSEPH. — *Gobelet en émaux de couleurs sur fond noir, avec emploi de paillons et rehauts d'or. — Hauteur, 0,060; diamètre, 0,090. — Il est rapporté sur un pied en verre émaillé.*

1° Abraham éloigne de lui le jeune Ismaël ; à quelque distance est Sara, coiffée d'un petit diadème et suivie de deux femmes dont une tient la queue de sa robe. Elle est séparée d'Abraham par trois hommes, dont deux portent des hallebardes; un quatrième, vêtu comme ceux-ci et tenant une lance, est placé derrière Abraham. En arrière de Sara, et à un plan plus éloigné, l'on voit deux hommes tenant par la bride trois chameaux chargés de paquets. Les figures se détachent en partie sur un fond de verdure, en partie sur l'émail noir, parsemé de fleurettes dorées. Au-dessus de la figure d'Abraham on trouve le monogramme : S C., et on lit vers le bord supérieur, en lettres et chiffres dorés, l'inscription suivante : Genèse, XXIX, qui donne une fausse indication. Dans l'intérieur du gobelet, 2° Jacob est représenté assis sur un siége, étendant la main vers un homme qui lui montre la tunique sanglante de Joseph. Ces deux personnages sont séparés par un homme debout, qui ouvre les bras avec une expression de surprise ; quatre autres figures complètent la composition; quatre sont vêtues uniformément et portent des houlettes. Les figures se détachent sur des fonds semblables à ceux de l'extérieur. On lit sur le bord supérieur, au-dessus de la tête de Jacob, cette inscription en lettres d'or : Genèse, XXXVII. — (Collection Durand, n° 26/2445.)

JEAN LIMOSIN.

Un émailleur dont la manière se rapproche plus du faire de Jean Courtois et de Susanne de Court que du style de Léonard Limosin, signe ses émaux, et il en a fait un grand nombre, des lettres J. L., séparées souvent par une fleur de lis. On a traduit avec raison ce monogramme (1) par Jehan Limosin, car il a signé d'autres pièces ainsi (2) [IEHAN] seulement on a conjecturé de la présence d'une [LIMOSIN] fleur de lis dans sa signature, que ce peintre avait été, comme son homonyme, émailleur du roi, et je n'ai rien trouvé dans les comptes des rois de France qui confirme cette supposition. M. l'abbé Texier a rencontré son nom sur les rôles de la taille de Limoges, à l'année 1625 (3), qui doit marquer une époque assez voisine de la fin de sa carrière, car il travaillait certainement déjà dans le XVIe siècle.

Sa manière. C'est à peine s'il a droit au titre d'artiste ; c'est un ouvrier intelligent qui manie l'émail avec facilité, fait un usage habile du paillon, et sait, au moyen de la pointe, donner de la précision à son dessin, à son modelé, à ses plis. Tous ces mérites réunis donnent à ses bons émaux l'apparence de vieilles gravures coloriées, recouvertes d'une glace ; quant aux médiocres, ils offrent tout ce que peut produire de mesquin, de criard et de papillotant le mauvais goût en l'absence de talent.

Il a exécuté de très grandes pièces (4), ainsi qu'un

---

(1) On pourrait confondre ce monogramme avec celui de Jean Laudin, et je citerai des exemples de cette erreur. M. Didier Petit (Cat., n° 46) semble ne s'être attaché qu'à la lettre en attribuant à cet émailleur un Christ qui est de la main de Jean Limosin. M. J. Dubois (Cat. de la collection Fourtales, n°s 205 et 206) commet la même erreur, et M. le docteur J. Kugler me paraît faire une confusion de ce genre dans les n°s 245 à 254. La manière des deux peintres est pourtant assez différente pour qu'on puisse faire la part de chacun. Voyez l'art. Jean Laudin, page 322.

(2) Musée du Louvre, n° 432.

(3) Une pièce qui se rapporte à cette date appartient à la Société des arts de Limoges ; elle représente saint Ignace et saint François-Xavier au moment de leur canonisation, qui eut lieu en 1621 et 1622. Cet émail a en hauteur, 0,330 ; largeur, 0,230. Collection Soltikoff. Un coffret orné de chiffres qui laissent penser qu'il a été fait pour Anne d'Autriche. Comme cette princesse est arrivée en France en novembre 1615, c'est après cette date qu'il faut en reporter l'exécution, et les costumes du règne de Henri IV, qu'on remarque sur l'une de ces plaques, conviennent encore à cette époque.

(4) J'ai vu une plaque haute de 0,420, large de 0,230. Le sujet de la peinture en émail est le Christ sur la croix, accompagné de sainte Marie et de saint Jean. Toutes les figures se détachent sur l'émail bleu du ciel. On voit au bas, au pied de la croix, les deux lettres

nombre infini de tableaux de sainteté (1) et de petits objets usuels (2).

Le nom de Limosin, qui rappelle les plus beaux triomphes de la renaissance des émaux, nous servira de halte pour marquer leur décadence. C'est avec Jean Limosin, et peut-être sous son influence, que la hâte industrielle fait tourner l'art en gagne-pain, que l'artiste cesse complétement de se respecter, et que la vogue recule devant un flot de médiocrités qui prend sa source à Limoges. Bernard Palissy assistait à cette triste altération d'un art qu'il appréciait mieux que tout autre, et il l'attribue à la vulgarisation des procédés. Peu importe son erreur, c'était chez lui une opinion qui tenait à tout un système ; écoutons ses lamentations : *As-tu pas veu aussi les esmailleurs de Limoges, lesquels, par faute d'avoir tenu leur invention secrète, leur art est devenu si vil qu'il leur est difficile de gaigner leur vie au prix qu'ils donnent leurs œuvres. Je m'assure avoir veu donner, pour trois sols la douzaine, des figures d'enseignes* (3) *que l'on portoit aux bonnets, lesquelles enseignes estoyent si bien labourées, et leurs esmaux si bien parfondus sur le cuivre qu'il n'y avoit nulle peinture si plaisante. Et n'est pas cela seulement advenu une fois, mais plus de cent mil, et non-seulement esdittes en-*

J. L. tracées en or et séparées par une fleur de lis. M. l'abbé Texier s'exprime ainsi : « M. C. de Tusseau, à Poitiers, possède un grand émail qui représente les trois Marie au pied de la croix. » Ce doit être une pièce du même genre. **Collection Visconti.** Ananias — Actes des Ap., chap. V, d'après le carton de Raphaël. Grand plat. Longueur, 0,550 ; largeur, 0,400. Il n'est pas signé, mais il a tous les caractères et le genre de mérite d'un ouvrage de Jean Limosin.

(1) **Collection Sauvageot.** L'Amour divin vainqueur de l'Amour profane. Petit tableau très fin. Hauteur, 0,105 ; largeur, 0,080.

(2) Il a peint un grand nombre de saints et de saintes en bustes, ainsi que des têtes d'expression accolées à des noms historiques, mais on ne cite pas de portraits signés par lui. Je crois pouvoir lui en attribuer un. **Collection Germeau.** Dans un médaillon ovale est représenté de face un homme qui porte la barbe et un costume de velours noir brodé. Derrière lui pend un rideau vert. La figure se détache sur fond bleu. On a tracé en or, sur la droite, ces chiffres qui marquent la date du portrait et l'âge du personnage : XXX III 1597. Hauteur, 0,140 ; largeur, 0,080.

(3) Bernard Palissy parle ainsi : *des boutons d'esmail, qui est une invention tant gentille, lesquels au commencement se vendoient trois francs la douzaine,* et qui furent donnés plus tard : *pour un sol la douzaine.*

seignes, mais aussi aux esguieres, salières, et toutes autres espèces de vaisseaux et autres histoires, lesquelles ils se sont advisez de faire: chose fort à regretter (1). Ce tableau de la décadence de Limoges était exact, et les œuvres qui nous restent à décrire s'accordent avec lui.

432. — ESTHER AUX PIEDS D'ASSUÉRUS. — *Plat de forme ovale, en émaux de couleurs, avec emploi de paillons et rehauts d'or.—Longueur,* 0,490 ; *largeur,* 0,390.

La composition offre, à trois plans différents, autant d'épisodes divers de l'histoire d'Esther. Au premier plan, toute la partie de gauche est occupée par la vaste estrade, le dais et les rideaux du trône sur lequel est assis Assuérus, revêtu du costume et des insignes royaux. Le prince étend son sceptre vers Esther, agenouillée devant lui, et dont l'ample manteau est relevé et soutenu par une des deux suivantes qui sont debout derrière elle ; près du roi, et en arrière du trône, sont placés quatre hommes, dont un seul est assis, et, sur le devant, un petit chien blanc s'élance sur la première marche de l'estrade. Au deuxième plan et à droite, dans une sorte d'encadrement que forment d'amples rideaux drapés et retombants, le même Assuérus, couronne en tête et sceptre en main, est représenté couché, se faisant lire les annales de son règne. Trois hommes sont au pied du lit et debout, l'un d'eux parle avec animation, l'autre tient un livre ouvert, le troisième porte une torche enflammée. Un même fond d'intérieur, décoré de pilastres et de détails d'architecture, renferme ces deux scènes d'un même tableau ; la troisième est figurée en dehors, sur un fond de paysage, et est encadrée dans l'ouverture formée par une porte cintrée que gardent en dedans trois hommes d'armes, et sur le seuil de laquelle une femme est assise, tenant un enfant dans ses bras. On voit Mardochée, portant le même costume et les mêmes insignes que le roi Assuérus, et monté sur un cheval blanc que conduit par la bride le favori du roi. La potence à laquelle doit périr Aman se détache, au fond, sur l'azur du ciel. A l'angle de l'estrade est un petit rectangle émaillé de blanc, sur lequel on lit cette inscription en lettres noires : IEHAN LIMOSIN ; j'ai donné plus haut, page 292, le fac-simile de cette signature. Une vignette dorée, sur fond violacé, entoure la composition. Le *rebord*, en émail fond noir, est orné de quatre médaillons de forme ovale, à fonds pointillés d'or, où sont peintes une tête d'ange ailée et une sainte femme (peut-être Esther), l'une et l'autre de face ; dans le troisième un guerrier, dans le quatrième une sibylle, tous deux de profil. Le *revers*, décoré en hau-

(1) Œuvres de Bernard Palissy, Paris, 4°, 1777, page 9. Cette observation serait plus précieuse encore si Bernard Palissy avait été peintre émailleur. M. Potier écrit ce qui suit : «Nous avons appris, de la bouche de M. Willemin, que la signature reproduite sur notre planche 290 avait été relevée au dos d'un émail qui représentait une Madeleine couchée près d'une grotte. Ce fait bien constaté serait décisif pour établir que Palissy joignit à ses autres talents celui d'émailleur.» (Mon. inédits, tome II, page 69.)—Jusqu'à présent je n'ai rien constaté de semblable.

teur, contrairement à la disposition de la scène qui orne la face, présente un enlacement d'un large dessin et en émaux variés de couleur, se détachant sur un fond noir où sont semés de légers ornements d'or. Une tête, en camaïeu, d'homme couronné de lauriers, occupe le centre et a pour encadrement un cartouche dont les enroulements s'étendent et se rattachent, par chaque extrémité, à deux grandes figures de femmes placées à droite et à gauche, et engagées par les bras dans des arabesques qui les enveloppent comme une ceinture et les transforment, vers la base, en sortes de termes. Deux têtes, l'une dans le haut, surmontée d'un croissant, l'autre en bas, coiffée d'arabesques, se rattachent aux enlacements. Une guirlande de feuillages en traits d'or termine le décor. — (Ancienne collection, n° 12, de la notice des émaux de la galerie d'Apollon, année 1820, n° 634.)

433.—BATH-SEBAH, *femme d'Urie*. — *Bassin de forme ovale, en émaux de couleurs sur fond noir, avec emploi de paillons et rehauts d'or.* — Longueur, 0,505 ; largeur, 0,380.

« Sur le soir il arriva que David se leva de dessus son lit, et comme il se promenait sur la plate-forme de l'hôtel royal, il vit une femme qui se lavait, et cette femme-là était fort belle à voir. » (*Samuel*, chap. XI.) Bath-Sebah, presque nue, occupe le centre de la composition. Elle est assise sur le bord d'un bassin, et ses jambes trempent à demi dans l'eau. Elle porte vers son sein une légère draperie qui retombe de sa tête ; une femme s'approche d'elle et lui présente des tablettes écrites ; trois autres femmes sont placées derrière elle, à droite, et la plus rapprochée arrange sa chevelure. Dans le fond à gauche, on voit à l'angle d'un balcon le roi David ayant une couronne sur la tête et un sceptre fleurdelisé dans la main gauche. Une vignette dorée entoure la composition. Le *rebord* est orné de deux masques de satyres, alternant avec deux médaillons, où sont figurés en profil une femme et un guerrier ; quatre portions de frises relient entre eux ces motifs ; elles sont composées de termes ou de personnages grotesques qu'accompagnent de chaque côté des animaux fantastiques. Le *revers* est décoré d'un cartouche en grisaille, qui est orné de perles et de draperies rattachant deux mascarons à deux figures dont le torse se termine en feuillages ; un des deux mascarons a seul conservé ses tons de chair. Une couronne de feuillages en traits d'or, interrompue par des liens, termine le décor. — (Collection Durand, n° 8/2443.)

434. — L'ENLÈVEMENT D'EUROPE, *composition gravée par Virgilius Solis.*—*Bassin, de forme ovale, en émaux de couleurs sur fond noir, avec emploi de paillons et rehauts d'or.* — Longueur, 0,390 ; largeur, 0,300.

Deux femmes éplorées, dans des attitudes différentes, mais toutes deux à genoux, occupent le premier plan de la composition. Europe est représentée dans l'éloignement, emportée par un taureau blanc qui traverse à la nage un bras de mer ; dans le fond s'élèvent les murs et les monuments d'une ville ; sur la même prairie où sont posées les deux compagnes d'Europe, on aperçoit deux taureaux de couleur fauve et plus loin une habitation. Les principales couleurs employées pour les vêtements sont le bleu et l'amarante sur paillon. *Le rebord* est décoré d'ornements en couleur, où l'on distingue des vases et des imitations de perles. Au centre *du revers* est peinte une tête de femme vue de profil; sur les bords sont disposés des médaillons dans lesquels les figures sont tracées en traits noirs sur émail blanc; ils alternent avec des agrafes de perles et en sont séparés par des fleurons dorés. — (Collection Durand, n° 9/2414.)

435. — APOLLON ET LES SCIENCES, *d'après Étienne de Laune*. — *Salière à six pans, la base et le faîte circulaires, en émaux de couleurs sur fond noir, avec emploi de paillons et rehauts d'or.* — *Hauteur, 0,080; diamètre, 0,123.*

Chacun des pans est décoré d'une petite figure debout, dont les pieds posent sur une console. Ces figures sont, d'après les titres assez bizarres des gravures d'Étienne de Laune : 1° *la Physique*, sous les traits d'Apollon jouant de la lyre ; 2° *la Rhétorique*, jouant de la viole ; 3° *la Musique*, frappant des cymbales; 4° *la Dialectique*, jouant d'une sorte de flûte ; 5° *l'Astronomie*, soufflant dans une longue trompette; 6° *la Jurisprudence*, jouant de la guitare. Des oiseaux, bigarrés de couleurs, rattachés à des rinceaux dorés, forment la frise circulaire qui orne la base. La partie concave destinée à contenir le sel est décorée d'une tête de guerrier en buste. Un cercle de pierreries de diverses couleurs entoure le rebord. Le contre-émail noir est semé de petits ornements dorés. — (Collection Durand, n° 49/2502.)

436. — ÉCUELLE *en émaux de couleurs sur fond noir, avec emploi de paillons et rehauts d'or, détails dorés.* — *Longueur, 0,140; largeur, 0,078.*

Au fond, tête de femme vue de profil; *sur les bords*, rosaces et oiseaux en paillons, ornements dorés; *au revers*, même décor que sur les bords.

JOSEPH LIMOSIN.

Ce peintre émailleur marque ses émaux d'un J et d'un L, et on les a confondus avec ceux de Jean Limosin; il fallait une signature entière pour connaître son nom et distinguer sa manière. La collection du Louvre offre celle-ci : *Ioseph Limosin Feci.* tracée en or sur une salière qu'il a souvent répétée, mais en la signant de son monogramme seulement (1). Nous n'avons sur sa vie aucune notion; peut-être était-il le frère de Jean Limosin. Ses œuvres ne signalent pas un talent, et elles prouvent, la plupart du moins, qu'il comptait plus sur le génie inventif d'Étienne de Laune que sur le sien.

Sa manière. Le ton général de ses émaux le rapproche de ses contemporains Jean Limosin, Susanne de Court, Martial Raymond; mais il avait plus de finesse dans sa touche, plus de netteté dans son dessin, plus de propreté dans l'ensemble de son exécution. Ses figures ont les chairs modelées par un travail de pointillé et de hachures qui les ferait rentrer dans la classe des émaux de Toutin et de Petitot, si ces émaux pouvaient former une classe à part. Il résulte de ce procédé des nuances fondues et des formes arrondies qui, avec l'assistance des jolies compositions d'Etienne de Laune, auraient produit des émaux parfaits, si Joseph Limosin avait pu éclairer son travail minutieux de quelques lueurs de génie. Tous les vêtements sur paillon sont rehaussés d'or apposé en hachures très fines; les fonds sont remplis par des rinceaux et des arabesques en or et en tons verts, qui leur donnent une apparence vermiculée.

437. — Minerve et les Sciences, *d'après Étienne de Laune.* — *Salière à six pans, la base et le faîte circulaires, en émaux de couleurs sur fond noir, avec emploi de paillons et rehauts d'or.* — *Hauteur, 0,100; diamètre, pris à la base, 0,142.*

Chacun des six pans est décoré d'une petite figure debout, au-dessus de laquelle est suspendu un pavillon de couleur bleue; au-dessous, et à quelque distance des pieds, est peinte une console de couleur aventurine rehaussée d'or. Des rinceaux de feuillages s'enroulent autour des lignes dorées qui marquent les arêtes des pans, et de légères brindilles d'or sont semées sur les fonds. Les six figures sont copiées fidèlement des gra-

---

(1) Je lis dans la *description des objets d'art qui composent le cabinet de feu M. Joan. D'Huyvetter, à Gand, dont la vente doit avoir lieu le 19 octobre 1851 : n°⁵ 648 et 649 : deux salières de forme conique. La marque JL, Jean Léonard? sinon plus ancien. Hauteur, 0,090.* Ce point d'interrogation est superflu; ces lettres se traduisent Joseph Limosin, et l'on m'a dit que ces salières étaient de la main qui a exécuté la salière du Louvre n° 437; seulement celles-là sont très restaurées, tandis que celle-ci est intacte.

vures d'Etienne de Laune, datées de 1569 : 1° *Minerve*, appuyée de la main gauche sur sa lance et soutenant de la droite un bouclier sur lequel est peinte la tête de Méduse ; — 2° *la Physique* sous les traits d'Apollon couronné de lauriers et jouant de la lyre ; — 3° *la Musique*, représentée dansant et frappant des cymbales ; — 4° *la Sapience*, tenant un livre ouvert ; — 5° *la Dialectique*, jouant d'une sorte de flûte et dansant ; — 6° *la Grammatique*, sonnant dans une longue trompette. Au-dessous de la cinquième figure on lit cette inscription, en lettres d'or : Joseph Limosin feci. L'ornement circulaire qui contourne la base simule un collier de pierres enchâssées, alternativement saphirs et améthystes. La partie concave de la salière, celle destinée à recevoir le sel, est décorée d'une figure à mi-corps, de proportion beaucoup plus forte que les figures du pied ; elle est vue de dos, le visage ramené de trois quarts ; le bras gauche étendu est en partie caché par un tronc d'arbre, et la main droite élevée va servir d'appui à un faucon qui semble revenir à son maître. Des rosaces sur paillon et des brindilles d'or forment une frise qui décore le rebord supérieur. Le contre-émail bleu est parsemé de fleurs de lis d'or d'un élégant dessin.
— (Collection Durand, n° 48/2497.)

LÉONARD LIMOSIN.

On lit sur les rôles des tailles, ou des impositions, de Limoges, à la date de 1625, le nom d'un Léonard Limosin qui était probablement un neveu, peut-être un fils de l'émailleur du roi, et dont nous trouvons des émaux signés les uns de deux LL (1), les autres de sa signature accompagnée de son paraphe *Limosin* (2).

Sa manière est celle de ses contemporains Jean et Joseph Limosin, une routine, un métier où l'art et l'originalité

---

(1) **Collection Soltikoff.** Ancien n° 780 de la collection Debruge. Salière à six pans, chaque pan décoré d'une figure mythologique. Aux pieds et à gauche de Vénus, on trouve le monogramme tracé en or. Le revers est bleu clair. Hauteur, 0,080 ; diamètre, 0,100. **Collection Raifé.** Plaque de miroir, forme ovale. Concert de trois femmes assises sur le gazon. Elles sont nues jusqu'à la ceinture, et leurs robes brillent sur paillon des couleurs bleu de deux tons et brun. Leurs airs de tête et leurs profils semblent empruntés aux émaux de Susanne de Court. Le ciel, bleu d'azur, est parsemé de rayons dorés disposés de place en place et régulièrement. On lit au bas, à gauche, la signature LL tracée en or. Hauteur, 0,100 ; largeur, 0,070.

(2) **Collection Soulages**, à Toulouse. Je n'ai point vu cet émail ; j'en parle d'après les notes qui me sont fournies. Plaque de miroir octogone ; au centre, Jupiter et Calisto. Sur les bordures, des têtes d'amours, des tritons et des animaux au milieu d'un semis de fleurs variées. Les deux figures principales sont d'un dessin peu correct, le reste d'une exécution précieuse. La signature se lit au bas de la composition centrale. Hauteur, 0,082 ; largeur, 0,065.

cèdent le pas à une adresse de main qui suffit à tout ; ses petites figures ont le profil pointu des petites figures de Susanne de Court, mais elles sont plus courtes et moins bien sur leurs jambes ; il les fait détacher sur un émail noir qu'il rend brillant par un petit travail de résille d'or, en pointillé et en rinceaux.

F. E. S. LOBAUD.

Je n'ai sur cet émailleur d'autre renseignement que la description d'une pièce exécutée et signée par lui. Voici comment la décrit M. Didier Petit, qui en était possesseur : *Triptyque de 58 centimètres sur 29 1/2, ayant dans sa partie du milieu un émail de 23 centimètres, peinture de couleur représentant le Calvaire, signé FES Lobaud, 1583* (1).

F. P. MIMBIELLE.

On a vu dans la collection de M. Didier Petit un émail qu'il a décrit ainsi dans son catalogue de vente : *Émail de 20 centimètres ; peinture de couleur représentant saint Pierre, saint François d'Assise et un moine ; signé F. P. Mimbielle,* 1584. J'ai vainement cherché cette plaque, et l'émail de Lobaud cité plus haut, dans les soixante collections où j'ai trouvé des émaux. Les indications consciencieuses du catalogue de M. Didier Petit permettent d'adopter ces noms sous sa seule garantie.

I. C.

Cette signature de Jean Courtois accompagne quelques émaux qu'il est impossible d'attribuer à ce peintre, non pas seulement parce qu'ils sont médiocres, ils pourraient appartenir à ses débuts, mais parce qu'ils sont étrangers à sa manière de traiter les émaux, et exécutés dans un genre mesquin qui ne fut adopté qu'après lui.

Sa manière. Absence de talent ; carnations pâles et presque livides, le bleu dominant dans le ton général ; les

---

(1) N° 27 du catalogue de vente.

vêtements violets et bleus sur paillon avec rehauts d'or, pointillés sèchement (1).

I. R.

Nous devons attendre d'autres renseignements pour traduire avec certitude ces deux lettres. La signification du monogramme M R nous a été donnée par la signature de Martial Raymond tracée en toutes lettres, peut-être aussi trouverons-nous Jean Raymond inscrit sur quelque émail. Jusque-là contentons-nous, pour éviter la confusion, de marquer les traits caractéristiques qui le distinguent.

Sa manière. L'effet général de ses émaux de couleur le rapproche des de Court ; ses compositions sont animées, mais le dessin en est faible. On est frappé de l'insignifiance des physionomies et du louche de tous les yeux. Plusieurs collections possèdent de ses émaux, tous signés des lettres I R (2) ; l'un d'eux est daté de 1625 (3).

I. P.

Aucun document, aucune indication même, ne nous vient en aide pour expliquer ces deux lettres (4), qui se rencontrent sur des émaux en grisaille assez rares.

---

(1) **Collection Albert Decombe.** L'Adoration de l'Enfant-Jésus par les bergers. Toutes les figures, sans exception, ont les yeux si dévotement baissés qu'elles semblent endormies. Hauteur, 0,145 ; largeur, 0,140.

(2) **Collection Andrew Fountaine.** La Cène, signée IR. Hauteur, 0,547. **Collection Didier Petit,** n° 172 de son catalogue. **Collection Barnal.** Une petite plaque : en haut, la Trinité ; en bas, des moines en prières. Quatre lignes d'inscription commençant : *una salus,* finissant : *et unus amor.* Au-dessous de la composition, les lettres IR ; au dos, ce nom qui est une indication : M. F. VERTHAMON, et au-dessous les lettres CD R. Hauteur, 13 centimètres environ.

(3) **Collection Didier Petit.** N° 171. Émail de 14 centimètres de haut sur 10 de large. Peinture de couleur représentant Jésus-Christ, signée IR 1625.

(4) M. Didier Petit, décrit, sous le n° 144 de son catalogue, un médaillon de Cléopâtre signé IP, et il ajoute : *C'est la marque de Jean Pénicaud jeune,* — à la condition toutefois que la manière réponde à ce que nous savons de son style, car autrement cette marque, comme on le voit, peut s'appliquer à d'autres.

La manière de cet émailleur est parfaitement reconnaissable au ton général gris et froid de ses émaux ; or, ce ton lui est propre, parce qu'il provient d'une façon particulière de traiter l'émail. Un glacis d'émail blanc étendu sur toute sa composition lui permet de modeler avec des hachures grises qui restent pâles, parce qu'en traversant l'émail blanc elles n'atteignent pas le fond noir, mais s'arrêtent sur une première couche assez transparente pour être grise. Même pour ses premiers plans, même pour ses contours, il évite le ton noir et ne se plaît que dans des effets de demi-teintes. La disposition de ses armures, les formes de ses chevaux (1), son style, en un mot, le placent dans la seconde moitié du XVIe siècle. Outre la scène de bataille que je vais décrire, et qu'il a signée ainsi : IP, je lui attribue deux petites plaques de trophées qui sont entièrement traitées dans sa manière, bien qu'imitées d'un modèle suivi, dès 1537, par Léonard Limosin (2).

438. — Combat de cavaliers, *d'après Raphaël.* — *Plaque en grisaille sur fond noir, détails dorés.* — *Hauteur, 0,070 ; longueur, 0,105.*

Les figures sont de petite proportion, vêtues d'armures, casquées pour la plupart. Les principales sont : un cavalier vu de dos, portant un ample étendard, deux à sa gauche prêts à frapper de leurs lances un guerrier renversé. On remarque un soldat à pied portant une tête, et à droite un homme et un cheval morts, l'un près de l'autre. Sur l'étendard on lit le monogramme I. P. Le fond de ciel est étoilé d'or, et une vignette dorée accompagne le bord inférieur de la plaque. — (Collection Révoil, n° 278.)

439. — Trophées d'armes, *fruits et feuillages.* — *Frise en grisaille sur fond noir, détails dorés.* — *Hauteur, 0,223 ; largeur, 0,033.*

Ces ornements sont disposés au long d'un cordon que soutient une tête d'ange ailée. Le contre-émail est incolore. — (Collection Durand, n° 4967.)

440. — Trophées d'armes, *fruits et feuillages.*

---

(1) **Collection Carrand.** Une enseigne à chapeau. Combat de cavaliers. Grisailles teintées. Cet émail n'est pas signé, et il est plus coloré qu'il n'appartient à I P ; mais cependant le caractère des chevaux, la disposition de la composition, le travail et l'aspect général, permettent de le lui attribuer. Diamètre, 0,040.

(2) **Musée du Louvre**, n°ˢ 267 à 274.

— *Frise en grisaille sur fond noir, détails dorés.*
— *Hauteur, 0,223 ; largeur, 0,033.*

Même disposition que la précédente. — (Collection Durand, n° 4968.)

M P.

Un émail signé de ces deux initiales semble, par l'analogie de la manière et par le choix des sujets, venir d'un même atelier. La gêne d'une imitation minutieuse fait entrevoir la main du copiste et de l'élève. Ce ne sera donc pas une conjecture bien hardie que de voir, dans l'émailleur M P, le fils et l'élève de l'émailleur I P.

Sa manière. Effet général estompé, donnant à la grisaille beaucoup de douceur et au dessin quelque chose de cotonneux que ne relève pas le travail de hachures qu'il a adopté d'après l'émailleur I P. Un de ses émaux est signé (1).

MARTIAL RAYMOND.

Le livre des comptes de la confrérie du Saint-Sacrement de Limoges contient cet article :

1590. Payé à Martial Raymond pour la faction de l'ange du candélabre, argent fourny............ 74 liv. 10 s.
    Façon d'icelui .... 36 »
    Déchet pour la purification du métal..... 2 »

Un triptyque, qui a passé de la collection de M. de Nagler dans la Kunstkammer de Berlin, est signé M R, et il porte sur les deux volets les armoiries de Clément VIII, qui fut pape de 1591 à 1605. C'est donc bien, par le rapprochement de ces indications, à la fin du XVIe siècle qu'il faut placer les œuvres de cet artiste, dont l'activité ne paraît pas avoir été grande (2).

Sa manière. Il a toutes les nuances d'émaux, et par con-

---

(1) **Collection Gatteaux.** Un combat de cavaliers, d'après Raphaël, avec toutes les libertés que se permettaient les petits maîtres et nos graveurs lorsqu'ils copiaient le grand peintre. Grisaille. Plaque ronde. Diamètre, 0,086.

(2) **Collection Albert Decombe.** La Cène, en émaux de couleur sur paillon, plaque cintrée par le haut ; au bas, à droite, le monogramme. Hauteur, 0,098 ; largeur, 0,077.

séquent l'effet général des ouvrages de Jean Courtois, Susanne de Court et Jean Limosin. Ce qui le distingue de ces émailleurs, ses contemporains, c'est un trait d'expression sévère et uniformément tragique qu'on remarque dans les yeux et les sourcils de ses personnages, c'est un travail de hachures, en couleur brune, exécuté au pinceau avec sécheresse, c'est un caractère général de faire dur et de talent borné. Il emploie beaucoup le paillon dans les tons violets et bleus, et il parvient à produire des nuances vives et criardes à la fois; il n'a aucun sentiment de l'effet.

Il signe ses ouvrages du monogramme MR (1); il a écrit son nom en toutes lettres sur un plat, de cette manière MREYMOND (2).

441 à 446. — PASSION DE N. S. (*Scènes de la*). *Six médaillons circulaires, en émaux de couleurs, avec emploi de paillons et rehauts d'or.* — Diamètre, 0,054. — *Ils sont ajustés dans l'ornementation du cadre qui renferme la Vierge de Pénicaud, n° 174.*

441. *Jésus crucifié.* La Vierge et saint Jean debout, de chaque côté de la croix; au-dessus de la tête du Christ on lit l'inscription INRI. — 442. *Pieta.* Jésus-Christ, descendu de la croix, repose sur les genoux de la vierge Marie; saint Jean, assis auprès d'elle, le soutient, et Marie-Madeleine, à genoux en arrière, est représentée essuyant ses larmes; au-dessous de saint Jean on lit le monogramme MR. — 443. *Jésus portant sa croix.* Il est tombé à terre, deux soldats sont prêts à le frapper; un troisième, placé en arrière, est appuyé sur une lance; à droite sont les deux Marie et l'apôtre saint Jean. — 444. *Jésus couronné d'épines.* Il est assis et vu de profil; deux soldats sont debout devant lui, l'un d'eux entoure la tête du Christ d'une branche d'épines, l'autre lui présente un roseau. — 445. *La résurrection de Jésus-Christ.* Il est représenté debout sur la dalle du tombeau soulevée, ses bras étendus en croix, tenant de la main gauche le signe de la rédemption; toute la figure du Sauveur se détache sur une auréole d'or qui l'entoure de la tête aux pieds; deux soldats placés en avant sont à demi renversés, deux autres en arrière s'en-

---

(1) **Musée du Louvre**, n° 446. **Musée de Cluny**, n° 1083. Petite figure debout dans un édicule; au bas, à droite, se trouve le monogramme. Hauteur, 0,100; largeur, 0,075.

(2) La Prise de Jérusalem, en émaux de couleur sur paillon. La signature est tracée en or au bas à droite. Hauteur, 0,475; largeur, 0,335. Ce plat est décoré d'un écusson d'armoiries qui me sont inconnues, mais qui ont un air allemand, à juger au moins par la forme du casque et de l'écu.

fuient de côtés opposés. — 446. *Jésus mis au tombeau*. Il est enveloppé d'un linceul et déposé dans le sépulcre par Joseph d'Arimathie; Marie-Madeleine, Marie, mère de Jacques, Salomé et deux autres femmes, sont en arrière. Au bas du médaillon on lit, près d'un vase doré, le monogramme dont j'ai donné, dans le texte, un fac-simile. — (Collection Révoil, n° 284.)

MARTIAL COURTOIS.

Un artiste, peintre et orfèvre de ce nom, figure, à l'année 1579, dans le livre des comptes de la confrérie du Saint-Sacrement de Limoges; il y a donc lieu de croire que le monogramme M C le désigne, d'autant plus que sa manière répond à celle qui distingue les ouvrages de Jean Courtois. Un plat rond, dans lequel il a représenté, en émaux de couleur, Moïse frappant le rocher (1), montre tous ses défauts, et j'attendrai que j'aie pu voir d'autres ouvrages de lui pour signaler quelques qualités. Un ton général bleuâtre, des figures trop longues, des rehauts d'or et l'abus du paillon, le rattachent à Jean Courtois et à Susanne de Court.

F. L.

Ces deux lettres sont suivies, sur un émail, de la date 1633. Je ne saurais les traduire avec quelque autorité. Il a passé dans la vente de M. Didier Petit un émail représentant la sainte Trinité et signé F L 1582 (2). C'est la même signature; est-ce le même émailleur, quoiqu'à cinquante et un ans de distance? Ne pourrait-on pas attribuer à F E S Lobaud 1583 toutes ces signatures et fondre ces trois émailleurs en un seul? Les pièces du procès me manquent pour porter un jugement. Je m'en tiendrai aux émaux du Musée du Louvre, dont je vais exposer les traits caractéristiques.

---

(1) **Collection Soltikoff**, n° 752 de la **collection Debruge-Duménil**. Diamètre, 0,450. Les deux lettres M C se voient au bas de la composition sur une roche près d'un cours d'eau.

(2) Voici la description du n° 13 dans le catalogue de vente de M. Didier Petit : émail cintré de 19 centimètres de haut sur 11 de large; peinture de couleur représentant la sainte Trinité. Exécution grossière. Cet émail est signé F. L. que l'on présume être François Laurent de Limoges, et porte pour date 1582. Voir, dans le même catalogue, le n° 76.

Sa manière. De la petitesse, une exécution mesquine, un ton uniforme, en général verdâtre, quelquefois bleuâtre. Ses émaux sont tous en couleur, mais il semblerait que l'émailleur n'a eu sur sa palette que du vert, du bleu, et quelques tons douteux bruns et violets. Le caractère de ses figures, le style de son dessin, si l'on peut appliquer ces expressions sérieuses à un genre si petit, ont de l'analogie avec les ouvrages de Susanne de Court et avec la technique de Jean Limosin. De la première, il a les profils en carré, les extrémités lourdes, touchées sans esprit; du second, l'emploi abusif du paillon et le travail monotone des rehauts d'or. Il traite de préférence les sujets mythologiques qu'il emprunte à l'œuvre d'Étienne de Laune, adoptant sans hésitation toutes ses libertés. Il signe (1). La plaque du Musée du Louvre est, en outre, datée : ·F·L·1633· (2).

447. — NEPTUNE SUR LES FLOTS ; *composition gravée par Virgilius Solis.* — *Plaque en émaux de couleurs, avec emploi de paillons et rehauts d'or.* — *Hauteur, 0,090; longueur, 0,140.*

Le dieu est monté sur un char en coquille; un manteau de paillon amarante rehaussé d'or est jeté sur ses épaules et retombe en avant; de la main droite il porte un trident, de la gauche il dirige deux chevaux marins peints en grisaille. A droite, en arrière, trois tritons nagent dans les eaux en sonnant de la conque. A gauche, un monstre marin suit le char du dieu. Plus loin, on voit un petit navire. Le fond de la composition est occupé par une montagne qui dépasse les nues, et au sommet, le peintre a placé l'arche. Sur le dernier plan, deux montagnes vertes. Au bas, le monogramme F. L., suivi de la date 1633. L'un et l'autre tracés en or. Le revers est incolore. — (Collection Durand, n° 53/2310.)

448. — ORION PERCÉ DE FLÈCHES PAR APOLLON ; *composition gravée par Étienne de Laune.*—*Plaque de miroir, de forme ovale, en émaux de couleurs, avec emploi de paillons et rehauts d'or.*—*Hauteur, 0,080; largeur, 0,110.*

Diane assise et, près d'elle, Apollon dans le mouvement d'un homme qui vient de lancer une flèche, occupent le haut de la composition et sont

---

(1) **Musée du Louvre**, n° 449.
(2) **Musée du Louvre**, n° 447.

groupés sur un rocher. Orion est vu dans le bas, percé d'une flèche et se dirigeant à la nage vers un vaisseau. Ses vêtements, également percés de flèches, et un chien sont sur le rivage. Au premier plan, trois nymphes de Diane sont étendues sur le gazon, et près d'un arbre une nymphe debout tient en laisse un chien. Le revers est incolore. — (Collection Durand, n° 106/2623.)

449. — Psyché implorant Junon. — *Plaque de miroir en émaux de couleurs, avec emploi de paillons et rehauts d'or. — Hauteur, 0,092; largeur, 0,067.*

La déesse occupe le haut du médaillon, portée par les nuages, ayant une couronne à pointes sur la tête et un paon à ses côtés. Psyché a le visage levé vers elle, et indique, par le geste de son bras étendu, son action de suppliante. Près d'elle, en arrière, est un courant d'eau qui traverse une prairie. Le fond est rempli par un ciel bleu d'où s'échappent des faisceaux de rayons dorés. Le chiffre de l'émailleur F.L est tracé en lettres d'or, au-dessous des pieds de Psyché. Autour de la composition est une bande d'émail noir décoré de fleurettes et d'oiseaux multicolores sur paillons, et de légères brindilles dorées. Le revers est incolore. — (Collection Durand, n° 106/2625.)

450. — Orphée charmant par ses chants les divinités infernales; *composition gravée par Virgilius Solis, suite des métamorphoses d'Ovide. — Plaque de miroir en émaux de couleurs, avec emploi de paillons et rehauts d'or. — Hauteur, 0,091; largeur, 0,067.*

Pluton et Proserpine sont assis à gauche près d'une tente; tous deux ont une couronne à pointes sur la tête, et Pluton tient à la main, en guise de fourche, une pique terminée par une touffe de plumes. Devant eux est Orphée, debout; il est couronné de feuillages et joue de la lyre. Un fragment de rocher forme au-dessus des personnages un arc irrégulier et laisse apercevoir le ciel, la mer, et sur les flots un navire. Le contre-émail est incolore. — (Collection Durand, n° 106/2626.)

451. — Orphée charmant les animaux, *d'après Étienne de Laune. — Plaque de miroir en émaux de couleurs, avec emploi de paillons et rehauts d'or. — Hauteur, 0,100; largeur, 0,074.*

Assis sur un tertre de gazon, Orphée joue de la lyre; deux paons sont perchés dans les arbres qui l'ombragent; sur la terre, à ses pieds, reposent un lion, un cerf, une licorne, un ours blanc, un léopard; dans l'eau, un petit poisson, et au premier plan un oiseau d'un plumage brillant. Le revers est incolore. — (Collection Durand, n° 106/2624.)

452. — L'Amour et Psyché. — *Plaque de miroir en émaux de couleurs, avec emploi de paillons et rehauts d'or.* — *Hauteur, 0,083; largeur, 0,060.*

L'Amour enfant, debout, est près des genoux de Psyché, que l'on voit de profil assise sur un tertre de gazon, dans une verte campagne. Autour de la composition est une bande d'émail noir formant encadrement, elle est décorée de fleurons en paillons de couleurs et d'un oiseau multicolore en paillons placé dans le haut. Le ciel bleu est traversé de faisceaux de rayons dorés. Le contre-émail est incolore. — (Collection Révoil, n° 205.)

H. PONCET.

Nous ne savons rien de cet émailleur, si ce n'est qu'il travaillait dans les premières années du XVII° siècle, et jusqu'en 1625 au moins (1).

Sa manière est dure, l'aspect de ses émaux est sombre et triste. Grisailles et émaux de couleur font l'effet de ces gravures en manière noire qu'on exécutait en Hollande à la fin du XVII° siècle. Cela tient à des demi-teintes monotones, obtenues par un frottis d'émail blanc sur fond noir, qui semble un travail de pointillé; à des contours lourds enlevés à la pointe, à une absence complète de goût et au manque de talent.

Il a signé un portrait en buste de saint Ignace de Loyola de cette manière : HP (2). On voit (3), à droite d'un saint Pierre Honcet agenouillé et aux pieds

---

(1) Ignace de Loyola n'a été placé au rang des saints par Grégoire XV qu'en l'année 1622, et Henri Poncet le représente avec une auréole. Voyez la note suivante.

(2) Collection A. Le Carpentier. S. Ignace de Loyola, portrait à mi-jambes, vu de trois quarts, en émaux de couleur. Hauteur, 0,125; largeur, 0,097. La signature est au revers sur l'émail incolore.

(3) Collection A. Le Carpentier. Saint Pierre à genoux, entendant le chant du coq; il est tourné vers la gauche; au bas, à droite, le monogramme. Grisaille, revers incolore. Hauteur, 0,137; largeur, 0,105.

des douze Césars à cheval (1), ce monogramme
enfin, on lit les lettres H P F. au fond d'une coupe H.F.
qu'il a peinte en grisailles (2).

Émaux de bijouterie, miniatures peintes sur émail.

La décadence des émaux de Limoges marchait grand
train, et de même qu'au XVe siècle les orfèvres, impuissants à régénérer eux-mêmes leur émaillerie, avaient
appelé les peintres à leur secours, de même aussi, au
XVIIe siècle, les orfèvres se substituèrent aux peintres,
pour faire sortir cet art de sa voie routinière. Disons en
peu de mots en quoi consiste cette modification empruntée
au XVIe siècle.

Les émaux peints de Limoges sont produits par des
couches superposées de pâtes d'émail coloré, dans lesquelles
le fondant entre dans une proportion de 93 p. %. Léonard
Limosin eut l'idée de prendre pour fond l'émail blanc, et
de peindre sur cette couche unie avec des émaux plus fortement colorés et offrant, par une moindre proportion de
fondant (75 p. %), une plus grande fusion dans les nuances,
moins d'épaisseur et une touche plus légère. La peinture
en émail se transformait ainsi en peinture sur émail, et ce
nouveau genre était propre au portrait en miniature. L'émailleur du roi en tira un admirable parti pour rendre
plus finement quelques têtes au milieu de ses grandes
compositions (3). Quand il voulut l'appliquer en grand, au
contraire, il n'obtint que les couleurs ternes et criardes

---

(1) J'ai vu dans le commerce douze plaques sur lesquelles Henri
Poncet a représenté, en grisailles, les douze Césars à cheval. Il n'y a
rien à dire de la tournure de ces empereurs, qui est grotesque, et du
dessin, qui est ridicule; mais je devais citer cette suite dont les originaux, peints à l'huile par quelque artiste allemand, se rencontrent
dans les collections, et qui est assez bien traitée sous le rapport de
l'émail. Le chiffre de l'artiste se voit au bas à droite. Hauteur, 0,180;
largeur, 0,130.

(2) Coupe peinte en grisailles. Dans l'intérieur, des nymphes qui
se baignent; à l'extérieur, des fleurs sur paillon et des rinceaux d'or,
le tout se détachant sur fond noir. Le pied est refait. Cette coupe
faisait partie des objets d'art de M. d'Arjuzon, dont la collection a
été dispersée, en vente publique, le 3 mars 1852.

(3) J'en parle plus haut, page 188.

de la faïence émaillée. Le secret était donc trouvé, mais la vogue des grands émaux n'étant pas épuisée, Léonard Limosin préféra leur facile et rapide exécution au travail lent de l'émail en miniature. De là son abandon momentané.

La grande peinture d'émail de Limoges conserva donc ses anciens procédés et continua ses succès. Parallèlement, l'orfévrerie, dans toute la France, je dirai même dans toute l'Europe, luttait avec elle et produisait ces bijoux *émaillés de blanc* dont un petit nombre de spécimen est parvenu jusqu'à nous, mais que les inventaires et les comptes décrivent complaisamment et en quantité innombrable (1). On se fatigue de tout. Les bijoux émaillés de blanc passèrent de mode. Il fallut les colorer, leur donner des épaisseurs par de pesantes couches d'émail : c'était, dans ces proportions microscopiques, alourdir ce qui se distinguait par la légèreté. Les orfèvres cherchèrent donc à colorer leurs délicats ouvrages avec le moins d'épaisseur possible; revenant aux proportions imaginées par Léonard Limosin, ils mélangèrent les oxides métalliques dans une quantité moindre de fondant, et, avec ces nuances plus fines, avec cette coloration mise à la surface et mieux fondue, ils exécutèrent des ornements de la plus grande légèreté.

Pendant que l'orfévrerie pratiquait ainsi sa peinture d'émail, Limoges laissait chaque jour tomber plus bas les grands émaux peints. Absence de goût, absence de talent, nullité d'invention, production de pacotille de la plus déplorable fécondité, tout contribuait à dégoûter le public de ses émaux, et il était évident que les petits émaux d'orfévrerie n'attendaient plus qu'un homme de talent pour se développer et se produire. Toutin, orfèvre de Châteaudun, (2), fut cet homme : au lieu de simples ornements, il peignit, ou fit peindre en émail, sous sa direction, des portraits en miniature, et dans cette brèche faite à la fabrique de Limoges se précipitèrent une foule de peintres de talent.

C'était, comme on le voit, une simple modification qui ne se distingue des procédés suivis que par une différence de proportion dans le mélange des oxides et du fondant. L'invention de cette modification appartient à Léonard Li-

---

(1) Voyez le répertoire de la seconde partie, à l'article *Esmaux blancs*.

(2) Voyez dans le répertoire de la seconde partie une citation d'une belle croix faite à Blois dans le xiv° siècle, à l'article *Esmaux de Blois*.

mosin; et Toutin ne peut lui contester ce droit, pour avoir employé l'or comme excipient au lieu du cuivre, ou pour avoir ajouté aux oxides colorants quelques combinaisons nouvelles; son seul titre est d'être venu à propos.

Je ne dois pas m'occuper de la pléiade d'artistes distingués (1) qui s'appliquèrent depuis lors à la peinture du portrait en émail. Leurs ouvrages sont placés dans le Musée du Louvre avec les dessins, et ils seront décrits par M. F. Reiset. Mais il m'est impossible de ne pas mentionner le nouvel essor que cette modification, introduite par la bijouterie, lui rendit en échange. C'est en Suisse surtout que cette émaillerie de boîtes de montres, de cassolettes, de tabatières, etc., etc., prit toute son extension et eût produit des œuvres d'art, si la fabrique de Genève avait encouragé les hommes de talent. Au point de vue technique, l'exécution de tous ces bijoux est remarquable. C'est d'un précieux, d'un fini, d'un lustre admirables; au point de vue de l'art, c'est criard de ton, pauvre de dessin et de style, nul d'effet. Vu la banalité des sujets et des ornements, vu l'abondance des productions, on peut dire que c'est de la décoration en petit et du métier en grand. La Suisse eut cependant des peintres émailleurs de mérite; mais ils s'éloignèrent de ce foyer d'insipides productions, et ils allèrent en France, en Angleterre, en Allemagne, réclamer pour leur art une plus haute mission. Jean Petitot est du nombre, et sa gloire est toute française, quoiqu'il soit né à Genève, quoique son histoire ait été écrite par le Suisse Sennebier et l'Anglais Vertue. C'est qu'en effet, la peinture en émail est un art français, et l'éclat dont il la fait briller efface la trace d'un berceau jeté par le hasard sur le sol étranger; on aura beau constater la naissance de Jean Petitot en Suisse en 1607, il n'en appartiendra pas moins à la France.

ANONYME.

Dans les arts, l'influence d'un homme vient de son talent bien plus que de la pratique perfectionnée de son art; mais la postérité, qu'aurait fatiguée l'étude des éléments particuliers de son influence, trouve plus commode de s'attacher à un moyen matériel. C'est ainsi qu'elle fait de l'invention de la peinture à l'huile la gloire des van Eyck, tandis que ces grands hommes se sont servis de la peinture telle qu'on l'employait cinquante ans avant eux. S'ils s'étaient contentés de la perfectionner, leur nom serait resté au fond de quelque boutique d'épicier droguiste; c'est la lueur du génie qui fait briller leur gloire. Il en est ainsi de Petitot. C'était un peintre d'une grande finesse qui aurait pris sa place dans la miniature, si la peinture en émail lui avait fait défaut; mais de même que les successeurs des Van Eyck, maîtres de leurs procédés, n'ont pas retrouvé leur génie, de même aussi Jean Petitot a emporté dans la tombe, non pas son secret, mais son talent. L'auteur des huit plaques que je vais décrire en est la meilleure preuve. Au lieu de tirer de l'émail toutes les ressources qu'il offre au talent, il lui a demandé des secours et n'a su éviter aucun de ses inconvénients. Pas une nuance qui ne vienne se heurter à sa voisine, et, comme résultat de ce choc général, un faux air de porcelaine peinte, que rendent plus désagréable un accompagnement de fleurs d'un rose violacé et un encadrement d'un vert lézard. Ces défauts doivent être remarqués; ils caractérisent le goût particulier aux peintres émailleurs et aux orfèvres de la seconde moitié du XVII⁰ siècle. Quant aux mérites de cet anonyme, on doit faire leur part, et elle est notable, si beaucoup de finesse dans les détails, une science de dessin remarquable et un grand mouvement dans la composition peuvent compter dans ces dimensions microscopiques. Le style se ressent de l'influence de Charles Lebrun, qui dominait toutes les productions de l'art à Paris, depuis la sculpture gigantesque jusqu'à la miniature.

453 à 460. — SCÈNES DE BATAILLES. — *Deux médaillons circulaires et deux ovales, ajustés dans l'ornementation d'un couvercle en orfèvrerie émaillée. Fin du XVII⁰ siècle. — Diamètre des circulaires, 0,048; diamètre des ovales: hauteur, 0,070; largeur, 0,048.*

453. Un cavalier perce d'un coup de lance un guerrier renversé sur son cheval abattu; une charge de cavalerie dans le fond. — 454. Un cavalier, vu de dos, est représenté parlant à un homme d'armes qui porte un étendard; mêlée de combattants à un plan plus éloigné. — 455. Deux guerriers, l'épée en main, s'observent et se menacent; l'un d'eux a sur la tête un turban que surmonte une plume; on voit dans le fond des musulmans qui fuient et des chrétiens qui les poursuivent. — 456. Un homme d'armes, vu de dos, semble prendre les ordres d'un cavalier près duquel sont groupés des guerriers avec un étendard. Des musulmans s'enfuient vers la droite. Quatre épisodes de combats, dont les figures sont de très petite proportion, forment les motifs de cartouches allongés qui

sont recourbés suivant l'évasement du pied qu'ils décorent (long., 0,053; haut, 0,013). — 457. Près d'une tente, on voit plusieurs guerriers s'armant pour le combat; au second plan, une armée rangée en bataille et, dans le fond, les murs d'une ville fortifiée. — 458. Groupe de cavaliers; mêlée des combattants; on y remarque deux éléphants. — 459. Plusieurs musulmans à cheval semblent observer un combat engagé dans une plaine. — 460. Cavaliers combattants; deux chevaux sont renversés. Les revers des plaques sont émaillés de blanc. — (Ancienne collection, MR. 126.)

ANONYME.

L'émailleur qui le premier est parvenu à rendre par la peinture en émail l'effet des mille fiori de Venise ne m'est pas connu, mais son procédé eut une certaine vogue dans la bijouterie et méritait d'être signalé.

460 bis. — PLAQUE *de forme ovale.* — Hauteur, 0,055; largeur, 0,041.

Cette plaque, qui a pu servir de couvercle de boîte, est diaprée de toutes les couleurs de la palette, qui sont confusément mêlées à des gouttes d'aventurine. — (Ancienne collection, 4966.)

BAIN.

C'est sans doute dans cette même direction que l'émailleur Bain avait conquis sa réputation. Germain Brice, qui resta impartial, quoiqu'il fît métier, pendant nombre d'années, de cicérone dans la capitale, écrivait, dans la première édition de sa description de Paris (La Haye, 12°, 1685), ce qui suit, en parlant des artistes célèbres logés dans la galerie du Louvre : « M. Bain, fameux émailleur, qui a trouvé « le secret de donner à l'émail le brillant et la beauté des « pierres précieuses, et qui a entre ses mains un grand « bassin d'or pour le Roy, orné de moulures sur les bords, « et qui sera sans doute une très belle pièce quand il sera « achevé, pour l'ouvrage et pour la matière, car il revien- « dra à 100,000 fr. Il fait ordinairement des boîtes à montre « et divers ouvrages de cette sorte. »

JACQUES NOUAILHER.

Tandis que Toutin et ses imitateurs faisaient des efforts dans une voie nouvelle, les émailleurs limousins, faute de talent, adoptaient en partie les procédés de leurs rivaux et s'ingéniaient, par de petits moyens mécaniques, à varier leurs ouvrages en leur donnant un aspect nouveau. A Jacques Nouailher revient, au milieu de tous ces essais, l'idée singulière de modeler en relief d'émail des sujets de piété. Voici, autant qu'on en peut juger par un petit nombre de pièces, quel était son procédé. Il gravait en creux dans le cuivre toute sa composition ; il plaçait au fond de ce moule ou de cette matrice une légère feuille d'or pour éviter l'adhérence, puis il foulait, par-dessus, de la pâte d'émail blanc. Une première cuisson fondait l'émail et lui faisait prendre consistance dans la forme donnée par le moule ; une fois refroidi, on en retirait le relief d'émail et, après avoir enlevé, avec des acides, la feuille d'or, on le colorait avec les émaux légers, dits émaux de Toutin, et la chaleur du four mettait en fusion cette coloration en même temps que le fondant qui servait à fixer le relief sur une plaque de cuivre. C'est, comme on le voit, un émail mixte composé de plusieurs procédés. Jacques Nouailher a dépensé quelque talent, mais sans doute plus de temps encore et d'argent, à cette ingrate besogne. Le morceau que je vais décrire est, je crois, le produit le plus important et le mieux réussi de son invention (1). On connaît encore, exécutés en cette manière, plusieurs plaques de chandeliers et d'autres ustensiles de la vie usuelle.

Sa manière. La tournure de ses figures, le choix de ses couleurs, transportent en pleine régence d'Anne d'Autriche et dans l'atmosphère de Mignard. La ténuité des traits des visages, la finesse des profils, le dessin et le modelé habile des mains, sont en outre des caractères qui lui sont propres.

461. — L'Adoration des bergers, *d'après le tableau de Van Acken, gravé par Sadeler.—Peinture*

---

(1) Ces émaux en relief sont assez rares. La collection Debruge en montrait un décrit sous le n° 783. M. Muret de Pagnac en possède un autre qui représente la Vierge et l'Enfant-Jésus. M. l'abbé Texier a acquis *deux chandeliers décorés de masques, d'arabesques et d'enfants qui se jouent entre des guirlandes de fruits, grenades, pommes, melons, poires, raisins, le tout modelé en relief sur fond d'émail bleu avec une exquise délicatesse. Un de ces chandeliers porte cette inscription : Faict à Limoges par Jacques Noalher, rue Magninie* (page 238).— **Collection Andrew Fountaine.** Une aiguière tout enrichie de fleurs en relief sur fond noir. Je lis sous un médaillon : *Faict à Limoges par Jacques* [cassure] *ler, rue Magninie* [cassure]*, 4.*

en émaux de couleurs sur reliefs d'émail.—Hauteur, 0,205; *largeur,* 0,160.

L'Enfant-Jésus est couché dans une crèche et posé sur un linge que la vierge Marie relève de chaque main. Celle-ci est agenouillée; à sa droite saint Joseph également à genoux adore le Christ ; trois anges ailés sont placés derrière eux, deux sont debout, et le troisième à genoux levant les yeux au ciel et croisant les bras dans l'attitude de l'adoration; à gauche, un jeune berger s'avance en s'inclinant; il porte une houlette, et un chien noir l'accompagne. Deux personnages dont on ne voit que le buste et qui semblent jouer le rôle des donateurs occupent le premier plan; l'un des deux est un homme dont les regards sont dirigés vers la crèche, l'autre une femme vue de dos et remarquable par des tresses qui retombent sur ses épaules nues et par la petite couronne qui surmonte sa coiffure. Deux autres figures occupent le fond de gauche, et à un plan plus éloigné, sous une arcade qui laisse apercevoir le ciel, on voit l'âne, le bœuf et deux jeunes bergers portant des bâtons. Au-dessus de la composition, trois anges ailés planent dans les airs et se détachent sur un fond de nuages que percent des rayons; l'un d'eux tient dans ses mains une banderole blanche, sur laquelle est gravée en creux l'inscription : Gloria in excelsis Deo. — (Collection Durand, n° 66/2534.)

L. DE SANDRART.

Ce nom a du rapport avec celui d'une famille bien connue de l'Allemagne littéraire, aussi a-t-on revendiqué cet émailleur de l'autre côté du Rhin. Nous sommes assez riches en ce genre pour nous montrer faciles, surtout lorsqu'il s'agit, non pas d'un véritable émailleur, mais d'un artiste qui s'est essayé dans l'émaillerie de Limoges. L'émail qui porte son nom est conservé dans la Kunstkammer de Berlin, et témoigne de l'inexpérience de l'émailleur en même temps que de l'habileté du peintre. Sa manière est française. Cela dit, je n'insisterai pas, et je laisserai parler le savant connaisseur Dr F. Kugler, qui a décrit cet émail comme il suit : *La Naissance du Christ, grisaille traitée dans les errements des anciens émaux de Limoges, composition dans le style théâtral de l'ancienne peinture française, signé L. de Sandrart, pinxit* 1710.

PIERRE NOUAILHER.

Il appartient à cette famille d'émailleurs dont Limoges a compté plusieurs membres dans l'histoire de sa décadence, mais il eut la singulière chance d'être cité seul, à l'exclusion des Léonard, des Pénicaud et de toute la brillante pléiade limousine, dans une histoire des arts qui était très bien faite pour son temps, et qui est encore une autorité. D'Agincourt étudia la marche des arts du haut du Vatican, point de vue excellent, à la condition d'en changer de temps à autre pour corriger certaines aberrations de perspective et modifier le regard exclusif. A Rome, les émaux ne sont rien; ils ne prennent pas rang dans les créations de l'art. Quelques rares productions des derniers émailleurs de Limoges, entrées au Vatican on ne sait par quelle porte, ne sont pas faites pour soutenir dignement les prétentions légitimes de ce genre de peinture. C'est parmi ces rebuts que l'illustre auteur de l'*Histoire de l'art par les monuments* eut la malheureuse idée de choisir un Pierre Nouailher et d'en faire le représentant et le répondant de deux siècles d'efforts ingénieux et de vogue générale (1).

Pierre Nouailher a suivi les errements de sa famille sans s'élever au-dessus de sa médiocrité. Il ne semble pas avoir cherché autre chose dans l'émaillerie qu'un gagne-pain qu'il n'obtenait qu'en appliquant son art aux objets usuels et ordinaires de la vie privée. Outre une foule d'ustensiles (2), il a exécuté quelques plaques auxquelles il est bien difficile d'assigner un caractère particulier.

Sa manière. Insipidité du dessin, carnations faiblement colorées au moyen d'un pointillé qui pouvait être plus habile. Vêtements violets, verts et bleus, d'un émail vif de ton et assez pur, mais souvent criard; rehauts d'or qui suivent les plis des vêtements en points monotones. Les grisailles se détachent sur un noir bleuâtre qui prend un ton d'ardoise; des ornements en forme de rinceaux, aux extrémités rosées, les entourent en imitant le même genre d'ornement adopté par l'orfèvrerie.

Il signait ses émaux uniformément du chiffre ·P·N· et au revers il marquait son nom, ses titres et son adresse à Limoges. Il ajouta à l'une de ses signatures la désignation de Nouailher l'aisné (3), qui fait supposer que Jean-Baptiste

---

(1) *Un des plus anciens émaux, et en même temps des plus beaux qu'on puisse citer, est un saint Jean-Baptiste. On lit au revers :* P. Nouaillier, émailleur à Limoges. Histoire de l'Art, tome II, p. 142, pl. CLXVIII, fig. 6.

(2) **Collection Germeau.** Une plaque de chandelier au centre de laquelle est figurée une déposition de croix d'un effet assez piquant ; autour, une bordure de rinceaux en relief; au revers, on lit: P. Noualher. Largeur, 0,155. La bobèche et la partie inférieure sont détruites.

(3) L'Adoration des bergers, en émaux de couleur sur fond bleu ; les bords sont décorés de rinceaux de feuillages et d'ornements en relief d'émail blanc, pointillés de noir. Le revers est émaillé de bleu

Nouailher était son frère cadet. Il datait rarement ses ouvrages; l'un d'eux est marqué de l'année 1717.

462. — LA VIERGE ET L'ENFANT-JÉSUS. — *Plaque en émaux de couleurs rehaussés d'or sur fond noir, les coins sont remplis par des ornements d'émail en relief. — Hauteur, 0,130; largeur, 1,097.*

La Vierge tient l'Enfant-Jésus sur ses genoux; elle est vêtue d'une robe bleu clair, d'un manteau d'azur; sa tête, ceinte d'une auréole d'or, est à demi couverte d'un voile blanc qui retombe sur son bras droit. Une auréole d'or entoure de même la tête de l'enfant, qui tient dans la main droite une fleur. Sur le contre-émail incolore, on lit : P. Nouailher, émailleur, à Limoges. — (Collection Durand, n° 118/2634.)

463. — SAINT CHARLES BORROMÉE. — *Plaque en émaux de couleurs sur fond noir; les coins sont ornés d'émaux blancs en relief, pointillés de noir et relevés d'or. — Hauteur, 0,130; largeur, 0,100.*

Le saint évêque est représenté de profil, les mains jointes et en prières. Il officie, debout, vêtu d'un surplis blanc et d'un camail violet. Son bonnet, de même couleur, est posé devant lui sur l'autel que recouvre un tapis vert. A côté est un missel ouvert, et au-dessus s'élève une croix d'or supportant l'image du Christ peinte en émaux couleur de chair. Une auréole d'or entoure la tête du saint, et sur le côté droit du médaillon, on lit écrit en lettres d'or : S. Charles Boromée. Le contre-émail est incolore, mais on y a peint en émail noir : P. Nouailher, émailleur à Limoges. — (Collection Durand, n° 108/2633.)

464. — LA VIERGE ET L'ENFANT-JÉSUS, *d'après Le Brun.* — *Plaque de bénitier en émaux de couleurs sur fond noir, détails dorés, avec encadrement d'émaux blancs en léger relief. — Hauteur, 0,210; largeur, 0,135.*

La Vierge est assise sur une chaise dont on voit sur la gauche paraître le dossier; elle tient l'Enfant-Jésus sur ses genoux; un oiseau est placé au milieu de fruits dans une corbeille posée sur une table. Sur le couronnement de la plaque, le Saint-Esprit plane sous la forme d'une co-

foncé et porte, en lettres d'or, cette signature : *P. Nouailher Layné émaillieur.* Largeur, 0,176. La hauteur ne peut être déterminée, la plaque étant rompue par le bas. Il est également difficile de découvrir si cette plaque a servi à un bénitier ou à un chandelier.

465. — Le repos en Égypte. — *Soucoupe à anses, en grisaille sur fond noir, avec emploi de paillons, détails dorés. — Diamètre, 0,135.*

La Vierge, assise au pied d'un arbre, allaite l'Enfant-Jésus qu'elle tient sur ses genoux. Saint Joseph se tient à peu de distance. On voit à gauche, en arrière, l'âne qui broute. Sur le bord, trois paysages en camaïeu alternent avec des ornements dorés, dont le centre est occupé par un oiseau multicolore sur paillon. Sur le revers, rosaces en paillons et ornements dorés. Sur le contre-émail, paysage en grisaille rehaussé d'or. On y lit le monogramme PN, en lettres noires. — (Collection Durand, n° 44/2469.)

466. — Hérodiade présentant a Hérode la tête de saint Jean. — *Soucoupe à anses, mélange de grisailles et d'émaux de couleurs, détails dorés. — Diamètre, 0,130.*

Sur le bord, six têtes d'empereurs couronnées de lauriers. Sur le revers, ornements et arabesques. Sur le contre-émail, paysage en couleur. Dans le bas, à gauche, est le monogramme P. N.

467. — Miracle de saint Martial, *évêque de Limoges. — Soucoupe à anses en grisaille sur fond noir, détails et inscriptions dorés, émaux de couleurs sur le contre-émail. — Diamètre, 0,130.*

Il est représenté debout, la tête ceinte d'une auréole, touchant d'une baguette Hortarius qui sort du tombeau. Vers le haut, on lit : Saint Martial. Sur le bord, enfants, oiseaux et arabesques. Sur le revers, enfants et arabesques. Sur le contre-émail, peinture en émaux de couleur, représentant un saint en habits sacerdotaux; au-dessous est son nom, S. Ignatius. D. L. Une couronne de feuillages entoure le médaillon, et on lit au-dessus : Pierre Novalher, en lettres d'or. — (Collection Révoil, n° 178.)

468. — Le triomphe de Neptune et d'Amphitrite. — *Soucoupe à anses, en grisaille sur fond noir, détails dorés, avec emploi de paillons sur le revers. — Diamètre, 0,133.*

L'Amour, tenant un arc, est assis à l'avant du char qui porte, sur les eaux, Neptune et Amphitrite; un autre amour voltige dans les airs, ayant dans ses mains une couronne et des fleurs. Sur le bord, jeunes tritons et monstres marins jouant au milieu des eaux. Au revers, arabesques peintes en blanc et or avec rosaces en paillons. Sur le contre-émail, paysage en grisaille. On lit dans le bas le monogramme P. N. en lettres noires. — (Collection Durand, n° 44/2457.)

469. — Sujets mythologiques. — *Petit plateau en grisaille rehaussée dans les ornements de tons rosés, détails et inscriptions dorés; le rebord est décoré d'émaux blancs en relief rehaussés de noir.* — Diamètre, 0,183.

Les sujets sont compris dans quatre médaillons de forme circulaire, qui sont reliés par des ornements dont le motif culminant est une figure d'enfant. Dans un des médaillons, Méléagre est représenté offrant à Atalante la tête du sanglier de Calydon; on lit, vers le haut: *Meleagre et Atalante.* Dans le second, Vénus est figurée sur son char que traînent deux cygnes et qu'entourent les nuages; elle contemple Adonis mort et étendu sur le sol; on voit, dans le lointain, un chien à la poursuite du sanglier; dans le haut on lit: *Vénus et Adonis.* Dans le troisième, Thisbé se précipite sur une épée, près du corps de Pyrame renversé à terre; on remarque une fontaine à gauche; dans le haut est écrit *Pyrame et Thisbé.* Dans le quatrième, Céphale, portant un arc, reçoit les présents de Procris, un javelot et le chien que Procris tient en laisse; on lit vers le haut, *Céphale et Procris*, et en bas le monogramme P. N. Le revers, en émail noir, est orné d'arabesques dorées et de rosaces en émail blanc rehaussé de noir, entremêlées à des rosaces formées de paillons verts et rouges et à des imitations de pierres fines. — (Collection Durand, n° 29/2451.)

JEAN-BAPTISTE NOUAILHER.

Membre de la grande famille des Nouailher, Jean-Baptiste est peut-être le troisième en rang; j'entends par l'âge et par l'époque de son activité, car pour le talent il devient impossible, à un niveau si bas, d'établir des degrés.

Sa manière. Il peint sur émail noir, il accuse ses contours lourdement et avec indécision, il dessine les détails des traits du visage et les ornements avec un pinceau fin et d'un travail sec, ses couleurs crient entre le jaune et le rouge, la verdure est d'un vert faux, tout l'ensemble de ses émaux prend une apparence de verres de lanterne magique vus au jour. A l'imitation de Jacques Nouailher son parent, il orne les cadres de ses compositions de rinceaux en relief formés par des émaux blancs, pointillés tantôt en noir, tantôt en bleu, et contournés avec des ornements en or.

Il signe ses émaux des lettres J. B. N. et B^{te} N (1); il don-

---

(1) **Musée de Cluny**, n°^{s} 1135 et 1136; on voit cette marque sur deux râpes à tabac.

nait en outre ses noms et son adresse entiers, comme sur les pièces que nous allons décrire.

470. — SAINT LOUIS EN PRIÈRES. — *Plaque en émaux de couleurs sur fond noir, détails dorés; les coins sont décorés d'émaux blancs en relief rehaussés de bleu. — Hauteur, 0,170; largeur, 0,130.*

Le saint roi est agenouillé sur un coussin rouge à galons jaunes; il est vêtu d'une armure que recouvre un manteau royal, bleu, fleurdelisé d'or et doublé d'hermine; sa tête est nue et surmontée d'un nimbe d'or. Près de lui, sur un autel que recouvre un tapis rayé rouge et jaune, est la sainte couronne d'épines posée sur un linge. Au pied de l'autel, la couronne royale. Des nuages et une lueur rayonnante dominent l'autel. Sur un filet blanc qui encadre la composition, dans la partie d'en bas, on lit les trois lettres ·I·B·N· tracées en noir. — (Collection Durand, n° 85/2555.)

471. — SAINT DENIS. — *Plaque en émaux de couleurs sur fond noir. — Hauteur, 0,160; larg., 0,125.*

Le saint marche vers la gauche, portant sa tête qu'il tient par les cheveux; une auréole d'or entoure son cou saignant; il est vêtu d'une robe blanche, d'une tunique bleue et d'une chape rouge ornée de galons jaunes. Au fond du paysage s'élèvent les murs et les clochers d'une abbaye fortifiée, qui, dans l'intention du peintre, doit représenter Saint-Denis. Au haut de la plaque, sont écrits en lettres d'or les mots *Sanctus Dionysius*, et sur le contre-émail noir on lit (1) :

— (Collection Durand, n° 85/2566.)

472. — MÉLÉAGRE ET ATALANTE. — *Tasse à deux anses, en émaux de couleurs, sur fond bleu, rehaussés d'or; détails dorés avec ornements en émail blanc,*

---

(1) Cette signature se rencontre sur un grand nombre de ses émaux. **Collection Didier Petit**, n° 2, au bas d'un émail ovale de 19 centimètres de hauteur.

en relief, relevés de noir. — Hauteur, 0,084; diamètre, 0,078.

Méléagre présente à Atalante la tête du sanglier de Calydon. On voit sous les pieds du chasseur le corps du sanglier. On lit au-dessus de sa tête cette inscription en lettres d'or : *Méléagre et Atalante*. Le côté opposé est orné d'une tête d'ange ailée reposant sur des fleurs et des fruits qui sortent de cornes d'abondance. L'extérieur est décoré d'ornements et de fruits en couleur sur fond bleu très rehaussés d'or. Le contre-émail est bleu et décoré d'une rosace en émaux de couleur. — (Collection Durand, n° 30/2452.)

473. — MÉDAILLONS ET ARABESQUES. — *Couvercle de sucrier en émaux de couleurs sur fond noir, détails dorés. — Diamètre, 0,095.*

Des inscriptions désignent chacune des figures peintes dans les médaillons : *Tempérance, Prudence, Justice, Force*. Les arabesques sont en émail blanc et détails dorés. Le bouton en est orné. Sur le bord inférieur on trouve écrit en lettres d'or : BAP. NOVAILLIER. Le contre-émail est blanc. — (Collection Durand, n° 22/2444.)

BERNART NOUAILHER.

Encore un Nouailher, ce qui ne veut pas dire une nouvelle manière ni plus de talent. Une plaque entourée de ces ornements, en émail blanc pointillé en noir, qui furent de mode au commencement du dernier siècle, représente au centre un évêque à genoux, en costume de moine, ayant sa crosse près de lui. Il joint les mains et il élève ses regards vers la Vierge qui lui apparaît assise sur les nuages et entourée de chérubins. Le vêtement du saint évêque est bleu, d'un ton d'ardoise; la robe de la Vierge est rouge, d'un ton criard, et il y a des parties de jaune vif qui n'ajoutent rien à l'harmonie des couleurs. On lit au revers, en lettres d'or sur fond d'émail bleu mêlé de gris : *Bernart. Nouailher. Kene. Lenneue. f.* Hauteur, 0,160; largeur, 0,120 environ. Les Nouailher faisaient si peu de cas de l'orthographe qu'il est permis, sans plaisanter, de traduire ainsi cette inscription : *Bernard. Nouailher. qui est né. l'aîné. fecit.*

NOEL LAUDIN.

Frère aîné de Jean Laudin (1), et membre d'une famille

---

(1) Il signe Laudin l'aisné.

d'émailleurs de Limoges qui semblerait innombrable, si l'on voulait déterminer le nombre des Laudin par leur immense production, Noël Laudin était un peintre médiocre, qui chercha son refuge dans les émaux, et y trouva une certaine réputation avec de l'aisance. Le duc d'Orléans, depuis régent, voulant, dit-on, se rendre compte du procédé de l'émail, le fit travailler devant lui ; on en a conclu trop vite qu'il avait été son maître de dessin (1). La seule chose qui soit vraie dans ces traditions, c'est que ce prince, dont l'esprit était ouvert sur toutes choses, a désiré connaître la manière de peindre en émail, et qu'à la fin du XVIIe siècle il ne pouvait s'adresser à un homme plus habile dans la technique de cet art. En effet, Noël Laudin, malgré la sécheresse et la froideur de son pinceau, avait apporté dans le maniement des émaux une rare habileté; il s'efforçait, probablement stimulé par les efforts de Toutin, de fondre ses émaux et d'arriver au modèle coloré par le moyen du pointillage, qui rapproche la peinture en émail de la peinture en miniature. L'ancienne province du Limousin est remplie de ses productions, et l'on a d'autant plus droit de s'étonner d'une si grande fécondité, que la plupart de ses ouvrages sont exécutés avec beaucoup de soin.

Sa manière. La mauvaise influence de Mignard, je la distingue de la bonne, se retrouve dans le dessin, dans la composition, dans la couleur même de cet émailleur; quelquefois il imite Philippe de Champagne; mais, dégagé de ces influences et considéré en lui-même, il est froid, sec, vide, et par-dessus tout sans esprit. On reconnaît ses émaux au lisse de leur surface, à la sécheresse de leurs contours, les grisailles au ton laiteux de leurs blancs, les peintures d'émail en couleur à l'usage d'un rouge brique et d'un jaune vif qui crient quand ils se rencontrent, et ils se rencontrent toujours. Noël Laudin est un des premiers peut-être, après Jacques Nouailher, qui ont fait usage, sur la bordure des plaques, d'ornements en relief pointillés en noir et rehaussés d'or. Il appliqua à tous les ustensiles de la vie son émail et ses pinceaux : les tasses (2) et les sucriers, formant ce qu'on appelle un déjeuner, les bourses

---

(1) M. Texier Olivier, Statistique du département de la Haute-Vienne, Paris, 1808, page 417.

(2) M. Didier Petit avait un de ces déjeuners complets dans sa collection, n°s 61 à 74. **Musée du Louvre**, n°s 515 à 539.

14*

et les râpes à tabac (1), les cuillers (2) et les encriers (3) pour la table, les vases d'église, les burettes et les bénitiers, tout enfin, entra dans son domaine. Il ne sut même pas en exclure des produits de la plus déplorable médiocrité; c'est que son atelier était devenu une fabrique et sa signature une raison commerciale. Ces émaux de pacotille, travaillés encore avec une sorte de finesse routinière, prennent l'apparence de faïences de village, tant les tons des couleurs qui les ornent sont faux et criards.

Il a signé le plus grand nombre de ses ouvrages de son monogramme **N**, quelquefois N, Laudin l'aîné. Nous avons vainement cherché Noël Laudin, qui est cependant la bonne lecture, puisqu'on le trouve inscrit de cette manière dans un livre de la taille de Limoges.

JEAN LAUDIN.

Ce peintre émailleur a travaillé à la fin du XVIIe siècle et dans les premières années du XVIIIe. Deux émaux que je vais décrire sont datés de 1693 et ils appartiennent à une technique si avancée qu'il est à supposer qu'ils sont au moins de son âge mûr. Une trop grande production lui a attiré, comme à Pierre Raymond, une sorte de déconsidération. L'estime de son talent a été influencée par l'échelle décroissante de ses prix. On rejette un Laudin avant de l'avoir regardé, et souvent, après avoir considéré attentivement la précision de ses contours, le fondu de ses grisailles, on se reproche des préventions peut-être trop sévères et l'on soutient les enchères (4). Des recherches ultérieures me permettront de constater l'existence de deux émailleurs signant de la même manière, travaillant dans les mêmes errements, mais se distinguant cependant par

---

(1) **Musée de Cluny**, n°s 1135, 1136.

(2) **Collection Soret.** Deux cuillers montées sur manche d'ébène orné d'argent.

(3) **Musée de Cluny. Collections Pourtalès, Rattier**, etc., etc.

(4) L'intérieur d'une pharmacie de moines a été acheté à la vente de M. Didier Petit (n° 6 de son catalogue) au prix respectable de 1,001 fr. Il y a des pièces qui tiennent un bon rang dans les cabinets. **Collection Visconti.** L'histoire du bon Samaritain, suite de grandes plaques d'une exécution assez fine. La première porte au bas, comme

une nuance dans le talent ou dans la médiocrité : l'un serait le père, l'autre le fils, frère cadet de Noël Laudin. En attendant un document authentique qui autorise la distinction, cette séparation se rapportera, dans le premier cas, à ce qui est médiocre; dans le second cas, à ce qui est par trop mauvais. Je vais décrire et réunir tout ensemble les Laudin; leur uniformité autorise cette confusion, mais j'aurai soin d'indiquer à la fin de chaque article les signatures de leurs auteurs.

Sa manière. Les grisailles ont plus particulièrement occupé Jean Laudin. Il avait trouvé le moyen de produire un très beau noir sur lequel il apposait ses blancs avec beaucoup d'adresse en différentes épaisseurs et quelquefois presque en relief. Ces blancs laiteux et ce noir profond produisent des effets tranchés qui donnent à ses émaux l'apparence de camaïeux gravés en bois. L'opposition du blanc au noir est si heurtée qu'elle fait froid ; on croit avoir sous les yeux des effets de neige. Le dessin est médiocre et tourmenté, les expressions sont nulles et affectées, les copies des maîtres faites sans esprit. Quand il emploie les émaux de couleurs, et c'est assez rarement, il manque de vigueur(1). Quand il décore en couleur les tasses et autres pièces du ménage, ses émaux sont à un objet d'art ce qu'est la faïence de nos campagnes à la plus belle porcelaine de Sèvres. Il a répété à satiété, et pour ainsi dire à

---

les autres, son explication : *Un homme des brigands fut pris et for blessé.* **Musée de Cluny**, n°⁵ 1104 et 1105. La Chasse et la Pêche. **Musée de Dijon**, n° 825 du Catalogue. Les quatre heures du jour. Le matin est accompagnée de cette inscription et de cette signature :

Dès la pointe du iovr ie sors de mon village
Povr porter av marché des vollailles et frvittage.
I L.

Ces quatre plaques émaillées en grisaille, avec filets dorés, sont très fines. Hauteur, 0,149 ; largeur, 0,180.

(1) **Musée de Dijon**, n° 823 du Catalogue. Saint Martin partage son manteau avec un pauvre. A la gauche du tableau, le donateur, en costume ecclésiastique, est à genoux en prière. C'est un excellent portrait, et cet émail de couleur fait tout ensemble un si bon effet, qu'il prouve que Laudin aurait pu émailler en couleur avec succès, si la grisaille ne lui avait pas été plus facile et plus expéditive. Hauteur, 0,170 ; largeur, 0,230. Je citerai un autre émail en couleur d'assez grande dimension : **Collection A. Le Carpentier.** Diane, entourée de ses nymphes, surprise par Actéon ; à droite, au bas, IL.; sur le revers, l'adresse de Laudin. Hauteur, 0,195 ; largeur, 0,240.

la mécanique, les douze Césars, les scènes de la vie champêtre, les éléments, les sens, etc., etc. Tout cela se débitait comme de nos jours les gravures et les lithographies qu'on vend encadrées pour décorer les appartements.

Il signait Jean Laudin, J. Laudin (1) et plus souvent de ses initiales I L (2), en mettant au revers ses noms, titres et adresse, avec le soin de suivre une direction contraire au sujet peint, afin qu'en retournant la plaque cette signature se trouvât naturellement dans le sens de la lecture, ainsi qu'on l'observe sur les monnaies. Les émaux avaient pris un caractère tellement mercantile que l'acheteur exigeait ces facilités. Quoique le monogramme de Jean Laudin soit le même que celui de Jean Limosin, on ne peut confondre les ouvrages de ces deux émailleurs. Leur manière d'employer les émaux est très différente. Jean Laudin n'a fait aucun usage du paillon, il n'a pas rehaussé son travail d'un minutieux pointillé d'or, il n'a pas cet air brillanté; il est médiocre d'une autre manière.

474. — TRIOMPHE DE CÉSAR, *imité de Jules Romain.* — *Plaque en grisaille sur fond noir, détails dorés.* — *Hauteur, 0,165; largeur, 0,235.*

Jules César est assis sur un char orné que traînent deux chevaux conduits à la main. Sur un second plan sont placés des hommes tenant des palmes, d'autres portant des vases, et des guerriers armés de lances; derrière le char, des vaincus sont conduits par des soldats. Au bas, à droite, on a écrit: *I Laudin emaillieur a limoges* 1693. Le contre-émail est noir. — (Collection Durand, n° 68/2533.)

475. — SAC D'UNE VILLE, *imité de Jules Romain.* — *Plaque en grisaille sur fond noir, détails dorés.* — *Hauteur, 0,165; largeur, 0,235.*

Un guerrier, accourant au galop de son cheval, intervient pour porter secours à une femme que des soldats arrachent des bras de son père. D'autres soldats, qui écoutent les ordres de leur chef, suivent la direction qu'il leur donne. A droite, un édifice, et du même côté, au-dessous du guerrier à cheval, on lit : *J. Laudin, emailleur à Limoges* 1693. Le contre-émail est noir. — (Collection Durand, n° 68/2534.)

---

(1) **Musée du Louvre**, voyez les descriptions.
(2) **Musée du Louvre**, idem.

476. — L'Air. — *Grisaille sur fond noir rehaussée d'or et de quelques touches rouges. — Hauteur, 0,180; largeur, 0,150.*

Un jeune chasseur tient sur sa main droite un épervier coiffé et éperonné. Un héron mort est suspendu à une pique qu'il porte de la main gauche. Des oiseaux, tracés en or sur le fond du ciel, volent dans les airs. On lit au bas du tableau le mot AER et le monogramme IL. dans le coin à droite. L'émailleur a tracé ces mots au revers de la plaque et dans le sens contraire du sujet : *Laudin. émaillieur. au faubour. de maguine. à. Limages.* I. L. — (Collection Durand, n° 86/2557.)

477. — La Terre. — *Grisaille sur fond noir rehaussée d'or et de quelques touches rouges. — Hauteur, 0,180; largeur, 0,150.*

Un vieux chasseur, le poing sur la hanche, porte sur l'épaule gauche un lièvre pendu à un bâton noueux. Son chien, qu'il tient en laisse, marche près de lui en le regardant. On voit courir dans le fond un lièvre et un chien. Au bas du tableau le mot *terra* et le monogramme I. L. dans le coin à droite. Derrière la plaque, on lit : *Laudin. émaillieur. au faubour de magnine. à Loges.* (pour Limoges). I. L.—(Collection Durand, n° 86/2558.)

478. — L'Annonciation. — *Plaque ovale en grisaille sur fond noir, avec rehauts d'or. — Hauteur, 0,155; largeur, 0,128.*

La Vierge, agenouillée sur un prie-Dieu, la tête ceinte d'une auréole d'or, écoute l'ange Gabriel, qui, debout devant elle, tenant d'une main un lis d'or, lui indique de l'autre l'Esprit-Saint qui, sous la forme d'une colombe, plane au-dessus d'eux dans les nuages sur un fond d'or rayonnant. Au bas de la composition sont écrits ces mots en lettres d'or : *Ave Maria, gratia plena.* On lit au-dessous, à droite, le monogramme I. L., et sur le contre-émail noir on a tracé en lettres d'or ces mots : *Laudin. émaillieur. à. Limoges.* — (Collection Durand, n° 107/2629.)

479. — Sainte-Famille. — *Plaque en grisaille sur fond noir, détails dorés. — Hauteur, 0,160; largeur, 0,200.*

Saint Joseph présente une grappe de raisin à l'Enfant-Jésus, que la Vierge, assise à droite et vue de profil, tient dans ses bras. Des auréoles rayonnantes entourent les têtes de Marie et de Jésus, et se confondent. Un nimbe d'or est posé à quelque distance au-dessus de la tête de saint Joseph. Un panier rempli de fruits est placé sur le terrain et près des genoux de la Vierge. Sur un pli de son manteau, en bas de la plaque, est le monogramme I. L. Le contre-émail est noir. On y lit en lettres d'or : *Laudin émaillieur à Limoges.* I. L. — (Collection Durand, n° 74/2542.)

480. — Sainte-Famille. — *Plaque en grisaille sur fond noir, détails dorés.* — *Hauteur, 0,200; largeur, 0,165.*

La Vierge est assise auprès de sainte Anne; elle tient l'Enfant-Jésus sur ses genoux, et celui-ci, dirigé vers saint Jean-Baptiste qui s'agenouille devant lui, le bénit de la main gauche. Sous une arcade, à droite, à un plan plus éloigné, on voit Joseph enveloppé d'un manteau. Au-dessous de saint Jean-Baptiste, l'émailleur a tracé en or son monogramme I. L. Le contre-émail est noir bleu : on y lit cette inscription en lettres d'or : *Laudin Emaillieur à Limoges I. L.* — (Collection Durand, n° 76/2544.)

481. — La Vierge Marie. — *Plaque en grisaille sur fond noir, détails dorés; les angles sont remplis par des ornements d'émail blanc en relief.* — *Hauteur, 0,127; largeur, 0,102.*

La tête de la Vierge est couverte d'un voile et entourée d'une auréole rayonnante. Dans le bas on lit : *mater amabilis* I. L., et sur le contre-émail noir : *Laudin émaillieur à Limoges* I. L. — (Collection Durand, n° 107/2627.)

482. — Saint Augustin. — *Plaque en grisaille sur fond noir, détails dorés, quelques ornements en émail rouge.* — *Hauteur, 0,100; largeur, 0,080.*

Le saint évêque est représenté en habits sacerdotaux près d'une table, avec un livre et sa mitre devant lui; il tient une plume de la main gauche. On lit dans le bas cette inscription en lettres noires : S. AVGVSTINVS. I. L. et sur le contre-émail de couleur rosée : Laudin, I. L.—(Collection Durand, n° 108/2639.)

483. — Marie-Madeleine. — *Plaque en grisaille sur fond noir, détails dorés.* — *Hauteur, 0,098; largeur, 0,080.*

La sainte est représentée près de son prie-Dieu, tenant un livre; une croix, un vase à parfums et une tête de mort sont à ses côtés. On lit dans le bas cette inscription en lettres noires : S. MARIA. MAGDALENA. I. L, et sur le contre-émail de ton rosé : Laudin. I. L. — (Collection Durand, n° 108/2638.)

484. — La Visitation de sainte Élisabeth. — *Plaque ovale en émaux de couleurs rehaussés d'or,* encadrée d'émaux blancs en relief relevés de noir et d'or. — *Hauteur, 0,200; largeur, 0,170.*

La Vierge, vêtue d'une robe rouge et d'un manteau bleu qui recouvre sa tête, tient sainte Elisabeth embrassée. Celle-ci est habillée d'une robe violette, d'un manteau jaune et d'un turban bleu pâle qui retombe en écharpe. Fond d'architecture et de paysage. Sur le contre-émail bleu on lit : — (Collection Durand, n° 83/2551.)

Laudin aux fauxbourgs De Manigne a Limoges I L

485. — SAINT LOUIS. — *Plaque en émaux de couleurs sur fond noir, détails et inscriptions dorés. — Hauteur, 0,150; largeur, 0,120.*

Le roi de France est représenté tenant de la main gauche la sainte couronne d'épines et les clous de la passion de N. S., et de l'autre un sceptre fleurdelisé. Il est vêtu d'un manteau bleu à fleurs de lis d'or et à camail d'hermine; ses cheveux sont longs et retombent sur ses épaules; sa tête, ceinte de la couronne royale, est entourée d'une auréole d'or rayonnante. Du côté gauche, vers le haut, on lit : S. LVDOVICE. X. F. et sur le contre-émail noir : *Laudin émailleur à Limoges* I. L.—(Collection Durand, n° 88/2560.)

486. — SAINTE THÉRÈSE. — *Plaque en émaux de couleurs sur fond noir, détails et inscriptions dorés. — Hauteur, 0,150; largeur, 0,120.*

La sainte est représentée à genoux, vêtue de l'habit de carmélite. Un ange ailé, suspendu dans les airs, appuie sa main droite sur le bras de la sainte, et de la gauche lui porte un coup de lance dans la plaie saignante qui personnifie l'amour divin que sainte Thérèse a célébré dans ses écrits. On lit vers le bas à droite : S. Theresia, et sur le contre-émail noir : *Laudin émailleur à limoges* I. L. — (Collection Durand, n° 88/2561.)

487.—SAINT JEAN-BAPTISTE.—*Plaque en émaux de couleurs sur fond noir, quelques détails dorés. — Hauteur, 0,163; largeur, 0,140.*

Saint Jean est debout, les bras et les jambes nus; le reste du corps caché par une peau de bête que recouvre en partie une draperie rouge; son bras gauche est appuyé sur une roche, et le droit soutient un bâton terminé en croix, d'où pend une banderole sur laquelle sont écrits ces mots en lettres noires: *Ecce agnus Dei.* Un agneau est couché aux pieds du saint. Sur le contre-émail noir on lit en lettres d'or: *Laudin au faux-bourgs De Manigne à Limoges.* I. L. Cette plaque a été rognée; le bord était émaillé de fleurons en relief d'émail et elle appartenait probablement à un bénitier. — (Collection Durand, n° 108/2640.)

488. — LA VIERGE MARIE, SAINTE MADELEINE. — *Burette en émaux de couleurs sur fond noir, rehauts d'or et détails dorés, avec ornements en émail blanc, en relief, rehaussés d'or et complétés par des motifs dorés. — Hauteur, 0,135.*

Trois médaillons de forme ovale décorent le corps du vase. Sur l'un, celui du milieu, est peinte la vierge Marie, les mains jointes, les yeux baissés, la tête entourée d'une auréole dorée; des nuages coupent le buste au-dessous des bras. Sur celui de gauche, sainte Madeleine agenouillée devant l'autel, essuyant ses larmes. Sur celui de droite, saint Antoine portant une petite croix de la main droite et de la gauche une tête de mort et un chapelet; la tête est entièrement refaite. L'anse est formée de fils de cuivre tordus ensemble et dorés. Le contre-émail est noir. — (Collection Durand, n° 27/2446.)

489. — JÉSUS-CHRIST, SAINT LOUIS, LA REINE BLANCHE. — *Burette en émaux de couleurs sur fond noir, semblable à la précédente. — Hauteur, 0,135.*

Trois médaillons de forme ovale décorent le corps du vase. Sur celui du milieu est peint Jésus, aux cheveux pendants sur les épaules, aux yeux levés au ciel; le buste est coupé par des nuages; la tête est entourée d'une auréole dorée. Sur celui de gauche, le roi saint Louis portant de la main droite un sceptre fleurdelisé et de l'autre la sainte couronne d'épines. Ses cheveux flottent sur ses épaules, et sa tête, surmontée d'une couronne fleurdelisée, est entourée d'une auréole dorée. Sur celui de droite, la reine Blanche; elle porte sur la tête une couronne fleurdelisée entourée d'une auréole dorée; elle tient de la main droite un crucifix doré. — (Collection Durand, n° 27/2447.)

490. — UN MARTYR. — *Plaque en émaux de couleurs sur fond noir, détails dorés; les angles sont remplis par des ornements en émaux blancs en relief rehaussés de noir. — Hauteur, 0,107; largeur, 0,085.*

Le saint, qui porte l'habit des Chartreux, est représenté assis sur une chaise à dossier, les mains tendues en l'air en signe d'effroi; un soldat, dont la tête est couverte d'un turban, le tient renversé de la main gauche et de la droite est prêt à le frapper d'un long poignard. Le revers, émaillé en noir bleu, a reçu cette inscription en or: NLaudin laisné.— (Collection Durand, n° 108/2635.)

491 à 502. — Les douze Césars. — *Douze médaillons circulaires en grisaille sur fond noir. — Diamètre, 0,120.*

Les têtes, posées de profil, sont couronnées de lauriers; les couronnes sont en émail vert rehaussé d'or; les inscriptions sont dorées. **491**. — Julius Cæsar. I. — Le monogramme I L est tracé en noir, et sur le contre-émail, de ton rosé, on lit : *Laudin émailleur au faubour de maignine à Limoges.* I. L.— **492**. C. T. Augustus. II. — **493**. Tiberius. Cæsar. III.— **494**. Cæsar. Caligula. IIII. — **495**. Claudius. Cæsar. V. — **496**. Nero. Claudius. Cæsar. VI. — **497**. Ser. Galba. VII. — **498**. Silvius. Otho. VIII. — **499**. Aul. Vitelius. VIIII. — **500**. Flavius. Vespasianus. X. — **501**. Titus. Vespasianus. XI. — **502**. Flavius. Domitianus. XII. — (Collection Révoil, nos 260 à 271.)

503 à 514. — Les douze Césars. —*Douze médaillons circulaires en grisaille sur fond noir. — Diamètre, 0,120.*

Les têtes, posées de profil, sont couronnées de lauriers; les couronnes sont en émail vert rehaussé d'or; les inscriptions sont dorées.—**503**. IULIUS CESAR. I.— Ce premier médaillon porte seul la signature de l'émailleur I. L.; au-dessous du buste et au revers, sur le contre-émail, on lit : *Laudin emaillieur à Limoges.* I. L.— **504**. C. T. AVGVSTVS. II. — **505**. TIBERIVS. CESAR. III.— **506**. CESAR. CALIGVLA. IV.— **507**. CLAVDIVS. CESAR. V.— **508**. NERO CLAVDIVS. CESAR. VI.— **509**. SER. GALBA. VII. — **510**. SILVIVS. OTHO. VIII. — **511**. AVL. VITELLIVS. VIIII. — **512**. FLAVVS. VESPASIANVS. X. — **513**. TITVS. VESPASIANVS. XI. — **514**. FLAVIUS. VESPASIANVS. XII. — Le contre-émail est bleu. — (Collection Durand, nos 91/2566 à 91/2577.)

515. — La Vierge et l'Enfant-Jésus. — *Soucoupe à anses, mélange de grisaille sur fond noir et d'émaux de couleurs, détails dorés. — Diamètre, 0,143.*

La Vierge et l'Enfant-Jésus, peints en grisaille, occupent le médaillon central, avec cette inscription en lettres d'or : S. Maria. mater Dej. Des fleurs, en émaux de couleur sur fond blanc, décorent le bord, et sont disposées en douze compartiments godronnés. Sur l'un d'eux, on trouve le monogramme I L en lettres noires. Le revers est orné d'émaux de couleurs et de détails dorés sur fond noir; un paysage sur émail blanc occupe le centre. — (Collection Révoil, n° 477.)

516. — La vierge Marie. —*Soucoupe, mélange*

de grisaille et émaux de couleurs. — Diamètre, 0,092.

Au centre, la vierge Marie, vue de profil, en grisaille sur fond noir. Au bas, le monogramme I. L. Sur le bord, fleurs en émaux de couleur sur fond blanc. Sur le revers, ornements en couleur sur fond noir. Sur le contre-émail, rosace en émail blanc rehaussée de rouge sur fond noir. — (Collection Durand, n° 45/2473.)

517. — Tobie et l'ange. — *Soucoupe à anses, mélange de grisaille et d'émaux de couleurs, détails dorés, emploi de paillons au revers. — Diamètre, 0,145.*

Au centre, le jeune Tobie et l'ange sont peints en grisaille sur fond noir. Sur le bord, fleurs en émaux de couleurs sur fond blanc, disposées en douze compartiments godronnés. Sur l'un d'eux, le monogramme I. L. en lettres noires. Sur le revers, rosaces en paillon et ornements dorés sur fond noir. Sur le contre-émail, paysage en couleur. — (Collection Durand, n° 44/2471.)

518. — Tobie et l'ange. — *Soucoupe à anses, mélange de grisaille et d'émaux de couleurs, détails dorés. — Diamètre, 0,138.*

Au centre, le jeune Tobie et l'ange, en grisaille sur fond noir. On lit au bas le monogramme I. L. Sur le bord, fleurs en émaux de couleurs, inscrites dans douze godrons, sur fond blanc. Sur le revers, arabesques dorées sur fond noir. Sur le contre-émail, paysage en couleur. — (Collection Révoil, n° 174.)

519. — Jésus-Christ et six Apôtres. — *Soucoupe à anses en grisaille sur fond noir, détails dorés, quelques émaux de couleurs au revers. — Diamètre, 0,147.*

Jésus, en buste et vu de profil, occupe le centre, avec ces mots : Filius Dei, et vers le bas le monogramme I. L. Les six figures d'apôtres sont disposées dans des médaillons de forme ovale qui se font suite et décorent le bord; chacun d'eux est désigné par son nom : S. petrus, S. paulus, S. Andréas, S. iacobus n., S. philippus, S. thomas; des ornements en grisaille, disposés sur six médaillons noirs, ornent le revers. Le contre-émail est décoré d'un paysage en couleur. — (Collection Révoil, n° 176.)

520. — Saint Michel terrassant le démon. — *Soucoupe à anses dont le centre hexagone se relève en* bords godronnés; émaux de couleurs, détails dorés, emploi de paillons au revers. — Diamètre, 0,150.

Au centre, saint Michel terrassant le dragon. On lit en haut : S. michael, et en bas : I. L. Sur les bords, fleurs et oiseaux en couleur sur fond blanc. Sur le revers, rosaces et oiseaux en paillon, avec arabesques dorées sur fond noir. Sur le contre-émail, paysage en couleur sur fond noir. — (Collection Durand, n° 45/2477.)

521. — L'Amour vainqueur de la Force. — *Soucoupe à anses, à six divisions godronnées, mélange de grisaille et d'émaux de couleurs, détails dorés, emploi de paillons au revers. — Diamètre, 0,120.*

Au centre, l'Amour est représenté sous les traits d'un enfant ailé monté sur un lion qu'il tient en bride; dans le bas est le monogramme I. L. Sur les bords, fleurs et oiseaux en couleur sur fond blanc. Sur le revers, rosaces en paillon et arabesques dorées sur fond noir. Sur le contre-émail, paysage en couleur sur fond noir. — (Collection Durand, n° 45/2478.)

522. — Scène champêtre. — *Soucoupe à anses, mélange de grisaille sur fond noir et d'émaux de couleurs, détails dorés, emploi de paillons sur le revers. — Diamètre, 0,138.*

Un homme, dans le costume en usage au milieu du XVIIe siècle, est assis sous un arbre, jouant de la guitare; un autre, tenant une houlette, est près de lui avec une femme dont on ne voit que la tête. Dans le bas, à droite, est le monogramme I. L. en lettres noires. Le bord est orné de fleurs et d'oiseaux en émaux de couleurs sur fond blanc. Le revers est décoré de fleurs et d'oiseaux en paillon sur fond noir, avec arabesques dorées. Un paysage en couleur décore le dessous. — (Collection Durand, n° 44/2470.)

523. — Porteballe. — *Soucoupe à anses, en grisaille sur fond noir, détails dorés, quelques émaux de couleurs au revers. — Diamètre, 0,146.*

Au centre, porteballe au repos; dans le bas est le monogramme I. L. Sur le bord, occupant des médaillons, six figures de colporteurs ou gens de la campagne. Sur le revers, ornements en grisaille. Sur le contre-émail, paysage en couleur. — (Collection Révoil, n° 175.)

524. — Un cavalier. — *Soucoupe à anses, à six divisions godronnées en émaux de couleurs, détails* dorés, emploi de paillons au revers. — Diamètre, 0,147.

Au centre, cavalier en costume du temps de Louis XIII, monté sur un cheval blanc qu'il pousse au galop en brandissant son épée en l'air. Au-dessous de ce petit tableau on trouve la signature IL. Sur les bords, fleurs et oiseaux en couleur, sur émail blanc. On y remarque le monogramme I.L. Sur le revers, rosaces et oiseaux en paillons et arabesques dorées. Sur le contre-émail, paysage en couleur. — (Collection Durand, n° 45/2476.)

525 et 526.—BOURSE.—*Homme et femme en costume du XVIIe siècle, peints en couleurs sur deux plaques d'émail fond bleu de forme ovoïde, percées dans le haut de deux trous, ajustés dans des ornements en émaux blancs en relief qui laissent passer les cordons. Les deux plaques sont signées* I. L. — *Hauteur, 0,090; largeur, 0,065.*

527. — MONIME, JAHEL, *d'après Vignon ;* collection intitulée Galerie des femmes fortes. VITELLIUS, VESPASIEN. — *Tasse en émaux de couleurs sur fond noir, détails et inscriptions dorés, arabesques en émaux blancs, en relief, rehaussés de noir.* — *Hauteur, 0,080; diamètre, 0,075.*

Monime est représentée coiffée d'un casque orné de plumes et portant un arc; dans le haut et à droite on lit : MONIME. Jahel tient un long clou de la main gauche et un marteau de la droite ; on lit vers le haut : JAHEL. Le chiffre IX est tracé au-dessous du buste de Vitellius, et le chiffre X sous celui de Vespasien. L'intérieur de la tasse est émaillé de couleur bleu turquoise. Sur le contre-émail noir on lit : *Laudin, aux fauxbourgs de Manigne à Limoges*. I. L. — (Collection Durand, n° 46/2483.)

528. — ANTIOPE, LUCRÈCE, *d'après Vignon ;* GALBA, OTHON. — *Tasse en émaux de couleurs sur fond noir, détails et inscriptions dorés, arabesques en émaux blancs, en relief, rehaussés de noir.* — *Hauteur, 0,080; diamètre, 0,075.*

La reine des Amazones est coiffée d'un casque orné de plumes ; son bras gauche est passé dans les courroies d'un bouclier. Son nom, ANTIOPE, est écrit vers le haut. Lucrèce est représentée un poignard à la main; on lit dans le haut : LUCRECE. Au-dessous du buste de Galba on trouve le chiffre VII, et le chiffre VIII sous celui d'Othon. L'intérieur de la tasse est émaillé de couleur bleu turquoise. Sur le contre-émail noir on lit: *Laudin, aux fauxbourgs de Manigne à Limoges.* I. L. — (Collection Durand, n° 64/2491.)

529. — DÉBORA, SALOMONE, *d'après Vignon;* TITUS, DOMITIEN. — *Tasse en émaux de couleurs sur fond noir, détails et inscriptions dorés, arabesques en émaux blancs, en relief, rehaussés de noir.* — *Hauteur, 0,080; diamètre, 0,075.*

La prophétesse Débora est représentée sous un costume de guerre, la tête couverte d'un casque; elle élève de la main droite son épée. On lit vers le haut : DÉBORA. Salomone, mère des Macchabées, est coiffée d'un turban. On lit vers le haut : SALOMONE. Au-dessous de Titus le chiffre XI, et le chiffre XII sous Domitien. L'intérieur de la tasse est émaillé de couleur bleu turquoise. Sur le contre-émail noir on lit: *Laudin, aux fauxbourgs de Manigne à Limoges.* I. L. — (Collection Durand, n° 46/2481.)

530. — PAULINE, ZÉNOBIE, *d'après Vignon;* CLAUDE, NÉRON. — *Tasse en émaux de couleurs sur fond noir, détails et inscriptions dorés, arabesques en émaux blancs, en relief, rehaussés de noir.* — *Hauteur, 0,080; diamètre, 0,075.*

Pauline est représentée étendant son bras percé à la saignée et d'où s'échappe un filet de sang. Dans le haut et vers la gauche est écrit le nom PAULINE. Zénobie, reine d'Orient, est coiffée d'un casque orné de plumes; elle porte une flèche. Le nom est écrit vers la gauche. Au-dessus du buste de Claude on trouve le chiffre V, et le chiffre VI sous celui de Néron. L'intérieur de le tasse est émaillé de couleur bleu turquoise. Sous le contre-émail noir on lit : *Laudin, aux fauxbourgs de Manigne à Limoges* I. L. — (Collection Durand, n° 46/2489.)

531. — PAULINE, ZÉNOBIE, *d'après Vignon;* TIBÈRE, CALIGULA. — *Tasse en émaux de couleurs sur fond noir, détails et inscriptions dorés, arabesques en émaux blancs, en relief, rehaussés de noir.* — *Hauteur, 0,080; diamètre, 0,075.*

Pauline et Zénobie sont représentées de même que sur la tasse qui précède, avec cette seule variante que Zénobie ne porte pas de flèche. Au-dessous du buste de Tibère est le chiffre III, et le chiffre IV sous celui de Caligula. L'intérieur de la tasse est émaillé de couleur bleu turquoise. Sur le contre-émail noir on trouve le monogramme NL. — (Collection Durand, n° 46/2485.)

532. — JUDITH, JEANNE D'ARC, d'après Vignon ; GALBA, OTHON. — *Tasse en émaux de couleurs sur fond noir, détails et inscriptions dorés, arabesques en émaux blancs, en relief, rehaussés de noir. — Hauteur, 0,080; diamètre, 0,075.*

Judith est représentée tenant à la main la tête d'Holopherne. On lit dans le haut : JUDITH. Jeanne d'Arc, coiffée d'une toque à plumes, porte un étendard fleurdelisé. Dans le haut et à gauche on lit : La pucelle. Sous le buste de Galba le chiffre VII, et le chiffre VIII sous celui d'Othon. L'intérieur de la tasse est émaillé de couleur bleu turquoise. Sur le contre-émail noir est tracé le monogramme NL. — (Collection Durand, n° 46/2487.)

533. — LA MORT DE PANTHÉE (*Xénophon, Cyrop., lib. 7*), d'après Vignon. — *Soucoupe en émaux de couleurs sur fond noir, détails et inscriptions dorés, arabesques en émaux blancs, en relief, rehaussés de noir. — Diamètre, 0,132.*

Panthée est représentée le sein percé d'un poignard, expirant sur le corps d'Abradate ; celui-ci est étendu sur le gazon, soulevé à demi sur les genoux de Panthée qui le tient embrassé ; son casque et son épée brisés sont auprès de lui, et son vêtement entr'ouvert laisse apercevoir une blessure dont le sang se confond avec celui de Panthée. On voit dans le fond un chariot recouvert d'une draperie bleue. Le contre-émail est noir. — (Collection Durand, n° 46/2488.)

534. — LA MORT DE PANTHÉE, d'après Vignon. — *Soucoupe semblable à la précédente.*

(Collection Durand, n° 46/2490.)

535. — LA MORT DE CAMME, *princesse de Galatie* (*Plutarch. de Mulierum virtutibus*), *d'après Vignon. — Soucoupe en émaux de couleurs sur fond noir, détails et inscriptions dorés, arabesques en émaux* blancs, en relief, rehaussés de noir. — *Diamètre*, 0,132.

Le roi est renversé sur le devant, et l'on voit une coupe à terre près de lui; en arrière Camme se meurt, appuyée sur les genoux d'une suivante qui essuie ses larmes; près d'elle est un autel surmonté de flammes et dans le haut le nom : CAMME. Le contre-émail est noir ; on y trouve le monogramme I. L. — (Collection Durand, n° 46/2486.)

536. — LA MORT DE MARIAMNE, *d'après Vignon.* — *Soucoupe en émaux de couleurs sur fond noir, détails et inscriptions dorés, arabesques en émaux blancs, en relief, rehaussés de noir.— Diam., 0,132.*

Le cadavre de Mariamne est étendu sur une estrade couverte d'un tapis bleu; ses mains sont liées avec des chaînes, et la tête, qui porte encore sa couronne, est séparée du corps. Salomé est placée à droite, élevant d'une main une torche ardente et de l'autre tenant le sabre qui a été l'instrument du supplice; en arrière, Hérode, la tête ceinte d'une couronne. Dans le haut et un peu vers la gauche on lit : MARIANE. Le contre-émail est noir. — (Collection Durand, n° 46/2482.)

537. — LA MORT D'ARRIA, *d'après Vignon.* — *Soucoupe en émaux de couleurs sur fond noir, détails et inscriptions dorés, arabesques en émaux blancs, en relief, rehaussés de noir. — Diamètre, 0,132.*

Arria est étendue à terre, le sein percé d'une blessure d'où jaillit le sang; d'une main elle se soulève et de l'autre présente le poignard dont elle s'est percée à Pœtus placé devant elle. Un rideau vert est drapé vers la gauche, et dans le haut est tracé le nom : ARRIE. Le contre-émail est noir; on y voit le monogramme I. L.

538. — SÉMIRAMIS, *d'après Vignon.* — *Soucoupe en émaux de couleurs sur fond noir, détails et inscriptions dorés, arabesques en émaux blancs, en relief, rehaussés de noir. — Diamètre, 0,130.*

La reine, assise, vue de profil, est coiffée d'un casque orné de plumes; elle tient dans la main gauche un arc; un carquois est à son côté, un livre placé en arrière. A gauche de la composition sont figurés les quais et les terrasses de Babylone et les eaux de l'Euphrate; à droite, un rideau bleu est drapé au-dessus de la figure de la reine. On lit vers le haut : SÉMIRAMIS. Le contre-émail est noir. — (Collection Durand, n° 46/2484.)

539. — Artémise, Antiope, *d'après Vignon;* Othon, Vespasien, Titus, Domitien. — *Sucrier en émaux de couleurs sur fond noir, détails et inscriptions dorés, arabesques en émaux blancs, en relief, rehaussés de noir.* — *Hauteur,* 0,093; *diamètre,* 0,080.

<small>Artémise est représentée portant une coupe de la main gauche et de la droite tenant une partie de sa chevelure éparse sur ses épaules; on lit dans le haut et vers la gauche : ARTÉMISE. Antiope, reine des Amazones, la tête couverte d'un casque orné de plumes, tient une épée de la main droite et a le bras gauche passé dans les courroies d'un bouclier; on lit vers le haut : ANTIOPE. Au-dessous du buste d'Othon le chiffre VIII, et sous celui de Vespasien le chiffre X. Les chiffres XI et XII sont tracés de même au-dessous des bustes de Titus et de Domitien, qui décorent le couvercle. L'intérieur est émaillé de couleur bleu turquoise. Sur le contre-émail noir on lit : *NLaudin emaillieur pres les iesuistes à Limoges.* — (Collection Durand, n° 29/2450.)</small>

540. — Artémise, Judith, *d'après Vignon.* — *Plaque peinte sur ses deux faces en émaux de couleurs sur fond noir, détails et inscriptions dorés.* — *Hauteur,* 0,063; *largeur,* 0,095.

<small>Artémise est coiffée d'un turban surmonté d'une couronne; elle tient une coupe de la main gauche. Le nom est écrit sur le côté et ainsi : ARTEMIZE. Judith porte d'une main la tête d'Holopherne, et la soutient de l'autre; le nom est écrit à gauche : IVDITH. — (Collection Durand, n° 408/2636.)</small>

541. — Sainte Marie-Madeleine. — *Plaque en émaux de couleurs sur fond noir, détails dorés; les angles sont remplis par des ornements en émaux blancs en relief, rehaussés de noir.* — *Hauteur,* 0,114; *largeur,* 0,100.

<small>La sainte est représentée en larmes, près d'un autel sur lequel sont placés une croix, un vase à parfums et un livre. Sur le contre-émail noir, on lit : *NLaudin à Limoges.* — (Collection Durand, n° 407/2628.)</small>

542. — Un évêque en prières. — *Plaque en émaux de couleurs sur fond noir, détails dorés en-*

tourés d'ornements en émaux blancs en relief. — *Hauteur, 0,125; largeur, 0,118.*

Il est à genoux, les mains croisées sur la poitrine; la tête nue se détache sur une auréole. Sur le contre-émail noir, on lit : *NLaudin emailleur pres les iesuites à Limoges.* — (Collection Durand, n° 108/2637.)

543. — L'ADORATION DES MAGES. — *Plaque en émaux de couleurs sur fond noir, détails dorés. — Hauteur, 0,240; largeur, 0,180.*

La Vierge, assise, tient sur ses genoux l'Enfant-Jésus; saint Joseph est debout derrière elle. A gauche de la scène, deux Mages, à genoux aux pieds de l'enfant, ont déposé leur couronne; un troisième, de race noire, s'incline à demi ; sa couronne est portée par un jeune nègre placé derrière lui. Deux figures, l'une debout, appuyant son doigt sur ses lèvres, et l'autre agenouillée et regardant curieusement vers l'enfant, complètent la composition. Le contre-émail est noir; on y lit :

NLaudin laisne emailleur au faubourg boucherie a Limoges

— (Collection Durand, n° 73/2541.)

544. — LA CÈNE, *imitée du tableau de Philippe de Champagne.* — *Plaque en émaux de couleurs rehaussés d'or.*

Le Christ et ses disciples sont assis autour d'une table; saint Jean est représenté endormi près de N. S.; saint Pierre est à sa droite, et saint Paul en avant, vêtu d'une robe verte. On remarque dans le coin de droite Judas en robe jaune, manteau violet. Fonds d'architecture. Le contre-émail est bleu. — (Collection Durand, n° 72/2540.)

545. — L'ASSOMPTION DE LA VIERGE. — *Plaque en émaux de couleurs entourés d'ornements en émaux blancs, en relief, rehaussés de noir. — Hauteur, 0,184; largeur, 0,163.*

Elle est supportée par des nuages au bas desquels sont quatre têtes d'anges ailées; sa robe est rouge et son manteau bleu. Une auréole de rayons dorés entoure la tête de la Vierge. Sur le contre-émail noir est écrit en lettres d'or le nom de Laudin, sans désignation de nom de baptême. Le faire et le style marquent suffisamment à qui il appartient. Le numéro d'inventaire manque.

546. — Daniel dans la fosse aux lions. — *Plaque en émaux de couleurs sur fond noir, rehaussés d'or. — Hauteur, 0,230; largeur, 0,186.*

Le saint, à genoux, lève les yeux au ciel; il est vêtu d'une robe violette et d'un manteau bleu; quatre lions couchés l'entourent. Le fond est formé par des rochers au-dessus desquels perce un rayon lumineux. Au bas de la plaque, l'artiste a tracé son monogramme en lettres d'or. Sur le contre-émail noir, on lit, également en lettres d'or : *NLaudin emailleur pres les iesuistes à Limoges*. — (Collection Durand, n° 77/2545.)

547. — Sainte Marie-Madeleine. — *Plaque en émaux de couleurs sur fond bleu, détails dorés; les bords sont ornés d'émaux blancs, en relief, rehaussés de noir. — Hauteur, 0,220; largeur, 0,174.*

Elle est représentée à genoux devant un autel formé par des rochers; de la main gauche, elle tient une tête de mort. Une croix, un livre, un vase à parfums et un fouet, sont placés sur l'autel. La tête de la sainte est entourée d'une auréole rayonnante; la figure se détache sur un fond bleu. Le contre-émail est bleu. — (Collection Durand, n° 4961.)

548. — Une Reine en prières. — *Plaque en émaux de couleurs, entourée d'une guirlande de fleurs peintes sur fond blanc formant encadrement. — Hauteur, 0,193; largeur, 0,174.*

Elle est agenouillée, les yeux levés au ciel, et semble offrir à Dieu sa couronne et son sceptre déposés, près d'elle, sur une table que recouvre un tapis vert frangé de jaune. Un manteau rouge doublé d'hermine, agrafé sur son épaule, l'enveloppe de larges plis. Des nuages cachent en partie les parois et les colonnes de la chambre. Sur le contre-émail noir, on lit : *NLaudin l'Aisné*. — (Collection Durand, n° 83/2552.)

549 et 550. — Sujets mythologiques et Chiffres. — *Tasse et soucoupe en émaux de couleurs sur fond blanc, détails dorés. — La tasse : hauteur, 0,090; diamètre, 0,081; la soucoupe : diamètre, 0,148.*

549. Sur la tasse, Europe est représentée assise sur un taureau blanc

qui traverse les flots à la nage. Elle le tient des deux mains par les cornes, ses cheveux flottent au vent. On lit au-dessous, en lettres d'or, sur le pied émaillé de noir : *Iupiter ravit Europe.* Un chiffre doré sur fond bleu, qui décore le côté opposé, est formé de l'enlacement et de la répétition des lettres L. M. et J. L'intérieur est émaillé en blanc, le contre-émail est noir, on y a tracé le monogramme N. L. — 550. *Sur la soucoupe* une jeune divinité est debout près d'un chasseur accompagné de deux chiens. Le sujet est expliqué par l'inscription : *Laurore ayme Sephale.* Des fleurs à longues tiges, peintes sur fond blanc, entourent la composition. Le contre-émail est noir, décoré au centre du chiffre doré qui orne la tasse, et est décrit plus haut. — (Collection Durand, n° 47/2494.)

551 et **552**. — SUJETS MYTHOLOGIQUES ET CHIFFRES. — *Tasse et soucoupe en émaux de couleurs sur fond blanc, détails dorés.* — *La tasse : hauteur, 0,090; diamètre, 0,081; la soucoupe : diamètre, 0,148.*

551. *Sur la tasse,* Ganymède est représenté enlevé dans les airs par un aigle. On lit au-dessous, sur le pied, en lettres d'or sur émail noir : *Iupiter ravit Ganymède.* Le chiffre doré sur fond bleu, qui décore le côté opposé, est le même que sur la tasse précédemment décrite. L'intérieur est émaillé bleu, le contre-émail est noir; on y trouve le monogramme NL.— **552.** Sur la soucoupe, une déesse est représentée assise près d'un jeune chasseur, un chien est dans le fond, et un autre, sur le devant, buvant dans un ruisseau. Le sujet est expliqué par l'inscription : *Venus ayme Adonis.* Des fleurs, sur fond blanc, entourent la composition. Le contre-émail est noir, décoré au centre du chiffre doré décrit plus haut. — (Collection Durand, n° 47/2496,)

553. — ORPHÉE CHARMANT LES ANIMAUX. — *Tasse en émaux de couleurs sur fond blanc, quelques détails dorés.* — *Hauteur, 0,096; diamètre, 0,102.*

Orphée est représenté assis, jouant du violon ; une licorne, un lion, un cerf et un chien, l'entourent; un paon est perché sur l'arbre qui l'abrite. On lit au-dessous, sur le pied, en lettres d'or sur émail noir: *Orphée.* Un chiffre doré sur fond bleu, tel que ceux décrits dans les numéros précédents, décore le côté opposé. Le contre-émail est noir et porte l'inscription suivante en lettres dorées :
(Collection Durand, n° 109/2644.)

554. — DAPHNIS ET CHLOÉ. — *Tasse en émaux de*

couleurs sur fond blanc, détails dorés. — *Hauteur,* 0,077 ; *diamètre,* 0,081.

Sur le côté opposé, chiffre déjà décrit, doré sur fond bleu. Le contre-émail est restauré, la signature a disparu, mais l'attribution à Noël Laudin n'est pas douteuse. — (Collection Durand, n° 109/2643.)

HENRI LAUDIN.

Impossible d'attribuer à un autre qu'à un Laudin les ouvrages marqués du chiffre H. L. ; est-ce Henri, Honoré ou Hippolyte? peu importe.

Sa manière. Le ton général de ces émaux tient, comme dans les ouvrages de Nouailher, du verre de lanterne magique vu au jour. Cela provient des nuances fausses, des tons rouges et jaunes qui se heurtent, et d'une absence d'épaisseur qui donne un air lavé à la peinture en émail. Le dessin est misérable, les expressions des figures bouffonnes, les ornements des bordures peints en blanc et bleu, en imitation des ornements en relief employés par Jean Laudin. Le revers ou contre-émail d'un bleu gris (1).

ANONYME.

Il n'y a qu'une nuance entre la médiocrité de cet anonyme et le faible talent de Nouailher, mais cette nuance est sensible et doit être prise en considération. Un ton d'émail plus clair, plus léger, des demi-teintes prises dans des tons grisâtres, et des carnations plus rosées et moins briques, telles sont des différences que domine un effet plus gai et plus franc. Quant au dessin, il est à peu près le même.

555. — SUJETS MYTHOLOGIQUES. — *Tasse en émaux de couleurs sur fond noir, détails dorés avec orne-*

---

(1) J'ai vu chez M. Strauss une tasse et sa soucoupe. Sur la tasse, deux peintures en médaillon : PIRAME ET THISBÉE. — PROCRIS et CÉPHALE. Signée au bas en lettres d'or HL. Hauteur, 0,080. La soucoupe est ornée d'un seul sujet : HIACINTHE CHANGÉ EN FLEUR. Signée au bas en lettres noires HL. Diamètre, 0,130.

ments en relief en émaux blancs rehaussés de noir. — Hauteur, 0,085; diamètre, 0,078.

Deux médaillons ovales: dans l'un, Hercule terrassant le lion de Némée; dans l'autre, Daphnis et Chloé. Les figures se détachent sur fond bleu, l'intérieur est doublé en cuivre doré.

F M P

L'émailleur qui signe ainsi ses ouvrages ne se distingue des Nouailher que par plus de dureté dans les contours et une timidité plus grande dans la manière de traiter la grisaille. C'est évidemment un ouvrier sorti de leur atelier (1).

ANONYMES.

Les imitateurs des Nouailher et des Laudin ne me semblent pas mériter une classification rigoureuse. En les confondant sous une même rubrique, je satisfais aux besoins des études et aux devoirs administratifs.

556. — SAINT JEAN PORTANT LES INSTRUMENTS DE LA PASSION. — *Soucoupe en émaux de couleurs, détails dorés, emploi de paillons au revers. — Diamètre, 0,118.*

Sur le bord, fleurs et oiseaux en couleur sur fond blanc. Au revers et sur le contre-émail, rosaces en paillon et ornements dorés sur fond noir. — (Collection Durand, n° 45/2474.)

557. — SAINTE AGNÈS. — *Soucoupe en émaux de couleurs, détails dorés, emploi de paillon sur les revers. — Diamètre, 0,118.*

La sainte porte un agneau et une palme de martyre; elle est peinte en

---

(1) **Collection Germeau.** Bénitier. La Vierge, assise près d'un édifice soutenu par des colonnes, tient l'Enfant-Jésus sur ses genoux; à droite une échappée de paysage; dans le haut trois anges soutenus par des nuages et portant une croix. Grisaille entourée de rinceaux et de fleurs en relief d'émail blanc, rehaussé et pointillé de noir. Le monogramme placé en tête de cet article est tracé en noir au bas de l'émail, sur la droite. Hauteur, 0,290; largeur, 0,150.

couleur sur fond noir. Sur le bord, fleurs et oiseaux en couleurs sur fond blanc. Au revers et sur le contre-émail, rosaces en paillons et ornements dorés sur fond noir. — (Collection Durand, n° 45/2475.)

558. — SAINTE MARIE-MADELEINE. — *Soucoupe en émaux de couleurs, détails dorés, emploi de paillons au revers.* — *Diamètre, 0,130.*

Au centre, sainte Marie-Madeleine en extase ; sur le bord, fleurs et oiseaux en couleur sur fond blanc ; sur le revers, rosaces en paillons et ornements dorés ; sur le contre-émail, paysage en couleur. — (Collection Durand, n° 44/2472.)

559. — UN CAVALIER. — *Soucoupe à anses, à six divisions godronnées, en émaux de couleurs, détails dorés avec emploi de paillons.* — *Diamètre, 0,125.*

Au centre, un cavalier se dirige vers une tour au haut de laquelle on voit une femme ; sur les bords, fleurs en couleur sur fond blanc ; sur le revers, rosaces en paillons et arabesques dorées sur fond noir ; sur le contre-émail, paysage en couleur. Deux chiens poursuivant un lièvre. — (Collection Durand, n° 45/2479.)

MARTINIÈRE.

Les renseignements manquent entièrement sur cet émailleur. Je vais décrire le seul ouvrage de lui que je connaisse. Il ne donne pas une grande idée de son talent de peintre, et il pourrait bien être la production d'un ouvrier émailleur sûr de son métier et qui veut s'élever plus haut.

560. — LA BATAILLE DE FONTENOY. — *Peinture sur émail.* — *Hauteur, 0,250 ; largeur, 0,330.*

Les régiments et les escadrons sont disposés en ligne de bataille dans une plaine qui est terminée par des bois et un horizon de coteaux. Les figures sont de très petite proportion et les couleurs d'uniformes sont indiquées par des teintes générales, ici rouges, là bleues, ailleurs d'un vert pâle. Les drapeaux qui dépassent désignent les différents corps ; c'est ainsi que vers le fond l'on reconnaît aux drapeaux blancs l'armée royale appuyée en masse contre le bois ; en arrière, d'une église qu'entourent quelques maisons. Des batteries de canons et des redoutes sont disposées de place en place ; au premier plan, quelques tentes et des chevaux en liberté dans une prairie. Cette peinture est signée au bas et à droite : Martinière p. 1748, et le cadre contient, en outre de deux plaques en émail blanc décorées du chiffre doré de Louis XV, formé par des tiges de lauriers, une troisième plaque également émaillée de blanc et plus grande, sur laquelle on lit : Vue de la bataille de Fontenoy, dédié au roy

Ce fut là qu'un bras invisible
protegea l'auguste Louis
et que ce monarque invincible
déconcerta nos ennemis.   Martiniere pinxit. 1747.

— (Acquisition du règne de Louis-Philippe, n° 2622.)

ÉMAUX PORCELAINE.

J'ai dit précédemment que l'émaillerie, dans sa décadence, avait reçu son coup de mort de la porcelaine blanche décorée de peinture ; elle se releva un instant pour lutter avec sa rivale, et se servit de ses armes pour la mieux combattre. Les couleurs de la manufacture de Sèvres, son bleu de roi, son bleu turquoise, son rose et son vert céladon, ses ornements dorés en relief, ses peintures légères sur fond blanc, et jusqu'à ses formes contournées, tout son art enfin fut imité en cuivre émaillé avec une perfection aussi étonnante qu'elle est malheureuse. En effet, c'est toujours mentir dans les arts que de sortir de ses conditions naturelles. Imiter du bois avec du fer, du marbre avec du bois, ou de la porcelaine avec de l'émail, c'est un même contre-sens, un même mensonge. Si la tentative est condamnable, le succès est une circonstance aggravante.

Nous ignorons l'origine de ces émaux porcelaine. Est-ce en Saxe, en Angleterre, ou bien n'est-ce pas plus probablement à Paris même qu'un émailleur a voulu faire concurrence à la manufacture royale ? Il est certain que la Saxe a produit, dans la seconde moitié du XVIIIe siècle, des vases, des fontaines, des coffrets et tous les ustensiles de la table en cuivre émaillé de blanc et peints avec goût dans la manière dite de Toutin. Il est également probable que Londres a émaillé à la même époque et dans le même goût. Nous ne pouvons manquer, tôt ou tard, d'éclaircir un fait obscur aussi moderne. Je m'abstiens de conjectures, elles ne valent pas un peu de patience.

561.—OISEAUX SUR UN FOND DE PAYSAGE.—*Boîte en émaux de couleurs décorée de peintures sur médaillons et d'ornements dorés en relief; l'émail de fond est de couleur rose; le fond des médaillons est blanc.* —*Hauteur,* 0,060; *longueur,* 0,185; *largeur,* 0,124.

Sur le couvercle, un paon perché sur un tronc d'arbre ; une paonne à gauche; des oiseaux de couleurs variées volant dans les airs ; et dans le bas, un canard et des canetons nageant sur un étang garni de roseaux. — — Sur la face antérieure, un paon et sa femelle, deux petits oiseaux. Sur celle opposée, des canards et un martin-pêcheur. Sur la face latérale gauche, des canards. Sur celle de droite, une poule-faisane et un oiseau. L'intérieur et le revers sont en émail blanc. — (Collection Durand, n° 57/2517.).

562. — Salière *sur trois pieds, en émaux de couleurs, ornements en relief et dorés.* — *Hauteur,* 0,035; *diamètre,* 0,065.

La couleur d'émail du fond est celle de porcelaine dite gros bleu de Sèvres. Les médaillons fond blanc sont décorés de paysages avec figures et animaux. L'intérieur est émaillé de blanc. — (Collection Durand, n° 4962.)

563. — Salière *sur trois pieds, en émaux de couleurs, ornements en relief et dorés.* — *Hauteur,* 0,035; *diamètre,* 0,065.

La couleur d'émail du fond est le vert de mer; les médaillons fond blanc sont décorés de paysages avec figures et animaux. L'intérieur est émaillé de blanc. — (Collection Durand, n° 4963.)

BIJOUX

ET

OBJETS DIVERS.

BIJOUX ET OBJETS DIVERS.

La collection des bijoux du musée du Louvre est la plus riche qui existe en belles matières, et surtout en cristal de roche gravé; la collection des objets divers du Moyen âge et de la Renaissance offre aussi au public des pièces rares et précieuses, mais il y a de si grandes lacunes dans ces deux collections qu'il est impossible d'en faire le sujet d'un travail suivi, comme on y est autorisé pour la sculpture française, les émaux et les faïences émaillées. En effet, écrire l'histoire de la bijouterie et de l'orfèvrerie, en l'absence de toute œuvre antérieure au XIIe siècle, avec le secours d'une vingtaine d'objets pour les trois siècles qui ont précédé la Renaissance, et, pour cette grande époque, en présence de superbes matières sans doute, mais d'un petit nombre de bijoux seulement, ce serait contraire à la raison, qui veut que l'enseignement d'un musée se fasse par les monuments bien plus que par les explications, celles-ci ne devant se produire que pour venir en aide à l'examen des objets.

Il en est de même des objets divers du Moyen âge et de la Renaissance; ils présentent un trop petit nombre de types caractéristiques, pour motiver soit une histoire des arts, soit un tableau de la vie privée.

Les efforts de l'administration tendent à faire disparaître ces lacunes, et le temps n'est pas loin où avec un bon spécimen de chaque style dans chaque série, on pourra offrir, au moins par ses principaux types, un tableau méthodique complet de cette grande activité des arts, appliqués aux ornements du culte, aux fantaisies de la mode et aux ustensiles les plus vulgaires de la vie domestique.

BIJOUX [1].

SARDOINE.

564. — Aiguière en sardoine (2) (commencement du XVIIe siècle), en forme de verre à pied. Haut., 0,240. La panse offre six cavités ovoïdes ; le balustre du pied est composé de six godrons en sardoine onyx, la monture est en or émaillé : on y remarque un buste de sirène, et sur la partie antérieure une tête d'aigle reliée à des feuillages (MR, 114).

565. — Aiguière en sardoine (3). Haut., 0,200. L'anse est taillée dans la masse. Le pied est monté en argent doré (MR, 115).

566. — Vase en sardoine. Hauteur, 0,190 ; (MR, 116).

567. — Coupe en sardoine orientale (XVIIe siècle). Haut., 0,200 ; long., 0,126 ; larg., 0,102. Elle est de forme ovale ; le pied taillé en balustre, et la patte d'agate fleurie, sont décorés d'émaux sur or. Le couvercle, composé d'une agate fleurie et de sardoines onyx, est surmonté d'un bouton figurant une tête d'enfant (4) (MR, 117).

568. — Coupe en sardoine orientale. Haut., 0,130 ;

---

(1) Je me suis attaché à conserver les divisions adoptées dans les anciens inventaires du Musée, et j'ai suivi autant qu'il a été possible l'ordre de leurs numéros. Du moment où une classification rigoureuse n'était pas praticable, je ne devais me préoccuper que de faciliter les recherches.

(2) Voyez le glossaire de la seconde partie de cette Notice, aux mots *Camahieu, Quartz-Agate, Sardoine, Sardonyx.*

(3) V. *Aiguière.*

(4) V. *Fretel.*

diamètre, 0,140. Le pied à balustre est monté en or émaillé (MR, 118).

569. — Coupe en sardoine onyx. Hauteur, 0,170 ; diam., 0,150. Elle est à six lobes ; la base est entourée d'un cercle d'or émaillé, découpé à jour. Monture du XVIIe siècle (MR, 119).

570. — Coupe de sardoine, en forme de nautile, montée en or émaillé (commencement du XVIIe siècle). Haut., 0,200. ; diam., 0,200. Le motif principal est un mascaron grotesque, et à l'arrière est posé, comme une anse, un dragon chimérique (MR, 120).

571. — Coupe de sardoine (XVIIe siècle). Haut., 0,200 ; long., 0,185 ; larg., 0,120. Elle a la forme d'une coquille et est taillée à godrons. La monture en or émaillé est enrichie de pierres fines (MR, 123).

572. — Aiguière en sardoine (XVIIe siècle). Haut., 0,230. ; diam., 0,100. Le couvercle est d'une sardoine onyx. La monture en or émaillé (MR, 124).

573. — Coupe de sardoine onyx, en forme de coquille (XVIIe siècle). Haut., 0,080. ; diam., 0,160 (MR, 125).

574. — Coupe en sardoine orientale (XVIIe siècle). Elle est de forme ovale. Haut., 0,150 ; long., 0,240. Le couvercle, les deux anses et la monture du pied sont en or rehaussé de reliefs émaillés. Les médaillons en émaux peints sont décrits sous les n°s 453 à 460 (MR, 126).

575. — Vase en calcédoine (1), antique. Haut., 0,355. Provenant du trésor de l'abbaye de Saint-Denis. La monture en argent doré, rehaussée de pierreries, a été exécutée au XIIe siècle pour l'abbé Suger, qui a fait graver sur le pied l'inscription suivante :

Dum libare Deo gemmis debemus et auro
Hoc ego Sugerius affero vos Domino.

(Ancienne collection, n° 127.)

---

(1) Voyez le glossaire de la seconde partie de cette Notice, au mot *Chalcedoine*.

576. — Coupe (1) de sardoine onyx (XVIIe siècle). Haut., 0,110 ; long., 0,260. Elle est montée en or (MR, 128).

577. — Coupe de sardoine onyx (commencement du XVIIe siècle). Haut., 0,150; long., 0,184 ; larg., 0,175. La monture en or émaillé. Le couvercle est décoré de feuillages auxquels sont mêlées des pierres gravées : celle qui occupe le centre est une grande sardoine onyx ayant 0,065 sur 0,061. Mercure y est représenté sur un char que traînent deux coqs. Une section du zodiaque traverse le ciel, et la terre est figurée vers la gauche par une montagne et des arbres. Parmi les autres pierres, on distingue une tête d'Elisabeth, reine d'Angleterre, sur un onyx de trois couleurs (MR, 129).

578. — Vase de sardoine onyx (XVIe siècle). Haut., 0,147 ; diam., 0,042. La monture en or émaillé. L'anse, un peu surélevée, se compose d'un buste de sirène ailée, qui est relié par un mascaron à des feuillages (MR, 133).

579. — Tasse (2) de sardoine onyx orientale, montée en argent émaillé. Haut., 0,067; diam., 0,120 (MR, 136).

580. — Coupe en sardoine onyx (XVIIe siècle). Haut., 0,085 ; diam., 0,055. La monture en or émaillé (MR, 138).

581. — Tasse de sardoine onyx orientale, montée en or émaillé (commencement du XVIIe siècle). Haut., 0,070 ; diam., 0,080 (MR, 140).

582. — Tasse de sardoine onyx, mamelonnée. Haut., 0,040 ; diam., 0,060 (MR, 141).

583. — Burette de sardoine orientale (XVIIe siècle). Haut., 0,000; diam., 0,000. La monture, en or émaillé, est enrichie de rubis (MR, 241).

---

(1) Voyez le glossaire de la seconde partie de cette Notice, au mot *Coupe*.

(2) V. *Tasse*.

584. — AIGUIÈRE en sardoine onyx orientale (xvie siècle). Haut., 0,230; diam., 0,077. La monture en or est rehaussée de pierres fines. L'anse est formée par deux serpents enroulés, et est rattachée au vase par un mascaron (MR, 442).

585. — AIGUIÈRE en sardoine onyx (commencement du xviie siècle). Haut., 0,180. L'anse est formée par la partie antérieure d'un lion. La monture est en or émaillé; la base en bronze doré (MR, 443).

586. — AIGUIÈRE en sardoine onyx (xviie siècle). Haut., 0,185. Le goulot est formé d'une tête d'aigle, le couvercle garni de pierres gravées. La monture est en or émaillé (MR, 414).

587. — AIGUIÈRE en sardoine onyx. La monture, en or émaillé, enrichie de pierres fines (commencement du xviie siècle). Haut., 0,230. Elle est surmontée d'une tête de Pallas dont le casque, en agate onyx, a pour cimier un dragon ailé, et pour ornement deux élégantes figures de nymphes nues et couchées. L'anse est formée par un dragon d'un ton mélangé de vert pâle, dont les ailes sont diaprées, dont la gueule est ouverte et la langue mobile (MR, 445).

JASPE (1).

588. — BASSIN (2) en jaspe vert à taches rouges (commencement du xviie siècle). Haut., 0,200; long., 0,580. Deux mascarons sont taillés dans la masse. La monture est en argent doré (MR, 143).

589. — JATTE de jaspe vert. Haut., 0,060; long., 0,260. A seize godrons (MR, 144).

590. — CUVETTE en jaspe verdâtre. Haut., 0,058;

---

(1) Voyez le glossaire de la seconde partie de cette Notice, aux mots *Jaspe, Jaspe sanguin, Quartz-Jaspe.*

(2) V. *Bacin.*

long., 0,248; larg., 0,187. A douze godrons (MR, 145).

591. — TASSE de jaspe vert. Haut., 0,050; long., 0,250. A douze godrons (MR, 146).

592. — COUPE en jaspe vert sanguin (commencement du XVIIe siècle). Haut., 0,177; long., 0,210; larg., 0,165. Elle est taillée à godrons. Les deux anses en or, rehaussées d'émaux variés de couleurs, figurent des bustes de femme terminés en consoles. Le couvercle et la patte sont entourés d'un bandeau émaillé de couleur blanche, orné de rinceaux d'or, sur lequel sont semés, de place en place, des rubis qui alternent avec des perles (MR, 147).

593. — COUPE de jaspe vert. Haut., 0,070; long., 0,170. Elle est de forme ovale et godronnée (MR, 148).

594. — COUPE d'agate jaspée fleurie. Haut., 0,060; long., 0,095. Le pied est à balustre et la patte est montée en or émaillé (MR, 149).

595. — COUPE de jaspe fleuri. Haut., 0,061; long., 0,105; larg., 0,074. Le pied est à balustre et monté en or émaillé (MR, 150).

596. — URNE de jaspe vert et rouge (XVIIe siècle). Haut., 0,000; diam., 0,000. Les anses sont d'or émaillé, le pied est monté en or (MR, 151).

597. — TASSE de jaspe vert sanguin. Haut., 0,060; diam., 0,050. Elle est entourée d'un cercle d'or émaillé (MR, 152).

598. — PETITE STATUE, en jaspe sanguin, représentant le Christ après la flagellation (commencement du XVIIe siècle). Haut., 0,140. Il est appuyé à une colonne en cristal de roche. Le piédestal, en or, est décoré de ciselures et d'émaux. Les évangélistes sont figurés en bas-relief sur chacune des faces, et des enfants, en ronde bosse, sont posés aux angles du petit monument. Du piédestal, haut., 0,095; larg., 0,084 (MR, 153).

599. — Coupe de jaspe vert sanguin. Haut., 0,130; diam., 0,095. Elle est montée sur un pied à balustre que lient deux cercles d'or émaillé (MR, 154).

600. — Coupe de jaspe vert sanguin. Haut., 0,150; diam., 0,110. Le pied est à balustre; la monture, en or émaillé, est enrichie de rubis (MR, 155).

601. — Gobelet (1) en jaspe vert mêlé de taches rouges et jaunes. Le pied est taillé dans la masse. Haut., 0,146; diam., 0,100 (MR, 156).

602. — Coupe de jaspe vert mêlé de rouge et de jaune. Le pied est rapporté. Haut., 0,063; diam., 0,075 (MR, 157).

603. — Coupe de jaspe vert. Haut., 0,110; diam., 0,195. Le pied, à balustre, est garni d'argent doré (MR, 158).

604. — Tasse de jaspe sanguin. Haut., 0,055; diam., 0,085 (MR, 159).

605. — Aiguière de jaspe sanguin. Haut., 0,180. L'anse est d'argent doré (MR, 160).

606. — Coupe de jaspe vert. Haut., 0,090. Elle a la forme d'une coquille à neuf godrons (MR, 161).

607. — Vase en jaspe vert demi-transparent. Haut., 0,080; larg., 0,170. La monture est en or (MR, 162).

608. — Vase en jaspe vert demi-transparent. Haut., 0,135; diam., 0,140. Deux anses, en consoles, sont taillées dans la masse; le couvercle et le pied sont en or décoré d'émaux (MR, 163).

609. — Vase en jaspe vert demi-transparent. Haut., 0,115; diam., 0,080. Le pied, pris dans la masse, est entouré d'un cercle d'or émaillé (MR, 164).

---

(1) Voyez le glossaire de la seconde partie de cette Notice, au mot *Gobelet*.

JASPE.

610. — Coupe en jaspe vert demi-transparent. Haut., 0,132; diam., 0,110. La monture est en or (MR, 165).

611. — Coffret formé de six plaques de jaspe vert. Haut., 0,098; long., 0,138; larg., 0,107. La monture est en argent doré (MR, 166).

612. — Coupe de jaspe vert. Haut., 0,070. Le pied est en or émaillé (MR, 167).

613. — Coupe de jaspe sanguin. Haut., 0,050 (MR, 168).

614. — Coupe en jaspe vert demi-transparent. Haut., 0,110; long., 0,135; larg., 0,055. Elle a la forme d'une nacelle très-allongée. La monture est en or émaillé (MR, 169).

615. — Plateau composé de dix-sept plaques de jaspe vert oriental, réunies par une monture en cuivre doré qui les encadre (commencement du xviie siècle). La forme est ovale. Longueur, 0,444; larg., 0,365. Des ornements à jour, émaillés sur argent, suivent tous les contours des plaques et des perles fines sont semées de place en place (MR, 170).

616. — Coupe en imitation de jaspe vert, fermée par un couvercle en jaspe et montée sur un pied, à double balustre, en jaspe sanguin. Haut., 0,130; diam., 0,070. Douze pierres gravées sont enchâssées dans la panse du vase. La petite figure en or émaillé qui surmonte le couvercle, représente la Charité (MR, 171).

617. — Coupe en jaspe vert. Haut., 0,107; long., 0,180; larg., 0,085. Le pied est en jaspe sanguin. La monture est en or (MR, 172).

618. — Coupe en jaspe vert fleuri (xvie siècle). Haut., 0,127; long., 0,106; larg., 0,082. De forme ovale et taillée en coquille. A l'arrière de la coupe et en surélévation est posé un petit groupe en or émaillé de blanc, représentant Neptune et Galatée (MR, 173).

619. — Soucoupe de jaspe vert. Haut., 0,040. Elle est taillée à huit godrons (MR, 174).

620. — Coupe de jaspe fleuri oriental. Haut., 0,140; diam., 0,150. Le pied, à balustre, est entouré d'un cercle d'or émaillé (MR, 175).

621. — Coupe en jaspe fleuri. Haut., 0,120; diam., 0,100. Le pied, à balustre, est monté en or émaillé (MR, 176).

622. — Vase en jaspe sanguin. Haut., 0,120; diam., 0,100. La monture est en or émaillé (MR, 177).

623. — Coupe en agate jaspée. Haut., 0,083; diam., 0,133. Les anses sont formées par deux serpents en or émaillé (MR, 178).

624. — Coupe en agate jaspée (fin du XVIe siècle). Hauteur, 0,100; longueur, 0,140. Elle est taillée à quatre godrons; des dauphins et une console, en or émaillé, la rattachent à un pied en balustre. Deux petites anses la décorent (MR, 179).

625. — Coupe en jaspe fleuri. Haut., 0,080; long., 0,090. Elle est de forme ovale. La monture en argent doré (MR, 180).

626. — Coupe en jaspe. Haut., 0,000; diam., 0,000; La monture en or émaillé (MR, 181).

627. — Coupe en jaspe sanguin. Haut., 0,040 (MR, 182).

628. — Coupe en jaspe vert. Haut., 0,050. La monture en or émaillé (MR, 183).

629. — Coupe en jaspe. Haut., 0,158; long., 0,170; larg., 0,166. La forme est celle d'une coquille à huit godrons (MR, 184).

630. — Coupe en jaspe (commencement du XVIIe siècle). Haut., 0,197; diam., 0,170. La monture en or émaillé (MR, 448).

631. — Tasse en jaspe sanguin. Haut., 0,055; diam., 0,072. Le pied est taillé dans la masse (MR, 449).

632. — Tasse de forme semi-ovoïde, en jaspe sanguin. Haut., 0,055; diam., 0,075 (MR, 449 *bis*).

633. — Tasse en jaspe sanguin. Haut., 0,055; diam., 0,072. Le pied est taillé dans la masse (MR, 450).

634. — Tasse de forme semi-ovoïde, en jaspe sanguin. Haut., 0,035; diam., 0,075 (MR, 450 *bis*).

635. — Fragment d'un vase en jaspe sanguin (xviiie siècle). Haut., 0,067; long., 0,154; larg., 0,128. La monture, en argent doré, est décorée d'une frise ciselée dont le sujet est l'ivresse de Silène et une bacchanale d'enfants. Des pierres fines montées en argent sont appliquées sur le bord inférieur (MR, 451).

636. — Patène (1) en serpentine incrustée d'or (xiie siècle); diamètre, 0,170. La monture, en argent doré, est ornée de pierres fines, de verres colorés et de perles. Provenant du trésor de l'abbaye de Saint-Denis (n° 415, ancienne collection).

JADE.

637. — Coupe en jade vert (xviie siècle). Haut., 0,385; long., 0,330; larg., 0,190. De forme allongée, recourbée en coquille vers l'arrière. Un aigle, perché sur une boule en jade de nuance plus claire, a été ajouté sur la coupe, qu'il surmonte (MR, 185).

638. — Coupe en jade verdâtre (xviie siècle). Haut., 0,190; long., 0,350; larg., 0,200. Elle a la forme d'un vaisseau; deux mascarons taillés en relief décorent les extrémités. La monture, en argent doré, est rehaussée d'émaux sur or et enrichie de pierres fines (MR, 186).

639. — Coupe en jade (xviie siècle). Haut., 0,220;

---

(1) Voyez le glossaire de la seconde partie de cette Notice, au mot *Patène*.

long., 0,300; larg., 0,180. Elle a la forme d'une coquille, est taillée en godrons et ornée de feuillages; la monture, en argent doré, est rehaussée d'émaux sur or (MR, 187).

640. — Coupe couverte en jade verdâtre (commencement du XVIIe siècle). Haut., 0,220; long., 0,290; larg., 0,330. La forme est celle du trèfle; les anses, en or ciselé et rehaussées d'émaux, figurent des sirènes qui se terminent en consoles. La monture, en argent doré, est enrichie d'émaux sur or, auxquels sont mêlés des rubis et des perles semés de place en place (MR, 188).

641. — Coupe de jade verdâtre (XVIIe siècle). Haut., 0,230; long., 0,250. La partie évasée est terminée par un buste de femme dont les bras reposent sur les bords de la coupe. Le pied, rapporté, est formé par quatre termes accolés; la monture est en or émaillé (MR, 189).

642. — Coupe en jade d'un gris verdâtre, demi-transparent (XVIIIe siècle). Haut., 0,157; long., 0,233; larg., 0,244. Elle a la forme d'une coquille à cinq godrons; le pied est rapporté (MR, 190).

643. — Vase en jade (XVIIIe siècle). Haut., 0,180; diam., 0,073. Il a la forme d'une urne, est taillé à godrons et décoré de feuillages. La monture en argent doré (MR, 191).

644. — Jatte en jade, à douze godrons. Haut., 0,039; larg., 0,230 (MR, 192).

645. — Coupe en jade. Haut., 0,121; diam., 0,138. Le pied, à balustre, est rapporté; la monture est en or (MR, 193).

646. — Soucoupe en jade oriental. Diam., 0,149. Le revers est orné d'incrustations d'or, formant six motifs disposés en rosace, et, dans les intervalles, d'entailles qui semblent faites pour recevoir d'autres incrustations d'or et de pierreries (MR, 194).

647. — Soucoupe en jade. Haut., 0,040; diam., 0,150 (MR, 195).

648. — Boîte en jade. Haut., 0,050; diam., 0,900. Son couvercle, incrusté d'or, a été orné de pierres fines (MR, 196).

649. — Soucoupe en jade. Long., 0,111; larg., 0,113. En forme d'un cœur. Elle est incrustée de branchages en or dans lesquels sont enchâssées des pâtes de verre imitant le saphir et le grenat (MR, 197).

650. — Soucoupe en jade. Diam., 0,080 (MR, 198).

651. — Tasse en jade. Haut., 0,060; diam., 0,140. La surface extérieure est gravée (MR, 199).

652. — Coupe en jade. Haut., 0,050; longueur, 0,150. Elle est de forme ovale, à huit godrons, et ornée de gravures (MR).

653. — Tasse en jade. Haut., 0,050; diam., 0,088. Elle est incrustée d'or enchâssant des rubis (MR, 201).

654. — Tasse en jade. Haut., 0,040; diam., 0,150. Elle est incrustée d'or et enrichie de rubis (MR, 202).

655. — Manche de poignard en jade. Haut., 0,100. Monté en argent doré (MR, 434).

656. — Coupe en jade (fin du XVIIe siècle). Haut., 0,140; diam., 0,147. A douze godrons; montée en argent doré (MR, 465).

657. — Coupe en jade (XVIIe siècle). Haut., 0,160; diam., 0,146. La monture, en or émaillé, est enrichie de rubis (MR, 466).

GRENAT (1).

658. — Tasse en grenat syrien. Haut., 0,040; diam. 0,050 (MR, 208).

659. — Soucoupe en grenat syrien. Haut., 0,021; diam., 0,057 (MR, 210).

---

(1) Voyez le glossaire de la seconde partie de cette Notice, au mot *Grenat.*

QUARTZ AMÉTHYSTE (1).

660. — Coupe d'améthyste (XVIIIᵉ siècle). Haut., 0,195; longueur, 0,192. Elle est taillée en coquille, à dix godrons. La patte est montée en or émaillé et enrichie de rubis et de diamants (MR, 218).

661. — Vase en améthyste (XVIIᵉ siècle). Haut., 0,220; diam., 0,070. Il est taillé à godrons; la monture en or émaillé (MR, 219).

662. — Terme avec tête d'homme, en améthyste. Haut., 0,205. Le buste est orné de turquoises et de sardoines; le pied est en marqueterie (MR, 249).

663. — Vase en quartz améthyste. Haut., 0,000. En forme d'urne. La monture, en argent doré, est décorée d'émaux sur or (MR, 468).

PORPHYRE (2).

664. — Vase en porphyre, antique. Haut., 0,430. La monture en argent doré, et imitant un aigle, est un ouvrage du XIIᵉ siècle; elle a été exécutée par les ordres de l'abbé Suger, qui a fait inscrire sur le col les deux vers qu'on y lit encore :

Includi gemmis lapis ista meretur et auro;
Marmor erat sed in his marmore carior est.

Provenant du trésor de l'abbaye de Saint-Denis. — N° 422, ancienne collection.

BASALTE (3).

665. — Urne en basalte (XVIᵉ siècle). Haut., 0,280; diam., 0,150. Les anses sont taillées dans la masse; elle

---

(1) Voyez le glossaire de la seconde partie de cette Notice, au mot *Améthyste.*
(2) V. *Porphyre.*
(3) V. *Basalt.*

est ornée de gravures et légers reliefs, et d'incrustations en or et en argent figurant des jeux de tritons montés sur des chevaux marins. La monture est en argent doré (MR, 220).

MALACHITE (1).

666. — Boîte en malachite (xixe siècle). Haut., 0,028; long., 0,077. Elle est montée en or et doublée en aventurine (MR, 423).

CALCAIRE.

667. — Coupe en calcaire verdâtre (xviiie siècle). Haut., 0,700; long., 0,600. Elle est de forme ovale, montée sur un pied à balustre, et est garnie de cercles de rubis (MR, 221).

AGATE (2).

668. — Buste de femme, en agate d'Allemagne. Haut., 0,110; larg., 0,080. Il représente la Victoire. La monture est en argent doré (MR, 105).

669. — Coupe en agate orientale (xviiie siècle). Haut., 0,100; long., 0,178; larg., 0,170. La monture est en or, de même que le couvercle décoré d'émaux découpés à jour, figurant des fleurs de toutes nuances (MR, 222).

670. — Coupe en agate orientale (xviie siècle). Haut., 0,153; long., 0,170; larg., 0,095. Le pied en agate onyx; la monture en or émaillé (MR, 223).

671. — Coupe en agate orientale (xviie siècle). Haut., 0,150; long., 0,180; larg., 0,087. Le pied en agate onyx; la monture en or émaillé (MR, 224).

---

(1) Voyez le glossaire de la seconde partie de cette Notice, au mot *Malachite*.

(2) V. *Quartz-Agate*.

672. — Coupe en agate orientale, mamelonnée (XVIIe siècle). Haut., 0,116; diam., 0,114. La monture, en argent doré, est rehaussée d'émaux sur or (MR, 225).

673. — Coupe d'agate orientale (commencement du XVIIe siècle). Haut., 0,130; diam., 0,120. La monture, en or émaillé, est enrichie de rubis, de perles et d'émeraudes (MR, 226).

674. — Coupe en agate orientale (XVIIIe siècle). Haut., 0,220; diam., 0,095. La monture en or émaillé (MR, 227).

675. — Coupe en agate orientale, mamelonnée (XVIIe siècle). Haut., 0,200; diam., 0,100. La monture en or émaillé (MR, 228).

676. — Coupe d'agate orientale (XVIe siècle). Haut., 0,190; diam., 0,085. La monture, en or émaillé, est enrichie de perles et de rubis. Le couvercle est surmonté d'une petite figure en or, dont le buste est formé par une perle baroque, et qui représente un triton tirant de l'arc (MR, 229).

677. — Coupe d'agate orientale (commencement du XVIIe siècle). Haut., 0,230; diam., 0,090. La monture en or émaillé; le bouton qui termine le couvercle est en sardoine onyx (MR, 230).

678. — Aiguière en agate orientale (commencement du XVIIe siècle). Haut., 0,267; diam., 0,100. Elle est de forme ovoïde. La monture en or émaillé. Le principal motif de l'anse est une figure de femme, en ton de chair, dont les ailes, de couleur verte, se rattachent à une tête de bélier (MR, 231).

679. — Tasse en agate orientale. Haut., 0,095; diam., 0,100. Le pied, de forme octogone, est taillé dans la masse (MR, 232).

680. — Tasse en agate orientale. Haut., 0,055; diam., 0,125 (MR, 233).

681. — Coupe en agate. Haut., 0,045; long., 0,170. Montée en argent doré (MR, 235).

682. — Tasse en agate orientale. Haut., 0,090; diam., 0,090 (MR, 236).

683. — Soucoupe en agate orientale (commencement du XVIIe siècle). Haut., 0,026; long., 0,167; larg., 0,141. Elle est de forme ovale et montée en or émaillé. Le bord est enrichi de seize camées en agate sardonisée. Des rubis sont mêlés aux émaux de la monture (MR, 237).

684. — Tasse d'agate orientale, mamelonnée (commencement du XVIIe siècle). Haut., 0,090; diam., 0,107. Elle est montée en or émaillé (MR, 238).

685. — Vase d'agate orientale (coupe et couvercle). Le pied en agate d'Allemagne. Haut., 0,170; diam., 0,090. La monture en or émaillé (MR, 239).

686. — Coupe en agate orientale, mamelonnée. Haut., 0,100; diam., 0,077. Le pied en argent doré (MR, 240).

687. — Burette d'agate orientale (XVIIe siècle). Haut., 0,100; diam., 0,045 (MR, 242).

688. — Tasse d'agate orientale, mamelonnée. Haut., 0,040. Le pied est pris dans la masse (MR, 243).

689. — Soucoupe en agate orientale. Haut., 0,030 (MR, 244).

690. — Bassin en agate orientale. Haut., 0,025; long., 0,085 (MR, 245).

691. — Terme, avec tête de femme, en agate orientale. Haut., 0,210. Le buste est orné de pierres fines, le corps est en agate d'Allemagne, et la base en marqueterie (MR, 248).

692. — Plateau formé de la réunion de vingt-sept plaques d'agate orientale (XVIIe siècle). Haut., 0,070; long., 0,310; larg., 0,235. La monture en argent doré (MR, 250).

693. — Coupe en agate orientale (fin du xvie siècle). Haut., 0,295; diam., 0,157. Elle est taillée à godrons, ainsi que le couvercle. Le pied, à balustre, en agate onyx, est supporté par trois dauphins d'or émaillé. Sur le tour du couvercle sont placées douze agates gravées représentant les Césars. Le bouton est formé de deux têtes d'empereurs en sardoine onyx, adossés, qui sont surmontées d'une couronne en or émaillé que soutiennent deux termes (MR, 253).

694. — Vase en agate d'Allemagne. Haut., 0,080; diam., 0,050. Le pied, à balustre, est monté en or émaillé (MR, 254).

695. — Coupe en agate d'Allemagne (commencement du xviie siècle). Haut., 0,110; diam., 0,040. La forme est une coquille à cinq godrons; la monture en or émaillé (MR, 257).

696. — Coupe d'agate d'Allemagne. Haut., 0,080; diam., 0,075. La monture en or émaillé (MR, 258).

697. — Vase en agate d'Allemagne. Haut., 0,225; diam., 0,140. En forme d'urne; la monture en or (MR, 259).

698. — Plateau composé de neuf plaques en agate d'Allemagne, réunies par des filigranes d'argent. Haut., 0,060; long., 0,320 (MR, 260).

699. — Coupe en agate (xviie siècle). Haut., 0,190; long., 0,134; larg., 0,106. Elle est de forme ovale, ornée de rinceaux gravés, et montée en or émaillé. La patte est cerclée d'argent doré et ciselé (MR, 446).

700. — Coupe en agate (xviie siècle). Haut., 0,190; diam., 0,200. Elle est montée sur un pied en argent doré, décoré de gravures (MR, 447).

701. — Baril (1) en agate jaspée. Haut., 0,150; diam., 0,105 (MR, 452).

---

(1) Voyez le glossaire de la seconde partie de cette Notice, aux mots *Barris* et *Barilliers*.

702. — Vase en agate rouge (XVIe siècle). Haut., 0,225; diam., 0,065. La monture est en or émaillé. Deux dragons recourbés sont posés comme des anses; des chimères et des mufles de lions forment une fine ceinture au haut du vase; le bouchon est garni de rubis (MR, 453).

703. — Coupe en agate orientale (XVIIIe siècle). Haut., 0,175; long., 0,170; larg., 0,120. Le couvercle et le pied sont bombés. La monture, en argent doré, est enrichie d'émaux et de pierres fines (MR, 454).

704. — Coupe en agate orientale. Haut., 0,051; long., 0,180; larg., 0,120. Elle est de forme ovale et taillée à pans (MR, 455).

705. — Coupe en agate orientale. Haut., 0,059; long., 0,172; larg., 0,116. Forme ovale (MR, 456).

706. — Coupe en agate orientale. Haut., 0,077. long., 0,213; larg., 0,130. De forme ovale (MR, 457).

707. — Coupe en agate irisée. Haut., 0,075; diam., 0,118 (MR, 458).

708. — Coupe en agate irisée. Haut., 0,070; long., 0,165; larg., 0,177. Forme ovale; la monture en argent doré (MR, 459).

709. — Coupe en agate orientale. Haut., 0,065; long., 0,232; larg., 0,147. Forme ovale (MR, 460).

710. — Coupe en agate. Haut., 0,070; long., 0,255; larg., 0,166. Forme ovale (MR, 461).

711. — Coupe en agate. Haut., 0,117; long., 0,207; larg., 0,167. En forme de coquille allongée; la monture en argent doré (MR, 462).

712. — Coquille en agate. Haut., 0,054; long., 0,235; larg., 0,197 (MR, 463).

713. — Coupe en agate. Haut., 0,050; long., 0,240; larg., 0,210. Elle est de forme ovale, taillée à godrons rayonnants vers le centre (MR, 464).

714. — Boîte en agate d'Allemagne. Haut., 0,077; long., 0,164; larg., 0,102. Les anses sont prises dans la masse (MR, 467).

AMBRE (1).

715. — Coupe en ambre rouge. Hauteur, 0,160; long., 0,340 (MR, 261).

LAPIS (2).

716. — Plaque en lapis. Haut., 0,066. Elle est gravée en relief sur ses deux faces et incrustée d'or, enchâssée en un cadre d'argent doré qu'ornaient des perles et des turquoises. D'un côté est l'image du Christ, et de l'autre, celle de la Vierge. Provenant du trésor de l'abbaye de Saint-Denis (ancienne collection, n° 95).

717. — Coupe en lapis (commencement du XVIIe siècle). Haut., 0,420; long., 0,370; larg., 0,100. Elle est en forme de nacelle, taillée à godrons, et décorée d'ornements ciselés en relief et émaillés. La figure de Neptune est en argent doré. Les ornements sont en or (MR, 262).

718. — Coupe en lapis (XVIe siècle). Haut., 0,110; diam., 0,115. Elle est taillée à godrons. Le couvercle est composé de vingt-quatre plaques de lapis, réunies par une monture en or émaillé de blanc, enrichie de rubis (MR, 263).

719. — Bassin en lapis entremêlé de beaucoup de feldspath blanc, de pyrite de fer et de quelques quartz. Haut., 0,154; long., 0,290; larg., 0,234. Elle est de forme ovale et taillée à godrons. Le pied pris dans la masse (MR, 264).

720. — Coupe en lapis (XVIIe siècle). Haut., 0,130;

---

(1) Voyez le glossaire de la seconde partie de cette Notice, au mot *Ambre*.

(2) V. *Lapis-lazuli*.

long., 0,165 ; larg., 0,100. Elle a la forme d'une coquille ovale, et est montée sur un pied à balustre. Deux coquilles décorent le couvercle (MR, 265).

721. — Coupe en lapis (xviie siècle). Haut., 0,120 ; diam., 0,135. La monture, en or émaillé, est enrichie de rubis (MR, 266).

722. — Coupe en lapis (xviie siècle). Haut., 0,070 ; diam , 0,080. Elle est taillée en forme de trèfle. La monture, en or émaillé, est enrichie de rubis et d'émeraudes (MR, 267).

723. — Coupe en lapis. Haut., 0,065 ; diam., 0,085. Le pied, en balustre, est garni d'or émaillé (MR, 268).

724. — Urne en lapis. Haut., 0,057. Montée en or émaillé (MR, 269).

725. — Coupe en lapis. Haut., 0,120 ; diam., 0,080. En forme de coquille, montée en argent doré (MR, 270).

726. — Coupe en lapis. Haut., 0,063 ; long., 0,086 ; larg., 0,068. Elle est de forme ovale, à quatre lobes (MR, 271).

727. — Urne de lapis. Hauteur, 0,070 ; diam., 0,040. Montée en or émaillé (MR, 272).

728. — Tasse de lapis. Haut., 0,027 ; long., 0,060 ; larg., 0,056. De forme un peu allongée, à quatre godrons (MR, 273).

729. — Boite en lapis. Haut., 0,032 ; long., 0,063. De forme octogone, doublée en or (MR, 274).

CRISTAL DE ROCHE (1).

730. — Vase en cristal de roche (fin du xvie siècle). Haut., 0,350 ; long., 0,380 ; larg., 0,240. Il est abondam-

---

(1) Voyez le glossaire de la seconde partie de cette Notice, au mot *Cristal*.

ment orné de gravures et monté en or émaillé. Deux anses figurant des dragons sont rapportées sur les bords de l'orifice. Un long goulot s'élève à l'une des extrémités, et il y en avait pour pendant un second qui manque. La patte est garnie d'argent doré (MR, 275).

731. — Coupe en cristal de roche gravé, forme de nacelle. Haut., 0,200; long., 0,455; larg., 0,370. La monture, en argent doré, est rehaussée d'émaux sur or (MR, 276).

732. — Grande coupe en cristal de roche (commencement du XVIIe siècle). Haut., 0,172; long., 0,450; larg., 0,310. Elle est taillée en forme de coquille à huit godrons et ornée de larges rinceaux gravés. Les anses, en consoles, sont rapportées. Les montures en argent doré (MR, 277).

733. — Vase en cristal de roche (XVIe siècle). Haut., 0,345; long., 0,260; larg., 0,120. Il a la forme d'une conque, est orné de gravures et monté en or émaillé (MR, 278).

734. — Vase en cristal de roche. Haut., 0,310; diam., 0,176. Il est taillé à douze pans, et l'anse est prise dans la masse. La monture, en argent doré, est rehaussée d'émaux sur or (MR, 279).

735. — Vase en cristal de roche (fin du XVIe siècle). Haut., 0,405; diam., 0,145. Il est orné de gravures dont les deux motifs principaux représentent Suzanne au bain et Judith tenant la tête d'Holopherne. Les anses sont prises dans la masse, les goulots rapportés. La monture est en or émaillé (MR, 280).

736. — Aiguière en cristal de roche (XVIIe siècle). Haut., 0,270; diam., 0,175. L'anse est taillée dans la masse. Elle est ornée de festons, de fleurs et de fruits habilement gravés (MR, 281).

737. — Aiguière en cristal de roche (XVIe siècle). Haut., 0,310; diam., 0,130. L'anse et le pied sont pris dans la masse; elle est ornée de gravures. Un buste de sirène décore le devant de l'anse (MR, 282).

738. — Coupe en cristal de roche (XVIe siècle). Haut., 0,220; diam., 0,140. Elle est ornée de gravures. La monture est en or émaillé (MR, 283).

739. — Vase en cristal de roche (XVIIe siècle). Haut., 0,240; diam., 0,142. Deux grandes anses, en consoles, sont rapportées et montées en argent doré (MR, 284).

740. — Vase en cristal de roche (XVIe siècle). Haut., 0,222; diam., 0,250. Il est de forme circulaire, à panse arrondie, orné de godrons et enrichi de gravures dont les motifs principaux représentent Noé cultivant la vigne et deux de ses fils à ses côtés; du côté opposé, Noé ivre est endormi, et Sem et Japhet étendent un manteau sur leur père. Des ceps de vignes, des pampres mêlés aux arbres et un groupe de bœufs remplissent l'intervalle entre les deux scènes. La monture est en or émaillé; l'anse, magnifiquement ciselée, est enrichie d'émaux et de pierreries (MR, 285).

741. — Coupe en cristal de roche (XVIe siècle). Haut., 0,163; long., 0,324. Elle est taillée en forme de coquille à neuf godrons; les anses rapportées sont deux sirènes montées en or émaillé (MR, 286).

742. — Aiguière en cristal de roche (commencement du XVIIe siècle). Haut., 0,220. L'anse est formée par un buste de sirène qui se termine en console. Des festons gravés la décorent. La monture est en or émaillé (MR, 287).

743. — Coupe en cristal de roche (XVIIe siècle). Haut., 0,272; long., 0,255; larg., 0,230. Elle a la forme d'une coquille à cinq godrons; un aigle, dont les ailes sont déployées, est posé à l'arrière en surélévation. Quelques oiseaux sont gravés sur le corps de la coupe (MR, 288).

744. — Coupe en cristal de roche (XVIe siècle). Haut., 0,240; long., 0,280; larg., 210. Elle a la forme d'une nacelle. Le sujet gravé qui la décore représente le déluge et les habitants de la terre se réfugiant sur les espaces que ne recouvrent pas les eaux. Deux anses en consoles y sont attachées par des agrafes en or émaillé (MR, 289).

745. — Verre a pied en cristal de roche (XVIIe siècle). Haut., 0,131. Il est taillé à six pans et orné de quelques gravures (MR, 290).

746. — Vase en cristal de roche (XVIIIe siècle). Haut., 0,115. Il est orné de rinceaux gravés. L'anse est en argent doré (MR, 291).

747. — Verre a pied en cristal de roche (XVIe siècle). Haut., 0,140. Il est formé de huit godrons. Quatre termes, portant sur leur tête des corbeilles de fruits et soutenant des guirlandes, sont gravés sur les côtés. Le pied est cerclé d'or émaillé (MR, 292).

748. — Verre a pied en cristal de roche (fin du XVIe siècle). Haut., 0,223; diam., 0,124. Il est orné d'une frise de rinceaux et de trois figures de femmes gravées. Le pied, à balustre, est monté en or émaillé (MR, 293).

749. — Verre a pied en cristal de roche (XVIIIe siècle). Haut., 0,200. Il est orné de quelques gravures. La monture est en argent doré (MR, 294).

750. — Coupe en cristal de roche. Haut., 0,188; diam., 0,075. De forme allongée et comprimée, taillée à seize pans. Les deux anses sont des têtes de dragons dont le corps est recourbé en console (MR, 295).

751. — Calice en cristal de roche (XIVe siècle). Haut., 0,220; diam., 0,100. Il est orné de gravures. La monture en argent doré (MR, 296).

752. — Vase en cristal de roche. Haut., 0,209; diam., 0,074. Il est orné de gravures et monté en or émaillé (MR, 297).

753. — Verre en cristal de roche (XVIIIe siècle).

Haut., 0,150. Il est taillé à huit pans. Le pied, rapporté, est monté en argent doré (MR, 298).

754. — Vase en cristal de roche (fin du XVIe siècle). Haut., 0,170. L'anse est composée de trois parties; la monture est en or émaillé (MR, 299).

755. — Coupe en cristal de roche. Haut., 0,243; diam., 0,122. Elle est taillée à douze pans et montée en argent doré (MR, 300).

756. — Aiguière en cristal de roche (XVIIIe siècle). Haut., 0,152. Elle est ornée de gravures (MR, 301).

757. — Vase en cristal de roche. Haut., 0,100; diam., 0,123. Il est taillé à godrons et orné de gravures; l'anse est en filigrane doré (MR, 302).

758. — Vase en cristal de roche (commencement du XVIIe siècle). Haut., 0,110. Il est orné de gravures et garni d'un cercle d'or émaillé (MR, 303).

759. — Urne en cristal de roche (XVIIe siècle). Haut., 0,210; diam., 0,077. Elle est ornée de godrons et surmontée d'une figure en argent doré (MR, 304).

760. — Coupe en cristal de roche (XVIe siècle). Haut., 0,104; diam., 0,220. Elle est taillée à godrons et ornée de gravures; les anses sont montées en or émaillé (MR, 305).

761. — Cuvette en cristal de roche. Haut., 0,108; long., 0,254; larg., 0,176. Elle est à huit pans; les anses sont taillées dans la masse (MR, 306).

762. — Coupe en cristal de roche. Haut., 0,170; long., 0,140; larg., 0,090. Elle est de forme ovale, godronnée. Le pied, à balustre, est monté en argent doré (MR, 307).

763. — Vase en cristal de roche. Haut., 0,150; diam., 0,117. Il est taillé à seize pans et orné de gravures. La monture en argent doré (MR, 308).

764. — Urne en cristal de roche (XVIIe siècle). Haut., 0,210; diam., 0,081. Elle est ornée de gravures et d'inscriptions. Une petite figure de Bacchus, en or émaillé, surmonte le couvercle (MR., 309).

765. Coupe en cristal de roche (XVIe siècle). Haut., 0,093; diam., 0,220. Elle est à dix godrons et ornée de gravures. Les anses et le pied sont montés en or émaillé (MR, 310).

766. — Coupe en cristal de roche (XVIIIe siècle). Haut., 0,050; long., avec les anses, 0,130. Elle est à quatre godrons et ornée de rinceaux gravés. Deux anses sont prises dans la masse (MR, 311).

767. — Vase en cristal de roche. Haut., 0,082; long., 0,068. Il est à six godrons et orné de gravures. Le pied est monté en or (MR, 312).

768. — Vase en cristal de roche (fin du XVIe siècle). Haut., 0,100; diam., 0,060. Il est de forme ovoïde et taillé à godrons vers la base, orné de quatre figures de femmes, gravées, qui sont : la Religion, la Foi, la Méditation et la Force. La monture en or émaillé (MR, 313).

769. — Vase en cristal de roche (XVIIIe siècle). Haut., 0,085. Il est orné de gravures (MR, 314).

770. — Vase en cristal de roche (XVIe siècle). Haut., 0,150; long., 0,250. Il est taillé en forme de poisson et monté en or émaillé (MR, 315).

771. — Flacon en cristal de roche (XVIIIe siècle). Haut., 0,160. Il est orné de quelques gravures (MR, 316).

772. — Coupe en cristal de roche. Haut., 0,109; long., 0,136. De forme ovale; ornée de gravures; montée en or émaillé (MR, 317).

773. — Vase en cristal de roche (XVIIe siècle). Haut., 0,120; diam., 0,090. Il est orné de godrons et monté en cuivre doré (MR, 318).

774. — Coupe en cristal de roche. Haut., 0,170; long., 0,230; larg., 0,111. Elle a la forme d'une coquille, est ornée de gravures et garnie d'or émaillé (MR, 319).

775. — Flacon en cristal de roche (XVIIIe siècle). Haut., 0,160. Il est orné de gravures (MR, 320).

776. — Vase en cristal de roche (XVIIe siècle. Haut., 0,145; diam., 0,087. De forme cylindrique, orné de gravures (MR, 321).

777. — Un plateau circulaire qui semble appartenir au vase précédent. Diam., 0,214.

778. — Coupe en cristal de roche (XVIe siècle). Haut., 0,116; long., 0,220; larg., 0,130. En forme de coquille ovale, à onze godrons. La monture en or émaillé (MR, 323).

779. — Vase en cristal de roche (XVIe siècle). Haut., 0,260; long., 0,310. Il a la forme d'un oiseau terminé en queue de dragon. La monture en or émaillé. (MR, 324).

780. — Coupe en cristal de roche. Haut., 0,089; diam., 0,173. Elle est ornée de godrons (MR, 325).

781. — Tête de mort en cristal de roche. Haut., 0,090; long., 0,110 (MR, 327).

782. — Buste du Christ en cristal de roche (XVIIIe siècle). Sur pied à balustre. Haut., 0,150 (MR, 328).

783. — Buste de la Vierge Marie en cristal de roche (XVIIIe siècle). Sur pied à balustre. Haut., 0,150 (MR, 329).

784. — Buste de femme en spathfluor d'un vert pâle. Haut., 0,108 (MR, 330).

785. — Buste de femme en cristal de roche de nuance violacée. La draperie est fixée sur l'épaule par un grenat. Le socle en bronze doré. Haut., 0,094 (MR, 331).

786. — Tasse en cristal de roche (fin du XVIe siècle).

Haut., 0,063; diam., 0,082. Elle est ornée de godrons et de guirlandes gravées (MR, 332).

787. — Vase en cristal de roche, en forme d'aiguière. Haut., 0,230. De travail oriental, orné de rinceaux et d'oiseaux taillés en relief. Il porte une inscription arabe. Le couvercle en or est décoré d'un élégant travail en filigrane. — Provenant du trésor de l'abbaye de Saint-Denis (ancienne collection, n° 333).

788. — Tasse en cristal de roche. Haut., 0,065; diam., 0,097. Elle est ornée de pierreries variées qu'enchâssent et que relient des filets d'or (MR, 334).

789. — Coupe en cristal de roche (xviiie siècle). Haut., 0,120; long., 0,150; larg., 0,080. Forme de nacelle. Elle est ornée de rinceaux (MR, 335).

790. — Plateau en cristal de roche. Diam., 0,297. Il est orné de rinceaux (MR, 336).

791. — Verre à pied en cristal de roche. Haut., 0,190. Il est orné de gravures (MR, 337).

792. — Urne en cristal de roche. Haut., 0,000. Forme ovale (MR, 339).

793. — Vase en cristal de roche (commencement du xviie siècle). Haut., 0,000. A pans comprimés, orné de gravures; deux goulots sont ajustés sur les côtés. La monture, en argent doré et émaillé (MR, 469).

794. — Vase en cristal de roche (fin du xvie siècle). Haut., 0,285; diam., 0,190. La forme est sphérique, aplatie vers le haut. L'orifice s'épanouit en cinq lobes. L'anse, figurant une sirène qui se termine en console, est rapportée sur l'un des côtés, et une tête de femme, à l'opposite. Deux goulots, rapportés à droite et à gauche, surmontent des mascarons taillés dans la masse. Ce vase est orné de gravures. Les montures sont en or émaillé (MR, 470).

795. — Aiguière en cristal de roche (commencement du XVIIe siècle). Haut., 0,320. Elle est décorée de godrons et de gravures. L'anse est formée d'un dragon qui se termine en console. Les montures, en argent doré, sont rehaussées d'émaux sur or (MR, 471).

796. — Aiguière en cristal de roche (commencement du XVIIe siècle). Haut., 0,280. Elle est semblable à la précédente. L'anse manque (MR, 472).

797. — Aiguière en cristal de roche (XVIIIe siècle). Haut., 0,225. Taillée à facettes. L'anse, en argent doré, est ornée de coquilles et de feuillages (MR, 473).

798. — Vase en cristal de roche (commencement du XVIIe siècle). Haut., 0,300. Il est orné de rinceaux gravés et garni de deux anses en consoles. La monture en argent doré est enrichie d'émaux sur or (MR, 474).

799. — Flacon en cristal de roche (XVIIe siècle). Haut., 0,290; diam., 0,090. La monture en argent doré (MR, 475).

800. — Plateau composé d'un bassin et de huit plaques en cristal de roche, reliés par une monture en argent doré (XVIIIe siècle). Long., 0,480; larg., 0,396. Les cristaux sont ornés de quelques gravures (MR, 476).

801. — Plateau en cristal de roche (XVIIIe siècle). Haut., 0,027; long., 0,146; larg., 0,107. Il est de forme octogone et le bord est godronné (MR, 477).

802. — Bassin en cristal de roche. Long., 0,235. De forme ovale. La monture en argent doré (MR, 478).

803. — Coupe en cristal de roche (XVIIe siècle). Haut., 0,090; long., 0,120; larg., 0,085. Elle est taillée en coquille irrégulière et ornée de gravures. Le pied en balustre est supporté par une patte en or émaillé (MR, 479).

804. — Coupe en cristal de roche. Haut., 0,000; diam., 0,000. De forme ovale. Ornée de gravures. La monture en argent doré (MR, 480).

805. — Coupe en cristal de roche (fin du XVIᵉ siècle). Haut., 0,092; diam., 0,144. Elle est ornée d'une frise très-fine et de guirlandes habilement tracées. Le pied est pris dans la masse (MR, 482).

806. — Verre en cristal de roche (XIXᵉ siècle). Haut., 0,999. Il est en forme de cloche et surmonté d'un couvercle. Taillé à facettes; monté en argent doré (MR, 483).

807. — Bouton en cristal de roche, recouvrant une image du roi Louis XIII, en or émaillé. Haut., 0,020; larg., 0,017 (Ancienne collection, 4,848).

808. — Étui (1) en cristal de roche (fin du XVIᵉ siècle). Haut., 0,100. Il contient des ciseaux et quatre petites pièces propres aux travaux à l'aiguille (Révoil, 186).

PIERRES GRAVÉES (2). — BAGUES (3).

809. — Anneau d'or (XVᵉ siècle), orné d'un saphir gravé aux armes de Lusignan. On lit sur le cercle intérieur de l'anneau les mots suivants : CELLE. Q. JEME. MEM. MERA. Diam., 0,019 (Collection Révoil, 229).

810. — Anneau d'or (XVᵉ siècle), sur lequel on lit ces trois mots gravés en lettres gothiques et séparés par des fleurs : *Par bonne amour.*

811. — Bague épiscopale, en argent doré (XVᵉ siècle) (Collection Durand, 4939).

812. — Amulette, émeraude gravée de signes cabalistiques, cerclée en or. Larg., 0,020 (MR, 96).

813. — Pierre gravée, sardoine onyx (XVIᵉ siècle).

---

(1) Voyez le glossaire de la seconde partie de cette Notice, aux mots *Estuit* et *Aiguillier.*

(2) V. *Camahieu, Gemme, Nicolo, Onyx, Pierre d'Israël.*

(3) V. *Baghe* et *Bague.*

Haut., 0,028; larg., 0,027. Les bustes de Jésus-Christ et de la Vierge sont surmontés du Saint-Esprit sous la forme d'une colombe.

814. — PIERRE GRAVÉE, agate onyx (XVIᵉ siècle). Haut., 0,055; larg., 0,042. Tête de Domitien couronnée de lauriers. L'inscription porte : CAES. DOMIT. AUG. GER. COS. XV. CENS. PER. P. P. IMPE. (MR, 106).

815. — ANNEAU d'or (XVIᵉ siècle), orné d'une cornaline sans gravure (collection Révoil, 231).

816. — ANNEAU d'or (XVIᵉ siècle), orné d'une aiguemarine. Haut., 0,026; larg., 0,022 (collection Révoil, 232).

817. — PIERRE GRAVÉE, agate (fin du XVIᵉ siècle). Haut., 0,060; larg., 0,045. Une femme portant des lauriers; la monture en argent (collection Révoil, 228).

818. — CAMÉE (XVIᵉ siècle). Haut., 0,037; larg., 0,030. Buste de femme, tête de profil, costume du règne de Charles IX. La monture, en or émaillé, forme au revers un médaillon de motifs arabesques.

819. — ANNEAU d'or (XVIᵉ siècle). Sainte Marthe terrassant un dragon. La figure est exécutée en relief sur or, et rapportée sur un fond d'émail bleu. Diam., 0,017 (collection Révoil, 232).

820. — MÉDAILLON (commencement du XVIIᵉ siècle). Henri IV et Marie de Médicis, camée en coquille. Haut., 0,045; larg., 0,036 (collection Révoil, 226).

821. — MÉDAILLON (XVIIᵉ siècle). Louis XIII, camée en coquille. Haut., 0,043; larg., 0,035 (collection Révoil, 225).

822. — MÉDAILLON (XVIIᵉ siècle). Jesus-Christ en buste et de profil, d'après le type de Lentulus, gravé sur jaspe sanguin. Haut., 0,042; larg., 0,030 (collection Révoil, 224).

823. — Pierre lithographique gravée (XVIIe siècle). Haut., 0,093; larg., 0,074. Buste d'homme en costume de guerre (collection Révoil, 223).

824. — Pierre gravée, agate à trois couches (XVIIe siècle). Haut., 0,035; larg., 0,026. Hercule et Omphale (MR, 100).

825. — Pierre lithographique gravée (XVIIe siècle). Haut., 0,043; larg., 0,034. Elle porte les bustes de Louis III et de Carloman (collection Révoil, 222).

826. — Pierre gravée, agate d'Allemagne (XVIIe siècle). Haut., 0,034; larg., 0,046. Le sujet est une chasse au taureau (MR, 101).

827. — Médaillon en verre bleu (XVIIIe siècle). Diam., 0,237. Tête d'homme vue de profil (ancienne collection, 3903).

828. — Pierre gravée, cornaline onyx (XVIIIe siècle). Haut., 0,039; larg., 0,031. Figure allégorique, commémorative de la journée du 10 août 1792. La pierre est signée : Jouy, sc. (MR, 97).

829. — Anneau d'or (XIXe siècle) orné d'un Nicolo dans lequel est gravé l'ange Gabriel agenouillé. Hauteur de la pierre, 0,014; larg., 0,011 (collection Révoil, 234).

830. — Bague en or (XIXe siècle). Le groupe de l'Amour et de Psyché, bas-relief en or, est rapporté sur le morceau de lapis qui remplit le chaton. Haut., 0,027; larg., 0,021 (MR, 113).

831. — Pierre gravée, cornaline (XIXe siècle). Haut., 0,052; larg., 0,042. Tête de Jupiter. La monture en or (MR, 109).

832. — Pierre gravée, cornaline (XIXe siècle). Haut., 0,052; larg., 0,042. Buste de Mars armé. La monture en or (MR, 110).

833. — Pied de coupe en or ciselé (XVe siècle). Haut., 0,000. La forme est triangulaire; trois petites figures d'enfants sont posées sur des détails d'architecture et séparées par des arcs-boutants ornés de fines colonnettes, de petits castels et de gargouilles. Les lettres SF, émaillées en noir, forment, avec un cordon de Saint-François, un lac qui est répété trois fois sur le pied et six fois sur le soubassement, qui est une sorte de plateau hexagone soutenu par des arcs-boutants que décorent des tourelles (MR, 119).

OR.

834. — Bijou en or émaillé (XVIe siècle). Diam., 0,050. Le centre est occupé par une image de la Vierge représentée en buste, portant Jésus dans ses bras. Des perles fines terminent les rayons découpés qui entourent le groupe (ancienne collection, 4845).

835. — Bijou en or ciselé (XVIe siècle). Haut.; 0,050; larg., 0,043. Il est orné d'émaux et enrichi de pierres fines. Daniel y est représenté entouré de lions, et Dieu le contemplant (ancienne collection, 4847).

836. — Anse d'un vase en or émaillé (XVIe siècle). Haut., 0,090; larg., 0,080. Elle a la forme d'un dragon ailé (ancienne collection, 223).

837. — Bijou en or (XVIIe siècle). Haut., 0,000 Il a la forme d'un navire. Il est orné d'émaux et garni de perles fines (ancienne collection, 221).

838. — Arquebuse (réduction d'une) (commencement du XVIIe siècle). Long., 0,055 (Révoil, 227).

839. — Agrafe de manteau en or émaillé (XVIIe siècle). Haut., 0,111. Elle représente l'aigle impérial, couronné, tenant dans ses griffes l'épée et le globe. Elle est ornée de pierres fines (MR. 418).

840. — Boite en or émaillé (fin du XVIIIe siècle). Haut., 0,034; long., 0,085; larg., 0,055. De forme ovale, enrichie de brillants et de perles.

ARGENT.

841. — Couverture d'un texte (1) doublée d'une plaque en argent doré, travaillé au repoussé. Un ange est représenté assis et montrant le sépulcre vide à Marie-Madeleine et Marie mère de Jacques. Haut., 0,430. Ouvrage grec du XIIe siècle. Provenant de l'abbaye de Saint-Denis (ancienne collection, 348).

842. — Couverture d'un texte, doublée d'une plaque d'argent doré, ornée de la croix et du monogramme du Christ (XIIe siècle). Haut., 0,350. Provenant de l'abbaye de Saint-Denis (Ancienne collection, 346).

843. — Épingle en argent doré (XIVe siècle). Long., 0,113. Le chaton est un verre bleu (collection Révoil, 236).

844. — Bassin en argent doré (XVIe siècle). Haut., 0,050; diam., 0,640. Il est orné de reliefs et de ciselures dont les sujets très variés sont les épisodes divers de la conquête de Tunis, par Charles-Quint, ainsi que l'indique l'inscription qu'on y lit : Expeditio et victoria Africana Caroli V, Rom. imp. P.F. Augusto, 1535 (MR. 351).

845. — Aiguière en argent doré (XVIe siècle). Haut., 0,440. Elle est ornée de guirlandes et de trophées émaillés et d'une frise ciselée faisant suite aux bas-reliefs du plateau qui précède. L'anse est formée par deux serpents et une figure de satyre (MR. 341.).

846. — Bassin en argent doré et émaillé. Haut., 0,383; larg., 0,312. Il est orné, au centre, d'un grand camée coquille, sur lequel est gravée, en relief, la figure équestre de Ferdinand III, empereur d'Autriche, en armure de combat. Sur le bord du bassin règnent trois rangs concentriques de camées sur coquille (2), de petite proportion.

---

(1) Voyez le glossaire de la seconde partie de cette Notice, aux mots *Texte* et *Images d'or*.

(2) V. *Pourcelaine*.

Quarante-huit sont les portraits des princes de la maison d'Autriche, depuis Rodolphe de Habsbourg; les quarante-huit au-dessous sont les devises de ces princes, et ceux du rang inférieur, leurs armoiries (MR, 107).

847. — Coupe en argent doré (XVIe siècle). Haut., 0,182; diam., 0,230. Elle est supportée par une statuette de Bacchus tenant des raisins. Le bas-relief qui décore le fond représente les forgerons de Vulcain, forgeant les armes d'Enée; Vénus est près d'eux debout et l'Amour à côté (LP, 1367.)

848. — L'enlèvement des Sabines, bas-relief en argent (XVIIe siècle). Diam., 0,167 (LP, 2176).

849. — Coupe en argent doré (style du XVIe siècle). Haut., 0,153; diam., 0,180. Le bas-relief principal représente Minerve et les arts (LP, 19).

850. — Statuette équestre en argent doré (XVIe siècle). Haut., 0,365; long., 0,320. Elle est assise sur un cheval qui se cabre; elle tient les rênes de la main droite et étend la gauche dans une direction qu'accompagnent la pose de la tête et le regard. Cet ouvrage remarquable peut être attribué à Germain Pilon (MR, 485).

851. — Le centaure Nessus enlevant Déjanire, groupe en argent doré (XVIIe siècle). Haut., 0,510 (MR, 486).

852. — Bassin en argent doré (XVIe siècle). Diam., 0,663. Il est décoré de figures et d'ornements au repoussé et porte les armoiries de la maison de Gondi.

853. — Bassin en argent doré (XVIe siècle). Haut., 0,098; diam. 0,447. Le bord est orné de détails finement ciselés. Le fond est semé d'écrevisses, de grenouilles et de reptiles, en ronde bosse et émaillés (MR, 484).

854. — Cuiller en argent (XVIIe siècle). Long., 0,190. Des fruits et des feuillages sont gravés sur les deux faces du manche. Travail allemand (Révoil, 192).

855. — Fourchette en argent. Semblable à la cuiller qui précède (Révoil, 193).

856. — Miroir de poche (xviie siècle). Haut., 0,090. Il est doublé d'une feuille d'argent repoussé, sur laquelle est figuré Louis XIV, enfant, debout près de sa mère (Révoil, 206).

857. — Napoléon Ier. Statuette en argent. Haut., 0,111. La tête de l'empereur est placée sur une imitation d'un bronze antique de la collection de Denon (MR, 353).

858. — Marie-Louise. Statuette en argent. Haut., 0,111. La tête de l'impératrice a été placée sur une imitation d'un bronze antique (MR, 354).

MATIÈRES DIVERSES.

859. — Tasse formée par un couï (fruit des Indes) (1). A demi sphérique. La monture, en argent doré, est du xviie siècle. Haut., 0,115; long., 0,200.; larg., 0,162 (MR, 410).

860. — Verre en corne d'élan (xviiie siècle). Haut., 0,135; diam., 0,062. Il est orné de quelques sculptures (MR, 411).

---

(1) Voyez le glossaire de la seconde partie de cette Notice, aux mots *Noix muguette* et *Indes*.

OBJETS DIVERS.

IVOIRES.

STATUETTES.

861. — Saint Jérôme (xie siècle). Hauteur, 0,380. Il est agenouillé et tient une croix dans la main gauche ; un lion est posé à ses pieds (ML, n° 125).

862. — La Vierge portant l'Enfant-Jésus. (xive siècle). Elle est debout et regarde en souriant son enfant (Révoil, n° 303).

863. — La Mère de Dieu (xive siècle). Hauteur, 0,156. Cette figure a dû être placée originairement à l'un des côtés d'un calvaire (ML, n° 131).

864. — L'apôtre saint Jean (xive siècle). Hauteur, 0,153. Cette figure a dû occuper originairement le côté opposé du même calvaire (ML, n° 132).

865. — Sainte (xive siècle). Hauteur, 0,290. Elle est assise et portait à la main une palme qui est brisée. La tête est ceinte d'une couronne en argent (n° 132, M. N.).

866. — La Sainte-Vierge (xve siècle). Hauteur, 0,190. Elle est assise sur un siége à dossier dont les ornements sont découpés à jour. Elle soulève l'Enfant-Jésus pour l'approcher de son sein (n° 304, Révoil).

867. — La Sainte-Vierge portant l'Enfant-Jésus (xvie siècle). Haut., 0,460. Elle est assise et superposée à un socle que décorent une scène de la Nativité, une figure de saint Joseph et une Annonciation. La statue s'ouvre sur son milieu (1), se déploie en forme de triptyque et laisse voir une suite de sculptures dont les sujets sont empruntés au Nouveau-Testament (1143, LP, acquis en 1836).

868. — Un génie de la mort, figure de ronde-bosse, en ivoire (XVIIe siècle). Haut., 0,310. Sous les traits d'un enfant endormi, appuyé d'une main sur une tête de mort qui surmonte un sablier, et de l'autre tenant un flambeau renversé (MR, 355).

869. — Le Christ sur la croix (XVIIe siècle). Haut., 0,550 (n° 366, ancienne collection).

870. — Calvaire (commencement du XVIIe siècle). Haut., 0,110. L'ensemble est un petit monument composé de quatre colonnes qui supportent un lanternon à jour. Les sujets sont sculptés en ronde-bosse. — Légué au Musée par M. Jean-Henri Beck (2713, LP).

871. — Petite figure de ronde-bosse, représentant un colporteur (XVIIIe siècle). Haut., 0,085. Le personnage est en ivoire. Sur son dos est une boîte en or dont le couvercle, orné de trois diamants, s'ouvre et laisse voir une plaque d'émail sur laquelle est peint un homme en costume de la comédie italienne. On lit vers le haut de la plaque : « Speranto mio niento. »

872. — Bacchus, statuette en ivoire. Haut., 0,180. Copie de l'antique, acquise en 1833, par le roi Louis-Philippe, chez Blard, ivoirier à Dieppe (74, LP).

873. — Mercure, statuette en ivoire. Haut., 0,170. Copie de l'antique, acquise en 1833, par le roi Louis-Philippe, chez Blard, ivoirier à Dieppe (75, LP).

TABLETTES DE DÉVOTION.

874. — Le Christ (XIIe siècle). Haut., 0,127. Il

---

(1) Voyez le glossaire de la seconde partie de cette Notice, au mot *Images ouvrantes*.

est représenté de face, en buste, bénissant, portant un livre de la main gauche (Révoil, 421).

875. — L'Ensevelissement du Christ et l'Apparition a Madeleine. — La Flagellation et le Portement de croix. — La Trahison de Judas (XVᵉ siècle). Haut., 0,183. Trois compositions superposées, que contient un même encadrement (n° 2714, LP).

876. — L'Adoration des Mages (XVᵉ siècle). L'Enfant-Jésus, debout sur les genoux de sa mère, bénit un des rois, qui, agenouillé, lui présente un disque d'or. Un second Mage porte une coupe. Un troisième indique du doigt l'étoile arrêtée au-dessus de la tête de la Vierge. Haut., 0,170 (424, Révoil).

877. — Jésus crucifié (XVᵉ siècle). Haut., 0,170 (424, Révoil).

878. — Le Crucifiement. — La Trahison de Judas (XVᵉ siècle). Haut., 0,153. Les deux compositions superposées sont renfermées dans un même cadre (423, Révoil).

879. — La Descente de croix. — La Flagellation (XVᵉ siècle). Haut., 0,152. Les deux compositions sont disposées comme celles qui précèdent (423, Révoil).

PLAQUES DE RELIURE.

880. — L'évangéliste saint Jean (XIIᵉ siècle). Haut., 0,180. L'aigle, attribut de l'évangéliste, est figuré dans le haut, à l'angle droit (ancienne collection, n° 375).

881. — Jésus crucifié (XIIIᵉ siècle). Haut., 0,210. La vierge Marie et saint Jean sont représentés debout d'un côté de la croix (422, Révoil).

882. — Jésus-Christ bénissant les apôtres (XIIIᵉ siècle). Haut., 0,210 (422, Révoil.)

883. — Plaque (fin du xivᵉ siècle) (1). Haut., 0,190. Elle décore la reliure du manuscrit grec contenant la vie de saint Denis aréopagite, qui était conservé dans le trésor de l'abbaye de Saint-Denis, comme un présent de l'empereur Manuel Paléologue. Les sculptures sont distribuées sur trois lignes formées par une suite d'arcs ogives. Les sujets sont : l'Entrée du Christ à Jérusalem. — Jésus au Jardin des Oliviers et la Flagellation. — Jésus retiré de la croix, et la Mise au tombeau (ancienne collection, nᵒ 416).

884. — Plaque (fin du xivᵉ siècle). Haut., 0,190. Décorant le côté opposé de la reliure du même manuscrit. Disposition semblable; les sujets des sculptures sont : la Trahison de Judas. — Le Calvaire. — Les Saintes femmes au tombeau et l'Apparition à Marie-Madeleine (ancienne collection, nᵒ 416).

TABLETTES A ÉCRIRE (2).

885. — Tablettes, scène de la vie privée (xivᵉ siècle). Haut., 0,110. Quatre groupes de deux figures, placées sous des arcades de style gothique, disposés sur deux lignes (426, Révoil).

886. — Tablettes (xvᵉ siècle). Haut., 0,080. Les sujets sculptés sont la répétition de ceux qui sont indiqués nᵒ 885 (425, Révoil).

887. — Tablettes (xviᵉ siècle). Haut., 0,096. Elles sont composées de cinq feuilles; la première et la dernière sont ornées de sculptures figurant d'un côté des vieillards qui vont se rajeunir à la fontaine de Jouvence, et de l'autre l'un de ces vieillards rentrant dans son manoir et ramenant une jeune femme qu'il tient par la main (429, Révoil).

---

(1) Voyez le glossaire de la seconde partie de cette Notice, au mot *Lyer*.

(2) V. au mot *Tables à pourtraire*.

SCULPTURES EN BAS-RELIEFS.

888. — Rétable de Poissy en os sculpté, avec quelques parties en marqueterie (fin du XIVe siècle). Largeur, 2,370. Il est composé de trois arcs surmontés par des frontons aigus, de pilastres d'angles et d'une base, et décoré de sculptures dont les sujets sont empruntés au Nouveau-Testament et à la vie des Saints. Les donataires, représentés à genoux et accompagnés de leurs patrons, sont Jean de Berry, frère du roi Charles V, et sa seconde femme, Jeanne, comtesse d'Auvergne et de Boulogne. On trouve vers le milieu des pilastres les armes du prince, qui sont de France à la bordure engrêlée de gueules (MR, 379).

889. — Boîte a miroir (1) (XIIIe siècle). Diam., 0,112. Scènes de la vie privée, souvent représentées par les artistes et telles que les décrivent les poëtes du temps (2) (Révoil, 195).

890. — Couvercle de la boîte précédente avec des représentations du même genre (Révoil, 195).

891. — Boîte a miroir (XIVe siècle). Diam., 0,137. Trois groupes occupent la partie supérieure. Cinq personnages sont représentés au-dessous, se livrant au plaisir de la danse (Révoil, 197).

892. — Boîte a miroir (XVe siècle). Diam., 0,070 (Révoil, 194).

893. — Personnages de l'Ancien Testament (XVIe siècle). Long., 0,220. Samson tient à la main une mâchoire d'âne. Judith porte la tête d'Holopherne et Josué présente une image du soleil (ancienne collection, n° 377).

---

(1) Voyez le glossaire de la seconde partie de cette Notice, au mot *Miroir*.

(2) V. au mot *Chappel*.

894. — BACCHANALE (XVIIᵉ siècle). Haut., 0,140 (ancienne collection, n° 357).

895. — BACCHANALE (XVIIᵉ siècle). Haut., 0,130 (ancienne collection, n° 359).

896. — SILÈNE (XVIIᵉ siècle). Long., 0,290. Un enfant approche une coupe de ses lèvres (n° 360, ancienne collection).

897. — TROIS AMOURS ET UN JEUNE SATYRE (XVIIᵉ siècle). Long., 0,272 (ancienne collection, n° 361).

898. — DEUX CENTAURES (XVIIᵉ siècle). Long., 0,294. L'un enlève une femme, l'autre est enchaîné par des amours (ancienne collection, n° 362).

899. — TRITON, NYMPHES ET AMOURS (XVIIᵉ siècle). Long., 0,280 (ancienne collection, n° 363).

900. — DEUX JEUNES SATYRES attachent avec des liens une nymphe renversée; un amour lui offre des raisins (XVIIᵉ siècle). Long., 0,290 (ancienne collection, n° 365).

901. — ETUDE DE VIEILLARD (XIXᵉ siècle). Haut., 0,140. Il est vu à mi-corps, assis sur un fauteuil. On lit au bas : MEUGNIOT, DIEPPE, 1829.

COFFRETS (1).

902. — COFFRET (XIᵉ siècle). Haut., 0,220; long., 0,235. Les quatre faces du corps de la boîte et les quatre du couvercle sont décorées de bas-reliefs dont les sujets sont empruntés au Nouveau Testament. Nous les indiquons ici par ordre des faits : L'Annonciation. La Visitation. La Nativité et la Présentation au temple. Un ange apparaît aux rois mages. L'Adoration des mages. Un ange annonce à Marie le massacre des enfants d'Israël. La Fuite en Egypte (Révoil, n° 75).

903. — COFFRET (XIIᵉ siècle). Long., 0,320. Dix-

---

(1) Voyez le glossaire de la seconde partie de cette Notice, au mot *Coffres*.

huit figures en pied, encadrées sous des arcs à plein cintre, forment la décoration du pourtour. Elles représentent le Christ, la Mère de Dieu, saint Joseph, les douze apôtres, les trois rois mages, saint Thadée, saint Barnabé (n° 76, Révoil).

904. — COFFRET (XIVᵉ siècle). Haut., 0,320. Il est de forme hexagone, le couvercle se terminant en pointe. Les sujets des bas-reliefs qui décorent le pourtour sont empruntés à l'un des romans du temps; des anges, mêlés à des feuillages, forment une frise élégante sur le couvercle (n° 79 Révoil).

905. — COFFRET (XIVᵉ siècle). Haut., 0,100; long., 0,265. Orné sur toutes ses faces de reliefs dont les sujets sont empruntés aux romans du moyen âge (n° 77, Révoil).

906. — COFFRET (XIVᵉ siècle). Haut., 0,225; long., 0,220. Il a la forme d'un cabinet (1) et les portes en s'ouvrant laissent voir quatre tiroirs décorés de rinceaux. Chacune des cinq faces du coffret est ornée d'un bas-relief représentant le paradis terrestre (n° 89, Révoil).

907. — COFFRET (fin du XIVᵉ siècle). Haut., 0,050; long., 0,110. Il est orné de sculptures réparties en groupes et figures isolés. Les sujets, empruntés à la vie privée, sont pour la plupart la répétition de ceux dont on a décoré les ivoires de ce genre pendant deux siècles. Des jeunes gens implorant par des prières, et plus souvent par des caresses, une couronne qu'une dame tresse ou tient en main et que plus loin on la voit déposer sur leur tête (2). Toutefois, l'on distingue sur ce coffret un groupe de femmes jouant à un jeu qui n'est autre que celui qu'on appelle de nos jours la main chaude, et un autre jouant à la balle. La serrure et les ferrements, bien conservés, sont dorés (n° 78, Révoil).

---

(1) Voyez le glossaire de la seconde partie de cette Notice, au mot *Cabinet*.

(2) V. au mot *Chappel*.

908. — Coffret (xv.ᵉ siècle). Haut., 0,055; long., 0,145. Il est décoré de sculptures formant des groupes dont les sujets, empruntés à la vie privée, sont indiqués dans la description du numéro précédent. Ce coffret est garni de sa serrure et de légers ferrements en argent (LP, nº 615, acquisition de 1834).

909. — Coffret (fin du xvᵉ siècle). Haut., 0,085; long., 0,220. Sur le couvercle, le Christ et les quatre évangélistes. — Sur le pourtour de la boîte, la vierge Marie et Jésus enfant. — Le Calvaire. — Et seize figures de saints et saintes placées sous des arcades gothiques d'un style en décadence (ancienne collection, nº 367).

910. — Coffret (xviᵉ siècle). Haut., 0,077; long., 0,163. Figures et scènes de la vie privée. Le dessous du coffret forme damier (82, Révoil).

911. — Coffret (xviᵉ siècle). Haut., 0,140; long., 0,226. Le couvercle est orné de douze compartiments que remplissent des figures de saints; l'Annonciation est figurée sur les deux qui occupent le centre. Autour de la boîte sont représentés les apôtres et deux archanges. Le dessous forme damier.

OBJETS DIVERS.

912. — Crosse (xvᵉ siècle) (1). Haut., 0,100. D'un côté, Jésus est représenté sur la croix; la Vierge Marie et saint Jean debout. De l'autre, la Vierge portant dans ses bras Jésus enfant, et deux anges auprès d'elle (813, Révoil).

913. — Olifan (2) (xiiiᵉ siècle). Long., 0,450. Il est décoré de figures d'animaux entremêlés à des rinceaux qui forment autour d'eux une sorte de réseau (430, Révoil).

914. — Olifan (xvᵉ siècle). Long., 0,770. La

---

(1) Voyez le glossaire de la seconde partie de cette Notice, au mot *Crosses.*

(2) V. *Olifant.*

monture, en argent bruni, a été gravée au XVIIe siècle (431, Révoil).

915. — Dame a jouer (1) (XIIe siècle). Diam., 0,045. Représentant le combat de deux animaux fantastiques (428, Révoil).

916. — Dame a jouer (XIIIe siècle). Diam., 0,055. Un cavalier, armé d'une hache, est figuré sur un monstre marin (427, Révoil).

917. — Dé a jouer (2) (commencement du XVIIe siècle). Haut., 0,015. Il représente un homme nu et accroupi. Les numéros sont placés sur les diverses parties du corps (74, Révoil).

918. — Dé a jouer. Semblable au précédent, représentant une femme (74, Révoil).

919. — Poire a poudre (XVe siècle). Long., 0,260. Elle est ornée de têtes et de figures d'animaux, en ronde bosse et en bas-relief (57, Révoil).

920. — Poire a poudre (XVIe siècle). Haut., 0,110. Le jeune génie marin qui la décore est une figure connue de Jean Goujon. Ce charmant ouvrage a toute la grâce de sa main habile, et peut avoir été un délassement au milieu de ses grands travaux (55, Révoil).

921. — Poire a poudre (XVIe siècle). Haut., 0,160. Hercule combattant (56, Révoil).

922. — Poignard et couteau (fin du XVIe siècle). Contenus en un même étui d'ivoire. Long., 0,340. Le manche du poignard est surmonté d'une figure de femme tenant un fruit de la main droite; un buste de fou orne le manche du couteau (19, Révoil).

923. — Couteau (3) (commencement du XVIIe siècle).

---

(1) Voyez le glossaire de la seconde partie de cette Notice, aux mots *Damier, Tablier, Eschiquier.*

(2) V. *Dez à jouer.*

(3) V. *Cousteaux.*

Long., 0,168. Le manche est formé par une figure de chimère (159, Révoil).

924. — Couteau (petit) (xviie siècle). Long., 0,156. Une figure de la Charité forme le manche (164, Révoil).

925. — Couteau (xviie siècle). Long., 0,215. Sur le manche est représenté Josué arrêtant le soleil (157, Révoil).

926. — Couteau (petit) (xviie siècle). Long., 0,090. On lit sur la lame : ie . vovs . le done . dv . bon . dv . coevr (160, Révoil).

927. — Fourchette (commencement du xviie siècle). Long., 193 (163, Révoil).

928. — Cuiller (commencement du xviie siècle). Long., 0,204. Le manche est taillé en façon d'une corde nouée (162, Révoil).

929. — Busc (xviie siècle). Long., 0,357. Il est orné d'une frise de feuillages et de devises galantes (202, Révoil).

930. — Fuseau (xviie siècle). Long., 0,185. Il est gravé à la pointe, et les hachures sont incrustées de couleur noire (179, Révoil).

931. — Peigne (xie siècle) (1). Haut., 0,195. Il est décoré sur chaque face d'un motif d'ornements renfermés dans un cadre semi-circulaire. D'un côté est figuré un homme combattant un lion; l'autre côté est rempli par des rinceaux d'un grand style. La restauration est ancienne (ancienne collection, 358).

932. — Vase (xviie siècle). Haut., 0,190. L'anse est formée par deux tritons. Le couvercle est surmonté d'un limaçon portant sa coquille (ancienne collection, 356).

---

(1) Voyez le glossaire de la seconde partie de cette Notice, aux mots *Pigne* et *Pignère*.

933. — Vase en ivoire. Haut., 0,250. Imitation du vase Borghèse. Acquis par le roi Louis-Philippe, en 1833, chez Blard, ivoirier à Dieppe (73, LP).

934. — Vase en ivoire. Haut., 0,250. Il est composé pour faire pendant au précédent. Ses figures sont empruntées, en grande partie, à des fragments antiques (72, LP. Même provenance).

BOIS SCULPTÉ.

935. — Charles-Quint (xvie siècle) en buste. Médaillon circulaire renfermé dans un cadre carré. Haut., 0,075. Il tient une grenade à la main. L'inscription découpée en relief porte : CHARLES . R . DE . CASTILLE . LEEON . GRENADE . ARRAGON . NAVERRE . CECILIS. (sic) (833, Révoil).

936. — Charles-Quint (xvie siècle). Médaillon circulaire. Diam., 0,107. En buste et posé de profil. On lit autour du cadre : CAROLVS . DEI . GRA . ROMANORVM . IMP . HISPANIARVM . REX. (832, Révoil).

937. — René d'Anjou (xvie siècle). Médaillon circulaire. Diam., 0,127. En buste et posé de profil. — On lit cette inscription gravée en relief dans la bordure circulaire du cadre : REGIS . SICELIGUM . EFFIGIES . EST . ISTA . RENATI . (831, Révoil).

938. — Jean Constans, électeur de Saxe (suivant une ancienne note) (xvie siècle). Portrait à mi-corps, vu de profil (ancienne collection, 3562).

939. — Sophie, épouse de Jean Constans, électeur de Saxe (suivant une ancienne note) (xvie siècle). Portrait à mi-corps en buste (ancienne collection, 3563).

940. — Anthoni Deczel (xvie siècle). A mi-corps. Haut., 0,090. Quatre écus armoriés occupent les angles (ancienne collection, 3560).

941. — Portrait de la femme de Anthoni Deczel (xvie siècle). Haut., 0,87. Faisant pendant au précédent, et portant les mêmes armoiries (ancienne collection, 3561).

942. — Porte-enseigne (xvie siècle). Médaillon circulaire. Diam., 0,063. En buste et de profil (835, Révoil).

943. — Portrait (xvie siècle). Médaillon circulaire. Diam., 0,067. En buste, et vu de face (836, Révoil).

944. — Portrait (xvie siècle). Médaillon circulaire. Diam., 0,127. Un jeune homme et une jeune fille sont représentés ensemble, tous deux en buste; l'un vu de face, et l'autre de profil. Sur le cadre on lit : *simul et semper* (834, Révoil).

945. — Cadre en forme de cartouche, orné de figures (xvie siècle). Haut., 0,117. Il est sculpté avec la même recherche sur ses deux faces; il contient, d'un côté, un petit bas-relief formant tableau ; et de l'autre, un travail très-fin de marqueterie. Le bas-relief, ainsi que le cadre, portent la date : Septem. 1572, et sur une tablette placée vers le bas, on lit : BIENHEVREVX. SONT. LES. NETS. DE. CVEVR. CAR. ILS. VERRONT. DIEV. (838, Révoil).

946. — La fauvette et le loir, par Demontreuil, daté de 1791. Haut., 0,270.

947. — Squelette d'homme (xvie siècle). Long., 0,205. Il est étendu dans un cercueil. Des reptiles rampent sur son corps.

948. — Squelette de femme. Dans un cercueil (xvie siècle). Long., 0,195.

949. — Statuette en bois (xviie siècle). Haut., 0,150. Réduction de la Flore antique. On lit à l'arrière du socle le nom du sculpteur : M. Perru, et la date 1636 (302, Révoil).

950. — Croix (xvie siècle). Haut., 0,370. Elle est composée de sculptures presque microscopiques et découpées à jour. Les motifs principaux sont : l'Annonciation, la Nativité, le Baptême, l'Entrée à Jérusalem, le Crucifiement, le Sépulcre, la Résurrection et la Transfiguration (acquisition de 1835, 1043, L. P.).

951. — Croix grecque (XVIIe siècle). Haut., 0,108. Les sculptures sont taillées à jour; elles représentent le Baptême du Christ, le Calvaire, les quatre Evangélistes (830, Révoil).

952. — Coffret (fin du XVe siècle). Haut., 0,110; long., 0,146. Il est orné de reliefs en ivoire, découpés et posés sur des fonds dorés. Les quatre scènes du couvercle figurent les sens de la vue, de l'ouïe, du goût et de l'odorat. Sur le pourtour règne une suite de figures en costume civil (80, Révoil).

953. — Coffret (fin du XVe siècle). Haut., 0,074; long., 0,136. Sur le couvercle, on voit une dame offrant à un chevalier l'anneau de fiançailles; sur la partie intérieure de la boîte, la même dame est représentée rivant solidement les chaînes qui sont passées aux pieds du chevalier. Des légendes en allemand accompagnent chaque sujet; elles sont insignifiantes (83, Révoil).

954. — Coffret (XVIe siècle) (1). Haut., 0,100; long., 0,200. Il est orné de reliefs, en pâte, dont les sujets sont empruntés à l'histoire romaine : le dévouement d'Horatius Coclès, l'héroïsme de Mucius Scevola et celui de Clélie. Les reliefs, les ornements et les fonds sont dorés en plein (88, Révoil).

955. — Jeu de tric-trac (XVIIe siècle) (2). Long., 0,760. Lorsqu'il est refermé, un des côtés forme damier (74, Révoil).

956. — Etui (XVIe siècle). Haut., 0,180. Il a la forme d'un petit monument, est décoré sur trois faces de découpures à jour, et sur la quatrième, de deux figures en buste d'homme et de femme, d'un écusson aux armes de

---

(1) Voyez le glossaire de la seconde partie de cette Notice, au mot *Pâte cuite.*

(2) V. *Tablier.*

France, et au-dessus, dans un cartel, cette inscription : Vive le roy Charles (91, Révoil).

957. — Etui pour renfermer un livre (XVIᵉ siècle). Haut., 0,114. Il est découpé à jour et porte cette inscription : Pour bien moun (un cœur) aves (829, Révoil).

958. — Lettre M (milieu du XVIᵉ siècle). Haut., 0,085. Elle est ornée sur chaque face de très-fines sculptures. L'image de sainte Marguerite d'Ecosse, la première lettre de son nom, deux scènes de sa vie et deux de son martyre, figurées dans les médaillons principaux, sont entourées d'élégants détails d'ornement, parmi lesquels on distingue des fleurs de chardon (839, Révoil).

959. — Chandelier en bois (XVIIᵉ siècle). Haut., 0,170. Fait au tour et sculpté (180, Révoil).

960. — Chandelier semblable au précédent (181, Révoil).

961. — Rinceau d'ornement (XVIIᵉ siècle). Long., 0,208 (837, Révoil).

962. — Manche sculpté (XVIᵉ siècle). Il a pu appartenir à un dévidoire (1); la partie supérieure manque. Long., 0,465.

963. — Peigne (XVIᵉ siècle) (2). Long., 0,183. Les ornements sont finement découpés à jour; deux tiroirs glissent et découvrent deux très-petites glaces étamées. On lit sur l'un des côtés : Pour bien je le done (213, Révoil).

964. — Peigne (XVIᵉ siècle). Long., 0,163. Les ornements sont découpés à jour, et une inscription : Per vos servir, est placée vers le centre (212, Révoil).

965. — Peigne (XVIᵉ siècle). Long., 0,160. Il se

---

(1) Voyez le glossaire de la seconde partie de cette Notice, au mot *Dévidoùère*.

(2) V. *Pigne*.

dédouble et présente développé quatre rangées de dents. On lit sur un des côtés cette inscription : De bon (un cœur) je le done (214, Révoil).

966. — Peigne (xviᵉ siècle). Long., 0,165. Même disposition qu'au numéro précédent. Les ornements sont découpés à jour (215, Révoil).

967. — Rape (xviiᵉ siècle). Haut., 0,380. Le principal motif des ornements sculptés qui la décorent est une colombe posée sur un arbre qu'entoure la légende : je langvis de ce qve jaime (156, Révoil).

968. — Sabots (commencement du xviiᵉ siècle). Long., 0,270. Ils sont découpés à jour. Ils proviennent, selon M. Révoil, du cabinet du maréchal d'Estrées (209, Révoil).

INSTRUMENTS DE MUSIQUE.

969. — Téorbe (xviᵉ siècle). Long., 0,700. Le manche est terminé par une tête de femme. Un cachet apposé au revers donne le nom du facteur HIERONIMVS BRIXIENSIS, et les lettres I.V aux deux côtés d'un écusson armorié (434, Révoil).

970. Viole d'amour (xviiᵉ siècle). Long., 0,620. Le manche est terminé par une tête d'enfant (435, Révoil).

971. — Viole d'amour (xviiᵉ siècle). Long., 0,620 (436, Révoil).

972. — Violinetto ou Pochette (fin du xviᵉ siècle). Long., 0,410. Le manche est terminé par une tête de lion (437, Révoil).

973. — Violinetto (xviiᵉ siècle). Long., 0,400 (438, Révoil).

974. — Manche de basse (xviiᵉ siècle). Long., 0,970. Il est terminé par une tête dorée, et orné d'une peinture en camaïeu sur fond d'or, représentant Suzanne au bain (440, Révoil).

975. — Manche de violon (XVIIe siècle). Long., 0,195. Marqueterie d'ivoire et d'ébène (439, Révoil).

FERRONNERIE (1).

976. — Fer de hallebarde (fin du XVIe siècle). Haut., 0,475. Les ciselures sont damasquinées en argent (2). On remarque au bas d'un des côtés le roi Henri IV à cheval, et une Victoire portant une palme.

977. — Fer de lance (fin du XVIe siècle). Long., 0,200. Orné sur chaque côté d'une figure en buste, vue de profil dans un cadre qu'entourent des rinceaux (damasquinure) (42, Révoil).

978. — Fer de lance (commencement du XVIIe siècle). Long., 0,304. Orné sur chaque côté de deux figures debout, renfermées dans un cadre ovale (damasquinure) (41, Révoil).

979. — Dague en fer (XVIe siècle). Long., 0,145. La lame est percée de petits trous; elle s'adapte à un fourreau ou étui en fer, dont l'extrémité est décorée de rinceaux découpés à jour (14, Révoil).

980. — Couteau d'écuyer tranchant (3) (XVe siècle). Long., 0,390. Le manche, en cuivre, porte sur chaque côté les armes de la maison de Bourgogne gravées et émaillées, ainsi que les mots AVLTRE NARAI, devise bien connue de Philippe-le-Bon (158, Révoil).

981. — Couteau (XVIe siècle). Long., 0,235. Le manche, en nacre de perle, est terminé par un pommeau en fer doré que décore un lion en ronde bosse supportant un écu armorié (188, Révoil).

---

(1) Voyez le glossaire de la seconde partie de cette Notice, au mot *Ferronnerie*.

(2) V. *Damas* et *Damasquinure*.

(3) V. *Cousteaux* et *Tranchoirs*.

982. — Couteau (travail italien) (XVIe siècle). Long., 0,217. Le manche, en argent, est orné de nielles et terminé par un buste du Christ en ronde bosse et doré; un écusson porte (suivant une note de M. Révoil) les armes de la maison de *Varade?* et sur les côtés du manche est tracée cette inscription : EXALTABO E. DOMINE. QVONIAM. SVSCEPISTI. ME. (165, Révoil).

983. — Couteau (commencement du XVIIe siècle). Long., 0,182. Le manche, en argent, est gravé à la pointe. On lit sur le dos de la lame : A (un cœur) LOYAL FOY ASVRÉE (187, Révoil).

984. — Couteau (XVIIe siècle). Long., 0,290. Le manche est en ivoire. Sur un côté de la lame on lit la bénédiction de la table, et sur l'autre l'action de grâces, avec l'accompagnement du plain-chant (191, Révoil).

985. — Fourchette (XVIe siècle) (1). Long., 0,230. Le manche, orné de nacre de perle, est terminé par un pommeau que décorent quatre têtes adossées (189, Révoil).

986. — Ciseaux (XVIe siècle) (2). Long., 0,264. Gravés et dorés (166, Révoil).

987. — Serpe (XVIe siècle). Long., 0,324. La lame est ornée de motifs gravés et dorés (161, Révoil).

SERRURERIE.

988. — Serrure (XVIe siècle) (3). Haut., 0,220. Le centre est occupé par une composition ciselée, partie en ronde bosse, partie en bas-relief, représentant le Christ crucifié, Madeleine embrassant le pied de la croix, et Marie et saint Jean debout aux deux côtés (n° 15, I. S).

---

(1) Voyez le glossaire de la seconde partie de cette Notice, au mot *Fourchettes*.
(2) V. *Ciseaux* et *Forces*.
(3) V. *Serrure*.

989. — Serrure (XVIᵉ siècle). Long., 0,186 (797, Révoil).

990. — Clef de la serrure qui précède (XVIᵉ siècle). Long., 0,138. Elle est terminée par un chapiteau qui supporte un élégant motif d'ornement ciselé à jour (797, Révoil).

991. — Serrure (XVIIᵉ siècle). Long., 0,220. Les ornements sont découpés à jour (798, Révoil).

992. — Clef de la serrure qui précède. Long., 0,070 (798, Révoil).

993. — Plaque de verrou (XVIᵉ siècle). Haut., 0,160. Elle est décorée des armes de France, du chiffre de Henri II et de trois croissants enlacés (806, Révoil).

994. — Plaque de verrou (XVIᵉ siècle). Haut., 0,153. Ornée d'un cartouche que surmonte une figure de femme tenant de chaque main l'épée de connétable; le bouton est formé par une tête de lion. Provenant du château d'Ecouen (803, Révoil).

995. — Plaque de verrou (XVIᵉ siècle). Haut., 0,150. Elle est décorée des armes de France, du chiffre de Henri II et des trois croissants qu'entoure la devise DONEC· TOTUM· IMPLEAT· ORBEM. (804, Révoil).

996. — Plaque de verrou (XVIᵉ siècle). Haut., 0,150. Elle est décorée des armes de France, du chiffre de Charles IX quatre fois répété, et de sa devise figurée (805, Révoil).

997. — Plaque de verrou. Semblable à la précédente (902, Révoil).

998. — Plaque de verrou (XVIᵉ siècle) (801 Révoil).

999. — Plaque de verrou (XVIᵉ siècle). Haut., 0,140. Décorée de figures et de rinceaux (800, Révoil).

1000. — Marteau de porte (XVIᵉ siècle). Haut.,

SERRURERIE. 401

0,255. Il est orné du chiffre de Henri II et des trois croissants enlacés (799, Révoil).

1001. — Marteau de porte (xvie siècle). Haut., 0,312. Le battant est une figure de jeune homme, nu, debout, appuyé sur une lance que surmonte une flamme ; une niche élégante terminée en cul-de-lampe supporte et encadre la figure (808, Révoil).

1002. — Plaque d'un marteau de porte (commencement du xviie siècle). Haut. 0,170. Il est décoré des armes de France (807, Révoil).

1003. — Coffret (xve siècle). Haut., 0,97 ; long., 0,125. Les ornements, de style gothique, se découpent à jour sur un satin jaune (85, Révoil).

1004. — Coffret, en forme de mallette (xvie siècle). Haut., 0,095 ; long., 0,137. Il est damasquiné en or et en argent (97, Révoil).

1005. — Tirelire (xvie siècle). Haut., 0,150. Elle est de forme hexagone et chacun des pans reproduit la même ornementation dont les détails, découpés à jour, se détachent sur un fond de soie (95, Révoil).

1006. — Éperons (xviie siècle) (1). Long., 0,170. Ils sont dorés, les molettes sont peintes en noir (29 et 30, Révoil).

1007. — Éperons (commencement du xviie siècle). Long., 0,140. Ils sont ciselés et dorés (27 et 28, Révoil).

1008. — Étriers (xviie siècle) (2). Haut., 0,150. Ils sont entièrement dorés (25 et 26, Révoil).

1009. — Poire a poudre (xviie siècle). Long., 0,170. Les ornements qui décorent un des côtés sont damasquinés en argent (n° 53, Révoil).

---

(1) Voyez le glossaire de la seconde partie de cette Notice, au mot *Esperons*.

(2) V. *Estriefs*.

1010. — BOITE A BRIQUET, en fer (xvi⁰ siècle). Long.; 0,070, larg., 0,045. Ornée de rinceaux ciselés n° 50, Révoil).

1011. — ORNEMENT DE BOUCLE (fin du xvi⁰ siècle). Fer ciselé. Long., 0,110. Le sujet en ronde bosse sur un fond de bas-relief découpé à jour, figure un martyr dont un valet ouvre les veines en présence d'un personnage consulaire (n° 49, Révoil).

1012. — BOURSE (xvi⁰ siècle) (1). Haut., 0,190. Elle est recouverte d'une plaque en fer ciselé que décorent un masque de femme et des rinceaux entremêlés à des lions et des grotesques, avec cette devise : VIRTVTE NOBILITA- TVR HOMO (n° 31, Révoil).

1013. — AUMONIÈRE (xv⁰ siècle) (2). Haut., 0,330. Elle est en velours rouge, ornée de ganses et glands d'argent, avec un écu armoirié brodé en or et soie. Le fermoir en fer ciselé est couronné par une disposition architecturale découpée à jour (n° 210, Révoil).

1014. — TENAILLES (3) (xii⁰ siècle). Long., 0,140. Deux têtes d'animaux fantastiques forment les pinces (n° 167, Révoil).

1015. — SONNETTE (xvi⁰ siècle) (4). Haut., 0,154. Le sujet en bas-relief qui la décore représente Orphée jouant du violon et entouré des animaux qui l'écoutent. Deux inscriptions remplissent les bandeaux qui encadrent la composition : O MATER DEI MEMENTO MEI SVVM CIQVE (cuique) PVLCHRVM, 1544 (n° 168, Révoil).

1016. — CHANDELIER (xvi⁰ siècle). Haut., 0,532. Orné de génies, de chimères et de feuillages. Provenant du château d'Ecouen (n° 413, ancienne collection).

---

(1) Voyez le glossaire de la seconde partie de cette Notice, au mot *Bourse.*

(2) V. *Aumosnière, Allouyère, Escarcelle.*

(3) V. *Truquoises.*

(4) V. *Campanes* et *Clochettes.*

1017. — Chandelier. Semblable au précédent. Même provenance (n° 413, ancienne collection).

BRONZES.

1018. — Oratoire : La Vierge Marie (xiv° siècle). Deux anges sont placés à ses côtés (257, Révoil).

1019. — Statuette de femme (xv° siècle). Haut., 0,160. Elle portait sur la main droite un objet qui a disparu (306, Révoil).

1020. — Varlet (xv° siècle). Haut., 0,050. Il est représenté dansant. Ce petit bronze a été doré (308, Révoil).

1021. — Figure en bronze (xv° siècle). Haut., 0,090. Une petite figure, finement exécutée et costumée en pèlerin, est agenouillée devant un personnage de beaucoup plus grande proportion. Celui-ci, bizarrement coiffé, tient un long porte-voix dans la main droite ; il a un chien derrière lui (MR, 1676).

1022. — Hercule (xvi° siècle). Haut., 0,240. Nu, debout, les deux bras relevés et rejetés en arrière tenaient une massue qui manque.

1023. — Henri IV (xvii° siècle). Haut., 0,140. Buste. Il est représenté sous le costume antique et couronné de lauriers (311, Révoil).

1024. — Gladiateur (commencement du xvii° siècle). Haut., 0,250. Nu, debout, tenant un fragment d'arme de la main droite. La main gauche manque.

1025. — Bacchus (xvii° siècle). Haut., 0,260.

1026. — Lion (xvii° siècle). Haut., 0,140 (MR, 3406).

1027. — Lion (xvii° siècle). Haut., 0,140 (3407, MR).

CUIVRE ET ÉTAIN (1).

1028. — Ostensoir (2) en cuivre (fin du xv⁰ siècle). Haut., 0,270. Une inscription ajoutée sur le pied le désigne comme un don fait à l'église de Lyon, en 1311, par Camille d'Albon de Saint-Forgeux. Il porte quelques restes d'émaux peints enchâssés (815, Révoil).

1029. — Reliquaire (3) en cuivre (fin du xv⁰ siècle). Haut., 0,290 (816, Révoil).

1030. — Horloge (4) en cuivre doré (fin du xvi⁰ siècle). Haut., 0,260 ; diam., 0,104. Elle est ornée de ciselures et porte les armes de l'évêque della Cassiera (collection Révoil, 239).

1031. — Montre (5) (fin du xvi⁰ siècle). Diam., 0,068. Les ornements de la boîte en cuivre doré sont ciselés à jour (242, Révoil).

1032. — Tirelire en cuivre (xvii⁰ siècle). Haut., 0,150. Elle est de forme hexagone. L'évangéliste saint Mathieu est figuré sur l'une des faces, et sur une autre est gravée la date 1628 (96, Révoil).

1033. — Coffret en cuivre doré (xvii⁰ siècle). Haut., 0,044 ; long., 0,083. Toutes les faces sont ornées de gravures au trait représentant des dames et des cavaliers dans les costumes du temps de Henri IV (94, Révoil).

1034. — Lanterne (6) (xvi⁰ siècle). Haut., 0,240.

---

(1) Voyez le glossaire de la seconde partie de cette Notice, au mot *Estain*.

(2) V. *Ostensoir* et *Monstrance*.

(3) V. *Reliquaire* et *Reliques*.

(4) V. *Oreloge*.

(5) V. *Oreloge*.

(6) V. *Esconse, Bougeoir, Lanterne, Palette*.

La forme est celle d'un petit monument circulaire ; les ornements ciselés et dorés sont en partie découpés à jour. Un émail bleu forme le fond de la frise et des six pilastres. Un bouton de fabrication chinoise a été ajouté sur la calotte.

1035. — Lampe en bronze (1) (XVIe siècle). Haut., 0,260. Elle est montée sur un trépied (184, Révoil).

1036. — Plaque en bronze doré (XVe siècle). Diam., 0,160. Elle a pu servir à l'équipement d'un veneur à pied ou à cheval. La tête de cerf qui occupe le centre est entourée d'une banderole qui porte cette légende gravée en relief et en caractères gothiques : Cornvet de Valoys (432, Révoil).

1037. — Calice en étain (XVIIe siècle). Haut., 0,070. La patène est ornée de cinq compositions tirées de la Genèse ; une inscription en langue allemande explique le sujet central, qui est le sacrifice de Noé au sortir de l'arche, et donne la date 1619 (103, Révoil).

1038. — Ostensoir en étain doré (XVIIe siècle) (814, Révoil).

1039. — Boite pour les saintes huiles, en étain (fin du XVIe siècle). Haut., 0,100 (104, Révoil).

1040. — Aiguière en étain doré, par François Briot (XVIe siècle). Haut., 0,295. Elle est ornée de reliefs dont les motifs principaux représentent la Guerre, la Paix et l'Abondance (Révoil, 102).

1041. — Bassin en étain doré, par François Briot (XVIe siècle). Diam., 0,456. Il est richement orné de reliefs. Au centre est figurée la Tempérance ; sur le fond sont les quatre éléments ; sur le bord, Minerve et les Sciences ; au revers du bassin est l'image en buste et en relief du sculpteur, autour de laquelle on lit : *Sculpebat Franciscus Briot* (Révoil, 101).

---

(1) Voyez le glossaire de la seconde partie de cette Notice, aux mots *Lampe* et *Lampier*.

1042 et **1043**. — Bagues en cuivre doré. Long., 0,037. Imitation moderne de l'anneau papal (collection Durand, 4938, 4940).

1044, 1045. — Anneaux épiscopaux en cuivre doré. Long., 0,034. Imitation moderne. L'un des deux porte une représentation grossière de la Nativité (collection Durand, 4941 et 4942).

MARBRE ET ALBATRE (1).

1046. — Mortier (xvi⁰ siècle). Haut., 0,090. Il est décoré des chiffres de Henri II, de l'arc, du carquois et du croissant de Diane (182, Révoil).

1047. — Plateau en albâtre (xviii⁰ siècle). Diam., 0,664. Décoré sur le bord d'une frise de feuillages, et au centre d'une rosace d'ornements encadrant un enlèvement de Déjanire (ancienne collection, 3872).

PEINTURES SUR VERRE.

1048. — Peinture sur verre (fin du xv⁰ siècle). Haut., 0,740; larg., 0,067. Saint Eloi, accusé d'infidélité, pèse, en présence du roi Dagobert, une selle d'or enrichie de pierreries. Les costumes sont ceux en usage sous le règne de Louis XII (collection Révoil, 301).

1049 à **1052**. — Peinture sur verre (xvi⁰ siècle). Un personnage debout, soutenant un écusson armoirié, avec la date 1521. Ce sujet se répète sur une suite de quatre vitraux (collection Durand, 127/2689, 2690, 2691, 2692).

1053. — Peinture sur verre (xvi⁰ siècle). Haut., 0,503; larg., 0,415. Armoiries. Elles sont entourées de sujets peints en grisaille, représentant : 1° la Vierge et

---

(1) Voyez le glossaire de la seconde partie de cette Notice, aux mots *Marbre* et *Albastre*.

l'Enfant-Jésus; 2° le baptême de saint Jean-Baptiste; 3° Hérodiade dansant devant Hérode; 4° la décollation de saint Jean-Baptiste; 5° l'évangéliste saint Jean; 6° sa vision, et 7° son martyre. Ce vitrail est daté de l'année 1540 (collection Durand, 128, 2693).

1054. — PEINTURE sur verre (XVI° sièle). Haut., 0,515; larg., 0,390. Deux écus armoiriés. Dans le haut, deux scènes en grisaille empruntées à l'histoire de Susanne. La date 1546 (collection Durand, 129/2697).

1055. — PEINTURE sur verre (XVI° siècle). Diam., 0,490. Armoiries mêlées à des motifs d'arabesques. La date 1555 (collection Durand, 131/2702).

1056. — PEINTURE sur verre (XVI° siècle). Diam., 0,465. Armoiries. Sur les côtés, deux hommes d'armes. La date 1572 (collection Durand, 131/2701).

1057. — PEINTURE SUR VERRE (XVI° siècle). Haut., 0,440; larg., 0,405. Ecusson d'armes, daté de 1540. On lit au bas : JOACHIM SCHAD VON MITELBIBERACH ZU WARTHUSEN (collection Durand, 128/2693).

1058. — PEINTURE SUR VERRE (XVI° siècle). Haut., 0,440; larg., 0,405. Ecusson d'armes. On lit au bas : PETRUS HABENBERG, ABT ZU CRUTZLINGEN 1540 (collection Durand, 128/2694).

1059. — PEINTURE SUR VERRE (XVI° siècle). Haut., 0,440; larg. 0,405. Ecusson d'armes. On lit au bas : BURCKART. VON DANCK HARTSCHWILER. 1539 (collection Durand, 128/2695).

1060. — PEINTURE sur verre (XVI° siècle). Haut., 0,440; larg., 0,405. Écusson d'armes. On lit au bas : GEBHART, ABBT DES GOTZHUS PERLERSCHHAUSEN. 1540 (collection Durand, 128/2696).

1061. — PEINTURE sur verre (XVI° siècle). Armoiries (collection Durand, 130/2699).

1062. — Peinture sur verre (xvie siècle). Armoiries (collection Durand, 130/2700).

1063. — Peinture sur verre (xvie siècle). Haut., 0,410; larg., 0,330. Deux hommes d'armes portent leurs bannières. On lit dans le bas : ANNO. M. D. XXX. IX (collection Durand, 140/2717).

1064. — Peinture sur verre (xvie siècle). Haut., 1,020; larg., 0,690. Arabesques en grisaille, mêlées de figures. L'écusson central est surmonté d'une couronne ducale et entouré de l'ordre de Saint-Michel. On voit au-dessous le chiffre de Henri II. Ce vitrail provient du château d'Écouen (collection Durand, 138/2714).

1065. — Douze peintures sur verre, grisailles, réunies dans un cadre (fin du xvie siècle). Haut., 0,910; larg., 0,710. Les sujets figurés sont : 1° Buste de Romulus. Haut., 0,195. — 2° La condamnation de Babylone. Haut., 0,215. — 3° Buste d'Hélène. Haut., 0,195. — 4° L'apôtre saint Jacques. Diam., 0,210. — 5° Samson incendiant les champs des Philistins. Haut., 0,190; larg., 0,235. — 6° L'ascension de la Vierge. Diam., 0,200. — 7° L'apôtre saint Jean. Diam., 0,200. — 8° Un paysage. Haut., 0,200; larg., 0,250. — 9° L'évangéliste saint Luc. Diam., 0,200. — 10° Un buste de Didon. Diam., 0,170. — 11° Samson emportant les portes de Gaza. Haut., 0,190; larg., 0,240. — 12° Un buste de Numa Pompilius. Diam., 0,200 (collection Durand, 139/2715).

1066. — Peinture sur verre (xvie et xviie siècles). Haut., 0,770; larg., 0,490. Un sujet en grisaille et fond jaune, représentant Esther et Assuérus, sous les costumes du commencement du xvie siècle, a été rapporté au centre du vitrail et a remplacé les armoiries dont les arabesques et figures coloriées, avec la signature de Jan van Marus, anno 1686, n'étaient que le cadre et l'accompagnement (collection Durand, 137/2713).

1067. — Peinture sur verre (commencement du xviie siècle). Haut., 0,810; larg., 0,553. Arabesques coloriées entourant un panneau d'armoiries qui surmonte une composition en grisaille. Ce vitrail est daté de 1611 (collection Durand, 136/2711).

1068. — Peinture sur verre (commencement du XVIIe siècle). Haut., 0,810; larg., 0,553. Arabesques coloriées entourant un panneau d'armoiries au-dessous duquel a été intercalée une composition en grisaille. Ce vitrail est daté de 1611 (collection Durand, 136/2712).

1069. — Peinture sur verre, grisaille (XVIIe siècle). Haut., 0,890; larg., 0,455. Les deux motifs principaux sont des médaillons de forme ovale, où sont représentés : 1° une poule, des poulets et un chat, sur fond de paysage; 2° un tournesol et des plantes fleuries. Ces vitraux portent la date de 1645 (ancienne collection, IS, 219).

1070. — Peinture sur verre, grisaille (XVIIe siècle). Haut., 0,890; larg., 0,455. Les deux motifs principaux sont des médaillons de forme ovale où sont représentés : 1° un homme assis devant une table sur laquelle est posée une lumière; 2° une femme, également assise, se regardant dans un miroir. Ces vitraux portent la date de 1645 (ancienne collection, IS, 220).

1071. — Peinture sur verre (XVIIe siècle). Haut., 0,704; larg., 0,650. Deux écussons armoriés, entourés d'emblèmes militaires. Inscription dans le bas, portant la date 1688 (collection Durand, 135/2710).

1072. — Douze peintures sur verre réunies sur une même vitre (XVIIe siècle). Haut., 0,940; larg., 0,730. Les sujets figurés sont : 1° Un coq et une perdrix. Haut., 0,210. 2° Un paysage. Haut., 0,200; larg., 0,240. 3° Une dinde et un paon. Haut., 0,210. 4° La nativité de la Vierge. Diam., 0,190. 5° Une chasse au cerf. Haut., 0,180; larg., 0,235. 6° La visitation de la Vierge. Diam., 0,190. 7° La présentation de la Vierge. Diam., 0,190. 8° Le jugement dernier. Haut., 0,190; larg., 0,240. 9° La purification de la Vierge. Diam., 0,190. 10° L'apôtre saint Pierre. Haut., 0,225. 11° Un paysage. Haut., 0,195; larg., 0,240. 12° L'apôtre saint Pierre. Haut. 0,210 (collection Durand, 139/2716).

1073. — Peinture sur verre (commencement du xvii° siècle). Diam., 0,180. Portrait d'homme coiffé d'un chapeau à grands bords (collection Révoil, 300).

1074. — Peinture sur verre (xvii° siècle). Haut., 0,307; larg., 0,214. *Sina und Sion. Hebr.* xii, *v.* 18, 19. Un prédicateur entouré d'une foule d'auditeurs. Dans le haut, à droite : Moïse recevant les tables de la loi. On lit au bas : George Muller pfarrer zu Tallwyl und Hans Rudolph Wyss pfarrer zu Kilchberg im Jahr 1647 (collection Durand, 132/2703).

1075. — Peinture sur verre (xvii° siècle). Haut., 0,307; larg., 0,214. L'échelle de Jacob. On lit au bas : Paulus Jacob. Cattrina Gartenhuser (collection Durand, 132/2704).

1076. — Peinture sur verre (xvii° siècle). Haut., 0,307; larg., 214. Le bon Samaritain. On lit dans un cartouche : D. Conradus Gesnerus (collection Durand, 132/2705).

1077. — Peinture sur verre (xvii° siècle). Haut., 0,307; larg., 0,214. La prière d'Elie exaucée. On lit au bas : Hanns Heinrich Engeler der zyt pfarrer vffem Hirkel und Samuel Hamberger Beid Burger. Zurich. 1641 (collection Durand, 132/2706).

1078. — Peinture sur verre (xvii° siècle). Armoiries (collection Durand, 133/2707).

1079. — Peinture sur verre (xvii° siècle). Armoiries (collection Durand, 133/2708).

1080. — Peinture sur verre (xvii° siècle). Armoiries (collection Durand, 134/2709).

VERRERIE (1).

1081. — Vase d'échanson, en verre bleu, décoré de peintures en or (xvie siècle). La monture, en plomb doré, encadre et recouvre par parties le vase, et enchâsse deux médaillons en émaux de Limoges. Haut., 0,330 (2404, Durand).

1082. — Vase d'échanson, armorié de Béarn, verre blanc, peint et doré (xvie siècle). Haut., 0,357 (118, Révoil).

1083. — Aiguière couverte, en verre violet, à filets blancs (xvie siècle). Haut., 0,420 (117, Révoil).

1084. — Coupe en verre, décorée de peintures en or (xvie siècle). Haut., 0,140 (124, Révoil).

1085. — Coupe en verre blanc, le pied bleu (xvie siècle). Haut., 0,135. Elle est ornée d'or et de couleurs (122, Révoil).

1086. — Coupe en verre blanc, très mince et très élégante (xvie siècle). Haut., 0,076; diam., 0,207 (128, Révoil).

1087. — Vase en verre bleu, à deux anses (xvie siècle). Haut., 0,190 (115, Révoil).

1088. — Aiguière en verre blanc craquelé (xvie siècle). Haut., 0,235 (116, Révoil).

1089. — Vase (grand) en verre blanc, couvert d'ornements dorés (xvie siècle). Haut., 0,380 (123, Révoil).

---

(1) Voyez le glossaire de la seconde partie de cette Notice, aux mots *Verre, Verriers, Voirre*.

1090. — Vase de verre blanc (xviᵉ siècle). Haut., 0,340. Il est orné de figures en relief moulées dans la masse du verre. Le motif est une danse de nymphes (125, Révoil).

1091. — Vase (petit) à deux anses, de forme évasée, en verre blanc, décoré de peintures (xviiᵉ siècle). Haut., 0,070 (119, Révoil).

1092. — Vase en verre, dit craquelé (xviiᵉ siècle). Haut., 0,094. Le haut est bordé d'un filet bleu (3, ML).

1093. — Coupe en verre blanc, à filigranes (xviiᵉ siècle). Haut., 0,090 (4, ML).

1094. — Coupe en verre blanc, à filigranes (xviiᵉ siècle). Haut., 0,100 (5, ML).

1095. — Bassin en verre, avec filigranes de couleur blanche. La forme est circulaire, à douze lobes (xviiᵉ siècle). Diam., 0,270 (6, ML).

1096. — Vase en verre blanc (xviiiᵉ siècle). Six appendices percés à leur extrémité sont placés vers le bas et donnaient issue aux liquides. Haut., 0,230 (n° 120, Révoil).

1097. — Carafe en verre blanc décoré de peintures (xviiiᵉ siècle). Haut., 0,260. On lit sur un des côtés : la paix fait mon partage, 1742 (n° 121, Révoil).

MOSAÏQUES.

1098. — Mosaïque (1) (xiiᵉ siècle). Haut., 0,520; larg., 0,360. Représentant la Transfiguration (M. L., n° 145).

---

(1) Voyez le glossaire de la seconde partie de cette Notice, au mot *Mosaïque*.

1099. — Tête de Vierge en mosaïque (xviie siècle). Haut., 0,340; larg., 0,270 (MR, 402)

1100. — Portrait du roi Stanislas en mosaïque (xviiie siècle). Haut., 0,540; larg., 0,040 (MR, 403).

1101. — Mosaïque (xviie siècle). Haut., 0,135; larg., 0,168. Figure grotesque, en costume de pèlerin (ancienne collection, 3894).

1102. — Mosaïque (xviie siècle). Haut., 0,136; larg., 0,168. Figure de femme grotesque (ancienne collection, 3896).

1103. — Table en mosaïque de Florence (1), provenant du château de Richelieu (xviie siècle). Long., 2,000; larg., 1,320. Elle est très minutieusement détaillée dans la description du château de Richelieu par Vignier, 1676 (MR, 405).

1104. — Table en mosaïque de Florence (xviie siècle). Long., 1,330; larg., 1,010. On remarque parmi les détails d'ornement des lyres et des oiseaux (MR, 406).

1105. — Mosaïque de Florence (xviiie siècle). Haut., 0,132; larg., 0,155. Une branche de raisin posée dans une corbeille. Travail en relief (ancienne collection, 3892).

1106. — Mosaïque de Florence (xviiie siècle). Haut., 0,132; larg., 0,155. Une prune posée sur une table. Travail en relief (ancienne collection, 3887).

1107. — Mosaïque de Florence (xviiie siècle). Haut., 0,290; larg., 0,228. Fruits et oiseaux (ancienne collection, 3884).

---

(1) Voyez le glossaire de la seconde partie de cette Notice, au mot *Tableau de mosaïque.*

1108. — Mosaïque en pierres dures (xviiie siècle). Haut., 0,170; larg., 0,250. Fabriques dans un paysage (ancienne collection, 3885).

1109. — Mosaïque en pierres dures (xviiie siècle). Haut., 0,172; larg., 0,247. Fabriques dans un paysage (ancienne collection, 3886).

1110. — Mosaïque en pierres dures (xviiie siècle). Haut., 0,130; larg., 0,156. Une cascade entourée de rochers que surmontent des fabriques (ancienne collection, 3889).

1111. — Mosaïque sur pierre herborisée (xviiie siècle). Haut., 0,100; larg., 0,170. Paysage (ancienne collection, 3888).

1112. — Mosaïque sur pierre herborisée (xviiie siècle). Haut., 0,100; larg., 0,178. Paysage (ancienne collection, 3890).

1113. — Mosaïque sur pierre herborisée (xviiie siècle). Haut., 0,100; larg., 0,178. Paysage (ancienne collection, 3891).

1114. — Mosaïque sur pierre herborisée (xviiie siècle). Haut., 0,095; larg., 0,130. Paysage (ancienne collection, 3893).

1115. — Mosaïque sur pierre herborisée (xviiie siècle). Haut., 0,084; larg., 0,134. Paysage (ancienne collection, 3895).

1116. — Peinture sur stuc, imitation de mosaïque (xviiie siècle). Haut., 0.485; larg., 0,360. Représentant un vieillard dont la tête est coiffée d'un bonnet fourré, et en arrière un jeune garçon dont on ne voit que le visage. La plaque est signée, par derrière, W. Kopp, 781.

TAPISSERIES (1).

1117. — Tapisserie (XIIIe siècle). Haut., 0,930; larg., 1,240. La légende de saint Martin de Tours y est figurée dans douze médaillons reliés par des enlacements et des rosaces.

1118. — Tapisserie (XIVe siècle). Haut., 0,800; larg., 3,700. Sujets de chevalerie avec légendes en langue allemande.

1119. — Tapisserie (XVe siècle). Haut., 0,750; larg., 3,065. Jardin d'amour.

1120. — Tapisserie (XVe siècle). Haut., 0,270; larg., 3,600. Jardin d'amour. Légendes en langue allemande.

1121. — Tapisserie (XVe siècle). Haut., 0,200; larg., 3,600. Chasse au cerf, avec légendes en langue allemande.

1122. — Tapisserie. Légende de saint Quentin (XVe siècle). Haut., 3,300; larg., 7,900. Les inscriptions suivantes remplacent une description :

> Pour cœurs en devocion mettre
> Nottez ce miracle loahle
> Dung larron lequel à ung prestre
> Robba son cheval en l'estable.

> Ce prestre adverty du larcin
> S'en vint plaindre par mos exprez
> Au prevost lors de Saint-Quentin
> Qui les gens envoia aprez.

> Le larron ainsy poursievy.
> Affin du larcin renseignier,
> Fust trouvé du cheval saisy,
> Pris et amené prisonnier.

> Puis doubtant estre irregulier
> Se pour ce sensieuort sentence
> Le prestre au prevost vin prier
> Que au larron remist cette offense.

---

(1) Voyez le glossaire de la seconde partie de cette Notice, aux mots *Broderie* et *Tapis*.

> Mais le prevost come vray juge
> Riens n'en voult au prestre accorder,
> Dont vint au corps saint au reffuge
> Priant que lui voulsist ayder.
>
> Et ce pendant fust condempné
> A estre pendu au gibet,
> Où fust honteusement mené
> Pour le loyer de son meffet.
>
> Pendu en ce point par justice
> Incontinent la chaine et las
> Par miraculeux artifice
> Rompirent et vif cheut embas.
>
> Lors ce fet donne à entendre
> Au prevost plus n'y procéda,
> Dont le larron vint graces rendre
> A saint Quentin quy le garda.

(Collection Révoil, 825.)

1123. — TAPISSERIE (fin du XVe siècle). Haut., 3,500; larg., 3,400. Composition de plusieurs figures de femmes agenouillées, faisant offrande de leurs joyaux (collection Révoil, 823).

1124. — TAPISSERIE (fin du XVe siècle). Haut., 3,500; larg., 3,300. Composition de plusieurs figures de femmes agenouillées aux pieds d'un jeune prince qui fait le geste de les relever (collection Révoil, 824).

1125. — TAPISSERIE (fin du XVe siècle). Haut., 1,650; long., 5,900. La légende de saint Étienne (LP, 3497).

1126. — TAPISSERIE (XVe siècle). Haut., 1,650; long., 5,900. Légende de saint Étienne. Les inscriptions suivantes indiquent le sujet : Comment les apostres et disciples de ihesucrist tindrent conseil pour faire sept dyacres et terminer le discord estant entre les ébreux et les grecs nouvellement convertis à la foi chrétienne.—Comment saint Estienne, avec six autres, furent eslus diacres et éclairés par l'imposition des mains des apostres pour régir les nouveaux chrétiens aux choses temporelles (LP, 3496).

1127. — BOITE POUR RENFERMER LES ÉVANGILES (1)

---

(1) Voyez le glossaire de la seconde partie de cette Notice, au mot *Texte*.

(XVIe siècle). Haut., 0,300. Elle est recouverte d'une broderie exécutée en soie et en or, qui représente la lamentation sur le Christ. Les quatre côtés de la boîte, très bas et allongés, sont décorés d'anges portant des écussons où sont figurés les instruments de la Passion (n° 92, Révoil).

1128. — Le Calvaire (XVIe siècle). Haut., 0,193. Etoffe tissue de soie et d'or (820, Révoil).

1129. — Tapisserie (XVIe siècle). Haut., 4,400; larg., 7,400. Le mois de janvier figuré par le signe du Bélier. Des personnages à cheval occupent le premier plan. Dans le fond, l'on voit un tournoi près des murailles d'une ville dont les édifices remplissent l'arrière-plan.

1130. — Tapisserie (XVIe siècle). Haut., 4,400; larg., 5,800. Le mois de mai figuré par le signe du Lion. Le départ pour la chasse. Les piqueurs tiennent les chiens en laisse et donnent des indications à leur maître, que l'on voit à cheval, écoutant et indécis.

1131. — Tapisserie (XVIe siècle). Haut., 4,400; larg., 6,700. Le mois de juin figuré par le signe de la Vierge. Le cerf poursuivi par les chiens et les chasseurs.

1132. — Tapisserie (XVIe siècle). Haut., 4,400; larg., 5,500. Le mois de juillet figuré par le signe de la Balance. La mort du cerf. Plusieurs chiens le poursuivent au milieu d'un étang, d'autres sont tenus en laisse par les piqueurs. Des cavaliers et des dames sont arrêtés près du rivage.

1133. — Tapisserie (XVIe siècle). Haut., 4,400; larg., 5,800. Le mois de septembre figuré par le signe du Sagittaire. Les chasseurs sont à table sous bois; les feux sont allumés, on fait la cuisine, des valets portent les plats.

1134. — Tapisserie (XVIe siècle). Haut., 4,400; larg., 5,800. Le mois de novembre figuré par le signe du

Verseau. Chasse au sanglier ; la curée. Le groupe principal est composé des valets, qui fument les jambons à un grand feu; d'autres donnent la curée aux chiens. On voit dans le coin de gauche le sanglier porté par deux hommes, et la hure présentée au chasseur.

1135. — Tapisserie (XVIe siècle). Haut., 4,400; larg., 6,600. Bataille. Deux guerriers à cheval occupent le centre ; plusieurs personnages les entourent. Des groupes très variés, et posés à différents plans, reproduisent les épisodes d'un combat. La bordure, composée d'enfants, de fleurs auxquelles sont mêlés des animaux et des oiseaux, porte dans le haut, à chaque extrémité, un écu de sable à la croix d'or chargée en tête d'un lambel de gueules à trois pendants, entouré du collier de l'ordre de Saint-Michel.

1136. — Tapisserie (XVIe siècle). Haut., 4,680; larg., 6,640. Assaut donné à une ville. Bordure composée d'enfants, de fleurs auxquelles sont mêlés des animaux et des oiseaux. Les armoiries sont les mêmes que celles décrites n° 1135.

1137. — Tapisserie, d'après Raphaël. Haut., 5,400; larg., 7,200. Saint Paul et saint Barnabé prêchant le peuple de Lyste, qui veut les adorer comme des dieux. Dans la bordure sont représentés des épisodes de l'histoire de Moïse et de la vie de J.-C.

1138. — Tapisserie (XVIIe siècle). Haut., 4,700; larg., 7,700. Bataille de Cassel, avec cette inscription : La bataille de Cassel, gagnée par le duc d'Orléans sur le prince d'Orange le onzième avril mil six cent soixante et dix-sept, fut suivie de la prise de Saint-Omer, où il retourna tout de suite avec son armée. (Elle est signée Behagle.)

1139. — Tapisserie a médaillons (XVIIe siècle). Haut., 3m; larg., 0,950. Cérès dans l'un des médaillons ; dans l'autre, Pomone. Termes, satyres et chimères. Fond cramoisi.

OBJETS DIVERS.

CUIR BOUILLI (1).

1140. — Étui (fin du xve siècle). Haut., 0,220. Le cuir gravé dont il est recouvert est décoré de rinceaux élégants sur lesquels se détachent, en relief, d'un côté une représentation de la Nativité, de l'autre les images de saint Pierre et saint Paul, et au-dessus un écu armorié (n° 190, Révoil).

1141. — Coffret (commencement du xvie siècle). Haut., 0,155; long., 0,232. Les figures et les ornements qui le décorent sont gravés et dorés et se détachent sur un fond de peinture bleue (n° 87, Révoil).

MEUBLES ET OBJETS DIVERS.

1142. — Armoire (2) en chêne provenant du château de Gaillon (commencement du xvie siècle). Haut., 2,600; larg., 1,070 (collection Révoil, 59).

1143. — Cabinet (3) en bois de noyer (xvie siècle). Haut., 2,390; larg., 1,230. Il est orné de très élégantes sculptures, et l'on distingue sur le cartouche du couronnement le chiffre de Henri II traversé par des flèches (collection Révoil, 60).

1144. — Cabinet en noyer sculpté (commencement du xviie siècle). Haut., 2,780; larg., 1,500. Il est décoré de figures, de trophées militaires, de termes, de masques et de rinceaux (collection Révoil, 61).

---

(1) Voyez le glossaire de la seconde partie de cette Notice, au mot *Cuir*.

(2) V. *Cabinet* et *Bahut*.

(3) V. *Aumaire*.

1145. — Cabinet (1) en bois d'ébène sculpté (commencement du XVIIe siècle). Haut., 2,040; larg., 1,550. Il est orné de figures en ronde-bosse et bas-reliefs, de masques et de rinceaux (collection Révoil, 62).

1146. — Cabinet en ébène (commencement du XVIIe siècle). Haut., 1,700; larg., 0,990. L'intérieur est revêtu d'ivoire et décoré de dix-sept mosaïques de pierres dures représentant des oiseaux et des paysages (MR, 404).

1147. — Coffre (2) en bois de chêne (XVIe siècle). Haut., 0,680; larg., 1,135. Les figures qui le décorent rappellent le style de Jean Goujon (collection Révoil, 66).

1148. — Bahut (3) en bois de noyer (commencement du XVIe siècle). Haut., 0,785; larg., 1,860. Il est orné de sculptures (collection Révoil, 64).

1149. — Bahut en bois de noyer (commencement du XVIe siècle). Haut., 0,860; larg., 1,400. Il est orné de sculptures (collection Révoil, 65).

1150. — Bahut en bois de noyer (commencement du XVIe siècle). Haut., 0,790; larg., 1,640. Il est orné de sculptures (collection Révoil, 63).

1151. — Piédestal en bois de noyer (XVIe siècle). Haut., 1,250; larg., 0,290. Il est orné d'arabesques (collection Révoil, 68).

1152. — Piédestal en bois de noyer (XVIe siècle). Haut., 1,250; larg., 0,290. Il est orné d'arabesques (collection Révoil, 67).

1153. — Chaise seigneuriale, le faudesteuil du

---

(1) Voyez le glossaire de la seconde partie de cette Notice, aux mots *Ébène* et *Ybenus*.

(2) V. *Coffre*.

(3) V. *Bahut*.

moyen âge (1) (commencement du XVIe siècle). Haut., 1,920; larg., 0,765. Elle est décorée de quelques sculptures (collection Révoil, 71).

1154. — Siége épiscopal des archevêques de Vienne en Dauphiné (fin du XVIe siècle). Haut., 2,460; larg., 0,910. Il est orné de figures en ronde-bosse et de rinceaux sculptés, et enrichi d'incrustations de marbre (collection Révoil, 70).

1155. — Fauteuil (2) en bois de noyer (commencement du XVIIe siècle). Haut., 1,420; larg., 0,580. Il est orné de sculptures et de quelques incrustations d'ébène (collection Révoil, 72).

1156. — Fauteuil en chêne (XVIe siècle). Haut., 0,91; larg., 0,675. Il est garni en cuir (LP, 3283).

1157. — Table en bois de noyer (commencement du XVIIe siècle). Haut., 0,830; long., 1,500; larg., 0,710. Elle est ornée de sculptures (collection Révoil, 69).

1158. — Pendule en ébène (commencement du XVIIe siècle). Haut., 0,660; larg., 0,360. Elle a la forme d'un monument porté par des colonnes et est surmontée de la figure en argent du Christ rédempteur, ayant à ses côtés deux anges. Les draperies sont dorées (ancienne collection, 15/227).

1159. — Calendrier, manuscrit latin sur parchemin (XIVe siècle). Seize feuillets pliés et rattachés à une pièce de cuivre. Le tout contenu dans un étui de velours. L'écriture, les prescriptions et la mention des tables Alphonsines reportent au XIIIe ou XIVe siècle; quelques expressions, au midi de la France, peut-être à l'Espagne (collection Révoil, 185).

---

(1) Voyez le glossaire de la seconde partie de cette Notice, au mot *Faudesteuil*.

(2) V. *Chaières*.

1160. — Souliers (xviie siècle) (vers 1660). Long., 0,220 (nos 821 et 822, Révoil).

1161. — Souliers de femme (xviie siècle). Long. 0,240 (nos 207 et 208, Révoil).

1162. — Éventail moderne. Haut., 0,480. Il est garni de plumes d'autruche (n° 198, Révoil).

1163. — Éventail (xviie siècle). Haut., 0,260. Les ornements sont peints sur tulle (199, Révoil).

1164. — Coupe (xviie siècle). Haut., 0,095. Composée de pièces de rapport en nacre de perle (1) (n° 126, Révoil).

---

(1) Voyez le glossaire de la seconde partie de cette Notice, au mot *Pourcelaine.*

TABLES.

EXPLICATIONS DES ABRÉVIATIONS

QUI SE RAPPORTENT AUX INVENTAIRES DU MUSÉE DU LOUVRE.

MR. Musée royal. Ancienne collection. Inventaire formant recollement général, dressé par ordonnance du 16 juillet 1816, après la restitution des objets conquis et la dissolution du Musée des monuments français formé dans le cloître et le couvent des Petits-Augustins. Cet inventaire ne fut clos que le 20 mai 1824.

IS. Inventaire supplémentaire contenant les objets de l'ancienne collection retrouvés et enregistrés depuis le 20 mai 1824.

LL. Acquisitions du règne de Louis XVIII.

CC. Acquisitions du règne de Charles X.

LP. Acquisitions du règne de Louis-Philippe.

MN. Musée national. Acquisitions faites pendant les années 1848-49.

ML. Musée du Louvre. Acquisitions faites pendant les années 1850-54.

MI. Musée impérial. Acquisitions du règne de S. M. l'Empereur.

ID. Inventaire des dessins, sur lequel sont portés quelques émaux.

COLLECTION DURAND. Acquise par Charles X, le 19 février 1825, au prix de 480,000 fr. y compris les vases grecs, bronzes, etc.

COLLECTION RÉVOIL. Acquise par Charles X, le 16 avril 1828, au prix de 80,000 fr.

TABLE ANALYTIQUE

PRÉSENTANT, DANS UN ORDRE MÉTHODIQUE, LES NOMS DE TOUS
LES ÉMAILLEURS CITÉS DANS CETTE NOTICE.

Liste des ouvrages qui traitent des émaux d'une manière spéciale, et auxquels on doit recourir, page 4.

DE L'ÉMAIL. — Ce que c'est que l'émail. Le fondant et les oxides métalliques, proportions des mélanges, p. 9. Emploi du cuivre rouge, p. 10. Du bronze et du fer, idem. L'émail sur métal diffère des émaux appliqués sur faïence et sur porcelaine. C'est un art à part, p. 11. Étymologie du mot *émail*. Dénominations des différents genres d'émaux, idem. Émaux en taille d'épargne, explication et usage de ce terme, émaux de niellure, idem, p. 12. Émaux cloisonnés; ils n'ont pas de termes dans les textes français; l'émail de Plite ou Plicque ne peut leur être appliqué, p. 13. Émaux de Limoges; ce terme ne répond pas à une classification méthodique, idem.

ÉMAUX DES ORFÈVRES, définition. — Est-ce une œuvre d'art ? Leur place dans l'histoire de l'art, p. 14.

ÉMAUX EN TAILLE D'ÉPARGNE. — Procédé, p. 16. Origine; elle ne remonte pas jusqu'à l'antiquité, p. 16. Les briquetiers babyloniens n'appliquaient pas l'émail au métal, les Égyptiens non plus, p. 17. Leurs yeux en bronze, incrustés de pierres précieuses et d'ivoire, un chapiteau, des bracelets, p. 18. Un petit épervier cloisonné en or, coloré avec une sorte de mastic, et non pas avec de l'émail, p. 19. Un émail égyptien cité par M. J.-J. Dubois, conservateur du Louvre, p. 22, en note. Verres mosaïques en filigranes fabriqués par les Phéniciens et les Égyptiens, p. 22. Imités par les Vénitiens et les verriers modernes, en note; perfectionnés par les Grecs, qui ignorèrent l'application de l'émail au cuivre, p. 23. Ils le remplacent par des soufres opaques apposés sur des bijoux d'or soufflé, p. 23. Les Romains ne connurent pas ce procédé; ils le reçoivent des Gaulois, p. 24. Passage important de Philostrate; les barbares dont il parle sont les Gaulois, les Celtes selon Oléarius, les Bretons suivant Heyne, p. 25. Ottfried Müller admet un emploi passager de l'émail dans l'antiquité, idem. Verres colorés du tombeau de Tournay, qu'on ne doit pas confondre avec des émaux, p. 27. Fibules et bijoux émaillés trouvés dans l'ancienne Gaule, p. 28. Épée gallo-phocéenne du Musée d'artillerie. Description des émaux gallo-romains et de leur fabrication, p. 29. L'émaillerie entre dans les habitudes de l'ancienne Gaule, elle ne paraît pas s'être développée en Italie, ni en Allemagne, ni en Espagne, p. 30. Rareté des bijoux et des émaux du VIe au IXe siècle. Bagues des évêques des IXe et Xe siècles, p. 31. Orfèvrerie et émaillerie de Limoges. Cette ville donne son nom aux émaux. Elle n'en a pas le monopole, mais elle seule les fabrique en grand, p. 32. Nous n'avons pas d'émaux de Limoges plus anciens que la première moitié du XIIe siècle, p. 34. Crosse de l'évêque Ragenfroy, de l'année 960, ramenée au XIIe siècle. Ouvrage d'un moine du nom de **Guillaume**, p. 35. Un débris de châsse, signé **Fr. Guinamundus**. Le revêtement d'autel de l'église de l'abbaye de Grandmont, représentant saint Étienne de Muret. Il date de 1165, p. 36. Le doge Orseolo réfugié à Limoges, son influence sur les arts contestée, p. 37, en note. Caractères de ces anciens émaux définis, p. 38. Monuments cités en note. Plaque funéraire de Geoffroy Plantagenet au Mans, p. 39. Émaux aux carnations teintées, difficultés soulevées à propos de l'attribution de cette plaque, p. 39, en note. Émail de saint François d'Assise du commencement du XIIIe siècle, émaux blancs, p. 40. Résumé des caractères particuliers aux émaux du XIe au XIVe siècle, p. 41. Émaux aux nuances fondues, p. 42. Émaux allemands de la première moitié du XIIe siècle, coffret de Frédéric Barberousse de 1165, p. 43. A partir du XIIIe siècle ce ne sont plus les nuances des émaux, mais la perfection de la gravure et le style du dessin qui permettent de préciser les époques, p. 48. Le ciboire de **G. Alpais**, p. 50. Son nom est-il grec, est-il limousin? idem. Inscriptions sans signification, imitées des légendes arabes qu'on voit en Orient scupltées sur les monuments et peintes dans les intérieurs, p. 51. Crosses émaillées. On gardait dans le trésor les crosses faites en matières précieuses, p. 52. Sentiment grave et solennel des émaux du XIIIe siècle, p. 54. On les a crus et on les nomme encore byzantins; source de cette erreur, p. 57. Influence de la médiocrité dans l'atelier de Limoges. Vieilles routines byzantines plus longtemps conservées qu'ailleurs, p. 58. La gravure empiète sur l'émail, les figures sont épargnées dans le métal, idem. La mort de la Vierge, beau specimen de ce genre de travail, p. 59. Le culte des reliques donne une nouvelle impulsion à la fabrique de Limoges. La Sainte-Chapelle de Paris est une grande et magnifique châsse, p. 60. Les murs couverts de verres teints dans la masse posés sur paillons d'argent et dorés, émaux employés de la même manière, p. 60, en note. Tombeaux émaillés des enfants de saint Louis, p. 61. Limoges en a le monopole. En 1276, **Jean de Limoges**, orfèvre émailleur, est appelé à Rochester, en Angleterre, p. 63, et en note. Tombe de Guillaume de Valence, à Londres, p. 64. Description de la tombe de Jean de France, p. 65. Écussons appliqués sur les tombes, p. 67. Custodes émaillées en forme de tour pour conserver les hosties, p. 70. Bassins émaillés pour le service de la messe, p. 71. Pour d'autres usages, p. 72. Ils sont en très grand nombre dans les collections, p. 73. Porte-cierges émaillés employés dans les cérémonies funéraires et sur les autels portatifs, p. 74. Chanfrein de l'œuvre de Limoges, p. 76. Coffrets fabriqués pour toute l'Europe. Coffret du Louvre commandé par un officier de la cour du roi d'Angleterre vers 1325, p. 77. Fragments de châsses et reliquaires du XIVe siècle, p. 78. Figures en relief se détachant sur fond d'émail, p. 79. La fabrique de Limoges continue ses travaux, mais l'émaillerie s'étend en Europe, p. 82. Huit orfèvres cités comme émailleurs. Promesse d'ajouter à cette citation une liste de cinq ou six cents orfèvres émailleurs, p. 83, en note. Lutte de l'orfèvrerie fine et de la bijouterie en matières précieuses avec la grosse émaillerie sur cuivre de Limoges, p. 84.

ÉMAUX DE NIELLURE. — Taille d'épargne émaillée de noir. Nielles, p. 86. Anneau de saint Louis. Évangéliaire de la Sainte-Chapelle, p. 87. Les Grecs de Constantinople pratiquent ce procédé; médaillons qui leur appartiennent, p. 89. Ils transforment en nielles les émaux de niellure, les Italiens les imitent, p. 90. Nielles italiens, productions de Masso Finiguerra, p. 91. Coupe niellée et gravée au pointillé par **J. Wechter**, p. 93. La damasquinure, travaux préparatoires analogues à ceux du nielle. **Jean Duvet**, orfèvre damasquineur et graveur, p. 93.

ÉMAUX CLOISONNÉS. — Le procédé, p. 94. Origine byzantine prise dans les travaux de la verrerie antique, p. 95. Les Italiens adoptent et pratiquent ce procédé, p. 94. La Palla d'oro. Le moine Théophile, un Allemand qui écrit en Italie, vante l'habileté des Toscans. Nécessité de rejeter l'épée et les abeilles du tombeau de Tournay qui ne sont pas émaillées, p. 97. Liste des émaux cloisonnés qui sont conservés dans les collections publiques et particulières, p. 99. L'influence des émaux chinois et indiens se marque dans les émaux cloisonnés byzantins, et reflue plus tard sur les émaux en taille d'épargne de Limoges, p. 101. Le saint Georges de M. Pourtales, un dessin grec-byzantin colorié par les Chinois, p. 102. Sa description, procédé pratiqué longtemps par les Russes, p. 103.

Émaux cloisonnés a jour.—Les anciens inventaires les mentionnent, p. 103. La coupe de Chosroes, la coupe montrée à Benvenuto Cellini par François Ier, p. 104.

Émaux cloisonnés en résille sur cristal. — Les ornements du bouclier de Charles IX sont presque un retour complet aux émaux cloisonnés, p. 105.

Émaux de basse taille.—Très importants au point de vue de l'art et à cause de la place qu'ils occupent dans les textes, p. 106. Leur origine cherchée en Italie, p. 107. Les plus habiles orfèvres s'y appliquent, **Jean de Pise, Pollajuolo, Francia, Spinello Aretino, Andréa Ardito, Ugolino**, p. 108. **Benvenuto Cellini**. Description du procédé, p. 109. Il pénètre dans la France par la voie de Venise et de Gênes, p. 110. Le trésor de Louis, duc d'Anjou, vers 1360, se composait en grande partie de bijoux émaillés, p. 111. Les ouvriers de la Monnaie royale de Montpellier font des émaux translucides, id. Tous ces émaux étaient sur or ; on en faisait aussi sur argent, p. 111. Le procédé est pratiqué dans toute l'Europe, on a conservé quelques triptyques avec portraits ainsi exécutés, p. 115.

Imitation des Émaux de basse taille par la peinture sur cristal, p. 116. Voyez aussi p. 143.

Émaux mixtes. — Émaux cloisonnés en incrustations ; procédé, p. 117. Émaux en taille d'épargne, de basse taille et de niellure, très généralement employés, surtout en France, p. 118. Figures en relief se détachant sur fond émaillé, p. 122.

Émaux des peintres. — Décadence des émaux en taille d'épargne à

TABLE ANALYTIQUE. 429

la fin du XVᵉ siècle. Les églises sont remplies de châsses et de reliquaires. On essaie autre chose, p. 124. Les peintres verriers s'emparent de l'émaillerie et veulent d'abord faire concurrence aux émaux de basse taille, p. 125. Émail en apprêt; son origine française et exclusivement limousine, reconnue par les juges les plus compétents, p. 127. C'est un reflet de notre école de peinture pendant deux siècles, p. 128. Caractères qui distinguent ces émaux; style, qualités de l'émail, disposition des encadrements, p. 128. Inscriptions dans un caractère particulier à Limoges, p. 129. Les costumes, l'architecture, les portraits historiques fixent leur date, p. 130. Les premiers émailleurs signaient rarement. Le nom de **Monvaerni** laisse des doutes, p. 131, en note. **Nardon Pénicaud**, signe un émail du 1ᵉʳ avril 1503, p. 132. Fac-similé de sa signature, p. 133. Il est le chef de cette famille et le plus ancien peintre émailleur que l'on connaisse; il a dû débuter dans cet art vers 1485, p. 134. **Anonymes**, p. 137.

Émaux italiens. — Dès la fin du XVᵉ siècle, on imite, dans le nord de l'Italie, le procédé des émailleurs limousins et avec un certain succès, p. 139. Ce qui permet de distinguer ces émaux : les uns pris dans l'école de Mantègne, un d'entre eux daté de 1517, p. 140. L'émaillerie a peu de succès en Italie et est rapidement abandonnée; on la remplace par des cristaux et des verres peints, p. 143. A Venise, on s'empare du procédé pour l'appliquer d'une manière particulière à la décoration des ustensiles d'autel et de table, p. 144. Quand on peint à Venise des figures, elles sont médiocres; description de ces émaux, p. 145.

Suite des émaux des peintres. — Le ton violacé des premiers émaux disparaît peu à peu, p. 148. A côté des émaux produits par les peintres verriers, d'autres émaux semblent être le produit de peintres miniaturistes, p. 149. Description chronologique et méthodique des productions de Limoges. **Jean Pénicaud Iᵉʳ**, p. 151. Deux tendances différentes : l'une à imiter les émaux de basse taille, p. 152; l'autre à se rapprocher de la peinture. Les signatures. L'erreur de M. Didier Petit, qui lit Jehan P. Nicaulat, p. 153, en note. A partir de 1530, l'émaillerie quitte son berceau, p. 154. Place des émaux parmi les productions de l'art, p. 154. **J. Pénicaud II** ou le jeune, p. 155. Ses deux manières, p. 156. Les plaques de cuivre émaillées par les Pénicaud sont marquées au revers d'un poinçon qui porte un chiffre composé d'un P et d'un L placés sous une couronne, p. 159.

Anonyme PV; Sa marque couronnée et frappée dans le cuivre, p. 160. **Jean Pénicaud III**, le talent supérieur de Limoges, p. 161. Il couvre d'émaux délicieux tous les ustensiles de la vie privée, p. 162. **Anonyme**; caractères qui le confondent avec Jean Pénicaud, et qui l'en distinguent, p. 164. **Deuxième anonyme** à la suite de Pénicaud, p. 165. **Troisième anonyme**, p. 166. **Quatrième anonyme**, idem. **Anonyme P.I**, 1534. Sa manière, p. 167. **Pierre Pénicaud**, peintre verrier et émailleur, probablement le frère de Jean Pénicaud III ; il exécute un vitrail pour une confrérie de Limoges, p. 168. Il signe du chiffre P.-P., p. 169. **Anonyme C.**, à la suite des Pénicaud, p. 172. **Léonard Limosin**; origine de son nom, p. 173. Né vers 1505, mort vers 1575. Il travaille pour François Ier à la décoration de Fontainebleau, p. 174. Il est nommé peintre et valet de chambre du roy, p. 174. Il s'applique le premier à la décoration de tous les ustensiles domestiques; considérations sur cette extension donnée à l'art, p. 175. Il consacre quelque temps à la gravure sur cuivre, p. 177. Il est désigné dans les comptes des bâtiments royaux de l'année 1545, p. 177. Les douze apôtres de l'église de Saint-Père de Chartres, 178, en note. Portrait de François Ier, avec les traits de saint Thomas, peint en émaux sur fond blanc, procédé repris un siècle plus tard par Toutin, p. 179. Léonard s'applique aux portraits, p. 180. Il se remet à peindre à l'huile en 1554, p. 181. Il exécute les grands émaux de la Sainte-Chapelle, p. 181. Léonard est porté sur l'état des officiers domestiques du roy pour les années 1559 et 1560. L'inventaire des meubles de Fontainebleau, de 1560, mentionne le portrait en émail de François II, p. 184. Ouvrages faits à la hâte et négligés, p. 185. Ses derniers ouvrages datés de 1573, p. 186. Sa manière, p. 187. Ses signatures, p. 189. **Anonyme** à la suite de Léonard Limosin, p. 204. Cabinet de deuil, dans lequel figure Catherine de Médicis, p. 205. **Second anonyme**, p. 206. **Troisième anonyme**, idem. **Quatrième anonyme**, p. 207. **Cinquième anonyme**, p. 208. **Sixième anonyme**, p. 209. **Isaac Martin**, un imitateur de Léonard Limosin, p. 209. **Pierre Raymond**; les différentes formes de son nom, son origine, p. 210. Il reçoit des commandes de l'Allemagne; ses signatures, p. 211. Il est cité dans des comptes, p. 212. Sa manière; deux hommes en lui, l'artiste et le fabricant, p. 213. Tableaux votifs portant le nom des donataires; ces noms considérés à tort comme des noms d'émailleurs; Jehan Guenin,

p. 234. Émaux sur relief repoussé. **Anonyme** qui exécute ainsi deux médaillons, p. 235. **Anonyme** à la suite de Raymond, p. 236. **Anonyme A. S.**, p. 237. **Autre anonyme**; sa manière, idem. **NB**, 1543; cet anonyme, sans talent, produit des émaux grossiers qui semblent plus anciens qu'ils ne le sont, p. 238. **Anonyme de 1547**, p. 240. **Autre anonyme**, idem. **G. Kip**; sa manière, ses signatures, son poinçon, p. 241. **Anonyme**; productions éphémères du caprice, bientôt abandonnées, p. 242. **Autre anonyme**, imitateur de Léonard Limosin, p. 244. **CN**, 1539-1545, élève de Pierre Raymond, et, comme lui, artiste et fabricant, p. 246. Ses deux manières, p. 247. **Pierre Courtois**, p. 251, fils d'un Robert Courtois, peintre verrier, du Mans; comptes de la fabrique du Mans. Sa manière, p. 252. Ses grands émaux du château de Madrid, p. 253. Ses signatures variées, son véritable nom, p. 254. **Jean Courtois**, fils de Robert Courtois, peintre verrier du Mans, et lui-même peintre verrier, exécute des vitraux dans l'église du Mans, en 1540, p. 263. Sa manière, p. 264. **Anonyme** à la suite des Courtois; sa manière, p. 274. **Jean de Court** n'est pas le même que le peintre qui succéda à François Clouet; c'est le père de Susanne de Court, p. 275. Sa manière, p. 276. **Jean Court, dit Vigier**, ne doit pas être confondu avec Jean Courtois, ni avec Jean de Court; il paraît dans un rôle de tailles en même temps qu'eux; sa signature, p. 278. Sa manière, p. 279. **Martin Didier P A P E**; il paraît dans les comptes royaux de l'année 1599, p. 280. Son fils lui succède; ses signatures; sa manière, p. 281. **Anonyme M·I·**, sa manière, p. 285. **Anonyme**, p. 285. **Albert Didier**; il paraît avec le titre d'émailleur de sa majesté dans les comptes royaux de 1609; on ne connaît pas ses ouvrages, p. 286. **Émaux russes**; une inscription slave, citée p. 287. **Susanne de Court**; elle se rattache par son nom à la famille du peintre du roi, Jean de Court, et par sa manière aux ouvrages d'un émailleur qui signait J. D. C., et dont elle était probablement la fille; sa manière, p. 288. Sa signature, p. 289. **Jean Limosin**, p. 291. Ses émaux signés d'un J et d'un L, séparés par une fleur de lis; sa manière, p. 292. Décadence des émaux peints signalés par Bernard Palissy, p. 293. **Joseph Limosin**; on confond ses ouvrages avec ceux de Jean Limosin; sa signature, p. 296. Sa manière, p. 297. **Léonard Limosin**; il paraît sur des rôles de taille à la date 1625; sa signature; sa manière, p. 298. **F. E. S. Lobaud**, émailleur, cité par M. Didier Petit, p. 299. **F. P.**

Himblelle, émailleur dont on voyait un ouvrage dans la collection de M. Didier Petit, p. 299. **Anonyme I. C.**, qui ne doit pas être confondu avec Jean Courtois; sa manière, p. 299. **Anonyme I. R.**, peut-être un Jean Raymond; sa manière, p. 300. **Anonyme I. P.**, p. 300. Sa manière, p. 300. **Anonyme M. P.** Sa manière, p. 302. **Martial Raymond**; il paraît dans des documents à la date de 1590; sa manière, p. 302. **Martial Courtois**; ce nom est porté dans des comptes à la date de 1579; ses ouvrages le rapprochent de Jean Courtois et de Susanne de Court, p. 304. **Anonyme F. L.**, peut-être le même que F. E. S. Lobaud; sa manière; sa signature, p. 304. **H. Poncet**; sa manière; ses signatures, p. 307. Émaux de bijouterie, p. 308. Le procédé de la peinture en émail sur pâte blanche d'émail appartient à Léonard Limosin, mais il l'abandonna; les orfèvres, dans toute l'Europe, émaillaient les bijoux en blanc et les coloraient légèrement, p. 309. Toutin, orfèvre de Châteaudun, s'empara de ce procédé. Renvoi, pour les émailleurs de portraits, à la notice des dessins par M. Fr. Reiset. La Suisse applique ce procédé en grand à la fabrique des bijoux, p. 310. Jean Petitot passe en France. **Anonyme** qui peint, dans cette manière, des scènes de bataille, p. 310. **Anonyme**. Il imite les mille flori de Venise, p. 312. **Bain**. Émailleur logé au Louvre, p. 312. **Jacques Nouailher**; il modèle de la pâte d'émail blanc en relief et la colore, p. 313. Sa manière, p. 313. **L. de Sandrart**; cet émailleur est revendiqué par l'Allemagne; sa manière caractérisée par M. Fr. Kugler, p. 314. **Pierre Nouailher**; il est cité seul, parmi les émailleurs, dans l'histoire de l'art par M. d'Agincourt, p. 314. Sa manière; sa signature, p. 315. **J.-B. Nouailher**; sa manière; ses signatures, p. 318. **Bernard Nouailher**; sa manière, p. 320. **Noël Laudin**, frère aîné de Jean Laudin. Sa manière; ses signatures, p. 321. **Jean Laudin**; il travaille à la fin du XVIIe siècle; sa manière, p. 322. Sa signature, la même que celle de Jean Limosin, p. 324. **Henri Laudin**; sa manière, p. 340. **Anonymes** à la suite des Nouailher et des Laudin, p. 341. **F. A. M. P.** anonyme, sorti probablement des ateliers des Nouailher, p. 341. **Martinière**, ouvrier émailleur, p. 342. **Émaux porcelaine** en Saxe, en Angleterre, à Paris, p. 343.

Bijoux et objets divers, p. 345. Avant-propos, p. 347. Sardoine, p. 349. Jaspe, p. 352. Jade, p. 352. Grenat, p. 357. Quartz améthyste, p. 360. Porphyre, p. 360. Basalte, p. 360. Malachite, p. 361.

Calcaire, p. 361. Agate, p. 364. Ambre, p. 366. Lapis, p. 366. Cristal de roche, p. 367. Pierres gravées, bagues, p. 376. Or, p. 379. Argent, p. 380. Matières diverses, p. 382.

OBJETS DIVERS. Ivoires. Statuettes, p. 383. Tablettes de dévotion, p. 384. Plaques de reliure, p. 385. Tablettes à écrire, p. 386. Sculptures en bas-reliefs, p. 387. Coffrets, p. 388. Objets divers, p. 390. Bois sculpté, p. 393. Instruments de musique, p. 397. Ferronnerie, p. 398. Serrurerie, p. 399. Bronzes, p. 403. Cuivre et étain, p. 404. Marbre et albâtre, p. 406. Peinture sur verre, p. 406. Verrerie, p. 410. Mosaïque, p. 412. Tapisseries, p. 414. Cuir bouilli, p. 418. Meubles et objets divers, p. 419.

LISTE ALPHABÉTIQUE

DES

PEINTRES ÉMAILLEURS CITÉS DANS CETTE NOTICE.

(Je laisse de côté les orfèvres émailleurs; on trouvera, dans la table analytique, ceux que j'ai cités dans cette Notice; quant aux autres, pour en former une liste complète, il faudrait citer cinq à six cents noms d'orfèvres dont les émaux sont décrits dans les documents, depuis le XIIe siècle jusqu'à nos jours. On ne perdra pas de vue que l'émaillerie n'étant pas un métier, tous les orfèvres étaient émailleurs, et que le nombre de ceux qui ont signé leurs œuvres est minime.)

			Pages
Anonymes à la suite de Nardon Pénicaud			137
—	—	de Jean Pénicaud III	164
—	—	—	165
—	—	—	166
—	—	—	166
—	—	de Léonard Limosin	204
—	—	—	206
—	—	—	206
—	—	—	207
—	—	—	208
—	—	—	209
—	—	de Pierre Raymond	235
—	—	—	236
—	—	—	237
—	—	—	240
—	—	—	240
—	—	des Courtois	274
—	—	de Martin Didier	285
—	—	de Petitot	310
—	—	—	312
—	—	des Nouailher et des Laudin	340

LISTE ALPHABÉTIQUE DES PEINTRES ÉMAILLEURS.

Pages.

AS. Anonyme	237
Bain	312
C. Anonyme	164
CN. 1539. Anonyme	246
Court (Jean), dit Vigier	278
Court (Jean de)	275
Court (Susanne de)	288
Courtois (Jean)	263
Courtois (Martial)	304
Courtois (Pierre)	251
Didier (Albert)	286
Didier P A P E (Martin)	280
F. A. M. P. Anonyme	341
FL. Anonyme	304
HL. Voyez *Henri Laudin*	340
HP. Voyez *Henri Poncet*	307
IBN. Voyez *J.-B. Nouailher*	318
I.C. Anonyme	299
IC. Voyez *Jean Courtois*	299
IDC. Voyez *Jean de Court*	275
IN. Voyez *Jacques Nouailher*	312
I.P. Anonyme	300
IP. Voyez *Jean Pénicaud I et II*	151 et 155
IR. Anonyme	300
IL. Voyez *Jean, Joseph Limosin* et *Jean Laudin*	220, 298 et 320
G. Kip	241
Laudin (Henri)	340
Laudin (Jean)	320
Laudin (Noël)	320
Limosin (Jean)	294
Limosin (Joseph)	296
LL. Voyez *Léonard Limosin*	173 et 298
Limosin (Léonard)	173
Limosin (Léonard) le fils	298
Lobaud (F.E.S.)	299
Martin (Isaac)	209
Martinière	342
MDP. Voyez *Martin Didier*	280

436 LISTE ALPHABÉTIQUE DES PEINTRES ÉMAILLEURS.

	Pages.
M.I. Anonyme	285
Mimbielle (FP.)	299
M.P. Anonyme	302
M.R. Voyez *Martial Raymond*	302
NB. Anonyme	238
NL. Anonyme. Voyez *Nardon Pénicaud*	133
NL. Voyez *Noël Laudin*	320
Nouailher (Bernart)	320
Nouailher (Jacques)	312
Nouailher (J. B.)	318
Nouailher (Pierre)	314
P.C. Voyez *Pierre Courtois*	251
Pénicaud (Nardon)	132
Pénicaud I (Jean)	151
Pénicaud II (Jean)	155
Pénicaud III (Jean)	161
Pénicaud (Pierre)	168
P.I. 1534. Anonyme	167
P.N. Voyez *Pierre Nouailher*	314
Poncet (Henri)	307
P.P. Voyez *Pierre Pénicaud*	168
P.R. Voyez *Pierre Raymond*	210
P.V. Anonyme	160
Raymond (Martial)	302
Raymond (Pierre)	210
Sandrart (L. de)	314
S.C. Voyez *Susanne de Court*	288

LISTE ALPHABÉTIQUE
DES
COLLECTIONS PUBLIQUES ET PARTICULIÈRES
CITÉES DANS CETTE NOTICE.

(L'instabilité des collections particulières n'ôte rien à l'utilité des citations qui rappellent ce qu'elles offrent de remarquable ; en premier lieu, parce qu'il est facile de suivre le sort d'un objet d'art quand on connaît l'une des collections qui l'a possédé ; en second lieu, parce que les notices du Louvre étant réimprimées presque tous les ans, il est facile, après les ventes, d'introduire les changements devenus nécessaires.)

Collection Albert Decombe, p. 209, 212, 236, 246, 283, 300, 302.
— d'Arjuzon, p. 265.
— Baillon, p. 277.
— Barnal, p. 176, 187, 300.
— Beaucousin, p. 135, 184.
Bibliothèque nationale, p. 28, 29, 54, 91, 95, 97, 99, 104, 105.
— royale de Munich, p. 99, 100.
Collection Bouruet, p. 150.
— Brunet-Denon, p. 212, 254, 281.
— Carlisle, p. 256.
— Callet, p. 186, 276, 278.
— Capmas, à Toulouse, p. 286.
— Carderera (Don Valentin), p. 182.
— Carpentier (A. Le), p. 240, 307, 323.
— Carrand, p. 131, 133, 143, 152, 215, 247, 301.
— Czartoryska (la princesse Iza), p. 41, 123, 150, 156, 178, 235, 278.
— d'Abelin, p. 246.
— Daugny, p. 130, 149, 152, 153, 155, 156, 159, 210.
— Dumont, p. 186.
— Failly, p. 27, 28, 38, 42, 69, 185, 239, 243.
— Fould (Louis), p. 45, 145, 243, 265.

LISTE DES COLLECTIONS CITÉES.

Collection Fountaine (Andrew), p. 162, 175, 177, 180, 181, 212, 215, 256, 265, 290, 300, 313.
— Gatteaux, p. 140, 152, 158, 169, 302.
— Germeau, p. 38, 45, 67, 69, 82, 148, 149, 150, 183, 184, 215, 235, 253, 293, 313.
— Hope (Alex. J. Beresford), p. 100.
— Janzé (Hyp. de), p. 186.
— Jovet, p. 143.
— Manfrin (palais), à Venise, p. 280.

Musée d'Artillerie, p. 29.
— Ashmolean d'Oxford, p. 99.
— dit la Kunstkammer de Berlin, p. 93, 128, 130, 131, 153, 176, 213.
— britannique, p. 32, 68.
— de Cluny, p. 28, 37, 38, 69, 73, 129, 132, 137, 150, 169, 185, 239, 303, 318, 322, 323.
— de Copenhague, p. 100.
— de Dijon, p. 161, 247, 323.
— dit le Grüngewœlbe, à Dresde, p. 90.
— de Florence, p. 130.
— de géologie de Londres, p. 117.
— de Gotha, p. 212.
— de Grenade, p. 130.
— de Lyon, p. 167, 280, 281.
— du Mans, p. 39.
— de Rouen, p. 24, 27, 42, 95, 121.
— de Sèvres, p. 203, 289.
— du Vatican, p. 31, 130.
— de Vienne, p. 97, 117.

Collection Pourtalès, p. 51, 95, 102, 143, 183, 213, 278, 292, 322.
— Preaux, p. 178.
— Quedeville, p. 107, 138, 157, 212, 213.
— Raifé, p. 140, 150, 298.
— Rattier, p. 130, 138, 139, 161, 172, 183, 241, 322.
— Reiset (Fr.), p. 161.
— Rock, à Londres, p. 91.
— Rothschild (J.), p. 179.
— Saint-Pierre, p. 144, 265.

LISTE DES COLLECTIONS CITÉES.

Collection Saint-Aldegonde, p. 38.
— Sauvageot, p. 106, 121, 137, 162, 171, 211, 212, 213, 243, 245, 265, 280, 281, 286, 293.
— Sayette (de la), p. 277.
— Sellières (A.), p. 162, 214, 264, 280.
— Seymour, à Londres, p. 182, 183.
— de la Société des Arts de Limoges, p. 292.
— Soltikoff, p. 40, 41, 44, 45, 67, 69, 73, 128, 129, 152, 153, 156, 157, 158, 159, 161, 180, 182, 185, 212, 213, 276, 280, 282, 283, 287, 292, 298, 304.
— Soret, p. 115, 156, 157, 322.
— Soulages, à Toulouse, p. 157, 298.
— Theïs, p. 253.
— Thury (Héricart de), p. 210, 213, 290.
— Trimolet, à Lyon, p. 160.
— Tusseau, à Limoges, p. 293.
— Vaudoyer, p. 194.
— Visconti, p. 106, 188, 215, 254, 265, 283, 293, 322.
— Walpole, p. 155.
— Warwick (du château de), p. 177.

LISTE

DES

PEINTRES ÉMAILLEURS

Qui ne sont cités dans cette Notice qu'indirectement, faute d'avoir pu constater authentiquement leur existence, ou parce qu'il reste incertain s'ils ont peint autre chose que des portraits (pour les portraits, voyez la Notice des dessins). Les dates qui suivent chaque nom se rapportent à l'époque active du talent de l'artiste ou à celui de ses ouvrages qui m'a paru le plus parfait.

Ardin (Jean), 1696.
Audri (D.), 1735.
Augustin, 1802.
Barbette (J.), 1696.
Bernard.
Blesendorf de Berlin, 1700.
Boisse (Jean).
Boit (Charles), 1700.
Bonin.
Bordier.
Bouillet, 1795.
Bruggen (Louis van), 1652.
Châtillon (Louis de), 1726.
Chartier (Pierre).
Cheron (Sophie), 1706.
Chousy, 1755.
C.L.B.
Colin (Pierre).
Dailly.
Dinglinger (G.Fr.), 1696.
Dubié.
Duguernier (Louis), 1656.

Durand.
E, anonyme.
El (ou EH), 1700.
Ferrand (Jacques-Philippe). 1724.
Grisbelin (Isaac).
Goulu, 1780.
Hance (Louis).
Huand (J.) le puisné, 1702.
Huand (P.) l'aîné, p. à G.
Huet (les frères), 1686.
Hurter (J.), 1768.
IF, 1535.
Kugler.
Laudin (Valérie).
Laurent (François), 1582.
Leblanc (J.).
Lemasson (Antoine).
Lerabert, 1774.
Limosin (Bernard).
Limosin (François).
Liotard.

LISTE DES PEINTRES ÉMAILLEURS.

Lydon.
Mengs (Ismael).
Mengs (Raphael).
Mersier (Étienne).
Meytens, 1760.
Micault.
Monvaerni.
Morlière d'Orléans.
Mouret (Dominique).
Nilson, 1764.
Nouailher (M.), 1765.
Pasquier (Jacques).
Petitot (Jean).
Peyguillon.
Pickler (J.), 1782.

Poillevet, 1694.
Prieur, 1645.
Rechambaut.
Rode (J. H.), 1783.
Rouquet (André), 1759.
Schnell (Jean Conrad), 1701.
Strauch (Georges), 1661.
Terasson (Antoine).
Terroux.
Thouron, 1785.
Toutin (Jean).
Toutin (Henry).
Vauquer (Robert) de Blois.
Weiller.
Zing, 1760.

Troisième tirage : Juillet 1853 de 1201 à 2700 ex.

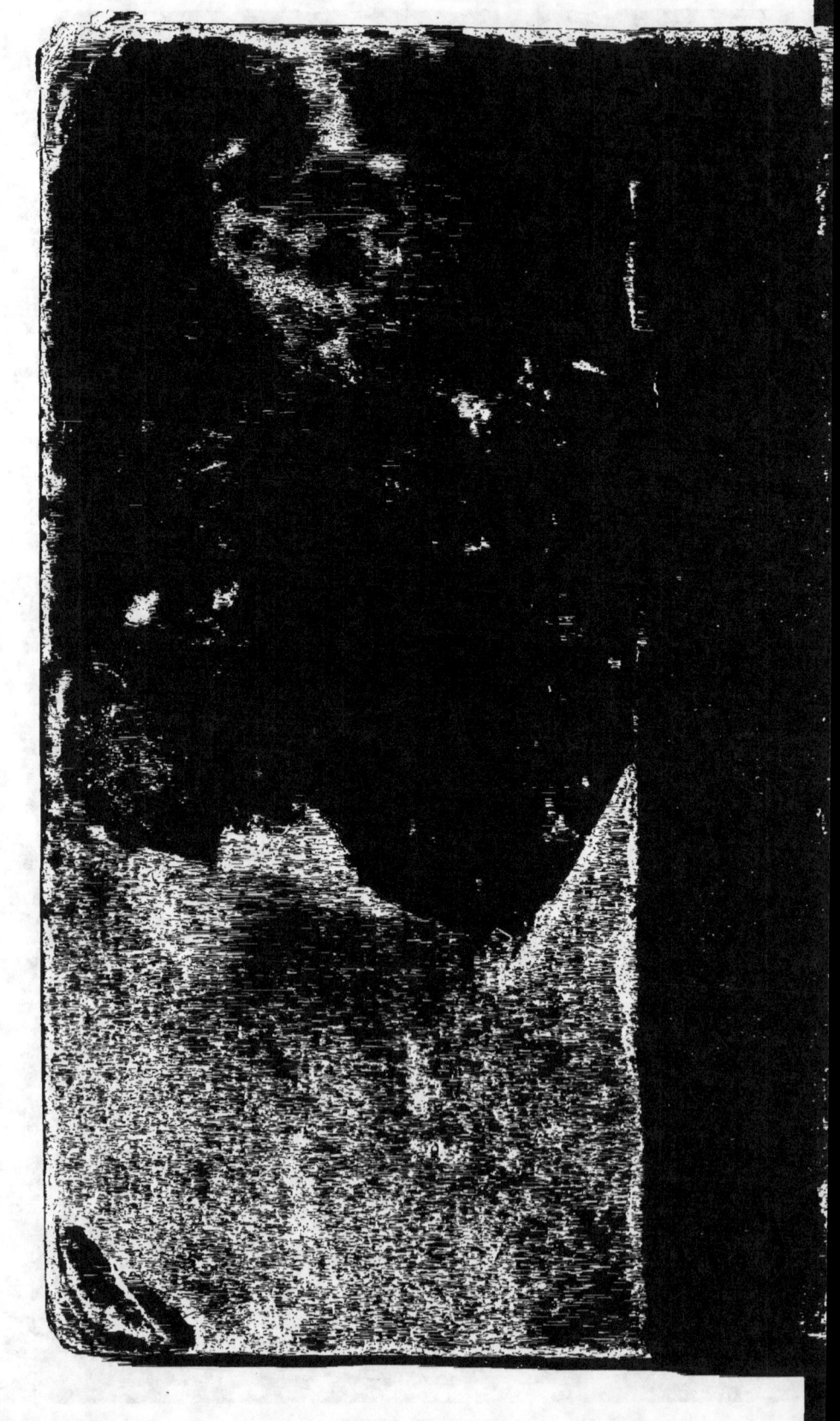

www.ingramcontent.com/pod-product-compliance
Lightning Source LLC
Chambersburg PA
CBHW070547230426
43665CB00014B/1839